民主之殇
德国宪法史反思录

黎敏 著

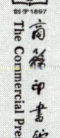

目 录

前　言　面向宪法的思 …………………………………………… 1

第一章　现代革命与现代宪法 ………………………………… 24
　一、作为历史理论的宪法理论 ………………………………… 24
　二、共和制宪法观在现代共和革命中的起源及内涵 ………… 36
　三、法国大革命与康德、黑格尔、马克思 …………………… 60
　四、本书的德国宪制史叙事脉络 ……………………………… 70

第二章　现代宪法史上德国问题的缘起 ……………………… 77
　一、共和革命史视野中的现代宪法 …………………………… 77
　二、德意志与现代宪法的相遇 ………………………………… 83
　三、青年马克思对德国走向的思考及其宪制意涵 …………… 105
　四、1848年德国革命：德国宪法史上的马基雅维里时刻 …… 110

第三章　1848年革命失败对德国宪法史的根本影响 ………… 118
　一、德国自由主义去政治化与俾斯麦威权体制崛起 ………… 118
　二、德国与康德政治哲学的告别 ……………………………… 126
　三、德国历史主义的意识形态化及其全方位影响 …………… 132
　四、帝国宪法学的实证主义转向与帝国宪法教义学的兴起 … 139

第四章 帝制德国的宪制问题与韦伯的政治社会学诊断 …… 160
一、德国政治体制的结构性失衡 …… 163
二、韦伯宪制理论的基本点：用议会民主与领袖民主抗衡官僚专制 …… 179
三、韦伯宪制理论方案的自由关切与内在弱点 …… 191

第五章 1918年德国革命与魏玛制宪 …… 203
一、德国革命的两个面向与德国宪制问题的新意涵 …… 208
二、魏玛制宪面临的两难困境——内部分裂与外部压迫 …… 214
三、魏玛制宪的根本政治决断 …… 225
四、《魏玛宪法》二元民主结构的思想实质 …… 253
五、施密特对《魏玛宪法》二元民主结构的反自由主义重构 …… 265
六、如何对待魏玛传统——重申民主法治的规范性内涵 …… 272

第六章 魏玛德国的政治文化与宪法学术 …… 284
一、魏玛时期德国政党与政治的极化 …… 289
二、抛弃民主：魏玛时期德国宪法学术的深层基调 …… 344
三、凯尔森—施密特宪法论战的思想意义与核心问题 …… 365
四、宪法论战背后的历史与政治问题 …… 394
五、小结：宪法的面孔与宪法的灵魂 …… 412

第七章 现代民主宪制理论的三种思想形态 …… 424
一、问题的提出：施密特是韦伯政治思想的嫡传弟子？ …… 430

二、韦伯政治理论的总体问题意识:理性化—官僚制、民主化、
克里斯玛支配 …………………………………………… 438

三、施密特对韦伯民主理论的极端化推演与利用 …………… 450

四、哈贝马斯对韦伯的反思性继受及其思想史意义 ………… 459

第八章　德国宪法史的思想启示 ………………………………… 468

一、德意志宪法思想的总体演进轨迹 ………………………… 468

二、晚近德意志历史的思想趋势:向民族权力政治迈进 ……… 488

三、《共产党宣言》、社会主义与德国宪法史 ………………… 508

四、德国基本法民主秩序的规范性内涵 ……………………… 532

五、我国需要怎样的宪法教义学?——来自德国宪法史的反思
性启发 …………………………………………………… 543

六、并非结论的结语:现代宪制的人性论基础 ……………… 550

参考文献 ……………………………………………………………… 561
后　记 ………………………………………………………………… 579

前　言
面向宪法的思

一

这是一本从社会理论与政治哲学的外部思想视角去讨论德国宪法史的小书。我的主业并非德国法律史,这会给研究带来一些不便与不足。我深知自己的能力与学识都有限,但与德国宪法史有关的思考在我这为什么没停下来?按原计划,我是想梳理现代共和革命与现代宪法的一些政治哲学问题的,之所以停下来驻足德国宪法史,原因有两个。

第一个原因,在长期研习西方法律史所形成的整体史视界中,我发现了德国宪法史中的一些问题。它们看似特殊,实则有一般性,对当代依旧有意义。托克维尔(Alexis-Charles-Henri Clérel de Tocqueville)当年曾说"谁要是只研究和考察法国,谁就永远无法理解法国革命",这个思路同样适用于德国宪法史研究。我的一个判断是,要理解1933年希特勒(Adolf Hitler)上台前70年间德国宪制的缺陷与根本困境,不能局限在德国法内部,尤其不能停留在缘起于德意志第二帝国的那种宪法教义学思维中,而需要引入比较宪制史与政治哲学史的综合视野。第二帝国宪法教义学主张,只有将一切历史、哲学、政治因素从宪法研究中排除出去,才能成就宪法学的客观性、科学性。殊不知,在一个政治道德基石悬缺未至的社会,它更像是关于宪法之客观性与科学性的一种迷思。本书是反思这些问题的阶段性产物。

第二个原因,与我对晚近20年来我国宪法学研究现状的一些个人认知有关,而这个原因指涉的问题与第一个原因指涉的问题又是环环相扣的。假如从法律史、法哲学与法教义学构筑的"法学魔术三角"出发去观察,可以发现我国当下宪制实践与宪法学的若干发展状况,特别是规范宪法学与政治宪法学的争鸣、宪法教义学思潮的崛起及其面临的内在悖论,与德国宪法史上出现的一些演进情形存在一定的相似性。如何理解、辨析这些相似性?发达于德意志第二帝国的宪法教义学思维在我国的出现与因应是一种偶然与巧合吗?这种相似性有何思想与政治意涵?它们能揭示什么宪法史规律?论辩这些环环相扣的问题,对推进关于中国宪法的历史法学派研究有何方法论与价值论上的启示?

来自教学研究中的这些疑问、困惑、挑战,像一种无形的力量,在最近的七八年开始牵引着我的注意力。与第二帝国宪法教义学思维的客观化教条不同,本书认为必须将关于人之道德主体地位的历史哲学(关于历史的哲学)与政治道德(关于政治的道德)引入宪法史与宪法理论研究。

支撑这个基本立意的智识资源根植于我个人对现代法治与现代宪制史的粗浅研究,也就是说,我是在研究起源于西部欧洲的现代法治史与现代宪制史的过程中识别到德国宪法史的根本问题的。而对德国宪法史根本问题的"历史的"与"哲学的"思考,又帮助我进一步意识到正在借鉴德国经验的我国宪法教义学所面临的挑战。为更好地向读者诸君交代支配本书的深层思想背景以及这一思想背景与现代德国宪制史的关系,我在这里简要概述有关键意义的几个知识板块。

二

2005年博士毕业到中国政法大学法学院工作后,我最初主要为本科生讲授外国法制史。受课时的限制,同时也基于教学内容内在体系化的考虑,课程没有像传统外法史课那样囊括伊斯兰法、印度法等内容,而是聚焦于西方法律史。授课的基本思路是:打破国别史与编年史、思想史与制度史的僵化划分,以问题为导向,采取专题的形式,对塑造了西方法治传统的历史动力、基本元素与制度机制的发生、发展、变迁进行整体史考察。

这里所说的整体史考察,转化为经典法律社会学的话语体系,就是要去解答:为什么一种称为自由—民主(liberal-democracy)的政治统治结构,一种叫作资本主义的生产方式,一种体现为有限国家的法理型支配类型最初只是发生在西部欧洲?这一揽子机制与现代化、现代性、现代宪制是什么关系?这一揽子机制在20世纪以降又面临哪些挑战、出现了哪些危机?

设计这样的讲义体例,一个重点与难点在于:需要对十几个专题之间存在的纵向历史联系与横向意义联结进行学术性的解释和理论上的阐发。这不仅要对法治发达国家法律演进的事实有相当的了解,即从法律史视角描述内部多元的"western cultures",而且需要诉诸经典思想体系对这些事实进行"历史哲学"阐释,即提炼多元"western cultures"背后那个共享的一元的"culture"。具体到宪制领域,这个"一元"就是指自由—民主制,转化为政体类型学,就是现代共和政体。此处有必要说明的两个相关问题是:其一,这个讲义体例只涉及法治发达国家内政体制法治化的演化史及其所揭示的制度原理,至于近代国际关系视野下西方诸国殖民史涉及的国际法问题,它们对阐释法律的本质虽然也很重要,但需专门的课时去讨论。法学研究必须辩证看待国内法与国际法思维的不同,既要正视西方帝国对外殖民史折射的道德悖论,又要认识到法律与法学内在的一般性与科学性。其二,奠定这个讲义智识基础的那些学术与思想传统不是有关法律及法治的全部真理或唯一的分析框架,但它们是讨论有关法律与法治事务中的真理问题时不能回避的经典知识参照系。法科学生有必要知悉这些法律思想传统与学术理论范式。课程鼓励有能力的同学对这些知识与思想传统提出挑战(尽管实践表明这对他们来说有些难度)。阐明这两点对本科生进入宪法史与宪法理论学习非常重要。

基于课程议题的广泛性与复杂性,我主要引入了韦伯(Maximilian Karl Emil Weber)的理论社会学体系(主要指其法律社会学、宗教社会学、政治社会学)和伯尔曼(Harold J. Berman)《法律与革命》指示的那种法律研究范式(他是对西方法与苏联法有精深研究的法律史学家,对马克思[Karl Heinrich Marx]与韦伯的社会理论都很重视),作为指引授课的基本思想方法(尽管这二者不包括这门课程涉及的全部思想方法)。

在这些理论知识的基础上,课程运用法律史与政治哲学两个知识系统,力求阐述对理解西方法治传统有结构意义的三大基础命题群。

第一,法律虽然在形式上可能首先会被理解为不同世代诸多静态的规则或规范,但实际上,法律更是一门既世俗又神圣、有千年历史的学问,它既是永恒的又处在流变之中。西方文明对法律的本质、功能与局限的思考,久远而深厚。这意味着首先需要在古希腊—古罗马构筑的古典道德、古典政治哲学语境中探寻法律与法学的智识源头。这个智识源头是前基督教的、以世俗化的人与政治共同体为观察中心的。它构成理解西方法律传统的第一大知识板块,富有纯粹智识的魅力。

更重要的是,这个充满古典人文主义与古典共和主义思想气质的板块对西方法律在近现代的转型具有历史意义,因为古典人本—共和传统在近代早期的复兴与创造性发展,正是西方社会与法律实现古今之变,亦即实现所谓现代转型的文化与思想基础。

第二,基督教在中世纪欧洲取得政治—法律支配地位的历史,和16世纪宗教改革后天主教会丧失绝对支配地位、世俗国家跃居政治中心、政教权力格局不断理性化的历史,是理解西方法律传统的第二大知识板块。它具有结构与思想的双重意义,涉及基督教作为最深重的一种意识形态的去意识形态化进程,涉及政治的除魅、政教分离的总体结构与政治的世俗化。亚里士多德(Aristotle)与罗马法精神在12世纪的欧洲"王者归来",是撬动这个进程的一个重要知识动力。它促进了基督教神学与古典道德哲学、古典政治哲学的理性对话,带动基督教化的西欧出现了第一次广泛的人文思想复苏与政教体制革命,"信仰"与"理性"的关系得到一次根本性的重构。"信仰"是否可能理性化,成为贯穿政治与法律演化过程的深层问题。正是在这种政教伦理理性化的进程中,法律逐渐发展出区别于道德、宗教、政治的相对自治的文本、体制与思维模式,法律被认为应该获得相对于宗教权威及世俗国家权威的独立性与至高地位。这意味着要置身于文艺复兴、宗教改革、启蒙运动的纵向脉络,去考察自由—法治在西方诸民族国家间的横向演进。一个有体系意义的内容在于:分析作为政治经济学形态的古典自由主义如何在政教体制理性化的演进中浮出水面,并成为17世纪后占主导地位的一种思想形态。

第三,现代意义上的共和制宪法及其观念系统在主要法治国家的奠基,是以政治的世俗化和政治的除魅为政治伦理基础的复杂历史进程。现代政教格局与政治伦理理性化在17世纪晚期的英国最先得到制度化表达,自由宪制的价值与制度原理不断得到有代表性的历史演绎（英国共和革命没有缔造出成文宪法,但它何以是公认的自由宪制的历史源泉,这是另一个重要问题。囿于篇幅,本书暂不讨论）。在随后一个世纪的美国与法国,迎来了现代共和革命的第二波高潮。作为一种新的政治统治形式之法制表达的现代成文宪法,就出现在这波环大西洋的共和革命浪潮中。它们与英国革命共享一些基本政治道德原则,又有对发生于英国的第一次现代共和革命的超越。对沉潜于现代共和革命中的政治道德原则体系展开建构或解构、论证或辩驳,正是现代政治哲学、历史哲学与法哲学的恒久主题。这是理解现代法治与现代宪制传统的根本问题时要重点关注的第三大知识板块。

这个板块具有承前启后的知识意义。承前,是指现代法治与自由宪制在西方的出现与发展,是一个复杂的历史累积与演进过程,有相应的社会文化与思想动因;识别其中那些带有一般性的课题,是宪法史与宪法理论研究的题中之义。启后,是指在此后的19、20世纪,包括德国在内的西方诸国的宪法—法律发展道路以及20世纪西方法治出现的危机,均与这个板块揭示的文化与政治传统的内部演化、变迁有直接关系。具体言之,在19、20世纪,无论是欧洲还是美国都出现了不同程度的大众民主化浪潮,其实质是,在第一波、第二波共和革命中开花结果的自由—共和体制面临新的历史挑战:自由主义如何回应并满足普遍的大众民主化诉求？

从马克思主义的视角看,这个问题的实质就是在资本主义的政治、经济、社会体制下,更广大的无产阶级的平等解放及他们在世界范围内的联合的问题。马克思本人对这些问题的思考在1848年前后是有变化的。从韦伯的理论语境看,问题的实质则是资本主义社会的政治、经济、法律等诸秩序机制如何能不异化成新的、戴着理性化面具的压制工具？自带铁笼困境的现代资本主义社会是否具有自我更新与改造升级的可能性？值得特别考察的是，法律在马克思与韦伯的社会理论体系里所占据的位置、被寄望的功能并不相同。

课程推进到第三板块覆盖的诸专题时，会有一系列学术难题扑面而来。在我的理解中，这是一些与宪法学基础理论高度相关的问题。在过去十几年间，我对它们的认识也在不断深化。

这些问题是：第一，如何既从历史又从理论逻辑上，解释古典自由主义与现代共和革命、现代宪法的内部关系？进一步言之，如何理解自由与共和、自由与宪法、宪法与共和的相互证成关系？第二，在19世纪下半叶欧洲民主浪潮中孕育出来的伟大思想马克思主义，是如何回应这一揽子历史与政治哲学问题的？经典作家或经典作家的追随者分别提出了怎样的思想方案与政治革命方案？这些方案在20世纪的成功对西方法治传统产生了哪些根本影响？如何看待20世纪后西方法治暴露的问题与危机？

总的来讲，在历史描述的基础上，分析自由—民主基本原则与制度框架在西方社会获得制度化的复杂基础，论证宪法法律与自由—民主之间相互支撑、不可偏废的均衡关系，是课程要阐述的第一层根本义理。还原这个根本义理的一般人性论基础与道德哲学内涵，思考它对中国法治现代化的思想意义，则是贯穿课程的另一个智识脉络。

16年的教学研究，使我对"法律领域的古今中西之变（辨）"这个总体问题有了更全面的认识。法律领域的古今中西问题，或许应分解为法律领域的古今之变和中西之辨。很多被界定为中西差异的问题，实质上是古今差异。古今之变与中西之辨，是非常重要的分析范畴。就宪制史而言，无论古今之变还是中西之辨，都与17世纪后古典自由主义的历史实践、历史形态、历史问题有关。17世纪后西欧出现古今之变，即从传统社会及思想形态向现代社会及思想形态转型。对这个持续400年的历史进程的政治、经济、伦理意涵,学术上用现代化及现代性加以抽象总括。古典自由主义的政治经济学及法律制度是塑造现代化与现代性的最初制度及思想元素之一。1840年鸦片战争以来,在西方古今之变中演化出的一系列制度与文化元素开始冲击并影响古老的中国,刺激中国出现古今之变,即中国从传统社会及思想形态向现代化社会及思想形态转型。由于中国自身历史的悠久与民族文化的深厚特质,也由于中国的古今之变是外部刺激下的后发现象,中国的古今之变必然带着中西差异的外观,因而必然引发制度与思想层面的中西之辨。沿着这个思路去看1905年以来中国法律近现代化的历史进程,能更理性地辨析中国法律领域的古今之变和中西之辨问题的边界,厘清有关问题的边界对我国宪制理论的现代构建尤其有意义。

另一方面,法律史研习使我对"法律是一门怎样的科学?"这个基础课题不断产生一些新认知。2013年后我决定新开一门课去提炼、总结这些新认知,同时也是有意识地促使自己不断去"遭遇"新问题。我选择了法大本科生课程体系中的"法学学习方法与论文写作"这个载体,尝试在新的问题域中推进法律史研究与法学理论之间的知识互动。将这种内在的知识关联传授给法学学子是重要的,不仅因为这些未来的职业法律家必须能从更立体的知识维度认知法律的复杂属性,而且也因为他们作为从事法律职业的现代公民更需要深谙历史理性与政治理性。因此每年春季方法论课程的一个重点内容,就是以宪法史为实体,对法律与法学的科学性这个一般性问题进行二阶观察——这里所说的二阶观察,是说如果宪法也是一门科学,那么它到底应是一门怎样的科学?为什么要说宪法学必然也是一门历史性的和哲学性的科学?

透过法律史研究,我获得的一个基本教益,是宪法学的终极原理关涉道德哲学与政治哲学;而所有道德哲学与政治哲学都处在历史这种场域之中,都与历史有关,因此宪法研究必然包含着道德哲学与政治哲学的形而上学属性。宪法研究不能完全实证主义化,它应致力于在实证政治秩序中推进德性政治而不只是政治经营。宪制理论研究要为形而上学保留应有的地位,概因形而上学属于人的本性。

因此,秋季学期的外法史课与春季学期的法学方法论课这个搭配,并不是一个随意为之的组合。它们包含着我个人对理论研究与法律教育之间理想关系的一种期待。这是一种什么样的期待呢?就是透过法律史研究去分析自由民主法治所需要的政治道德原则,去思索实现形式法治国与实质法治国有机统一所需要的观念与制度基础。自由—民主与法治的关系应是,前者是对后者的界定,前者决定后者的品质,它们是一个 package(整体性的一揽子方案),宪法就是这个 package 的最高法律代码。

三

正是在讲述西方法治现代化历史演化图景的过程中,我深切地感受到了 19 世纪后德国宪法与法律发展道路上一些现象的独特性,并且意识到,导致那些独特现象的最深层根源是德意志的"民族权势政治"。现代早期以降一度极为缺少民族政治的德意志,最后比任何其他西欧国家都更热烈更极端地追求民族权势政治。这个趋势深刻影响了德国宪制史。

德意志民族权势政治的起步,与 1648 年《威斯特伐利亚和约》签订后德意志地区的深度政治分化有关。这个历史进程包含复杂多维的外部与内部意涵。从外部看,在英法美等国于 18 世纪末期先后初步完成现代共和政体建构的时候,德意志地区依旧是一个文化上的地理概念,它实际上缺少现代民族政治的传统与制度建构。从内部看,现代早期德意志地区内部政治环境的基本特点是:残存的德意志-神圣罗马帝国的中央权力持续衰弱、地方邦国及城市力量相应壮大,这是宗教改革后德意志地区政教局势的一种延续。马克思敏锐地认识到这个事实的重要性,他认为1648年条约进一步肢解了德意志,使其此后更不可能与现代西欧各国同步登上政治解放的阶梯。

本书将阻碍德意志同步登上马克思所说的政治解放阶梯的最主要事态概括为"德意志普鲁士化",但德意志普鲁士化是一个逐渐累积直到发生质变的历史进程,高潮先后出现在18世纪下半期和19世纪中后期。这两个时期,处在帝国北部的普鲁士崛起,伴随而来的是普鲁士体制的诞生。普鲁士体制是一种强调世俗王权可以凌驾于所有教会之上,强调君主集权与行政本位,兼具军事国家主义与家长制福利国家色彩的现代专制。在俾斯麦(Otto von Bismarck)统一德国后,这种体制越来越深入德意志政治骨髓,包括一些历史学家和宪法学家在内的德国知识界将这个体制视为历史必然性并不同程度地将其神圣化。从国家哲学上讲,普鲁士体制的国家观是一种权势国家观。用19世纪德意志最重要的主流历史学家特赖奇克(Heinrich Gotthard von Treitschk)的话说,国家的本质第一是权势,第二是权势,第三还是权势。权势国家,主要指国家要将追求民族政治权势作为第一要务,民族权势就是德意志的国家理由。促进自身权势的增长不仅是国家的道德权利,而且也是国家的道德义务,因此,作为民族权势政治之载体的国家享有道德上的至高性。法律,无论国内法还是国际法,只有在对增进国家权势有利时才被认为真正有意义或约束力,因此就根本价值序列而言,国家高于法律。

比较法律史研究的一个任务,是分析这个总体历史局面;更具体而言,也就是要分析马克思曾尖锐批判的包括德意志历史主义在内的"德意志意识形态"对德国法律发展道路的深远影响及后果,并且需注意到,它对德意志私法和宪法的影响是以不同的形式、不同的强度体现出来的。

从私法角度讲,在1871年统一之前,长期的政治分裂对德意志地区私法的影响主要体现在以下几个方面。其一,帝国层面政治的虚弱导致德意志私法法域多而杂,大大小小的公国领地城市的私法没有实现某种统一或综合。比如普鲁士邦普遍适用1794年《普鲁士法典》;在莱茵河区域主要适用1804年《拿破仑法典》,局部适用1809年《巴登法典》和1863年《萨克森民法典》;在石勒苏益格—荷尔施泰因地区适用1683年丹麦法;在巴伐利亚部分地区适用1811年《埃斯特帝国民法典》。这些法律分别用德文、法文、希腊文、拉丁文、丹麦文书写,每一种法律的体系又随着各地地方法与习惯法的变迁而变化。其二,由于缺少统一有力的国家层面的政治与司法机构,因此也就缺少对纷繁复杂的各种习惯法、地方法进行系统整编与学术研究的动力,也就难以形成具有全国规模与影响力的法律职业阶层。这与同属大陆法系的法国的同期情况形成鲜明的对比。法国政治统一步伐较早,法国法学家阶层与王室法院共同致力于统一国家所需要的普通私法研究。其三,长期的政治分裂客观上使得推动德国私法统一的力量不像法国那样可以借助国家级的最高法院与地方法院系统,而是主要依靠学院里的罗马法的学术继受。

这就促成了现代早期德意志私法发展道路的一个特点,即法学教授主宰德意志私法智识生活长达几个世纪之久,而这种智识生活的核心内容首先就是对罗马法的重构或者说创造性转化。由于对罗马法的研究、继受主要集中在大学里,由教授阶层推动,德国私法发展带有浓厚的学院派色彩,也奠定了此后德国私法研究的科学化基调。精致的民法教义学体系就是德国私法科学化发展的产物。

德国私法学家对罗马法的研究历经中世纪到19世纪的数百年,底蕴深厚、前赴后继,在不同历史阶段又呈现出不同的时代与方法论风貌,因此形成了不同学派的流变。截至19世纪末期,一个最简化的发展轨迹是:从理性自然法学派到早期哥廷根学派,从早期哥廷根学派到萨维尼历史法学派,从历史法学派分化出罗马学派与日耳曼学派,从罗马学派又演化出潘德克顿学派和利益法学派。20世纪后的德国一般法哲学是从这棵树上不断开出的枝蔓。

纵观德意志私法学的发展,有3个关键点具有法律文化意涵。第一,在1789年法国大革命之前,与整个德意志思想还散发世界主义与启蒙思想光芒相对应,德意志私法研究处在理性法主导时期。经由普芬道夫(Samuel Pufendorf)和沃尔夫(Christan Wolff)的努力,理性自然法理论成为18世纪前期德国法学家研究罗马法的思想范式。这是一种试图按照几何学和自然科学思维去研究民法的思维,它带着17世纪以来欧洲出现的科学主义与世界主义的精神气质。第二,18世纪后期,随着浪漫主义运动的广泛影响,随着德意志的智识与政治氛围都开始向浪漫—历史主义转向,理性自然法理论逐渐遭到批判。历史主义作为一种文化与思想趋势,并非德意志独有,它在西欧各国均出现过。不过,与此前在英国、法国等地出现的自由历史主义、人文历史主义相比,德意志的历史主义是一种格外强调德意志民族性的浪漫—历史主义,是一种新的关于民族和民族国家的世俗宗教。到黑格尔那里,源自浪漫主义的"民族宗教",或者说,作为一种世俗宗教崇拜的"民族"元素,被进一步哲学化地提取出来,形成一种辩证—历史主义哲学。德国思想与政治文化此后深受其影响。这与普通法世界的情况形成一些有趣的对比。休谟(David Hume)曾经说,关于英格兰民族的共性,人们唯一有把握的是英格兰民族根本没有共性,较之其他很多民族,英格兰人拥有的民族性是最少的,除非这个特点本身被视为一种民族性。但在19世纪后,"德意志民族性"越来越成为价值评估的中心。第三,在蕴含民族性崇拜的浪漫—历史主义席卷德意志的背景下,一种更注重历史经验和实证观察的思想方法逐渐取代理性自然法学的唯理主义演绎。以胡果(Gustav Hugo)为代表的哥廷根学派逐渐崛起。该学派强调自然法与实在法的二元区分,强调历史与经验对法律研究的重要性,强调要以新的方法去研究罗马法和其他法源。按照该学派的理念,罗马史、古罗马国家的法与私法、现代欧洲国家一般法学史与德意志帝国史、德意志各邦的历史与政治都应成为法学研究的素材。胡果的理论在随后由萨维尼(Friedrich Carl von Savigny)开创的历史法学派那里得到发扬。而萨维尼的历史法学派奠定了19世纪后德意志理性地拥抱罗马法、继受罗马法、再造罗马法、开展德国私法典编纂的学术基础。

需要特别指出的是,虽然研究罗马法的学术方法与学术流派发生了复杂分化,但无论如何,罗马法作为一种理性法源和法学知识体系,还是获得了普遍的权威地位和压倒性优势。值得思考的是,严格而言,罗马法原本是罗马民族的法,并非日耳曼-德意志民族的祖宗之法,如果考虑到19世纪后德意志日益普鲁士化、普鲁士日益民族主义化这一背景,那么,德意志对罗马法的继受就更有诸多耐人寻味之处。

它说明了人类法律继受中的什么规律?是否说明罗马法蕴含着能被不同世代、不同民族的人民接受的世俗生活理性?说明私法的继受相比于公法可以更少受到政治的影响?还是说,私法的继受本身也顺应或吻合了19世纪普鲁士—德意志国家建构与发展的时代需要?这让我不由地想到著名法学家江平先生关于罗马法精神在中国的复兴的演讲。法律史的很多研究能揭示,法律与法学中很多问题,一旦还原或降解为人与人性的问题,一些认知壁垒就能被打破,就能豁然开朗。作为现代民法之母法的罗马法在西欧其他非罗马民族间的继受不正是一个典型例子吗?

概括而言,通过几代德国私法学家特别是历史法学派的系统研究,凝结了世俗-自然法理性精神、蕴含丰富的法律概念与法律规则与个案决疑术思维的罗马法,征服了德意志。经过学院派法学家精细构造后的罗马法,以新的学说汇纂体系的面目与日耳曼习惯法元素融合在一起,凝结在了1900年《德国民法典》中,因而在事实上成为德意志民族私法精神的组成部分。借用唐纳德·凯利(Donald Kelly)的概括就是,无论胡果还是萨维尼,实际上都主张将一般私法"规范"与德意志本土私法的千头万绪即诸"事实"连为一体,面对事实但又超越事实,面对实在法又超越实在法,建构有理性特质的法律体系。总之,19世纪德国私法学实为"规范"与"事实"的集大成者。

因此,如果以法国大革命为分水岭,以1900年《德国民法典》诞生为高潮,可以说,从18世纪末到整个19世纪,以全面继受罗马法为核心知识推动力的德意志私法发展与私法学的科学化进程,是一以贯之、成就斐然的。19世纪中期以后不断加剧升级的德意志政治上的普鲁士化并没有造成德意志私法智识生活的根本断裂或者说转向。这个进程的实质是德意志在私法领域创造性地继受了一种最普遍的世俗的自然理性法体系,初步完成了私法一般原理与本土资源的对接。

但是,19世纪后的德国宪法史,情况极为不同。一方面德意志宪法学家不断借鉴私法学方法,试图在宪法领域建构起类似潘德克顿民法学那样的教义体系,这就是19世纪德国宪法教义学技术思维的滥觞。然而,与这个宪法教义学化进程相伴相随的,是德国宪法思想的挣扎、对抗、断裂。更确切而言是指,德意志与作为现代西方宪制领域共同价值基准的自由—民主制渐行渐远,德意志宪法思想越来越背离启蒙运动以来的理性自然法与人权传统。"德意志民族性"与"民族权势政治"以压倒性的优势支配德国的宪法思想与宪制发展。当代德国宪法学家默勒斯(Christoph Mollers)曾坦言,在宪法方面,德国并不存在一个美好的旧时光,如果一定要在19世纪寻找,就必须忽略政治自由。

那么,在19世纪欧洲语境中,政治自由是什么呢?按法国政治哲学家皮埃尔·马南(Pierre Manent)的说法,它本质上是出于自然的一种灵魂激情和行动能力。无论民主还是民族主义,只有与它融贯在一起才能在共同体政治生活中确保个人的自然自由。因此它是自由—民主制的基本构成原则。转译为宪制范畴,自由—民主制反对任何形式的绝对权力,关注实现权力控制的法治手段,所以政治自由也就是针对权力而言的自由,是一种关系中的自由,是为维护人在权力面前之道德主体尊严的自由,是防卫性与保护性的自由。依据这个界定,政治自由不是唯一的自由,但它是其他自由的基础;政治自由不是至高的自由,但它是最基础的个体的自由。政治自由对法治与自由宪制的关键指征意义,早在孟德斯鸠(Montesquieu)考察英格兰宪制时就被特别指出,孟德斯鸠认为英国之所以是现代法治与自由宪制的历史源头,就因为它是最先确立政治自由的国家。

至此,就有一连串对比与疑问紧随其后:19世纪后的德国,一方面私法科学成就斐然,效仿私法学方法建构的宪法教义学也不可谓不精细,但另一方面,为什么它的宪法史却被认为是一部缺少政治自由的历史?19世纪后的德国,一方面有精致的法治国传统(Rechtsstaat),但另一方面,为什么德国法治国模式又被认为与源自英国普通法的现代法治(rule of law)存在根本差异?此种不同体现在宪制领域具体是指什么?宪法与宪法教义学,在具有深厚的法教义学传统的德国法治国历史情境中,分别是一种怎样的存在?民族政治与权势国家的合流,如何深刻地削弱了自由—民主制在德国的历史根基?此间累积的政治文化及思想传统和1933年后纳粹极权统治的降临存在何种亲和性?

总的来说,在以上专题板块勾勒的西方法治史演进图景中,在依托此一历史图景而推演出来的自由宪制根本义理体系中,德国作为一个特殊问题不断浮现和凸显出来。如何从历史与政治的纵深背景去解答现代宪法史上德国问题的独特性及其复杂意涵,如何更整全地理解发生在德国的对自由—民主制的反动及其历史效果,如何去补强和完善兼具职业教育与博雅教育意义的法律史课的讲义体系,就自然而然地成了摆在我面前的一个学术任务。本书始于这一系列追问。

四

"沉思执着于追问,而追问乃通向答案之途。如若答案毕竟可得,那它必在于一种思想的转换,而不在于一种对某个事态的陈述。"①我对海德格尔(Martin Heidegger)哲学仅有粗浅涉猎,海德格尔的人格还被世人指摘,但他在阐发"存在与时间"的哲学课题时说的这段话,让我印象深刻并产生强烈共鸣。也许正是因为这些年我对现代宪法的道德本质的持续思考,恰恰就是从追问开始的。所谓"问"是虔诚的"思",在"问"中"思",又因"思"而"问",在反反复复的"问"与"思"间,不断体悟宪法史研习者应保有的知识诚实。

栖居在本书中的"问"与"思",面向现代宪法的历史起源与道德哲学基础,从某种意义上讲,何尝不是对"宪法之存在与时间"的一种

---

① 〔德〕海德格尔:《面向思的事情》,陈小文、孙周兴译,商务印书馆1999年版,第68页。

"思"？如果说每个事物都有它的时间，每个事物都是在时间中存在，并通过时间而被规定的东西，那么，宪法也是一个有着时间性的事物吗？宪法的时间性与宪法的本真性之间存在何种关系？宪法的本真是否也如其他事物一样，是从时间的不断流逝中被道出的？如何去定义具有时间性的宪法这个崇高事物的本真？又该如何去定义现代宪法时刻及其在中国的降临？

哲学家喜欢说，在无法判断是非、履行判断责任时，先小心深思。不要仓促地用未经检验的观念去"侵袭"事情，而是谨慎地沉思事情。去思——宪法史中那些思想的事情，或许的确能让"宪法的本真"或多或少面向我们而呈现。

栖居在本书中的"问"与"思"，是朝一些遥远又切近、平凡又伟大的思想者的思想走去，是徘徊在那些思想者世界里的思想之旅。它们历经过去、面向未来，犹如空间中的时间，带着无限的空，处在所谓远离实用生活智慧的沉思的境地。在迷恋实用主义与实证主义的时代，这样的问与思也许会遭遇不屑与嘲讽。但是，真诚地说出自己的知与无知，记录自己在无数似懂非懂间对宪法本真问题的思考，表达自己在无数将信将疑间对普遍道德法则抱持的信念，我想也是学者体验何为知识诚实的一种方式。

诚实的面向宪法的"思"，或直接或间接，都与另一些基本问题相关：政治应该是什么？宪法与政治应该是一种什么关系？如果如经典社会学所定义的那样，政治是追求权力和影响权力的活动，那么，权力又是什么呢？韦伯在《经济与社会》中下过一个社会学定义，大意是：权力意味着行动者将会处在一个能够不顾他人的反对去贯彻自身意志的地位，并且这种地位带有必然性。这个概念看上去波澜不惊，但学术史上公认的看法是，它将权力与意志联系起来，也就是将权力与人类的精神现象联系起来。因此这个定义被认为实现了一个飞跃——对古典政治哲学中的权力概念的一个飞跃。"飞跃",是说它告诉我们,需要跨过古典的道德视角,亦即在道德视角之外还需要添加一种非道德视角去科学地研究权力与政治。

霍布斯(Thomas Hobbes)在《利维坦》中现实主义地分析过,权力的(因而也有政治的)永恒魅力与巨大能量,归根结底,都源自人类肉身与灵魂深处存在的诸种欲望与激情。霍布斯将此种非道德视角平等地推及所有人,并指出如果要科学地研究政治、国家与法律,首先就要对人类生活中无所不在的欲望与激情进行非道德的研究。对欲望与激情的研究是帮助人类缔造理性国家的前提,因为国家就是放大的人性。而霍布斯从非道德视角研究政治与权力的理性化的终极目的,又是为证立自由与平等的元规则地位,探寻在政治国家状态下自由—平等与实证法秩序的平衡。

在霍布斯对自然状态下人的各种激情面相的描绘中,每个人都可能看到自己的影子,看到作为自然人的我们每个人的精神世界中,不同程度地存在着诸种激情。它们或神圣或邪恶、或庄重或轻浮、或自愧或自荣、或怯懦或勇敢,不一而足。而在霍布斯对主权状态下人的描述中,每个人又能感受到,作为公民的我们,可能要直面政治状态下的诸种激情困境——好人与好公民、自然人与政治人的诸激情碰撞。内含平等主义与个人主义因子的霍布斯政治哲学深刻地塑造了18世纪后人类现代宪法运动深层的思想气质。

将霍布斯哲学中的种种激情困境转化为更具体的宪法思想,实质上就涉及一系列最根本的宪制伦理议题,即自然与政治、自由与主权的二元关系,个人主权与国家主权的边界及二者的和谐共存,等等。霍布斯以一种前所未有的非道德的态度和清晰的话语,开创性地讲述了这些二元关系的复杂性,冷静地展望了平衡这些二元价值的可能性。

鉴于人性的复杂性,国家这种利维坦,实乃一种理性的必要,它必须有"力"。但亦同样是因为人性的复杂性,这个利维坦还要有"道",它的力必须受到道的限制。借助对国家这种利维坦的力与道的系统哲思,霍布斯宣示了现代政治因而也是现代宪制的一个奥义:理性的政治基于政治的除魅,理性的国家基于国家客体化。

以如此理解的霍布斯主义与国家主权理性作为前见,去观察200年来现代人类社会的宪法史,一个有些天马行空的念头始终萦绕在我的脑海中。这个奔涌着的念头就是,在"人的灵魂"与"宪法的灵魂"之间应存在着复杂的义理关系,正是此种内在义理联系可以助力解释:为什么人民要服从宪法? 让人民服从的宪法应具备何种内在道德基质?这实际上是说,宪法学中也存在着一个根本性的道德命题。这个命题指示我们去思考:使一部宪法具备正当性的道德根基到底是什么? 宪法基础理论要讨论的是:在哪个层次,宪法与道德应贯彻结合命题? 在哪个层次,宪法与道德又应贯彻分离命题?

从历史视角着眼,我们可以在马基雅维里(Niccolò Machiavelli)与霍布斯那里看到构建此种义理关系的最早的政治哲学桥梁,可以在第一波、第二波现代共和革命那里看到构建此种义理关系的最早宪制实践。但是,在1800年以来的德国宪法史中,我们将看到此种义理关系的历史断裂和历史异化。

那么,有关宪法与道德、个人主权与国家主权之根本义理关系的断裂及异化,对德国历史与世界历史造成了哪些后果? 在当代世界,反思历史上出现的那些根本断裂及异化还有意义吗?

对这个问题,阿伦特(Hannah Arendt)的思考可能最富有张力与代表性。她成长在魏玛德国,又亲历纳粹德国,还见证了战后德国拨乱反正走向政治理性化。但这位思想家却说她不太相信依靠所谓"历史教训"能指示未来可能发生的事情,她认为这只不过是略胜于巫卜之术的天真想法。不过,阿伦特又在字里行间反复提醒世人,过去不仅从没有死去,甚至也从没有过去。如何理解阿伦特这种模糊不清的历史意识呢?或许应该说,就人们是否一定能从某个具体历史事件中吸取教训这点而言,她是悲观的。但她试图超越这个层次去执着地思考一个这样的问题:过去——过去的思想与行动——在现在如何被体验到?

对这个问题,阿伦特并没有给出具有实操性的思维导图,不过,提出这样的问题本身已经足够激励人们去独立思考。在当下这样的世代,如何去体验过去200年间人类宪法史的正反经验?在已经到来且方兴未艾的信息技术革命时代,一个良善共和国的建构、维持和现代共和政体的均衡发展,还是与对人类及其历史的真正反思理解有关的一种智识问题吗?按沃格林(Eric Voegelin)的见解,如果历史本身就是宇宙秩序的一部分,那么,历史对思考当下与未来是否应具有范式重要性?

这些问题都不是通过纯粹的唯理演绎和即刻的实证观察能清楚回答的,它们带有哲学性,也许永远没有确定的答案。但是,阿伦特指出,通过谨慎独立的哲学反思,人们得以可能去履行我们作为真正的人的判断责任,这是一种道德责任。托克维尔曾言,在危机时代或独特的转折时期,过去不再把它的光亮投向未来,人类的心灵在昏暗之中徘徊。阿伦特亦曾焦虑着托克维尔的焦虑,但她又富有力量地指出,心灵跌入昏暗固然让人沮丧,但也最清楚地指示出一种强烈的需要,即重新思考人类责任的意义和人类判断的意义的需要。基于这种悲观但又不放弃的信念,阿伦特竭力去论证奠定人类道德思想的那些奠基性原则,并坚信这些道德原则超越了各个历史时代和世界的偶然性而必然存在。

在围绕本书议题而读书思考的这些年,阿伦特的这个"总体历史"信念把我迷住了(当然也可能是迷惑了我),部分是因为这个信念本身的美和善,部分是因为它与我在研读宪法史的过程中获得的知识与历史教益很合拍。

1848—1945年间影响德国宪制演进方向的一个根本政治情势正是,那些奠基性的政治道德原则不断被边缘化,直到最后被摧毁。取而代之的是建立德意志民族权势政治乌托邦的激情——在沃格林笔下,那是19世纪后期德国人共享的时代激情。民族作为想象的共同体,民族情感作为一种自然情感,本来都是美好的。但1870年后泛德主义式的极端民族情感的崛起,在德国酝酿出的政治激进与暴虐比任何其他西欧国家都更严重。这加剧了19世纪后半期德国自由主义的非政治化和德国政治的非自由化。前者是指德国自由逐渐被界定为是同唯心主义的义务观与浪漫主义的个人观联系在一起的非政治概念;后者是指普鲁士式君主专制国家结构被论证为是最适合德国人特质的一种历史必然性。此种必然性叙事本质上是一种现代政治神学。魏玛时代以来德国最重要的宪法理论家施密特(Carl Schmitt)将德国传统政治神学进一步升级换代。自由—民主作为一个非德国的外来物日益遭到道德谴责。德国人虔敬地相信他们的个人自由尊严可以和他们念兹在兹的德式恺撒制国家专制结构并行不悖。这不仅因为俾斯麦克里斯玛型魅力的感召,而且也因为19世纪中期以后德国越来越浸润在一种文化观念中,即个人尊严与自由乃是纯粹精神事务,而不是一个与政治有关的实践理性问题。这种独特的德意志心志,既是观念又是存在,既是原因又是结果,使我们理解到弥尔顿·迈耶(Milton Mayer)所说的,"数个世纪里对权力的臣服已经把德国人敲打成了顺民",使我们明白为什么19世纪中期后的德国一度不再是康德(Immanuel Kant)的国家,并最终成了希特勒的国家。本书力求阐明，无论第二帝国还是魏玛共和国时期，德国宪制与宪法思想呈现的内部张力及根本困境，都需要在这些政治文化背景下去考察。而1933年后《魏玛宪法》活着死去，纳粹极权统治来临，很大程度上是前述非理性因素累积到临界点后结出的恶果。

历史学家伍德沃德（C. Vann Woodward）曾评论道，当西欧很多国家正在艰难地走出蛮族状态时，20世纪初的德国却仍有两代人在社会和政治价值标准方面出现大范围的倒退。他说的这个大范围倒退，延伸到宪制史领域，其具体内涵自然也要在整个19世纪德国政治与思想的纵深历史演进中去理解。置身这样一种历史处境与政治文化氛围，我们会更明白，为什么包括施密特这样的宪法学家、海德格尔这样的哲学家在内的无数德国知识分子，会带着独特的德式优雅，主动或被动、直接或间接地参与到摧毁那些政治道德原则的历史进程中，并都振振有词。

本书旨在初步勾勒德意志民族权势政治的根本趋势对其宪制史的方向性影响，同时也是在德国历史语境中去感受现代性与民主本身的内在悖论，去体悟在特定政治文化环境影响下宪法这种事物、宪法学这种学问、宪法学家这种志业的能与不能。但本书无意为特定历史现象或事件寻求像数学演算那般精密的因果关系答案，而是竭力呈现在全部因果关系的复杂链条中具有关键意义的思想或观念问题。从这个意义上讲，本书更像那只笨拙的刺猬，只知道做一件事——重视观念这个矢量，重申观念的力量。

这个格调源于一种认识论惯性，即任何对宪法是什么的研究都离不开对宪法应当是什么的思想。而对宪法应当是什么的思想，是事关宪法之道德本质的思想。按照霍布斯的知识类型说，道德哲学乃政治哲学的根基之一。以此推演，事关宪法之道德本质的思想也就是事关宪法之政治哲学基础的思想。这种本质性思想的内容与命题,需要各民族国家根据自身历史条件,具体地、常新地去从"人的自由与平等"这一道德原则中雕刻出来。各国人民雕刻它们的具体方式可能不尽相同,但无论如何,个人作为道德主体的尊严这一基本情调必须始终在场。

五

正是这个带着道德哲学与政治哲学观念去比较观察德国宪法史的思想过程,让我初步领略到宪制史研究的万千气象,也让我意识到宪法学研究既是法律解释的技艺,更是一门诠释的艺术与精神的科学,同时,也更深切地知道自己还远远不是很能"思想"。对很多内容与命题,我甚至尚未"思想"到。尤其是如果秉持道德哲学与政治哲学思维去考察现代中国宪制史,那"有待去思的东西实在太重大了",需要健全而成熟的理智、精湛的学术功夫,这些都是我尚不具备的。因此,这本书必然会存在很多缺陷或错误,欢迎学界前辈与同仁批评指正。

2021年6月于京西

第一章
现代革命与现代宪法

本书将现代德国宪法史放置在18世纪末期以降人类社会共和革命史的历史背景下进行考察。一个基本理由在于:现代宪法即规范意义上的自由宪制起源于现代共和革命,既作为政治革命又作为观念革命的共和革命,在19世纪初开始传播到德意志,自由宪制的观念与运动也随之来到德意志并对它产生了复杂多维的深远影响。这是意欲把握现代德国宪法史的精神基质与内在问题时不可回避的一个整体史视域。

一、作为历史理论的宪法理论

与现代社会中人的存在是历史的存在一样,现代社会中的宪法,其存在归根结底亦是以历史的形式存在的。有关现代宪法的理论,若要深入到政治道德的终极原理层面,必须同时是历史理论。在黑格尔历史哲学里,有关"历史"的理论或者说有关历史的哲学对一个民族永远都非常重要,就法律而言,"历史"更是一种可以用来发展和决定"宪法"(一种合理的政治状况)的主要工具。[①] 历史,从表象上看是关于人

---

① 〔德〕黑格尔:《历史哲学》,王造时译,上海书店出版社2006年版,第150页。

类过去事情的原始记载、知识或学问,但在根本上,历史更是关于当下与未来的精神科学,因为对一切"历史记载"或者说"历史记录"的理解,都是此在、此时的人的精神或意识活动,它必然带有哲学性,因而也就具有反思性。如果说对此种意义上的历史进行了最体系化之哲学诠释的是黑格尔,那么对此种意义上的历史所蕴含的人文意涵作出最伟大哲学阐释的则是康德。

1. 宪法在康德历史哲学中的规范内涵与特殊地位

康德在《在世界公民底观点下的普遍历史之理念》一文开宗明义地写道:"无论我们在形而上学方面为意志底自由形成怎样的一个概念,意志底现象(即人类底行为)正如其他一切自然事件一样,仍然按照普遍的自然法则而被决定。历史以记述这些现象为义务,而无论这些现象底原因隐藏得多么深,历史仍可使人期望:当它在大体上考察人类意志底自由活动时,它能发现这种自由底一个有规则的进程;而且在这种方式下,就个别主体看来是杂乱无章的事物,就人类全体而言,将可被认为其原始禀赋之一种虽然缓慢但却不断前进的发展。"[1]

这段话引出了康德的普遍历史范畴。它根据人类的意志自由,将全人类当作整体来探讨人类自由的进展。据此,历史所要探讨的主要对象就被抽象为"意志的现象",亦即人类的自由意志在现象界中的表现。普遍历史试图超越地域与时代之不同,将人类在地球上的各种活动当作一个系统来探讨,这一普遍历史概念意味着历史哲学上一种哥白尼式的转向。这个转向的实质是说,具有自由意志的人可以依据目

---

[1] 〔德〕伊曼努尔·康德:《康德历史哲学论文集》,李明辉译注,广西师范大学出版社2020年版,第3页。

的论的观点建构历史。这种历史既是关于人类过去的教训的"实用的历史",又是面向人类未来的"预测的历史"。

建立这种历史所依据的目的论原则是形而上学的原则,它既不能被经验证明,也不能被经验证伪。用逻辑经验论术语说,它不具有"可检证性"。在逻辑经验论者眼里,形而上学命题无意义或者说至少无认知意义,但康德却在若干形而上学原则中看出它们对于科学研究的意义,"目的论法则"就是其中之一。作为道德主体的、天赋自由的、理性的人就是人类全部科学研究的终极目的。普遍历史研究要根据这样一个先天的理念去理解人类历史,它是一种引导的学问,可以统摄各种特殊的历史。①

概言之,在康德的历史哲学和政治哲学里,有关人类事务的诸多规范性命题都不是从描述性命题那里得出来的。对于实际上的人类个体的行为具有指导意义的真正权威,既不是在自然世界、社会世界或世俗政治力量里可找到的,也不是在上帝那里可找到的。康德认为只能在实践理性那里去寻找。② 这种真正具有权威的实践理性准则是一种以承认所有公民都应得到平等对待为前提的道德准则,本质上就是一种关于人的尊严的普遍法则。康德的宪法哲学与此种平等主义的个体主义的普遍道德准则直接相关。

基于这个道德准则,"宪法"这种现象在康德历史哲学中被赋予超乎寻常的普遍历史地位。宪法与康德哲学,这本身就是一个奇妙美好的历史组合。康德的《世界公民普遍历史理念第八大定律》将人类的历

---

① 〔德〕伊曼努尔·康德:《康德历史哲学论文集》,李明辉译注,广西师范大学出版社 2020 年版,第 xiv、2 页。

② 〔德〕维托里奥·赫斯勒:《道德与政治:二十一世纪的政治伦理基础》(第 1 卷),罗久译,商务印书馆 2021 年版,第 88、89 页。

史大体上视为在国家之内和国家之间实施一部完美宪法的历史,因为他认为唯有在完美的宪法状态中,始能完全发展人的一切自然禀赋。必须限定的是,此种既有利于实现平等的自由法权又有利于阻止战争、促进世界大同的完美宪法应是一种共和制宪法,即所谓"每个国家的公民宪法应当是共和制的"①。康德推演了共和制宪法的若干基本原则,论证了共和制宪法内在原则的纯粹性来源于法权概念的纯粹性。这种纯粹性链条使康德的历史哲学在事实上成了共和制宪法规范性原理的一个关键哲学源头。

规范性宪制原理,是一种将"是"从"应当"那里分离出来的价值原理。宪法的规范性原理即共和制宪法的原理,乃是政治领域的一种定言命令。按照这种定言命令的要求,行动乃是一种道德义务。康德指出唯有在共和制宪法基础上建立的国家在道德上才可能是卓越的。

康德设想在建立了共和制宪法的国家里可以存在道德的政治家,但他认为绝不能设想一个政治的道德家。道德的政治家将治国的原则看成能与道德并存的人,亦即他根据道德原则来规定政治;政治的道德家将道德从治国的原则中踢出、驱逐出去,亦即他根据实际需要编造一套道德。②康德提出道德的政治家应秉持共和制宪法的规范性原理行事。这意味着一旦在国家宪法中或国家关系中发现无法防止的缺陷时,他们有道德义务尽速改善这种状态,竭力使国家的宪法能合于在理性的理念中作为典范而呈现于我们眼前的自然法(即使这可能意味着

---

① 〔德〕伊曼努尔·康德:《康德历史哲学论文集》,李明辉译注,广西师范大学出版社2020年版,第161页。
② 〔德〕伊曼努尔·康德:《康德历史哲学论文集》,李明辉译注,广西师范大学出版社2020年版,第186页;〔德〕维托里奥·赫斯勒:《道德与政治:二十一世纪的政治伦理基础》(第1卷),罗久译,商务印书馆2021年版,第90、91页。

牺牲私利)。①

康德历史哲学为笔者交代本书意欲表达的普遍宪法史理论提供了一种哲学上的呼应。普遍宪法史理论关注有关宪法的形而上学问题和宪法秩序下的人的存在论问题,因此它不能只是关于实存宪法规范的实证性的经验研究。普遍宪法史理论立基于有关人的道德地位的诸形而上学原则,比如人生而自由、生而平等原则。这些原则既不能被经验或科学实验证明,又不能被经验或实验否定或证伪,但这些原则对以作为道德主体的人为终极目的的宪法—政治科学具有根本引导意义。

2. 共和革命史对理解共和制宪法观的意义

对作为普遍历史理论的宪法理论而言,人类共和革命史具有前置性意义。不仅因为现代共和革命是酝酿了、承载了现代宪法这种开端启新的政治文明现象的历史实在形式,而且它们同时亦是审思现代宪法之本真性问题的最初智识源泉。此处所说的本真性问题,是指如何看待政治秩序中的人与政府状态下的人的存在。以哲学的方式言之,这个问题亦即宪法与存在的关系问题和宪法作为一种独特的存在的时间性问题。此处所说的最初智识来源,是说现代共和革命的时代同时也是包含复杂内部历史内容的启蒙思想时代。

发端于18世纪后期的美国革命和法国革命就是有关宪法与人的本真性问题的两件全新的历史事件。它们既是宗教改革后人类世界政治世俗化与理性化的重大进程,同时又是现代成文宪法史的开端。在这两次具有开端性的共和革命中,诞生了蕴含着现代政治道德内涵的

---

① 〔德〕伊曼努尔·康德:《康德历史哲学论文集》,李明辉译注,广西师范大学出版社2020年版,第186、187页。

成文宪法文献。在此之后,如麦基文(C. H. McIlwain)所言,制定一部成文宪法确认并保障个人自由、界定并限制政府权力成为一项传播到人类社会很多地方的政治文明规则。成文宪法最早出现在北美,其后到法国,由此传播到包括德国在内的几乎整个欧洲大陆,再到今天的大多数国家。①

从纵向历史脉络看,发生在美国与法国的革命及成文宪法运动,是最初发端于英格兰—尼德兰的现代共和革命的第二阶段。② 这个第二战场此后成为现代世界历史的中心。拉开一定的时空距离看,那个时代的价值不在于它创造了多少有形的物质财富,而在于它带给现代世界的巨大观念冲击。③ 那正是启蒙运动的时代,那个时代在观念上"繁荣昌盛",打开了伟大圣贤、伟大政治哲学家留在人类意识中的知识宝藏,出现了堪称伟大的立法活动。所谓18世纪有很多启蒙哲人,但是只有一个启蒙运动。从爱丁堡到那不勒斯,从巴黎到柏林,从波士顿到费城,批量出现的文化批判家、宗教怀疑家、政治改革家构成了一个内部不乏分歧的思想合唱,合唱世俗主义和世界主义,奏响自由的乐章,畅想人的德行与自由。④ 利用人类历史上积累的知识宝藏与人的现实存在进行对接,思考在政治统治方面人类如何可以成为自己命运的主

---

① 参见〔美〕C. H. 麦基文:《宪政古今》,翟小波译,贵州人民出版社2004年版,第10页; Bruce Ackerman, "The Rise of World Constitutionalism", *Virginia Law Review*, Vol. 83, No. 4(May, 1997), pp. 772, 781。
② 〔美〕伍德罗·威尔逊:《美国宪制政府》,宦盛奎译,北京大学出版社2016年版,第2、3页。
③ 阿克顿将这些革命均视为共和革命理解,参见〔英〕阿克顿:《自由史论》,胡传胜等译,译林出版社2001年版,第95—96页。
④ Edward S. Corwin, "The Higher Law Background of American Constitutional Law", *Harvard Law Review*, Vol. 42, 1928. 转引自〔美〕阿伦特:《论革命》,陈周旺译,译林出版社2019年版,第48页;〔美〕彼得·盖伊:《启蒙时代:人的觉醒和现代秩序的诞生》(上卷),刘北成译,上海人民出版社2019年版,第3页。

人、如何创设新的政治统治形式以便尽可能接近实现一些根本性的政治道德目标,正是承接着启蒙运动的美国革命与法国大革命蕴含的共同智识特征。

在深刻影响美国与法国成文宪法运动的复杂观念系统中,一个具有先决条件意义的历史因素是发源于英国的制度与观念财富:英国的不成文自由宪制及在这个宪制传统中孕育出的自由主义政治理论。尽管英国自始都没有迷信启蒙思想运动提倡的那种认为现代政府体制应有一部成文宪法作为标配的观念,1688 年"光荣革命"也没有直接产生出一部成文宪法,且英国对自由-民主原则的理解从未局限在是否要有一部写在纸上的宪法或是否存在独立的司法审查制度等因素上,但英国实实在在地是 18 世纪人类社会最重要的两个成文宪法历史事件的思想根源之一。英国不仅有人类历史上出现的最早的宪制政府,而且从某种意义上还是所有宪制政府之母。①

这当然不是说英国宪制的所有制度细节都被现代世界法治国家效仿,而是指从英国共和革命中出现了一种对现代世界而言非常重要的思想谱系与思想传承。古典自由主义和现代共和主义的若干开创性思想家比如霍布斯与洛克(John Locke)都来自英国,他们的问题与主义构成现代共和革命的重要智识基础。当源自英国革命的政治理论抛开其神学渊源,被翻译成政治学的科学用语时,它们就作为关于人与人性的科学知识而传到了美国与法国这两个国家。这些思想强大而持久,并凝结在美国和法国革命中,共同塑造了一种具有全新结构的宪制政府。②

---

① 〔美〕伍德罗·威尔逊:《美国宪制政府》,宦盛奎译,北京大学出版社 2016 年版,第 2 页。
② 〔英〕阿克顿:《自由史论》,胡传胜等译,译林出版社 2001 年版,第 95、96 页。

耶鲁大学宪法理论家阿克曼（Bruce Ackerman）曾将源自盎格鲁—美利坚与法国大革命，并在随后两个世纪波及世界的宪法政治进程概括为自由革命（liberal revolutionary）。他指出自由成文宪制理念席卷世界，本质上就是启蒙理性精神向世界扩散的进程。这一进程在1848年和1917年出现重大转折。

1848年欧洲自由主义革命失败是19世纪自由宪制史的转折点，因为革命失败后一个奉行军事国家主义与民族主义的普鲁士开始崛起并支配德意志地区。"整个19世纪，德国人的胸中始终翻滚着民族主义的怒火。"（威尔逊[Thomas Woodrow Wilson]语）①此后，德国自由主义开始走上一条与西欧自由主义截然不同的历史道路。1917年俄国十月革命的成功则是20世纪人类宪制史的转折点，因为其标志着人类社会出现了一种依靠无产阶级先锋政党的政治来替代自由宪制模式的历史模式。② 俄国革命及其引发的其他一些共产主义革命使一个新的世界诞生，这是无可怀疑的重大事实。③ 这个重大事实同时带来了对"革命"这个概念的一次重新定义，苏俄革命者获得了这一定义权，他们认为唯有列宁主义的革命才是真正的革命，而列宁主义之前的重大革命事件充其量是打着革命的幌子，因此，此前人类几次革命中诞生的有关正义的概念也都是不科学的和恶的。④ 德国自由主义革命的失败和苏俄社会主义革命的成功，决定性地影响与塑造了此后这两个国家甚至

---

① 〔英〕以赛亚·伯林：《观念的力量》，〔英〕亨利·哈代编，胡自信、魏钊凌译，译林出版社2019年版，第373页。
② Bruce Ackerman, "The Rise of World Constitutionalism", *Virginia Law Review*, Vol. 83, No. 4 (May, 1997), pp. 772, 778, 781.
③ 〔美〕乔万尼·萨托利：《民主新论》，冯克利、阎克文译，上海人民出版社2009年版，第89页。
④ 〔美〕布鲁斯·阿克曼：《自由革命的未来》，黄陀译，中国政法大学出版社2015年版，第1、2页。

世界宪制的历史。苏俄宪法理念-模式和1848年后德意志宪法思想传统与制度模式虽然存在非常大的差异,但二者在否定启蒙运动以来的自由-民主宪制的政治道德原则等问题上是趋同的。

阿克曼在世界史纵深背景中分析"World Constitutionalism"的历史意义、制度内涵与当代前景,并非什么独特的创新阐释。他的视角与伯尔曼对西方法律传统的阐述进路当然不尽相同,但二者的深层逻辑仍有一种内在的家族相似性。阿克曼以美国这个特定法域中宪制内部框架的200年变迁为素材,诠释宪法与革命这两者之间紧密的关系——这几乎可被看成伯尔曼"法律与革命"这一总体问题意识框架中的一个子课题。

伯尔曼曾开创性地将西方法律传统与西方世界6次重大革命存在的深刻内在关系凸显出来,他在《法律与革命》中细致入微地阐述了西方法律传统的10项文化与制度要素及其历史基础。在奠基与塑造了西方法律传统特质的那个庞大、复杂、多维的"历史基础"中,西方世界发生的6次重大革命可谓"历史基础中的历史基础"。伯尔曼将西方法律传统与重大革命的关系单独提出来,作为分析"法律与历史"关系时需要抓紧的那个最深层脉络加以单独阐述。换言之,"法律与革命"的深层关系不仅是"法律与历史"这一整体关系的题中应有之意,而且是最有决定性意义的那部分内容。

决定性地改变了西方法律传统的6次重大革命分别是12世纪的教皇革命、16世纪发端的新教革命(新教革命在德国具有国内革命的特征,指出这一点对理解德国宪法史具有重要意义),1688年英国"光荣革命"、18世纪的美国革命和法国革命、20世纪的苏俄革命。这6次革命均带有诉诸非法暴力推翻现行既定秩序的合法性悖论,伯尔曼既承认这一悖论,又论证这6次自带合法性悖论的革命何以意味着"全方位的"改变。

所谓"全方位的"改变,不仅是指新的政府形式、新的社会与经济关系结构、新的教会与国家的关系结构、新的法律结构得到创造,而且还指新的社会共同体的视野、新的历史前景与新的一套普遍价值和信仰。"法律"是这6次革命直接改造或间接影响的重要对象,伯尔曼认为新法律最终体现革命目标的程度标志着革命的成功程度。[1]

伯尔曼典范之作蕴含的深邃洞见对研究现代宪法史以及现代宪法史上的德国问题有重要的启发。当阿克曼说"革命与宪法,并非两个相互独立的过程,而是描述了自由主义政治变革的两面"[2]时,不过是在宪法史这样一个既具体又一般的法领域重申了伯尔曼的命题。作为西方法与苏联法的双重专家,伯尔曼比阿克曼更早也更系统地研究过自由主义与马克思主义这两种政治谱系下法律传统的历史演进与不同内涵。

指引本书的一系列深层问题正是:是否存在一种作为西方法律传统这一上位概念之下位概念的西方宪法传统?这个传统与西方世界重大革命中的哪几次革命存在直接的历史与智识关系?这个思想传统包含着哪些政治道德内容?1789年后的德意志地区是在怎样的历史背景下,以何种方式与这个现代宪法传统发生了历史性的相遇?德意志又在何时因为哪些复杂的历史因素而背离了这个西方传统?德国宪法思想与宪制变迁能给中国宪制理论研究提供何种历史教益?

由于现代宪法,无论英国的不成文宪法还是美国与法国的成文宪

---

[1] 〔美〕哈罗德·J.伯尔曼:《法律与革命——西方法律传统的形成》,贺卫方、高鸿钧、张志铭、夏勇译,中国大百科全书出版社1996年版,第21—24页。
[2] 〔美〕布鲁斯·阿克曼:《自由革命的未来》,黄陀译,中国政法大学出版社2015年版,第75页。

法,都诞生于17、18世纪的现代共和革命中,因此对研究现代宪法史具有前提意义的一个基础问题必然涉及:何为革命？对"革命本位"的界定之所以是理解现代宪法政治的一个关键前提,乃是因为对何为革命所持界定的差异,直接影响对革命中所孕育的宪法的政治道德性质的评价差异,进而影响对宪法与宪法政治的规范性内涵的评定。

就对革命的定性分析而言,伯尔曼的阐发在抽象性与力道感上不及阿伦特。阿伦特对革命的论道建基于历史又超越具体历史情境而上升为深刻的哲思,其文字如"长江大河,一气而下,有生意、有浩气"——钱穆对梁启超文章的观感,似乎也适合用于形容笔者对阿伦特的阅读体验。阿克曼评价阿伦特的《论革命》是不可忽视的深刻之作,概因她对1917年后列宁主义者革命概念及其蕴含的那种历史必然性形成了新的思考范式。在该书中,阿伦特提出了一种与马克思主义旗鼓相当的革命定义与分析框架,形成了对马克思主义革命观的有益补正。

关于革命为何,马克思主义提供的是一种具有普遍影响力的社会-经济解释框架。这种解释把革命主要看成社会经济现象,革命是阶级结构发生根本变化的产物,因为马克思主义认为只有新的阶级控制了生产方式并消灭了旧的阶级,才能说发生了"真正的革命"。阶级-经济解释框架将革命或者说革命政治视为解决阶级矛盾与经济冲突的手段。20世纪20年代美国历史学家查尔斯·比尔德(Charles Austin Beard)的《美国宪法的经济解释》是对马克思主义解释框架的一次成功运用——一个有趣的也是罕见的歪曲是,比尔德认为经济决定论的最早洞见实际上不是来自马克思,而应归于美国宪法之父麦迪逊(James Madison)。然而即便存在很多错误,这本书对美国革命与美国宪法的解释还是影响了20世纪20年代以来美国很多进步历史学家以及民众的认知。① 比尔德认为美国宪法之父们的秘密会议及其不合法程序不过是一个赤裸裸事实的外在象征而已。这个赤裸裸的事实就是：美国的宪法是精英有产者以不正当的手段强加给广大民众的"私货"。起草宪法的成员绝大多数都从新制度的建立中获得了直接的私人利益，宪法在基本上是一项经济文件，因而可以说，美国宪法实质上是一份"反革命文献"——因为这部宪法并不来自人民本身的创造，而是根植于一个巩固的集团的经济利益。比尔德试图揭示美国革命与美国宪法的阶级基础，并借由这个基础而论证美国宪法本身的阶级性。

阿伦特贡献了一种政治解释框架，这种解释认为革命的关键问题是积极参与者的政治意识，核心在于革命激发群众将其能量和身份投身到政治重塑过程中的广度。如果很多人都开始以一种真正的公民身份与公民立场来对待政治、审视政治，那么这种公民政治意识的成功转型就表示着一种独特的革命现实，而无论政体在改变某方面的社会或经济关系上成功与否。简言之，阿伦特的政治解释框架不是通过对革命的社会后果，而是通过它对现代政治意识的转型性的冲击来评价革命。② 因此，阿伦特必然不同意比尔德式的革命解释与宪法解释。《论革命》一书试图恢复革命的自由意涵和政治意涵。阿克曼选择性地借鉴了阿伦特对宪法与革命之关系的规范性与经验性诠释思路。③

在阿伦特的理论语境中，发生在美国和法国的革命之所以成为让我们直接地、不可避免地面对开端问题的政治事件，概因这两次革命绝

---

① 〔美〕查尔斯·A.比尔德：《美国宪法的经济观》，何希齐译，商务印书馆2018年版，第19—20，22—25页。
② 〔美〕布鲁斯·阿克曼：《我们人民：奠基》，汪庆华译，中国政法大学出版社2013年版，第222—223页。
③ Gary Jeffrey Jacobsohn, "Theorizing the Constitutional Revolution", *Journal of Law and Courts*, Vol. 2, No. 1(Spring, 2014), pp. 1-32.

不是一种纯粹的变动或暴动。现代意义上的这两次共和革命,虽然必然包含暴力因素,但它们与一般意义上的暴动、内乱或政变都存在根本不同。一般意义上的暴动、内乱、政变及随之而来的暴力,在人类社会历史包括久远的古代史上都司空见惯,但它们都没有带来什么全新的东西,都没有打断被现代称为"历史"的那个进程,它们不是一个新开端的起点。而发生在美国和法国的共和革命则标志着一种全新的开始,它们不仅是旨在建立良善共和政体的政治革命,而且还是以启蒙运动精神为基质的社会与思想革命。"两者都引以为豪的,乃是它们为全人类迎来了新纪元,并且泽及一切作为人的人,无论他们处在何方、处境如何、拥有什么国籍,世界历史的观念诞生于第一次世界政治的尝试中。"[①]

二、共和制宪法观在现代共和革命中的起源及内涵

新的政治革命之所以能出现在 18 世纪后半期的美国与法国,一个根本原因是革命前夕的美国社会与法国社会均出现了根本性变化。最具标志性的变化是人们的观念出现了根本性变革:无论在美国还是在法国,那里的人们开始产生了怀疑。他们怀疑的对象与内容虽然形式上有所不同,但引发并支撑他们进行怀疑的那个根本观念基础却具有那个时代——启蒙运动时代思想的共性。这个共性内含于具有总体性的启蒙价值中:人生而自由,人生而平等。不过,将自由平等的启蒙运动原则上升并转化为系统的政治与政府制度建构,有一个演进过程。

---

① 〔美〕阿伦特:《论革命》,陈周旺译,译林出版社 2019 年版,第 12—13、45 页。

1. 美国革命与 1787 年费城宪法的共和基质

作为一种精神状态的自由早在 1776 年之前一个世纪里就在北美扎根,将自由看作对道德规范的绝对服从,将自由与道德行为等同,将自由权利与道德权利等同的观念及行动方式,弥漫渗透于早期殖民地的世界观中,并不断地以世俗的方式迅速繁衍生长。世俗的自由首先意味着要有良善之法并服从之。生而自由的人——这个"被发明的传统"始终是盎格鲁—美利坚政治与法律文化的一个中心特征。法律应该是自由的守护神而不应成为自由的敌人。① 生而自由的思想共鸣客观上一度使英国对北美的殖民化行动增加了某种正当性,因为法律下的自由正是英国普通法的传统。所以,在反抗英帝国政策的斗争初期,北美殖民地所谴责的主要还是英国某一项法律或政策违背了生而自由的英国人的权利。

但随着冲突的增多与加剧,戈登·伍德(Gordon S. Wood)所说的具有共和思想的北美人民开始怀疑英国君主制在北美的统治本身的正当性了。② 他们感到英国的殖民地政策严重威胁他们作为生而自由之人的权利,也就是英国违背了作为所有实证宪法之高级法背景的自然法本身。于是,对英国的抵抗不再是对某一部具体的英国法律的抵抗,而是转化为自由对君主专制统治的斗争。他们不再满足于在英帝国这样一个政治体系中追求最低限度的财政自治,"而是对自然法进行最终的、政治的、非(英国)宪法的诉求,这个自然法不只是英国宪法的一部分,而是作为一般性的人的权利,政治请求的对象不再是英国人,而是

---

① 〔美〕埃里克·方纳:《美国自由的故事》,王希译,商务印书馆 2002 年版,第 24—27 页。
② 〔美〕戈登·伍德:《美国革命的激进主义》,傅国英译,商务印书馆 2011 年版,第 ix 页。

全世界"①。

事态的发展迫使北美殖民地采用更加抽象的"天赋人权"和"普遍自由"范畴来支持自身的诉求,殖民地人民的思想越来越认定以独立为目标。《独立宣言》不仅痛斥英国将绝对暴政强加于殖民地的企图,而且启用了"人类所拥有的不可剥夺的天赋权利"(自由是仅次于生命的天赋权利)的思想将殖民地的反抗正当化。② 作为美国革命3篇标志性宪制文献之一的《独立宣言》运用"自然法和自然界中的上帝"而不是英国人的自由传统为美国革命提供价值基点,以简明扼要的方式论述了一种政治哲学原则:自由不再是某种特定社会环境中的特定人群所享有的特权,自由变成了一种不受先决条件限制的权利。自由成了条件本身——生而为人的条件本身。自由作为个人的道德主体权利,从一开始就是美国革命的首要基质。

除了生而自由这个先验原则,美国革命还宣示了另一项颇为激进的政治道德原则,即由杰斐逊(Thomas Jefferson)在《独立宣言》中表达的那句名言——所有人生而平等。虽然当时还没多少人能预见到它潜在的巨大能量与复杂含义,但《独立宣言》蕴含的平等思想因子却是美国革命的另一重意义所在。最深远的一点就在于:美国革命不仅关注改造政治体制,而且也关注社会问题,这即是真正的共和革命的特征,它具有社会性。社会性方面最深刻的改变之一是平等观念的深入人心,平等观念对人民能量的持续爆发起了至关重要的作用,它是此后美

---

① 〔美〕查尔斯·霍华德·麦基文:《美国革命的宪法观》,田飞龙译,北京大学出版社2014年版,第195页。
② 〔美〕埃里克·方纳:《美国自由的故事》,王希译,商务印书馆2002年版,第40页;〔英〕A.古德温编:《新编剑桥世界近代史:美国革命与法国革命,1763—1793》,中国社会科学院世界历史研究所译,中国社会科学出版社2018年版,第479—483页。

国持续的民主化历史进程的精神因子。

革命既捍卫自由,又重视平等的价值,但在现实条件下,革命者要面对经济与阶级意义上的社会差别,要面对个人自由状态下原子化社会的有机团结难题,要面对由于受教育程度和其他偶然因素而产生的差异问题。而且仅就观念而言,当时并不是所有美国人都相信人生而平等。这些问题在政治哲学上理解,就是自由与平等是否能够达成最低限度的"共存"的问题。它的经济与阶级实质是,不同经济状况、不同社会地位、不同家庭、不同教育背景的各阶层人民或党派势力如何实现最低限度的社会与政治平等。本质上,也就是如何在一个自由社会中实现各种阶层各种利益的共和的问题。平等从来都是共和主义内含的核心价值,但共和主义的平等又不意味着消除所有差异。共和主义平等主要体现在对自然情感、道德意识、人民善举的平等信念,并强调这种信念具有政治道德意义与价值。

在革命中诞生的1787年美国宪法,本质上是对自由与平等之共和问题作出的一种政治与法律回应。在独立革命后召开的费城制宪会议上,麦迪逊预言,虽然北美拥有当时世界上最多的有产者,但经济社会的发展将不可避免地产生一个无产者占多数并充满贫富阶级冲突的社会。那么,当多数派对自己的无产地位充满愤怒并要求剥夺富人财富的时候,一个政府何以能够继续依赖这种民意生存下去?麦迪逊认为要解决自由与平等的矛盾,答案首先在对政府的结构进行独特设计。设计的要害即要防止任何一种单独的经济利益和政治力量独霸政府权力。这个制宪思想部分是为了解决在经济不平等必然存在的条件下共和政府继续稳定生存下去的问题,部分是为了保证不平等的财富聚集不会受到政府的直接干预,部分是为了创造有利于实现公民社会平等的政治结构。无论到底偏重哪种考量,可以确定的是,政府之于麦迪逊,正如之于洛克,首先都是竞争的利益各方的中立仲裁者,由此可以理解《联邦党人文集》第43篇中,麦迪逊将立法的任务表述成提供处理争端的无私的仲裁者。① 宪法的根本任务是为能履行此种功能的政府架构提供一种元规则意义上的导控。

因此,宪法创设的共和政府架构的一个基本目的是为了保护个人权利与社会的持续繁荣。这种宪制就其思想谱系而言,乃是兼具自由主义与共和主义的混合体制。当然,必须说使麦迪逊、杰斐逊确信平等问题将随着自由带来的繁荣而得到逐渐发展的一个特殊原因是,独特的自然条件优势客观上会使经济不平等问题在美国得到大大消解或延缓,这是美国革命与美国宪法发生时的独特环境优势。而领导革命与制宪会议的领袖人物的观念、政治经验与政治想象力,则是美国革命制宪的独特思想优势。

设计美国宪制的那些人不仅是辉格派理论家,而且还是深谙政府事务的政治活动家,无论在公共事务还是实际政府结构问题上,他们都有敏锐实用的智慧,有丰富的制衡理论。② 现代世界第一部成文宪法中那套复杂的制衡机制与主权分割机制的直接思想源头来自麦迪逊和汉密尔顿(Alexander Hamilton)——尽管他们的国家观存在一些差异,但他们对人类本性中的根本恶的现实承认,对由原子化个人组成的社会的异质性与多元性的接纳,对基于不可避免之差异而必然会存在的派别与党争的现实主义态度,对平等公民身份的承认,对任何乌托邦政治蓝图的反对,共同塑造了美国革命与宪法的共和思想

---

① 〔美〕伊萨克·克莱曼尼克:《宪法辩论的主题》,汤金旭译,肖莹校,载盛嘉主编:《美国革命读本》,北京大学出版社2016年版,第309页。
② 〔美〕伍德罗·威尔逊:《美国宪制政府》,宦盛奎译,北京大学出版社2016年版,第80—82页。

特征。此种共和思想的价值要义是，承认并保障作为道德权利的自由与作为道德权利的平等。

在美国革命与制宪建国进程中留下的启蒙理想，以自由与平等为核心，构成一种国家形态之源。历史学家伍德认为，尽管《独立宣言》以及后面的联邦宪法并没有一揽子解决奴隶制问题，但是这两个事件及其背后的关于人类权利的哲学明智地诠释了启蒙运动的理想，这种理想此后不仅强烈地左右着美国人，而且事实上也影响并感染着世界上其他民族。① 正是基于这个启蒙精神背景，印第安人与非洲黑奴问题才得以在革命后的美国被当作道德罪责而遭到道德谴责与历史反思，这种道德谴责在启蒙运动之前的前现代殖民地是不可想象的。② 当然，在不同时期不同情境下，如何具体地去诠释自由—平等这一道德原则，这个任务是艰巨复杂、充满激烈冲突的。③ 直到今天的美国，这依旧是一个未竟的事业，但这不妨碍本书的宪制思想谱系考察。

2. 法国大革命的复杂裂变及其世界宪制史意义

在美国革命者以现实主义态度深察人的堕落天性、选择权力的分割、均衡与制约来构建美国政体并将保障个人自由与平等作为共和政体之道德基石时，同时期大西洋对面的法国也同步来到了政治与社会变革的转折点。到18世纪后期的法国，政治观念领域的"怀疑"论调与其强盛国力同时达到井喷状态的程度。在1720—1780年间，法国已经

---

① 〔美〕戈登·伍德：《美国革命：美利坚合众国的缔造史》，赵辛阳译，中信出版集团2017年版，第66页。
② 〔美〕戈登·伍德：《作为一场启蒙运动的美国革命》，赵怡译，肖莹校，载盛嘉主编：《美国革命读本》，北京大学出版社2016年版，第283页。
③ 〔美〕罗纳德·德沃金：《自由的法——对美国宪法的道德解读》，刘丽君译，林燕平校，上海人民出版社2001年版，第2—13页。

是当时世界头号强国英国的主要竞争对手。但是,就内政体系的健康活力与均衡度而言,法国无法与18世纪的英国相提并论。

与英国通过"光荣革命"已基本完成君主政体的现代转型相比,18世纪的法国虽然经济上已走向早期资本主义,但从政治上看依旧是一套君主专制与等级特权深重捆绑在一起的旧制度。君主政府及整个旧制度既得利益集团与法国新兴社会阶层之间的冲突矛盾非常尖锐。旧制度后期进行的几次改革都以失败告终,因为既得利益集团对改革的抵制阻挠非常有效。君主政体的财政体系困难既是各种政治经济问题的结果,又使问题攀升到危机点。① 强大的旧制度顽固地关闭着社会与国家之间的沟通对话管道(比如三级会议、巴黎高等法院的谏诤权制度等)。但从另一方面看,18世纪后期的法国又已经"太过发展了",亦即社会政治观念的转变达到了一种实现质的飞跃的临界点。法国人已经不太可能像原来那样对国家保持静默式服从。

君主体制与宗教神启等传统权威开始破产,宗教超验领域对现世生活的约束力呈现削弱之势。在大革命爆发之前40多年,孟德斯鸠就曾洞若观火地预测:绝对专制主义的政治结构正在松垮,一切世袭政治结构的权威会慢慢流失。法国人民尽管依旧生活在习惯与风俗之中,但在政治上他们越来越没有归属感,越来越不相信传统意义上那种统治者的权威。18世纪70年代北美殖民地各州的自由宪法运动和1776年美国《独立宣言》的自由平等精神都传播到了旧制度后期的法国。1776年富兰克林(Benjamin Franklin)在巴黎已经成为继伏尔泰(Voltaire)之后最有影响力的人物,他写了一些介绍宾夕法尼亚州宪法的文

---

① 〔英〕艾瑞克·霍布斯鲍姆:《革命的年代:1789—1848》,王章辉等译,中信出版集团2017年版,第66—67页。

章,深深地影响着与他交往的很多法国哲学家和作家们。约翰·亚当斯(John Adams)1779年第二次赴巴黎担任驻法公使时就将马萨诸塞州等地的宪章文本带到了法国。1783年富兰克林更是推动在法国出版了介绍北美13州宪法的书,这些书得到广泛传播,美国革命中的宪法运动与宪法议题均成为巴黎社会各种公共文化沙龙热议的话题。①

美国革命与美国宪法的价值原则进一步刺激了法国人的政治变革想象。法国公众舆论对建立新的政治制度的热情变得前所未有的高涨。在18世纪环大西洋广泛传播的自由平等精神的召唤下,各种怀疑论的累积扩展到法国经济社会领域。法国人开始不相信等级差异与财富差距是人类境况固有的现象,不相信那些摆脱了贫穷桎梏的少数人和受贫困压迫的绝大多数劳动者之间的差别是永恒而不可避免的。②按估算,第三等级人口大约2500—2600万左右,第一等级教士和第二等级贵族人口大约20万。③ 而向当时2000多万属于第三等级的法国人传播新政治观念的,正是法国的文人与作家们,他们是18世纪"太过发展了"的法国社会的代言人。

托克维尔分析过这些文人与作家变为政治力量的独特方式与重要后果。这些人从不卷入实际政治也没有任何公职,在一个充斥着官僚等级的法国社会里,他们没有丝毫实质的权力。但他们却无比关心与政府权力有关的各种问题,热烈讨论社会的起源、公民的原始权利和政府的原始权利,讨论人与人之间的自然关系与人为关系、讨论法律的诸原则与政治体制的基础。

---

① Charles Borgeaud, "The Origins and Development of Written Constitutions", *Political Science Quarterly*, Vol. 7, No. 4(Dec., 1892), pp. 613—632, 619-620.
② 〔美〕阿伦特:《论革命》,陈周旺译,译林出版社2019年版,第12—13、109—111页。
③ 〔法〕西耶斯:《论特权 第三等级是什么?》,冯棠译,张芝联校,商务印书馆1990年版,第73页。

与权力实践无缘,没有任何现实权力经验,但这批人却对法国政治文化产生巨大影响。尽管他们的政治观念彼此存在分歧,但溯本求源,这些不同体系的哲学家们在基本观念上却是一致的,就是都认为应该用最简单而基本的、从理性与自然法中汲取的法则来取代统治当时社会的复杂的传统习惯。这种观念思潮不只是停留在几个哲学家头脑里,而是经由这些作家文人的书写传播深入到大众之中,使大众的政治热情经久不衰。关于社会性质的抽象理论成了法国社会日常聊天的话题,托克维尔说甚至连妇女与农民的想象力都被激发起来。因此,一个奇怪的现象出现了:大革命前夕的法国,统治者及其官僚系统行使政权,而文人哲学家们执掌某种观念上的权威。

托克维尔认为这种政治知识与政治实践严重割裂的文人政治哲学现象并非偶然,而是旧制度下法国特权等级制度的必然产物。特权泛滥一方面使人们感到沉重压抑,越来越认为特权没有存在的理由,另一方面特权等级的存在使法国社会缺少政治自由,缺少进入与影响现实政治的制度渠道。这种情况造成人们对政治与政府事务缺少真正理性的认知——基于人性现实的理性认知。"法兰西民族对自身事务极为生疏,没有经验,对国家制度感觉头痛又无力加以改善。"[①]特权等级的存在与缺少政治自由的现实,又反向刺激法国文人作家对社会地位天生平等的想象,让他们更加热衷于在国家与政府事务上推演纯粹哲学思辨。卢梭(Jean-Jacques Rousseau)是这个既简单又复杂的队伍中的一位,他被视为法国大革命的精神导师。

卢梭全部政治理论的最初源头来自他对日内瓦这个小城市共和国

---

① 〔法〕托克维尔:《旧制度与大革命》,冯棠译,桂裕芳、张芝联校,商务印书馆1996年版,第175—179页。

的某种个人想象。隐含在瑞士这个加尔文教城邦的社会理念构成《社会契约论》的理论推演前提:自然状态下的人不仅生而平等,而且是纯洁无瑕的。卢梭非常推崇霍布斯的天分,但却严厉批驳霍布斯对人天性中之狼性的分析和将自然状态界定为人对人之战争状态的理论。卢梭的自然状态是一种和平美好的状态,自然状态下的人既不是道德的也不是非道德的,而是与道德无关。他将这种状态称为天真的状态。①然而,"社会"非自然的、意外的到来改变了人的天真状态。社会发展带来了人为的不平等,完全违背了自然状态固有的那些性质。人进入社会状态后堕落、散失德性、变得邪恶。简言之,与马基雅维里-霍布斯的现实主义人性心理学分析截然不同,卢梭认定人性本善、社会本恶,社会是个怪物,它极端病态,因为它不仅带来不平等,而且极为不稳定。为了在社会状态下重建人类的道德,卢梭提出要去发现新的结合形式,或者说公民状态形式。

带着这个意图,他提出了自己的社会正义规则,依据这种规则,法律与政府就被建立起来了,法律与政府的根本目的就是为了建立富有道德的公民状态,帮助人恢复天真和原始时代"神圣的纯一性"。按照这个思路,既然社会是如此邪恶,那么唯一的努力方向必然就要将社会的发展降低到最小程度,或者建立一种反社会作用力的体系。卢梭深知社会环境的发展是不可避免的,所谓第一次违背了自然法,就会有第二次和此后无数次。因此,只能将重建人类神圣纯一性的希望寄托在第二种方案——建立一种"反作用力体系"(涂尔干[Émile Durkheim]

---

① 〔法〕爱弥尔·涂尔干:《孟德斯鸠与卢梭》,李鲁宁、赵立玮、付德根译,渠东校,上海人民出版社2003年版,第78—79页。

语,完整而言是指反社会的作用力体系)①去对抗邪恶的社会。

这个反作用力体系就是建立在人与人平等基础之上的政治共同体及其主权体系。这就是卢梭在给米拉波(Honoré-Gabriel Riqueti, comte de Mirabeau)的信中所称的政治学大问题:"找到一个政府的形式,将法置于人之上。"这个反作用体系超越所有个体,同时必须以自然为基础,亦即它的至高无上性质必须以自然理性为基础。②

此种以政治国家与政府为媒介的联合形式之所以具有正当性,是因为它能用道德与合法的平等消除社会造成的诸种不平等。团结在这种契约之下,意味着从自然状态转换为公民状态。对每一个人来说,它创造了两个显著而重大的变化:其一,政府状态的到来意味着人从道德无涉的自然状态进入到一种道德世界;其二,通过社会契约,每个个体都将消失在共同体的、普遍的意志之中。这就来到了卢梭社会契约论蕴含的意象:"德性就是个体意志符合普遍意志","道德秩序超越个体"。③

更重要的是,卢梭将这种普遍意志赋予国家。主权就是普遍意志的运用,它体现为一种由集体意志引导的集体权力。普遍意志必须既来源于全体又适用于全体。换句话说,它是个体意志细致考虑与国体有关、与公共利益有关的问题的产物。因此,另一个关键问题就在于界定:公共利益是什么?卢梭的逻辑是,公共利益是指对所有人有用的任

---

① 〔法〕爱弥尔·涂尔干:《孟德斯鸠与卢梭》,李鲁宁、赵立纬、付德根译,渠东校,上海人民出版社2003年版,第84—85页。
② 〔法〕爱弥尔·涂尔干:《孟德斯鸠与卢梭》,李鲁宁、赵立纬、付德根译,渠东校,上海人民出版社2003年版,第86页。
③ 只有主权者能判断哪些事情是至关重要的,因为主权者受公意支配;如此界定的主权者不可能超过越界,卢梭主权理论建构的核心范畴是一个抽象的公意。〔法〕卢梭:《社会契约论》,李平沤译,商务印书馆2011年版,第33—38页。

何事物,又由于对所有人有用的事物对每个个人来说必然有用,因此,公共利益就是所有个体利益的总和。但这个总和必须是抽掉个体私人利益的前提下的总和。那么依靠什么机制去判断和达成这种公共利益呢？卢梭认为必须依靠主权,主权是那个能发现公共利益的集体力,是为普遍意志服务的,因此主权不可转让、不可分割、不受制约。

在卢梭的国家理论建构中,普遍意志与公共利益是人们的心灵与行动固定而持续地指向的那个方向或倾向。这个概念即使在以抽象思辨力而傲视群雄的黑格尔眼里,都是一种极为抽象的存在。只要每个人心中都装着一个共同的敌人以及由这个共同敌人所产生的普遍利益,就足以保证国家的同一性,国家就能像一个人一样形成神圣的一致。这个共同的敌人就是每个人的特殊利益或特殊意志,只要每个特殊的人起而反抗他那特殊的自我,就可以将他自己的对手也就是公意在自我中唤醒,这样,每个特殊的个人就将成为民族政治体的真正公民。①

大革命前夕,转译卢梭《社会契约论》中理想道德国家建构的宪制理论出现了。一本名为《论特权 第三等级是什么？》的小册子在巴黎广泛流传,这本响亮的小册子"既作伐异之声,又倡起源之论"②。作者是热爱哲学与政治学的神父西耶斯(Emmanuel-Joseph-Sieyes),他深受卢梭影响并成了影响大革命制宪的关键人物。

此时法国社会各个阶层都在等待关闭了160多年的三级会议重新召开以便商议解决君主政府的财政危机。第三等级发言人准备利用这个会议提出取消特权等级,而西耶斯的诉求在此基础上向前更进了一

---

① 〔美〕阿伦特:《论革命》,陈周旺译,译林出版社2019年版,第12—13、70—72页。
② 〔法〕弗朗索瓦·傅勒:《思考法国大革命》,孟明译,生活·读书·新知三联书店2005年版,第65页。

步,他提出了更激进的要求。西耶斯在公开抨击三级会议制度的同时,提出应该召开只有第三等级参加的专门的国民大会,并由这个会议来负责制宪。理由有两个:其一,是数量上的考虑,第一等级第二等级那20万人相比于第三等级那2500万人可以忽略不计,整个民族和第三等级其实约等于一回事。其二,是质的考量。

西耶斯将所有遵守法国法律,通过自己的劳动谋生的人界定为国民。第一等级和第二等级渔利第三等级的劳动,凌驾于普通法之上,其性质与国民格格不入,他们和第三等级的关系类似战争状态下英国人对法国人的敌对性。[①] 西耶斯实质上将特权等级与第三等级构成一组敌我关系,从而为法国革命内设了激进阶级斗争的思想因子。

"第三等级是什么?"西耶斯用优雅简洁的语言回答道:是一切;而到目前为止它在法国政治等级中是什么?什么也不是,他们的政治权利为零,因此正在要求得到承认。西耶斯将第一等级和第二等级从国民身份中排除出去,他认为只要允许三个等级的存在就不可能达成统一的意志。最好的情况是三个等级能达成一致,构成一个统一的国家和统一的公共意志,但在两个优先等级不可能与第三等级达成一致的情况下,就只能将他们排除出去,因为他们的存在会贬低国家统一的价值。因此必须把第三等级理解为全体公民。他坦承,在他心目中第三等级同国家的观念始终是融为一体的。[②] 第三等级是整个国家,一切并非第三等级的东西便不能看作属于国家的。[③]

[①] 乐启良:《现代法国公法的诞生:西耶斯政治思想研究》,浙江大学出版社2017年版,第167页。
[②] 〔法〕西耶斯:《论特权 第三等级是什么?》,冯棠译,张芝联校,商务印书馆1990年版,第26—28页。
[③] 〔法〕西耶斯:《论特权 第三等级是什么?》,冯棠译,张芝联校,商务印书馆1990年版,第20—23页。

国家又是什么？西耶斯对新法兰西的理论想象中的关键词是：一致、统一、不可分割的法兰西民族。在这个关键词组背后隐含着一种新的国家定义：国家是第三等级代表的民族的国家，拥有单一的意志，拥有至高无上的权威。这是一套建基于对人的同一性与国家的同一性预设基础上的政治哲学，它开始流传于法国公共领域。

西耶斯是法国政治思想被推入到托克维尔所说的文学化逻辑之中的典型代表。这些作家哲学家们以或优美或激昂的笔调表达对自由平等的热烈向往，但却忘记了关于自由-平等的古老训诫：谁要求过人的独立自由，谁就是在寻求过大的奴役。① 在法国生活工作过的美国革命领袖之一杰斐逊评价说，西耶斯的言辞"震撼了法国"，托克维尔后来称这本小册子是"战争的呐喊"。②

历史事实是，那不仅是观念上的震撼，而且是行动上的响应。法国人被来自卢梭的同质性与一致性梦想所吸引。西耶斯、罗伯斯庇尔（Robespierre）、圣鞠斯特（Louis Antoine Léon de Saint-Just）等革命人物都是卢梭社会契约与公意理论的实践者。在官方的三级会议开幕6周后，第二等级的代表不满国王的出尔反尔，决定将他们自己和那些准备好跟随他们行动的人组织起来，成立另一个国民会议。这个新的国民会议组建一个月后宣布改为制宪会议，负责制定新宪法限制王权。国王路易十六（Louis XVI）坚持主张传统的三级会议应该得到尊重，双方就此僵持不下。第三等级提出不制定出新宪法誓不罢休，国王被迫接受新国民议会的合法性，并邀请忠诚于他的贵族与僧侣们加入第三等

---

① 〔法〕托克维尔：《旧制度与大革命》，冯棠译，桂裕芳、张芝联校，商务印书馆1996年版，第179页。
② 〔美〕苏珊·邓恩：《姊妹革命：美国革命与法国革命启示录》，杨小刚译，上海文艺出版社2003年版，第71—73页。

级的会议。

从观念与实践的互动影响来讲,新国民议会的诞生意味着西耶斯提出的理论设想变成了新的现实。就推动旧的三级会议向新型国民议会转型及国民议会在法国革命进程中的关键作用而言,西耶斯是革命名副其实的首席理论家。国民会议组建后很快就宣称自己具有制宪权,这是一个革命性的诉求。巴黎民众举行声势浩大的示威游行支持制宪会议并攻占了巴士底狱这座象征君主专制统治的监狱。一次原本有限的体制内改革逐渐升级演变为一场革命。这个突破当时政治制度框架的行动导致第三等级实质上按照英国下院的模式提出了自己的政治要求——制定宪法,限制君权,反对特权。

紧接着发布的《人权与公民权宣言》(以下简称《人权宣言》或《宣言》)是法国革命催生的第一个宪法性文献,被视为新的《十二铜表法》和现代政治福音,因为正是《人权宣言》导致了此后欧洲公法的完全转变。[1] 阿克曼认为《人权宣言》建立起了强大而具有正面意义的象征,此种象征至今依旧是欧洲政治认同的中心。[2] 它与美国《独立宣言》遥相呼应,以《权利法案》为蓝本,宣告人生而自由且在法律面前人人平等,宣告一切主权源自国民。比《权利法案》更胜一筹的是,《人权宣言》逐一解释了生而自由之人的诸项基本权利,同时这些权利乃是人的自然天性所固有的。

截至《人权宣言》发布,在领导革命的法国资产阶级温和自由派那

---

[1] 巴黎大学公法学教授费迪南·拉尔诺德(Ferdinand Larnaude)在给耶利内克(Georg Jellinek)的《人权宣言论》一书法文版所写的序言中,将《宣言》比喻为新的《十二铜表法》和新的《圣经》,参见王建学主编:《1789年人权和公民权宣言的思想渊源之争》,法律出版社2013年版,第13页。

[2] 〔美〕布鲁斯·阿克曼:《自由革命的未来》,黄陀译,中国政法大学出版社2015年版,第34—35页。

里,源自美利坚的自由立国宪制理念还有很大影响。同时,就对法国政治制度的考虑而言,革命第一阶段又尚未明确要突破君主立宪主义的理念。简言之,美国革命、英国自由宪制传统、法国古老的自由传统对法国革命的初期均有影响力,它反映了18世纪那个启蒙时代西方世界政治思想开始互通有无的一个历史趋势。法国公法学家埃米尔·布米特(Émile Boumet)就曾指出,法国《人权宣言》与美国《独立宣言》这两个文本中的任何一个都不来自其国家特定思想家的精神,而是由其时代精神所孕育的,具有几乎同质的观念。①

这可以从《宣言》的表述看出一二。《宣言》第1条说"人生来是而且始终是自由平等的",但《宣言》同时容许存在社会差别,前提是"只要建立在公益基础之上";《宣言》确认私有财产神圣不可侵犯,法律面前人人平等,公职对有才能的人同等开放,主张所有公民有权以直接或间接方式参与制定法律。《宣言》设想作为主要政府机构的国民代表大会并一定要通过民主选举产生,但《宣言》所指的政治体制并没有明确提出以废除国王为必要前提。

可以说,《人权宣言》的起草者,即法国资产阶级自由派当时没有明确排除在君主立宪制框架内推动法国政治改革的可能性。法国革命原初的政治理念始终徘徊在君主立宪制与民主共和制之间,并且有迹象表明,自由派的君主立宪派思想一度占据主流,这些意识都直接或间接地蕴含在革命的宣言中。因此,体系地看《人权宣言》的表述,它是一份明确反对贵族特权和等级压迫的宣言,但并不是支持激进大众民主的宣言。

从《人权宣言》发布到1791年美国宪法颁布这个阶段,温和的资产

---

① 〔法〕埃米尔·布米特:《〈人权与公民权宣言〉:与耶利内克先生》,工建学译,载王建学主编:《1789年人权和公民权宣言的思想渊源之争》,法律出版社2013年版,第62页。

阶级主导着已经成为制宪机构的国民议会（制宪议会），着手进行了规模庞大的自由主义改革。法国大革命大部分持久的制度性成就和最引人注目的国际性成果都源于这个时期。1791年制宪议会在经济上的观点完全是自由主义的，在政治上借由君主立宪制度，避开了过度的激进的民主。① 革命的领导力量当时主要还是以温和的资产阶级自由派为主。

但是，法国君主势力不愿屈从这套新的自由宪制方案，竭力镇压革命。英国革命中那种政治妥协在法国根本无法达成，或者说，要促成这种政治妥协所需要的诸历史条件在法国付之阙如（这不是关于英国共和革命与法国共和革命谁优谁劣的道德判断，而是一个事实判断），从而引发内政外交危机。1792年二次革命爆发间接促成了后来激进的雅各宾派上台。

雅各宾主义既是一种意识形态的表现体系，将抽象的人民树立成大革命的最高合法性和唯一想像的角色；同时，它也是一种权力的行动体系，具有最高合法性的抽象人民必须经常处在它的行动中。② 没有人民，行动将会走样，没有行动，人民将被摆布。法国革命的形势就此从以个人与社会本位的代议制体系变成了另一种人民本位的政治行动体系。此后，基调稳健的《人权宣言》路线抵挡不住激进左派革命的战争式蔓延。

这个蔓延具有转折意义，因为此后广大群众逐渐超越温和改良派的目标而走向自己的社会革命。领导革命的法国资产阶级没能妥善处

---

① 〔英〕艾瑞克·霍布斯鲍姆：《革命的年代：1789—1848》，王章辉等译，中信出版集团2017年版，第76—77页。
② 〔法〕弗朗索瓦·傅勒：《思考法国大革命》，孟明译，生活·读书·新知三联书店2005年版，第44—45页。

理好革命蔓延后产生的一系列问题,资产阶级内部继续分裂为保守派与激进左派。这些复杂因素导致法国革命走进了一个背离共和革命初期理想的方向:从议会制改革到群众运动、从温和改良到激进左转、从温和派分裂到保守派向右转,导致革命中的大多数转变为日后的保守阵营或者被社会革命粉粹,革命造成的乱局最终必须以新的中央集权的专制方式来终结。1799 年 12 月 15 日,拿破仑(Napoléon Bonaparte)通过《共和八年宪法》向法国人宣布:大革命结束。①

马克思曾形象地描绘道,从 1789 年革命爆发到拿破仑以一种行政版的"恐怖时期"结束大革命,法国革命依次穿上了罗马共和国和罗马帝国的服装。② 行政版恐怖主义虽然没有断头台恐怖主义那么血腥,但它意味着一种新的以高度集权的行政官僚系统为支柱的现代专制主义诞生,其基本元素是寡头专制与大众民主的混合。

以此视角观之,法国大革命包含了三重复杂裂变:从自由平等的共和革命精神转向雅各宾人民民主专政的革命恐怖主义,最后依靠拿破仑的新专制主义终结革命带来的乱局。这三重裂变呈现了新型现代国家的一系列政体可能性:从君主立宪制、议会共和、人民民主专政,再到寡头专政,它们在数十年内此起彼伏。此种政体的复杂多样与跌宕起伏正是法国革命内在复杂性的一个表现。

包含着复杂内部裂变的共和革命给法国带来了几部宪法,但拥有了宪法的法国并没能结束"革命",而是陷入了不同版本的合法性的厮杀之中。法国宪法是否存在结构性缺陷,以及此种缺陷与法国革命异

---

① 拿破仑这句话给历史留下一个疑问:到底是拿破仑拯救了革命,还是拿破仑绞杀了革命? 如前文所言,这要看怎么定义革命,从这点上讲,阿伦特的革命问题意识是非常有意义的。
② 〔德〕马克思:《路易·波拿巴的雾月十八日》,载《马克思恩格斯选集》(第 1 卷),人民出版社 2012 年版,第 669 页。

化有何种关系,则是比较宪制史的另一个重要议题了。革命领导人与革命集团不是联合起来继续建设新的国家,而是演变为以人民的革命之名不断扩大革命,以消灭政治上的竞争对手。权力的集体狂热取代对权利的狂热,开始支配法国大革命。

在现代宪法史视野中,这三重裂变展现的复杂性不是一个单纯的法国史问题,它包含重要的世界宪制史意义。因为法国革命为现代人思考自由、民主、共和的内涵与复杂关联提供了来自历史深处的理性与非理性面相。法国革命在它自身的政治实践中将围绕"民主"二字所可能出现的价值冲突完全凸显出来。它开创并演绎了一种全新的局面,在这个局面里,控制人民这个象征性符号、占领人民这个道德制高点,谁就有能力决定胜败并形成绝对的政治主宰。大革命这个复杂事件由此具有划定现代宪制史一系列根本议题的历史意义。这些根本议题包括:人民是谁?谁的人民?人民与宪法是什么关系?

依阿伦特的见解,当革命从初始的个人意义的自由人权转化为集体意义的无套裤汉的权利,当无套裤汉——人民的权利又仅仅被理解为衣食温饱和种族繁衍时,法国革命的转折就出现了。这个转折不仅仅限于法国大革命,而且也是接下来19世纪和20世纪所有重大革命的转折轨迹。[①] 在19世纪,马克思注意到了源自法国革命中这种转折所蕴含的普遍"解放"意义。

马克思与英法美革命中的自由主义思想拥有同样的出发点,二者都认可作为现代性之本质的个人主义以及被界定为私人利益网络之中心的现代人,应是一种自足的存在。英法美自由主义传统由此出发建构政治国家并发展出人权与分权的政治道德基本原则。而将马克思与

[①] 〔美〕阿伦特:《论革命》,陈周旺译,译林出版社2019年版,第12—13、53—54页。

这种自由主义哲学区分开来的关键是他在这种政治哲学内部引入了卢梭的批判。① 或者说,马克思的共产主义革命理论蕴含的道德理想标准,其最早的思想模型是在卢梭那里得到系统表述的。经由这位伟大的无产阶级理论家的共产主义革命理论,"革命"被重新定义。在这个新的定义中,自由逊位于一种历史必然性,或者说个人自由的价值位阶被迫让位给了一种更抽象的平等。

具体推动这个转折的就是深受卢梭思想影响的雅各宾派及其民主专政。根据卢梭的社会契约理论,国家主权不外乎就是行使公意,公意的道德至高性决定了代表公意的主权绝不能被分割和转让,个人意志要不断调整以便能建立公意,这些理论命题被雅各宾当作了基本的革命意识形态。② 雅各宾派领导人罗伯斯庇尔被誉为"行走着的卢梭"。他将卢梭的逻辑进一步极端化,将社会的全体成员划分为人民与反人民的两极,再把人民分为邪恶的和正义的两极。他在日常治理中推进卢梭的人民哲学,信奉民粹式的卢梭式的直接民主,在教育领域则推进教育专政,推动法国人日常生活与观念走向同质性与一体化。在宪法与法律领域,提倡美德专政,以道德法庭取代司法程序,未经司法程序随意判处了与主流革命意见不同的公民;国民公会的宪制功能被大大扭曲,抽象的公共利益与公共美德成为政府行动的主要动因与依据。③

---

① 〔法〕弗朗索瓦·傅勒:《马克思与法国大革命》,朱学平译,华东师范大学出版社 2016 年版,第 22—23 页。
② 卢梭应不应该对大革命后期向暴政的异化负责,其在人类自由史上的地位到底如何?这与追问马克思要不要对苏俄革命实践负责、在人类自由史上的地位到底如何一样,都是重要的思想史问题。历史学家孟明认为法国大革命史家傅勒(François Furet)的评价最为持平和中肯,傅勒的基本观点是,全面考察卢梭的思想体系,"其实卢梭没有哪一方面该对法国大革命负责,但的确是他无意之中制造了革命意识和革命实践的文化材料"。参见〔法〕弗朗索瓦·傅勒:《思考法国大革命》,孟明译,生活·读书·新知三联书店 2005 年版,第 22—24 页。
③ 朱学勤:《道德理想国的覆灭:从卢梭到罗伯斯庇尔》,上海三联书店 2003 年版,第 229、236—242、261 页。

这位"行走着的卢梭"也被看作马克思的革命导师,如果说卢梭是现代民主专政的思想源头,那么罗伯斯庇尔则算是现代民主专政的最早实践领袖。在马克思眼里,雅各宾专政是人的"解放"这种革命意识形态的最好标志。在他之后,深受卢梭教义影响的既有列宁与斯大林(Joseph Vissarionovich Stalin)这样的苏俄政治领袖,也有施密特这样的德国宪法学家,在中国革命与宪制史上也有类似的追随者。从这样一种思想联结点上看,法国大革命既是过去的历史,又是一种当代史,尤其当我们思考"人民"这个政治与宪法叙事之时。

在对法国大革命的所有诠释或解释中,"人民"从亚里士多德政治哲学中那种相对卑微的否定性意象一跃成为至高的道德的肯定性意象。大革命中代表温和自由主义路线的吉伦特派和主张激进民主主义的雅各宾派,在人民与宪法的关系问题上存在根本分歧。在温和派看来,革命的主要目标是制定一部自由宪法并依据宪法成立共和政府,实质上是说人民不只是包括底层人民,而是包括所有法国人,是要保障各个阶层在法律下的自由与平等。从温和派观点会自然走向关注政府形式亦即政体选择,尊重自由的共和制宪法自然就是首选。但是罗伯斯庇尔领导的雅各宾派对吉伦特派的制宪理念非常不屑,他们认为应将革命成功的信念寄托于"人民"这个阶级天然的善良,而不应寄托于宪法与制度。罗伯斯庇尔宣称,在人民高于一切(自然也高于宪法)的制宪理念之下,法律应以法兰西人民的名义,而不是以法兰西共和国的名义颁布。

罗伯斯庇尔之后的法国革命演绎了抽象人民的民主专政如何取代了民主共和。如何取代的?就是在宪法与法律完全失去对抽象人民民主的法治化控制之时,在个人自由权利被人民民主的汪洋大海淹没时,人民民主就会走向民主的反面——暴政或独裁。因此,人民主权与法治,以国家权力作为形式手段的"人民主权"与由个人自由权利勘定的"个人主权",必须在制度上保持均衡,必须能并驾齐驱,亦即主权与人权应彼此尊重、相互证成。这就是法国革命裂变从反面揭示的现代宪制价值原理。

拿破仑客观上刺破了雅各宾派的民主专政,取而代之的是一套更具等级性、更具权威主义的宪法体制。按照马克思的见解,这种宪法体制的根本特征是一种通过国民同意而处在政治冲突之外的行政宪法。拿破仑体制对欧洲的征服使大革命从法国的革命史进一步扩展升级为普遍的欧洲历史。如果说19世纪后的世界经济主要是在英国工业革命的影响之下发展的话,那么19世纪后的世界政治与意识形态则主要受法国大革命的影响。法国不仅为世界大部分地区提供了自由和激进民主政治的语汇与问题意识,而且也为民族主义提供了榜样、观念和话语。[①]

至此,需要回到18世纪末期大西洋两岸来纵观现代革命与现代宪法的原初历史联系了。如果以1789年到1799年为界定义法国大革命,那么法国革命可分为两个大阶段。第一个是1789年革命阶段,这个阶段法国革命深受美国革命影响。柏克(Edmund Burke)说,没有任何东西像美国革命那样更加深刻地影响了法国,决定了革命的方针;正是从美国那里,法国贵族拉法耶特(Marquis de Lafayette)搬来了一句话:现在就发动一场起义,抵抗是神圣的使命。他也搬来了两种类型的理论援助:政治权力源于接受权力统治的人民,权力应当取决于人民的意愿;公民自由作为人的自由权利就像光一样,任何世俗

[①] 〔英〕艾瑞克·霍布斯鲍姆:《革命的年代:1789—1848》,王章辉译,中信出版集团2017年版,第64—65页。

权力都不能擦去或遮蔽它。①

与此同时,美国革命也深受法国革命的反影响,这广泛体现在美国建国一代与第二代政治领导人对法国革命模式的密切关注。两场革命的价值理念没有根本分野,核心问题都是建立何种政治状态才可能最大限度地追求和实现自由—平等。从更宏观的历史视野看,这也是宗教改革开启的世俗化时代条件下西方社会出现的政治理性化进程。这个阶段法国宪法与美国宪法在思想谱系上存在深刻的共同根源。《独立宣言》、美国宪法、《人权宣言》及1791年法国宪法都是以自由革命之自由宪制产物的面貌出现的宪法文献与宪法事件。

这个阶段与这个意义上的法国革命与美国革命即是阿伦特所指的真正的"现代革命"。它们带来了对自由的全新体验,"以自由对付暴政"是这两场革命之所以是革命,之所以区别于纯粹暴动的最根本理由。基于"自由立国"与"对权利的狂热"这种共同的原初的启蒙价值基准,它们被视为姊妹革命。这两场姊妹革命的同一性是诸多历史学家、思想家与宪法学家的共同关切。

同时,这两场姊妹革命又存在个体差异性,差异主要集中发生在1793年后法国革命的走向。在这个阶段的革命实践与革命宪制,法国人将哲学上的毫无冲突与差异、绝对同一与团结的道德理想国精神变为现实政治操作。将抽象的公意看得高于一切价值,将抽象的人民变成了制宪权与宪法本身。人民可以挟"公意"集中一切权力包括拥有超越宪法的权力。革命进程滑向了虚无主义和专政式的暴政,背离了以自由—平等—博爱为目标的革命理性。

---

① 〔英〕阿克顿:《法国大革命讲稿》,〔英〕J. H. 菲吉斯、〔英〕R. V. 劳伦斯编辑,秋风译,贵州人民出版社2004年版,第35页。

两场姊妹革命的这种个体差异性与其同一性均具有世界宪制史意义,因为这个阶段的法国革命被视为19世纪与20世纪最重要的几个思想体系的历史母体,它孕育了最早的革命意识形态,一种以解放全体为名义不断继续革命的救世论。① 这是一种不同于基督教的新的救世论。在伯尔曼看来,它实际上获得了一种世俗宗教般的地位并深刻改变了20世纪后人类宪法与法律的发展史。在阿伦特那里,新的救世论的客观贡献在于:它敦促人类必须反复审慎地深思两个基本问题——人类是否可能自由?以及如何可能在不破坏自由的前提下去彻底解决一个根本恶即贫困与压迫?

现代共和革命的历史感召力在于它们蕴含着对人的基本问题与人的创新能力的思考体验,并将这些关于人的本真性问题通过政治形式转译出来。托克维尔曾经这样评论两场革命的复杂关系,他说:法国革命一方面必须归因于美国革命,因为后者对前者具有很多直接影响,但是,美国革命的思想与行动对于法国革命的影响在后来不及法国自身的思想对法国革命的影响了。当美国革命在欧洲其他国家还只是一个新鲜奇特的事件时,对法国人来说它并不陌生,只不过更有血有肉,更震撼人心罢了。在欧洲其他地方,美国革命让人震惊,在法国,美国革命令人信服。② 但是,法国旧制度后期的特殊政治、经济、文化、宗教与思想情势又导致法国革命产生了美国革命所不具有的一些重大特性,这些特性为此后的人类社会的无产阶级革命预先给出了来自历史的定义与经验。

---

① 〔法〕弗朗索瓦·傅勒:《思考法国大革命》,孟明译,生活·读书·新知三联书店2005年版,第26页;〔德〕卡尔·施密特:《政治的神学:主权学说四论》,载《政治的概念》,刘宗坤等译,上海人民出版社2003年版,第49—52页。

② 〔法〕托克维尔:《旧制度与大革命》,冯棠译,桂裕芬、张芝联校,商务印书馆1992年版,第181页。

阿伦特称赞美国革命与法国革命共同拥有的那种自由革命精神，否认法国革命中出现的带有反自由性质的内部自我颠覆因素。① 她在自由与革命之间建立起一种内在等同与相互定义的关系，提醒人们注意现代宪制的自由价值之源，警惕任何以革命之名反对与剥夺自由的运动。真正的革命区别于成功的暴动与庸常意义上的政变，最根本的一点就看革命是否具有自由性，是否带来对自由的全新体验。"只有在发生了新开端意义上的变迁，并且暴力被用来构建一种全然不同的政府形式，缔造一个全新的政治体，从压迫中解放以构建自由为起码目标，那才称得上是革命。18 世纪的革命精神，就是渴望解放、渴望为自由建立一个新居所，是史无前例的，之前的一切历史都难以望其项背。"② 而此后的历史都与它们存在或直接或间接的关系，德意志的历史和自由宪制在德意志的命运就是一个典型例证。

三、法国大革命与康德、黑格尔、马克思

1. 康德：共和革命的政治哲学家

18 世纪末的两场共和革命震惊了远在哥尼斯堡的康德，影响了德国这位伟大哲学家的政治哲学。19 世纪德国最重要的历史学家特赖奇克说："在民族领袖中，康德受法国大革命的影响最为深远。他以自己安静的方式亦步亦趋地跟随时代的政治思想运动。"③ 康德在听到巴黎

---

① 一个根本问题在于，法国的革命世代在相当长时间内没能将《人权宣言》蕴含的自由民主目标转变为稳定的体制化的成就，大革命后的法国经历了周期很长的民主政治重建进程。
② 〔美〕阿伦特：《论革命》，陈周旺译，译林出版社 2019 年版，第 25—26 页。
③ 〔德〕海因里希·冯·特赖奇克：《十九世纪德国史·第 1 卷：帝国的覆灭》，李娟译，上海三联书店 2020 年版，第 112 页。

人民攻占巴士底狱消息的那天是否将每天照例进行的散步时间延后了,也许是无法考证的逸闻趣事,但1787—1795年间,康德醉心于美国革命与法国大革命引发的道德哲学与政治哲学问题,却是一个确定无疑的思想事件。卡尔·马克思称康德是法国革命的政治哲学家,实际上康德的政治哲学还以一种更保守和平实的风格体现了美国革命的精神,美国宪法中的权力分立被康德当作能保护个人自由权的共和政制典范。① 法国大革命爆发时,康德哲学在德意志的影响力和重要性正在持续扩大,他已经是著名的哥尼斯堡之王,费希特(Johann Gottlieb Fichte)当时就慕名前往听他的哲学课。

从思想谱系看,康德不仅是那个时代最熟悉卢梭和苏格兰启蒙运动思想家亚当·斯密(Adam Smith)的作品的德国哲学家,而且他还以科学的语句总结了那个时代形而上学的关于自由的争论:人就是人,并不是达到任何目的的工具。② 与康德世界主义的启蒙思想形成鲜明对照,18世纪末期的普鲁士王国为了压制启蒙思想和革命精神的传播,对德国知识界的言论审查得更加严格。

但这并没阻止康德将法国大革命誉为一个证明人类道德趋势的事件。所谓能证明道德趋势,主要是指这场革命在道德上的深远影响,因而与这场革命成功还是失败并没多大关系,这个判断显示出康德非凡的洞察力。他认为法国革命之所以在道德上具有影响或者说具有政治道德上的影响,原因是双重的:第一是法权的原因,亦即革命反映的是一个富有才智的民族为自己建立一种公民宪制秩序的历史努力;第二是目的的原

---

① 〔美〕加勒特·汤姆森:《康德》,赵成文、藤晓冰、孟令朋译,中华书局2014年版,第106页;〔美〕莱斯利·阿瑟·马尔霍兰:《康德的权利体系》,赵明、黄涛译,商务印书馆2011年版,第346—347页。
② 〔德〕海因里希·冯·特赖奇克:《十九世纪德国史·第1卷:帝国的覆灭》,李娟译,上海三联书店2020年版,第112页。

因(同时也是义务的原因),亦即这个革命的民族建立的宪制,只有在是共和主义的宪制时才是合法的和道德的,因为他认为唯有这种宪制才可能有条件去避免侵略战争并敦促人类不论多么脆弱都向着更善进步。①

在充满压制的普鲁士,彼时的康德试图思考并回答的政治哲学问题包括:为什么人民必须服从既有的政府?在某些状况下,人民是否有理由不服从或推翻一个政府?美国和法国革命的消息再加上普鲁士国王腓特烈二世(Friedrich Ⅱ)统治下政府审查者对哲学家的审查行径,让康德感到,这些问题无论基于公共政治理由还是基于个人理由都显得特别重要并且有实践意义。② 不过,在深受普鲁士专制体制的干扰与威胁的历史境遇下,谨慎的康德给出的回答显得有些中庸,因而也意味深长。

一方面,他反对颠覆权,指出无论从法律还是道德上看,革命都不能成为一种权利,虽然革命在某些情况下或许会带来好处,但却绝对无法证成为一种权利。另一方面,康德又反对政治上的保守主义,指出人民有质疑法律的公正性的权利,立法者必须尊重人民拥有"就法律的执行是否有损社会正义而公开提出意见的权利"。人民"握笔的自由"不容剥夺,人民对所见的不义进行申诉的权利不容剥夺。③

那么,当人民的自由权利与申诉权利发展累积到可能引发大规模革命行动的程度时,这些自由权利和申诉行动是否还具有正当性?康德没有正面解答。由此留下一个有意义的思想谜题,即处在1789年开

---

① 〔德〕康德:《康德政治哲学文集》(注释版),李秋零译,中国人民大学出版社2016年版,第282页。
② 〔美〕曼弗雷德·库恩:《康德传》,黄添盛译,上海人民出版社2014年版,第422—423页。
③ 〔美〕曼弗雷德·库恩:《康德传》,黄添盛译,上海人民出版社2014年版,第423—424页。

启的那样一个革命年代,康德的政治理论到底有没有革命意蕴?也就是说,康德对君主制的合法性问题到底是什么观点?康德思想的研究者与康德思想的门徒对此有大异其趣的诠释。如特赖奇克认为,这位伟大智者无条件地拒绝承认任何以流血牺牲的形式进行任何对抗的合法性。

而晚近康德政治哲学研究者、德国哲学家凯尔斯汀(Wolfgang Kersting)则明确地指出,康德法哲学和国家哲学不该被简化为政治改良主义。人们不应该忽视康德法哲学与政治哲学隐秘的彻底性,这种彻底性隐藏在两点之中。第一,他是在理性法宪制即共和主义的宪制中将市民自由和政治自由两相统一;第二,他提出自然法改良学说,根据这一学说,政治改良直到共和国真正建立才会停息。每种前共和国的统治形式比如君主制都只是过渡阶段,在这个过渡阶段,君主在运用其统治权力时必须受到人民的立宪权的约束。[①]

就法国革命的正当性或者正义性问题而言,康德的一个观察视角非常有意思。他说:"在法国,三级会议可以改变宪法,虽然召开的目的只是要挽救国库的危机。因为在国王同意该会议有权颁布法令之后,它已经是全国人民(Volk)的代表。而在这之前,国王是人民的代表。"[②]康德的意思是,由于路易十六的王位在重开三级会议期间已经形同虚设,君主制政府名存实亡,因此从法律的观点来看法国革命并不是推翻现行政府,而是挽救整个法国。

康德的观点十分坚定清晰——只有抵达共和主义的宪制,政治统治自身才真正具有合法性。康德国家学说所阐发的统治者有义务去践

[①] 〔德〕沃尔夫冈·凯尔斯汀:《良好的自由秩序——康德的法哲学与国家哲学》,汤沛丰译,商务印书馆2020年版,第485—487页。
[②] 〔美〕曼弗雷德·库恩:《康德传》,黄添盛译,上海人民出版社2014年版,第423页。

行的诸原则,在共和国状态下就是要转化为宪法制度。康德坚信理性法宪制的实现必须以历史上的统治方式的转变为前提,亦即从君主制向共和制转变。1794年,康德发表了《仅论理性界限内的宗教》等一系列不那么有名的文章,都是努力要把他观察美国和法国革命时感受到的教益带进落后专制的普鲁士。在上述文章中,有两段话能暗示康德对大革命的态度以及他对美国革命体现的自由探索精神的赞赏。

康德说:"我承认自己不喜欢某些聪明人喜欢讲的一种说法:某个(正在准备以法律保障公民自由的)国家的国民,还没有成熟到享有自由;大地主的奴隶还没有成熟到享有自由;人类还没有成熟到享有信仰自由。因为根据这样的假设,自由永远不会来到,因为如果人们没有先得到自由,他就永远没有成熟的机会。""诚然,最初的尝试(可理解为追求自由的尝试——笔者注)总是粗暴的,总是有很多艰难与危险……然而一个人要成熟到可以享有自由,就必须自己去尝试……如果当权者因为迫于时势而把这三个束缚的松绑无限期搁置,我并不反对。但是如果原则上相信臣服者没有享受自由的资格,那是侵犯了上帝的权力,因为它所创造的人类是自由的。"①康德这里所说的自由显然不只是文章标题里所指的宗教自由,而是包括公民自由以及免于任何奴役的自由。

仔细品读,康德讲的是一个人、一个民族、整个人类如何可能走出蒙昧、走向成熟。他认为,自由对于个人与民族走向成熟均有关键意义。"启蒙所需要的无非是自由",让公众有言论表达自由,有在一切事物中公开运用理性的自由,公众就能够逐渐实现启蒙。② 康德认为就人

---

① 〔美〕曼弗雷德·库恩:《康德传》,黄添盛译,上海人民出版社2014年版,第419—420页。
② 〔德〕康德:《康德政治哲学文集》(注释版),李秋零译,中国人民大学出版社2016年版,第282页。

类存在的道德目的而言,人类社会必须不断进步,人类的不断提升将促使所有国家走向大同,而在制度形式上,走向大同的一个基本意涵就是所有国家都走向共和制。而要走到这个政治状态,所可能依靠的手段有二。一是启蒙,亦即思维方式、思想观念的真正改革,实质价值就是民众要有思想自由。有自由,人才成其为人。二是共和革命,亦即建立共和主义宪制为统治方式的共和国。有共和政体,自由才有政治上的保障。因此,可以说,在美国革命与法国革命如火如荼进行着的那个时代,康德共时性地提出了一个以个人自由为道德原则、以共和制为政体原则的关于人与人、国与国的应然关系理论。

2. 黑格尔对法国大革命的批判

正是在康德写作这些文章、展望人类走向的这个时期,他所在的普鲁士与整个德意志地区迎来法国革命带来的方方面面的深远影响。在康德之外,法国革命还深刻影响了另外两位对德国与世界均有重大思想意义的人物,那就是黑格尔与马克思。

关于法国大革命与德国思想的关系,法兰克福学派理论家马尔库塞(Herbert Marcuse)曾这样总结道:德国观念论曾被称为法国大革命的理论,这不是说康德、费希特、谢林(Friedrich Wilhelm Joseph Schelling)和黑格尔为法国大革命提供了一种理论的解释,而是说他们撰写的哲学著作主要是为了回应来自法国的挑战。法国的挑战是什么呢? 其实质意涵就是,一个民族如何可能在理性基础上重新建构国家与社会,以及得到理性建构的国家与社会制度是否可能与个体的自由及利益相一致。[①] 考虑到

---

① 〔美〕加里·B. 赫伯特:《权利哲学史》,黄涛、王涛译,华东师范大学出版社2020年版,第267页。

马克思与这几位德国哲学家的复杂思想关系及他本人对法国大革命的研究,马克思当然也应被囊括进被这个德国观念论传统之中,他代表着其中的一种独特形态。

与康德对大革命的正面评价不同,黑格尔法哲学中的国家理论将法国大革命视为破坏国家作为神圣造物之尊严的反面例子,这从他对卢梭理论及其影响力的批判可见一斑。黑格尔赞赏卢梭将意志赋予国家,也同意公意概念,他保留了《社会契约论》"将国家视为一个自我决定的意志"的观念,但反对卢梭国家概念中的"去自然化"观念,亦即反对卢梭认为的人是从自然状态过渡到国家状态的。黑格尔认为人天生就是国家的公民,人的自我意识只有在国家中才能找到其实体性的自由,因而根本不存在什么从自然状态过渡的问题。黑格尔法哲学比卢梭还更强调国家与个人的一体主义,但是他也正确指出了卢梭理论极端非历史倾向的危害:"这些抽象推论一旦得时得势,就发生了人类有史以来第一次不可思议的惊人场面:在一个现实的大国中,随着一切存在着的现成的东西被推翻之后,人们根据抽象思想,从头开始建立国家制度,并希求仅仅给它以想象的理性东西为其基础,又因为这都是缺乏理念的一些抽象的东西,所以它们把这一场尝试终于搞成最可怕和最残酷的事变。"①

先于国家自身的自然状态假设和任何个人意志原则,即使作为理论假设都令黑格尔反感,因为在黑格尔那里,国家不可能在先于国家的个人的基础上进行构思设想。国家是客观精神,个人本身只有成为国家成员后才具有客观性、真理性和伦理性,人是被规定着过普遍生活

---

① 〔德〕黑格尔:《法哲学原理:或自然法和国家学纲要》,范扬、张企泰译,商务印书馆1961年版,第255页。

的,他们的特殊满足、活动和行动方式,都是以国家这个实体性的和普遍有效的东西为其出发点和结果的。黑格尔认为卢梭在探索国家的形式与原则的问题上作出了贡献,但他赋予国家的意志还不够纯粹和客观。①

黑格尔在批判法国革命的个人自由元素的基础上建构他的国家理论,这与黑格尔对康德共和制国家论的指责完全吻合。康德的共和国家论有两点令黑格尔极为反感:一是康德认为政治权威没有天然的正当性去要求任何人使国家的普遍目的成为个人自身的目的;二是国家还有可能成为妨碍私人目的实现的外在力量。② 康德承认个人可以独立于特定国家之文化态度,其延续了霍布斯的自然权利元素,以全新的理论形式重新主张了个体的优先性,这种思路恰恰跟黑格尔存在差异。

如果考虑到黑格尔对 19 世纪后德国思想的重大影响,可以说,黑格尔法哲学的国家意志一定程度上预设了未来德国宪法思想的反个人主义特质。对黑格尔和黑格尔之后的德国而言,其必须在法国革命尝试过并且失败之处取得成功,即德意志要在现实历史中实现理性,而主导现实历史的应是理性的日耳曼国家本身。所谓国家不是理性的结果,而是理性的开端,被认为是理解黑格尔权利理论的一个焦点。黑格尔虽然也有权利理论,但与法国大革命及其《人权宣言》蕴含的"天赋人权"理念相对照,他建构的是一种颠倒的权利理论。因此,将普遍人权的观点归结为黑格尔,是对权利自身逻辑的误解。在黑格尔的哲学中,没有普遍人权的观点,没有一个人仅仅因为他的人性而享有权利的观

---

① 〔德〕黑格尔:《法哲学原理:或自然法和国家学纲要》,范扬、张企泰译,商务印书馆 1961 年版,第 254 页。
② 〔美〕莱斯利·阿瑟·马尔霍兰:《康德的权利体系》,赵明、黄涛译,商务印书馆 2011 年版,第 346—347 页。

念,也没有为这种观念提供任何可能的基础。①

3. 马克思重视大革命蕴含的解放特征

与黑格尔以激进性与非历史性为由反对法国大革命形成鲜明对比,马克思很推崇法国革命中的激进主义与非历史性。在马克思眼里,法国大革命是政治理智在古典时代的典范,一个基本理由是,法国大革命中的雅各宾主义甚至罗伯斯庇尔主义都是以最完美的形式代表了政治先于社会的幻想,这个幻想是法国大革命的真相。

在写完《〈黑格尔法哲学批判〉导言》之后,马克思1844年初在巴黎出版的《德法年鉴》上发表的《论犹太人问题》一文中,对法国革命的解放特征作出了精微阐发。②而革命的解放特征与革命的自由特征又正好是阿伦特着力区分的两个维度。她认为解放与自由虽有联系,即自由离不开解放,但解放不等于自由,二者实质上存在差异。马克思对法国革命史极端感兴趣的一个重要原因是,法国革命呈现出的革命意识形态与激进的极端主义,特别吻合他希望以政治替代宗教、实现国家对市民社会绝对统治的政治理想。但这是否就意味着马克思的革命观重视解放而忽视自由?这是一个重要的思想史问题。另外,马克思早期著作《1844年经济学与哲学手稿》中的观点还在某种程度上受到了康德的启发:资本主义使得工人把劳动仅仅作为手段,结果就导致了异化。③而康德对工人阶级等中下层民众的关注,则与卢梭平等思想对康德的正面影响有关。

---

① 〔美〕加里·B.赫伯特:《权利哲学史》,黄涛、王涛译,华东师范大学出版社2020年版,第277、281页。
② 〔法〕弗朗索瓦·傅勒:《马克思与法国大革命》,朱学平译,华东师范大学出版社2016年版,第20页。
③ 〔美〕加勒特·汤姆森:《康德》,赵成文、藤晓冰、孟令朋译,中华书局2014年版,第106页。

因此，法国大革命对现代德国思想最重要的一个影响，就体现在马克思对法国大革命的研究以及他的革命研究对马克思主义者的影响。从《神圣家族》到《共产党宣言》，马克思都表达了一种观念，像法国大革命那样的资产阶级革命其实孕育了无产阶级革命的胚胎，如同资产阶级社会孕育了无产阶级一样。罗伯斯庇尔专政被他界定为无产阶级推翻资产阶级政治统治的尝试——尽管由于无产阶级革命的客观条件尚未成熟，但毕竟已经有了推翻的尝试。[1] 马克思偏爱1789年，但憎恶产生于法国大革命的资产阶级与小资产阶级的法国。他对法国革命的充满深刻直觉的很多杰出评论构成了后来的马克思主义的革命意识形态的起源。这个革命意识形态所界定的宪法观与法国资产阶级共和革命所界定的宪法观存在差别。

可以说，康德所代表的共和制普遍宪法观、黑格尔所代表的国家神圣传统、青年马克思的激进革命意识，从三种不同角度折射出法国革命对德国思想的复杂影响。他们代表的三种思想形态在19世纪后德国政治与宪法演进史中产生影响的方式和影响力的大小均截然不同。这种差别恰恰构成观察德国政治与宪制演进史的有趣思想视角。

法国大革命与随之而来的拿破仑征服产生的巨大思想、文化与政治冲击，不仅影响着德意志人中的先进知识分子，而且使落后封闭的德意志地区民众的政治意识与民族意识均被唤醒。民族统一与政治体制变革的可能性及必要性作为历史挑战摆在了德意志人面前。这是"德国问题"作为既有国际法意义又有宪制史意义的问题第一次浮出的时期。在此后的19世纪与20世纪，用施密特式的语言说，德意志越来越

---

[1] 〔法〕弗朗索瓦·傅勒：《马克思与法国人革命》，朱学平译，华东师范大学出版社2016年版，第49页。

要以一个独立统一的民族国家的意识与形象去参与制定"大地的法"。

四、本书的德国宪制史叙事脉络

1. 人类共和革命史的多重变奏

从世界宪制史来说,18世纪末期发生在美国与法国的现代革命不仅意味着政治现代化进程的开端,而且也是现代成文宪法史的开端。它们构成理解此后的1848年欧洲革命、1917年俄国十月革命、1918年德国十一月革命这些重大革命与宪制事件的纵深思想背景与价值参照。美国革命与法国革命产生了对界定政治的现代性与宪法的现代性具有内在意义的思想体系与道德原则。在它们之后的19世纪与20世纪人类社会发生的数次重大革命,尽管革命的具体起因与诉求各有不同,但就深层思想谱系而言,这些革命与最早的两次现代革命都存在深刻联系,都是最早的共和革命的重要历史变奏。

更具体言之,1848年欧洲革命与1848年德国革命是18世纪末期共和革命的历史延续。自由—民主制(liberal-democracy)的必要性、可能性、制度架构问题是这两波民主共和革命的深层价值目标。在这些共和革命中诞生的宪法,构成自由宪制这一历史谱系的具象,它们存在具体差异,但共享一些最基本的政治道德原则。因此,自由宪制就是自由—民主制的一种法律化表达,自由—民主制(liberal-democracy)与自由宪制(liberal-constitution)这两个术语很多时候可以等同并交替使用,它们在西方学术中大致上是内涵对等的两个词语。自由宪制承认并试图制度化具有根本政治道德意义的自由与平等原则,这些原则构成自由宪制的"基础规范"。

这里所指的基础规范,与凯尔森(Hans Kelsen)仅仅在形式意义上界定使用的价值无涉的那个"基础规范"概念不同,尽管本书借用了"基础规范"这个说法。本书基于康德普遍历史理论,为作为宪法之高级法背景的那个基础规范植入自由—平等这两项目的性原则。这两项目的性原则是奠定现代宪法正义性基础的最本真的那个规范(norm)。现代宪法原理中的人权原则与人民主权原则,就是从以自由—平等为道德规范基石的自由宪制原理演绎建构出来的宪法政治架构。这是一种既要求民主决策又要求保护个人自由的宪制架构。现代人类社会通过共和革命的形式试图去接近去落实这样的政治秩序目标。

1917年十月革命开辟了另一种全新的宪制模式。用阿克曼的话说,列宁主义指导的苏俄革命试图除去对前述共和革命所确认的政治道德规范的思考,并以一种超乎人类理解的历史哲学取而代之。① 苏俄革命中诞生的宪法就政治思想谱系而言是一种苏维埃专政民主宪制。它蕴含三个关键理论点:第一,国家本身是超法律的事实,国家不宜被设定为应服从法律。第二,苏维埃专政国家的法律是全体人民的意志和利益,是没有剥削的社会中的法律。第三,苏维埃专政的实质是国家依据苏维埃民主的法律实现对社会的领导。② 与凯尔森对苏维埃共产主义法律理论的关注一样,伯尔曼曾分析革命的苏俄社会主义宪法与法律在形式体系上与西方法律存在的相似之处,又指出苏维埃法律公理在很多方面又不同于自由民主宪制的法律原理。前者不仅蕴含着对

---

① 〔美〕布鲁斯·阿克曼:《自由革命的未来》,黄陀译,中国政法大学出版社2015年版,第10页。
② 〔奥〕凯尔森:《共产主义的法律理论》,王名扬译,中国法制出版社2004年版,第121、122、143页。

资产阶级自由民主的否定或谴责,而且还获得了类似世俗宗教的权威性启示的神圣性。[①] 需要指出的是,苏维埃革命及从中衍生出来的无产阶级民主专政宪制是否也是人类启蒙运动之子,这是一个重要的历史哲学问题,但不在本书讨论范围之内。

2. 在世界共和革命史视野中观察德国宪制史

本书聚焦的一种历史联系是,1918 年发生的德国十一月革命——对现代德国及其宪制史而言是具有承前启后意义的这个重大事件,就恰好处在两种历史趋势与两种思想形态的博弈胶着点上。德国十一月革命既背靠 1848 年资产阶级自由民主革命传统,又直接受到 1917 年苏俄无产阶级专政民主革命的历史影响。在德国十一月革命中诞生的《魏玛宪法》——同样是一个具有承前启后意义的宪法事件,就蕴含着德国对自由—民主制与无产阶级专政民主制的根本政治决断问题。无论从历史还是从思想上看,现代世界主要大国的重大宪法史事件之间存在着量子纠缠式的相互影响关系,研究其中任何一个的宪制演进史都需有世界史视野。从历史、政治与道德的多重渊源视角分析现代人类自由宪制的发展轨迹及其在德国的命运,正是本书的总体思路和中心议题。

从历史纵深角度看,源自美国与法国革命的现代宪制运动在德意志地区的发生发展,与现代共和革命在德意志的发生发展,是一体两面的事情。它们之间存在无法分割的历史、政治与思想关系。19 世纪后德国数次共和革命的失败命运决定性地影响了自由民主宪制在德国的命运。因此,研究现代宪法史上的德国问题,或者更确切而

[①] 〔美〕伯尔曼:《法律与宗教》,梁治平译,商务印书馆 2012 年版,第 58—60 页。

言,研究现代德国宪法史道路的特殊性,首先必须了解现代德意志与现代共和革命的历史相遇与思想联系,进而在这个总体联系中进一步考察德意志宪法史的特殊性问题——包括特殊思想传统与特殊民族道路。

本书以德国与现代革命、现代宪法相遇的历史情境为叙事起点,立基于康德普遍历史观中的自由理念,观察1815年后到1933年之前德国宪法思想形态与宪制模式的变迁,勾勒德意志宪法思想与制度模式渐渐趋向非自由民主化的诸具象,阐述分析导致这种历史趋向的政治、社会与思想根源,总结20世纪前30年德国宪法思想中存在的民主价值迷思。

3. 本书的总体思想方法与思想内容

全书共8章,每章以专题形式展开,但它们彼此之间存在横向或纵向的内在联系。第1章交代总体思想方法。本书以康德历史哲学中的自由理念为思想出发点,诠释现代人类两次重大共和革命的政治伦理内涵及对世界宪制史的深远意义,论述现代宪法在现代共和革命中的历史缘起及其规范性价值原理。现代共和革命及其宪制精神对德意志的影响既体现在观念层面的辐射-冲击,又体现在制度层面的刺激-反应。观念论层面,康德、黑格尔与青年马克思对美国与法国革命的哲学性研判实质上蕴含了三种不同的政治与国家哲学,它们在19、20世纪德国宪制演进史中的思想影响力迥然有别,构成考察德国宪法史的一种重要视角。制度史层面,美国与法国革命既激起了德意志人民对民主共和与自由宪章的热情,又反向刺激了德意志民族主义与民族权力政治的兴起。

第2章到第8章沿着纵向历史演进轨迹展开分析叙事,主要涉及5

个层次的思想内容:(1)通过阐释1848年德国共和革命与法兰克福制宪统一进程的失败,揭示民族主义对德意志自由主义的胜利。(2)通过阐释俾斯麦威权政治崛起与普鲁士军事国家主义取得支配地位,揭示1871年俾斯麦宪法体制的反自由—民主性。(3)通过考察1918年共和革命的双重面向及其对1919年《魏玛宪法》民主制构造的复杂影响,揭示"民族权力"政治传统对德国民主共和宪制取得的优势。(4)通过考察魏玛德国政治极化与《魏玛宪法》结构性缺陷的关系,揭示民主共和价值信仰的普遍缺失对德国宪法与政治的深层伤害。(5)通过对1848—1933年间德国权力政治与宪制史整体关系的纵深考察,揭示纳粹成功的政治基础、宪制原因与思想文化根源。

指引本书分析叙事的主要是三条历史与思想脉络。

第一条脉络,始于后大革命时代,即从1815年到1848年,这个阶段是俾斯麦统一德意志之前自由宪法运动在德意志地区的起步与发展阶段,是在盎格鲁-美利坚革命与法国大革命等重大历史事件影响下,自由主义与世界主义精神在德意志得到传播与实践的阶段,同时也是德国民族主义与历史主义起步的时期。自由主义与民族主义构成这个阶段德国宪制史的两大思想底色。

第二条脉络,起于1848年共和革命,这可视为德意志历史上的一次马基雅维里时刻。1848年革命失败后主导德国统一与政治发展的力量逐渐集中到超级大邦普鲁士手中,俾斯麦主导的1867年北德意志联邦宪法和1871年第二帝国宪法建立了名义上的君主立宪制体,但实际政治格局是以普鲁士君主为核心的带有政教合一内在特质的专制体制。德意志自由主义在1848年后逐渐去政治化与转向经济物质利益追求。从第二帝国到1918年,民族主义、国家主义、历史主义成为支配德国政治发展与宪法思想的深层意识形态。德国宪法学在这个历史阶段走向彻底的实证主义,第二帝国宪法教义学是彻底实证主义化的德国宪法学的存在形式,它的逻辑—分析—实证特质与这一时期德国宪法传统日趋背离自然法与自由人权传统互为表里。

第三条脉络,起于 1918 年十一月革命,这是德国现代史上的第二次共和革命,它包含民主立宪精神因子,但同时深受德国战败、苏俄十月革命、德国无产阶级运动等重大历史局面的影响。革命促成德国在形式上从帝制走向共和,魏玛共和国与《魏玛宪法》就是这个共和革命的政治与法律产物,但革命没能根除德国根深蒂固的专制政治传统。魏玛共和时期德国议会民主遭遇的正当性危机与制度实践困境,既与《魏玛宪法》确立的二元民主制的内在结构性缺陷有关,更是 19 世纪下半期以来德意志民族权力政治与军事国家主义政治传统累积在宪制领域所导致的后果。

基于康德式普遍历史观与共和制宪法观蕴含的自由价值基准,对德国宪法史总体演进轨迹进行的思想史叙事,能揭示过度的民族权力崇拜、过分的对民族性的道德美化对德国政治与宪制精神的深刻影响力。19 世纪后期的德国是一个在文化、艺术、哲学、理性官僚制、形式法治等领域都取得高度发展的现代工业国家,是一个拥有悠久的私法智识传统与精致的宪法教义学传统的法学大国,但是,它作为文化大国与法律教义学大国的光芒丝毫不能掩盖它在宪法政治领域的落后甚至野蛮。

政治野蛮,不会立即显示出恶果,就像罗马不是一天建成的,但如果其他领域无法发展出抗衡野蛮政治发展的力量,野蛮复野蛮,累积起来就会建成政治野蛮的"罗马"。希特勒建立的第三帝国,就是那个政治野蛮的斗兽场,自由-民主-共和都作为牺牲品,被扔给了狮子。

马克思在《黑格尔法哲学批判》导言中曾说,"我们(德国人),在我们的那些牧羊人带领下,总是只有一次与自由为伍,那就是在自由被埋葬的那一天"。革命导师这段经典修辞虽然不只是针对自由宪制在德国的命运,但它客观上点亮了一个深刻的德国历史问题,那就是普鲁士—德国崛起、德意志民族权力政治与19世纪中期后德国反自由民主政治传统的内在联结。德国宪法史问题本质上是具有全局性的德国现代化与德意志特殊道路问题的关键组成部分,这一事实深刻地反映了宪法的政治性、历史性与道德性之间的复杂关系。

第二章
现代宪法史上德国问题的缘起

人类现代社会成文宪法的历史发端于18世纪末的两次共和革命，即美国革命和法国革命。1787年美国宪法和1789年法国《人权宣言》是现代宪法最早的两个文本样板。[①] 在宪法理论上，源自美国与法国革命的这两个"现代宪法"文本意味着最早的"规范意义上的宪法"的诞生。将它们称为"规范意义上的宪法"，既有最初级的形式理由，即它们是成文的宪法，但更重要的原因在于，这两个宪法文件蕴含的深层价值内涵是全新的。[②] 代表人类社会已经创设出规范国家政治统治的新模式，发明了现代社会的政治形式。

一、共和革命史视野中的现代宪法

这里所指的现代共和革命史视野中的"现代宪法"，既是一个"历史

[①] 需要强调一个容易被忽视的事实：1789年《人权宣言》从来都是现代法国宪法的一部分，它逐字逐句地体现在了1791年9月3日现代法国史上的第1部宪法中。参见〔德〕格奥尔格·耶利内克：《人权与公民权利宣言——现代宪法史论》，李锦辉译，商务印书馆2013年版，第10页。法国《人权宣言》为何要到100多年后的第五共和国才真正具有直接的法律规范效力，而不是从一开始就直接具有规范效力，即法国《人权宣言》是如何被激活的？这涉及法国建立违宪审查机制的历史过程。法国建立违宪审查比较晚，但这种阶段性差异不影响1789年法国《人权宣言》与1787年美国宪法在根本价值基础上的同源同质性。

[②] Charles Borgeaud, "The Origins and Development of Written Constitutions", *Political Science Quarterly*, Vol. 7, No. 4 (Dec., 1892), pp. 613–632.

宪法观"范畴,也是一个"法律宪法观"范畴。这两个范畴的差异在戴雪(A. V. Dicey)那里被强调。①但根据第1章提到的康德普遍历史观,本书认为这两个范畴实际上也是存在联系的。这种联系的一个要义在于:在18世纪末期人类共和革命的历史过程中诞生的两个最早的成文宪法文本,已经托举出了可以用于评价此后人类各种实证宪法之政治道德基石的规范性原则。本书将这样一种现代宪法视为最早的规范性宪法范本。

与"规范意义上的宪法"相对的是"描述性的宪法"。②"描述性的宪法"是对一个国家政治关系现状的描述。根据描述性宪法概念,一个专制或独裁国家由于它事实上也存在基于特定政治关系而产生的实证法秩序,因此也是一个有"宪法"的国家。而"规范意义上的宪法"不同,它不只是确立一种政治统治,还代表着对国家政治统治及其所辖全部统治机构施加严格法律控制的一种新形式和新机制。③这套控制国家的宪法机制有其特定价值内核和权力结构特征,旨在实现个人主权(个人自由)与国家主权(政治秩序)的共和与平衡。

具有理性法意涵的现代宪法之所以诞生于美国与法国革命中,有两个条件具有决定性意义:一是美国与法国革命所反对的并非仅仅是作为肉身的某一个具体的统治者本人,而是指向千百年来被视为神授的绝对君主制的统治制度。在美国是指英国议会主权代表的英国君主立宪政体的殖民统治,在法国指向绝对君主政体的专制统治及其特权等级社会结构。二是美国革命与法国革命在思想上都援引古典自然法

---

① 〔英〕A. V. 戴雪:《英国宪法研究导论》,何永红译,商务印书馆2020年版,第99—100页。
② 〔德〕迪特尔·格林:《现代宪法的诞生、运作和前景》,刘刚译,法律出版社2010年版,第1—2页。
③ 〔德〕迪特尔·格林:《现代宪法的诞生、运作和前景》,刘刚译,法律出版社2010年版,第15—19页。

理论的正义秩序观念作为改变现存统治秩序的正当性依据。[1] 根据自然法衍生出人作为道德主体的一般权利,该主体拥有独立人格并通过缔结政治契约而创设国家。[2]自然法并非人造,亦非人类可以修正其内容或改变其路线。在18世纪对自然法的诉求,承载着由明智而自由之心灵支撑起的最伟大道德分量。[3] 根据这种正义秩序观念,正义的秩序必须充分尊重个人自由,自由是实现公共福祉的前提条件,当一个政治的政府(比如英国政府在北美的统治)严重违反自然法原则时,人民有权不再服从它的统治。

这种正义观成为美国与法国革命这对"姊妹革命"共同的一个政治哲学基础。根据这种政治哲学,终极的正义问题转化为自由与秩序的关系问题,自由-秩序关系的实质是个人自由与国家主权的关系问题,个人自由与国家主权的关系转化为法律形式问题,宪法正是平衡个人与国家两者之间政治与伦理关系的根本法律形式。

尽管由于革命时的历史与社会条件存在具体差异,美国革命与法国革命对"国家主权"的具体形式的理解存在差异,导致两者为实现国家的"人民主权"属性所采取的制度模式出现差异。但是,这不影响它们缔造的经典宪法文本价值基点的同质性。1787年美国宪法和1789年法国《人权宣言》都以自然法为价值根基。美法两国宪法运动的历史与价值交融体现在:美国继受欧洲自然法哲学与自然权利学说下的国家哲学,承认宪法的本质是自然权利与自然正义的规范化,而法国《人

---

[1] Charles Borgeaud, "The Origins and Development of Written Constitutions", *Political Science Quarterly*, Vol. 7, No. 4(Dec., 1892), pp. 613-632.
[2] 〔日〕芦部信喜:《制宪权》,王贵松译,中国政法大学出版社2012年,第28页。
[3] 〔美〕查尔斯·霍华德·麦基义:《美国革命的先法观》,北京大学出版社2014年版,第197、205页。

权宣言》以美国宪法为样板,美国各地的《权利法案》与1787年宪法中的《权利法案》是法国《人权宣言》的原型,这已经是现代宪法史上的公论;①同时,《人权宣言》又有超越1787年美国宪法体例之处,那就是它将一种依据自由平等精神改造社会的理想提升到宪法文献层面加以确认。②

魏玛时期德国最重要的反自由主义宪法理论家施密特在《宪法学说》中界定宪法的理想概念时,指出理想的宪法意味着公民自由的保障体系,他承认是美国革命与法国革命中诞生的宪法文件为这种理想宪法模式留下鲜明印记。施密特特别援引法国《人权宣言》,指出宣言第16条"凡是既没有提供权利保障,又没有确立权力分立制的社会,就没有宪法可言",就是以北美马萨诸塞和新罕布什尔州的宪法为样板的。③只不过,在施密特的宪法理论体系中,此种理想宪法模式不适合德国,他在很多著述中提出了很多理由——本书试图说明他提出的很多理由似是而非。

另一位德国公法理论家耶利内克在研究现代宪法史时,亦充分重视到现代宪法在美国与法国革命中的历史缘起问题。他明确指出北美《权利法案》是法国《人权宣言》的样板,而《人权宣言》宣告了一种规范性宪法的经典定义。引人争论的是,耶利内克驳斥了将卢梭式社会契

---

① 在笔者有限的阅读视野中,从耶利内克、芦部信喜、拉德布鲁赫(Gustav Radbruch)、施密特,到当代宪法学家如德国的格林(Dieter Grimm)等,都承认并论述过法国宪法与美国宪法之间的渊源关系。

② Miro Cerar, (Ir)rationality of the Constitution, *Archives for Philosophy of Law and Social Philosophy*, Vol. 90, No. 2 (2004), pp. 163—180.

③ 〔德〕卡尔·施密特:《宪法学说》,刘峰译,上海人民出版社2005年版,第43—44页。关于《人权宣言》中这个著名的第16条,几乎所有经典宪法理论都会谈到。另两个译文分别可参见:〔德〕拉德布鲁赫:《法学导论》,米健、朱林译,中国大百科全书出版社1997年版,第36页,"在一个不确保人与公民权利和权力分立未予规定的国家中,没有宪法可言";〔德〕卡尔·施密特:《政治的浪漫派》,冯克利、刘峰译,上海人民出版社2004年版,第192页,"凡权力与权利的划分得不到保障的社会,皆没有宪政"。

约论作为法国《人权宣言》思想根源的观点。对这个判断,当然需要从不同角度去理解,这与卢梭民主理论本身的复杂性有关。在政治思想史上,就卢梭是不是自由主义阵营的思想家,始终存在很多争议。① 但可以肯定的是,卢梭社会契约论中有一个关键点与现代自由宪制强调个人自由的重要性的核心价值是相背离的:根据其社会契约论,个人在进入国家的那一刻起就不再享有任何个别的个人权利,个人权利会完全转化为"公意",并且卢梭认为这个公意不应该也不能被限制。对卢梭来说,没有什么根本法可以对这个社会契约进行限制。② 卢梭的贡献与局限可以用一句话加以概括:他关注平等甚于关注自由,为了实现平等,牺牲个人自由也是必要的。《社会契约论》集中体现了他的平等优先于自由的信念。③

因此,卢梭《社会契约论》的原则与法国《人权宣言》实际上存在理念上的矛盾。卢梭式的社会契约论的首要原则并非要保证个人的权

---

① 卢梭的思想是多维度和复杂的,他思想中的平等主义产生过划时代的影响,这从伟大的自由主义哲学家康德对卢梭的推崇也可见一斑。阿伦特说,卢梭曾把成年期的康德从道德昏眠中唤醒。阿伦特的这个评论与卡西尔(Ernst Cassirer)一致。卡西尔在他著名的《卢梭、康德、歌德》中提到:"年届四旬的康德写道:'我鄙夷那般一无所知的芸芸众生。是卢梭纠正了我。盲目的偏见消失了,我学会了尊重人性,而且假如我不是相信这种见解能够有助于所有其他人去确立人权的话,我便应把自己看得比普通劳工还不如。'"从卡西尔的论述那里,可间接地知道康德最初不怎么关注社会底层民众,是卢梭对平等和底层的深厚情感与热烈讴歌,深深地影响了康德。概言之,早平的康德是在"人之应是"之中寻求道德的永恒性,而受到卢梭影响之后的康德,开始在"人之已是"之中探寻道德的永恒性,进而完成对"本真的人"的全面探索。参见〔德〕卡西尔:《卢梭、康德、歌德》,刘东译,商务印书馆 2015 年版,第 10—12、31—35 页。〔德〕汉娜·阿伦特:《康德政治哲学讲稿》,曹明等译,上海人民出版社 2013 年版,第 29 页。
② 〔德〕格奥尔格·耶利内克:《人权与公民权利宣言——现代宪法史论》,李锦辉译,商务印书馆 2013 年版,第 6—8 页。
③ 卢梭早期的《论人类不平等的起源与基础》被认为是比《社会契约论》更多个人主义因子,更富有现代价值。在《社会契约论》的语境中,公意取代个体意志成了主权的精神和灵魂,参见〔美〕小查尔斯·爱德华·梅里亚姆:《卢梭以来的主权学说史》,毕洪海译,法律出版社 2006 年版,第 21 页。

利,而是捍卫公共意志不受法律限制的全能权力。①耶利内克指出,北美宪法运动的重要性在英国和法国都得到了承认和重视。无论请愿书及国民议会上提出的21条草案还是法国《人权宣言》,绝大部分都效法美国的《权利法案》。在实质内容上,《人权宣言》只是增加了一个属于政治形而上学纯粹理论的教条式声明而已。②日本宪法学家芦部信喜的观点更是明确:卢梭的社会契约学说与法国宪法思想中的人权观念背道而驰。③本书无意在此展开对卢梭学说中自由元素的成色与分量的讨论,毋宁是想借由这个理论争点强调,个人自由价值对界定一种规范性的现代宪法原理具有内在规定性意义。历史地看,现代共和革命中起源的现代宪法,与自由—宪法(liberal-constitution)几乎是同义词。

概言之,从价值内核看,现代宪法运动乃是一个历史整体,它发端于盎格鲁-美利坚和法国,并于其后200年间向全世界传播。对发端于美国与法国共和革命的现代宪法运动的自由价值内涵,德国法学家拉德布鲁赫总结道:立宪国家奉为立国之本的自由,除了积极自由(即国民对国家事务的参与自由),还有消极自由(即特定国家的国民自由),对国家来说就是不可能触犯的个人自由范围的保证,就是国家活动不可逾越的界限的承认。④正是从这个意义上讲,美国革命与法国革命被视为两场"权利运动",所谓"权利的狂热几乎同时席卷了巴黎和美利坚"。⑤

---

① 〔德〕格奥尔格·耶利内克:《人权与公民权利宣言——现代宪法史论》,李锦辉译,商务印书馆2013年版,第6—8页。
② 〔德〕格奥尔格·耶利内克:《人权与公民权利宣言——现代宪法史论》,李锦辉译,商务印书馆2013年版,第12页。
③ 〔日〕芦部信喜:《制宪权》,王贵松译,中国政法大学出版社2012年版,第9—10页。
④ 〔德〕拉德布鲁赫:《法学导论》,米健、朱林译,中国大百科全书出版社1997年版,第36—37页。
⑤ 〔美〕苏珊·邓恩:《姊妹革命:美国革命与法国革命启示录》,杨小刚译,上海文艺出版社2003年版,第169页。

那么,在美法两国诞生的现代成文宪法运动对德意志有何影响?

二、德意志与现代宪法的相遇

对于长期分裂、邦国林立的德意志地区,环大西洋的这场自由宪法运动在18、19世纪之交先影响到其南部地区,1810年被拿破仑占领后,德意志地区先后出现更广泛的自由宪章运动。此后,要不要制定宪法、制定怎样的宪法逐渐成为地方各邦国面对的新的历史议题。

但是,19世纪德国政治与历史的特殊状况及演化路径决定了,"现代宪法"的价值内核与制度原理在德国的生根发芽注定要面临相当大的思想与政治文化障碍。概括而言,1810年后德意志宪法运动区别于美国与法国的特殊性主要可以从两个视角进行分析。

一是德国自由主义传统本身的特殊性。特殊性主要是指它是一种与各种版本的德意志民族主义深度交叉在一起的自由主义。德国自由主义的此种复杂性既呈现出伟大的历史理论旨趣,又赋予德国宪制史错综复杂的特征和始料未及的取向。二是德意志普鲁士化给德国宪制演进造成的特殊性。普鲁士化主要是指普鲁士国家的体制模式及其蕴含的政治传统开始影响整个德意志地区。普鲁士模式的实质在于:以绝对主义的专制君主为核心,以"形式法治国"下的行政—军事官僚系统为支柱的一种现代专制政治模式。德意志的普鲁士化是影响19世纪中期以后德国宪制史的根本历史事态。普鲁士在德意志的崛起与法国大革命对德意志政治的影响有深远的历史联系。

1. 法国革命对德意志的冲击：从文化民族到政治民族

德意志现代史深受1789年法国大革命的影响，这是研究德国现代宪法史无法绕开的时刻。作为"德国宪法史问题"之上位概念的"德国问题"，究其根源，乃是法国大革命与拿破仑征服欧洲失败后欧洲内部国际法体系即《维也纳和约》体系的一个重大衍生物。对随后德国宪法史中诸多关键思想变迁与制度选择的理解，必须从这一纵深背景出发去把握。可以说，直击法国要害的大革命同样深重地直击德意志的要害。

1789年的法国大革命及因之而来的拿破仑对欧洲的征服与统治，打开了欧洲与世界的眼界。这是自由主义世界与共产主义世界的史学家都承认的一个事实。大革命与拿破仑的所作所为不仅将具有普遍影响力的理念信条与法律制度传出法国国界，其远征大军更席卷整个欧洲大陆的现实政治体制。

歌德(Johann Wolfgang von Goethe)曾描述德意志民族对法国大革命表达的人权精神的热烈赞美。这位渴望自由并在美学上深度研究自由的诗人，久久陶醉于个体自由的观念。推翻所有压迫，听从自己内心的声音，德意志人发现《人权宣言》可能帮助他们实现梦想，一种渴望在政治状态下获得个人自由的梦想。因此，在德意志文化圈子中，德意志地区现存政治制度中的各阶级在法律上的不平等激起了知识分子最强烈的敌意，他们憧憬着在卢梭政治哲学中找到自己：在一个完全平等的国度，每个人只服从自己。①

---

① 〔德〕海因里希·冯·特赖奇克：《十九世纪德国史·第1卷：帝国的覆灭》，李娟译，上海三联书店2020年版，第110页。

到 1815 年时,欧洲各国深刻认识到法国大革命已经不是个别国家的一次革命,而是一场影响欧洲与世界的普遍革命。① 在经历了 20 多年的革命与战争风暴后,横亘在欧洲各国所有明智的政治家头脑中的头等问题,就是要将可能引起欧洲又一次爆发大规模战争的任何苗头都扼杀在摇篮里。因此通过各种外交手段缔造和平与维持和平成为 1815 年以后欧洲各国统治者的共识。这是《维也纳和约》得以签订的历史与政治心理基础。

1815 年《维也纳和约》签订,固然使欧洲国家从法国大革命与拿破仑战争风暴中解脱出来,但这只是在国际法意义上终结了法国大革命和拿破仑战争的影响,因为在思想、制度与文化等深层社会政治层面,法国大革命与旧制度的遗产都长久地溢出了革命的故乡,广泛而深刻地影响着欧洲与世界的未来,德国就是受影响最直接、最深重的一个。

这就是法国著名历史学家傅勒所说的一种历史情势。1789 年是上游和下游的关键:朝上游看,它前无古人,意味着新纪元;朝下游看,始于 1815 年的欧洲革命时期乃是大革命的继续,是大革命使这个时期浮现出来,使之变得可能,从而揭开了一个时代——一个蕴含自由主义与民主主义双重诉求的时代。因为法国大革命不仅意味着自由共和政体在欧洲大陆的复兴尝试,而且也是一次蕴含着平等主义诺言与期待的社会革命。正是自由与民主这两种普遍的历史基质,使法国大革命具备迷人的力量,这种力量促使"19 世纪相信共和国,20 世纪则相信革命(革命意识形态——笔者注)"②。

---

① 〔英〕艾瑞克·霍布斯鲍姆:《革命的年代:1789—1848》,王章辉译,中信出版集团 2017 年版,第 106—107、118—120 页。
② 〔法〕弗朗索瓦·傅勒:《思考法国大革命》,孟明译,生活·读书·新知三联书店 2005 年版,第 9—10 页。

在思想层面，源自大革命的自由与民主思潮在欧洲广泛传播，受影响最大的就是在维也纳会议结束后仍然处于分裂状态的德意志。德意志之所以深受法国革命精神影响，不仅仅是由于大革命本身作为开天辟地事件的强势及其普遍历史基质，而且也有复杂的内因。最根本的一个内因就是18世纪初期以来德意志在文化上和政治上远远落后于英国、法国等欧洲国家。

导致德意志地区全面落后状态的原因须往前追溯到16世纪后半期到17世纪。最直接的原因在于，德意志是宗教改革引发的三十年战争的最大受害者。这场战争对德意志的创伤持续了一个多世纪，它不仅蹂躏了这片土地上的人民，而且摧毁了它的经济和政治。特别是在政治领域，德国要承受为终结战争而签订的《威斯特伐利亚和约》的后果。这个和约永远剥夺了作为神圣罗马帝国的实际意义，从此300多个大小不等的公国领地、教会领地、自治城市和贵族领地获得了深度的地方自治。它们貌合神离地构成一个有名无实的帝国，这个被普芬道夫比喻为野蛮"怪物"(monstrosity)的德意志，在伏尔泰眼中是"既不罗马，也不神圣，更不帝国"的一种"三不像"；是历经一个多世纪后依旧还处在马克思所说的"被肢解"的那样一个状态的哥特—巴洛克式废墟。①

在这堆废墟中存在一大堆邦国，它们有各自的权益和特权。而在同一时代，英国与法国都已经是有了强大中央政府的统一的民族主权国家。政治经济的落后促进了从外向内的政治与法律制度的移植。德意志各邦国政府纷纷效仿法国的君主专制时期的绝对主义、中央集权的官僚制度、国家税制、重商主义。所谓"没有哪个邦国不想以凡尔赛

---

① Peter H. Wilson, "Still A Monstrosity? Some Reflections on Early Modern German Statehood", *The Historical Journal*, Vol. 49, No. 2(Jun., 2006), pp.565-576.

为榜样"。(用一句当下的流行语说,没有哪个邦国不想凡尔赛!)普鲁士开明专制者腓特烈二世甚至只用法语说话写作,在柏林设立以法语命名的科学院,并聘请法国哲学家与数学家达朗贝尔(Jean le Rond d'Alembert)领导科学院的工作。①

另一方面,政治经济全面落后同时反向催生了作为一个"文化民族"的德意志。政治经济落后这个铁一般的事实叠加裂变出越来越深重的精神性影响,就是德意志民族文学、民族哲学、民族历史观的诞生,亦即一种前所未有的强烈而复杂的民族统一期待、民族浪漫主义和民族历史主义思潮的形成。在这个"文化民族"的诞生进程中,德意志文化也逐渐从世界主义向一种独特的民族国家理念转变。

事实上,"现代德意志民族意识是在文学领域内、在一场对法国思想的绝望反抗和挑战中形成的,也是在反对伏尔泰的世界主义文化中形成的。这位启蒙运动的哲人认为对民族传统的依恋是群氓的偏见。最后,这一民族意识诞生于对自己'独特本性'的确认和捍卫之中,因此它是在对照和反应中产生的,而不是社会政治的内部发展的结果"②。

所谓"不是社会政治内部发展的结果",其主要意思是说,这种德意志民族意识在整个18世纪和19世纪上半期都不具有政治性或者说尚未升级为一种政治意识形态。因为无论在拿破仑于1806年终结了神圣罗马帝国之前,还是在拿破仑体系失败与1815年《维也纳和约》签订之时,德意志地区始终处在封建割据的政治状态,真正的政治实体出现在一些实际上非常独立的诸侯国,其中以普鲁士最为突出。在这些实

---

① 〔意〕卡洛·安东尼:《历史主义》,黄艳红译,格致出版社2010年版,第48—50页。
② 〔意〕卡洛·安东尼:《历史主义》,黄艳红译,格致出版社2010年版,第50页。

行绝对君主专制的诸侯国,根本不存在同一时期在英国、法国北美殖民地各州那样的具有公共性的现代政治生活。主要邦国政治体制的主要特点是:开明君主和手握大权的大臣负责包括开化臣民使其获得幸福在内的一切事务。用当时柏林科学院文人的话说,普鲁士这样的国家表象上是充满父权慈爱的安逸的福利国家。但实质上它是以一种军事化的君主官僚体制实现政治控制。不过在19世纪中期之前,这个君主专制政体尚未对整个德意志造成实质性的政治辐射。概言之,从整个18世纪到19世纪的上半期,在英国、法国早已成为拥有强大统一的主权国家架构的政治民族的时候,作为一个统一的"政治民族"的德意志根本还没出现。

这种民族政治历史的匮乏状态,是"德国问题"于1815年之后完全浮出历史水面、成为人类现代史上一个重要的"特殊道路问题"之前的第一幕序曲。指出德意志历史中这种政治匮乏感,能帮助我们后面进一步理解:为何无论是韦伯这样的民族自由主义思想家,还是施密特这样的右翼民族主义思想家,都特别强调德意志政治民族身份对建构德国统一宪制的特殊意义。

因此,1815年《维也纳和约》签订的时刻某种意义上成了现代德国史的一个起源时刻。一方面因为正是在1815年和约提供的解决方案中,对德国特殊道路后来起支配性塑造作用的普鲁士开始崛起。无论在领土、经济还是其他各种实际资源的占有上,普鲁士首次成为一个欧洲大国而不再只是一个普通的德意志邦国。只不过欧洲各国的主要政治家包括国际法学家们要到19世纪60年代才全面认识到这个变局的重要性。此间重要性不仅在于普鲁士体制在这个时期后逐渐获得了演化升级为德意志体制的历史机遇。所谓"普鲁士第一次真正成为一个德意志国家"①,德意志逐渐被普鲁士化(Prussianized Germany),而且更重要的一个巧合也发生了,那就是领导德国走向普鲁士体制的铁血宰相俾斯麦正好诞生于1815年。可以说,激发普鲁士内在精神力量此后不断爆发的诸种历史条件已经在孕育成形之中。

在19世纪后半期欧洲思想深处,对德意志普鲁士化的历史后果,大体有两种截然相反的观点。一种认为,被普鲁士体制吸收,无论对德意志甚至对世界来说,都是灾难性的一个转折点。与之相对照,另一种意见则强调,普鲁士崛起和它的支配地位的确立,给分裂又羸弱的德国注入了强劲、深刻、虔诚的统一信念,是它带来了德国在欧洲与世界的崛起。②

另一方面,在和约开启的后大革命时代,在对雅各宾主义式民主专政的恐惧氛围中,欧洲各国旧君主政权复辟所代表的专制主义旧制度,与自由民主的大革命正面遗产碰撞在一起,成为那个时代胶着在一起、对立矛盾着的两种精神元素。"自由,那带着巨人声音的夜莺,惊醒了大多数沉睡者,除了为争取自由或反对自由而战,还有什么事情值得人们关注?那些不可能热爱人类的人,可能仍然是大人物,例如专制君主。但是,普通人怎么可能无动于衷?"③这是1848年三月革命前德意志最著名的革命民主主义作家对当时德国与欧洲思想状况的生动描绘。

正是在1815年到1830年间这种专制与民主的新旧理念对抗、博弈

---

① 〔德〕海因里希·冯·特赖奇克:《十九世纪德国史·第1卷:帝国的覆灭》,李娟译,上海三联书店2020年版,第250页。
② Gisela Argyle, "Prussianized Germany and the Second Weimar Germany", *Germany as Model and Monster: Allusions in English Fiction, 1830—1930s*, Montreal McGill-Queen's University Press, (2002), p.157.
③ 转引自〔英〕艾瑞克·霍布斯鲍姆:《革命的年代:1789—1848》,王章辉译,中信出版集团2017年版,第126页。

的历史情境下,长期被肢解的、缺少真正的政治的德意志地区出现了很多重要的政治与宪法变革。德意志地区很多邦或城市公国,在君主制或现行体制框架下推动民主化,乃是法国大革命带给德国的一股巨大的时代政治潮流。普鲁士(Prussia)、巴伐利亚(Bavaria)、符腾堡(Württemberg)、巴登(Baden)、施瓦茨堡—鲁道夫斯塔特(Schwarzburg-Rudolstadt)、绍姆堡—利普公国(Schaumburg-lippe)、瓦德克公国(Waldeck)、萨克森—魏玛(Saxe-Weimar)、汉诺威(Hanover)、布伦瑞克(Brunswick)、黑森公国(Hesse)、萨克森—柯堡(Saxe-Coburg)、萨克森—迈宁根(Saxe-Meiningen)、黑森—达姆施塔特(Hesse-Darmstadt)、萨克森—阿尔腾堡(Saxe-Altenburg)、萨克森邦(Saxony)、霍亨索伦—锡格马林根(Hohenzollern-Sigmaringen)、利珀—德特莫尔德(Lippe-Detmold)等地方政治实体纷纷颁布各自的自由宪章——尽管它们立宪的目的与动因存在很大差异。①

在这些如潮水般涌现的成文宪法中,最显眼、最重要的两个是,1807年到1822年间普鲁士的自由主义改革和1815年开始的南德意志宪法运动。②这一波自由主义历史浪潮延续到1848年,并在法兰克福制宪会议达到高潮,但又以法兰克福宪法流产而告终。

在历史学家眼里,欧洲这一波自由主义浪潮绝非偶然。特别是对于没有政治统一传统的德意志地区而言,尤其如此。因为在那个时代,"自由"能给予长期缺少统一的政治认同的德意志人一种共同公民身份的观念意象,进而能够在文化上克服他们深陷其中的政治分裂。因此

---

① Charles Borgeaud, "The Origins and Development of Written Constitutions", *Political Science Quarterly*, Vol. 7, No. 4(Dec., 1892), pp. 613–632, p. 625–626.
② Klaus Epstein, "A New German Constitutional History", *The Journal of Modern History*, Vol. 34, No. 3(Sep., 1962), pp. 307–311.

在19世纪早期德意志地区,受法国革命激励的自由公民身份认同还包含着一层关键理想,那就是德意志民族既要成为一个"政治的国家民族"(Staatsnationen),又要成为自由的文化民族①。

德国自由主义怀着民族自治与独立的热情,激起了有力的国家意识和自由宪法运动,这是一个基本面向,一个世界主义与自由主义的面向。但普鲁士的崛起很快就给这个最初还带着世界主义维度的自由主义爱国运动带去了民族主义与民族权力国家的面向。

2. 三月革命前期德意志自由主义运动的宪制关切

受摆脱拿破仑压迫的使命和在自由的旗帜下恢复德国统一的激情的激发,施泰因(Baron vomand zum Stein)、哈登堡(Karl August Fürst von Hardenberg)在危难之际推动普鲁士改革的时期(1807—1822年)堪称普鲁士自由主义黄金时代。它对德国宪制史整体演进造成了诸多深远的制度与观念的影响。

首先,通过改革使普鲁士在德意志乃至欧洲范围内"大国崛起"。施泰因欣赏芬克的《不列颠体制论》关于英国郡县自治的介绍,赞赏英国政治的一大优势是缺少政治教条。② 他身体力行打破教条,通过现实的改革为普鲁士资产阶级进入地方政府、参与君主国家的政治事务开放部分渠道,为普鲁士君主国家的官僚系统注入了新的资产阶级阶层元素,为专制体制注入活力,增加了这个保守体制的韧性。其次,普鲁士初步成长为一种以"法治国"(Gesetzesstaat)为特征的所谓"理性国

---

① 文化民族(Kulturnation),参见〔意〕圭多德·拉吉罗:《欧洲自由主义史》,〔英〕R. G. 科林伍德英译,杨军译,张晓辉校,吉林人民出版社2001年版,第199—200页。

② 〔德〕海因里希·冯·特赖奇克:《十九世纪德国史·第1卷:帝国的覆灭》,李娟译,上海三联书店2020年版,第254页。

家"(Rationalstaat)。

这种"法治国"模式与盎格鲁-美利坚建立在古典自由主义价值基准上的"法治"存在重大差异,也与法国普遍化的理性主义体系存在重大区别。最根本的区别是普鲁士改革不承认议会制民主的正当性,或者说,普鲁士改革中展现的自由—政府元素与议会制不是一回事,哈耶克(Friedrich August von Hayek)将其称为欧洲大陆最早的新自由主义。普鲁士"法治国"模式不强调甚至可以说根本不关注对国家权力的限制。它更像是一种看待旧国家的新方式,一种治理旧国家的新形式。它承认地方层面的"人民自由",又坚定地捍卫君主与国家的特殊权威。将所有政治创制权完全留给了君主,国家结构中的传统主义特征依旧保留着它的合法性与正当性。①它造就了由君主专制制度建构起来的新的强有力的中央集权模式,但这个中央集权模式客观上又带有自由主义的一面。

这种两面性使历史学家甚至包括哈耶克这样的自由主义思想家都对斯泰因在普鲁士的改革带着同情的理解。改革对提升政府行政法治水平、松动普鲁士传统社会等级结构、唤醒人民的自由权利意识起到了一定积极作用,但整体上更强调捍卫普鲁士君主政体及其治下的容克特权阶级的根本利益。②这恰是普鲁士自由主义改革运动内蕴的一个悖论:在自由主义与保守主义的历史交锋中,普鲁士的君主制发现了确立自己不受反抗并为所欲为地治理国家的全局权力的法权模式。伴随精

---

① 同时参见徐健:《近代普鲁士官僚制度研究》,北京大学出版社 2005 年版,第 8—9 页;〔意〕圭多德·拉吉罗:《欧洲自由主义史》,〔英〕R. G. 科林伍德英译,杨军译,张晓辉校,吉林人民出版社 2001 年版,第 203—204 页;〔德〕海因里希·冯·特赖奇克:《十九世纪德国史·第 1 卷:帝国的覆灭》,李娟译,上海三联书店 2020 年版,第 260 页。

② Klaus Epstein, "A New German Constitutional History", *The Journal of Modern History*, Vol. 34, No. 3(Sep., 1962), pp.307-311;〔英〕弗里德里希·冯·哈耶克:《自由秩序原理》,邓正来译,生活·读书·新知三联书店 1997 年版,第 248 页。

致"法治国"普鲁士在德意志地区的崛起,此后德意志实现民族自由的思路注定被普鲁士塑造,或者说,普鲁士的自由民主化进程如何,将根本上影响着德意志自由民主道路选择。

概括而言,19世纪前30年普鲁士自由主义改革留下的政治文化遗产存在着复杂的悖论。一方面普鲁士自由主义对君主与国家充满崇高的政治期待,君主与国家尽心地致力于良好的国防、军队与政府体系的建设并且取得了巨大成功。另一方面政治改革的成功又促使德意志人民自愿自觉地接受与服从君主及其政府官员所从事的一切政治活动;对君主体制与国家行为的顺从虔诚、对发表政治意见展开政治论辩的极度节制,成为一种典型的普鲁士国民心智。[1]此种普鲁士文化将政治作为一种可以与个人的内在自由决然分割的外在因素。依此逻辑,不问政治是获得所谓内在自由的一个前提。这种普鲁士式的内在自由十分宽泛,但唯独没有政治自由这一关键自由要素。这个社会文化与思想演进,既为19世纪60年代俾斯麦体制下普鲁士军事国家主义的兴盛埋下伏笔,也为理解此后德国宪法学术何以疏离与反对政治自由原则提供了历史线索。

与普鲁士改革深层的保守主义特征相对照,1815—1830年间南德意志地区(含西南德意志地区,以下同)的宪法运动显示出更多更天真的自由主义—爱国主义色彩。关于这个时期德意志自由主义以及由此带来的各种宪法性斗争,学术上以"Vormarz Liberalism"(三月前期的自由主义)概括,它们实质上是1848年革命制宪运动的序曲或者说预演。

传统上认为普鲁士之外的北德意志地区的自由主义运动深受英国影响,而南德意志地区自由主义则更多地受法国影响,但北德意志与南

---

[1] 〔意〕克罗齐:《十九世纪欧洲史》,田时纲译,商务印书馆2017年版,第62—63页。

德意志的自由主义并非彻底分离而各自独立运转的两个世界。实际情况是,南德意志存在相当强大的亲英的自由派力量,而北德意志地区的自由主义者也并非都反对法国自由主义模式。无论学术上如何界分北德意志与南德意志自由派的内部差异,可以确信的一个趋势是,1815年到1848年德意志自由主义运动不是一个封闭的本土内部的历史过程,而是深受欧洲特别是英国自由宪制与法国革命民主政治思想辐射的历史进程。

北德意志自由派代表达尔曼(F. C. Dahlmann)是当时有影响力的一位历史学家和政治家,后来成为1848年法兰克福国民议会成员,参与起草过1848年宪法。他自始就很关注英国的两院制议会结构、代议制政府机制与普通法传统的历史起源,试图在英国自由宪制的起源与德国历史之间建立起联系。另一位代表性论者韦尔克(K. T. Welcker)是德国最早关注"法治国"概念的理论家,他在1813年的专著中区分了三种政府形式:专制政治、神权政治和法治国。韦尔克深受孟德斯鸠分权理论影响,重视研究英国宪法。他与达尔曼都试图从英国宪制起源着手来为德国学习英国宪制经验作出理论论证。韦尔克认为无代表不纳税这个最能形象诠释英国政治制度精神的宪制惯例实际上源自古老的日耳曼法。[①]以达尔曼等为代表的这些政治理论家,所依据的正是英国辉格传统,致力于在德国传播英国式宪法观念。

而英国辉格传统又有哪些内涵呢?这个问题重大,无法在此细述。但概括而言,辉格传统包含着立宪主义的两个要义,其一,以议会权力制约王室特权或任何行政政府,所谓"英国人最为奇特的特性即不喜欢

---

① 〔英〕弗里德里希·冯·哈耶克:《自由秩序原理》,邓正来译,生活·读书·新知三联书店1997年版,第417—418页;〔美〕格奥尔格·G·伊格尔斯:《德国的历史观》,彭刚、顾杭译,译林出版社2006年版,第272页。

行政政府",抵制行政专权在辉格党政治哲学那里得到集中体现。① 其二,议会主权也不能是绝对权力,它必须受制于普通法中的自然法或根本法价值的制约。无代表不纳税的观念就是辉格党人的教义,前提是承认议会主权,但议会主权不以损害普通法权利的方式行事,因为议会必须是理性的,应维护英国人的自由权利。被认为存在于英国人古老的普通法自由权利中的是一种自然权利,这些基本权利不仅被英国人而且也被美国人视为"真正的法"。这种真正的法与权利理性一致,为众生共享,持久而永恒,是一种不可计与、不可废弃的权利,人力不可剥夺、改变或减损这些真正的法,因此作为理性自然法的这些真正的法就超越了任何代表性主体的能力范围,无论该主体如何完美无缺。②

另一位很有影响力的政治与公法理论家罗伯特·冯·莫尔(Robert Von Mohl)是当时研究美国宪法非常著名的德国学者,在美国有相当的声誉并被邀请评论大法官斯多利(Story)的著作《美国宪法评论》。莫尔在 1846 年撰文亦强调英国的议会制度与日耳曼古老的民众大会自治制度传统其实存在历史渊源。③ 当然,这些观点有的不顾诺曼征服对英国本土古日耳曼法带去的冲击以及由此对英国宪制发展的深远影响,自然遭到很多历史学家反对。但这个时期诸如此类亲英的自由论者的理念与诉求,却能从细微处反映 19 世纪前期德国

---

① 〔英〕沃尔特·白哲特:《英国宪制》,〔英〕保罗·史密斯编,李国庆译,北京大学出版社 2005 年版,第 196—197 页。

② 麦基文(Charles Howard Mcllwain)对英国自由宪制与美国革命及其宪法观关系的分析比较细致,中译本序言根据麦基文的考察思路,对美国革命中的宪法叙事进行了分类解释。参见〔美〕查尔斯·霍华德·麦基文:《美国革命的宪法观》,田飞龙译,北京大学出版社 2014 年版,第 14—15、24—25 页。按照麦基文全书的叙事,不影响人们将美国革命史视为自由宪制在北美的发展史与确立史,缘由就在于美国革命本质上可被视为北美人民对英帝国展开所谓"宪法维权"的历史进程。

③ F. Günther Eyck, "English and French Influence on German Liberalism Before 1848", *Journal of the History of Ideas*, Vol. 18, No. 3(Jun., 1957), pp. 313-341.

自由主义思想近乎"野蛮生长"的状态。1848年后这种状态就越来越衰退了。

亲英国宪制的德国自由派称赞英国人民政治生活与英国政治制度内在的活力与弹性,认为英国是凭借其优越的政治与法律制度而走向强大的,深入研究英国宪制的起源与原理对在19世纪德国建立类似的宪制政府具有重要借鉴价值,这是当时德国自由主义者的主流观点之一。将英国自由宪制与某种古日耳曼传统自由机制建立起历史联系,从而为借鉴移植英国自由宪制到19世纪德国提供一种类似历史理性的论证,是1848年革命之前北德意志和南德意志自由派的共同观念与论证策略。英国议会制度对这个时期德意志自由派具有很大的吸引力,即使在南德意志这个传统上被认为更深受法国文化影响的地区也不例外。

巴登州自由主义代表利本施泰因(Ludwig von Liebenstein)呼吁德国效仿"议会之母"英国建立能为全体人民利益服务的宪制政府体制。1846—1847年间南德意志很多州出现一些呼吁德国借鉴英国议会制的自由派文章。除了对借鉴英国议会制备感兴趣外,三月前期德意志自由主义还关注英国人的公民自由权利,其中尤其令他们感到急需的是出版自由权利。在这个问题上,南德地区自由主义者对出版自由的追求似乎还远远超过具有传统亲英的北德意志自由派。[1]在亲英国宪制自由与议会制这个脉络之外,三月革命前期还存在另一种自由主义力量,他们也关注英国,但不是聚焦英国的自由传统与宪制结构,而是关注英国政府的行政制度及其成就。普鲁士改革的主政者施泰因以及其他主

---

[1] F. Gunther Eyck, "English and French Influence on German Liberalism Before 1848", *Journal of the History of Ideas*, Vol. 18, No. 3(Jun., 1957), pp.313-341.

要官员就是其典型代表。这些人都曾在英国深度游历并对那里的政府行政体制留下深刻印象。①

德意志公共领域出现的关于英国自由宪法传统与政府体制的著述,大体上都承认英国人依靠其政治与宪制体制率先成了一个政治成熟的民族。在1815年后欧洲各地暴动风起云涌的时代背景下,英国社会为何能保持相对的繁荣稳定,没有出现严重社会动荡?在历史学家克罗齐(Benedetto Croce)眼中,这既有源自英国自由宪制传统的原因,也跟英国国务活动家充满怀疑论和实在论的洞察力有关。②而在当时德国自由主义者眼里,最直接的一个制度奥妙是,英国人的各种传统自由特别是言论表达自由帮助他们释放了社会压力,同时促进社会共识的达成。在1815年到1830年间符腾堡、巴登等州的宪法运动中,英国宪制成为部分德意志自由主义者重点借鉴的典范。有些德国自由主义者甚至认为,欧洲所有新兴国家未来的宪制改革都应该从英国那里学习经验,这些经验包括但不限于:审慎明智的民族性格、公共精神、有限君主制,以及英国的自由宪法。

不过,也有部分德国自由主义者认为英国宪制模式虽然好,但它建基于特定的政治文化与民情基础,而德意志的政治与社会都还没有发展到这样的水平,因此德国不具备移植英国宪制的可能性。巴伐利亚州自由主义者路德哈特(Ignatz von Rudhart)赞同英国的温和演进理性,主张要去发现有机地蕴含在德意志民族历史中的自由宪制元素而不是依靠人为理性去创设一部宪法。另外,三月前期自由派阵营中还有少数人反对继受英国宪制,当时自由派最重要的刊物 *Allgemeine Politische*

---

① F. Gunther Eyck, "English and French Influence on German Liberalism Before 1848", *Journal of the History of Ideas*, Vol. 18, No. 3(Jun., 1957), pp. 313-341.
② 〔意〕克罗齐:《十九世纪欧洲史》,田时纲译,商务印书馆2017年版,第47页。

Annalen 的主编、公法学家弗里德里希·莫哈德(Friedrich Murhard)认为英国议会制及其整个宪制结构的缺陷同样明显,尤其是两院制的议会结构,掩盖了英国社会的现实冲突。另一位反对学习英国宪制模式的自由派人物卡尔·冯·洛特克(Carl von Rotteck),则从"法律理性"(Vernunftrecht)理论视角提出强有力的理由。他对从萨维尼到韦尔克的所有形式的历史法学派(Historische Recht)思想与主张都持坚决反对态度,认为英国宪法只不过是很多偶然事件促成的偶然结果。①

接下来看 1848 年前法国思想传统对德国自由宪法运动的影响。从纵向角度看,法国政治哲学对德国的冲击与影响体现在 4 个前后相继的阶段:其一,启蒙运动时期;其二,法国大革命与拿破仑征服时期;其三,波旁王朝复辟时期(1814 年到 1830 年);其四,七月王朝时期(1830 年到 1848 年)。就启蒙运动思想家在南德各地的影响力而言,首先当推卢梭和孟德斯鸠。但有趣的是,二者之中,孟德斯鸠对德国自由派的巨大影响力又在客观上将他们引到对英国自由政制的关注上。利本施泰因和韦尔克这些自由派经常援引孟德斯鸠关于英国政制结构的基本观点(尽管这个观点遭到很多批判)——英国自由宪制的最大特点就是政府的三个权力分支是分立的。②于是出现一个有意思的现象:德国自由派经由一位法国启蒙思想家的媒介而变为亲英国宪制者。

与孟德斯鸠在德国自由派中的影响力旗鼓相当的是卢梭。在对待卢梭思想问题上,德意志自由派的共识多于分歧,对卢梭的批判集中在其作为大众民主理念之表达的"公意"概念和他的社会契约论。韦尔克

---

① F. Gunther Eyck, "English and French Influence on German Liberalism Before 1848", *Journal of the History of Ideas*, Vol. 18, No. 3(Jun., 1957), pp.313-341.

② F. Gunther Eyck, "English and French Influence on German Liberalism Before 1848", *Journal of the History of Ideas*, Vol. 18, No. 3(Jun., 1957), pp.313-341.

认为卢梭的最大问题在于,他的人民主权理论否定了分权制约的必要性。这个时期德国大部分自由主义者都赞同没有分权制衡就不可能建立均衡的宪制政府。而卢梭公意的概念则打破了这种平衡,容易导致群氓的统治。[1]不过,他们的批判力度存在个人差异,就主流而言,中部和南德地区对卢梭理论中不受制约的公意和人民主权保持审慎反思,他们认为卢梭的理论特别容易点燃革命的火苗。[2]三月革命前夕这段历史时期,欧洲到处充满着对大革命带来的雅各宾专政的恐惧,因此卢梭思想在德国自由派这里遇到警惕性的反思是一个自然而然的结果。即使在巴登这样一个政治上相对最激进的地区,卢梭民主政治理论的影响也很难说是压倒性与覆盖性的。

这能从一个侧面解释为何在大革命爆发后很长时期内,德国自由派阵营在对待法国革命上显示出三种意见分歧,概括而言就是分化为谴责派、折中派和支持派。支持派的人数最少但却非常坚定,洛特克是典型代表,他尤其关注和推崇大革命第一个阶段的宪制成就即1791年法国宪法,认为谁要是斥责1791年宪法谁就是在斥责人类本身,因为这部宪法的目标尽管不一定能彻底实现,但它蕴含的正义与理性是普遍的真理。在中部与南德意志地区自由主义阵营中,部分理论家对1791年法国宪法则持审慎反思之态,对1793年雅各宾宪法则明确表示蔑视。但是,也有对1791年法国宪法给予很高评价的,比如巴伐利亚议会的阿雷廷(J. C. Von. Aretin),他认为1791年法国宪法意味着能与

---

[1] F. Gunther Eyck, "English and French Influence on German Liberalism Before 1848", *Journal of the History of Ideas*, Vol. 18, No. 3(Jun., 1957), pp.313-341.

[2] F. Gunther Eyck, "English and French Influence on German Liberalism Before 1848", *Journal of the History of Ideas*, Vol. 18, No. 3(Jun., 1957), pp.313-341.

英国不成文自由宪制并驾齐驱的成文宪法典范诞生了。①

从主流情况看,南德意志对1791年法国宪法的谴责与批评多于称赞,主要理由是这部宪法在跟历史传统的切割方面走得太激进,这给社会与政治动荡埋下伏笔。著名历史学家格维努斯(G. G. Gervinus)认为1789年到1799年法国政治动荡与1791年宪法体制打破了很多传统力量承载的政治平衡格局有关。② 对南德意志诸多自由派而言,英国宪制及它保持的政治社会稳定发展依旧是他们心仪的制度典范。

简言之,德国自由主义者既称赞《人权宣言》和1791年宪法蕴含的平等观念与普遍解放意义,又对大革命后阶段出现的中央集权、国家对个体自由空间的剥夺以及彻底否定历史传统等种种极端现象持谴责立场。值得指出的是,尽管《人权宣言》建基于盎格鲁-美利坚《权利法案》的形式典范与天赋自由权利的实质思想基础之上,当时一些德国自由派却更愿意从康德哲学的视角去理解阐释《人权宣言》的政治哲学意义。但拿破仑战争导致他们开始更为全面地审视大革命的客观效果。

尤其是在1830年七月王朝建立之后,莱茵同盟各州(Rheinbundstaaten)的自由主义者转而接受在1814年宪章基础上复辟的波旁王朝的体制,亦即一种立宪君主体制,特别是1814年宪章确立的选举与财政体制得到很多德国自由派的强烈推崇。到19世纪30年代,立宪君主政体成为绝大多数德意志自由主义者赞赏的宪制模式。但莱茵同盟中也有少数州拒绝1814年确立的纳税选举权体制,既因为它不是彻底的自由平等选举,也因为它是法国制度,1815年后不少德国自由派,包括施

---

① F. Gunther Eyck, "English and French Influence on German Liberalism Before 1848", *Journal of the History of Ideas*, Vol. 18, No. 3(Jun., 1957), pp. 313-341.

② F. Gunther Eyck, "English and French Influence on German Liberalism Before 1848", *Journal of the History of Ideas*, Vol. 18, No. 3(Jun., 1957), pp. 313-341.

泰因的高级幕僚科佩(K. W. Koppe),就拒绝大革命以来的所有法国宪法体制。① 后拿破仑时代南德地区发生的很多公共事件表明,一些重要的自由派力量竭力摆脱法国制度与文化的影响,尽管那个时代法国著名自由主义者在德意志自由主义者那里依旧声名卓著,但德法自由派力量间的直接联系变得越来越罕见。

纵观1815年到1830年这段时期,法国革命对德国自由运动的影响一度跌入自1789年革命爆发以来的最低谷,但1830年七月王朝的建立又重新激活了德国自由派对法国的学习热情。德国古典文学的最后一位代表海因里希·海涅(Heinrich Heine)深受法国思想的熏陶,他曾写道:"自由是一种新的宗教信仰,法国人民是新的上帝之选民,巴黎是新的耶路撒冷。"海涅在七月革命后移居巴黎,从一定程度上也折射出那个时代德意志自由派的一种新的法国情结。海涅的民主思想与诗歌对1848年革命前夕的马克思有一定影响。

一个基本事实是,1830年七月革命重新吸引了德国自由派对法国模式的关注。七月革命是一场什么革命呢?是一场加强了托克维尔所说的"社会必须走向民主"的信念的革命。七月革命后不久,托克维尔曾带着"民主这个东西到底提出了什么样的政治与社会问题"这个深沉困惑,开启了他的美国之行。自由、平等这两种价值与民主的关系问题,成为其传世之作《论美国的民主》的一个根本问题意识。托克维尔考察美国的民主,一个重要的现实目的是,希望自己的同胞对法国本土的民主革命要有更深刻的思想准备。他认为民主革命将以不同速度在世界上加速前进,但民主革命本身可能会带来新的危险。②

---

① F. Gunther Eyck, "English and French Influence on German Liberalism Before 1848", *Journal of the History of Ideas*, Vol. 18, No. 3(Jun., 1957), pp. 313-341.
② 〔法〕托克维尔:《托克维尔回忆录》,董果良译,商务印书馆2004年版,第1—7页。

对德国自由派而言,托克维尔具有前瞻性的那些自由民主思想或许还不可亲,但他们认为七月革命中法国人的制宪实践对正在思考如何制宪,但政治上非常落后并缺乏制宪经验的德意志非常有借鉴意义。不过七月革命激起的崇法热情没有持续和扩张多久,1830年后反法情绪又卷土重来。

南德地区最重要的自由主义领袖保罗·阿克泰斯·菲茨(Paul Achatius Pfizer)一方面写道,自由主义是人类发展过程中从自然状态到法治国的一个不可或缺的过渡的特定阶段,如果德国人民能信仰这一点,那么自由主义将表现得更加强大有力且更加不可战胜。① 另一方面,他在《两个德国人之间的通信》中又提醒,任何政治制度如果不能与德国自身的传统或特点相吻合,它们迟早都要被抛弃。法国革命与法国制度模式之所以对德国不利,主要原因在于这是一套建立在唯理论和唯物主义基础上的制度。另外也要注意法国人与德国人的性格及他们的历史条件存在巨大差异。当时发行量很大的一份自由派报纸 *Badische Volksblatt* 在1834年指出,之所以要强调德国必须独立于法国的影响,主要是为了突出强调民族性这个原则,德国作为一个政治共同体理应具有这样的独立性。②

总体而言,反对法国制度-文化的思潮与亲和于英国自由宪制的思潮形成了微妙对比,英国自由宪制经验比法国革命的经验更有吸引力。即使是在深受法国文化与传统影响的南德地区,主张学习英国宪制经验的自由主义者也不少。英国自由宪制模式受到德国自由主义重视,

---

① 〔英〕弗里德里希·冯·哈耶克:《自由秩序原理》,邓正来译,生活·读书·新知三联书店1997年版,第419页。

② F. Gunther Eyck, "English and French Influence on German Liberalism Before 1848", *Journal of the History of Ideas*, Vol. 18, No. 3(Jun., 1957), pp. 313-341.

原因大致有几个：第一，因为英国是18世纪公认的拥有自由心智的政治成熟的民族，这也成为19世纪早期德国自由主义者的普遍认知。第二，孟德斯鸠等启蒙思想家作品的广泛传播也发挥了重要作用。第三，德意志最有声望的自由派领袖韦尔克、莫尔与路德哈特等人的著述也影响了同胞对英国宪制与政治的认知。最后一个重要因素是，很多德国自由主义者以盎格鲁-萨克逊传统主义者自居，他们将盎格鲁-萨克逊英国的自由宪制看作对古老日耳曼自由传统的创造性转化，为英国宪制适合于作为日耳曼后裔的德意志民族提供了另一种论证。

至于南德意志在拿破仑征服后存在反法思潮的主要原因是：大革命中的暴力恐怖统治与拿破仑战争带来的创伤给德意志地区的人民造成了震惊与创伤，这极大刺激了德意志民族主义的成长。在这个背景下，法国革命及其宪制成就自然遭到遮蔽，而法国宪制的问题与缺陷被放大。不过必须指出，不能完全割裂法国宪法与英国宪法之间的关系，因为法国革命与法国宪法从英国宪法史那里借鉴了很多有益经验，那种互通有无的氛围是18世纪启蒙运动时代的特征。

亲英派与仇法派的分歧反映出，1848年革命前德国各地自由宪章运动的发展深受英国式自由主义与法国式民族主义的双重启发，两种价值理念密切交织在一起。面对法国这样强大统一的邻邦的革命巨变，绝大多数德国人既有发自内心的欣赏，又有同样真切的不信任或反感。

纵观1789年到1830年间的德意志自由主义，保持着向西方现代文明成就的开放形态。所谓开放形态，主要指德意志受到英国古典自由宪制与法国大革命的影响，包含世界主义与人道主义精神。但这种自由主义同时又与18世纪早期以来越来越占支配地位的德意志民族主义相互交织，这使得19世纪后的德国自由主义成为一种被民族主义限定的自由主义,只不过在不同阶段,此种限定的形式与深度存在差异。

因此,三月革命前期德国自由主义运动的复杂性体现在:一方面,自由派和民主派输入了来自英国法国的自由宪制观念,但同样高涨的民族主义强调一切要以德国统一为目标。另一方面,普鲁士开明专制君主的法治改革的成功进一步强化了民族主义对古典自由主义的优势,于是自由主义与德国开明家长专制的责任意识及官僚制的出色行政管理相结合,奠定了三月前期德国自由主义运动的某种中庸特质。

这解释了为何在1848年3月之前的时代,德国自由派历史学家中很多人不可能接受彻底的英国式或法国式议会制政体,而是愿意选择保存立宪君主制和普鲁士官僚体系的特权。[1] 交由一个开明的政府去执行自由主义的要求,这种民族主义的自由主义诚然是一种温和的自由主义,但可能客观上在无形之中强化了德意志思想中的神秘主义、象征主义、整体有机主义、条顿主义等民族思想特质,从而使得德意志自由主义在其发展进程中越来越偏离古典自由主义。[2]

然而,本书要着重指出的是,即使是如此温和的、带着民族色彩的自由主义运动——无论1830年前普鲁士的自由主义改革还是南德意志的自由主义运动,都引起了德国保守主义力量的警觉与抵制。很多邦的君主与欧洲其他保守势力联合,试图废除自由宪法,彻底回归旧制度,哥廷根七君子事件就是这个时期最著名的一次宪法事件。1837年登基的汉诺威国王奥古斯特(Ernst August I)宣布要废弃前任国王钦定的有自由主义色彩的宪法,国王的举动引起了包括著名作家格林兄弟

---

[1] 〔美〕格奥尔格·G.伊格尔斯:《德国的历史观》,彭刚、顾杭译,译林出版社2006年版,第21页。
[2] 〔英〕艾瑞克·霍布斯鲍姆:《革命的年代:1789—1848》,王章辉译,中信出版集团2017年版,第285—286页。

(Brüder Grimm, Die Gebrüder Grimm)在内的七位哥廷根大学教授的抗议,但是,具有彰显时代特征意义的是,哥廷根七君子的行动并非孤立无援,它引发了各地民众的巨大响应和支援。

三、青年马克思对德国走向的思考及其宪制意涵

受英国与法国革命激励的德意志自由主义宪法运动尽管一度被压制下去,但诚如托克维尔所指,启蒙时代以降,自由-民主是浩浩荡荡的世界潮流,势不可当。19世纪的德意志诸邦已经无法避开这个潮流,但这个潮流的影响主要在德意志各地城市,德意志农村地区此时还比较保守。

1. 马克思期待德国发生民主革命

从1840年开始,德意志城市里新一代的知识分子、律师、学生和地方政治力量对现状越来越不满,他们希望德国能摆脱遍地的大大小小的专制政府体制的束缚,建立统一的以代议制政府为基础的国家。在左翼,一些早期社会主义与无政府主义者也展开各自的政治运动,希望联合广大的工业无产者阶层一起建立新的德国社会,在这个新的德国,自由与人权能得到保障,贫困和饥饿能得到缓解,广大劳工在政治上有很多发言权。①

受欧洲整体局势影响,这些诉求在当时都要透过制定自由主义的宪法来表达和确保。很多邦的君主们都相继颁布带有自由主义性质的

---

① Sam A. Mustafa, "*Germany in the Modern World : A New History*", The Rowman & Littlefield Publishing Group, 2011, pp. 112-113.

宪法，各邦议会中也涌现出一大批自由主义律师或职业反对派，他们用演说和文章向德国人传播立宪主义的思想与语言，德国文坛也出现了政治上的骚动，当时几乎所有的作家都在为立宪主义或共和主义鼓与呼。德国舆论界出现了巨大变化，有独立政治见解的人或阶层逐渐形成了很多反对现存君主专制体制的强大集团。[①]

在革命前夕的思想浪潮中，一位对此后人类社会革命史与宪制史均有重大影响的思想家正处在其青年时期。1844年，青年马克思在《德法年鉴》发表的一篇论及黑格尔法哲学的文章中，提出了他对法国大革命以及后大革命时代德国走向的思考。

马克思与所有德国思想家一样，纠结于德国的落后，他喜欢将德国与法国、英国等其他已走上政治变革道路的欧洲国家作比较。在他眼里，与举世瞩目的法国大革命相比，德国历史几乎毫无作为。因为未能制造革命，德国因此只能是历史的客体，从来未能像法国那样成为历史的主体。

马克思和所有的德国知识分子一样，希望有朝一日能发动一场新的革命——必须是纯粹的地道的德国革命。在他的理想设计中，这场革命将超越历史上的法国革命——实现法国革命未能完成的任务。[②]所谓超越法国革命，是指被期待的德国革命应该既是消灭君主专制与封建等级结构的资产阶级政治革命，而且还要成为面向未来的社会革命。政治革命主要指在社会上已经占据统治地位的资产阶级对政治权力的征服和对财产关系的法律改造。而社会革命要废除的是资产阶级所有权，也就是消灭所有权本身。在马克思的设想中，与政治革命相反，社

[①] 《马克思恩格斯选集》（第1卷），人民出版社2012年版，第574—576页。
[②] 〔法〕弗朗索瓦·傅勒：《马克思与法国大革命》，朱学平译，华东师范大学出版社2016年版，第5—6页。

会革命将会导致社会的普遍解放和政治的根除。马克思认为法国革命既是政治革命的杰作,也为社会革命贡献了伟大先例。

那么,当时的德国是否具备青年马克思所设想的那种资产阶级政治革命与无产阶级社会革命的条件呢?1848年爆发的欧洲革命与德国革命就将检验马克思的思想预判,同时再次将要以何种方式建立统一民族国家的宪制道路选择问题摆到了德意志人民面前。

2. 1848年欧洲革命的宪制史意义

从纵向历史联系看,1848年欧洲革命依旧处在法国革命开启的欧陆共和革命延长线上。它继承了法国大革命开创的那种政治大变革的典范模式,是对抗君主专制与等级制度的大规模民主革命。因此它不像梅特涅(Klemens von Metternich)们的秘密警察向当局汇报时说的那样,只是少数不满的煽动者的暴动。1848年革命的发生,根本原因是当时欧洲很多国家的政治制度已经极不适合欧洲大陆的政治、经济和社会状况。而法国大革命创造的政治模式,为欧洲各国中对自身政治经济与社会地位不满的阶层提供了种种启发。因此,可以看到,1848年革命爆发时,所有的抗议或起义活动都有一套沿袭自1789年大革命的政治程序、战略、策略、思想,并带着一种强烈的世界主义的国际团结意识。

1848年欧洲革命对思考现代世界宪制史与德国宪制史的基本走向具有重大意义。这种重大意义主要基于两个层面的历史理由。

第一,它是大众民主时代降临的前兆。之前在英国之外的欧洲国家很少见的"群众政治"的基本方法,在1848年革命中开始普遍化,这些方法包括对政府施加压力的公众运动、群众组织请愿、面向普通人民的巡回演进等。更为重要的是,这些"群众政治"的目标是要争取议会普选权,要将广大民众要求参与制定法律或废除法律的权力等作为"积极公民"的权利,因此1848年欧陆革命在运动形式与目标诉求上与之前英国宪章运动和反《谷物法》运动的政治诉求非常一致。整个欧洲与美国左派都团结在共同的愿望和纲领下与共同的敌人做斗争。共同敌人是什么呢?就是旧制度下的等级特权与身份不平等。托克维尔早在1835年开始的写作中就以"对身份平等的顺从"为开篇,并在此后始终依据这个中心点对在欧洲与美国不断前进的民主革命进行跟踪讨论。①

这第一波民主化潮流对法制的影响当然是极为巨大和深远的。用托克维尔的话说,民主的前进带来了一种新的观念:"一个健康的社会,平等的民事法律需要与类似的政治法律(即宪法与一系列宪法性法律)相匹配。"②民主时代的政治法律必须对人类自由与尊严有坚定不移的拥护,必须赋予人民广泛的选举权和其他参与政府的权力。当时最著名的兄弟民主会(Fraternal Democrats)的原则宣言最有代表性:"我们摒弃、批判并谴责一切世袭的不平等和种族区分,因此我们认为国王、贵族和凭借占有财产而垄断特权的阶级,都是篡夺者。政府由全体人民选出并对全体人民负责,是我们的政治信条。"③从其政治目标看,1848年革命本质上是19世纪中期出现的一股国际性的追求自由民主宪制的历史潮流。

第二,20世纪影响世界深远的共产主义的基本元素已经出现在1848年革命的社会背景中。这主要体现在三个方向:其一,1847年在

---

① 〔美〕詹姆斯·T. 施莱费尔:《托克维尔之钥》,盛仁杰译,上海人民出版社2020年版,第45页。
② 〔美〕詹姆斯·T. 施莱费尔:《托克维尔之钥》,盛仁杰译,上海人民出版社2020年版,第46页。
③ 〔英〕艾瑞克·霍布斯鲍姆:《革命的年代:1789—1848》,王章辉译,中信出版集团2017年版,第146—147页。

伦敦成立的人类历史上第一个无产阶级政党即共产主义者同盟介入了此次欧洲革命。其二,1848年2月马克思、恩格斯为共产主义者同盟起草了组织纲领《共产党宣言》,这是马克思主义的纲领性文献;它奠定了马克思主义建党学说的基础,而且指出了马克思主义政党领导的工人运动和无产阶级革命是要以消灭资产阶所有制和一切私有制为目标。其三,1848年3月到4月,马克思、恩格斯和数百名德国工人回国参加已经爆发的德国革命,二人撰写了《共产党在德国的要求》并于同年6月创办了《莱茵报》作为革命的指导中心。①

大众民主潮流和马克思主义政党,是在1848年革命中出现的两项有宪制史意义的社会与政治现象。前者代表一种更加普遍的新的民主潮流,它的出现为无产阶级成为具有世界史意义的新范畴奠定了基础。后者是以领导消灭私有财产权为目标的新兴的无产阶级政党。这两个因素与17世纪英国共和革命、18世纪美国革命与法国革命的自由-民主精神既有历史联系,又有价值基点上的差异。这两个因素将无比深入地被镶嵌到19世纪下半期和20世纪德国乃至整个世界宪法的发展史中。此后无论现代德国、俄国还是现代中国的宪制演进史都充满了大众民主主义、马克思主义与民族传统的对接融合问题。换言之,自1848年革命以来,人类社会掀起了第一波广泛而强劲的民主化浪潮。

不过,无论大众民主还是马克思主义政党,在1848年革命时都还没有取得政治上的掌控权与实质胜利。《共产党宣言》是一份提醒无产阶级将来一定要继续反对资产阶级所有制的战斗檄文,但在当时它更多的是一种联合宣言(至少对德意志而言是如此)。在社会层面,及至1848年,在英国之外的欧洲国家,资产阶级与工人阶级之间、自由派与激进派之间

---

① 《马克思恩格斯选集》(第1卷),人民出版社2012年版,第908—909页。

还没有发生尖锐的冲突,即使是最自觉的无产阶级共产主义者,也把自己看作一般激进和民主运动中的极左翼,而且通常都认可:建立"资产阶级民主"共和国,是社会主义进一步发展不可或缺的开端。①

这些事态说明,截至1848年革命,以解释世界社会危机并提出激进解决方案为目标的共产主义理论还没有转化为制度与政治实践的历史条件。1848年欧洲各国革命整体上是在英美法三国开创的资产阶级自由宪制的基本框架内提出政治经济诉求。但可以说1848年革命为探索在资本主义宪制框架内解决社会民主问题迈出了关键一步——因为资产阶级与无产阶级在反对君主独裁或专制以及特权等级制度上存在相似的利益诉求。由此亦可以进一步理解,为何马克思在1847年的著作中反复提到,在成功的资产阶级革命之后将会爆发德国无产阶级革命这个假说,而且这个假说还构成《共产党宣言》的一个根本要素。

四、1848年德国革命:德国宪法史上的马基雅维里时刻

现在要转向考察1848年欧洲革命浪潮中德国方面的情况及其对宪制史的重大影响。

1. 1848年德国革命的宪制目标与现实困境

受1848年法国二月革命影响,革命风潮从慕尼黑开始席卷整个德意志。三月柏林革命爆发,普鲁士资产阶级、市民阶层与工人阶级聚集王宫广场,要求召开联合会议、组织人民自卫军团、实现出版言论等基

---

① 〔英〕艾瑞克·霍布斯鲍姆:《革命的年代:1789—1848》,王章辉译,中信出版集团2017年版,第147页。

本自由。普鲁士国王威廉四世（Friedrich Wilhelm Ⅳ）在压力之下召开了一个立宪会议，宣称将成立一个联邦制的德意志帝国，帝国设一个民选的议会，国民拥有言论和出版自由等权利。

普鲁士三月革命具有极大的放射效应，德国仅大学就有 19 所直接卷入了革命。19 世纪 20 年代以来德国自由主义阵营讨论的问题在这次革命中得到重新讨论。德意志其他邦群起仿效普鲁士的自由主义立宪运动。自由主义者提出了三个密切相关的目标：将德意志各邦从奥地利的家长式统治之下解放出来；在普鲁士实现真正的现代的宪法，以取代古老的封建等级议会；使这种现代宪法成为全体德意志人民政治联盟的契约。第一个问题比较好解决，因为奥地利早已被国内的各种危机弄得虚弱不堪，面对德意志联盟为自由而进行的斗争，根本无力抵抗，奥地利的虚弱造成亲奥地利的党派即大德意志党也变得疲弱无力。①

从政治与宪制层面理解，涉及三个大的根本问题：即"德意志统一联合之必要性""德国统一政府的合法性""统一后的政治参与问题"。自由民主与民族统一是贯穿 1848 年革命的两大价值。到三月底，革命朝着建立统一民族国家的方向继续推进，大约 5000 名德意志政治与知识精英齐聚法兰克福，召开国民会议，会议从 1848 年 5 月 18 日开到 1849 年 4 月 21 日，这个国民会议就是著名的法兰克福制宪会议，其目的是要为德意志民族建立一个立宪政府，并通过这个立宪政府领导民族统一。在这个会议里，主张将奥地利民族包括进德意志民族之中的大德意志党只占少数，这部分人最后与奥地利一起退出了德意志统一

---

① 〔意〕圭多德·拉吉罗：《欧洲自由主义史》，〔英〕R.G. 科林伍德英译，杨军译，张晓辉校，吉林人民出版社 2001 年版，第 233—234 页。

的政治舞台,留下支持小德意志的党派与代表主宰会议。

自由主义的第二个目标——制定一部全德统一宪法,成为会议的中心议题,主导意见是秉持自由主义精神制定现代宪法确保个人基本自由、选举产生全国性政府(national government)、重建统一的民族国家。与会代表集中了德国自由派力量和知识界精英。①这个大会被视为现代德国第一次全国性制宪会议。大会中法学教授比重突出,其中历史法学派又占主导地位,这促使大会在讨论实质性问题时受到德国法学保守现成秩序的温和自由主义思维的影响。②

会议的温和色彩可从大会第一次审议的帝国宪法的内容窥见一斑,其主要议题包括基本权利、联邦国家、一院制或两院制、帝国元首否决权、选举权以及大小德意志方案、共和制、皇位继承等。主导大会并要求自由化宪法改革的德国资产阶级,对引发雅各宾断头台文化的法国激进民主模式历来就持排斥甚至反感立场,因此像法国大革命第二个阶段那样一夜之间废除帝制、全部推倒重来的激进民主方案在德国并不受自由派和民主派们的推崇。但是无论温和的亲英的资产阶级自由派,还是相对激进的亲法的民主派,当时都有共同的宪制诉求,即要求实现出版,集会与结社自由,自由的政党政治,军队国家化等领域的改革。③从现代宪制原理讲,这些诉求已经直指宪制最关键的结构要素之一即政治自由,只不过,德国此后的历史显示,政治自由恰恰是德意志君主专制体制不会轻易让步的。

---

① 1848 法兰克福国民大会即 the German National Assembly,参见 Hagen Schulze, *German: A New History*, translated by Deborah Lucas Schneider, Harvard University Press, 1998, p.124.
② 〔德〕施托莱斯:《德国公法史(1800—1914):国家学说和行政学》,雷勇译,法律出版社 2007 年版,第 349—350 页。
③ Hagen Schulze, *German: A New History*, translated by Deborah Lucas Schneider, Harvard University Press, 1998, pp.123-127.

由于反法情绪在南德意志再次达到高潮,进一步刺激了民族主义思想的发展,并对法兰克福制宪运动产生间接影响。法兰克福制宪会议符腾堡州的代表,也是当时著名的神学领袖大卫·弗里德里希·施特劳斯(David Friedrich Strauss)在1848年4月的一次演说中提到:"今天命运让我们有机会来参与缔造一个统一的德国,统一高于一切,但是先生们,统一必须是德国人的统一(a German unity),因此绝不能采取法国宪法模式——无论是1789年时的法国还是现在的法国。"①

当时德国自由主义者的根本关切是德国可能采取何种宪制模式以非暴力地实现民族国家的统一建构。主要自由派媒体的社论表达的共识是:德国需要的是能保障政治良好运行与公民权利的宪法。至于这部宪法是否与革命的伟大故乡——法国——的宪法的所有方面一致,根本就不是问题。在很多1848年德国革命者眼里,法国革命及其宪法体制存在很多缺陷,它很时髦,但未必适合德国,若要论自由宪制转型的成功典范,那应该是英国。

法兰克福制宪会议代表强调的"统一必须是德国人的统一",与青年马克思设想的由德国人自己制造一场纯粹的德国革命,在强调民族革命这一点上何其相似。不过马克思的方案比所有德国自由主义者的方案都要激进得多,他最终是要向德国制度开火!向当代德国政治状况开火!是要来一场更为彻底的摧毁一切奴役的德国革命,这场彻底的德国革命的心脏是无产阶级——尽管马克思意识到,彻底的德国革命面临着重大困难。②

青年马克思对法国资产阶级在18世纪末以全体人民之名完成政

---

① F. Gunther Eyck, "English and French Influence on German Liberalism Before 1848", *Journal of the History of Ideas*, Vol. 18, No. 3(Jun., 1957), pp.313-341.
② 《马克思恩格斯选集》(第1卷),人民出版社2012年版,第4—11页。

治革命的方式表现出无限钦佩之感,从这似乎又可以合理推论,马克思内心也是希望德国能出现一个强有力的资产阶级阶级来领导德国进行彻底的革命。所谓彻底的革命,首先是指德国资产阶级能对君主专制进行政治革命,然后广大无产阶级能在资产阶级政治革命的基础上继续进行推翻一切奴役与压迫、推翻一切私有财产所有制的社会革命。

然而,马克思期待的如此强悍的资产阶级在德国付之阙如(当然,如此强悍的资产阶级是否还是资产阶级,则是另一个有意思的问题了,暂且不论)。如前文所述,18世纪早期以后德意志思想已经被民族主义、浪漫主义支配,德国资产阶级身在其中深受影响。领导1848年德国革命的资产阶级自身存在着极大的局限性,他们愿意同现有的王朝和贵族社会妥协,而不愿与广大平民结盟(这与英国、法国的资产阶级都很不同),因此德国资产阶级对旧制度的暧昧态度和愿意采取制宪革命,更多的是一个自然而然的文化—历史结果,而不是德国社会本身已经发生某种有利于共和革命之变化的结果。

不过,无论领导革命的德国资产阶级是真软弱还是真温和,有一点毋庸置疑,那就是1848年革命使长期被肢解的德意志的统一问题再次被唤醒,这是1789年大革命与拿破仑征服后德意志民族"政治意识"的再次高涨,1848年革命使"德国统一宪制问题"正式在历史舞台亮相。

2. 新德意志在哪里:德国共和宪制的核心关切

德国统一宪制问题的核心关切及其实质内涵是,德意志民族能采取什么手段与形式实现民族国家的统一?统一后的德国将采取怎样的政治制度?这些问题本质上就像是马基雅维里在《论李维罗马史》中研究的共和主义问题在德国的变体——德国是否可能成为一种新的"君主国",在这个"新君主国"中,君主不是指一个人,而是指众人;主权不是任何一个肉身的君主,也不是任何一个具体的阶层,而是众人,是人民。以共和主义思想修辞言之,可以说1848年也是德国史上的一个马基雅维里时刻——德国共和革命来临的时刻,或者说,共和革命降临在德意志的时刻。

就深层思想实质而言,1848年革命提出的德意志民族统一及其宪制模式选择问题,亦是共和理想在德国如何实现的问题。由此可以进一步解释马克思和恩格斯1848年6月在科隆创办的《新莱茵报》上用德意志共和国的观念,去动员与共产主义者同盟有关的斗士及所有民主力量去参与革命。换言之,尽管马克思和恩格斯在革命终极目标上与1848年革命中德国资产阶级存在根本差异,但在当时的历史情境下,无论对德国资产阶级还是对马克思来说,"共和国"都是革命的形式或手段。

除了自由民主的"共和国"理想之外,德国宪制统一问题的第二层重要内容是,这个共和国的范围到底有多大?亦即统一的德意志民族国家到底应采取大德意志方案还是小德意志方案,这是法兰克福制宪会议的另一个核心议题。这个议题关系到当时松散的德意志联盟的内部邦交关系,它实质上就是在宪法中构造联邦制的问题。而在宪制理论上讲,联邦制问题的实质是指一个民族政治共同体是否要在纵向权力结构上贯彻分权制衡原则。

由于作为中部欧洲保守政治堡垒的奥地利无意在革命与制宪中发挥任何积极作用,因此,议会代表一致选举普鲁士国王为新成立的德意志帝国皇帝,并提出采取排除奥地利的"小德意志方案"实现统一。[①]

[①] 大德意志方案(Grossdeutschland)、小德意志方案(Kleindeutschland)不仅是普鲁士与奥地利这两个政治领头羊之间的权力关系问题,而且还会深刻影响整个泛德意志地区的政教格局与法律发展道路。1848年革命将泛德意志地区内部长期以来深层的政教矛盾比较彻底暴露出来。参见Sam A. Mustafa, *Germany in the Modern World: A New History*, The Rowman & Littlefield Publishing Group, 2011, p.114。

但是普鲁士国王威廉四世拒绝了这个提议,1840年即位的这位君主在思想上更像是活在中世纪的正统主义者与浪漫主义者,他虽然表面上不直接打压资产阶级的运动,但对自由主义价值没有真正的认同。制宪会议的新宪法规定国王没有对法案的否决权,对他而言,这是对传统君主权威的巨大蔑视,接受由议会赋予的帝位仿佛拾取掉在沟渠里的皇冠,即所谓的"一位霍亨索伦家族成员所能接受的皇冠不能通过革命的议会创造出来"①。威廉四世不愿意神授的君权被革命的气味侵袭,更不想让普鲁士主义在所谓"德意志性"中迷失。②除此政治理念的冲突原因之外,促使威廉拒绝大会提议的另一现实因素是,如果普鲁士承担了德意志联邦的领导权,那么他本人将面临欧洲所有大国的敌意以及几乎肯定与奥地利、法国、俄国开战的风险,因为欧洲这些大国都不希望在自己边界对面出现一个强大的德意志国家。

威廉四世曾留下一句名言:"我和我的人民之间不存在任何契约。"他坚信君权神授,坚持认为自己的权柄来自上帝而非国民,以立宪方式和臣民缔结契约的想法与他的政治理念背道而驰。这位普鲁士君主最后拒绝接受制宪会议要求他出任德意志皇帝继续推动统一立宪的提议。③ 关键历史人物在关键历史时刻的观念及选择,使得德意志自由主义试图以温和的非暴力的立宪主义方式实现民族统一的理想遭受无形但重大的挫败。南部以天主教为主的邦出于对北部新教势力主导统一后的国家的恐惧而选择退出议会,进一步加速了制宪会议的崩盘。剩下的支持小德意志方案的议会代表意识到,缺少实际政治权力的制宪会议的

---

① 〔意〕圭多德·拉吉罗:《欧洲自由主义史》,〔英〕R.G.科林伍德英译,杨军译,张晓辉校,吉林人民出版社2001年版,第236页。
② 〔意〕克罗齐:《十九世纪欧洲史》,田时纲译,商务印书馆2017年版,第143页。
③ 〔德〕卡佳·霍耶:《德意志帝国的兴亡(1871—1918)》,徐一彤译,中信出版集团2022年,第18—23页。

一切努力都是徒劳的,最后选择主动解散议会。因此,的确可以说法兰福制宪会议是被德国资产阶级逐渐抛弃的。在自由制宪运动陷入困境之时,掌握实际政治权力的保守的普奥政府联军趁机攻击各邦议会与自由主义力量,德意志数千名自由主义者被迫流亡到欧洲他国和北美。

1848年德国革命失败了。这次试图以自由民主立宪方式追求民族统一的革命虽然失败了,但它是德国历史上一个全新时代的开始。它没有产生实质性的民族统一成果,但这次失败的制宪事件实质上又为未来的德意志民族国家划定了边界,大德意志与小德意志由来已久的分歧至此得到解决,一个不可动摇的民族概念初步扎根在德意志人心中。①作为德国现代宪法史上一个开端性的事件,它的另一层意义还在于,此后德国所有政治势力或派别都经常要直接或间接地利用这个"革命遗产",即借助1848年革命正当化自己的某种特定政治诉求。自由派诉诸1848革命遗产继续提出自由民主宪制目标,保守派诉诸1848革命遗产强化统一价值高于自由民主。要自由民主还是要民族统一?是自由民主优先,还是民族统一优先?1848年革命将德意志民族政治心理中这个根本问题前所未有且强烈地凸现出来。

---

① 〔德〕卡住·霍耶:《德意志帝国的兴亡(1871—1918)》,徐一彤译,中信出版集团2022年,第25页。

第三章
1848年革命失败对德国宪法史的根本影响

1848年革命的失败,意味着德国自由主义与君主专制之间的历史较量最终以自由主义的失败而告终,亦表现了德国自由主义观念的脆弱性。统一立宪建国运动陷入困境。

最强大的普鲁士政府提出了北德意志联邦计划,遭到奥地利拒绝。1850年普鲁士被迫与奥地利签订《奥尔慕茨协定》,同意放弃建立北德意志联邦的计划,协定的签署实质上严重损害了普鲁士在1848年革命中获得的霸权地位。自由宪章与统一宪法运动在整个大德意志地区陷入低谷。此后,作为自由宪制之政治力量的自由主义在德意志威风扫地,取而代之的是后革命时代的新威权主义。

一、德国自由主义去政治化与俾斯麦威权体制崛起

在1851年新年来临之即,奥地利及部分亲奥的德意志邦宣布,重返前立宪主义时期的政治体制,废除1848年革命中引进的代议制民主制度。普鲁士国王为了巩固霸权也顺势回归专制统治,在1850年修正了1848年宪法,从而将普鲁士从革命前的自由立宪转变为一种后革命宪制。

1. 普鲁士的外表性立宪主义

1848年革命后普鲁士的宪制,乃是一种典型的外表性立宪主义型宪法,它不是真正的近代立宪主义型市民宪法。①所谓外表性立宪主义,主要是指这部宪法既不承认天赋人权,也不存在真正的权力分立。修正后的宪法赋予普鲁士国王实质的最高立法权(体现为国王对立法的审议与否决权)与最高行政权(国王拥有独立于国会的任命内阁的权力)。1850年宪法体制实质上是为绝对君主专制打造的一套形式先法框架。在这个体制中,君主不仅掌握着行政大权,而且还享有法律方面的提案权、批准权,有关议会的召开、关闭、解散等的决定权,以及广泛的准立法权。以命令的形式,君主能够广泛地影响甚至界定实际的政治形态。因此1850年普鲁士宪法在实质上是反自由—民主制的一套君主集权的宪法体制。②它与采用国民主权的法国宪法、作为限权宪法之典范的美国宪法都存在根本差异。

1848年革命动摇了德国自由主义力量原本就不很牢固的政治地位。整个19世纪50年代德国自由主义遭受到来自保守势力的压制。唯一令人欣慰的是,19世纪50年代欧洲与美国资本主义工业经济强劲增长,客观上加强了欧洲资产阶级与中产阶级在社会经济上的影响力。这些因素一定程度上给陷入低谷的德国自由主义力量注入一些进步主义的历史信念。但是德国国内的现实情况特别是普鲁士政治氛围的变

---

① 〔日〕杉原泰雄:《宪法的历史——比较宪法学新论》,吕昶、渠涛、肖贤富译,社会科学文献出版社2000年版,第39—41页。

② Gábor Erdödy, "Unity or Liberty? German Liberalism Founding An Empire (1850-79)", Iván Zoltán Dénes(eds.), *Liberty and the Search for Identity: Liberal Nationalisms and the Legacy of Empires*, Central European University Press, 2005, p.92;〔日〕杉原泰雄:《宪法的历史——比较宪法学新论》,吕昶、渠涛、肖贤富译,社会科学文献出版社2000年版,第42页。

化,使得他们对自由主义的信念必须隐藏或者与现实融合起来。在无法为统一民族国家找到有效方案这一重大创伤与挫败氛围中,德国自由主义者将政治上的诉求缩至尽可能小的范围,自由派力量要么逐渐转为保守派,要么寻求与现实政治融合。

去政治化(depoliticization)和转向追求经济利益(towards to the ascendancy of economic interests)成为19世纪50年代后德国自由主义的两大基本趋势。这种趋势客观上壮大了一个追求经济成功的市民中产阶级,却同时意味着德国自由派知识分子在政治上的撤退。[①] 一种在此后德国历史与社会发展中特别明显的以观望者而非参与者姿态(a wait and see attitude)冷漠对待政治的"非政治"心理,正是从1848年革命的失败中发展出来的。更通俗而言,19世纪50年代后的德国自由主义从政治自由理想中撤退,将关注重点转向具有实现之可能性的经济与物质目标。

另一个深远影响德国自由宪制命运的事情是,1858—1862年间普鲁士统治阶层的重大变动。普鲁士国王之弟威廉大公(Archduke William,1861年继位为普鲁士国王,史称威廉一世)在1858年成为摄政,这是1848年革命后、1871年之前德国政治与宪制史的转折点。之所以说它是转折点,根本理由有两个。

第一,威廉主张通过保守型的立宪主义去巩固普鲁士的霸权。他反对前任普鲁士国王在1848年革命失败后试图搁置自由宪章的决断,认为这将给国家长治久安造成隐患,甚至将国家带入危机。他呼吁要深刻地认识宪法的积极意义,通过宪法确立更有弹性的国家政治决策

---

① Gábor Erdödy, "Unity or Liberty? German Liberalism Founding An Empire (1850—79)", Iván Zoltán Dénes(eds.), *Liberty and the Search for Identity:Liberal Nationalisms and the Legacy of Empires*, Central European University Press, 2005, pp. 93-94.

机制,这有利于团结广大中产阶级,能更好地维系君主政体。威廉坚信只有通过非革命的方式去改革绝对君主专制体制,才能真正确保普鲁士的霸权与内政的稳定。但是,宪法改革绝不是要推翻君主专制,彻底消灭旧制度,而是要以立宪方式弥合国内保守派与自由派的政治分歧,统合各种有利于普鲁士统一德意志的政治势力。

以明智的国内立法为普鲁士的霸权与道德征服提供统一有效的法律手段,是威廉威权主义宪制(authoritarian constitutionalism)的现实政治目的。军队、官僚系统与容克贵族依旧是这套威权体制的支柱。与之相应,这套体制没有为自由派参政议政提供真正的宪法保障,也不可能赋予自由派真正的政治自由。[①]由于威权主义宪制背靠君主专制,因此,不仅各项宪法权利都是君主赋予的权利,而且宪法自身归根结底是为了赋予君主控制议会的最高法律权力。在内阁、议会、军队、君主的宪法关系,军队权威与国家防卫等实质问题上,威权主义宪法体制提供的方案都显示出反自由主义的本质。19世纪50年代留给德意志自由主义的一点政治尚存空间主要在南德地区。巴伐利亚进行的改善犹太人境遇、改进关税法案、加强司法独立的改革,巴登的行政管理体制改革,都是俾斯麦领导建立统一帝国之前德国人建立自由政府体制的历史努力。以威廉一世为代表的普鲁士和南德意志"自由君主集团"推进的宪法性改革,客观上给国内政策带去了进步主义的色彩,让虚弱的德国自由主义尚存微弱的希望。

第二,威廉一世在1862年启用了俾斯麦。出身于容克贵族阶层的俾斯麦从一开始就是自由主义民族理想的嘲讽者和诋毁者。考虑到军

---

① Gábor Erdödy, "Unity or Liberty? German Liberalism Founding an Empire (1850-79)", Iván Zoltán Dénes(eds.), *Liberty and the Search for Identity: Liberal Nationalisms and the Legacy of Empires*, Central European University Press, 2005, p. 95.

队国家化亦即应将军队收归国会管辖这个问题一直是德国自由主义与君主政府当局的核心争议,俾斯麦特别重视维护普鲁士军官团的自主权,目的就是要使之免受自由派的任何干预。上任一周后,新首相在议会发表讲话,指出"解决当前的种种重大问题,靠的不是演说以及多数票通过的决议——那正是1848年和1849年的重大失误——而是要靠铁与血。"①他在1866年和1871年间通过发动多次军事行动缔造了德意志帝国,这是铁血宰相克里斯玛型魅力之源。俾斯麦强烈谴责1848年自由主义革命,蔑视德国资产阶级知识阶层,他甚至痛恨普鲁士国王为何没有更早地动用军队去镇压革命。② 在后来建立德意志帝国的过程中,他无视法统,以强力重新划定国界,推翻根深蒂固的很多传统,将德国政治变成纯粹的利益政治。除了可以谈论和收买经济利益,其他一切事务都掌握在俾斯麦手中,政治经济改革倾向于保留普鲁士保守主义的社会基础。因此,尽管他上台后立法成就格外丰富,但德国自由主义的插曲还是画上了休止符。新的政治体制变得更加僵硬和压抑,俾斯麦本人的激进态度与铁血手段给德国后来的发展之路投下了绵长的阴影。③

2. 俾斯麦体制的威权本质

这个体制绵长的阴影是从很复杂的观念与制度意义上说的。一方面,铁血宰相用血与火的手段建立了没有奥地利的德意志帝国,使之获

---

① 〔英〕理查德·J.埃文斯:《第三帝国的到来》,赖丽薇译,九州出版社2020年版,第11页。
② Sam A. Mustafa, "*Germany in the Modern World: A New History*", The Rowman & Littlefield Publishing Group, 2011, pp. 118—119.
③ 〔美〕弗里茨·斯特恩:《金与铁:俾斯麦、布莱希罗德与德意志帝国的建立》,王晨译,四川人民出版社2018年版,第290—291页。

得一种克里斯玛型领袖的权威。建功立业后的俾斯麦更是将"白色革命家"(指俾斯麦以威权的手段实现保守主义的目标)的政治风格贯彻到底,进一步塑造了1871年后德意志威权政治的传统。

遵守宪法并非什么政治原则,而是俾斯麦讨价还价的筹码。① 威权政治的支柱是军队,俾斯麦确保军队成为国中之国,使军队以各种方式对社会施加影响。德国从此将武力作为实现政治目标的合法手段,其黩武程度远远超过大多数国家的通行做法。德国政府和社会上的黩武风气在20世纪20年代侵蚀《魏玛宪法》的民主制度以及在第三帝国登场的过程中将起到重要作用。②

黩武的德意志帝国看似一块权力的磐石,但是经济领域快速扩张的资本主义工业生产和随之而来的迅猛的社会变化,决定了德意志帝国事实上已经进入无法回避转型的社会进程中,但前工业化时期的保守阶级掌握着这套威权政治体制的实权。在19世纪60年代刚执掌普鲁士王国时,俾斯麦以为只要将德国抱上马鞍就够了,它会知道如何驾驭。新帝国时期,俾斯麦发现德国不知道如何驾驭,至少不是他想要的方式或方向。统治新国家的困难超乎预期。俾斯麦曾试图为这个"四不像"社会准备一部"四不像"的宪法——因为新帝国无法被简单界定,既不完全专制,也不采用君主立宪。俾斯麦过早被神话,让他和德国都没有对现代政治的固有矛盾做好准备。③

俾斯麦对待国内政治对手或他所认为的内部敌人毫不手软。他的

---

① 〔德〕卡佳·霍耶:《德意志帝国的兴亡(1871—1918)》,徐一彤译,中信出版集团2022年第1版,第36页。
② 〔英〕理查德·J. 埃文斯:《第三帝国的到来》,赖丽薇译,九州出版社2020年版,第10—11页。
③ 〔美〕弗里茨·斯特恩:《金与铁:俾斯麦、布莱希罗德与德意志帝国的建立》,王晨译,四川人民出版社2018年版,第250—251页。

对内和对外政策大同小异,如果有所不同,那就是他在国内更加无情。他把外交政策中的不道德手段搬到国内舞台,试图恐吓、操纵和打击对手。俾斯麦打败了普鲁士自由派,使资产阶级自由主义的很大一部分必须与君主专制和解。

帝国建立之初,为了反对教宗对德国天主教地区意欲施加的影响,俾斯麦启动了被称为"文化斗争"(kulturkampf)的一系列法律和警察国措施,旨在将天主教会置于普鲁士政府的控制之下。新法律要求天主教教士在国有机构接受培训并申请由政府颁发的圣职委任书,拒绝遵守这项法律的天主教教士被撤销圣职,此举导致19世纪70年代中期德意志900多个教区无人主持宗教事务。

1848年革命失败后德国自由主义的去政治化和经济利益转向,使议会中最重要的自由主义政党即民族自由党已经彻底失去追求政治理想的激情与勇气。面对俾斯麦针对帝国大约40%人口的公民自由权进行的大规模侵犯,德国主要自由派政党非但没有出来反对,而且还表示支持。失去了政治抱负的议会最大自由派政党不仅愿意与俾斯麦在建立经济框架上通力合作,而且还在俾斯麦与议会发生的宪法性冲突时站在了强权的一边。1878年《反社会党人法》(Anti-Socialist Law)获得议会通过就是德国自由主义去政治化立场的一次重要体现。这部法律是俾斯麦为了打击议会中的异己力量而发起的,法案是对公民自由权的再次大规模攻击,矛头直指当时合法成立的社会民主党。但德国自由派政党再次被俾斯麦说服,放弃了自由主义原则,与俾斯麦政府合作打击压制社会民主党人的组织与活动。①

---

① 〔英〕理查德·J.埃文斯:《第三帝国的到来》,赖丽薇译,九州出版社2020年版,第16—17页。

1848年革命后十几年间不断崛起的俾斯麦威权政治体制,在经济上贯彻曼彻斯特自由化,但政治体制却带着军事化、官僚化和反议会民主的特质,奉行文化斗争。然而,在当时很多德国人眼里,即便公民的自由民主权利遭受严重破坏,但是"俾斯麦式综合体"用严酷的政治现实主义的方式,以绝对的武力为手段实现了民族国家自身的自由与成功,映衬出的是德国自由主义立宪救国的软弱无能。在19世纪后半期的德国,只有西奥多·蒙森(Theodor Mommsen)等少数历史学家与观察家看出了俾斯麦体制下德国自由与公共领域的脆弱特征。[1]

这种受制于俾斯麦的个人专断、对议会民主充满敌意的军事化的威权体制,构成19世纪后期至20世纪初德国宪法思想与实践的政治底色,也是以依法行政为重心的19世纪德国法治国的政治底色。概括起来,俾斯麦式威权体制蕴含三个层次的复杂历史景象:一是处在工业化经济进程中,经济保持了繁荣增长;二是政治权力掌握在军事官僚和贵族阶层出身的政府官僚手中,行政管理水平一流,但议会羸弱无实权,社会依附于讲究服从的军事与等级价值观;三是俾斯麦式国家崛起的时代同时也是欧洲与德国大众政治运动风起云涌的时代。

俾斯麦体制下德国大众文化的一个特点是,对军队与政府体制的赞赏扩展到德国人精神生活的方方面面,形形色色的保守派与热衷民族政治的力量受到德意志帝国崛起之伟大事实的鼓舞,前所未有地信奉权力与攫取。大众文化与威权政治社会体制时常会碰撞出火花,这

---

[1] 〔美〕格奥尔格·G.伊格尔斯:《德国的历史观》,彭刚、顾杭译,译林出版社2006年版,第22页。

种现象持续到了魏玛时期。到魏玛共和国中后期,正是大众运动与希特勒军事威权的结合,最终结出了纳粹极权的毒树之果。

二、德国与康德政治哲学的告别

威廉一世与俾斯麦的君相组合,共同促成了一种强力有效的权力政治局面出现,复活了专制主义传统,意味着德国与受自然法思想激励的三月革命理想告别,也是和康德哲学告别。[①]和康德哲学告别,是对1848年革命后德意志宪制思想走向的一个象征性概括,主要是指个人自由思想在德国走进更深的历史低谷。因为威廉一世与俾斯麦内心深处都反对也很害怕德国按照古典自由主义的宪法政治体制发展下去,普鲁士引入的具有自由主义色彩的改革只能是辅助民族国家统一强大的工具。简言之,统一霸业为体,自由宪制为用。

1. 康德政治哲学的道德内核

康德哲学的核心是个人自由——而且是作为道德权利的个人自由,亦即每个人都享有对自由的道德法权。此种自由主义的要义在于,个人自由的价值不在于它有没有用,而在于它本身就是一种道德价值。在康德看来,政治是绝对命令的实践应用,康德的绝对命令在其道德哲学中是指道德的不可回避性和约束性,这种具有不可回避性的道德要求内在于具有自由意志的人之中,这即是人类的实践理性。康德将自由定义为意志通过遵循其理性法则而决定自身的能力,这是从纯粹理

[①] 〔德〕米歇尔·施托莱斯:《德国公法史(1800—1914):国家学说和行政学》,雷勇译,法律出版社 2007 年版,第 355 页。

性向实践理性的转变。在康德眼里,法国大革命就是实践理性的一种表达,因为大革命将哲学转化为了人类解放的行动,它开始了个性的统治。

康德不仅给自由以最高的表达,而且还以此为模式构想全部政治组织并赋予此种自由模式普遍意义。切换到其政治哲学中,康德的政治观不完全是马基雅维里式的权宜之计,也不只是以自我为中心的权力斗争,而是政治需要贯彻政治道德。

从政治需要有道德关切引申出国家的功能和正当理由在于保障个人的自由权利。康德认为在政治中要贯彻和应用"权利"这项绝对道德命令就必须通过法律。康德《道德形而上学》的中心观点就在:权利的普遍原则关注的是政治的先天形式,而不是经验的具体细节,而要让权利原则普遍地被一个国家采用,就需要一部"容许最大可能的人类自由的宪法,这自由遵循一些能保证每个人的自由和所有其他人的自由共存的法律"。[1]可以看出,康德政治概念不是完全实证化的,而是有先验价值基础的,这个先验价值基础通过一部自由宪法加以体现和保障,这是康德政治的基本原理。康德政治原理的价值出发点是个人自由权利。

从其道德哲学与政治哲学再到法哲学,康德首倡"法权国家",即国家是人们依据法律组成的联合体。[2]根据康德关于法律的系统性设想,规定权利的法律可以区分为自然法与实定法(制定法),前者奠基于先天道德法则,后者出自立法者的意志。虽然实证法中的每一项都是命令他人对其服从的立法者的行为,但实证法不得抵牾自然法,因为自然

---

[1] 〔美〕加勒特·汤姆森:《康德》,赵成文等译,中华书局2014年版,第91—93、106—107页。
[2] 〔德〕康德:《法的形而上学原理》,沈叔平译,商务印书馆1991年版,第139页。

法先于并高于实证法。惟其如此,立法者才具有通过一己意志来拘束他人的道德资格。①《道德形而上学》就此提出"外在的自然法"与"外在的立法",外在的立法可以被视为只包含实证法,但自然法为立法者奠定真正的道德权威。由此,康德作出了明确的法概念区分:法律是实定的和独断的,但一旦进入文明状态,一切自然法就必须成为所有实证法律之上的公共法,亦即全部法权学说均奠基于自然法之上。②

康德给法下的这个定义触及法理学上的元问题,即"法是什么"。从康德理性法哲学的整体思想背景出发去理解,这个定义涵括了法的两个面相:实证的面相(国家立法是法的实证条件)与超实证的面相(普遍自由法则是法的价值条件)。二战后拉德布鲁赫主张以"法的正义性"对抗"不法之法"的实证性,实质上是在重申一个康德法定义,即不得以法的实证效力为理由消解和破坏法的超实证价值基准。从这个意义上讲,拉德布鲁赫公式与康德法定义的内在价值倾向具有一致性。

在康德的法哲学中,个人与国家在合法状态中的结合必须具备的形式就是宪法,而且康德强调,一个国家的宪法概念必然涵括了分权的概念,必然要排除立法者以自己制定的法律来专断地统治国家的专制暴君政体。因此,康德宪法思想中最鲜明的理论主张是,一部真正的宪法应当规定共和制的政体,而共和制政体的实质就是根据纯粹权利原则来组织国家。③康德将分权与宪法、分权与宪制等同视之的政治思想,与18世纪以来欧洲思想中占据绝对主导地位的观念——"宪法与分权

---

① 〔美〕策斯利·阿瑟·马尔霍兰:《康德的权利体系》,赵明、黄涛译,商务印书馆2011年版,第21—23页。
② 〔美〕策斯利·阿瑟·马尔霍兰:《康德的权利体系》,赵明、黄涛译,商务印书馆2011年版,第26页。
③ 〔美〕玛丽·J.格雷戈尔:"康德的宪政主义思想",载〔美〕阿兰·S.罗森鲍姆编:《宪政的哲学之维》,郑戈、刘茂林译,生活·读书·新知三联书店2001年版,第94—95页。

是一回事""立法权与行政权必须分立制衡"的启蒙观念一脉相承。这种学说不仅把独裁理解为民主的反题,而且理解为本质上是对分权即对宪法的取消。①就康德哲学与现代自由宪法思想的内在联系,施密特也很清楚。他指出,康德作为德国唯心主义国家哲学的代表人物,是承认美国革命与法国革命中形成的这种以权利保障和分权为价值基准点的宪制理念的。②

2. 康德政治哲学的宪制指向

从历史角度看,是美国革命与法国大革命这两个大事件,特别是法国大革命这场巨大的"转型游戏",让晚年的康德惊醒并开始重新思考他之前并不关注的政治哲学领域的基本问题:即"如何组织国家"。

阿伦特曾说:"在其生命的最后岁月里,康德始终挥之不去的,正是这一难题:如何把一个民族组织成为一个国家,如何构制这个国家,如何创建一个共和国,以及与这几个问题相关的所有法律上的难题。"③康德知道,他的道德哲学对解决这些重大问题并不能直接帮上忙。因此,康德在思考国家建构问题时,既将道德的基石与个人自由权相联系,又远离了一切道德说教,这是一个深刻复杂的平衡。

他明确指出:"好的宪制,不能指望出自道德性,反倒是可以指望,一个民族在好的宪制下,能有好的道德状况。""那么,一个群体要如何建立起这样一种宪制?让他们之间得以相互制衡,致使他们的公共行为就像他们没有私下的意图一样,虽然他们私下的意图相互对立。"康

---

① 〔德〕卡尔·施密特:《政治的浪漫派》,冯克利、刘峰译,上海人民出版社2004年版,第192页。
② 〔德〕卡尔·施密特:《宪法学说》,刘锋译,上海人民出版社2005年版,第44页。
③ 〔美〕汉娜·阿伦特:《康德政治哲学讲稿》,曹明、苏婉儿译,上海人民出版社2013年版,第28页。

德的意思是良好的国家体制不能期待于道德,相反,即使是一个恶棍族群(a race of devils)也可以通过理智地设计一种好的宪法体制而解决组织国家的难题。① 在一种好的公法体制下,每个人作为自己主人的权利才有望与其他人同样的权利保持协调共存。没有一种好的公法秩序,个体之间自由法权的协调运用将难以想象。因此包括宪法在内的整个法律制度形式与整个政治权力体系首先应被理解为,是实现自由法权这一根本道德结果的工具,它必然要处理自由与平等、自由与权威、自由与强制等二元对极范畴的价值位阶关系。②

从这个角度看,康德是用平和保守的风格概述了美国革命制宪中的现实主义政治心理学(这种现实主义政治心理学要回溯到马基雅维里与霍布斯)。在康德的政治哲学中,好的宪制必须致力于捍卫个人的内在法权,内在法权是每个人凭借自己的人性应当享有的法权,这个内在法权就是自由。③ 要实现个人自由法权及其共存这一道德目标,就需要在现实的人类社会中建立共和政体,共和政体的核心要素是分权,而这些形式要素都是为了确保政治的自由性与公共性两项实质价值。往前追溯,这些问题几乎都是联邦党人的核心关注所在。

正是对政治的"自由性"与"公共性"的强调,使康德的政治哲学与他的道德哲学内在地联系起来。因为在其道德哲学中,个人内在法权与公共法权的平衡,已经是正确性或权利性(rightness)的标准,因而也就成为判定国家与政府责任的一种政治道德标准,亦即国家与政府必

---

① 〔美〕汉娜·阿伦特:《康德政治哲学讲稿》,曹明、苏婉儿译,上海人民出版社2013年版,第29—31页。
② 〔加〕李普斯坦:《强力与自由——康德的法哲学与政治哲学》,毛安翼译,知识产权出版社2016年版,第10页。
③ 〔加〕李普斯坦:《强力与自由——康德的法哲学与政治哲学》,毛安翼译,知识产权出版社2016年版,第38页。

须运用与内在法权之普遍相协调的手段去完善法律和法律下的统治。①在阿伦特对康德的解读中,"先验的公开原则"统领着所有政治行动(一切与他人权利有关的行动都是政治行动),康德自己在《论永久和平》中也明确写道:一切与他人权利有关的政治行动,但凡其准则与公共性不一致,就是不正义的行动。②康德就此进一步指出,"政治自由"就是"在任何时候都能公开地运用自己的理性",③更具体言之,要实现政治的自由性与公共性,就必须有政治自由机制,其中政治言论自由被康德视为人民法权的独一无二的守护神。④康德在道德哲学层面界定政治言论自由,意在突出强调,自由是政治与法律的规范性起点。

诚如哈贝马斯(Jürgen Habermas)在解读康德哲学体系时所言,一方面政治不可能纯道德化,另一方面,政治又必须建立在一定的正当性基础上。因此,政治的"公共性"作为一种形式正当性,就在一种特殊意义上充当了政治与道德二者之间的中介。⑤政治的"公共性"根本上是旨在实现人统治人的政治统治的合理化,在现实政治中,政治公共性的武器包括自由的出版物、自由的政党和议会。⑥

总体而言,共和革命与启蒙思想构成了康德政治哲学的历史背景。作为法权国家的提出者和德国自由主义的发端者,康德的政治哲学中

---

① 〔美〕汉娜·阿伦特:《康德政治哲学讲稿》,曹明、苏婉儿译,上海人民出版社2013年版,第76页;〔加〕李普斯坦:《强力与自由——康德的法哲学与政治哲学》,毛安翼译,知识产权出版社2016年版,第217页。
② 〔德〕康德:《历史理性批判文集》,何兆武译,商务印书馆1997年版,第139页—140页。
③ 〔美〕汉娜·阿伦特:《康德政治哲学讲稿》,曹明、苏婉儿译,上海人民出版社2013年版,第61页。
④ 〔加〕李普斯坦:《强力与自由——康德的法哲学与政治哲学》,毛安翼译,知识产权出版社2016年版,第217页。
⑤ 〔德〕哈贝马斯:《公共领域的结构转型》,曹卫东等译,学林出版社1999年版,第130—134页。
⑥ 〔德〕哈贝马斯:《公共领域的结构转型》,曹卫东等译,学林出版社1999年版,第144页。

强调的人的自由意志本质、分权、共和制、公共性,已经直指现代宪制最主要的价值内涵与制度形式。可以确定无疑地说,从思想谱系讲,康德哲学是在德国重建自然法的一种努力。在康德这里,德国宪法思想原本是拥有一份伟大的自由基质的。

但是,德国历史没有沿着这位伟大哲学家展望的政治道德目标与自由宪制模式演进。"现实的"政治权力取得了对"理念"的成功,只要没有跑到国外的人,都需要与现实政治妥协。1848年后德国民族政治的"事实"与康德政治哲学提倡的先验自由"价值"走向深刻的对立紧张。在此政治背景下,德国宪法发展走向了一条越来越背离自由主义与康德政治哲学的历史道路。

个人自由的普遍法则让位于民族主义与爱国主义,先验的政治道德价值让位于实证的民族国家利益。民族国家(the idea of nationhood)取代自由主义(the liberal opposition),成为德国学术界与思想界念兹在兹的核心目标。无论德国的历史学家还是宪法学家,都无法逃出这个现实的束缚。此后,对共和革命精神的否定、对启蒙精神与自然法的否定,逐渐成为支配德国宪法思想的"历史主义"意识形态元素。此种历史主义在外部关系上强调战争是国家之间关系的准则,在民族政治内部强调对恺撒式英雄人物的崇拜。这两种因素使德意志历史主义蕴藏着一种深刻的强权伦理基调。此种强权伦理直接投射到德意志宪制进程中。

三、德国历史主义的意识形态化及其全方位影响

1. 历史主义与德意志特殊道路

一种浪漫主义、英雄主义的德意志特殊道路(Sonderweg)理念在19

世纪下半期后成为德意志政治与思想上的正统观念。①这个历史背景有助于帮助人们理解,19世纪50年代后德国宪制选择的目标切入点,与在现代共和革命中起源的自由宪制的内在价值基点出现了根本上的分野。

在美国与法国革命中,尽管在如何落实《权利法案》与《人权宣言》上的个人权利等方面存在制度差别,但两国革命的宪法文件作为自由革命的杰作,却有一个本质上的相似,即都以法律形式内化了自然法的自然权利即人权观念和国家契约理论,两者宪法的价值基准相似。

而在1848年后的普鲁士—德意志,"宪法"被定位为最高权力的赋予物而不是政治契约,是作为最高权力的君主被迫接受的、用于君主制自我维护与革新、整合新领土以及在德意志同盟内部捍卫自己主权的政治考量手段。② 德国宪法是钦定的,这种宪法不是用来限制君主权力的,它是君主用来建立自由民族国家的工具。德国自由主义宪制运动的溃败情境导致德国宪法思想传统越来越不同于英美法宪制运动奠基的那种古典自由主义传统。"19世纪德国宪法思想总是与君主有关,在关键位置总是有君主权力的参与,这是前提。西方思想中的自由、进步人类激情在这里都不见踪影。"③开明君主专制下的绝对主义国家在德意志乃是德国建构统一民族国家的最高伦理力量,古典自由主义与自然法传统在德国越来越式微。

德意志思想从具有世界普遍主义精神的温和民族主义逐渐演变为

---

① Gábor Erdödy,"Unity or Liberty? German Liberalism Founding an Empire (1850-79)", Iván Zoltán Dénes(eds.), *Liberty and the Search for Identity*:*Liberal Nationalisms and the Legacy of Empires*, Central European University Press, 2005, p91.
② 〔德〕米歇尔·施托莱斯:《德国公法史:1800—1914》,雷勇译,法律出版社2007年版,第93—95页。
③ 〔德〕米歇尔·施托莱斯:《德国公法史:1800—1914》,雷勇译,法律出版社2007年版,第95页。

更强调德意志特殊性的激进民族沙文主义。这种以政治国家为中心、强调国家威权至上的民族主义所秉持的历史观被称为历史相对主义。它坚持一种它所认为的历史实在论,即认定人没有本性,只有历史。因此,作为西方民主观念之基础的启蒙运动思想在德国被认为肤浅不堪,因为它假定了一种抽象的人性和一种以普遍人权为预设的非历史的伦理。在政治上,这种历史观认定现存的权威体制代表着道德力量,构成伦理秩序的核心制度乃是奠基于权力之上的国家,权力本身就代表着道德,因而,国家的所作所为都是正当的。①

更要紧的问题在于,这种国家中心主义的历史思想传统所认定的基本哲学前提不仅被德国历史学家接受,而且还渗透到19世纪德国所有人文与文化科学中。历史实在论与相对论的价值观与方法论成为德意志普遍的思想与文化现象。结果是德国的法学、经济学、艺术、语言学、哲学与神学都成为以历史为导向的实在论研究。这种以历史为导向的实在论研究导致德意志文化中形成了一种极为强大的内在认知:德国没有什么需要从美国、法国等其他国家学习的,只需要致力于发展自己的各种传统制度。这使得19世纪后的德国民族主义逐渐与人类普遍价值隔绝对立起来,直到否定普遍的人类价值。②此种深重的民族国家至上传统对德意志宪法研究的影响是根本性的。

2. 德意志对天赋人权与议会民主的抗拒

在此背景下,再来看1848年革命失败造成的另一个最严重的制度

---

① 〔美〕格奥尔格·G.伊格尔斯:《德国的历史观》,彭刚、顾杭译,译林出版社2006年版,第2—4页。
② 〔美〕格奥尔格·G.伊格尔斯:《德国的历史观》,彭刚、顾杭译,译林出版社2006年版,第7—8页。

与观念后果,就是德意志地区对议会制政府与议会制政治民主观念的更深抗拒。这个问题极为重要,可以说是贯穿现代德国宪法史的基础问题,是韦伯、普罗伊斯(Hugo Preuss)、施密特等最重要的政治理论家与宪法学家反复讨论的政体问题。议会制民主的正当性与合法性问题乃是观察德国宪法思想传统中反自由民主因素的极好入口。

法兰克福国民议会在解决民族统一这个最关键问题上暴露的软弱无力,让保守主义与民族主义力量感到有了长足的理由去嘲讽议会制模式的功能。保守主义和民族主义的历史学家将法兰克福议会说成空谈玄理而实践无能的典型例子。国民议会的明显无能与无力足以使类似的所有人民代议制团体变得不可信任。在他们笔下,议会自由主义者们的政治都是一些徒劳而抽象的虚假政治。法兰克福议会的失败被1848年后德国历史学家重笔渲染,此举对德国政治自由主义具有致命的打击效果。保守主义与民族主义力量此后更加坚信,统一作为纯粹的力量问题,该靠而且只能靠利剑来解决,这就是民族主义的"现实政治"(realpolitik)概念的再次来袭。这种现实政治理念不仅完全排斥普通民众的任何表达,而且也排斥过时的自由主义精神的任何表达。[①]在这样的历史氛围中,在获得政治信息原本就非常困难、言论审查极为严苛的普鲁士与德意志众邦,民众对代议制政治的兴趣与好感此后受到严重破坏,德意志人重新将政治的未来托付给了君主或政治领袖。这为此后德意志宪法思想传统中对议会制民主的疏离和对恺撒制的偏爱埋下了历史伏笔。

1848年自由主义革命及其宪制诉求的失败就此成为德国现代宪法

---

① 〔意〕圭多德·拉吉罗:《欧洲自由主义史》,〔英〕R. G. 科林伍德英译,杨军译,张晓辉校,吉林人民出版社2001年版,第235—236页。

史的分水岭。从这之后一直到魏玛共和国时期,德国宪法思想渐渐出现深刻断裂与转向。此后德国宪法学各流派在价值论上的共同特质,即预设国家自身的神圣性,主张国家是法律的渊源,不承认自然法意义上个人自由权利的优先性地位,拒绝自由权机制对实在国家法秩序发挥道德评价的功能。这成为德国与法国、英国、美国宪制发展道路的一个深层思想差异。

自19世纪中期以后,德意志逐渐抛弃了作为西方现代宪法与宪法政治之道德基石的自然法传统。本书所说的19世纪后德国宪法思想所背离的自然法传统,是在现代思想史视野中来理解的一个法哲学概念,其内核是指一种基于自然、基于人性而存在和被认识的、约束着所有人特别是主权者的普遍道德法则。如此界定的自然法,既不同于国家法或者说实在法,也不同于中世纪基督教基调下的上帝启示法或者说神法(尽管自然法与基督教信仰有历史联系)。

从思想史角度讲,如此界定的自然法,主要是指经历了世俗化洗礼的启蒙运动的一个内部历史内容。切换为法哲学话语,自然法对分析国家实在法体系之正当性具有功能性道德评价意义。在思考与解决法律科学中的基础问题,即法律是什么、法律为何具有约束力、法律规则的内容何时具有客观正当性等问题时,必然需要引入不可或缺的道德标准,自然法就是其中最重要的来源——尽管自然法理论不能等同于更不可覆盖全部正义法理论。[①]引申言之,对实在宪法与法律之正义性的审查,不是依靠纯粹形式逻辑的分析实证主义能完全解决的,对法律之不法的识别审查,必然带有形而上学的哲学论证性质。它在认识论和知识论上应该属于一种合目的性的论证行为。

---

① 〔德〕施塔姆勒:《正义法的理论》,夏彦才译,商务印书馆2016年版,第106页。

源远流长的自然法传统,经历了宗教改革与启蒙运动的世俗化洗礼改造后,在18世纪末期的西方社会发展出了具有政治实践性的第一个顶峰。与世俗化兼容的自然法对自由宪制与现代自由主义的兴起均发挥了极为重要的历史作用,这里的历史作用首先是指一种政治作用,即它是现代共和革命中涌现的经典宪法性文件的思想根源之一。更具体言之,无论美国的《独立宣言》还是法国的《人权宣言》,都与启蒙运动以来那种动态的和改革性的自然法传统具有直接思想关系。①

康德的法哲学,或者说康德式的道德-理性法,与被现代性式界定的自然法传统既有内部差异,但又存在根本价值基点上的一致性。对宪法理论研究而言,最重要的一个共同点就在于,二者都以政治与宪法、宪法与道德之间应存在关联而不能彻底分离为前提,强调现实政治与宪法秩序应遵守客观道德标准,方能取得客观正当性或者说正义性。依循这种思想方法与思想形式推演,基于自然人性而存在的自由人权,就是先于实在宪法而存在的一种自然理性,亦即康德法哲学与政治哲学中的所谓"人性中的内在法权"。这个具有统摄性的概念包含以下基本理念:"你的自由等同于你的合目的性,你对自己人格的法权与你决定如何处置你人身的法权是密切相关的。"每个人独立或共同运用此间诸内在权力,由此构成一种平等的独立性体系。②

这实际上可以理解为康德版的个人主权理论。在康德之前,对个人主权作出现实心理学的阐释与最极端的哲学论证的是霍布斯,康德的政治哲学也的确参考了霍布斯的自然法理念。无论霍布斯还是

---

① 〔美〕恩斯特·佛丁:《自然法》,吴彦译,载吴彦、杨天江主编:《自然法:古今之变》,华东师范大学出版社2018年版,第3—4页。
② 〔加〕李普斯坦:《强力与自由——康德的法哲学与政治哲学》,毛安翼译,知识产权出版社2016年版,第38—42页。

康德,都是现代人权教义的重要思想基石。因为根据这两位的政治哲学,人权作为个体行为自由的一种平等权利范畴,具有一种内在价值,因而不能被工具化,确切而言,是不能在国家意志形成过程中被工具化。

受历史主义与浪漫主义哲学思潮影响,1848年后的德国政治文化对人类基本文明价值始终没能形成道德确信,而是代之以提升本民族国家制度自身的独特性。由于浪漫主义哲学与学术思想传统的此种整体倾向,德国历史学派对作为一个整体的人类的伦理同一性自然就表现为嗤之以鼻。当独特的民族国家本身成为特定历史时期内一种特殊精神世界的表现与表达形式时,可以想象,这个国家的宪法、法律与司法也会相应变得特殊的和实证的。这种观念传统不断累积,一个结果就是,普适主义的自然法理念在德国政治与法律传统中的缺席。[①]

价值论层面的分析有利于揭示向实证主义转向后的德国宪法学与国家中心主义的德意志思想传统之间的内在亲和性。从价值论上讲,就是作为法国、英国与美国宪制运动高级法背景的自然法思想在德国社会中的积极影响越来越微弱,直到最后直接被切断。德意志宪法学走上一条背离自然法价值基准的彻底的法律实证主义道路。哈耶克曾总结道:"法律实证主义在19世纪下半叶的德国所赢得的无可争议的地位,乃是任何其他国家都无从比拟的。"[②] 1848年后德意志宪法学的发展态势诚如哈耶克所言,走向了无从比拟的实证化。

[①] Paul Gottfried, "German Romanticism and Natural Law", *Studies in Romanticism*, Vol. 7, No. 4(Summer, 1968), pp. 231-242.

[②] 〔英〕弗里德里希·冯·哈耶克:《法治之论》,载邓正来译编:《西方法律哲学文选》,法律出版社2008年版,第65页。

四、帝国宪法学的实证主义转向与帝国宪法教义学的兴起

自由主义在1848年后特定历史节点的倒退对此后德国法学与宪法学的发展产生了根本性的影响。形式法治国思想下,教义学的方法与反自由主义的方向的结合,构成此后德国宪法学的技术—思想特质。

1. 精致的形式法治国与帝国的威权政治

首先,德国公法理论研究整体趋向形式法治。1848年革命失败引发了全欧洲的专制复辟热潮,德国自由主义社会运动陷入困境,现实政治令人失望和恐惧,个人自由的法律保障被取消,出版自由被废除,自由结社遭到禁止,批评之声受到暴力压制。德国及很多欧洲国家以判处死刑与终身监禁的方式扑灭各种自由主义政治运动。德国公法教授与各大学一样,也无法逃离专制统治的高压——公法学教授被捕与被解职的事件并不少见;学术界的出版与结社自由等都受到进一步限制,皇权与神权又结合在了一起,政治上不受欢迎的公法教授被调职或被开除的现象在德意志各地变得普遍,比如曾有8名教授被一次性开除。[①]概言之,德国原本就很有限的政治自由环境在1848年后渐趋恶化,言论自由与学术自由受到极大限制。

德国法学界出现了与此相适应的理论趋向。最典型的代表是公法学家施塔尔(Friedrich Julius Stahl)首先将自由主义最重要的要求(代议

---

① 〔德〕米歇尔·施托莱斯:《德国公法史(1800—1914):国家学说和行政学》,雷勇译,法律出版社2007年版,第366—367页。

制、法治国)置于君主制原则统领之下,提出"形式法治治国"概念与所谓"宪制的保守主义",俾斯麦后来吸收了施塔尔形式法治国的部分主张。① 施塔尔继承了黑格尔唯心主义哲学的国家绝对化观念,他本人也对自然法理论很反感。他的形式法治国理论被看成其对自然法理论的整体驳斥,据此理论,国家的权威既不以人民主权也不以自然法为基础,而是直接基于上帝的指定,上帝授予国家独立的创制法的权力,并使君主制原则和等级划分合法化。② 在施塔尔的理论中,政治只有两种类型:革命的(revolutionary)和保守的(conservative),他将所有以自然法权利理论为基础的政治理念与政党活动都视为是对国家现存道德秩序与现存政治权力基础的"革命"而加以反对。③ 指出这一点对于我们理解施塔尔形式法治国概念具有重要意义。

"形式法治国"是19世纪中叶后德国法治传统的根本特点,这是一个与自然法价值传统实现了历史分流的法治传统。依托施塔尔的"形式法治国"概念,按照一定逻辑-形式进行法律体系化成为最重要的事情。完全实证化的形式法治国再也不是政治自由权利、积极的公民参与和实质平等的同义词,而是紧缩为以行政官僚系统为主的政府在形式法律秩序意义上保持连续一体稳定就行了,此种法治国不再要求它的价值内容。④ 因此,法治的理想在德国被抽离了实质内容,"法治"变

---

① 〔德〕米歇尔·施托莱斯:《德国公法史(1800—1914):国家学说和行政学》,雷勇译,法律出版社2007年版,第174—175页。
② 参见〔德〕阿图尔·考夫曼、温弗里德·哈斯莫尔:《当代法哲学和法律理论导论》,郑永流译,法律出版社2013年版,第107页。
③ Franz Neumann, "Types of Natural Law", *The Democratic and The Authoritarian State: Essays in Political and Legal Theory*, The Free Press, Glencoe, Illinois & the Falcon's Wing Press, 1957, p.81.
④ Peter M. R. Stirk, *Twentieth-Century German Political Thought*, Edinburgh University Press, pp.9-10.

成仅仅是一个"形式合法性"(legality)的问题。①因此,德国形式法治国理论与英国那种"法治"所要求的限制君主专制、保护个人自由的实质价值基准越来越分离。

对此间差异,20世纪德国著名的政治理论家(法兰克福学派第一代法哲学家)弗朗茨·诺伊曼(Franz Neumann)曾一针见血地概括道:"英国式法治(the English rule of law)和德国法治国(the German Rechtsstaat)二者几乎没有什么共同点。因为依据德国形式法治国概念,'法治'仅仅意味着国家要依照既定的法律形式(legal form)——而无论这种形式代表怎样的政治结构(political structure)——表达国家自己的意志。"②在诺伊曼看来,德国法治国发展出精致的法律形式体系,但这种体系主要是服务于国家意志的。

1848年后残存的德国自由主义势力被迫接受了这种形式法治国思想,降低了对实质法治国理念和政治共决的要求。根据形式法治国理论,国家可以依据法律做任何事,其程度甚至远远超过了警察国家,国家的限度根本不成其为问题,实质性法治国的个人主义理想被民族观和社会观所具有的创造性力量所征服。③

对德国自由主义所处的这种无奈情境,施托莱斯(Michael Stolleis)有精彩的评论:"所有被归为自由主义的学者在1848年都对他们的政治国家理论思想与主流理论之间的差距感到痛苦,他们必须生活在这

---

① 〔英〕弗里德里希·冯·哈耶克:《法治之论》,载邓正来译编:《西方法律哲学文选》,法律出版社2008年版,第65—66页。
② Franz Neumann, "The Concept of Political Freedom", *The Democratic and The Authoritarian State: Essays in Political and Legal Theory*, The Free Press, Glencoe, Illinois & the Falcon's Wing Press, 1957, p.169. 诺伊曼以对纳粹的卓越分析闻名于政治学界,参见其成名作 *Behemoth: The Structure and Practice of National Socialism: 1933—1944*, Oxford University Press, 1944。
③ 〔英〕弗里德里希·冯·哈耶克:《法治之论》,载邓正来译编:《西方法律哲学文选》,法律出版社2008年版,第66页。

样的差距中。"① 诺伊曼的分析则更细致,他指出:1848 年后德国自由主义在政治上作出了巨大的原则性让步,政治自由不再是其奋斗目标,德国自由派与君主体制的斗争焦点主要局限在财产权利,并满足于只要能维持经济发展与社会秩序稳定,即使牺牲政治自由也在所不惜。②

这就是德国情况的两面特征:一方面已经深受西方工业经济与资本主义发展潮流影响,另一方面,普鲁士国家变得越来越具有压迫性,新兴社会阶层与保守的统治阶层的矛盾被压制。③在大历史情势与理论走向影响下,德国宪法学界出现立场与态度分化,一大部分法学家寻求与现实政治妥协。1848 年后德国学术界流行的基本认知是"错误的政治态度可能会毁掉一个人的前途"。④

2. 实证主义宪法学的方法论要旨

由于现实政治越来越不允许自由地进行批判性政治思考,因此绝大部分宪法学家转而求诸方法,突出强调宪法学研究要排除一切政治、历史和哲学因素,将宪法研究严格降解到法律形式要素上,最大程度地利用现实立法材料,关注法律的实施能力与现实法秩序的安定性甚于关心法的政治与道德要素。

---

① 〔德〕米歇尔·施托莱斯:《德国公法史(1800—1914):国家学说和行政学》,雷勇译,法律出版社 2007 年版,第 220 页。
② Franz Neumann, "The Concept of Political Freedom", *The Democratic and The Authoritarian State: Essays in Political and Legal Theory*, The Free Press, Glencoe, Illinois & the Falcon's Wing Press, 1957, p. 169.
③ Douglas Moggach, "The Social Question and Political Struggles in 1848: The Case of German", *The Social Question and The Democratic Revolution: Marx and The Legacy of 1848*, Douglas Moggach, Paul Leduc Browne(eds.), University of Ottawa Press, 2000, p. 22.
④ 本德斯基在研究施密特的政治思想转向时,曾经对德国宪法学界长期以来存在的这种整体政治回避立场进行了总结。〔美〕约瑟夫·W. 本德斯基:《卡尔·施密特:德意志国家的理论家》,陈伟、赵晨译,上海人民出版社 2015 年版,第 13—15、25—27 页。

"法实证主义国法学将法学的对象限定于实定法,并将对实证法内在价值的探讨作为自然法和政治的内容而予以排斥。也就是说,它无视或轻视法的社会性、目的论的关联性,排除伦理和政治因素,采用科学方法,从法上(规范科学上)解释法,解析法的形式逻辑构造。"①德国实证主义宪法学思潮在法学思想上继受了施塔尔以来的形式法治国理论要素,创设了由定义组成的、层层推演的概念金字塔,强调法律的逻辑与形式要素。

从1850年后到一战前夕,历经格贝尔(Carl Friedrich von Gerber)、拉班德(Paul Laband)到耶利内克与凯尔森,从绝对法实证主义发展到规范法实证主义,德国宪法学完成了向实证主义的彻底转向。在阿列克西(Rober Alexy)那里,从格贝尔—拉班德到耶利内克—凯尔森这一脉下来的方法论进路都可以归为"实证—分析传统"(positivist-analytical tradition)。②阿列克西在其代表性的宪法理论大作《宪法权利理论》一书中对德国宪法学中盛行已久的实证分析与逻辑建构传统有专门回顾。

阿列克西认为,德国今日宪法学研究存在三种方法传统,即"分析性""经验性"和"规范性"三个维度。③"分析性维度"(analytical dimension)重点是要提炼建构宪法概念、形成实在宪法的体系化。这种研究传统在基本法之前已广泛存在于德国宪法学中。"分析性"研究维度与

---

① 〔日〕芦部信喜:《制宪权》,王贵松译,中国政法大学出版社2012年版,第29—30页。
② Robert Alexy,*A Theory of Constitutional Rights*,Oxford University Press,2002,p.17.这本书德文版1986年就出版了,但引起美国宪法学界的翻译兴趣则晚了很多年。宾夕法尼亚大学教授对阿列克西试图在德国概念法学方法论传统中建构德国宪法权利自己的规范理论的雄心进行了很有意思的说明,并将阿列克西这本书的理论与德沃金《认真对待权利》做了对比分析。参见William Ewald, "The Conceptual Jurisprudence of the German Constitution", *Constitutional Commentary*, 2004.
③ 分别是"analytical dimension""empirical dimension""normative dimension",参见Robert Alexy,*A Theory of Constitutional Rights*,Oxford University Press ,pp.6-8。

德国概念法学(conceptual jurisprudence)所强调的"逻辑地处理法律"(the logical treatment of law)具有内在的传承关系。而在阿列克西眼中,拉班德对"逻辑地处理法律"的含义所作的阐述最具代表性。①

从更广阔的方法论谱系讲,德国实证-分析宪法学思潮与奥斯汀法律实证主义奉行的两个核心信条即"社会事实理论"与"分离理论"的要旨一脉相承。众所周知,自1832年奥斯汀(John Austin)出版《法理学的范围》一书以来,法律实证主义在欧洲逐渐流行开来,在过去的180多年间,尽管法律实证主义内部派别纷纭、谱系庞杂,并在当下呈现出向阐释学转向的态势,但各种法律实证主义大都坚持两个基本信条,即社会事实理论和分离理论。②社会事实理论的经典表述源自奥斯汀的"法律就是主权者的命令",强调只有最高统治权力机构制定的规则才是法律,法学只要研究这些实际存在的由人制定的法律即实在法(positive law);分离理论即法律与道德分离的理论,强调"法律是什么"与"法律应该是什么"是两回事,在奥斯汀看来,只有"法律是什么"才是法学研究的对象,"法律应当是什么"是伦理学或道义科学的任务。③

从认识论源流讲,奥斯汀法律实证主义导源于苏格兰启蒙运动大思想家休谟的认识论,即人类存在两个独特的知识领域,一个是关注事实的"实然"领域,另一个是关注行为标准的"应然"世界。由于科学主要致力于在第一个领域进行开拓,因此,相应地,法律科学被推定为只能建立在事实的基础之上。这个目标成为法律实证主义的主要追求,

---

① Robert Alexy, *A Theory of Constitutional Rights*, Oxford University Press, 2002, pp. 15-16. 阿列克西同时指出,拉班德秉持的严格逻辑地对待法律的方法论在20世纪20年代以来遭到很多批判。晚近以拉伦茨(Karl Larenz)为代表的评价法学的兴起就是包含对概念法学传统的反思。
② 〔英〕尼尔·达克斯伯里等:《法律实证主义:从奥斯汀到哈特》,陈锐编译,清华大学出版社2010年版,第4页。
③ 〔英〕奥斯汀:《法理学的范围》,刘星译,中国法制出版社2002年版,第13、148页。

继边沁(Jeremy Bentham)之后奥斯汀促成法律实证主义进一步精致化。英国著名公法学家洛克林(Martin Loughlin)认为,奥斯汀方法的流行,使形式主义思潮向宪法学领域的渗透具有一定的普遍性。①从分析法学法律方法论衍生而出的一个最根本的宪制观念就是主权的绝对性与无限性。②

19世纪下半叶德国宪法学向法律实证主义的方法论转向似乎可以印证洛克林这个判断。19世纪50年代后德国宪法学专注于对实证宪法材料进行纯粹技术性的概念抽象和体系建构,而对涉及限制君主专制权力、保障个人与社会自由等关键的实质的宪制结构问题,实证主义宪法学以它们属于庸俗党派政治或它们属于价值判断不属于法学问题等理由,将之逐一排除在宪法学研究之外。

3. 帝国宪法教义学的技术成就与根本缺陷

第二帝国的宪法教义学就是彻底转向实证主义的德国宪法学的技术成就。这种成就在实证主义宪法学的开创性人物格贝尔和拉班德身上就有所体现。他们以主流的实证主义宪法学家身份参与建构了德意志的宪法历史,搭建起第二帝国宪法教义学的基本架构,但二者都没能超越历史局限,准确把握德意志宪制发展的价值方向。

格贝尔本是德意志私法学家,政治上很保守。他的目标是不断地将历史性的东西和教义性的东西分开,追求逻辑的分析的和纯粹法学因素的建构,尤其要把国家法的和政治性的东西与私法分离。但实际上,我们能很清晰地看到,格贝尔只是将他的政治立场掩藏在了一整套

---

① 〔英〕马丁·洛克林:《公法与政治理论》,郑戈译,商务印书馆2002年版,第28—33页。
② 〔英〕约瑟夫·拉兹:《法律体系的概念》,吴玉章译,商务印书馆2018年版,第8—13页。

看似价值中立的概念体系之下而已。在 1852 年出版的《论公法权利》一书中,格贝尔提出国家权力的法律核心是"意志权力"和"统治概念",君主是意志权力的中心。在图宾根大学时,他就对"政治上已变得非常脆弱的老国王"充满好感,日耳曼学者中的自由主义者贝泽勒(Georg Beseler)和赖舍尔(August Ludwig Reyscher)都不欣赏他,一个原因是他在《德意志私法体系》中强调贵族特权、封地制和地租是所谓"德意志的"要素,另一个原因是他认为不再存在有法律效力的德意志共同私法。① 值得指出的是,否认德意志共同私法实质乃是反对与否定德意志私法领域中的基本价值体系,这是一种明确反自由主义的选择。他以此为基础,对君主及其官吏在公法学上的地位进行了建构,对处于国家权力之下的臣民的地位以及乡镇的地位进行了建构。格贝尔实证主义体系非但无益于人民主权和契约学说、分权和议会化,而且公然和这些东西斗争,为强大的君主权力辩护。

拉班德则是格贝尔"精神上的遗嘱执行人",在方法上,他继续把对宪法学的认识定位为对法律概念的逻辑上的精密确定。拉班德认为,"法学最重要的功能就在建构法律概念与范畴,并在此基础通过逻辑推理得出相应的法律结论,拉班德说对实在法律材料展开的这些工作是'一种纯粹逻辑化的心智活动'"②。法律实证主义宪法学的特色到拉班德这里已经发展到登峰造极的程度。③ 拉班德曾在其国家法讲义中开宗明义地指出,"所有历史、政治、哲学上的沉思对于具体的法内容(Re-

---

① 〔德〕米歇尔·施托莱斯:《德国公法史(1800—1914):国家学说和行政学》,法律出版社 2007 年版,第 439—442 页。

② P. Laband, *Das Staatsrecht des Deutschen Reiches*(《德意志帝国国家法》), i, 2nd, (Freiberg, 1888), p. x f. 此处所引的拉班德著作观点的英译表述,转引自 Robert Alexy, *A Theory of Constitutional Rights*, Oxford University Press, 2002, p. 52。

③ 参见林来梵:《法律实证主义的故事——以拉班德的国法学为焦点》,《浙江学刊》2004 年第 3 期。

chtsstoff)的讲义(Dogmatik)来说并无意义"①。格贝尔—拉班德实证主义宪法研究的贡献与局限都很明显。积极的贡献在于这种形式论多少蕴含着一种要力图将政治行为和政治行动纳入到法律形式轨道上运行的准法治主义韵味,在于他们高超的概念抽象能力与宪法体系化建构思维。

拉班德宪法实证主义最系统性的一次实战运用,是在 1862 年到 1866 年的普鲁士宪法冲突。1862 年宪法危机的深层历史背景与前文所述的德国自由主义的去政治化和形式主义的立宪君主主义的兴起有关。1848 年自由主义革命失败后,根据 1850 年普鲁士宪法的规定,君主正式"授权"议会这个民意代表机构共同审议预算法案的权力,但君主本人是政治体制的核心,他不仅是军队首领而且还是最高行政首长。在此种立宪君主主义(constitutional monarchism)的宪法体制中,一个关键点就是议会权力决不能逾越雷池半步,议会可以在很多无关紧要的问题上行使参政议政权力,但涉及君主权力特别是君主对军队控制权的问题,则是议会无权干预的绝对君权。

正是在 1862 年后持续了 4 年的普鲁士君主与议会之间的宪法危机后,拉班德及其宪法学教义学逐渐得到了普鲁士当局的重视,并成为 1870 年后俾斯麦帝国的主流宪法学,因为拉班德成功地运用所谓教义学—实证主义方法(dogmatic-positivist)为普鲁士君主形式上合宪地垄断一系列主权权力进行了教义学建构。

他为君主辩护的逻辑起点有二:一是政治与法律事实(或者说实证法律)的二分;二是法律与法规的二分。在此基础上,拉班德展开了一

---

① 转引自李忠夏:《宪法学的教义化——德国国家法学方法论的发展》,《法学家》2009 年第 5 期。

系列宪法解释,包括三个主要的问题层次。其一,根据1850年普鲁士宪法第62条,法律的制定权(statutes power, Gesetzgebende Gewalt)属于君主与议会共享的权力,根据宪法第99条可知预算法属于法律,而根据形式主义的解释,预算法案理应由议会与君主共同审议决定。但是,拉班德却在这个时候话锋一转,引入实质性思考,指出预算法案实质上并非一般性的法律规则,而是基于对特定行政性需求而进行的预估,因而属于行政法规(an executive ordinance, verordnung)。因此,实质地看,处理预算法案属于行政分支权力的组成部分,根据1850年宪法第45条,行政权力只能属于君主。[①]

拉班德致力于避开普鲁士宪制体制的一个根本症结亦即如何有效制约君主个人权力。他提出了一种细腻的、逻辑严密但偏君主行政权倾向的宪法解释框架。这种解释框架是对1848年革命后普鲁士宪法型君主专制现实的最好诠释。根据这个教义学思路,任何宪法冲突都被置于议会与君主这两个政治机关之间存在的现实关系中去审视。[②]有历史学家认为,德国自由主义在这场历时4年的宪法危机中经历了1848年革命失败后最有决定性的历史打击,被迫接受一个权重倒向君主行政权一方的立宪君主体制。[③]而拉班德在1862—1866年普鲁士宪法危机中体现的理论旨趣极为吻合1871年后德国现实政治的情势与发展方向。

这个情势是什么呢?就是德国自由主义发生根本性的制度转向

[①] Peter Caldwell, "Legal Positivism and Weimar Democracy", *The American Journal of Jurisprudence*, 1994, p.281.

[②] Peter Caldwell, "Legal Positivism and Weimar Democracy", *The American Journal of Jurisprudence*, 1994, pp.281-282.

[③] Alan Kahan, "The Victory of German Liberalism? Rudolf Haym, Liberalism, and Bismarck", *Central European History*, Vol.22, No.1(Mar., 1989), pp.57-88, 62.

(system-transcendent)并不断寻求或者不断被迫与俾斯麦威权体制达成妥协,自由民主诉求在民族国家统一强大这个诉求面前显得特别微不足道,因而彻底失去质疑现实体制合理性的历史资格,德国自由主义阵营逐渐散失进行政治体制改革的能力与意愿。这个发展方向又是什么?就是普鲁士宪法性君主专制体制因其成功领导了德国统一,因而获得了无限崇高的历史正当性。这个历史正当性使普鲁士体制有足够的资格和条件要求它成为德意志帝国的体制本身。简言之,德意志宪制彻底普鲁士化,普鲁士化的一个突出特点是普鲁士特殊主义,1871年德意志第二帝国宪法是对1862年普鲁士宪法根本原则的继受。

对宪法学而言,现实政治情势与发展方向问题就转化为拉班德式的实证主义教义学问题:1871年宪法的基础是什么?是现实政治和它捍卫的民族权力。这是一个至高价值,也是德国宪法的根基。在此基础上,再去教义学式地填充宪法规范说了什么,又没说什么,以及教义学式地描述德意志的实际政治是怎样一个结构。至于"宪法应该是什么""宪法的目的应该是什么""德意志政治体制应该怎样被组织"等更具反思性的宪制结构问题,则已经超出拉班德们教义学宪法学考虑的范围。这种政治立场与拉班德将宪法乃至整个公法体系等同于实证法律本身是直接相关的。

因此,与其细腻的技术流派风格相比,实证主义宪法学的局限显得更加具有根本性。这主要体现在他们把君主权力放在显著位置,贬低基本权利,力图将公法权利压到最小程度,其思想在本质上是专断的,以一种唯一的、最高的、不可抗拒的意志中心(君主是意志中心)来建构国家。这种在当时相当正确的政治倾向使它们成为德国最正统、最安全、最主流的宪法学派。"只要帝国继存,拉班德的宪法解释学基本上就以无敌的强势支配着国法学。因为,宪法解释中的这种独善的实证主义,最为适合当时德意志帝国的那种安定的、内政上几近静态的状况。帝制时代宪法学者们所持有的应该按照宪法典的条文去解释的见地,在当时几乎没有引起严峻的争论。这种见地,对应了他们将俾斯麦所建设的帝国在其基础上加以无条件肯定的信念。"①

这种方法论进路将"宪法实际上是什么"和"宪法应该是什么"绝对分离开来,只研究宪法实际上是什么,而拒绝对实证宪法及国家宪法实践进行正当性审视反思。从方法论谱系上讲,这种方法进路与奥斯汀法律实证主义的核心信条即"法律与道德分离命题"具有一致性。(至于英国普通法世界中的分析实证主义为什么没有成为强化君主专制的智识力量,则是另一个需要专门探讨的问题了,它与英国普通法的宪制结构有关。)

然而,宪法学研究真的能化约为一种纯粹逻辑化的、价值无涉、政治无涉的心智活动吗?值得指出的是,德国宪法学界始终存在一股力量,不仅在方法上、而且在政治上都反对格贝尔—拉班德科学实证主义的立场。黑内尔(Albert Hanel)、格奈斯特(Rudolf Hermann Friedrich von Gneist)与基尔克(Otto von Gierke)就是持批判立场的三位代表性教授。

黑内尔1863年任职于基尔大学,在普鲁士议会中,他坚持个人发展自由、经济竞争与政治竞争的自由主义主张,主张议会成为真正抉择中心的方针,希望德国成为有自由的议会制的宪法国家。这个宪法国家在人民主权基础上克服君主权力和议会的二元对立。为了贯彻这些实质价值目标,他在方法论上采用了与格贝尔—拉班德实证主义争锋

---

① 现代学者Sontheimer的观点,转引自林来梵:《法律实证主义的故事——以拉班德的国法学为焦点》,《浙江学刊》2004年第3期。

相对的立场:一是他拒绝把重要的历史内容和政治内容从宪法学中驱逐出去,坚持对每一个法律问题首先进行历史的和传统的阐明,表明其政治前提预设。第二,黑内尔认真区分了形式的法律概念和实质的法律概念,并且认为,只有当法律形式本身能完全容纳非法律问题时,这些问题在法律上才是可以进行判断的。① 从黑内尔主张个人自由、议会政治以及政治自由与经济自由要并行不悖等实体内容上看,黑内尔宪法理论的价值基础是典型的自由主义。

黑内尔并非个案,德国另一位自由主义公法学家格奈斯特也是普鲁士议会中自由主义党团成员,在普鲁士的宪法冲突中他成为反对派代言人。对德国自由主义有机发展的强烈兴趣,促使他开始研究英国宪法史,其方法进路是把历史的、社会理论的和法律比较的论证方式结合起来,分析一个总体性问题,即在英国历史上"国家"与"社会"是如何既对立又在法治之下保持和谐的,希望能从中去挖掘出有利于德国国家转型的经验,使"国家失去其专制官僚国家的特点,社会失去其纯粹客体特征"。②

就此同一议题,拉班德与格奈斯特的观点完全相反。他虽然承认英国议会政治是一种优越的统治形态,但又认为只有在英国才具备了议会制政治的条件,特别是成熟的政党政治条件,德意志独特的历史与政治传统决定德国只能选择有利益超脱性的君主制,由君主代表国民整体。③ 以回溯性的眼光进行对比,格奈斯特对德国现代转型方向的把握无疑被历史证明了是正确的。

---

① 〔德〕米歇尔·施托莱斯:《德国公法史:1800—1914》,雷勇译,法律出版社 2007 年版,第475—478 页。
② 〔德〕米歇尔·施托莱斯:《德国公法史:1800—1914》,雷勇译,法律出版社 2007 年版,第515 页。
③ 参见王天华,《国家法人说的兴衰及其法学遗产》,《法学研究》2012 年第 5 期。

对格贝尔—拉班德实证主义宪法学持批判态度的还有基尔克。基尔克认为实证主义宪法学家把视野缩小到非政治和非历史理解的法上，他们对形式逻辑创造力的信奉有致命弱点，即为隐蔽的决断主义打开了方便之门。法学方法倘若要满足真正科学要求的话，它必须同时是不折不扣的"历史方法"。其次，基尔克批判拉班德对基本权利的厌恶，重申基本权利、司法审查和实质法治国的重要性。①基尔克的反击代表了1866年以后德国自由主义的一种政治诉求。德国社会中新兴的资产阶级与市民力量其实无法容忍自由主义降为经济上的自由主义，②在宪法学中就表现为反对片面强调宪法中的统治因素。从基尔克社团法理论立场看，宪法学要对"平等之下的生活关系"进行自治和自由的塑造。

显然，从黑内尔到基尔克，已经直击到格贝尔—拉班德实证主义宪法学在方法论领域和价值论领域的双重弱点。就方法论领域来说，格贝尔—拉班德实证主义宪法学在追求科学化的理想旗帜下、宣称要把所有"历史的、政治的和哲学的考量"全部清除出宪法学研究之外。③

但实际上，绝对客观化或科学化的宪法学，这只是一种理想中的图景，格贝尔—拉班德并没有在宪法研究中真正做到价值无涉或价值中立。相反，借助形式合法性概念，实证主义宪法理论客观上形成了对君主专制体制先照不宣的支持，因为他们排除的只是那些不利于现行君主专制体制的那些政治理论或伦理道德，比如个人基本权利的在先性

---

① 〔德〕米歇尔·施托莱斯：《德国公法史（1800—1914）：国家学说和行政学》，雷勇译，法律出版社2007年版，第482—483页。
② 〔德〕米歇尔·施托莱斯：《德国公法史（1800—1914）：国家学说和行政学》，雷勇译，法律出版社2007年版，第484—485页。
③ P. Laband, *Das Staatsrecht des Deutschen Reiches*（《德意志帝国国家法》），i, 2nd, (Freiberg, 1888), p. x f, 转引自 Robert Alexy, *A Theory of Constitutional Rights*, Oxford University Press, 2002, p. 52。

与正当性。这构成1848年后德国实证主义宪法学在价值论上的根本迷思。

由此,不难理解1867年北德意志同盟宪法和1871年俾斯麦治下德意志第二帝国宪法,两者都没有关于个人基本权利的内容。这两部重要宪法中个人基本权利的缺席,充分显示出君主国家中心观念在德国的绝对统治地位。个人自由权利在当时的德国,被认为既无必要又在政治上构成俾斯麦体制的挑战。主流的实证主义宪法学对德国宪法中的国家至上、个人权利边缘化这个根本缺陷,整体上缺乏反思批判。

4. 迷失了政治道德方向的帝国宪法教义学

德裔美国历史学家哈乔·霍尔本(Hajo Holborn)在1950年撰文梳理了19世纪德国大部分法学家如何讨厌并且抛弃了自然法传统。更晚近的有比勒费尔德大学历史学家迪特·格林(Dieter Grimm),他详细论述了西方自然法传统上的个人基本权利观念在1850年后的德国法学理论中如何遭到厌弃,并指出从1850年到1900年德国法学界持保守立场的法学家更倾心于国家主义的中央集权模式(statist),而不是个人主义基础上的社会控制模式。[①]

回顾历史可以看到,在纳粹极权政治架空直到摧毁《魏玛宪法》的几十年间,个人基本权利的价值位阶早就被德国宪法理论"合情合理"地置于国家中心主义之下了。1852年,公法学家约翰·卡斯帕·布伦奇利(Johann Caspar Bluntschli)明确写道:基本权利仅仅意味着参与国家事务。1869年格贝尔继续重申这个传统,强调国家对公民享有绝对

---

① Edmund Spevack, "American Pressures on the German Constitutional Tradition: Basic Rights in the Western German Constitution of 1949", *International Journal of Politics, Culture, and Society*, Vol. 10, No. 3 (Spring, 1997), pp. 413−415.

的最高统治权。公法学家弗里德里希·吉尔斯(Friedrich Giese)1905年继续总结这个思想传统：基本权利是国家赋予的，从来不是天赋的，也不是先于国家而存在的。到1914年公法学家奥特玛·布勒(Ottmar Buhler)干脆直接表达为：个人基本权利只是建立德国法治国的一个初级措施，一旦法治国建立起来了，基本权利就完全没有必要存在了。①

对自然法个人自由权利的背弃，正是彻底实证主义化后德国宪法思想传统的最大问题。哈耶克指出，根据这种在逻辑上自洽一致的法律实证主义所阐释的种种观点，在20世纪20年代以前就支配了德国人的思想，这些观念完全征服了德国。这种思想状况为实现一种无限的专制体制所提供的种种可能性，早在希特勒掌权之前，就有一些敏锐的观察家指出了这个问题。不止一位学者在德国宪法学大会上表达过法律实证主义的相关忧思，可惜，反对自由主义的各种势力在当时的德国已经透彻地领悟了法律实证主义的要害，即国家绝不可以为法律所约束。②

所以，尽管自第二帝国(1871—1918)以来，在实证主义法学家的建构中，德意志已经是精致的"法治国"了，但这只是一个"形式"法治国，德国宪法中的自由权利机制与民主政治机制都没有充分发展，最高统治者避开议会约束可以做任何事情。"俾斯麦的帝国宪法是极权国家的宪法：它的政府机关、帝国宰相和国务会议系通过皇帝、通过联合政府，而不论执政者们同意与否，从上至下设置的。它以君主

---

① Edmund Spevack, "American Pressures on the German Constitutional Tradition: Basic Rights in the Western German Constitution of 1949", *International Journal of Politics, Culture, and Society*, Vol. 10, No. 3 (Spring, 1997), pp.413-415.

② 〔英〕弗里德里希·冯·哈耶克：《法治之论》，载邓正来译编：《西方法律哲学文选》，法律出版社2008年版，第68—69页。

制原则为基础,国家权力出自皇帝与地方王公。"①德国当代宪法学家格林将这种不能真正限制最高统治者的宪法称之为"半宪法或伪宪法"②。

从实证主义宪法学在学术与政治上所受到的来自自由主义者的诘难中③,我们能看到其根本困境:如何平衡德国君主制的"历史正当性"与德国社会要求自由民主的"价值正当性"之间的对立问题,也就是,如何在宪法上处理好作为历史生成物的君主专制与作为时代新需求的自由民主要求这二者之间关系的问题。在根本上,这是德国如何从传统绝对主义君主专制国家向现代化的自由宪制国家转型的问题。这样的问题绝不可能只是逻辑的和形式的,它根本上乃是一个历史与政治问题。本书所指的历史性与政治性,绝不是指宪法学要保持庸俗的政治正确、完全臣服于现实权力,而是说一国宪法学要有长远开阔的历史视野、有坚定的价值追求。它需要宪法理论在研究实证宪法这个"实然"时能秉持恰当的价值反思,理性思考一国宪法的"应然"为何。

从这个角度讲,格贝尔—拉班德一脉实证主义宪法学没能出色地完成这个理论使命。尽管他们影响力一时无二,在法教义学上的贡献也很多,但从长远历史视野审视,这种宪法学研究是存在根本缺陷的。对此,德国著名公法学家黑勒(Herman Ignatz Heller)后来毫不客气地作

---

① 〔德〕拉德布鲁赫:《法学总论》,米健、朱林译,中国大百科全书出版社1997年版,第46页。
② 〔德〕迪特尔·格林:《现代宪法的诞生、运作和前景》,刘刚译,法律出版社2010年版,第29—31页
③ 这种历史情势具有双面性:既是自由贸易与经济发展的时代,又是政治自由受到严格限制的时代。"1848年革命失败后,君主制国家和自由主义思想占多数的社会不仅在内部是格格不入的,而且在经济上和法律上也被认为是分离的。"参见〔德〕米歇尔·施托莱斯:《德国公法史(1800—1914):国家学说和行政学》,雷勇译,法律出版社2007年版,第501页。

过总结性批判。他说:由格贝尔建立,经拉班德发展,以实证主义理解下的罗马私法中的工具建构起来的国家法学相信,在所谓没有漏洞的封闭法律体系中,能够找到不受政治—心理影响的自然秩序。在这样理解的法理学中,政治上的合目的性以及社会或个体的价值判断,都不应该被考虑,所有决定均须按照法律-逻辑的方法,从所谓的"客观"概念中演绎出来,然而,另一方面,这种实证的形式主义却制造出一种辩证的结局,它滋养着一种充斥着错误结论的客观性妄念,而这种"客观性妄念把法理学降格为妓女,所做的工作就是,谁有权,就向谁谄媚"[1]。在学说史上,拉班德意义上那种独善其身、回避政治自由问题的实证主义宪法学也被称为"政治的回避理论"。[2]

黑勒引用了德国部分学者对国家法实证主义的全面批评,措辞虽有些偏激,但他揭示的却是德意志实证主义宪法学陷入的真实困境甚至可以说是绝境:追求所谓纯科学化的宪法理论最后变成了一种绝对客观性的教条,进而为所有的恣意决定提供了一种"客观的"法律论证。这种"绝对客观性"的教条化立场使它们无法回答并处理好有关德国实现自由宪制最关键的一系列实质价值问题。最主要的就是个人自由权利与分权制衡机制在德国政治与社会生活中的真正落实。

从其对根本价值问题采取的回避态度讲,德国实证主义宪法学更像是一种迷失了宪法价值"方向"的宪法学"方法"。

实证主义宪法学整体上坚持国家至上,强调宪法与法律都是国家

---

[1] 〔德〕赫尔曼·黑勒:《国家学的危机、社会主义与民族》,刘刚译,中国法制出版社2010年版,第16—17页。
[2] 林来梵:《法律实证主义方法的故事——以拉班德的国法学为焦点》,《浙江学刊》2004年第3期。

权力的产物,在国家权力之上不存在更高的权威。当自然法意义上的普遍伦理原则与国家权力或实证法律相冲突时,国家权力应该居于最高价值地位,普遍伦理原则将不被认可。①自 1848 年到 19 世纪末,这种实证主义理念成为德国宪法学主流思潮,伴随德意志民族统一而产生的对主权和权力的强调,为这种实证主义成为显学提供了有力的政治支持。实证主义宪法学既参与了对帝国专制政治体制的实证化建构与正当化论证,同时又因为其缺少价值关怀,反过来加深了德国宪法思想在价值基点上与西方现代宪法运动蕴含的自然法人权传统的分野。

在这个问题上,我国宪法学前辈中不乏见解超卓之士,值得今日宪法学人重视。如我国民国时期著名宪法学家、柏林大学宪法学博士徐道邻就是最有代表性的一位,施密特在 1931 年 6 月 19 日的日记里记录过徐道邻——一位师从斯门德(Rudolf Smend)的中国留学生拜访他的往事。有趣的是,这位最早接触施密特思想并与施密特本人有师生缘分的中国宪法学者,虽然反对传统实证主义宪法思想,并在其博士论文中借鉴了施密特和斯门德的宪法理论,但他对反规范实证主义的施密特宪法思想也并非全部认可,而是有冷静的辨析。②

徐道邻在比较宪法史的考察中发现,德国宪法学与英美法宪法理论存在的最大不同点即在于,在德国,宪法概念始终模糊不清、模棱两可,德国法学界对宪法的概念没有统一的见解。许多人认为宪法是一个空泛的概念,而且宪法并没有实质的价值基准。一战之前德国学术

---

① Rupert Emerson, *State and Sovereignty in Modern Gerrmany*, Yale Llniversity Press, 1928, pp. 47-56.
② Ryan Martinez Mitchell, "Chinese Receptions of Carl Schmitt Since 1929", 8 *PENN. ST. J. L. & INT'L AFF*, 2000, pp. 181-263, 187-194.

界就盛行这种"形式的法实证主义"。而如果考察英美法宪制史,则可以发现那里的宪制运动与成文宪法史始终受到一个精神与思想的主导,其成文宪法必定有一个清晰明确的概念,即为保障国民的自由与权利来对抗国家权力之滥用。尽管这些国家实证的宪法条文各有差异,完全系于各国当时的文化与历史背景,但无论如何,这些宪法都有一个内涵的价值,使人们愿意接纳宪法并愿意为维护成文宪法奋斗牺牲。①

概言之,宪法规范在体系的完整性与整体性方面绝对少不了一个"价值意图",要守住宪法的"原定价值",守住了原定价值的宪法变迁就是宪法"意义的补充与扩张"。②徐氏将这种确定宪法精神的事业上升到政治信仰的高度加以提倡,他认为,寻回宪法的精神并不只是以一个逻辑式的思考以发现一些隐藏的梦想,而应该为宪法确定其理想,"是全民族徘徊在国家与人民之间紧张关系与期待中所可获得的最高光辉"③。芦部信喜在反思德国实证主义宪法思想的缺陷时,特别援引徐氏的观点:排斥宪法的内在价值内容而进行的形式逻辑探究,其结果是宪法的基础概念高度形式化,宪法的价值理想被抽空。④

守护以自由民主为价值内核的现代宪法精神,在转型期中国依旧是具有重要意义的问题。在中国宪法学对方法论越来越重视、宪法思潮越来越实证化、自由宪制价值原理被意识形态化的今天,对这段德国宪法史的研究旨在重提一个问题:宪法学作为法学研究虽然要讲究精致的"法学方法论",但更要有恰当的"价值方向"作为宪法学的价值基准。好的宪法学是富有建构性的"正义之学",它需要依靠法学方法,但

---

① 陈新民:《公法学札记》,中国政法大学出版社2001年版,第179—181页。
② 陈新民:《公法学札记》,中国政法大学出版社2001年版,第198页。
③ 陈新民:《公法学札记》,中国政法大学出版社2001年版,第180页。
④ 〔日〕芦部信喜:《制宪权》,王贵松译,法律出版社2012年版,第30页。

又要超越方法论的单纯技术视野,抛弃对"政治正确"的庸俗理解,秉持反思批判的独立学术精神,真正参与国家宪法政治领域的方向之争,对何为"正义性"的宪法政治秩序展开理论建构和论证,这应该成为中国宪法研究领域各种思潮的重叠共识。在方法论上,中国实证宪法研究必须要突破耶林(Rudolph von Jhering)所指低劣实证主义与封闭法教义学思维的束缚,在宪法体系解释中引入历史与哲学的价值论证,建构能拱卫普遍道德原则的富有价值底蕴的宪法学。

第四章
帝制德国的宪制问题与韦伯的政治社会学诊断

在俾斯麦领导下,民族国家统一、经济发展与精致的法治国已然成为19世纪下半期以来德意志最伟大的成就。然而,在韦伯眼里,这种整体性的光荣与秩序无法掩盖祖国政治体制的缺陷与潜在危机。

在他看来,从1871年直到1914年,德意志的根本问题是民族国家在迅速成长为经济巨人的同时沦为政治上的侏儒,主要体现在国家机器整体上的结构失衡与功能失调,亦即横向上由一个强势的行政官僚系统支配一个无能的君主和一个无权无势的议会,纵向上德国政治整体上被普鲁士化,德国既没有真正的议会政治,也没有真正的联邦制。实际权力格局是帝国政治的大普鲁士性质,而普鲁士体制的主要特征是普遍的官僚制支配(俾斯麦个人的高度专权是这种支配体制的顶点),无论在普鲁士还是帝国层面,议会更像被操纵的傀儡。

韦伯认为,国家统治机器的结构失衡与功能失调,导致国家意志形成的过程与结果都出了严重问题,德国晚近内政外交上的失利或困局都与政体的痼疾有关。围绕现实问题,韦伯对自己所处时代的德国政治进行了很多技术性分析,涉及如何让德国政体在横向层面走向真正的议会化、在纵向层面上走向能动健康的联邦制,亦即议会制国家与联邦制国家的有机结合问题。

在1917—1918年间发表的主张德国民主化与议会化的重要文章

中,韦伯将对德国政治体制的政治社会学分析转换为直接的宪制理论方案。① 他提出的改造帝国宪法与普鲁士宪法的系列主张激起了很大的思想涟漪。卡尔·施密特曾评价说,韦伯的议会制概念是1918年有利于德国议会化的唯一强大的意识形态,也是将政治领袖人物推上国家权力巅峰的一个手段。的确,尽管韦伯最终并没获得正式的官方地位全程参与宪法起草,但他的理论直接影响了魏玛制宪前后一些关键人物,比如普罗伊斯,康拉德·豪斯曼(Conrad Hauβman)②等人的宪制理念。可以说,虽然韦伯本人缺席后来的魏玛制宪,但是他的政治思想却是德国社会通往《魏玛宪法》的一块里程碑。韦伯通过这些文章对《魏玛宪法》的制定发挥了重要影响。③ 在号称现代宪法史上最民主的《魏玛宪法》的深层背景中,隐藏着韦伯政治社会学的思想因子。因此,提炼韦伯的核心问题意识及其分析框架对于宪法史研究很有意义。

韦伯的核心问题意识是如何消解政治权力的暴力本性和责任政治的价值目标之间的紧张关系。通俗而言,就是在认清了政治与政治人的本性之后还能追求"政治的理想"与"理想的政治",其思考既有对德国命运的实证关切又有对责任政治的形而上-伦理期待。他以德国为典型范本但又没局限于这个标本,为大型民族国家开出了用议会民主制衡行政官僚支配、又用领袖民主制衡议会万能的宪制理想。在他的理论方案中,行政官僚支配、议会民主制、领袖民主制是不可或缺的政治理性化要素,而在宪法框架下保证上述三要素的结构平衡是大规模

---

① 在1917年发表于《法兰克福报》的系列文章《重建后的德国议会与政府》中,韦伯对德国宪制改革提出了比较细致的建议,基本观点与1907年他的想法相去不远。〔德〕沃尔夫冈·J.蒙森:《马克斯·韦伯与德国政治:1890—1920》,阎克文译,中信出版集团2016年版,第176页。
② 康拉德·豪斯曼是帝国宪法委员会进步党代表,积极致力于帝国宪制的议会化,是将韦伯1917—1918年间宪制改革方案整体转达给官方委员会的关键枢纽人物。
③ 〔德〕沃尔夫冈·J.蒙森:《马克斯·韦伯与德国政治:1890—1920》,阎克文译,中信出版集团2016年版,第330页。

国家实现"积极政治"而不是陷入"消极政治"、走向"人民国家"而不是"威权国家"的出路。

如果将韦伯的思想轨迹与现代德国宪法学术史对照,我们能看到,与韦伯对"政治的本质""国家的本质"进行的政治社会学思考几乎同步的一个现象是德国宪法学界在20世纪初期产生了一种"离心趋势"。这个离心趋势的实质,是指1871年以降占据绝对主导地位的格贝尔—拉班德一脉的规范实证主义宪法学在进入20世纪后,面临来自内部和外部的反思与挑战。

规范实证主义秉持的方法论传统受到一种新的融合了社会学思想的宪法思潮的挑战。考夫曼(Erich Kaufman)、斯门德、施密特、耶利内克都是这个宪法学脉络的代表人物。他们都认为传统实证主义宪法学无法解决新时期德国的问题,尽管在对德国到底面临什么具体问题这个问题上,这些宪法学者的观点存在差异,但是,他们在方法论上都赞同要从历史、哲学与政治角度重新思考宪制理论与实践,或者说,与规范实证主义强调的"方法论纯化"相对照,新的宪法学思潮的这些代表人物大体都倾向于"方法论杂糅"。

施托莱斯曾精辟地描述了这一演化趋势,"为了把握国家的本质,德国学术界此时必须作出决断:在1914年前的15年里可以发现所有最重要的方法方向的端倪,这绝非偶然"[1]。可以说,为了更深刻地追寻国家的本质,更全面探究宪法该如何最好地展现国家的本质,德国宪法学历史地发生了向社会学与法学融合的方法论思潮的转向。

这个转向与韦伯的思索有视域交融。阐释韦伯问题意识针对的政

---

[1] 〔德〕米歇尔·施托莱斯:《德国公法史(1800—1914):国家法学说和行政学》,雷勇译,法律出版社2007年版,第608—618页。

治现实，并将其政治社会学思想置于现代德国宪法史视野中进行考察，能为深入理解20世纪德国宪法史一些重要问题提供关键思想视角，也为全面认识政治社会学思考与独立的宪法专业思考之间的复杂关系提供有价值的范例。

对于当代中国而言，厘清韦伯政治社会学思想及其宪制方案的利弊得失也具有智识意义，因为韦伯对德国政体改革这一个案的分析承载了他对若干具有普遍性的政治-宪法理论问题的深度思考。贯穿于韦伯政治著述的具有普遍性的政治-宪法理论问题包括但不限于：何为政治的本性，何为政治的价值目标，如何正视官僚制的历史必然性及其非理性后果，如何用民主化平衡官僚化支配，宪制改革该如何规训政治的暴力本性从而助力民族政治的伦理目标的实现，等等。分析韦伯的基本理论关切，展现其思想框架，对拓展当代中国宪制理论研究的方法进路与分析视野都颇有启发意义。

一、德国政治体制的结构性失衡

韦伯政治著述的活跃期始于1895年他在弗莱堡大学发表的《民族国家与经济政策》的演讲，到魏玛共和国的开创前期即1918年达到顶峰。这个时期德国政治的实际状况是激发韦伯政治思考的直接时代背景。

1. 普鲁士-德意志的内生型独裁体制

19世纪、20世纪之交的德国处在1871年宪法确立的普鲁士君主立宪体制控制之下。这部宪法在精神层面上延续1867俾斯麦宪法的关键因子即德国式的国家特殊神宠论,同时又包含俾斯麦与德国自由主义之间的政治妥协。在1867到1871年间,绝大部分德国自由主义者对俾斯麦的态度发生了巨大转变,变得愿意跟他合作,因为1867年到1871年的俾斯麦宪法体制部分承认了德国自由主义在经济领域的利益,德国自由主义主流力量认为他们在俾斯麦领导下的普鲁士-德意志帝国中得到了他们想得到的东西。

因此,俾斯麦宪法在他们眼中已经是一部自由的宪法,德意志帝国也已经是一个自由国家,亦即俾斯麦时期的德国是自由与民族统一的完美结合。按照当时德国议会场域自由主义最重要的代表性人物鲁道夫·海姆(Rudolf Haym)的说法,自由主义左翼对俾斯麦的攻击毫无道理,民族自由党等议会党团都应该全力支持俾斯麦和1871年宪法体制。

在统一后的现代德国的宪法中,它是唯一一部没有表达任何有关人权和公民自由原则的宪法,也是对文化多元主义保持了深层敌意的一部宪法,这与当时德国社会的帝国道德主义基调有着深层关系(moral imperialism),其核心元素是普鲁士特殊主义。德国自由主义力量在这个宪法体制下的无能为力与犬儒状态进一步加剧了1871年后德国政治文化的非自由化。①

在制度层面,1871年宪法为帝国国家统治结构的普鲁士化奠定基础,普鲁士君主作为皇帝代表德国,控制德意志军队,普鲁士军队的模式延伸到德国各州。宪法无视为巴伐利亚保留的军事权力,大幅度增加普鲁士君主的直接军事权力尤其是紧急状态时的权力,帝国政府事

---

① Alan Kahan, "The Victory of German Liberalism? Rudolf Haym, Liberalism, and Bismarck", *Central European History*, Vol. 22, No. 1(Mar., 1989), pp.57-88, 84-85.

实上处于普鲁士的霸权之下。因此,1871年宪法所谓的联邦主义原则带有某种悖论性,即宪法通过联邦主义将非普鲁士国家整合进一个统一的普鲁士主导的政治共同体,并通过一系列程序安排客观上制约了帝国议会对君主、帝国政府及首相的控制。无产阶级革命理论家马克思以略带晦涩的用语描述过俾斯麦帝国的制度特点,他在韦伯之前就已经捕捉到了第二帝国体制内在的矛盾:"以议会形式粉饰门面,混杂着封建残余、已经受到资产阶级影响、按官僚制度组织起来的军事专制制度。"①

以格贝尔—拉班德为代表的德国实证主义宪法学含蓄地肯定了1871年宪法确立的俾斯麦-普鲁士国家体制并赋予其道德地位。格贝尔认为,"如果将国家比作一个人,那么国家力量就是道德有机体意志的力量"。拉班德宣称:国家意志高于所有的现存法律,包括宪法。他在《国家法》中提出:自由权或基本权利是国家权力的规范,由国家本身赋予;它们在特定范围内保护个体行为的天然自由,但是它们没有建立公民的主观权利。这种初始立场的意涵是个人基本权利不能"高踞"在国家意志之上,格贝尔—拉班德也因其国家意志主义论调而被誉为"国家自由主义者"。②

对国家与宪法之间关系的此种立场成为占主导地位的法学方法,帝国政治的实际发展也与格贝尔—拉班德阐释的方向一致。实际政治运作的基本特征是:精致的"法律"成为君主立宪体制进行统治的"形

---

① Karl Max, "Randglossen zum Programm der deutschen Arbeiterpartei"(Kritik des Gothaaer Programs,1875), Karl Max, Friedrich Engels, *Ausgewahle Schriften*(2 Vols, East Berlin,1968), II, 11-28, at 25, 转引自〔英〕理查德·J. 埃文斯:《第三帝国的到来》,赖丽薇译,九州出版社2020年版,第10页。

② 〔美〕彼得·C. 考威尔:《人民主权与德国先法危机》,曹晗蓉、虞维华译,译林出版社2017年版,第20页。

式"特征即法治国特征,但议会没有实质权力对法律规范的实质性内容进行审查,更遑论基本权利对法律制定权的限制。权利对抗主权,被认为在逻辑上不可思议、在政治上有问题。

总体而言,俾斯麦治下帝国体制的整体结构,是帝国皇帝选择首相、首相长期压制帝国议会;首相名义上要对皇帝负责,然而首相的实质权力更大。这个体制在横向上是一种首相权力极大、帝国议会极为羸弱的君主立宪制体;在纵向上政治体制普鲁士化,精确而言是普鲁士及普鲁士控制的帝国行政官僚系统成为整个政治系统的支柱,二者行使着事实上独立于皇帝和帝国国会的巨大权力。1888年登基的德皇威廉二世(Wilhelm Ⅱ von Deutschland)在内政外交上与俾斯麦形成了复杂的个人恩怨与政策分歧,后者于1890年被迫辞职。[1] 德国进入威廉二世统治时期,君主制原则在形式上看似发生了有利于皇帝本人的一些变化,但事实上俾斯麦体制的结构性要素安然无恙。

一个内生型独裁统治体制(拉德布鲁赫甚至直接用极权主义体制形容俾斯麦体制)混合着快速的经济—社会变革,就是俾斯麦留给20世纪初期德国的遗产。帝国议会被排除在实质的政治领导权之外,权力掌握在以皇帝、首相团队、行政首脑及军队为核心的小集团手中,他们施加政治影响的重要手段是巧妙利用议会这个橡皮图章。[2] 与之相对应的社会结构特点是:一度代表德国自由主义的广大中产阶级在政治上的影响力日益萎缩,以东部容克贵族为主的保守势力在政治上的

---

[1] 这既有威廉二世鲁莽冲动的个人性格原因,也与当时德国的历史社会形势直接有关。面对资本主义经济发展带来的诸多社会问题与社会挑战,以俾斯麦为代表的旧的国家体制已无法适应变革。颇为巧合的是,威廉二世被迫逊位的年份(1918年11月)与这位被迫辞职的首相在1898年离开人世时预言得一模一样,俾斯麦说"我去世20年后,威廉二世的皇冠也将保不住了"。

[2] 〔英〕玛丽·弗尔布鲁克:《德国史:1918—2008》,卿文辉译,上海人民出版社2011年版,第15页。

影响力持续增加,更重要的是与保守势力存在千丝万缕联系的军队系统完全不受议会控制,军队系统像对待外敌一样对待社会民主党这样的进步政党。[1]

韦伯认为俾斯麦需要对德国政治与社会的上述问题负主要责任(即使不是全部责任)。因为1871年后俾斯麦将一种鲜明的普鲁士官僚制形态注入到整个帝国层面,并在权力顶层形成俾斯麦个人的行政集权统治,帝国议会被俾斯麦操纵,议会受制于俾斯麦的"个人特征",而不是根据真正的议会政治家群体的建议或国家理性原则来治理,帝国议会与一切议会政治家在政治上都变得无足轻重。保持议会完全没有实权的状态是俾斯麦统治留下的消极政治传统。

韦伯回顾了俾斯麦打压各种政党与各种多元政治力量的历史。俾斯麦曾经构陷中央党,迫害过社会民主党,把独立自由党直接斥为帝国大敌,为他这些政治行动喝彩的保守派占据普鲁士和帝国要职。俾斯麦统治的种种"个人特征",体现在他使用野蛮手段打击所有异己的政治力量,贬低议会政治,压制公共生活,打压媒体等公共机构。以上局面部分地解释了为何韦伯同情民族自由党,因为在俾斯麦铁腕统治下这个党派始终是议会政治的积极参与者和支持者。[2]

韦伯对俾斯麦的态度折射出他作为杰出社会学家与思想家的理性与独立性。面对俾斯麦领导德国完成统一并事实上成为"国家原初象征"的历史情势,韦伯既承认他在这个意义上的英雄地位,但又客观指出他充满浓郁"个人特征"的集权统治破坏了政治的公共性亦即政治的

---

[1] Hagen Schulze, *Germany: A New History*, translated by Deborah Lucas Schneider, Harvard University Press, 1998, pp. 170-172.

[2] 俾斯麦不能容忍任何独立的权力与他并行。一旦需要,俾斯麦能够根据纯粹个人的理由随时掀翻他所怀疑的任何一位同事;也不能容忍议会中有这样的独立权力。为了达到这样的目标,他运用了关税政策上的利益冲突、军费评估和反社会党人立法等主要手段。

正当性基础。所以韦伯与蒙森这样的自由派学者共享一个基本共识,就是俾斯麦的长期专制严重破坏了德国政治的道德基石。更严重的是,长期威权政治传统使德国民众对不受控制的权力反应迟钝而冷漠。① 赶走了俾斯麦的威廉二世只是一个"政治半吊子",无力给这个政治体制注入新的改革因子,德国社会充斥了寻求眼前机会的普鲁士官僚精神,无论是广大民众还是受过教育的知识精英都以能够在普鲁士化的官僚体制中谋求到职位而倍感荣耀。②

韦伯认为当时的德国政治是一种彻底的现实政治,没有信念伦理的滋养。因此,与实证主义宪法学对德国政体的正当化论证形成对照,韦伯提出德意志民族的当务之急是进行国家的政体改革。他从三个维度深入分析了德国政治制度与政治文化的深层问题,驳斥了当时流行的认为反思批判德国政体问题就是授敌人以柄的文人墨客式政治论调。

2. 帝国议会无权无势,议会生活品质低下

韦伯直言,俾斯麦蓄意阻挠了一个真正议会政体在德国的成长。他给德国留下了一个全国性议会的空架子和一种实实在在的反议会民主的政治文化氛围。1871年宪法体制让帝国议会沦为德意志政治统治上层操纵钱袋子的工具,议会从未有实权抗衡政府与整个政治决策。

韦伯对威廉统治后期德国政治体制的系统批判集中体现在"新政治秩序下的德国议会与政府"这篇论文中,有意思的是,在论文的序言

---

① 〔美〕弗里茨·斯特恩:《非自由主义的失败:论现代德国政治文化》,孟钟捷译,商务印书馆2015年版,第101—107页。

② Hagen Schulze, *Germany: A New History*, translated by Deborah Lucas Schneider, Harvard University Press, 1998, pp. 172—173.

中韦伯承认他对德国现实政治的分析包含了价值判断,而影响韦伯作出包含了价值判断的政治分析的参照系是英国议会政府体制。

韦伯明晰地描述了英国议会制政府体系的 5 个结构特点:在位的政治领导人需要取得最强大的政党或议会多数的信任;政府成员必须回答反对派提出的批评性问题;依据议会代表的意愿控制行政机构;议会拥有实质的质询权并有权要求公务员宣誓作证;议会各个委员会的议程公开从而有益于对英国人民的政治教育。[①] 与韦伯对英国议会制赞赏有加形成对照的是,德国文人普遍瞧不起英国议会运作及其守夜人国家体制。在韦伯看来这种认知非常荒谬,因为他们没有认识到英国议会制政体实际上助力英国在国内、国际均取得了巨大政治成就。

根据对英国政制的观察,韦伯对议会政治形成了一个判断基准,即只有当重大问题不仅在立法过程中被公开讨论而且在此过程中被审慎决定的时候,才算有真正的议会制,议会才能走上"积极政治"轨道,实现真正的政治成熟。"议会品质是高是低,取决于那里是否不仅在讨论重大问题,取决于就这些重大问题议会是否有权作出最终决定。或者说,议会的品质取决于国家意志的形成在多大程度上依赖议会发生的事情,取决于议会是否仅仅是占实际统治地位的官僚系统不大情愿加以容忍的橡皮图章?"[②]

韦伯基于这个认知,认为德国议会仅仅是占据统治地位的官僚阶层勉强容忍的橡皮图章,德国议会远远没有成熟。因为德国议会一直在适应一种消极政治。所谓消极政治,就是议会只是政党之间的消极

---

① 〔英〕弗里茨·格林:《韦伯学术思想评传》,马乐乐译,北京大学出版社 2011 年版,第 76—77 页。
② 〔德〕马克斯·韦伯:《韦伯政治著作选》,〔英〕彼得·拉斯曼、罗纳德·斯佩尔斯编,阎克文译,东方出版社 2009 年版,第 120 页。

集会，各大政党只能给它们在议会中的代表一些无关宏旨的授权，议会政党没有实质的影响力与领导力，政党领袖在议会中找不到自己的天职，在政党内部也没有地位，政党变成一种准行会团体，议会只不过是各政党争取瓜分对行政官僚系统影响力的场所。[1] 议会工作内容流于进行无关紧要的批评抱怨协商，修改和办理政府提交的议案，但在国家重大问题决策中没有实际影响力。与议会绵软无力相对应的是，德国学术界对议会本身缺乏公共关切，学界对德国国会的实际运作除了在程序上有法律研究之外，就拿不出任何像外国议会存在的那种政治分析。[2]

韦伯全面分析了导致议会制民主化在德国举步维艰的经济、社会、文化、宗教等复杂因素。在多重因素链条中，强大的行政官僚系统及强大的军队（军队本身也是官僚制支配的典型）对议会制的天然反感与抵制是最为关键的阻力。包括军队在内的德国行政官僚系统早于议会出现，而且有着非常自豪的技术理性化传统，一直是德国人拥有理性管理天赋的表现，因此，这个优越的阶层天然倾向于保存自己的权力，不愿意被任何议会政治家们所烦扰。在德国，与议会没有权力、议会政治得不到健康发展相伴随的是行政官僚系统对政治过程的实质性支配。

3. 行政官僚系统支配在德国政治中的过度扩张

由此，在对德国议会政治实际困境的观察思考中，韦伯推进了对官僚制统治在德国无节制蔓延并成支配之势的研究与反思，或者说，韦伯

---

[1] 〔德〕马克斯·韦伯：《韦伯政治著作选》，〔英〕彼得·拉斯曼、罗纳德·斯佩尔斯编，阎克文译，东方出版社2009年版，第150页
[2] 〔德〕马克斯·韦伯：《韦伯政治著作选》，〔英〕彼得·拉斯曼、罗纳德·斯佩尔斯编，阎克文译，东方出版社2009年版，第145页。

在其支配社会学中发展起来的官僚制理论,成为他剖析德国现实政治问题时的重要理论武器。

韦伯在支配社会学中指出,现代政治与国家结构的官僚化既是资本主义发展的产物,又有利于资本主义的利益,官僚制支配就技术性优势而言,乃是最为进步的权力手段。[1] 韦伯带着强烈的情感,写到了现代世界中官僚制的命定性(fatefulness),看到了官僚组织在国家、教会、军队、大学、企业、政党等诸多利益团体中的全面推进,官僚制乃是因为它是最有效最具可计算性因而也是执行权威时形式上最为理性的手段。[2] 对于任何一个大规模现代国家而言,法制型统治下的官僚制治理都是不可或缺的理性化统治形式,而且,官僚行政制度具有持久性,虽然权力斗争将引起对行政机构控制能力的变化,但不会导致官僚制本身的毁灭。[3] 这就是官僚制理性化的一面,亦即它是现代政治经济制度中的一个关键因素,它具有专业技术上的优势。

19世纪下半期以降,德意志就进入了这种普遍的理性官僚制的统治,德国建立起精致的公共行政体系和司法体系,形成了形式"法治国"传统,其在支配类型上就属于以行政官僚与司法官僚为主导的法理型统治,官僚依据专业化知识和一整套法律规则,像机器依据指令运转一样,进行"非人格化的"日常治理,他们的职务行动受规则约束,同时还受科层制等级组织中上级指令的约束。总之,官僚的行动必须基于与私人事务无关的"非人格性的精神",所谓官僚的行动取向是形式的,无

---

[1] 〔德〕韦伯:《支配社会学》,康乐、简惠美译,广西师大出版社2004年版,第68页。
[2] 〔英〕弗里茨·格林:《韦伯学术思想评传》,马乐乐译,北京大学出版社2011年版,第247页。
[3] 〔美〕莱因哈特·本迪克斯:《马克斯·韦伯思想肖像》,刘北成等译,上海人民出版社2002年版,第464页。

爱亦无恨。①

统一后的德国行政与司法官僚系统都是在俾斯麦主导下效仿普鲁士官僚体制而建立起来的,它们的权力极大,在一些领域甚至具有凌驾性,同时专业化程度极高。更重要的是,普鲁士模式的官僚制不仅是一种建制,而且还深刻影响着德国人对自身的认识,跻身公务系统成为市民社会中民众向往的重要生活目标之一。② 韦伯充分注意到德国人已经习惯将官僚化欢呼为一种"生活形式",主要体现在德国社会习惯将进入官僚系统谋得职位与俸禄视为人生价值的实现。③

正是在这个视域中,韦伯洞察到官僚制的另一张面孔,即官僚机构就像一架人为的机器正在为新的奴役构筑铁笼。它既在一般意义上构成对个人主义与个人自由的无形压制,又破坏了德国政治的生机活力。

韦伯认为官僚制支配侵蚀了包括议会在内的整个德国政治系统,形成了官僚的篡权,这种篡权导致"官僚专制",反向抑制了真正的政治家精神。他的这个评论所立基的学术思想框架源自支配类型学中他对官僚与政治家的二元类型划分。韦伯开创性地指出,官僚与政治家承担的是两种不同类型的责任,一个国家既需要官僚制下官僚的日常行政治理,又需要具有责任与信念的职业政治家的政治领导。

而德国的情况是官僚制侵入政治过程,亦即行政官僚操纵本应产生于民主政治与立法过程中的法律制定权与决策权,因此形成了官僚的专制。官僚制行政具有先天的秘密性和排斥公开性倾向,在自身权

---

① 〔英〕弗里茨·格林:《韦伯学术思想评传》,马乐乐译,北京大学出版社 2011 年版,第 247—248 页。

② Hagen Schulze, *German: A New History*, translated by Deborah Lucas Schneider, Harvard University Press, p. 172.

③ 〔英〕弗里茨·格林:《韦伯学术思想评传》,马乐乐译,北京大学出版社 2011 年版,第 81 页。

力利益遭受威胁之处,官僚体制存在秘密化惯性以逃避批判与责任,行政官僚系统诸多秘密化举措远不是其职务客观所需。韦伯分析到,官僚制基于其权力本能,会尽量阻碍议会行使议会调查权,行政官僚天然希望面对一个资讯匮乏、无力量可言的议会,天然希望议会的"无知"状态。

韦伯之所以对他所处时代的德国官僚系统施以猛烈的政治性批评,更深层次的一个原因是这批官僚的统治内含的反民主态度越来越根深蒂固,使它必然陷入理性化的悖论。德国政治受到庞大的以普鲁士为主导的行政官僚阶层的实际支配与影响,成为一个完全没有信念原则的现实政治。①

值得指出的是,在官僚制支配的历史持久性问题上,韦伯与马克思以及一些社会主义者存在重要差异。马克思与韦伯对资本主义社会中官僚制治理的负面后果都有反思批判,这是相同之处。不同之处在于,韦伯指出即使是社会主义革命也不可能消灭官僚制,相反,社会主义革命胜利后官僚制将依旧存在,甚至更具有压迫性。韦伯对那些希望未来的社会主义能带来巨大社会变革的人指出,在中央计划的社会里,官僚倾向可能更为严重,行政中分工和运用专门技能将更加明显,结果将加剧"官僚专政"而不是"无产阶级专政"。② 在本质上,所有纯粹的官僚支配都免不了陷入类似的篡权与专制结局。官僚化的全面推进有可能包含着在未来使欧洲各自由民族毁于一旦的力量。因此,韦伯将与官僚统治的斗争提到了普遍历史的高度,断然否认了认为理性官僚

---

① 〔德〕施路赫特:《理性化与官僚化:对韦伯之研究与阐释》,顾忠华译,广西师范大学出版社2004年版,第98—99页。
② 〔美〕莱因哈特·本迪克斯:《马克斯·韦伯思想肖像》,刘北成等译,上海人民出版社2002年版,第496页。

制的高度发达能改善工人阶级社会处境的社会学观点,并亮出了一个根本问题,即考虑到不可避免的官僚化趋势,考虑到官僚制一旦确立就会成为最难摧毁的社会结构,考虑到官僚制长存的主客观基础之强大,究竟如何才有可能保住'个人'行动自由的某些遗产?①

由此,在官僚制—政治的本性—个体处境三者之间,一个隐蔽的价值推理链条就清晰可见了,在韦伯看来,政治的本性及其复杂性决定了官僚恰恰是不应该从事政治的,韦伯的这个见解与他尖锐地勾勒出的官僚与职业政治家两种肖像有密切关联。官僚承担的是一种祛除了个人因素的、非人格化的责任,官僚只要依据规章按步行事即可;而以议会等公共领域为活动中心的政治家承担的则是一种特定使命,政治家必须决定自己应该忠于的事。简言之,官僚只要忠于行政机构;而政治需要责任伦理与信念伦理的双重滋养,政治家要忠于自己的使命,这导致两种截然不同的行为定型化,使政治家对官僚制任务、官僚对政治家使命均很难适应。进一步而言,当行政官僚可以决定议会中的政治路线时,必然容易使政治的内容倾向于维持行政系统之自我与利益现状。②

至此,韦伯"政治"概念的辩证内涵就清晰可见了,亦即政治的本质离不开权力的暴力属性,这是一个无需哲学论证或逻辑推理的事实判断,但政治权力垄断暴力的运用到底是为了什么以及怎样运用这种暴力才具有正当性基础或者道德基础?这属于价值判断问题,从韦伯的整体理念看,他的回答是积极的,他认为真正的政治应该包含着超越一

---

① 〔德〕马克斯·韦伯:《经济与社会》(第2卷上册),阎克文译,上海人民出版社2010年版,第1356—1360页;〔英〕戴维·毕瑟姆:《官僚制》,韩志明、张毅译,吉林人民出版社2005年版,第57页。

② 〔德〕施路赫特:《理性化与官僚化:对韦伯之研究与阐释》,顾忠华译,广西师范大学出版社2004年版,第100—101页。

己私利或党派利益的绝对价值目的。

真正的政治不仅要基于公共目的,而且始终是由倾向于"以内在与外在权力分配之维持或改造作为绝对目的的",由此政治应发展出一套形式与实质理性的辩证、价值目的与手段间的辩证以及理论实践与技术间的辩证。同时,唯有当这些辩证过程以自觉的形式出现,政治方能具有前瞻性。①

4. 德意志民族缺乏政治意志和真正的政治家

秉持以上信念去观察现实的德国,韦伯发现官僚体制化的德国政治距离"真正的政治"甚远,他用"伪宪制"概括德国政治的现状,并分析了与此种状况相对应的深层社会与文化因素。

从社会层面看,议会民主的先天不足和官僚制支配的强劲,导致这个国家的人民完全没有政治意志,习惯于以宿命的态度接受上面为自己作出的一切决定。这就是韦伯所说的"缺乏政治意志""缺乏政治教育",它与德裔历史学家斯特恩(Fritz Stern)在《不问政治的德意志人的政治结局》中讲的"不问政治的政治文化"异曲同工。威廉二世时代的德国存在一种自觉不问政治的文化浪潮,对德国政治产生了无形的深刻影响。无论是有教养的中产阶级还是广大劳工民众都受一种无形的唯心主义政治倾向影响。这种信念起源于对德意志民族高度的哲学、艺术、科学成就的文化崇拜,它相信个人的审美能力、理性能力与民族文化都可以完全独立于政治环境而健康发展。只要文化本身和对文化的关注还在,所有政治与社会不公都会得到理性化改善。

---

① 〔德〕施路赫特:《理性化与官僚化:对韦伯之研究与阐释》,顾忠华译,广西师范大学出版社2004年版,第102页。

因此,当时德国社会民众要么全盘拒绝政治、不问政治,要么愿意接受默许政治上的严重缺陷与不公,当然更不乏为强权政治寻求道德论证之辈,所谓"俾斯麦必须被接受,因为他是实践领域的大师",所谓"现时代的重大问题只能由血和铁才能够决断"。学术界大部分精英对国家的经济进步与帝国主义成就充满自豪,以一种文化达尔文主义的态度支持国家主义发展道路。只有小部分学术界人士在面对德国崛起时,仍然对德意志帝国持批判态度,并始终希望德国可以接受更民主自由的政治体制要素。

年轻时代的韦伯就显示出对政治的敏锐嗅觉,他曾把威廉二世时期的德国比作一辆在没有一位机械师的情况下呼啸前进的快车。① 他看到了德国社会根深蒂固的那种不问政治、没有政治意志的心灵的危险,因为这种心灵状态已经成为一种政治文化力量,它在事实上成为不问政治的德国人借以指责民主与自由的内在原因。

这种唯心主义政治文化传统在1914年到达巅峰,德国涌现所谓"1914年思想"之论。② 实质内涵是强调"德国人"在精神与形而上学领域的重要性,足以帮助德国建立属于自己的独特体质。因此,没有议会制民主不会损害个人自由与尊严,在很多方面德国人比所谓议会民主社会下的英国人、法国人还要自由和独立。

抱持这种"1914年思想"的德国文人墨客将议会与政党改革问题看作无关紧要的细枝末节,鼓吹德国人在国内事务上应该奉行"无权力

---

① 〔美〕弗里茨·斯特恩:《非自由主义的失败:论现代德国政治文化》,孟钟捷译,商务印书馆2015年版,第60—66页。
② "idea of 1914",这个词组在各种德国史研究中均有出现,这是一个特定术语,用于概括截至1914年德国面对内政外交困境出现的一种普遍政治与社会文化心理,是对那个时代出现的狂热民族主义与爱国主义的一种概括。本书后面对《魏玛宪法》与政治文化的讨论,还会提到这个概念及其问题。

意志"而在国际事务上应该奉行"权力意志"。对此,韦伯忧心忡忡地指出:德意志民族是否能对子孙后代负责,将首先取决于解决德国内部重建问题的方式,亦即取决于德国政体的转型。假如这个民族无法解决这个问题,其他问题就不必谈了,因为那在政治上将毫无结果。① 显然,韦伯将政体转型视为与军事外交等事务一样同等紧要,因为前者事关民族长远利益。

在这点上,韦伯与施密特存在根本差异。韦伯的政治概念在承认政治的权力本质和权力的暴力属性的基础上,依旧坚持政治的根本目的应该是个人在民族国家政治条件下的自由、尊严与生命意义。而后者认为政治的本质就是区分敌我,一切政治概念比如阶级、主权、政党、法治国、专政等包含你死我活的敌对性,都需要从区分敌我这一本质中进行理解,施密特由此认为在一个人民意志具有同质性的全权国家中,根本不存在所谓"国内政治",唯一的政治就是国际政治。②

晚年时的韦伯强烈反感本民族的一个政治秉性,即安于统治者与行政权威作为一种制度力量给自己打上的烙印,他认为德国人这种共性是统治者与行政权威漫长家长制统治的结果。韦伯看到了德国社会对行政官僚权威的奉承和官僚制自身带有的扩张权力的本性。官僚制的"纯权力关切"与官僚的"权力迷恋"构成一种顽固的对大众民主的政治生态的抵御。这个政治环境中可能不乏专业技术精湛的卓越公务员,但却很难产生富有责任意识和领袖资质的政治家,因为政治家与官僚不同。

一个值得讨论的问题是,同样面对德国政体结构,为什么韦伯会形

---

① 〔德〕马克斯·韦伯:《韦伯政治著作选》,〔英〕彼得·拉斯曼、罗纳德·斯佩尔斯编,阎克文译,东方出版社2009年版,第216—217页。
② 〔德〕卡尔·施密特:《政治的概念》,刘宗坤译,上海人民出版社2003年版,第144页。

成与德国主流观点(包括主流宪法学)迥然不同的判断？这要在其政治社会学语境中去理解,从韦伯对"权力政治"的冷峻洞察与对"责任政治"的热烈期待出发去理解。在《经济与社会》中,韦伯发展出一种特殊的权力声望类型学,这种权力声望独立于一切具体的文化的、民族的以及理想或物质取向的政治目标,实质上是一种特殊的权力。韦伯根据行使有效权力的潜能来正式定义一切政治制度,提出现代国家的实质与基本面就在于垄断权力的合法行使。但韦伯的政治概念又不只是一个"现实政治"概念,相反,他的政治概念与政治理论最终牢固建立在伦理和文化的价值判断基础上。

他一方面现实地认识到建设性的政策需要权力政治,但又力求避免对权力概念的浅薄使用。韦伯以责任伦理和信念伦理的二分法,表明了对实际政治和理想政治的传统自由主义取舍态度,他的政治权力理论的冷峻的现实主义性质必须和责任伦理联系在一起。实证性与伦理性这两种维度合在一起,形塑了韦伯所说的"政治家伦理"的内涵。

政治家伦理,是指一个政治家既要对自身行动成败的具体后果承担全部责任,也要对自身行动进行理性计算,按照明确的信念斟酌自己的责任,并根据情势适当给予终极伦理价值以优先考虑。对真实的具体情势的关切,会迫使价值观领域出现不断的妥协。官僚只需要对上级与官僚系统负责,而政治家要对众人的命运和生存承担责任,他无法回避由于坚持伦理优先标准而导致的不可调和的冲突。①

众所周知,现实世界中这两种维度经常冲突对立,韦伯的"知识诚实"与"政治诚实"使他在理论推演中无法隐瞒这两种相互紧张的要求。

---

① 〔德〕沃尔夫冈·J.蒙森:《马克斯·韦伯与德国政治:1890—1920》,阎克文译,中信出版集团2016年版,第44—45页。

一种是以权力概念为轴心的现实政治的要求,一种是来自规范性义务伦理的要求。由此,可以更好地理解为何他在《以政治为业》中写道:"凡是投身于政治的人,无不以权力和暴力为手段,都与恶魔的势力签订了契约。"[1]韦伯洞察到现实政治的权力本质及恶魔特性有时会把政治家置于伦理上的负罪状态,但他还是认为不能因此就把力量对比当作政治目标的唯一标准。韦伯自始对纯粹权力政治的意识形态表达了明确排斥,他认为,纯粹权力政治是不负责任的狂妄自大,与任何严肃的政治意志背道而驰,也与胆略无关。

概言之,韦伯既高度称赞官僚统治的专业技术优势与历史必然性,又认为必须采取制度手段抗衡官僚制的绝对政治优势,这个问题在德国尤其严重而紧迫。这就进入到韦伯政治理论第二个层次的问题——如何解决德国议会面对官僚系统时的无能,如何使德国议会得到健康发展,使德国出现真正的责任政治。

二、韦伯宪制理论的基本点:用议会民主与领袖民主抗衡官僚专制

纵观韦伯主要的政治著述,他对德国现实政治问题的诊断和对德国未来政体转型的期待都深受其"政治概念"的影响。

1. 韦伯的整全政治观:权力政治与德性政治

他认为一个像德国那样的大型民族国家如果要想获得真正的世

---

[1] 〔德〕沃尔夫冈·J.蒙森:《马克斯·韦伯与德国政治:1890—1920》,阎克文译,中信出版集团2016年版,第45—46页。

界政治威望,那么它的政治统治就绝不能受制于官僚系统的专制,亦即政治的经营不能只满足于谋求权力的"技术性经营"(权力政治),而必须同时具有古希腊政治学意义上那种"道德化经营"(德性政治)。这样一种整全的政治观,最先体现在《民族国家与经济政策》,并最终在《以政治为业》中得到全面展现。这个政治观蕴含的终极问题意识是,如何在现代权力政治条件下正视国家意志与个人自由的张力问题。①

韦伯导出了两条基本思路:其一,用政体议会化抗衡官僚制专权;其二,用领袖-民主抗衡议会民主。与这两条思路直接相关的一个政治社会学命题是,韦伯提出现代政治需要职业政治家,因此一个国家政治制度的安排必须满足一个核心要求,即能不断训练和筛选合格的职业政治家并使他们能登上政治舞台承担责任。在韦伯为后来的魏玛制宪提出的思想方案中,一位获得民众认可、由民众直接选举产生的克里斯玛型政治领袖的作用被推到了极高的地位。韦伯参加了起草《魏玛宪法》初稿的专家咨议委员会,对于后来《魏玛宪法》中总统要经普选直接选举产生的规定起了重要作用。

正是直选领袖—民主制理论给韦伯政治思想研究留下了复杂争议。在1964年纪念韦伯百年诞辰的学术会议上,一些与会的欧洲思想家指出,支持纳粹政权的卡尔·施密特是韦伯的正宗门徒。② 主要原因大概是韦伯与施密特都相信培育遴选超凡魅力政治强人乃是盘活德国民主政治困境的关键制度因子。众所周知,施密特政治宪法学为民选

---

① 〔德〕沃尔夫冈·J. 蒙森:《马克斯·韦伯与德国政治:1890—1920》,阎克文译,中信出版集团2016年版,XVⅡ。
② 〔德〕马克斯·韦伯:《韦伯政治著作选》,〔英〕彼得·拉斯曼、罗纳德·斯佩尔斯编,阎克文译,东方出版社2009年版,第17页。

总统的专政权进行辩护。政治领袖概念在韦伯宪制理论中具有重大意义这一点被认为与法西斯政权确立的"挟机器而治的领袖支配"具有一种亲缘性。

因此,如何区分"韦伯克里斯玛型政治领袖观"与"法西斯主义领袖观",成为战后韦伯政治思想研究中的焦点。有批评者认为韦伯政治思想的一些要素一定程度上包含着前法西斯主义的成分。不过,更大的共识是:韦伯思想在根本上是国家社会主义的劲敌,他在原则上与法西斯主义针锋相对。①

考虑到韦伯终其一生都主张以理性之光去审查所有信仰的一贯立场,他不可能去期待一种极权主义性质的新型克里斯玛型支配。只有将其强烈的政治领袖观放置在他对德国政治现实、对官僚化与民主化复杂关系的整体思考背景下进行关联性分析,才能恰切地理解领袖民主制这个要素在韦伯宪制理论方案中的功能与意义指向。

1917到1918年间,是德国从君主立宪政体向魏玛共和国过渡的临界点。这次被称为"骤然民主化"②的共和革命向德国政界与知识界提出了一个紧迫的顶层设计难题:一旦君主制要素将被实质地摒弃,德国政体该何去何从?设想中的议会民主制又应当是一种什么面貌?实际的情况是,在当时的德国,即使少数意志坚定的议会制支持者包括最出众的普罗伊斯也从未在理论上系统思考过议会—君主制以外的任何可能性。对于如何构建一个真正的议会民主制的共和国,无论是政治家

---

① 比如韦伯对待所有生活关系中的理性化与官僚化普遍进程的矛盾态度,从形式上看,与反现代的意识形态——而这是法西斯主义运动最突出特征,是有某种亲缘关系。参见〔德〕沃尔夫冈·J.蒙森:《马克斯·韦伯与德国政治:1890—1920》,阎克文译,中信出版集团2016年版,第415—416页。

② 〔德〕塞巴斯蒂安·哈夫纳:《从俾斯麦到希特勒》,周全译,译林出版社2016年版,第115页。

还是学界都有些束手无策。最重要的社会民主党尽管一贯主张"自由的人民国家(freien Volksstaat)",但该党也从没有详细设计过应该怎样安排新生共和国的政治体制。

纵观这个时期的德国社会,无论右翼政治家还是自由派都对议会制统治心怀忧惧,他们将君主立宪制进程中德国议会几十年的低水准运行与消极状态当作德国不适合西方式议会制民主的重要理据。无论精英阶层还是最广大民众,对于如何追求真正的议会制并无多大兴趣,也不关心政体和政府的形式等问题。对于一战后的德国人民而言,任何政治体制,只要它能保证人民生活更容易,能满足他们基本的生活需求,就能赢得支持。论及对共和、议会、民主政体的真正拥护,在当时的德国属于非常少数的一种势力。[1]

与对议会民主的彷徨犹疑形成鲜明对比,韦伯自1907年以来就在围绕一个问题进行理论思考,即如何才能使议会拥有实权？韦伯是坚定的议会主义者,他的系列宪制论文打动了普罗伊斯,普罗伊斯邀请韦伯参加审议即将提交给国民大会的宪法草案纲要。审议于1918年12月在帝国内政部举行,同时受邀的海德堡大学法学教授安许茨(Gerhard Anschütz)并未出席,韦伯成为13名参与者中唯一没有官方身份的人。这是韦伯与现实政治交汇的巅峰时刻,他见证了帝国新宪法的前期设计。[2]

但从书斋第一次进入庙堂的韦伯从一开始就发现自己处在政治光谱的另一端,他发现德国政治场域的绝对主流力量实际上都是中央集

---

[1] Walter James Shepard, "The New German Constitution", *The American Political Science Review*, Vol. 14, No. 1(Feb., 1920), pp. 34-52; Simeon E. Baldwin, "The Salient Points in the German Constitution of 1919", *Michigan Law Review*, Vol. 18, No. 8(Jun., 1920), pp. 736-748.

[2] 〔德〕沃尔夫冈·J. 蒙森:《马克斯·韦伯与德国政治:1890—1920》,阎克文译,中信出版集团2016年版,第350页。

权论者,他们只同意给予帝国参议院咨询顾问功能。但韦伯依旧强烈要求与会者重视一个基本事实:帝国层面的权力早已土崩瓦解(韦伯的意思是帝国政治实质上普鲁士化了),制定新宪法的过程如果再无法增加各邦参与帝国政治决策的权重,可能铸成大错。① 因此他坚决反对教条主义的中央集权方案,认为拟议中的国务委员会机制根本不能为各邦参与行使中央政府权力提供机构基础,因为可以预见它至多只是一个官僚化的技术性机构。

2. 德国政体议会化的韦伯思想方案

韦伯将思考目标锁定在了如何推动帝国政体议会化和民主化这两个目标上。概观而言,他从纵向与横向两个方向对在德国建构一个议会制民主政体提出了理论预想。

第一,未来的宪法一定不能是一部激进的中央集权的宪法。这在纵向上意味着必须加强联邦制要素,而在横向上必须分化行政官僚制的支配,亦即帝国议会的权力必须加强。第二,要贯彻真正的联邦制就需要解决普鲁士的传统霸权问题。针对普罗伊斯等人主张快刀斩乱麻将普鲁士肢解为10个新邦的意见,韦伯指出这既不可行也不可取。他认为未来的宪制设计决不能采取通过肢解普鲁士邦这样的激进作法来体现联邦主义原则。他提出了相对保守的设想,即延续俾斯麦宪法中联邦参议院的建制并通过增加较小各邦在联邦参议院中的票数,实现限制普鲁士霸权地位的联邦制目标。

为简明起见,不妨将这个设想概括为"纵向上的政体议会化"。从

---

① 〔德〕沃尔夫冈·J.蒙森:《马克斯·韦伯与德国政治:1890—1920》,阎克文译,中信出版集团2016年版,第352页。

韦伯的实质诉求看,他是想将这个原来也被普鲁士操纵的橡皮图章式的机构改造为由各邦议会选出的代表组成的独立议会机构,并以这样一个代表制机构的权力去对抗军队与政府官僚系统的强权。① 这个设想带有典型的自由主义色彩,其承载的功能与美国联邦参议院(代表各邦的联邦议会机构)有相似之处。

第三,在横向层面,赋予另一个橡皮图章式机构即"帝国议会"实权,亦即在横向推动政体议会化。韦伯对帝国议会的定位是:议会制是被官僚制手段统治的人们的代表机构,被统治者最低限度的内心同意是任何统治能够维持下去的先决条件。这个功能设想与美国联邦众议院(直接代表人民的联邦议会机构)的功能定位有相似之处。

与此相关的一个有意思的事实是,韦伯虽然说美国是政治上很年轻的国家,但同时又认为欧洲的日耳曼国家在思考如何选择国家政体形式和选择政治领袖问题上,可以从美国宪制中寻求可借鉴之处。这一点也让韦伯与拉班德式的联邦宪制建构思路形成差异,后者拒绝了同时代德国一些非主流学者主张的比较方法与历史方法,比如巴伐利亚法学家赛德尔(Max von Seydel)等对卡尔霍恩(John C. Calhoun)政治—宪法思想研究的援引和威斯特坎普(Justus B. WesterKamp)对《联邦党人文集》的援引,拉班德试图寻求一种纯粹基于逻辑与形式的联邦主义概念。②

韦伯的进路与拉班德们的正面建构正好相反,他指出宪法上的联

---

① Robert Eden, "Doing Without Liberalism: Weber's Regime Politics", *Political Theory*, Vol. 10, No. 3 (Aug., 1982), pp. 379—407.
② 〔美〕彼得·C.考威尔:《人民主权与德国宪法危机》,曹晗蓉、虞维华译,译林出版社2017年版,第27—28页。

邦制原则在德国早就已经失去实质意义,徒有其名。他指出德意志各邦国虽然有近20年的不同程度的选举民主化进程,但各邦官僚系统不受控制的局面依旧如故,各邦官僚系统实际上都受制于普鲁士,因为占据绝对霸权地位的普鲁士官僚系统以及普鲁士选举特权制度下的既得利益者,不容忍帝国之内的任何力量企图冒犯以普鲁士为主的内部政治结构,由此各邦国的官僚系统必须弃绝任何有效分享帝国权力的念头。①

这种失衡实质上导致整个帝国处在大普鲁士利益集团治理之下,这些现实因素注定了帝国联邦参议院的橡皮图章命运和联邦制的落空。因此,德国在纵向与横向两个层面均有必要建构能显示人民最低限度同意的议会机制,韦伯提出通过强化联邦参议院和帝国国会这两个机构的实质权力来实现这个目标,这就是韦伯"政体议会化"理论的双重结构图景。

但是,要理解韦伯"政体议会化"方案背后更具普遍政治-法律意义的命题,不能只停留在这个层次。本文认为,可以从内部与外部两个视角进一步阐释韦伯政体议会化方案中蕴含的宪制理论张力。

从内部视角看,韦伯方案的独特之处在于,他最后支持的是一种以推动联邦参议院议会化为主导、以帝国议会为辅的宪制模式,亦即联邦参议院与帝国议会的权重分配不能完全一样。他希望所有重大政治决策都在联邦参议院作出,因为拟议中的联邦参议院能充分代表各邦,这样可以瓦解普鲁士的特权地位,因为在当时的局面下,对普鲁士霸权地位的制约实质上就能削弱以其为核心的行政官僚阶层与既得利

---

① 〔德〕马克斯·韦伯:《韦伯政治著作选》,〔英〕彼得·拉斯曼、罗纳德·斯佩尔斯编,阎克文译,东方出版社2009年版,第197页。

益阶层对德国政治的支配。韦伯很早就将联邦参议院议会化作为其宪制思考的重点,促使他将宪制改造对象瞄准在联邦参议院上的第二个因素是,共和革命前帝国议会早已名声扫地,韦伯对以往议会中僵化的政党机器和毫无使命感的职业政客有很深的负面印象,所以他不希望在权力配置时将决定性的政治权威全部托付给帝国议会就很好理解了。

至此,我们得以在其思想中看到一种独特的"两院制"的政体议会化方案:给予联邦参议院相当的权重,使之成为主要政治决策中心,同时激活原来消极无权的帝国议会,让它从橡皮图章转变为具有监督行政官僚系统功能的积极政治机构。韦伯认为要达到上述目标,需要进一步扩大普选权,需要职业议员团队的发展,需要对议会议事规则与惯例进行重大变革,需要消除宪法第9条制造的机械障碍,需要增加议会的权力手段比如质询权的强度,等等。①

韦伯高度重视让议会拥有实质权力手段等技术性环节的重要性,这与《联邦党人文集》中麦迪逊等人强调必须赋予议会权力手段颇为相似。与此同时,韦伯充分分析了阻碍或不利于德国政体议会化转型的社会文化条件,比如,德国缺少贵族政治传统,民众普遍缺乏政治意志与政治教养,德国政府历来喜欢打压律师等重要职业阶层的政治参与热情等等,显示出韦伯与托克维尔研究民主政治科学的进路有视域交集,因为托克维尔就高度重视一个健全的公共领域、必要的贵族政治因素和民众的自由心智对于民主政体健康运行的深远意义。

---

① 〔德〕马克斯·韦伯:《韦伯政治著作选》,〔英〕彼得·拉斯曼、罗纳德·斯佩尔斯编,阎克文译,东方出版社2009年版,第154页。

2. 以直选克里斯玛的支配矫正官僚专制

从外部视角看,韦伯在 1918 年后提出了直选领袖的民主制理论,一定程度上修正了之前以政体议会化为主的、相对精英主义的宪制改革设想。1918 年之前,韦伯主要寄希望于帝国议会监督制约行政官僚系统,由议会选举产生多数党领袖并组建帝国政府,从而使帝国行政系统的首长要么直接从议会成员中产生,要么需要议会多数明确表示信任才能继续任职,并使行政首脑在失去议会信任时辞职。亦即最初的设想是让议会产生行政领袖,让行政领袖对议会负责,同时还要让议会党团领袖在必要时刻对国家权力积极负责,韦伯一度将议会视为熏陶、培育及选拔合格政治家即政治领袖的最佳场所。

但在 1918 年后,韦伯将遴选最佳政治领袖的场所转移到了人民的直接选举中,提出应以人民普选产生的政治领袖来补充议会政治之不足,或者说抗衡议会政治可能带来的议会专制。帝国总统应该直接选举,而非由帝国议会或者帝国议会与联邦参议院联手进行选举。取代世袭君主位置的是一个"当选的君主",支持他的并非世袭的"王朝正当性",而是直接民主选举这种"革命正当性"。韦伯对帝国总统权力及其民主来源的设计理念在后来的《魏玛宪法》中得到体现。[1] 他对在德国推动自由民主的信心根植于内心一个确信,即这些相互对抗的权力分支设计能使已经被官僚制传统渗透到一切领域的德国政治变得更理性化。[2]

---

[1] 〔德〕沃尔夫冈·J. 蒙森:《马克斯·韦伯与德国政治:1890—1920》,阎克文译,中信出版集团 2016 年版,第 336—339 页。

[2] Robert Eden, "Doing Without Liberalism: Weber's Regime Politics", *Political Theory*, Vol. 10, No. 3 (Aug., 1982), pp. 379-407.

对此新元素,后来施密特分析总结道,《魏玛宪法》实质上采取了公投式宪法要素与议会式宪法要素的平衡模式,他认为以普罗伊斯为代表的魏玛制宪委员会所想的就是要针对帝国议会(帝国众议院)建立起平衡力量,这个平衡力量就是人民直选出来的帝国总统。① 施密特延续了韦伯的克里斯玛型支配的理念,特别看重这个民选总统必须是一个伟大的政治领袖,具有与其权威相匹配的某些人格特质。

韦伯设计的帝国总统制,大胆合成了一些异质性的立宪观念,折射出韦伯本人甚至是德国社会普遍存在的政治思想张力。帝国总统被赋予了类似君主的性质,这个设想一定程度上呼应了德国传统国家学说特别强调君主制行政的独立性的一贯传统。无论是格贝尔—拉班德还是反格贝尔—拉班德的施密特的国家学说,都以各自的方式强调了一个君主式集权中心的存在。对一个君主式行政权力中心的惯性重视也突出体现在魏玛制宪前后德国的各种社会思潮中,只不过,此时这个君主式行政集权机制必须要具备民主的正当性基础了,亦即随着共和革命的来临,问题的表述换了一种话语范畴,即应该如何设计才能让国家元首机制体现并确保人民主权?

德国当时存在一股自由主义思潮:认为比较可靠的办法还是要遵循自由主义宪制观念,即必须通过国家权力机关之间的相互制衡来保障公民的自由,即通过分权制衡的实现来保障人民主权,这是源自英美宪制的经验,魏玛制宪前后德国社会也一度在英美模式之间寻求借鉴。比如德国中产阶级的代表人物迈内克(Friedrich Meinecke)、瑙曼(Friedrich Nauman)等都支持美国模式的总统制结构,但德国当时的政

---

① 〔德〕卡尔·施密特:《宪法的守护者》,李君韬、苏慧婕译,商务印书馆2008年版,第158—159、194页。

党制度决定了几乎不可能为在德国照搬美国总统制结构提供基础,因为后者是一种融合了直接民主与代议民主复合元素的复杂的选举人团制度。埃里希·考夫曼则主张帝国总统应扮演类似于英国国王的角色。① 众所周知,无论美国总统制还是英国立宪君主制,都是以存在有实权的代议制政治为基础的。

但是,一些德国知识精英恰恰在理解议会政治这个关键环节上出现微妙的认知倒置。对魏玛制宪有实质影响的学者罗伯特·雷德斯洛布(Robert Redslob)就强调只有在行政权与立法权之间存在完全平衡的情况下才会出现真正的议会制度。立法权和行政权实现平衡的前提是各自都有自身的权力来源,亦即国家元首的地位与权力不应以任何形式寄托在议会的投票上,他的权力要么是基于君主制的正当性(如1871年宪法那样),要么,如果在共和国,就是基于直接民选的民主正当性。② 换言之,如何遏制议会专制成为魏玛制宪期间的热点,除了通过直接选民分化议会与行政系统这个主张之外,雷氏还主张赋予总统解散议会权,这样民选总统对议会的制约能使人民得享主权。以历史眼光看,赋予总统的解散议会权,正是德国过去立宪君主及其首相与议会进行斗争的最主要武器。普罗伊斯继受了经由雷德斯洛布进一步总结阐发的传统理念,在《魏玛宪法》中嵌入了总统解散议会权这一规定。③

可以说,《魏玛宪法》对总统解散权予以实证化多少都折射出当时德国社会的一种普遍心结:对议会制的恐惧和对议会万能的高度警觉。在这个没有真正的议会制传统的国度,宪制设计者首先焦虑的似乎是

---

① 〔德〕沃尔夫冈·J.蒙森:《马克斯·韦伯与德国政治:1890—1920》,阎克文译,中信出版集团2016年版,第343页。
② 〔德〕沃尔夫冈·J.蒙森:《马克斯·韦伯与德国政治:1890—1920》,阎克文译,中信出版集团2016年版,第344页。
③ 只不过普罗伊斯加上了一个次数限制,帝国议会只能被一个总统解散一次。

如何防范议会万能或议会专制。由此,就不难理解为何蒙森会认为这种理论取向背离了自由主义权力平衡观与自由主义法治国家的真义。①

蒙森没有对自己的观点进行充分解释,不过,依从自由宪制一般价值原理的理解,蒙森的评价不无道理,对于我们进一步理解韦伯宪制方案的弱点也颇有启发。人民主权原则在魏玛制宪时期虽然成为德国各界都被迫要接受的普遍抽象共识,直接选举总统正是人民主权的最生动表达,单独看这一点没问题,因为审慎考虑行政权与立法权的平衡本身就是自由民主宪制题中之义。

但当德国理论家将民选总统解散议会权的大小视为评价是否存在真正的议会制的决定性标准时,一个不恰当的本末倒置就出现了,即他们不是首先从正面看人民代表机构到底拥有什么程度的权力手段足以推进议会制民主,而是着重从反面看行政权是否拥有足够的权力与立法机构相抗衡。以雷氏为典型代表的理论家在将人民主权原则演绎到现实的宪制设计时,没能客观正视德国政体的结构性痼疾是议会权力长期羸弱与行政权长期独大。在一个没有议会政治根基、行政官僚制传统根深蒂固的国度建构议会制政体,首先应该考虑的是激活议会权力,先使之立起来,取得最底线的与行政系统平权的地位,而不是重点思考如何给国家元首加权以对抗一个尚未成熟的议会。

那么,面对这个问题,韦伯是否也陷入了这种倒置性的思维模式呢?

事实上,韦伯也充满着对议会权力不能一头独大的忧虑,他也希望能有一种抗衡议会的力量,所以他主张通过直接选举政治领袖以防止

---

① 〔德〕沃尔夫冈·J.蒙森:《马克斯·韦伯与德国政治:1890—1920》,阎克文译,中信出版集团 2016 年版,第 346 页。

通往政治权力之门被议会政党官僚所把控。一个复杂的理论张力在于,这个主张与他认为官僚化趋势已经无孔不入侵蚀整个政治系统的判断直接相关,这使他的思考在一定意义上超越了同时代德国主流政治思潮的局限。

韦伯对议会专制的恐惧远不如他对官僚体制化扩张及其导致的行政专权的忧虑,或者说,在他看来,尽管议会专制必须得到防范,但德国的当务之急不是议会专制,因为德国根本就没有真正的议会政治,德国的痼疾在整个政体的官僚体制化。因此,他明确地写道:考虑到官僚制的普遍推进,德国未来政治问题的焦点只能是:在政府官僚统治渐增的情况下,怎样才能使这官僚体制与阶层处于有效控制之下?怎样才有可能去拯救个人的行动自由?

三、韦伯宪制理论方案的自由关切与内在弱点

纵观其政治著述的整体脉络,韦伯是在确定德国现实议会也陷入了官僚体制化泥潭这一事实的基础上,来理解民主化与民主政体的优势的,也是在这个理论节点上,可以窥见韦伯对自由、民主、民族的复杂态度。

1. 民主主义者韦伯的远见卓识与未尽问题

一方面,他看重民主化具有的治疗官僚制弊病的作用,因此,主张用议会制民主瓦解官僚制的优势。韦伯首先是一个议会主义者,这从他强调要让帝国议会掌握制衡首相的实质权力手段(即实质的不信任票),从他深度思考政党制度健康发展对议会民主的主要意义,

从他主张要在德国培育"为政治而生"而非"以政治为生"的贵族政治传统,从他赞成应允许律师等自由职业阶层广泛介入议会政治等诸多细节的论述,我们都能感受到这位思想家对议会制民主政治的基本立场。

另一方面,他又担心议会民主演变为议会万能,因此,他提出要用大众的公投民主机制选出一个合格的政治领袖,并希望这个民选政治领袖能影响立法过程,由此,具有大众民主正当性基础的政治领导人作为独立机构去制衡象征代议制民主的议会。

然而,韦伯思想的又一个复杂之处在于,他同时又敏锐洞察到任何大众民主潜存着"煽动型特质"和"恺撒制倾向"。面对大众民主实际上可能蜕变为某种寡头政治的倾向,韦伯提出宪法中要设置一种公民复决投票机制,使人民在帝国总统滥用权力或者失职的情况下能够通过这个机制把他选下来或者让他承担政治责任。

不过,在考虑谁有权发起这个公民复决程序时,韦伯宪制思考的一个弱点随之出现了:他主张让总统自己来发起这个程序。"在韦伯看来,总统有权发起公民复决投票,就足以替代解散议会的权利了。"[①]韦伯自己也意识到,让人民直选的总统有权发起公民复决投票抗衡议会立法权,从而让总统一定程度上代表人民的立法提案权,固然是名副其实的民主的表现,但实际上并不可行,因为它必须依赖大规模公民的意思表达才能得到,现实的成本过于高昂。[②] 概言之,韦伯虽然深知大众民主不可避免地潜存着产生独裁因素的风险,但跟不起作用的政党、有

---

① 〔德〕沃尔夫冈·J.蒙森:《马克斯·韦伯与德国政治:1890—1920》,阎克文译,中信出版集团2016年版,第360—361页。
② 〔德〕沃尔夫冈·J.蒙森:《马克斯·韦伯与德国政治:1890—1920》,阎克文译,中信出版集团2016年版,第361页。

名无实的议会和专横的官僚制给德国政治生活带来的伤害相比,他又认为这些缺陷都不值一提。①

由此,韦伯宪制思考的整体脉络与弱点都清晰可见了:他主张在代议制民主的框架旁边同步建构一种实体性的直观化的直接民主框架(不妨称之为公投民主),并坚信直接民选的政治领袖可以成为制衡官僚政府体制的力量,这个宪制方案的总体战略思路非常清晰,就是用民主化平衡官僚化。

他曾将这民主制与官僚制的对立统一问题提高到了一般历史的高度予以论证。所谓一般历史高度,就是说官僚制与民主制是所有大规模现代国家的治理都要面对的情境,韦伯敏锐预言道,"对任何一个大规模现代国家而言,法制型统治下的官僚制治理都是不可或缺的理性化统治形式。现代以来官僚制组织在国家、教会、军队、大学、企业、政党等诸多利益团体中全面推进,这就是现代世界中官僚制的命定性(fatefulness)"②。除此之外,官僚制还有持久性,所谓权力斗争将引起对行政机构控制能力的变化,但不会导致官僚制本身的毁灭。③

概言之,韦伯清晰地预言了官僚制支配的广泛性与持久度,它既是现代资本主义经济发展的必然产物,而且就其技术性优势而言,也是最为进步的权力手段,它由此成为现代国家政治经济制度中的关键要素。④ 即使是社会主义革命胜利后,勘定官僚制的权力及其理性限度依

---

① 〔美〕莱因哈特·本迪克斯:《马克斯·韦伯思想肖像》,刘北成等译,上海人民出版社2002年版,第486—487页。
② 〔英〕弗里茨·格林:《韦伯学术思想评传》,马乐乐译,北京大学出版社2011年版,第247页。
③ 〔美〕莱因哈特·本迪克斯:《马克斯·韦伯思想肖像》,刘北成等译,上海人民出版社2002年版,第464页。
④ 〔德〕马克斯·韦伯:《支配社会学》,康乐、简惠美译,广西师大出版社2004年版,第68页。

旧是根本政治-宪制问题。然而,韦伯的战略卓识与敏感并没促成他有力地解决怎么制衡民选政治领袖的权力这样具体的战术问题,这使韦伯的宪制规划"尽管从根本上说具有民主性质,但不可否认也洋溢着威权主义气息"①。那么,韦伯宪制方案中的民主色彩与威权气息并存,是否蕴含了一些重要价值激荡点值得我们进一步深思呢?笔者尝试从现代宪法思想史角度切入做一些初步拓展。

从现代宪法史凝结的经典宪制原理这个角度去看,韦伯宪制方案几乎没有给予司法系统应有的位置,司法审查这一古典自由宪制内涵的权力制衡理念在韦伯理论语境下并不是很重要。众所周知,在经典自由宪制原理中,司法系统作为贵族政治要素的一种现代变体,在共和政体的建构中始终是一个必要的平衡机制。韦伯虽然充分重视在德国重建贵族政治元素的积极意义,但他对贵族政治要素的思考似乎始终集中在议会政治领域,而没有推广到司法这个子系统。

在德国语境中,韦伯的忽视不是个案,而是一个常见的现象,因为对司法审查机制包含的"政体功能"欠缺深刻认知正是德国19世纪到20世纪前期法律理论传统的特征之一。美国式司法审查理念对于20世纪初期绝大多数德国法学家而言都不可接受。在他们看来,司法机关的职责只能限于判断法律是否得到正确适用,对于所适用的法律的内容是否符合正义原则、是否侵犯个人、是否不合理、是否存在专断,这些都不属于司法的职责,司法系统无权过问。② 反应在政体层面,司法系统在德国传统上始终无法有效地监督政治系统主权行

---

① 〔德〕沃尔夫冈·J. 蒙森:《马克斯·韦伯与德国政治:1890—1920》,阎克文译,中信出版集团 2016 年版,第 405 页。
② Heinrich Rommen, *Natural Law in Decisions of the Federal Supreme Court and of the Constitutional Courts in Germany*, 4 Nat. L. F. 1, 25 (1959), pp.1-2.

为的合宪性。

德国反司法审查的观念根植于德国以实证主义与相对主义哲学为本质特征的法律传统。根深蒂固的绝对君主制传统下,德国法院不仅无权独立解释法典或一项制定法,而且法院还有向立法委员会咨询以确保司法充分尊重立法者意志的义务。受法律形式理性主义与法典完备主义观念影响,德国法官也被视为没有感情的能自动售出司法判决的装置,或者如狄骥(Leon Duguit)所言,法官只是法律的奴隶。在德国法律文化传统中,即使是法律家似乎也没必要去了解正在兴起的自由宪制运动关于司法权乃是宪法秩序与个人权利守护者的任何一丁点思想。① 从这个角度看,作为国民经济学家与社会学家的韦伯不重视这个问题也在情理之中。② 反司法审查在德国的根深蒂固,从韦伯之后的凯尔森的境遇就可窥见一斑。凯尔森从纯粹法理上有力论证了建构一个独立司法系统去制衡议会与国家元首这两个政治子系统对于捍卫民主的必要性与重要性,但这种主张在德国从未获得广泛认同,他本人也被认为是魏玛时代最不受尊敬的公法学家。③

2. 韦伯宪制方案中的个人自由与民族自由关切

韦伯对司法系统在建构现代共和政体中基础性作用的忽视,表面上看只是具体的制度设计的疏忽,但如果进一步思考,它实质上涉及政

---

① Heinrich Rommen, *Natural Law in Decisions of the Federal Supreme Court and of the Constitutional Courts in Germany*, 4 Nat. L. F. 1, 25 (1959), pp.2-3.
② 韦伯曾经亲身考察过美国社会,对美国民主政治与政党制度的运作也多有了解,他在讨论政党类型、区分赃型政党与意识形态政党这两种类型时,美国就是他非常重视的实证例子,但从其政治著述的整体思路看,他的确很少提及美国最高法院和司法系统对于建构共和政体的基础性意义。
③ 〔美〕亚历山大·索梅克:《无国家的法:凯尔森的国家理论及其限度》,载《法治国作为中道者:汉斯·凯尔森法哲学与公法学论集》,张龑编译,中国法制出版社2017年版,第326—327页。

治哲学上的深层价值难题,即自由与民主、自由与权威的关系这类根本问题,即哈耶克意义上的自由-秩序原理问题。

韦伯在思索如何重塑德意志宪制秩序时,既有对现代社会条件下"个体自由"的普遍忧思,但更主要的是,他又认为迫在眉睫的问题是德意志民族如何实现"民族权力"这一政治目标,在韦伯那里,"民族"不仅是文化共同体范畴,而且更是一个"政治"概念,进一步而言韦伯认为真正强大的民族必须能够拓展"民族政治权力"。① 因此,可以说,虽然"个人自由"始终是韦伯政治社会学的终极关切,但在考虑德国现实政治情势时,"民族自由"才是韦伯的首要价值关怀,或者说,他是在思考民族自由的时候也同时真诚地关心人类个体的处境。

而民主制正是韦伯坚信可以助力德意志实现民族权力政治与民族自由的政治手段,韦伯认为民主是无关乎意识形态的纯粹政体技术问题。在1909年7月致友人的一封信中,韦伯写道:"我的决定性内心需求在于'知识诚实';我要说的是'就事论事'。"②在后来介入现实的制宪活动、面对德国社会深重的德意志特殊性诉求时,韦伯继续明确了一个理性立场:在政治问题上,德意志民族不应指望从故纸堆里提炼所谓德意志精神去解决这些问题,尽管那些故纸堆的价值可能非常大,也理应对那些思想先贤致敬,但是,从这些故纸堆里无法推演出德国的未来政治模型,因为对现代德国未来政治至关重要的议会制统治与民主制问题,总的来说根本不在那些故纸堆的视野内。③

---

① Steven Pfaff,"Nationalism, Charisma, and Plebiscitary Leadership: The Problem of Democratization in Max Weber's Political Sociology",*Sociological Inquiry*,Vol. 72, No. 1, 2002, pp. 81-107.
② 〔德〕沃尔夫冈·J.蒙森:《马克斯·韦伯与德国政治:1890—1920》,阎克文译,中信出版集团2016年版,第45页。
③ 〔德〕马克斯·韦伯:《韦伯政治著作选》,〔英〕彼得·拉斯曼,罗纳德·斯佩尔斯编,阎克文译,东方出版社2009年版,第101—102页。

所以,在他的政治著述中,热烈的民族主义情感与冷静的制度原理分析相得益彰。他既不掩饰自己是在"民族"的框架内思考德国政治,但又对偏狭虚妄的民族主义喧嚣嗤之以鼻,因为根据他对公共政治与德性政治的信念,那种民族主义喧嚣背后总有国家主义势力、阶级、政党或者小集团的私利魅影。

可以说,韦伯这种理性主义的民族主义就集中体现在他宪制思考的基本方向感中,即德意志民族必须在议会制框架基础上推进政体民主化,瓦解极端的官僚制支配,培育自由的民族政治生活,才能有望走向"政治成熟",才能成为"主宰者民族"参与世界政治以取得真正的文化声望。

韦伯将民主制作为政体技术问题加以对待,对于减少专制传统深重的德国在民主化进程中的意识形态阻力具有积极意义,但也带来富有争议的理论问题,就是在其理论体系中,与借助民主化要达到的民族权力政治目标相比,民主本身更像一个次要因素。韦伯反复强调,民族的权力政治本身就是目标(包括国际政治目标与国内政治目标),决不能以牺牲这些目标为代价推进民主化。影响他的民主观的另一个原因是他对"大众意识"那种精英式的警觉,在他眼里,大众自带非理性、情绪化、短视等缺陷,民主化必须同时意味着民众选出一个克里斯玛型政治领袖,从而以直选领袖民主去抗衡大众民主和以政党为组织要素的议会政治。[①]

因此可以说,民主,在韦伯理论体系中,主要是一种工具性价值而非道德性价值。当韦伯将民主定位为纯粹功能性概念时,他实质上就

---

① "Plebiscitarian leadership democracy", in Steven Pfaff, "Nationalism, Charisma, and Plebiscitary Leadership: The Problem of Democratization in Max Weber's Political Sociology", *Sociological Inquiry*, Vol. 72, No. 1(Winter, 2002), p. 94.

忽视了民主化政治改革原本也要重视的自由基础。①

现代自由宪制理论中有关民主的一个核心定义是民主必须以尊重个体自由为题中应有之意,唯有"民主是自由的"时,"民主"才不容易蜕变为多数暴政或者演变为寡头政治。换言之,现代自由主义理论认为,现代民主政治应该以捍卫个人自由而非民族自由为价值基石展开制度安排,尽管民族自由本身也是自由主义尊重的价值,但民族自由不应该成为超越甚至否认个人自由的理由,尽管这些理由非常崇高。

在伯林(Isaiah Berlin)-哈耶克脉络中,自由的原始意义是个人自由,确切而言,是个人免于干涉的消极自由,而政治自由则是将自由的原始意义即个人自由(individual freedom)所指的个人人身不受非法强制的自由状态适用于整体意义上的群体而形成的概念,从而使政治自由附带了一种集体自由(collective freedom)的内涵。② 从这个角度讲,韦伯似乎是在思考民族自由这一集体自由的框架里关注个人自由的,从而使个人自由与民族自由的位阶关系在韦伯理论中与在经典自由主义理论谱系中形成一种有趣的差异。

在伯林-哈耶克式的自由主义理论谱系中,政治自由的基本出发点是个人自由,个人自由虽不是自由的全部,但却是政治自由的基石,是宪法应该首先要捍卫的对象。因为只有在能保障"自由的个人"(a free person)的制度下,才可能成就整体上的"自由民族"(a free people),因为民族不完全是想象的共同体,它是无数活生生的个人的个体历史实

---

① Harvey Goldman, "Max Weber in German History and Political Thought", *The Journal of Modern History*, Vol. 62, No. 2(Jun. , 1990), pp. 346—352.
② 〔英〕弗里德里希·冯·哈耶克:《自由秩序原理》(上卷),邓正来译,生活·读书·新知三联书店 2003 年版,第 6—7 页。

践的总和。同样,只有在一个个个人的"消极自由"能得到宪法保障的制度下,"积极自由"的行使才可能不失去底线正义方向,因为如果没有消极自由要捍卫的基本人权这个底线,民主也可能带来多数的暴政,这就是民主的陷阱。

对此间平衡的重要性,伯林—哈耶克有着最深刻的洞见,他们反复论证自由秩序原理中的"自由"概念应该包括消极自由和积极自由,两者既不相同也不可替换,更不能说用积极自由取代消极自由,因为"此一混淆的危险在于,这一用法可能掩盖一个事实,即一个人可以通过投票或缔结契约的方式而使自己处于奴役状态中,从而同意放弃原始意义上的自由"①。因此,为了确保个人自由的优先性地位不受威胁,自由宪制理论将"自由民族"②与"民族自由"(national freedom)这两个概念进行了明确的区分,以便防范以"民族自由"为理由侵犯"个人自由"。

通常而言,"个人自由"的倡导者一方面都会同情"民族自由"的诉求,19世纪欧洲历史上自由主义对民族自由运动的同情还促成了两者的联合,德意志1848年自由主义革命浪潮就是一个例子,韦伯政治著述中也对1848年革命表达过敬意与追忆。然而,一战后德国内政外交的危机与转型时期的特殊困境似乎更多地点燃了韦伯思想中对民族的炽热情感,让他忘记了个人自由与民族自由毕竟是存在很大差异的两个概念。人类历史已经反复证明,对民族自由的追求并不总是能够增进个人自由,对民族自由的追求甚至有时会导致人们倾向于选择一个

---

① 〔英〕弗里德里希·冯·哈耶克:《自由秩序原理》(上卷),邓正来译,生活·读书·新知三联书店2003年版,第7页。
② 自由宪制原理的"政治自由"概念虽然不排斥"自由民族"概念所包含的集体自由的诉求,但也认为不能以任何集体自由的名义取消个人自由的优先地位。

本族的专制君主,而不是选择一个能够尊重多元化的自由政府;对民族自由的过分提倡有时会为统治者限制个人自由权利提供借口;等等。①

纵观韦伯的政治著述,他并未专门系统地阐述过自己的自由观。不过,我们透过韦伯理论与经典自由主义思想的对比,可以勾勒出韦伯政治社会学对自由的基本关切及其弱点:韦伯著述中出现过对"各种自由"的具象的描述,从自由竞争、自由辩论、城市自治、摆脱奴役到宗教改革后的个人选择空间等。② 韦伯关注的那些"具象的自由"的含义范围基本上属于贡斯当—伯林—哈耶克所指的现代自由观(即个人自由观)的范围。在韦伯那里,自由既是古典自由主义所讲的权利与不依附状态,同时还意味着对个人生活方式的自由抉择,韦伯同时也意识到这种每个人都无法回避的价值选择离不开政治,亦即它需要在一个更开放的行动空间内才能真正自由地行使与实现。③ 韦伯敏锐地看到控制或管理个人行动空间的正是现代政治,他的社会理论深刻洞察到个人自由与现代政治之间的内在关系,并且真诚地支持个人的自由选择。

但是,韦伯在将蕴含着个人自由价值关怀的政治社会学思想转述为与德意志民族有关的现实宪制理论方案时,他对自由概念谱系内部不同要素的重视程度就不是均等的了,这使韦伯宪制方案中的自由概念与现代自由宪制理论中的自由概念之间存在一些价值张力。在韦伯那里,政治领袖的克里斯玛型支配不仅成为制衡民主的力量,而且也成

---

① 〔英〕弗里德里希·冯·哈耶克:《自由秩序原理》(上卷),邓正来译,生活·读书·新知三联书店 2003 年版,第 8 页。
② 〔芬兰〕凯利·保罗南:"韦伯的自由观",载王焱主编:《社会理论的两种传统》,冯克利译,生活·读书·新知三联书店 2012 年版,第 484 页。
③ 韦伯的自由观蕴含着试图超越古典自由主义一些政治局限的理论抱负,这可以从他对洛克和辉格党传统的复杂态度窥见一斑。参见 Robert Eden, "Doing Without Liberalism : Weber's Regime Politics", *Political Theory*, Vol. 10, No. 3 (Aug., 1982), pp. 379–407。

为定义民主的基本原则。而在现代自由宪制原理中,民主必须首先被个人自由来加以限制与定义,当代德国基本法就是一种典型的防卫型民主政治秩序。

上述紧张关系多少也折射出作为社会科学家的韦伯与作为政治家的韦伯的内在冲突。在学术上韦伯始终强调政治无涉、价值无涉,强调学者要节制价值判断,但当他作为一个"能动的公民学者与政治思想家"①参与德国实际的宪制设计时,理性清明如韦伯似乎也无法完全做到彻底的价值无涉与政治无涉,或许,这本身就是对政治处境下个人境况的一个隐喻。不过,抛开上述弱点,韦伯分析德国政体问题展现的方法立场对当代中国宪制理论研究依旧有借鉴意义。

韦伯政治著述强化了一个进路,即直面政治权力的暴力属性对于思考政体与宪制问题的前置性意义,这意味着必须警觉并反对对国家的任何道德性神话,作为政治机器的国家必须被除魅。在这个意义上他与马基雅维里、孟德斯鸠、托克维尔乃至联邦党人共享一个相似的起点。韦伯既深刻洞察与同情德国在西欧地缘政治中面临的特殊困境,也意识到了德国国情的特殊性并饱含民族主义深情,对德意志民族在世界权力格局中的前途念兹在兹。

但作为受过严格学术训练的社会学家与国民经济学家,韦伯不忘记理性地强调,地缘政治等特殊性的客观存在不意味着要将"德国国家观"和"西欧国家观"人为地对立起来,因为就"国家"的社会学本质而言,德意志民族国家与其他欧洲民族国家一样,都是合法垄断使用暴力进行政治统治的机器。亦即,"国家"与"政治"的"权力本质"注定了研

---

① 这是蒙森对韦伯的评价,〔德〕沃尔夫冈·J.蒙森:《马克斯·韦伯与德国政治:1890—1920》,阎克文译,中信出版集团2016年版,第420页。

究国家与政治的方法具有普遍性。因此,他主张应该过滤掉意识形态、运用中立的客观的社会科学方法研究现实的德国应当采取什么形式的政体等问题,不能将对国家政体形式问题的讨论演变为追求或满足民族虚荣心目标的讨论。他由此严格区分了"客观政治学"与"文人墨客式政治学"。① 前者以国家出现的问题和国家面临的任务为出发点,后者则习惯附和保守势力的陈词滥调或有意掩盖现实政治的弊端,避重就轻。这些方法论洞见对正处于"大国崛起"追求中的中国学界都不乏启示意义。

---

① 〔德〕马克斯·韦伯:《韦伯政治著作选》,〔英〕彼得·拉斯曼、罗纳德·斯佩尔斯编,阎克文译,东方出版社2009年版,第110页。

第五章
1918年德国革命与魏玛制宪

1914年第一次世界大战爆发,此时的德意志依旧是那个君主专制下的帝国,君主、内阁、帝国议会、军队内部的矛盾进一步尖锐化。尽管自1890年后俾斯麦多年不在位了,但铁血宰相留下的政治体制结构基本得到延续。德国带着自信卷入了战争。加入战争的意义和目的也成为1914到1918年间德国公共领域与知识界的焦点议题。

韦伯特别关注战争对民族国家前途命运的影响,曾发表一系列文章专门讨论德国在这个重要历史事件面前的责任。在那样一个历史转折点,与韦伯一道充满热情地支持这场战争,又强烈地敦促德国国内要进行民主化改革同时还不忘要防范泛日耳曼沙文主义的人,还有著名的政治理论家与活动家瑙曼、著名学者恩斯特·特勒尔奇(Ernst Troeltsch)和弗里德里希·梅尼克(Friedrich Meinecke),这些人是当时德国知识分子中始终能理性地反对极左翼或极右翼思想的人。[①]

在韦伯这样一位冷静的民族-自由主义者看来,德国作为"权力国家"(Machtstaat)要想不被欧洲其他列强吞没宰制就必须参战,它决不能像瑞

---

① 〔美〕格奥尔格·G.伊格尔斯,《德国的历史观》,彭刚、顾航译,译林出版社2006年版,第238—240页。

士那样的小国采取和平主义政策,否则就会铸成大错。① 他以马基雅维里讨论民族机运那样的口吻,指出这就是德国作为大国的"命运"。

不过韦伯绝不是一个失去理智的狂热的民族主义、沙文主义好战分子。他于1917到1918年发表的《德国的选举权与民主》《新政治秩序下的德国议会与政府》两篇文章,是在帝制最后关头出现的关于德国宪制改革方向的经典政治社会学分析。它们直接影响了后来参与魏玛制宪的部分政治与法学知识精英。韦伯的文章呼吁参战中的德国在国内必须立即深化政治体制改革,要落实普选权和议会制民主,如此才对得起那些从沙场归来的德国士兵。

他仿佛战争并未发生,异常冷静地写道:"国内的主要任务,就是要确保返回的士兵们能够发现,他们用投票箱选举自己的代表并通过代表们建设一个由他们保卫下来的新德国已经成为可能。这就意味着必须清除我们目前的体制给他们造成的那些障碍……任何诡辩都不可能魔法般驱走这一事实:达到这个目的的唯一手段就是普选和议会权力。"②

"如果我们的沉疴已久,敌人自有理由额手相庆",韦伯坚持认为正是帝制德国威权主义的政治制度将德国带入了内政外交的窘境,如果现在德国想要摆脱威权主义统治利益集团继续将这种统治形式置于民族政治利益之上,就必须进行民主化改革,特别是在世界大战进入到外

---

① 韦伯1916年以"两种法则之间"发表的文章,中心观点是论述德国参战这一命运的意义。韦伯认为"和平时期的文化劳动"是资本主义条件下每个人为生存而进行的经济斗争,这种斗争是人与人之间的一种斗争形式,而如今德国参战则是为了民族的政治权力而进行的另一种斗争,这种斗争具有更加可以被辨识出来的意义,这是因为德国作为大国有责任出来在这个历史关头发挥平衡作用。参见〔德〕马克斯·韦伯:《韦伯政治著作选》,〔英〕彼得·拉斯曼、罗纳德·斯佩尔斯编,阎克文译,东方出版社2009年版,第62—65页。

② 〔德〕马克斯·韦伯:《韦伯政治著作选》,〔英〕彼得·拉斯曼、罗纳德·斯佩尔斯编,阎克文译,东方出版社2009年版,第66—106、107—217页。

交手腕再次发挥作用的阶段后,德国应该让敌人看到一个民主制下的德国不会根据苛刻的条件缔结和约。①

可是,事与愿违,韦伯看到,很不幸的是,没有任何迹象表明德国出现了这种努力。最典型的一个例证是,1918年9月底德国军队败局其实已定,但国内严苛的新闻审查制度确保了德国报纸还在继续乐观地展望最后的胜利,这导致后来战败的消息对德国民众造成的冲击波异常强烈,客观上加剧了德国国内局势的不稳与恶化,这是充满讽刺意味的政治现象。韦伯是最早、最深刻地洞察到沉疴所在的德国思想家。

因此,无论韦伯的良苦用心是否带着书生意气,但他所指的德国政治体制沉疴已久,无疑是铁一般的事实。1917/1918年德国的战败虽然加速了旧王朝统治秩序的崩溃,使德国作为一个参战大国和一个充满自信的文化民族的信誉受到重创。但战败局面没有正向刺激政治制度的革新。相反,在韦伯看来,德国政治还生活在旧制度遗产之中,以普鲁士保守派为代表的统治阶层从未在服务于伟大政治目标或理想方面表现出任何政治特性。

一战根本没有缓解德国国内的各种矛盾与紧张关系,企图通过参战解决国际、国内问题的目标实质上落空了。因此,尽管在1914年出现了被称为"1914年思想"的民族团结和狂热爱国主义思潮,但总体战的到来最终还是使得德国国内紧张局面雪上加霜。从1917年开始,面包配额减少引发第一次大规模大罢工。② 柏林仿佛1789年前

---

① 〔德〕马克斯·韦伯:《韦伯政治著作选》,〔英〕彼得·拉斯曼、罗纳德·斯佩尔斯编,阎克文译,东方出版社2009年版,第109页。

② 〔英〕玛丽·弗尔布鲁克:《德国史:1918—2008》,卿文辉译,张润校,上海人民出版社2011年版,第18—19页;〔德〕马克斯·韦伯:《韦伯政治著作选》,〔英〕彼得·拉斯曼、罗纳德·斯佩尔斯编,阎克文译,东方出版社2009年版,第216页。

夕的巴黎,出现了大量要求面包的贫苦群众。而1917年俄国十月革命的爆发则像从外部给德国无产者送来了希望。战争同时使得德国最重要也是最大的资产阶级政党社会民主党发生了内部分裂。较激进的一派组成了独立社会民主党,这个新的党中的左翼中最激进的集团斯巴达克同盟就是后来德国共产党的前身。社民党多数派有所保留地继续支持战争,他们倡导的是温和的宪制改良,而不是大规模革命。

德国军方,如韦伯所言,毫无德性政治的责任伦理可言,只有权力政治的政治经营。为了推卸战败及随之而来的政治责任,军方一方面散布德国被内部的犹太人和布尔什维克分子从背后捅了一刀的口号,钳制各种要求"和平与面包"的媒体言论。[①] 另一方面迅速将政权移交给文职政府去接手战败后的各种内政外交事务。新的文职政府首相巴登亲王(Prinz Maximilian von Baden)被迫领导进行了一系列有进步意义的民主化改革——也是帝国最后一次制度改良,改革试图将德国改造为真正的议会君主立宪制国家。

但所有自上而下的谨慎改革的效果都被大街上正在发生的革命一扫而光。到1918年11月,巴登政府根本控制不了国内的事态发展了。首都出现民众集会,公开讨论皇帝退位,基尔兵变成为革命的导火索,革命昂首前进:在基尔发生的一切,数日内激励其他阶层与群体,暴动在几天之内蔓延到平民阶层,一场席卷整个德国的自下而上的民主革命就这样大规模爆发,德皇以及包括巴伐利亚和巴登公爵在内的所有

---

① 〔爱尔兰〕安东尼·麦克利戈特:《反思魏玛共和国——1916—1936年的权威和威权主义》,王顺君译,商务印书馆2020年版,第18—19页;〔英〕玛丽·弗尔布鲁克:《德国史:1918—2008》,卿文辉译,张润校,上海人民出版社2011年版,第19页。

王公贵族全部被迫退出历史舞台。德国各地的工人与士兵们的诉求实质上指向了一种新的政治秩序,亦即要废除君主专制,建立社会主义共和国。

与西欧其他国家一样,德国政府上层极为厌恶和恐惧布尔什维克革命,巴登在11月8日的内阁会议上还不忘强调,必须确保德国远离布尔什维克,即使要以皇帝退位为代价也在所不惜。但威廉二世拒不退位,最后是在各种压力之下由巴登亲王于11月9宣布皇帝退位。① 这看上去是一个标准的僭越行为,但实际上却是帝国末期政治拉锯战与一战战败汇聚导致的必然结果。实际上,早在战争初期兴登堡(Paul von Hindenburg)—鲁登道夫(Erich von Ludendorff)主导的军政府时期,德国皇帝就已经被架空为影子君主。概括来讲,德皇威廉二世不识时务,统治者家族后继无人,缺乏真正的政治家,加上战败带来的巨大经济与政治压力,是加速德国帝制终结的内外因素。

在这特殊的过渡时期内,在俾斯麦时代被视为"国家公敌",在威廉二世时代被视为"没有祖国的工匠"的社会民主党走到前台,开始扮演决定性角色。帝国的权力转移到社会民主党领袖艾伯特(Friedrich Ebert)手中。② 面对无法挽回的战败残局,这些政治领导人很快就与军方达成共识,决定提出停战要求并向美国求和。在当时的美国总统威尔逊及西方协约国那里,战争的目标是为民主制度提供安全的世界环境。因此,停战必须以能促进民主制度的巩固与发展为前提。这就是说,政治民主化既是战争的意识形态目标又是停

---

① Hans Mommsen, *The Rise and Fall of Weimar Democracy*, translated by Elborg Forster, Larry Eugene Jones, The University of North Carolina Press, 1996, pp. 20-21.

② William Brustein, "Weimar Political Parties", *The Logic of Evil: The Social Origins of the Nazi Party: 1925-1933*, Yale University Press, 1996, p. 43.

止战争实现和平的前提,一连串复杂事态实质上将国内政治的民主化问题再次提到了德国政治领导层面前。

一、德国革命的两个面向与德国宪制问题的新意涵

1. 1918 年革命的复杂性

因此,到 1918 年 11 月,德国实际上出现了两种性质截然不同的革命,直接诱因都是战败给德国造成了巨大的物质与心理创伤,激发了各阶层的深刻不安与强烈不满,各种社会矛盾浮出水面,最终点燃了革命的火药桶。

一方面是亲西方式自由民主的资产阶级民主革命,另一方面是亲苏维埃的无产阶级社会主义革命。前者的目标是通过一部真正的民主宪法、建立议会民主制的共和国,领导力量是德国社会民主党。后者则希望实现马克思主义的目标,在德国建立类似苏维埃俄国那样的政治制度。支持社会主义革命的政治力量主要有从社会民主党独立出来的独立社会民主党(该党后来演变为德国共产党)和苏俄共产主义势力,柏林出现大量在苏俄印刷的德语版共产主义宣传册。[1] 在很小的城市和地区,工人和士兵也都组织了委员会,颠覆了曾有的秩序,在农村尤其是韦伯曾密切关注过的易北河以东的落后地区,革命引发的社会冲突还带着种族冲突的色彩。[2]

---

[1] Herbert Myers Kraus, *The Crisis of German Democracy: A Study of the Spirit of the Constitution of Weimar*, Princeton University Press, 1932, pp. 39-41.
[2] 〔爱尔兰〕安东尼·麦克利戈特:《反思魏玛共和国——1916—1936 年的权威和威权主义》,王顺君译,商务印书馆 2020 年版,第 185 页。

作为一次政治决断的魏玛制宪就是1918年德国革命与德国战败引发的复杂国内外情势的衍生物。如果说1848年革命是19世纪德国宪制史的分水岭,那么1918年革命就是20世纪德国宪制史的断裂点。1918年之前,无论在国民的普遍意识中还是在成文宪法上,德意志就是指那个以普鲁士邦占据压倒性优势的帝国。帝国有议会,但实际权力结构是普鲁士主导的君主主义统治,政治领导权掌握在君主身边的小圈子手里。而在1918年11月之后,两种截然不同的共和国的道路模式即资产阶级民主共和国和苏维埃民主共和国模式——摆在了德国人面前。

但在这个晦暗时刻"跳入火坑"承担起国家战败责任的德国社会民主党,在任何意义上都不是一个苏维埃革命党。它当时只是想以"战争破产管理人"身份继续接管帝国,甚至尚未明确是否一定要以推翻君主制为代价来改造德国政体。因此当1918年11月9日德国宣布威廉二世退位亦即魏玛共和国诞生时,严格而言,宣告的只是霍亨索伦王朝的统治结束了,因为抽象意义上的君主政体还没被正式废除,1871年帝国宪法还没被废除。

然而,国家将何去何从?对掌权的社会民主党人而言,这终究是无法回避的大问题,国际国内形势逼迫这个新的政治阶层必须作出回应。对内需要直面国内无产阶级革命运动的政治诉求。彼时俄国十月革命之火在德国呈燎原之势,共产主义思潮迅速传播,各地无产阶级运动风起云涌,德国共产党在11月9号也宣示了社会主义共和国成立。因此,到底走激进的苏维埃无产阶级专政道路还是温和的资产阶级民主革命道路?这是1918年德国面临的根本问题。

当时政治精英集团内部存在一种比较流行的思路,就是牺牲德皇个人或霍亨索伦王朝,继续推进1916—1917年以来有点起色的民主化改革,但不放弃君主政体。① 或许那一拨改革曾给德国政界一种想象,就是在不改变威廉二世的帝国宪法体制的情况下推动议会民主化是可能的甚至是最好的,亦即保留君主政体进行民主政治改革。但以艾伯特为代表的资产阶级另一股力量提出了相反看法。他们认为,为了战败后获得更好的国际国内环境以恢复元气,德国必须彻底改革内政、变更政体。这样对外可争取以美国为首的战胜国集团的善意与合作,对内能满足无产阶级革命势力希望达成的废除君主制目标以便平息革命。

除了资产阶级政治领导力量的推动外,对德国启动制宪、废除帝制产生直接影响的关键外部因素是美国。一战结束时的美国总统威尔逊主要从意识形态角度看待战争,他要求德国进行真正的民主化。② 1918年1月,威尔逊提出"十四点和平原则",增加了德国国内要求结束战争进行政治改革的呼声。从1918年10月23到25日美国国务院电报档案的内容看,威尔逊将废除君主制与民主化改革作为协约国接受德国投降并与之和平谈判的前提条件之一,并明确指出民主化首先意味着让德皇从此销声匿迹;其次是德国建立民主共和国,推进议会民主制。③ 自然,这意味着德国决不能"苏维埃化"。在威尔逊的要求公开后,德国内政发生急剧转变。无论如何,在废除君主制、建立民主政体、避免苏维埃化这三个基本坐标问题上,德国政治最高层自由派的意见与美国

---

① 从1918年8月到1918年10月德国国内出现所谓骤然民主化趋势的法律改革,国会在8月份通过一项所谓比例代表制选举法案,将比例代表制原则推广全德,其中就包括亲社会主义的人口聚集的很多地区。紧接着十月份国会通过两部法案,旨在进一步确认议会主义原则。但这两项改革都来得太晚,已经无法助力德国形成正确决策以挽回战败局面。十一月革命的爆发将这些法律改革的效果完全扼杀在摇篮里。

② Hans Mommsen, *The Rise and Fall of Weimar Democracy*, translated by Elborg Forster, Larry Eugene Jones, The University of North Carolina Press, 1996, p. 20.

③ 〔德〕塞巴斯蒂安·哈夫纳:《从俾斯麦到希特勒》,周全译,译林出版社2016年版,第115—116页。

的立场并无直接冲突。

但广大保守派则将议会民主制要求视为美国总统威尔逊意志的投射,谴责这是外来政治文化,不属于德国。[①] 此后德国内政呈现两个态势:一方面出现所谓"德皇辩论",讨论德皇是否必须退出历史舞台,德国是否必须废除君主制走民主化道路,社会民主党人倾向于彻底废除君主制。另一方面艾伯特政府开始严厉打击各地无产阶级革命性质的运动。艾伯特从一开始就很痛恨苏维埃革命在德国的蔓延,巴伐利亚苏维埃共和国1919年5月的失败标志着德国社会主义力量希望复制俄国革命的计划落空,德国十一月革命宣告结束。

2. 德国宪制问题的新意涵:走向何种共和国?

革命在形式上结束了,但革命对德国宪制史走向的影响却是深远的和实质性的。

它首先抑制了德国境内的共产主义运动潮流,使德国事实上免于陷入布尔什维克革命或右翼革命,这对德国宪制史当然有决定性意义。德国既没有像1793年法国(通过雅各宾专政),又没有像1918年的苏俄(通过布尔什维克)那样废除旧制度下既有的行政系统架构,没有砸烂旧的国家机器重新建立全新的国家组织。革命非但没有砸烂1871年帝国宪法建构的旧制度框架,相反,主要国家机器与基本架构继续存在(尽管革命中已经不再正常运转)。革命的影响似乎只是体现在国家机器换了领导力量而已:政治领导权从旧的普鲁士主导的君主统治集团转到以社会民主党、天主教中央党、德国民主党为代表的主要资产阶

---

① 〔爱尔兰〕安东尼·麦克利戈特:《反思魏玛共和国——1916—1936年的权威和威权主义》,王顺君译,商务印书馆2020年版,第25页。

级政党联盟手中,德国由此出现所谓"政党国家"状态。①

政党国家的来临,意味着国家政治意志的形成机制与国家—社会的结构内涵发生重大转变,有产阶层和有教养市民阶层的社会名流被政党职业政治家推进议会越多,政党就越需要联结更多完全不同的利益,对民族的政治路线方针越来越深受政党之间的谈判影响,而不再是由君主和他的内阁之间的谈话来定夺。② 此后,占据魏玛德国政治版图核心位置的主要是各政治性政党(political parties)。

德国从一个传统的王朝政治国家走向现代政党政治国家,所谓政治性政党这里是指以进入魏玛共和国国会和获得国会议席为直接目标的政党。在魏玛共和国十几年的历史中,主要政治性政党包括德国社会民主党(SPD)、德意志民族人民党(DNVP)、德国人民党(DVP)、德国民主党(DDP)、天主教中央党(CCP)、德国共产党(KPD)、国家社会主义工人党(NSDAP,简称纳粹党)。③ 其中人民党、民主党属于传统自由派政党,但它们未能彻底弥合分歧,依然存在左翼和右翼之分;左翼方面,德国社会民主党不得不面对一个从它自身分化出去的对手即德国共产党。天主教中央党路线大体未变,但该党也分裂出去一个巴伐利亚人民党。④

这些政党角逐国会中的权力份额并参与政府内阁的时间快慢与介入程度各有差异,同时,它们对民主共和的态度与立场也存在巨大差

---

① Michael Stolleis, *A History of Public Law in Germany: 1914—1945*, translated by Thomas Dunlap, Oxford University Press, 2004, p. 49.

② 〔德〕米歇尔·施托莱斯:《德国公法史(1800—1914):国家法学说和行政学》,法律出版社2007年版,第622页。

③ William Brustein, "Weimar Political Parties", *The Logic of Evil: The Social Origins of the Nazi Party: 1925—1933*, Yale University Press,1996, pp. 30-31.

④ 〔英〕理查德·J. 埃文斯:《第三帝国的到来》,赖丽薇译,九州出版社2020年版,第95页。

异。在所有主要政治性政党中,只有社会民主党、中央党和自由的德意志民主党明确表示支持共和国,但对德国如何走向真正的共和政体,这些偏自由民主的政党并无汉密尔顿意义上的那种深思熟虑。德国共产党与纳粹党则从一开始就分别是以仇视魏玛共和国及其议会民主体制为意识形态特征的左翼和右翼政党。

向政治性政党政治的转向对此后德国政治与宪法均有长远影响,政党政治成为魏玛时期宪法论辩的焦点议题。各政党都在为争取议席和进入权力斗兽场而斗争。在帝制时期处于政治边缘的各种政党开始成为政治场域的主要行动力量。

但是,无论"政党政治"还是"政党国家",却都是魏玛德国很多民族主义-保守主义力量所痛恨或不满的对象及状态,因为他们认为正是魏玛时期这些纷纷扰扰的政党政治使德意志民族走向了内部分裂。可以说,一种强烈的反政党逻辑与一种试图超越党派政治的逻辑从一开始就深藏在魏玛时代德国政治文化中,这种观念与第二帝国以降德国社会的保守主义与威权主义传统彻底融合在一起。著名法学家拉德布鲁赫就曾尖锐地抨击政党政治,认为它根本不利于德国建立民主政治。[①] 之后出现的施密特对政党政治与政党制度本身的异常强烈反感与批判只是这个庞大潜伏的观念冰山之一角。

其次,十一月革命启动了新宪法的制定进程。1919 年 1 月 19 日德国举行全国选举产生了来自各社会阶层的 421 名代表,在魏玛组成国民议会,负责制定与审议新宪法。选择歌德曾经长期工作生活过的小城魏玛作为制宪会议地点,一方面有凝聚德意志作为文化民族之共识

---

① Peter M. R. Stirk, *Twentieth-Century German Political Thought*, Edinburgh University Press, 2006, pp. 11-12, 54.

的意思,另一方面也是为避开柏林及其周边地区苏维埃革命风潮的影响。从开幕到8月11日宪法被批准通过,整个制宪会议过程历时6个月。变得举足轻重的德国社会民主党及其政治盟友在排除了德国共产党及其领导的革命运动的威胁之后,期望通过制定新宪法为德国赢得和平发展环境。

然而,这个制宪过程不仅面临的国际国内政治环境异常复杂而艰难,而且它所可依凭的民主政治传统与思想资源在德国又非常单薄。德国社会政治理念的严重分化、反民主观念普遍而深重、君主制文化传统根深蒂固等因素都是影响魏玛制宪的深层思想光谱,它们反映了自由主义—民主观念在魏玛共和国一开始就极端脆弱。新生的魏玛共和国从一开始就缺乏来自德国左右各派政治力量的支持,中间党派对共和国的态度暧昧不清。事实上,除了社会民主党多数派,即使对其他有民主倾向的德国党派而言,议会制民主也更像一种被迫作出的重大功利算计,他们并不是发自内心地欢迎议会民主制度,或者说对议会民主制的政治功能实际上存在严重认知分歧。[1] 而这一政治认知现象本身又是第二帝国以来德国政治文化的重要组成内容。

二、魏玛制宪面临的两难困境
——内部分裂与外部压迫

一个撕裂的内部社会和一个沉重的《凡尔赛和约》体系的外部压迫,这是魏玛制宪面临的严峻国内与国际环境。

---

[1] Wolfgang J. Mommsen, "The Weimar Republic: The Final Stage of The Decomposition of Imperial Germany", *German Politics and Society*, Vol. 14, No. 1(38)(Spring, 1996), p. 65.

1. 分裂的内部社会

先看撕裂的内部社会局面。第一,德国当时存在一大批保守的民族-国家主义者、君主主义者与大国沙文主义者,他们强烈地反对共和政体,希望利用一切机会保全君主政体与旧制度。第二,一部分独立的社会主义革命家(包括斯巴达克斯主义者)既强烈地反对君主制度,又强烈地反对资本主义制度,他们希望通过苏俄式社会主义革命建立新德国。第三,广大德国民众深受战争与战败带来的物质与心理创伤,此刻根本无心关注政体与政府形式等上层建筑问题。无论何种政治体制,只要它能保证人民生活更容易,能满足他们基本的生活需求,就能赢得民众的普遍支持。从某种程度上讲,广大民众更像被动等待改变的机会主义者。① 第四,愿意推动民主化的是非常少的一部分人,主要分布在以社会民主党、中央党等进步政党为中坚力量的资产阶级中。在各党派中最重要的社会民主党集结了最多优秀法学家。② 但是,在过渡时期走到前台的德国资产阶级及其主要政党联盟并非铁板一块。它们只是在一般意义上知道德国必须转向民主制,但在到底要确立什么样的民主制等具体问题上,资产阶级及其法学界同盟军的内部观念并没有真正的共识。

这种分裂在宪法学领域就有体现。与 1914 年之前格贝尔—拉班德实证主义占据绝对主流地位相比,战后公法最令人瞩目的变化有二。其一是多元方法论出现,"国家法新学派"形成对传统国家法学实证主

---

① Walter James Shepard, "The New German Consititution", *The American Political Science Review*, Vol. 14, No. 1(Feb., 1920), pp. 34–52.

② Michael Stolleis, *A History of Public Law in Germany: 1914–1945*, translated by Thomas Dunlap, Oxford University Press, 2004, p. 54.

义的反思。这是战败和革命引起的断裂在公法学界的表现,民族主义情绪、社会的撕裂和国会政治的不成熟等现实因素混合在一起深刻影响公法学界,有一股新的反自由主义—民主思潮暗流涌动。其二是价值观念转型迟滞,这与方法论的多元相映成趣。几乎所有在1919年很活跃的公法学家实际上还是将国家法放置在立宪君主制框架中去理解,绝大多数公法教授坚持格贝尔—拉班德以降国家法的一般原则,强调价值无涉与政治无涉。① 传统与观念的惯性力量始终存在,不仅帝国的国家行政机器没有坍塌(所谓从革命手中拯救出来的国家),而且帝制时代以来的思想观念(包括国家法思想传统)也未曾消逝。

研究魏玛共和国司法系统的社会学家从社会心理学角度描述道,魏玛共和国成立时德国司法系统从业人员年龄普遍较大,他们在帝国统治时代长大,绝大部分都是赞同保皇派的保守主义者。一般而言,1914年以前的法官通常还保有预备役军官的身份,享有特别的地位,和君主制系统也有着紧密的文化与政治联系。从帝制时代的观念环境中成长起来的魏玛共和国司法公务员阶层的文化观念具有典型意义。德国历史学家迪特列夫·波伊克特(Deltev Peukerk)认为帝国时代那种独裁主义的社会化影响可以帮助解释魏玛时期德国法律界在面对共和国民主化进程时的消极抵抗心态。② 政治与社会领域的很多情形均显示,革命名副其实地在德国发生了,但某些层面似乎又什么也没发生,这些都增添了魏玛宪法史在思想层面的内在复杂性。

最根本的复杂性体现在,在君主主义作为国家法根本原则的规范

---

① Michael Stolleis, *A History of Public Law in Germany: 1914—1945*, translated by Thomas Dunlap, Oxford University Press, 2004, p. 46.
② 〔爱尔兰〕安东尼·麦克利戈特:《反思魏玛共和国——1916—1936年的权威和威权主义》,王顺君译,商务印书馆2020年版,第115—116页。

意义被否认、宪法学研究的传统意义联结点被摒弃的革命形势下，所有秉持实证主义-教义学方法论与君主主义价值论立场的国家法学家都要重新思考一系列问题，这些问题包括但不限于：革命的法律创制权、1871年帝国的连续性、帝国与各邦的关系、政党政治、国家与社会的关系、公民基本权利。

而这些问题的本质是：在君主制这个实质要素被终结后，德国政体该何去何从？要不要民主化？民主到底是什么？德国要走何种民主化道路？这些民主理论问题对于法律实证主义思想深重、自然法与自由观念薄弱的德国来说，乃是复杂艰巨的转型难题。①

一个明显的现实障碍是，德国社会各阶层对议会民主政体向来很隔膜或排斥，在大多数德国人包括知识界很多人心中，议会民主就是争吵不休的政党政治。② 反对议会制民主、认为它不适合德国的观念占据压倒性优势。帝国时代遗留下来的一切机构，包括军队、公务单位、司法体系、教会、大学以及大农业、大工业战线都充满了民族主义和复仇主义，顽固地反对共和、拥护帝制。③ 需要说明，民众与公共舆情对自由民主的抵触与隔膜情结并非在魏玛时代才出现的现象，从历史角度看它是19世纪以降德国政治文化一个具有连续性的根本特质，其深层原因非常复杂，这个问题本书将在后面专门阐释。此处要着重分析的是加剧魏玛共和国早期时段德国反民主思想态势的一个关键外因，即《凡尔赛和约》体系及它带给德国的压迫感与羞辱感。

---

① 这个难题深深地吸引着施密特与凯尔森这些思想家，他们围绕民主与宪法的关系展开了各自完全不同的理论体系建构。
② Michael Stolleis, *A History of Public Law in Germany: 1914-1945*, translated by Thomas Dunlap, Oxford University Press, 2004, p.46.
③ 〔德〕塞巴斯蒂安·哈夫纳：《从俾斯麦到希特勒》，周全译，译林出版社2016年版，第152—153页。

2.《凡尔赛和约》的外部压迫

1919年6月16日被排除在巴黎和会的德国收到来自巴黎和会上协约国提出必须在5日之内接受《凡尔赛和约》的最后通牒。这迫使正忙于讨论宪法草案的魏玛国民议会于6月22日必须就是否要签署《凡尔赛和约》举行最后投票。这是制宪者与魏玛国民议会的艰难时刻,也是整个德国的艰难时刻。张君劢与梁启超作为中国政府代表团最重要的两位民间智囊,也抵达巴黎参与了促成一个战后凡尔赛外部体系的国际和谈,连张君劢都认为当时的德国比他千疮百孔的祖国还要艰难。[1]

根据和约,德国损失八分之一的土地,被解除武装(常备军被迫降至10万人,义务兵役制被取消)。和约不仅将帝国摧毁得踪迹全无了,而且也将战争的责任归咎于德国,德国被贬称为战争贩子。和约对德国边界的修改以及对待德国的态度在德国社会各阶层、各政党中均激起了深深的怨恨,因为和约处理德国的方案与态度过于严苛,"不像是对待一个虽然打了败仗但仍旧属于国际社会的战争对手,反倒像处置一名收到刑事判决书的被告"[2]。而在施密特眼里,和约导致德国被不同国家和盟军占领,这根本就是帝国主义现代形式的最好例子。[3]

德国被"从背后捅了一刀"的说法在1919年夏季变得家喻户晓。平民百姓、国民议会与政府当局的第一反应都是不要签字。然而,不

---

[1] 郑大华:《张君劢传》,商务印书馆2012年版,第72页。
[2] 〔德〕塞巴斯蒂安·哈夫纳:《从俾斯麦到希特勒》,周全译,译林出版社2016年版,第134—135页。
[3] 〔爱尔兰〕安东尼·麦克利戈特:《反思魏玛共和国——1916—1936年的权威和威权主义》,王顺君译,商务印书馆2020年版,第41页。

签字的话,事态会怎么发展下去呢？德国军方与政界担心如果不签字,西方盟国必将恢复敌对军事行动继续挥军入侵,国家将进一步被肢解直到彻底分裂。在经历内部斗争与挣扎后德国当局签署了和约。《凡尔赛和约》就像"绝对命令式的勒索",它在军事和经济上要求德国解除武装、支付巨额战败赔款,在政治上要求"德国必须废除君主制和实行民主化"。

此种绝对命令给德国造成巨大的经济负担和心理创伤。即便韦伯这样冷静的思想家也被协约国骇人听闻的和平条件刺激起来,以致他在这个时期的公共演说无一例外都呼吁德国应使用革命性暴力以抵抗德国国土的沦丧。[①] 和约激起巨大的民族愤怒。一股自1914年8月后从未出现过的民族主义与爱国主义热潮再次出现在德国。德国民众对西方协约国的敌意与仇恨加深了,并连带影响各界对新生共和国及其体制的认知与感受。在民众心里,魏玛共和国是战胜国主导的国际法统治秩序的产物,它让人看到的不是德国实现了民主自由的喜悦,而是接受《凡尔赛和约》的屈辱。它不是德国本土造物,而是威尔逊们强加给他们的一种异己的统治方式。

因此,《凡尔赛和约》的签订成了政治仇恨的导火索,它使从先前君主制过来的对新政还持观望态度的德国人都改变了心意,使诞生于革命年代的诸多军事与社会组织渐渐演变成反民主、反魏玛政体的团体。[②] 在战败后的和约外交困境中,已经潜伏着民众对魏玛共和国政府

[①] 〔德〕沃尔夫冈·J.蒙森:《马克斯·韦伯与德国政治:1890—1920》,阎克文译,中信出版集团2016年版,第309页。需要说明的是,韦伯虽然和普通民众一样对国土沦丧有着强烈的耻辱感,但他超越一般人之处在于能客观地意识到德国政治体制本身存在严重缺陷才是导致德国内政外交溃败的根本内因,所以他极力呼吁要抵制庸俗化的民族主义与国家主义情绪。

[②] 〔德〕库尔特·松特海默:《魏玛共和国的反民主思想》,安尼译,译林出版社2017年版,第11—12页。

能力与政府权威的质疑,共和国政府给民众留下的都是懦弱的形象,民族主义媒体认为这样的政府根本不能维护德国利益,魏玛共和国根本就是一个伪国家和弱国家。此后,围绕如何修改和约甚至如何暗度陈仓式地摆脱和约而出现的政治争议,始终主导德国国内政治的走向。这些严重的争议不仅加剧了各政治性政党的分裂,而且客观上削弱了共和国的权威。

"魏玛国民会议""魏玛宪法""民主",这些词与国耻以及经济崩溃等负面因素汇合形成一股暗流,涌动在魏玛共和国。这股思想暗流成为随后岁月里德国各界对新宪法及其确立的民主制度始终心存隔膜甚至反感的强烈动因之一。① 即使是代表主流资产阶级的法学家群体对新生共和国也没有安全感与真正的认同感。对德国人而言,民主转型仿佛意味着他们在文化与社会上都要被连根拔起。一个令法学家和民众都疑惑的问题是:我们战败后重建的国家为什么一定要朝着民主化方向转型?②

所以,魏玛共和国诞生初期就已经存在数量庞大的带有民主冷漠症特征的内部敌人,它从一开始就遭受来自中间阶层甚至大部分上升阶层成员的敌意。这使承担制宪任务的魏玛国民议会面临一个根本性的两难困境。一方面国际国内情势倒逼德国必须民主化,但另一方面,"民主",无论作为一种观念还是统治形式,在德国都缺少深厚的历史与社会根基。

与民主传统的脆弱形成鲜明对照的是,君主制理念及与君主制相

---

① 〔英〕玛丽·弗尔布鲁克:《德国史:1918—2008》,卿文辉译,张润校,上海人民出版社2011年版,第24页。

② Michael Stolleis, *A History of Public Law in Germany: 1914-1945*, translated by Thomas Dunlap, Oxford University Press, 2004, pp. 45-46.

匹配的民族主义与保守主义思潮在德国根深蒂固，来自激进左翼和激进右翼的反民主思想双重夹击新生的共和国。左翼方面德国共产党明显带有反民主与仇视魏玛共和国的性格。右翼方面，主要指包括后来崛起的国家社会主义政党在内的各种新旧民族主义—保守主义势力则力求从土生土长的德意志民族国家信仰中寻求政治整合的遗产。

上述两难困境延伸到主流宪法学界。1919年新旧国家法学流派的一个共同点是都延续了反自由主义的价值立场，一方面反对在宪法中写进作为自由主义之底色的个人主观主义，另一方面不断要求高于党派的、统一的国家机构作为自治机关。此种不断回流的国家民族统一体思潮与个人自由权利、社会多元主义、议会主义、现代政党政治等对于自由民主宪制具有关键意义的元素很难真正相容。① 上述思想与政治情势导致主导魏玛国民议会制宪的资产阶级主要政党联盟，实际上是要在非常严峻、非常不友好的情境中作出政治决断，即拟议中的新宪法需要确定德国是否需要民主化以及需要何种民主化。

然而前文已提到，这个政党联盟虽然在反对德国布尔什维克化这一点上内部意见高度一致，但对在德国如何具体地建立民主政体，他们还未来得及深思熟虑，更遑论拿出具体的详细方案。② 正如蒙森所言，"《魏玛宪法》的缔造者们并没有一个广泛的民主传统可供依靠，使之在德意志帝国的宪法改革中能够发挥决定性作用"③。虽然帝制终结与共和国成立标志着一个全新阶段的开始，然而，共和国的建立是否就能带

---

① 〔德〕库尔特·松特海默：《魏玛共和国的反民主思想》，安尼译，译林出版社2017年版，第61—62页。
② Herbert Myers Kraus, *The Crisis of German Democracy: A Study of the Spirit of the Constitution of Weimar*, Princeton University Press, 1932, pp.41-42.
③ 〔德〕沃尔夫冈·J.蒙森：《马克斯·韦伯与德国政治：1890—1920》，阎克文译，中信出版集团2016年版，第328页。

来更多实质性的改变？这是当时德国的一个大问题。确定无疑的是，在社会与政治秩序、在深层精神与文化的几乎所有层面，帝制德国与魏玛共和国之间都存在一种隐蔽、深刻、连贯的历史线索。"用政治史术语讲，魏玛共和国既没有清晰的起点，也没有清晰的终点。"①

甚至可以说，革命并没有改变一些实质性的历史元素。如果从文化上看，帝国与共和国的精神延续更为明显，德国民众高度赞赏一战前民族国家的现代化成就，这种深度的文化与政治认同延续到了魏玛时期德国的公共领域。因此就政治领域而言，虽然表面与制度形式上出现了所谓从帝制到共和国的更迭，但从心智层面上讲，民主化变革的烈度与深度远远没有表面制度更迭看上去那么巨大。或者说，整个世态民情和公共领域对德国民主化道路没有真正的情感共鸣与价值共识。

这种精神上与政治上的先决条件的有限性，或许是导致决策层早在1918年11月15日就决定要将起草宪法的具体工作交付给有鲜明民主主义立场的普罗伊斯全权负责的客观原因。普罗伊斯是柏林大学的公法学教授，也是艾伯特政府内政部的主要成员，从学术思想谱系看，作为自由派法学家基尔克的学生，他是社团主义理论的支持者，也是当时敢于向普鲁士军队与政府高层明确表示要制定一部议会制民主宪法的德国政治精英。② 不过，尽管普罗伊斯本人对议会民主充满虔诚之心，他也忍不住一再表达他的忧虑，即德国人民在政治上并未足够成熟到要求民主化的程度。

---

① Wolfgang J. Mommsen,"The Weimar Republic: the Final Stage of the Decomposition of Imperial Germany", *German Politics and Society*, Vol. 14, No. 1(38)(Spring, 1996), p.66.

② Hans Mossen, *The Rise and Fall of Weimar Democracy*, translated by Elborg Forster, Larry Eugene Jones, The University of North Carolina Press, 1996, p.52.

与普罗伊斯对本国广大同胞前启蒙心智的深度了解形成对照，1918年受命重返德国的中华民国宪制运动关键人物张君劢的认识更为乐观积极。他认为，魏玛共和国的成功建制，虽然从政治上看离不开德国军方的支持，但更离不开德国国民的道德智识健全以及民族性格中的"守纪律与爱秩序"。① 他由魏玛共和国与魏玛制宪联想到中国问题。为什么中德两国都经历了推翻帝制的革命，成立共和国，但是，德国革命后不到10个月各党派便能着手起草宪法，而中国自辛亥革命以来七八年间，既没有建立起稳定高效的政府，也没能制定出一部民主宪法？②

张君劢首先将德国人民的德性和魏玛共和国与《魏玛宪法》的成功联系起来，对德国国民性予以积极评价，可能主要是想借此向国人指出改造国民性的重要性，突出改造国民性乃是实行民主政治之社会前提，亦即"新民"乃是实施宪法之必要前提。从策略上讲，此种考量理应被同情地理解，尽管从普罗伊斯、韦伯这些德国思想家自己的认知着眼，张君劢对德国国民普遍民主素养的评价显然是一个不那么知情的外国人在信息不对称条件下而作出的过于乐观的估计。

另一个使普罗伊斯走到前台的主观因素在于：政治领导人艾伯特认为普罗伊斯是当时为数甚少的既有民主倾向又愿意通过温和的法律改革去推动民主共和转型的法学家。③ 与很多革命政权一样，艾伯特政府急需以人民的名义建立起革命后政府与人民的关系，普罗

---

① 刘小枫：《民国宪制的一段往事》，载卡尔·施密特：《宪法学说》，中译本前言，刘锋译，上海人民出版社2005年版，第1—2页。
② 郑大华：《张君劢传》，商务印书馆2012年版，第72页；张君劢：《宪政之道》，清华大学出版社2006年版，第6页。
③ Peter Stirk, Hugo Preuss, "German Political Thought and the Weimar Constitution", *History of Political Thought*, Vol 23, No. 3, 2002, p. 500.

伊斯鲜明的民主政治立场和他对苏维埃革命及其阶级专政理论的坚决反感使政治决策层感到让他主持制宪比较可靠。另外，坊间流传的这位自由左翼宪法学家早在1917年就已起草过一部新宪法的传闻，也使艾伯特决定不再考虑韦伯而是立即选用普罗伊斯主持新宪法工作。① 因此可以说是因缘际会，是若干偶然与必然因素的合力，使得早在1915年就公开反对普鲁士—德意志帝国威权主义宪法体制的犹太裔宪法理论家普罗伊斯"被迫"成了缔造《魏玛宪法》的灵魂人物。

张君劢对这位被推到制宪前台的德国同行非常钦佩。他将魏玛制宪成功首先归功于德国人民的德性，其次归功于以普罗伊斯为代表的制宪者的德性与学识。"德国的立法家，如根本大法《魏玛宪法》的起草者柏吕斯博士，既能洞见政治隐微，熟于操纵法律文字，又具有豁达大度、博采众长的气量，所以在起草宪法时，'内阁制也、总统制也、议会立法也、国民投票也、分权也、集权也，一兼容并包，而有以神其用。资本家也、劳动家也、苏维埃也、非苏维埃也、私人企业也、社会所有也，尊宗教也、排宗教也，各得所愿，而限之以相当之范围'。"②

那么，德国政治领导层当时带有偶然色彩的、在蒙森眼里值得敬重的这一人事决定对魏玛制宪有什么深层影响呢？当历史书上说普罗伊斯是《魏玛宪法》之父、《魏玛宪法》有深深的普罗伊斯印记时，当我们中国这位宪法思想先驱说这位德国制宪者立宪是博采众长、兼容并包时，到底指涉了什么思想与制度内涵？普罗伊斯的民主思想与他领衔

---

① Hans Mossen, *The Rise and Fall of Weimar Democracy*, translated by Elborg Forster, Larry Eugene Jones, The University of North Carolina Press, 1996, pp. 52–53.
② 张君劢：《德国新共和宪法评》（二续），《解放与改造》第2卷第12号，转引自郑大华：《张君劢传》，商务印书馆2012年版，第73页。张文中的"柏吕斯"就是普罗伊斯。

设计的魏玛宪法的整体结构到底存在着怎样的深层联系?两难困境下魏玛制宪者又作出了什么样的根本政治决断?这个政治决断对德国到底意味着什么?

三、魏玛制宪的根本政治决断

1 魏玛制宪会议的妥协基调与制度意象

1919年初在魏玛召开的制宪会议既不像1789年法国革命国民议会与1848年法兰克福制宪会议那样亮出多么伟大崇高的共和革命口号,客观上也不像1787年费城制宪会议那样能聚集那个时代最有智慧的政治头脑(在韦伯眼里当时德国已经没有伟大的政治头脑)。除了普罗伊斯和少数学院派学者,绝大部分与会代表都是平庸的德国职业政客。① 他们对共产主义革命很抵触,对民主共和也并非真心喜欢。②

很早就对德国宪制问题进行了深刻思考的韦伯最终没有获得正式的官方职位介入宪法筹备,但是,韦伯的系列宪制论文特别是其提出的"我们如何才能使议会拥有实权",很早就打动并鼓舞了普罗伊斯——尽管普罗伊斯与韦伯在很多具体问题上存在分歧。因此,1918年12月9日普罗伊斯召集12人专家小组为制定宪法草案进行前期准备时,特别邀请了韦伯与会。由于受邀的海德堡大学法学教授格

---

① Walter James Shepard, "The New German Consititution", *The American Political Science Review*, Vol. 14, No. 1(Feb. , 1920), pp. 34–52.

② Michael Stolleis, *A History of Public Law in Germany: 1914–1945*, translated by Thomas Dunlap, Oxford University Press, 2004, pp. 45–46.

哈德·安许茨并未出席,这使韦伯成为13名参与者中唯一没有官方身份的人。① 这从侧面反映出普罗伊斯很尊重韦伯,另外由于韦伯在当时的影响力,这个邀请一定程度上影响了后面的制宪论辩。内政部宪法草案审议会持续了4天,普罗伊斯在会议讨论的基础上撰写出《魏玛宪法》第一稿,史称《普罗伊斯草案》,《魏玛宪法》绝大部分内容直接来自这份草案。草案吸收了韦伯的若干实质性建议,按计划在1919年1月与2月分别提交给内阁和国民议会继续审议。②

1919年2月24日,魏玛国民议会正式开始讨论宪法,普罗伊斯对草案作了说明。全会辩论了三天,各政党陈述了自己对共和制还是君主制、中央集权还是联邦制的主张,然后草案提交给28人组成的委员会继续审议。该委员会从3月到7月举行了42次会议,经过两读对宪法草案逐句进行了审议。左中右各派政党存在尖锐的对立,但牢牢地掌握精神领导的是普罗伊斯。他不仅控制了各党发言人提出讨论的具体问题,也比任何人更关心宪法所要建立的议会民主制度。他完全明白,基于帝制时期和战后德国社会与政治的复杂性,要参与制宪辩论的各派政治家们摆脱他们在完全不同前提下的政治实践中形成的观念分歧与差异极为困难。4月8日普罗伊斯在听取与会代表各种吹毛求疵的讨论后评论道:"议会制度对德国人民中即使最进步的政治派别来说也都是非常陌生的。我时常怀着相当惊恐的心情来听取这些发言,有时有点不安地望着右派先生们,因为我预料他们会对我说:'你以为你能把议会制度带给一个观点和全部身心都在进行反抗的民族吗?'他们

---

① 〔德〕沃尔夫冈·J.蒙森:《马克斯·韦伯与德国政治:1890—1920》,阎克文译,中信出版集团2016年版,第350—351页;同时参见 Michael Stolleis, *A History of Public Law in Germany: 1914-1945*, translated by Thomas Dunlap, Oxford University Press, 2004, pp.53-54。

② 〔德〕沃尔夫冈·J.蒙森:《马克斯·韦伯与德国政治:1890—1920》,阎克文译,中信出版集团2016年版,第350—360页。

根本不了解这个制度是怎么一回事。到处都能遇到怀疑,这些先生们常常摆脱不了对专制政府的害怕。他们不明白政府必须与他们血肉相连,政府必须由他们所信任的人组成。"①

如果从后面的历史角度来回顾这段话,普罗伊斯仿佛是提前发出了绝望的呐喊,又仿佛是提前预言了德国首个共和政体的不祥命运。普罗伊斯清醒地意识到,德国人尚未从专制国家思想传统转变到人民国家思想上去。

在普罗伊斯和康拉德·豪斯曼等民主人士的领导下,魏玛国民议会宪法委员会在40多次会议上完成了宪法的181个条文。国民议会全体会议在7月进行的二读和三读中对宪法委员会通过的草案进行了充分的讨论。草案被参加魏玛联盟政府的三个共和派政党——社民党(特指多数派社民党)、中央党和民主党以262票通过,只有75票反对。② 反对者既有站在右边的德意志民族党和德意志人民党,也有站在左边的独立社会民主党。仅仅权衡这些数字,人们有理由相信《魏玛宪法》立足于巩固的基础之上。然而,这只是表面现象。放眼德国社会的普遍民情与思想,可知表象背后是深不见底的分歧与裂痕,一个主要原因是,1871年后的俾斯麦帝国体制严重摧毁了在德国恢复自由民主法治国家建设所需要的制度与观念基础,因此共和国及其宪法所能获得的政治认同是相当薄弱的。

作为中坚力量的德国资产阶级各政党与德国法学界在革命后都深陷思想纠结:革命潮流使他们明确拒绝君主政体,即使如考夫曼那样的

---

① 〔瑞士〕埃里希·艾克:《魏玛共和国史(上卷)——从帝制崩溃到兴登堡当选(1918—1925年)》,高年生、高荣生译,陆世澄校,商务印书馆1994年版,第67页。
② Hans Mommsen, *The Rise and Fall of Weimar Democracy*, translated by Elborg Forster, Larry Eugene Jones, The University of North Carolina Press, 1996, p. 60.

君主主义者也被迫接受作为既成事实的共和国,但文化与思想的惯性又使他们无法彻底摆脱君主制传统影响。他们渴望在绝对主义君主制与联邦主义民主制二者之间寻求折中方案,渴望在新宪法中延续帝制时期议会—君主制的双重结构。魏玛时期德国社会存在一种普遍的现象,就是情感上还怀念君主制,但理性上不得不接受已经成为现实的"共和国",用弗里德里希·迈内克的语词讲,这是魏玛时期的"理性共和主义者(vernunftrepublikaner)"现象——是当时德国社会特别是行政系统和司法系统的公务员对待魏玛共和国的那种在内心深处抗拒、抵触、漠视但又不得不接受的复杂心态。①

凡此种种思想纠结与文化惯性与十一月革命后的复杂情势合在一起,导致魏玛国民议会始终被一种"妥协"气氛包围。此种妥协意图暗含的一个关键诉求是:即使德国迫于内外局势压力必须走议会制民主化道路,但并不能否认恺撒制的统治方式依旧是当下德国最需要甚至是更适合德国的,因此必须在议会制之外辅以恺撒制。

放眼当时德国的公共领域,对领袖的呼唤可谓公共舆论的突出主题。德国人一方面对共和国没有信念,认定魏玛德国当时没有领袖,议会制中涌现的党派领袖只是政客不是领袖。另一方面希望通过新宪法解决魏玛"无首之民主"困境。在马克斯·韦伯与阿尔弗雷德·韦伯(Alfred Weber)等理性的思想家那里,领袖的缺失并不是议会制政体本身带来的后果,相反,他们都坚信从长远看真正的议会制才是培育与遴选民族政治领袖的制度沃土。但是为数众多的德国反民主主义力量,却以领袖的缺失为武器对议会制展开攻击,认为造成德国

---

① 〔爱尔兰〕安东尼·麦克利戈特:《反思魏玛共和国——1916—1936年的权威和威权主义》,王顺君译,商务印书馆2020年版,第119页。

产生不了伟大的国家政治领袖的根源就是那种毫无政治性可言的议会制。①

对德国急切需要具有伟大视野的政治领袖作出最有影响力的理论表述的是韦伯。他在1917年就提出,遴选一位克里斯玛领袖式的帝国总统对德国而言势在必行,他寄希望于作为选民直接代表和行政首脑的帝国总统,运用整合性克里斯玛权力对付议会内外僵化的政党机器与利益集团。韦伯的领袖民主制理论带着深切的价值关怀与浓郁的理想主义色彩,其利弊得失本身已经是一个专门的政治与宪制思想史议题。

但可以肯定的是,韦伯既不否定议会制政体本身,更未否定个人自由的根本性。他也从没有接受所谓"所有举足轻重的大人物都是非自由主义的人"这样的领袖制理念。② 他只是对德国议会实践中出现的狭隘政党政治、利益集团政治、庸俗政客政治深恶痛绝,但他始终坚持认为在大众民主降临的时代,德国既需确立起有实权的议会,也需要遴选出恺撒式领袖去弥补议会制和大众民主的缺陷。

这种复杂的恺撒制情结影响了普罗伊斯。不过,他对直选总统制在宪法上的性质定位与韦伯存在重要差异。由于普罗伊斯本人对议会民主的界定、对议会制与总统制之关系的认知比较坚定,所以他始终认为议会制度才是新宪法整个宪制的核心。在蒙森看来,普罗伊斯不可能被说服同意韦伯的领袖民主制模式,因为韦伯只注重强调直选总统的领袖地位,而没有具体谈到总统或内阁对民选议会的责任,这在逻辑

---

① 〔德〕库尔特·松特海默:《魏玛共和国的反民主思想》,安尼译,译林出版社2017年版,第171—173页。
② 这句话来自默勒的《第三帝国》,转引自〔德〕库尔特·松特海默:《魏玛共和国的反民主思想》,安尼译,译林出版社2017年版,第176页。

上会导致削弱人民代表机构的权力。①

另外,魏玛政治理论家雷德斯洛布在《议会制政府的真假形式》中阐释的权力平衡观也深深地影响了普罗伊斯对议会制与总统制的设想。在雷氏看来,真正的议会制度是否存在所需要的决定性评价标准不是人民代表机构拥有什么程度的权力,而是看行政与立法机构的权力平衡程度。尽管普罗伊斯没有全盘照搬雷德斯洛布的全部理论,但雷氏提出的权力平衡程度标准吻合了德国社会普遍的恺撒制情结,即要用一个"当选君主"平衡议会,避免议会万能趋势。②

简言之,普罗伊斯没有像韦伯那样将帝国总统提升到具有克里斯玛魅力与气质的政治领袖地位加以期待,但他吸收了韦伯提出的由人民直接选举总统、使总统作为人民的守护者去平衡议会的建议。不过,作为一名自由主义左翼公法学家,普罗伊斯更重视在形式意义上界定清楚帝国总统作为宪法上国家机关的功能与权限,所以他坚决主张《魏玛宪法》要确立一种内阁联署机制,使议会与内阁能合在一起共同制约总统。③

就总统制这个关键问题而言,魏玛制宪中这两个人物既有共识——都拒绝美国总统制模式下的政治分赃制,因而特别强调内阁必须受到议会审查制约。但两人又存在分歧,韦伯虽然在理念上很看重议会民主对行政官僚系统的监督,但同时又理想主义地期待一个具有超凡魅力的、能在议会与内阁之间居中行使权力的领袖式总统。他更

---

① 〔德〕沃尔夫冈·J. 蒙森:《马克斯·韦伯与德国政治:1890—1920》,阎克文译,中信出版集团 2016 年版,第 349—350 页。
② Martin Needler, "The Theory of the Weimar Presidency", *The Review of Politics*, Vol. 21, No. 4 (Oct., 1959), pp. 692-698.
③ Martin Needler, "The Theory of the Weimar Presidency", *The Review of Politics*, Vol. 21, No. 4 (Oct., 1959), pp. 692-698.

多的是从正面思考如何激活总统的领袖素质,比如如何确保总统能推荐合适的首相与内阁等问题上。蒙森指出韦伯在希望看到帝国总统的独立地位时并没有过多考虑如何确立法治国的保障。从韦伯政治著作的整体情况看,他的后期政治著述的确几乎没有提及法治国原则,这或许与他不是职业法学家有关,又或许与他隐约看到帝制时期精致法治国传统并没能解决德国宪制的根本问题有关。

而普罗伊斯则坚决反对授予总统不经责任内阁联署即可行使的更大权力,亦即他既关注如何使总统"立"起来(所以他支持直接选举产生总统),又关注如何使总统的权力能受到实质的宪法限制(所以特别强调总统必须受到来自行政内阁和外部议会的双重限制)。因此,"实际上普罗伊斯强调的权力平衡显然是有利于议会的,这个倾向最终还是占了上风"①。

所谓"这个倾向最终还是占了上风",主要是指《魏玛宪法》确立的最根本基调,即德国政体最根本的特点在于它首先是一个代议制的议会民主政体,魏玛德国政体的首要支柱是议会。② 对这一点普罗伊斯事后有明确表态。1925年他在柏林就《魏玛宪法》问题接受美国学者访谈。在论及《魏玛宪法》根本特征时,他首先提到《魏玛宪法》确认了新德国是一个代议制民主国家,代议制民主是其根本制度形式。③ 言下之意,《魏玛宪法》是在议会制民主政体这一根本基调下进一步布局代议制民主与民粹主义的直接民主之深层关系的。对后者的关照可以解释

---

① 〔德〕沃尔夫冈·J.蒙森:《马克斯·韦伯与德国政治:1890—1920》,阎克文译,中信出版集团2016年版,第349页。
② "A Representative and Parliamentary Democracy", Herbert Myers Kraus, *The Crisis of German Democracy: A Study of the Spirit of the Constitution of Weimar*, Princeton University Press, 1932, pp. 51-52.
③ Frederick F. Blachley and Miriam E. Oatman, "Hugo Preuss talks on the Weimar Constitution", *The Southwestern Political and Social Science Quarterly*, Vol. 6, No. 3, pp. 252-255.

为什么《魏玛宪法》设计了一个由人民直接选举产生的民选总统并赋予其极高的权力,并且将所有其他大国宪法都没有的全民公投因素纳入到了宪法之中。但1919年魏玛制宪者没能意识到过多的民粹民主与公投因素对议会制的良好运转并非好事。普罗伊斯当时主要是从其人民国家下的人民民主观来设计议会民主政体的框架的。

2. 如何理解民主的复杂性——普罗伊斯的人民民主观

普罗伊斯对议会制民主政体的信念由来已久。作为一名出身富裕家庭的犹太人、受过高等教育的社会民主党人、坚定的左翼自由主义者、主张地方自治的市民社会论者、支持1848年革命的法律—政治家、帝制时代现实王朝的批评者,普罗伊斯自始至终都是一个思想精英和少数派。[1] 从很多角度看,他都不属于典型的"人民"阶层——如果"人民"主要是指亚里士多德或叔本华(Arthur Schopenhauer)意义上那个人数众多的受教育程度不高的普罗大众的话。[2] 这位出身并非典型"人民"的政治精英沉迷于韦伯们关于民主革命与宪法改革的辩论,并在1914年之前就明确反对主流的主权观念与实证主义法律传统。

1881年针对社会民主党中出现的中央集权倾向,他指出"只有分散权力、自由释放所有力量,从而确立多中心格局,真正的政治自由才是可能的,政治生活存在于权力的表现形式中,而政治自由只能存在于诸权力要素之间进行正当斗争的可能性之中,因此它意味着这些要素的

---

[1] Peter C. Caldwell, "Hugo Preuss's Concept of the Volk: Critical Confusion or Sophisticated Conception", 63 U. Toronto L. J. 347, 2013, p.361.
[2] 叔本华说:"凡是对拉丁语一窍不通的人都属于人民",转引自〔德〕卡尔·施密特:《宪法学说》,刘峰译,上海人民出版社2005年版,第260页。

多样性"①。普罗伊斯深信人民的自治是议会民主政体的题中之义,或者说他坚持议会制民主与地方自治是相辅相成的两个事情,前者有利于后者,后者是对前者的诠释。② 由于深受基尔克与韦伯社会思想影响,他对"社会"本身这项重大功利始终保持认同。1889 年完成的博士学位论文《地方、国家和帝国》深受基尔克社团主义理论影响,尝试创立一种建立在团体理论基础上的德国国家结构,对抗当时占支配地位的格贝尔—拉班德国家法学说。③ 1902 年完成的普鲁士《市政法》和1906 年《德国城市宪制发展史》基本上延续了其博士论文的价值基调,核心是强调用宪制的市民社会国家取代俾斯麦—威廉二世的绝对威权国家。④

普罗伊斯批评以格贝尔—拉班德为代表的"单一主权理论"。这种理论的实质是将统治者等同于"全权的人民"的全权代表。职是之故,集结在联邦参议院的地方邦国代表们也是主权的实际拥有者,他们的首脑即帝国皇帝是超级主权者,是全部法律与行政行为合宪性的守护者,用拉班德的话说就是"宪法的守护者"。⑤ 单一主权结构将所有政治权力与所有政治责任都统一集中在某个中心,这个中心可能是作为肉身的君主本人,也可能是以君主意志为中心的某个统治机关。以此

---

① 〔德〕沃尔夫冈·J. 蒙森:《马克斯·韦伯与德国政治:1890—1920》,阎克文译,中信出版集团 2016 年版,第 346 页。
② Peter C. Caldwell, Stephen Cloyd, David Dyzenhaus, *Weimar: A Jurisprudence of Crisis*, University of California Press, p. 111.
③ Peter Stirk, "Hugo Preuss, German Political Thought and the Weimar Constitution", *History of Political Thought*, Vol 23, No. 3, 2002, p. 498. 同时参见,〔德〕格尔德·克莱因海尔、扬·施罗德主编:《九百年来德意志及欧洲法学家》,许兰译,法律出版社 2005 年版,第 324 页。
④ Peter Stirk, "Hugo Preuss, German Political Thought and the Weimar Constitution", *History of Political Thought*, Vol 23, No. 3, 2002, p. 498.
⑤ "Huter der Verfassung", Peter C. Caldwell, "Hugo Preuss's Concept of the Volk: Critical Confusion or Sophisticated Conception", *63 U. Toronto L. J. 347*, 2013, p. 369.

逻辑，拥有无限立法权力的帝国统治机构有权突破或违反各邦法。由此导致德意志各邦在宪法上的地位无一不受制于绝对单一主权权力结构的实质限制。作为各邦在联邦之代表机构的联邦参议院（Bundesrat）的边缘地位就是突出表现。①

到魏玛初期单一主权理论依旧是主流，与之相配的是纯粹形式的国家概念。"形式国家"理论对德国法治国传统又至关重要，或者说德国式法治国就是建立在此种形式国家概念基础上的。形式法治国强调国家本身是法律的创造者，法律是国家主权的产物，作为主权持有者的特定统治机构就是带着特定国家意志的国家主权本身。德国绝对单一主权传统由此区别于西方现代宪法史上强调"个人主权"与"国家主权"并存的二元主权观。

普罗伊斯反对上述单一绝对主权教义原则，理由有二。其一，这种观念蕴含着"谁是主权者，谁就是绝对意志，享有绝对权力"的意味，其他所有国家机构都必须彻底受制于它，这会内在地趋向反对分权制衡，而这相当于消解了所有公法。② 更直接而言，单一主权理论既不能给社会留出自下而上的充分的政治参与空间，又不尊重社会自由结社与联合的自主权利。③ 其二，单一主权理论造成的等级制结构既无法描述现实政治行动与生活的真实情形，也不能使中央政府回应和尊重地方需求，因而回避了现代国家与社会条件下实际情况的复杂性。④

---

① Rupert Emerson, *State and Sovereignty in Modern Germany*, New Haven: Yale University Press, 1928, p. 214.

② Peter C. Caldwell, "Hugo Preuss's Concept of the Volk: Critical Confusion or Sophisticated Conception", *63 U. Toronto L. J. 347*, 2013, p. 356.

③ Michael Stolleis, *A History of Public Law in Germany: 1914–1945*, translated by Thomas Dunlap, Oxford University Press, 2004, p. 55.

④ Peter C. Caldwell, "Hugo Preuss's Concept of the Volk: Critical Confusion or Sophisticated Conception," *63 U. Toronto L. J. 347*, 2013, p. 369.

也许是因为张君劢曾三度赴德留学访问,并有着曼海姆(Karl Mannheim)知识社会学强调的那种出色洞察力,他对拉班德以降德国实证主义宪法学传统及这种主流传统强调要将政治、历史、哲学因素等从宪法学研究中清除出去的宪法教义学方法论,保持着和普罗伊斯非常相似的反思态度。

"国家学者与《魏玛宪法》起草者柏吕斯数十年来在政治上立于反对党地位,持论不出乎国家与宪法两大问题,当时盛行之国家学说常以柏吕斯为好辩之著作家。每曰此乃政治论也,非法律论也。我人自今日观之,乃知此种批评之语,以自己为非政治的,以故人为政治的,乃出于一时之手段作用。实则彼等学说亦为一种政治势力,其学说之所以盛行,即出于政治上之力量。当时内政外交为一时平静时代,彼等乃创造所谓法理学,其目的在于维持当时现状,而自居于政治的纯粹的法律学派。彼等所重,在平日之司法行政问题,而于困难之政治问题,则置之不论不议之列。如是,正所以保护官僚政治而避免政治论也。官僚政治何以真空中作用,何以能出于内政外交具体情形之外。欧战之前,德国盛行之国法学说,即拉班德之法律论,实兼有两大目的,第一政府现状之正统化;第二避免政治上之难问题。彼等遇有国法学上之难问题,仅触及其表面上之相反情形而止,德国议会之不信任投票问题,以滑稽态度对待之。"①

"柏吕斯属于自由的与民主的反对党,对于当时盛行之主权论之矛盾与不明了,势难容忍。彼所致力者即在反对主权观念。彼深信自由与法治之学说,其思想与宪法主权论相近,而其主张法治国与宪法国之

---

① 张君劢:《德国新宪法起草者柏吕斯之国家观念及其在德国政治学说史上之地位》,载《东方杂志》第27卷第24号,第69页。

说,亦即所以对于君主与人民两方之权力为之确定界限。"①

张君劢洞察到拉班德实证主义宪法学的根本缺陷,即其不但无法实现自身宣称的要与政治切割的绝对客观化立场,反而还成为为现实君主统治进行合法化论证的理论工具。他准确识别到普罗伊斯在主权问题上与德国主流宪法理论所存在的根本分歧。这位民国宪法学家的洞见迄今亦不过时,因为"我国到底需要怎样的宪法教义学"依旧是当下中国宪法理论界需要进一步慎思明辨的议题。

从更广阔的视野看,拉班德主权概念与普罗伊斯反对的卢梭式人民主权意象有相似之处。二者都将人民作为客观实体并以这个实体作为制度的理论基础,但同时却又强调神圣的人民能与这个制度分离出来并且不受制于这个制度,亦即人民有权高于宪法与法律。以此推论,人民有权将议会变为自己的仆人,人民在道德上高于一切。这种单一绝对主权与人民公意至上论是普罗伊斯坚决反对的。他制宪时的总体思路是尽可能避免在抽象和形而上学上去界定人民与人民民主,试图走出抽象主权概念的困境。在普罗伊斯的观念中,民主即人民的统治虽然具有非常复杂的内涵和不同形式,但民主在任何意义上都不能是"人民民主专政"或"阶级专政"。实际上,1906年后在柏林参与现实政治生活的数年经历促使普罗伊斯形成了对苏俄式社会主义及其同质性人民观的反对立场。②

正确地理解"民主"的复杂性,需要理性地看待"人民"概念本身的复杂性。人民,既指一种单一的政治共同体但又指多元社会实体;人民

---

① 张君劢:《德国新宪法起草者柏吕斯之国家观念及其在德国政治学说史上之地位》,载《东方杂志》第27卷第24号,第70页。
② Peter Stirk, "Hugo Preuss, German Political Thought and the Weimar Constitution", *History of Political Though*, Vol 23, No. 3, 2002, p.499.

既先于宪法与决定宪法,但在实践中"人民"又要由宪法予以界定和限制;人民既是国家的基础,然而人民始终又并不完全与国家融洽一致。这样的"人民观"意味着普罗伊斯对多元主义、个体差异性、政党政治等与议会民主制相匹配的宪制价值元素均保持了最基本认同。

在起草《魏玛宪法》时,他坚持在一种能容纳多元性与差异性的维度上根据不同情况具体地界定"人民"主权的内涵:"人民"的抽象主权者地位经由《魏玛宪法》第1条得到总括式确立,而人民的具体主权则透过第1编关于联邦制与议会制的总体架构得到直接具体表现。

3.《魏玛宪法》的根本政治决断——德国必须走民主共和的道路

从《魏玛宪法》的国家权力架构看,德国领导阶层选中的这位法学家盟友坚定地站在自由主义议会民主制这一根本立场来构思新宪法。以普罗伊斯为代表的制宪者"代表"德国人民作出的根本政治决断是:德国建立以议会民主制为政体基础的"人民国家"(Volksstaat)。这个"民主的人民国家"(Demokratischer Volksstaat)虽然依旧是那个德意志民族即"德意志统一人民"的国家——《魏玛宪法》序言强调德意志人民在种族或民族意义上始终是一个历史的连续的统一体,但其政治体制必须翻新。①

这就是说,从国家制度的形式上(state form)讲,《魏玛宪法》构造的德意志国家绝不再是王朝国家(a state of princes),而是人民国家(a people's state)。王朝国家奠基于最高首领恺撒的神圣权力基础上,

---

① 关于1871年宪法与1919年《魏玛宪法》的历史联系或者说历史承接关系,是德国宪法史上颇有争议的一个问题。

1871年德意志帝国宪法中的恺撒实质上就是指普鲁士君主,1871年宪法秩序即是以君主决断主义的威权为基本特征。① 而人民国家以人民主权为基石,以民主为基本原则。由此,新的宪法,必然不再是维系王朝统治与威权国家的政治纽带,而是人民国家实现民主政治的总规则。由此,虽然宪法中的"人民"依旧是那个种族或生物学意义上的德意志人民,但《魏玛宪法》却是一个"新德国"的宪法(尽管从社会结构上将德国还是旧的)。

新在哪里?所谓新,主要是从形式上的国家统治结构而言的,主要包括两点。第一,新德国必须是一个联邦制-共和政体,这是与1871年宪法的一个根本差异。在1871年帝国宪法体制下,联邦制或者说联邦主义从未得到真正落实,联邦主义更像是德意志很多邦对帝国政治纵向结构的一厢情愿的期待与想象,就帝国政治秩序的整体情况看,单一制与一体化倾向是第二帝国宪制实践的根本状态。②《魏玛宪法》要打造更为实质的联邦-共和结构,实质的联邦—共和核心是要在宪法框架内维护每个成员邦的政治存在,因此规范意义上的联邦宪法,包含着对每个成员邦的政治存在的保障。③

所谓共和,包括纵向与横向两层意味,横向上首先意味着必须在帝国和邦国层面均废除君主制,同时德国的联邦成员国在宪法中不再称"邦"而用更中性的"州"。④ 纵向上指德国要成为真正的联邦制国家,这涉及联邦政府与各州政府在立法、司法、行政、财政、军事防务、铁路

---

① Herbert Myers Kraus, *The Crisis of German Democracy: A Study of the Spirit of the Constitution of Weimar*, Princeton University Press, 1932, pp. 14–18.
② Herbert Myers Kraus, *The Crisis of German Democracy: A Study of the Spirit of the Constitution of Weimar*, Princeton University Press, 1932, pp. 28–29.
③ 〔德〕卡尔·施密特:《宪法学说》,刘峰译,上海人民出版社2005年版,第387—388页。
④ 《魏玛宪法》第17条促成邦的民主化,限制了邦恢复君主制的能力,最大邦普鲁士的民主化被认为是《魏玛宪法》最积极的民主化成就之一。

交通、教育、宗教事务和地方政府监督等诸多领域的权力配置问题。《魏玛宪法》第 17 条规定不仅各州都要有一部共和制宪法,这意味着各州必须废除君主制,而且各州人民代议机构如同地方代表机构一样都要按照与全国选举法基本一致的选举法进行选举,州政府必须取得人民代议机构的信任,但选举年龄由各州宪法自己决定。

在联邦制问题与政体纵向结构上,一个最关键的问题是必须将德国从旧的普鲁士体制中解放出来,也就是要解决德国与普鲁士的并存问题,因为之前德国几乎是一个被普鲁士化了的德国。在俾斯麦特别强调一体化的体制惯性下帝国与各邦几乎没有出现过特别严重的冲突,直到一战期间这个局面才有所变化。① 人口与领土面积占全德三分之二之多的普鲁士邦的存废去留问题是新宪法要认真对待的结构性难题,在宪法与政治理论上,这个结构性难题就是著名的普鲁士霸权问题(Prussian hegemony)。② 普鲁士这个"巨人邦"与德国其他"侏儒邦"的相互政治关系、普鲁士与中央政府的相互关系问题,实质上就是一个德国版本的大邦小邦利益分配与妥协问题,抽象而言,就是一个如何构建纵向共和政体的大问题。魏玛制宪围绕这个问题展开了最为激烈的论辩。

普罗伊斯最初打算通过一个国务委员会实现这一点,委员会成员由各州议会选出并具有上议院性质,相当于与众议院并存的美国参议院。但各州政府坚决反对并获得成功,它们要求规定一个代表各州的机构,就像过去参加帝国的"联邦议会"那样,各州直接参加。制宪会议

---

① Herbert Myers Kraus,*The Crisis of German Democracy: A Study of the Spirit of the Constitution of Weimar*,Princeton University Press,1932,p. 107.
② Herbert Myers Kraus,*The Crisis of German Democracy: A Study of the Spirit of the Constitution of Weimar*,Princeton University Press,1932,pp. 30-31.

接受了各州的这个意见,宪法由此设置了"参议院"。因此就引出联邦参议院的议席应如何分配这个问题,而这个问题的关键就是普鲁士问题。如果按选民人数分配,普鲁士这个巨人州简直威力无比,将使参议院形同虚设。宪法试图用两条附加条款防止出现这种情况:一条规定任何一州的席位不得超过五分之二;一条把普鲁士的席位一分为二,只有一半由普鲁士政府控制,另一半则由普鲁士各地方行政机构指定。以此消除有害的普鲁士力量优势的危险。参议院最重要的权力是对联邦议会(类似众议院)的法律行使否决权,同时宪法第74条又规定议会能以三分之二的多数推翻参议院的否决。[①]

总体看,普罗伊斯主张通过肢解大普鲁士为10个小邦以便促成帝国内部各邦平衡的方案被否定,大普鲁士方案被保留,但《魏玛宪法》还是引入了联邦制原理以削弱普鲁士的优势。《魏玛宪法》第1条开宗明义确定德意志为联邦共和国,第1章对德意志联邦的组织结构与职责范围作了详尽规定,足见普鲁士霸权问题对德国宪制转型的关键性。张君劢在《德国及其邦宪法对于世界法制史上之新贡献》《德国新共和宪法评》中也反复强调要了解德国宪法者,不可不知普德之关系。[②] 这种重要性既是历史造成的,亦即普鲁士垄断德国政治实权乃是1848年后德国政治结构的基本特点;同时,也是基于联邦制构造本身对奠定民主共和政体具有关键指征意义。

虽然普罗伊斯试图通过肢解普鲁士以促进内部各邦平等的方案被制宪会议代表否决(其实之前韦伯也反对肢解普鲁士,主要是考虑到普

---

① 〔瑞士〕埃里希·艾克:《魏玛共和国史(上卷)——从帝制崩溃到兴登堡当选(1918—1925年)》,高年生、高荣生译,陆世澄校,商务印书馆1994年版,第75—76页。
② 张君劢:《德国及其邦宪法对于世界法制史上之新贡献》,《宪政之道》,清华大学出版社2006年版,第303页。

鲁士作为中流砥柱之国对维系德国统一的意义),但《魏玛宪法》第1章第18条等若干关键条款表明,制宪会议在两个问题上最终还是达成了底线共识。其一,必须改变俾斯麦宪法下的畸形之联邦,促进德意志诸邦平等之结合;其二,必须落实共和革命精神,即要各邦尽易君主而为共和,改变帝制时代以普鲁士为重心、以各邦王室利益共同关系为基础的极端中央集权模式,进而促使"普鲁士之军国主义也,普而消纳于各邦之中"。"此次革命告成,各邦尽易君主而为共和","于是乎德意志新宪法之第一问题,则为普鲁士之分割与小邦合并"。①

施密特对宪法与联邦制之关系亦给予相当关注,而且将这个问题与其制宪权理论勾连在一起。他认为在以俾斯麦宪法为立国之本的德意志帝国,主流宪法学说对联邦制的研究是薄弱和空洞的,到以《魏玛宪法》为立国之本的德意志第一共和国,有关联邦制的最大历史挑战是,今日之德国不能是昔日帝国虚假联邦的残余,它需要具备真正的联邦属性。这意味着需对联邦制理论进行充分研究。有趣的是,施密特从其绝对宪法概念即宪法是制宪权决断出发,指出通过宪法而达成的联邦协议本质上乃是一种制宪权行为。② 知悉施密特制宪权之思想实质的人都能明白,这无论与普罗伊斯从民主政治角度思考联邦制,还是与联邦党人讨论联邦制的切入点,实际上还都存在差异。施密特强调同质性的德意志人民的统一意志,联邦制受制于并服务于这一统一意志;普罗伊斯承认人民内部之分化与差异之必然性,其多元化人民观与其对联邦制之政治功能的理解一脉相承;联

---

① 张君劢:《德国新共和宪法评》,《宪政之道》,清华大学出版社2006年版,第255—257页。
② 〔德〕卡尔·施密特:《宪法学说》,刘峰译,上海人民出版社2005年版,第386、392—393页。

邦党人则立基于古典自由主义及其有限政府的理念,主要将联邦制视为限制政府权力的手段。这个简要对比可揭示人民观与联邦制观念的深层联结。

从体系化解释视角看,张君劢看重的第18条规定了联邦主权与各邦主权的总体界限与关系,实质上是对《魏玛宪法》第1条的某种具体化。张君劢认为这一条明确了魏玛共和国与旧帝国建国基础的根本差异,即前者是全体德意志人民,后者是以普鲁士君主为领袖的诸君主之意志。尽管不同宪法学者对这一条的体系地位可能会有不同理解,但无论如何,张君劢对第18条的此种理解显示他敏锐地看到了联邦制对建构人民主权政体结构的内在意义。而在现代政治-宪法理论上,"联邦"之于"共和"的构成性意义始终是根本性的顶层设计问题,想想,即使施密特这样坚决反对《魏玛宪法》联邦制原则的宪法学家,也曾在规范意义上高度重视联邦制问题并将其提炼为所谓联邦宪法学。

第二,"新德国"新在它是议会制民主政体,这意味着要建立真正有效的议会制民主政府。典型议会制民主政府体系,最根本的一点是指整个联邦行政系统必须被放置在议会控制与监督之下,即总统①、总理②、内阁③均受制于作为人民代议制机构的议会多数派的权威制约,议会有三分之二多数赞成就可以提出总统罢免动议,罢免表决以全民公投表决形式行使;总理与内阁需得到议会信任。因此宪法力求让新

---

① 第25、41、53、73条是主要的规范依据。
② 第53、55、56条涉及总理制。不过,在魏玛共和国政治实践中总理制几乎没有系统地得到实施。
③ 第53、54、57、58条是主要规范依据。

的议会不像帝制时期的"帝国议会"①那样,只是一个君主制控制下的橡皮图章。新宪法确立真正有实权的议会制民主机制,这一机制乃是德国政府体制的核心。第45条、第50条、第54条、第59条总括性地确立了议会多数对于行政系统的控制权威,这与非常倚重军队官僚系统、政府官僚系统、警察系统治国的1871年宪法体制相对照②,乃是一个非常大的民主化变革。

与此同时,魏玛制宪者深受德国政治思想中的议会专制主义恐惧症情结影响,因此,宪法将总统作为一个充分平衡议会的力量。当时以马克斯·韦贝尔(M. Weber)为代表的民主派议员或许都深受韦伯选举总统制理论影响(尽管他们支持直选总统制的出发点可能不完全重叠)。这些议员称直接选举领袖的权利为民主大宪章,认为通过全民选举就能使总统有可靠的基础。③《魏玛宪法》规定了由人民直接选举总统,总统在国际上代表德国,有权任命联邦政府的总理并赋予总统解散议会和越过议会向人民发出呼吁启动公投的权力,拥有第48条所规定的紧急状态独裁权。普罗伊斯对这个第48条非常关注,在他向制宪大会提交的宪法草案第一稿中,这个条款的雏形就已经出现。普罗伊斯的基本立场是,只要能将其构筑在宪制国家的框架中,那么紧急状态独

---

① 帝国时期的议会,即"帝国议会"(the Reichstag, staatenhaus),是与帝国的"联邦参议院"(bundesrat)相对的"众议院"。

② 奠定1871年后德意志帝国政府体制威权主义基调(the authoritarian governmental tone)的主要支柱就是军事官僚、行政官僚与警察,其中军队的影响具有尤为重要的支配性影响,参见 Herbert Myers Kraus, *The Crisis of German Democracy: A Study of the Spirit of the Constitution of Weimar*, Princeton University Press, 1932, pp.18-19。跳出学科壁垒,魏玛时代德国宪法学家的这一制度分析其实与德国历史学家迈内克对1871年后德国的军事国家主义传统的反思评论吻合,迈内克关于普鲁士军国主义兴起及其与20世纪纳粹崛起之关系的分析,参见〔德〕弗里德里希·迈内克:《德国的浩劫》,何兆武译,商务印书馆2012年版,第2章"第二帝国建立以前和以后的德国人民"。

③ 〔瑞士〕埃里希·艾克:《魏玛共和国史(上卷)——从帝制崩溃到兴登堡当选(1918—1925年)》,高年生、高荣生译,陆世澄校,商务印书馆1994年版,第72页。

裁权条款的风险就是可控的。① 具体言之,只要议会能对总统的行为进行有效控制,紧急状态条款赋予总统的特权就不会异化为独裁或专制。需要指出,魏玛制宪会议上出现过反对第 48 条紧急状态权力条款的声音,但由于历史传统(第二帝国宪法自始就存在关于紧急状态权力传统)与现实政治(1919 年魏玛共和国自身深处巨大的压力)的复杂原因,这些反对意见没有得到重视。

体系地看,《魏玛宪法》第 1 编总共 7 章,主体内容就是界定议会、总统、总理与内阁这四者的权源与关系。这四者之间错综复杂的内在结构与相互关系是魏玛共和国议会制政府体制的真正内涵所在,也是《魏玛宪法》的国家统治结构的基本要素。第 1 编第 3 章将狭义的政府系统即行政系统分为两个部分——总统与总理(内阁),《魏玛宪法》规定总统的全部法令需由总理或内阁部长联署,制宪者认为这能使总统充分与议会制度连接在一起,因为总理与内阁行使职权须取得议会中多数信任。

但由于议会主要按政党或议会党团组织运作,这使得议会与三个行政系统分支的关系都必然深受德国政党政治状况的影响,进而使德国议会制政体的理论与实践均必然包含并受制于有关政党政治的情况。

不幸的是,魏玛共和国政党制度与政党政治恰恰存在一个长期得不到解决的问题:政党林立,各政党严重缺乏共同关切,政治共识阙如。这个问题与《魏玛宪法》中引入的比例选举制有复杂关系(尽管比例代表制不是造成魏玛时期德国政党政治问题的全部原因),或者说,比例

---

① Clinton L. Rossiter, *Constitutional Dictatorship, Crisis Government in the Modern Democracies*, Princeton University Press, 1948, p. 35.〔美〕罗斯托:《宪法专政——现代民主国家中的危机政府》,孟涛译,华夏出版社 2015 年版,第 48 页。

选举制进一步使得选举实际上不是把有能力的独立议员个人选进议会而是把政党选进议会。瑙曼在委员会讨论中就针对比例代表制提出过严重顾虑。一个顾虑是比例代表制一般不适合确立政治领导集团。瑙曼指出,在议会制中组成政府的前提是要有能交替执政的大党。虽然由于历史的和宗教的原因,德国不可能实行英国、美国那样的两党制,但他认为在德国是有可能实行少数大党制的。另一个顾虑是比例选举制切断了议员与自己选区的联系,偌大的德国只分为35个选区,这样的选区太大,不能使选民之间或选民与议员之间产生休戚相关的感情。在这个制度下,选区里一位选民投票选举一张名单,但至于这张选单是如何产生的,选民实际上没有影响力。选单是少数特别忠于政党的选区领导人确定的。第三个顾虑是比例选举制下选区的扩大增加了金钱对选举的实质影响力:因为这种情况下使议会竞选需要更多资金,这使财力雄厚的利益集团对选举的操纵变得更加容易,独立的有政治才干的独立议员很难进入议会。①

这些因素都表明比例代表制会对议会民主制造成诸多妨碍。瑙曼完全正确地预见到比例选举制根据其性质必然会导致政党林立与议会政治极化。这种状态严重影响了魏玛共和国后面民主政治的健康发展,使现实政治运作偏离了魏玛制宪者关于这四者关系的初衷,主要体现在:作为议会制的一个要素的总理制没有得到真正实施,总理制与总统制的关系陷入不清晰、不平衡状态——特别是1930年大联盟政府破裂后,上台的几任总理都不再拥有议会多数信任,因此只能依靠总统对他们的信任执政,而这又是因为总统可以在议会发起不信任投票进而

---

① 〔瑞士〕埃里希·艾克:《魏玛共和国史(上卷)——从帝制崩溃到兴登堡当选(1918—1925年)》,高年生、高荣生译,陆世澄校,商务印书馆1994年版,第70—71页。

可能解散议会;而依据宪法能制衡总统的议会偏偏长期形成不了稳定的多数党,总统有避开议会与总理制约的制度依据与契机;等等。所有这些都致使制宪者的一些原初设想未能落实。

不过,指出上述宪法实施的效果问题,并不影响对魏玛制宪者预设的原初政体理念的解析。《魏玛宪法》的第1编虽然叠床架屋极为繁复,但统摄第1编7个"国家统治结构"章的总体原则却是明确的,就是联邦制与议会制。而这两个问题正是韦伯在参与魏玛制宪前就非常关注并撰写了大量论文予以讨论的。

建立真正的联邦制与真正的议会制相结合的国家,是《魏玛宪法》的一个总体纲要,亦是韦伯这样的德国自由主义者们的政体理想。联邦制对内意味着国家统治结构去君主制与去等级制,对外意味着国家统一,即军事与外交权由联邦统一代表行使,此之谓"联邦—共和"。议会制意味着国家意志形成过程(立法权)与政府的政治治理(行政权)均在议会多数权威控制之下,司法权独立,法官只对宪法与法律负责,此之谓"民主-共和"。

1932年,在普林斯顿大学访学交流的一位德国宪法学家向美国同行分析魏玛民主政体与《魏玛宪法》时提出,第1条"德意志帝国是一个共和国,共和国的一切权力来源于人民"就是对"共和"与"民主"这两个根本价值基准的总括式表述,这一条具有法律与政治上的双重意义。从宪法解释学上讲,所谓法律意义,是指对《魏玛宪法》其他条款的解释都可能需要追溯或考虑到与第1条的内在融贯,亦即第1条是进行合宪性解释的首要基准。所谓政治意义,则指这条意味着德国通过这条规范正式宣布拒绝苏维埃共和国模式,德国是民主共和国而不是阶级专政的共和国(a class-dictatorship republic),此种阶级专政共和国在当时德国资产阶级制宪者看来就是"非民主的共和国"。①

参加了《魏玛宪法》审议的法学家埃里希·考夫曼曾精辟概括迫使德国政治精英作出议会制民主政治决断的深层时代动因。这个动因就是,面对俄国十月革命布尔什维克主义威胁,各主要资产阶级政党均认为只有选择议会民主制才能抵御苏俄革命侵袭,即德国要避免成为第二个俄国就必须首先确立议会制政体。② 因此可以说议会民主制更像一种战术选择,一种防止德国苏维埃化的战术选择。

考夫曼的姿态具有典型意义,他是新教背景的君主主义者、民族主义者和中央集权论者,在一战之前的相当长时期内,他都是黑格尔国家哲学与主权理念的粉丝,这个思想背景加上一战德国战败的刺激,可以基本解释他在魏玛时期为何成了反对传统法律实证主义的干将。考夫曼认为仅仅依靠宪法与法律机制无法实现德国在民族政治上的全部抱负,答案应该到支配宪法法律的德意志文化与伦理基石等传统因素中去探寻。③ 在宪法审议过程中,考夫曼与普罗伊斯多次针锋相对,但他似乎在法律上完全接受了《魏玛宪法》关于议会制民主政体的根本政治决断。这就引出施托莱斯谈到的另一个相关现象,即德国宪法学界虽然很多人不喜欢魏玛共和国,但职业素养使他们必须接受《魏玛宪法》及其确立的法秩序。④

---

① Herbert Myers Kraus, William Starr, *The Crisis of German Democracy: A Study of the Spirit of the Constitution of Weimar*, Princeton University Press, 1932, pp. 47-48. 从他的这份讲义看,魏玛德国这位宪法学教授在1932年就准确预感到了《魏玛宪法》及其确立的民主政体将被德国复杂的政治社会局势吞噬。

② Michael Stolleis, *A History of Public Law in Germany: 1914-1945*, translated by Thomas Dunlap, Oxford University Press, 2004, p. 65.

③ Stephen Cloyd, "Erich Kaufmann", *Weimar: A Jurisprudence of Crisis*, Arthur J. Jacobson, Bernhard Schlink(eds.), University of Califonia Press, 2000, pp. 189-190.

④ Michael Stolleis, *A History of Public Law in Germany: 1914-1945*, translated by Thomas Dunlap, Oxford University Press, 2004, p. 46.

从德国根深蒂固的实证主义法律传统看,这个现象有内在必然性,因为实证主义的一个基本职业理念就是:政治上的不满或压力不应影响法律界专业工作的进行。实证主义者们(比如安许茨)虽然政治上对民主可能并无多么热烈的感觉,但他们认为可以将政治考量与宪法条文的形式意义区分开来,亦即都在形式上接受了新宪法(从这个角度上讲也可以说此种法律实证主义并不是反魏玛民主的)。① 虽然考夫曼在看待法律实证主义传统上与安许茨等实证主义者针锋相对(安许茨在德国公法学界以对1871年帝国宪法与1919年《魏玛宪法》作出的教义学建构著称,其在国家法理论上的原创性并不出色),但作为带着深沉的保守主义-民族主义情结的1914爱国主义者,考夫曼在工具意义上接受《魏玛宪法》也就与实证主义者安许茨们接受《魏玛宪法》一样,成为自然而然的结果了。从此种意义上讲,无论安许茨还是考夫曼,其实都是魏玛德国政治文化中理性共和主义者(vernunftrepublikaner)现象的生动例子——尽管安许茨与考夫曼对自由民主的认同程度又存在重要差异。

一般认为魏玛时期很多法律实证主义者比考夫曼-斯门德-施密特等政治宪法学论者可能更愿意接受自由民主,这种差异可在凯尔森与施密特身上得到一种典型的反映,但必须说,德国法律实证主义宪法学家绝大部分都是在1848年后"去政治化的德国式自由主义"的语境下去理解宪法与自由、宪法与民主的关系。指出这一点既对理解《魏玛宪法》后面的命运具有重要意义,同时,也有利于澄清我国学界有关研究的误区,即将第二帝国以来的德国宪法教义学、法律实证主义传统与自

---

① 〔德〕彼得·C. 考威尔:《人民主权与德国宪法危机》,曹晗蓉等译,译林出版社2017年版,第67页。

由主义笼统地等同视之。应该说,第二帝国以来的德国宪法教义学及其背后的实证主义法律传统与现代共和革命以降规范性的自由民主宪制理念之间是存在一个很根本的鸿沟的。

总的来说,在那个时代普遍的政治分裂情境下,专业化、技术化从而可能也是机械地接受一部新的民主宪法的倾向,广泛存在于公法学界与德国社会知识界,它从侧面暗示德国存在对落实《魏玛宪法》民主政治决断可能不利的深层心理与社会因素。

普罗伊斯与反法律实证主义者考夫曼及法律实证主义者安许茨都不同。他以宪法起草人身份代言了这一根本政治决断,既是环境与使命使然,也是出于个人对代议制民主本身的政治信仰。这从他一以贯之的社会观与人民国家观能窥见一斑。在他的民主观中,议会制的正当性源自这个代议制机构具有民主基础,因为议会中的党团与成员来自多元化的社会,因而议会制政府的要求就是一种民主的要求,议会制政府就是人民代议机构可以对政府施加实际控制的政治体制。因此议会制民主就是人民民主的基本形式。

张君劢在依托第18条阐释了联邦制是魏玛民主政体根本元素之一的同时,亦不忘明确指出,魏玛民主政体的另一个根基是议会制。

"《魏玛宪法》之根本精神,曰国民主权,而行使此国民主权者有二机关:曰议会,曰总统,二者皆有民选而出者也。议会之所为,自以为能代表民意,总统可反对之曰,此非真正民意也。既已反对之,则其最终之解决,亦曰还问之国民而已。此议会之决议,总统所以能提交国民投票者,其根据在此也。反之总统所为,自以为能代表民意,议会可反对之曰,此非真正民意也。既已反对之,则其最终解决,亦曰还问之国民而已。此则议会所能提出动议,令总统去职,且将此问题由国民投票决定也。如是,德内阁之基础,厥在议会政治,然议会政治之后,尚有最后之主人翁,是曰国民。故谓德意志宪法之精神在国民的议会政治可焉。"

十一月革命后德国处在陷入工农苏维埃专政的紧急情形中,普罗伊斯作为左翼自由主义者在《柏林日报》发表题为"民主国或倒退之专制国"的文章,在张君劢看来,此举几乎可用大无畏精神来形容。① 因为当时的情境意味着,普罗伊斯是以一个资深少数派身份,为敌对的、势不两立的革命冲突各方寻求妥协渠道。在他的理想情怀中,议会制就是可以安顿不同政治力量及其多元诉求的一种民主政治机制,因为议会制民主政体建基于包容性政治观念之上。

"《魏玛宪法》中所成立之国家观念,欲求一正当之名以名之,可名曰内政上国家之中立性。国家之中立性者,实由资产阶级与劳工阶级欲在《魏玛宪法》中求得一两方所共同承认之调和方法而起者也。此方法何在?即法治国之方法,法治国在内政上之冲突,可以贡献最大限度之中立性也。此种国家所有能具有中立性者,以其对于政治上之党派在国会中或宪法议会中占有多数者,皆与以一条公开之路,与夫同等之机会。各党能遵守宪法上取得多数之方法,则不论其结果如何,咸为此种国家所承认。在此范围之内,国家无论对于何派,立于中立地位。《魏玛宪法》因此之故可以视为各阶级之休战条件,以各阶级咸认此公共国家也。反是者,各派各利用其宪法上之权利,以毁坏此公共基础及夺取敌人之同等机会,则此种国家失去中立性矣。"

张君劢不仅分析了支撑普罗伊斯议会制民主的理念基础即自由主义国家中立性原则与政治自由原则,而且还指出,普罗伊斯意识到国家

---

① 张君劢:《德国新宪法起草者柏吕斯之国家观念及其在德国政治学说史上之地位》,《东方杂志》第27卷第24号,第73页。

与国家法律并不能彻底解决实质平等问题,实质平等是一个永恒的难题。法治国与代议制民主机制能提供的只是一种"法律上的平等",在这种法律轨道上,实质上可能并不平等的个人与社会团体以及他们所代表的不同政治价值可以得到平等展现或被平等对待。因此建立在此种代议制民主上的国家,并不是全知全能型国家,而毋宁说是一种不干涉的、旁观的、怀疑的、不可知的国家,是各种"社会力"汇合在一起凝结而成的国家。① 这个国家观念非常接近凯尔森纯粹法学的国家概念,即国家就是一种法律形式和一种规范秩序。

对《魏玛宪法》蕴含的根本政治决断之明确性,施密特是承认的,他做过极具代表性的总结:"究竟是要君主制还是共和制,是要选择无产阶级专政的苏维埃共和国还是选择立宪民主政体的自由法治国?《魏玛宪法》对这个问题作出了明确的政治决断,这种决断毫不模糊,所谓《魏玛宪法》包含着对立宪民主制的根本政治决断。"② 施密特认为这是一个实质性政治决断,所谓实质性决断是指它是魏玛宪制的根本运作规范。③ 它是在1919年复杂紧要的局势下,在魏玛国民议会与德国社会存在强烈对抗意见的情势下,由普罗伊斯等少数制宪力量代表德国人民作出的政治决断。只不过,施密特认为这一决断会危害德国国家利益与安全,因而是一个错误的决断,因此他后来会去全力解构议会制民主的正当性。

晚近德国公法史学家施托莱斯亦曾特别谈到这一决断的根本性与明确性。他指出:尽管无数人抱怨《魏玛宪法》就是一个政治价值大杂

---

① 张君劢:《德国新宪法起草者柏吕斯之国家观念及其在德国政治学说史上之地位》,《东方杂志》第27卷第24号,第75页。
② 〔德〕卡尔·施密特:《宪法学说》,刘锋译,上海人民出版社2005年版,第34—40页。
③ 〔德〕卡尔·施密特:《宪法学说》,刘锋译,上海人民出版社2005年版,第37页。

烬,但这部宪法还是蕴含着一种根本政治决断,就是德国必须成为一个实行议会制与联邦制的法治国和共和国,以普罗伊斯为代表的制宪者代表德国人民作出了这一根本政治决断。①

但是,一个关键问题出现了,在1918—1919年,普罗伊斯们与国民议会的"代表性"与"制宪权"始终备受质疑。十一月革命后德国在全国层面和地方层面均出现了临时政权,严格而言这些政权并非经正当法律程序而产生,因为彼时1871年宪法秩序下的所有代表机构(主要是指联邦参议院与联邦国会)均已停止运作。加上很多群体和阶层被排除在临时政权之外,人民中的大部分人并未实际出场明确表示他们支持建立魏玛共和国。② 因此,左翼和右翼一度对新生共和国及其代表机构之合法性提出尖锐质疑。左翼方面德国共产党及其领导的工农运动均不承认魏玛国民议会的代表性。右翼方面则涌现关于什么是真正的德国革命的讨论,认为如果诉诸统一德意志人民的权威和人民的本能意愿去界定十一月革命,则可以说那个统一的全体德意志人民并没有出现在革命中,革命本身都没有真正的合法性基础。

应该说,这是所有民主革命都要面对的实质的"人民"概念和实质的"人民的原初制宪权"问题,是经典的"革命有没有制宪权"的问题。在魏玛制宪准备阶段与国民议会期间,"何为人民""人民在哪里""人民的原初制宪权如何实现"这类问题也同样凸显出来,成为普罗伊斯要回应的另一个总体性问题。

---

① Michael Stolleis, *A History of Public Law in Germany: 1914-1945*, translated by Thomas Dunlap, Oxford University Press, 2004, p. 46.
② Peter C. Caldwell, "Hugo Preuss's Concept of the Volk: Critical Confusion or Sophisticated Conception", 63 *U. Toronto L. J.* 347, 2013, p. 353.

四、《魏玛宪法》二元民主结构的思想实质

面对各种政治力量对议会制民主强烈的对抗性意见,他一方面要确保新宪法根本基调不偏离议会制民主,另一方面又必须寻找能最大限度满足所有政党所有阶层不同制宪主张的中间路线,以回应反对议会制民主、质疑魏玛国民议会之代表性与制宪正当性的普遍意见。

这就涉及普罗伊斯对制宪权的态度及其政治妥协姿态。实际情况是这位宪法之父对制宪权理论并不感兴趣,也拒绝从"原初制宪权"角度界定人民民主,但他富有妥协性地为新宪法引入了能表达制宪权意欲表达的那种实质民主元素的制度机制,即直选总统制与人民公决-复决这样民粹主义色彩较强的直接民主机制。

《魏玛宪法》民主结构由此呈现出古典代议制民主与民粹主义的直接民主混合并置的二元化特点。总的来看,十一月革命后的政治局势、观念裂痕和普罗伊斯们意欲寻找中间路线的制宪思路等主客观因素合在一起,促成了《魏玛宪法》最终出现一个复杂的叠加的人民民主结构,促成了这部直接民主色彩与诉求极为强烈的"最民主的宪法"。

1. 普罗伊斯回应制宪权难题与直接民主诉求的思路

德国当代宪法学家默勒斯用"二元化民主"概括这个复杂结构。所谓二元化民主,就是《魏玛宪法》确立了一种双重正当性结构:一方面,它建立了正式的民主制度,即以议会为主导、强调政府对议会之责任的议会制民主政体。但另一方面,对宪法设计者普罗伊斯而言,需要在制度上回应反对议会制的普遍意见。默勒斯认为,这是《魏玛宪法》具有

民主二元化的根本原因。这个二元化民主秩序中的另一元就是《魏玛宪法》既建立了由直选产生的帝国总统这样的宪法机关,又引入了全民公决和准民粹主义制度。①

从魏玛制宪的处境和普罗伊斯个人思想脉络着眼,引入这样一种二元民主模式大致出于三方面的考量。

第一,为了回应各种反对代议制民主的意见以确保新宪法顺利通过。魏玛共和国的最大政治现实是大量政治集团和中小党派以及广大的中产阶级都存在不同程度的反民主思想,确切而言是反自由主义-民主思想。这些反对意见对自由主义代议制民主发出的共同责难是:议会无法真正全面反映民意,议会容易沦为政党政治机器,议会容易被利益集团操纵。因此议会民主根本就不是真正的民主。换言之,德国社会普遍将帝制时期以来议会政治中出现的种种弊端归咎于抽象的作为政体的议会制本身,而不是从德国君主制政治传统与威权结构等视角去分析造成德国议会幼稚病的复杂原因。

与此种世态民情互为因果关系的另一智识因素是,德国历史学家与国家法学家在很长时期内非常重视将民主与自由主义相分离,他们尽可能去定义一个非自由主义的民主。这种非自由主义的民主思想传统导致个人自由、个人与地方自治等关乎民主之品质的核心价值元素在 1919 年之前无法获得德国主流国家法学的认可。与自由主义切割开来的民主思想传统还导致德国知识界所构想的民主理论习惯于从统治者与被统治者的统一意志角度去界定民主。②

---

① 〔德〕克里斯托夫·默勒斯:《我们(惧怕)人民:德国立宪主义中的制宪权》,赵真译,载郑永流主编:《法哲学与法社会学论丛》(第 19 卷),法律出版社 2015 年版,第 115 页。
② 〔德〕库尔特·松特海默:《魏玛共和国的反民主思想》,安尼译,译林出版社 2017 年版,第 4—5 页。

显然，此种非自由主义的一致性民主思想传统，与普罗伊斯想在魏玛制宪中界定的自由主义-多元主义民主存在重要差异。制宪者始终面临着来自德国历史深处的非自由主义民主思想的诘难。

普罗伊斯本人的态度比较明确，他承认实践中的德国议会制政治的确出现了种种令人忧惧的利益集团现象，也非常担心德国的政治政党缺乏共同的国家关切，担心德国的政党在多元主义上走得太远以至难以承担起政治领导责任。但他坚持认为这些问题并不是议会制导致的，因此不能因噎废食就此否定多元主义议会制民主本身。解决之道是在新宪法中通过导入更为直观的直接民主机制即直选总统与全民公投作为对代议制民主的监督制约，从而弥补德国政党政治的弊端。① 这种认知立场促使普罗伊斯坚信，新宪法中那个强有力的总统必须由人民直接选举产生，而不是由议会选举产生。这个制度设计被视为魏玛制宪者对民众中各种反议会制民主情绪的重要妥协，也是对社会主义宪法诉求的回应。

第二，除了政治妥协考量外，引入准民粹主义机制也不抵触制宪者所预设的魏玛共和国国家权力结构的内在逻辑需要。普罗伊斯1925年5月在柏林回答到访的美国学者就《魏玛宪法》总统制的提问时特别指出：总统权力的配置与全民公投是魏玛制宪期间的最大争议点，当时的确存在比较强烈的直接选举与直接民主吁求，但是我认为总统主要还是一种用于抗衡议会的制度设计，只不过如果他要履行这种功能，那么必须让总统拥有充分的权力，而且这种权力的正当性必须基于它来自人民本身。②

---

① 《魏玛宪法》第41条规定联邦总统由全体德意志人民选举产生，在制宪过程中得到绝大多数代表赞同。

② Frederick F. Blachley and Miriam E. Oatman, "Hugo Preuss talks on the Weimar Constitution", *The Southwestern Political and Social Science Quarterly*, Vol. 6, No. 3 (Dec. 1925), pp. 252-255.

对美国人接着提出的总统是否可能滥用权力这个关键问题,普罗伊斯非常乐观,他指出,新宪法中设计了很多旨在防止总统滥用权力的条款,比如没有内阁副署签字总统颁布的任何法令都无法生效;比如一旦内阁遭遇国会的不信任,总统必须解散内阁并要迅速组建内阁再次取得国会多数的信任。在这位设计者构想中,如此设计的总统就是一个能制衡国会但又在国会制衡之下的宪法机关。言下之意是直接选举产生的总统虽然具有极大的民主正当性也非常重要,但其权力依旧不能是无限大,而是必须受到实体性与程序性限制。

第三,最大程度地回应极右翼与极左翼对魏玛制宪会议之制宪权的正当性质疑,为解决制宪权追问提供一种事后补偿与解释。因为依据这些民粹主义机制,人民不仅能一人一票直接选举产生最高国家统治机构,而且还能一人一票公决-复决最高国家机构的决议。这样一来虽然"实质的"全体人民没能参与制宪,但是新宪法通过直选机制推动"实质人民"出场。由此促成的"实质人民"之在场化就与纯粹代议制民主下"形式人民"的在场化并驾齐驱了。

在普罗伊斯的构想中,这种并驾齐驱就是权力多中心化、权力制衡对抗的一种具体形式,如此确保新宪法确立的国家统治结构没有偏离作为自由主义宪制两大支柱之一的分权原则。另一个支柱是人权原则,这需要通过基本权利机制来贯彻。由于分权原则的终极目的乃是为了保护基本权利能得到落实。因此在一个真正的民主政体中,基本权利作为一个"屏障"的功能必须得到充分展现与肯定,这一点毫无疑问。①

---

① Michael Stolleis, *A History of Public Law in Germany: 1914-1945*, translated by Thomas Dunlap, Oxford University Press, 2004, pp.57-58

"屏障"二字表明普罗伊斯对基本权利的认知中包含着最低限度的消极自由要素,尽管《魏玛宪法》基本权利机制部分还包含了积极自由色彩更重的经济—社会权元素(这些经济—社会权元素也被认为是制宪者对社会主义革命力量宪法诉求的回应)。也许正是因为从一开始就觉得基本权利机制乃是民主政体的题中应有之义,普罗伊斯一度认为魏玛国民议会有关基本权利的辩论显得有些冗长多余,他的这一看法还引起很多位国民议会议员的同感附议。

总体而言,面对"实质的全体德意志人民在哪里"这类烫手山芋式问题,宪法设计者认为通过直选总统制与全民公投机制使"实质人民"出场,就能将制宪权强调的"实质人民"概念予以形式性-程序性转化和体现。这个解析与普罗伊斯对制宪权范畴本身的态度比较吻合。

1919 年德国公法学界有很多人知悉西耶斯制宪权理论。耶利内克就描述了西耶斯人民代表理论并认为其提出的第三等级就是法国人民因而能行使制宪权的理论具有革命性。[1] 普罗伊斯虽然认同西耶斯对第三等级之建设性的盛赞,但他认为源自法国大革命的制宪权理论对于战后局势复杂而学术上又充满科学主义理性精神的德国而言,是过于大而化之的甚至有点天真的范畴。

制宪权有点玄,它更像一种超法律的存在。制宪权无法自圆其说的一个悖谬之处是,它在理论上根植于人民的统一政治意志,只有在人民的统一意志那里才能确定制宪权的起源与性质,但人民的共同意志本身又是一个超法律现象。普罗伊斯既尊重西耶斯又背离了西耶斯,他尊重其提出的人人平等观念,但明确拒绝了其制宪权概念。从普罗

---

[1] Peter C. Caldwell, "Hugo Preuss's Concept of the Volk: Critical Confusion or Sophisticated Conception", *63 U. Toronto L. J. 347*, 2013, p. 355.

伊斯的政治演进论理解,作为制宪权主体的那个抽象的"整体人民"通过《魏玛宪法》第 1 条体现出来就可以了。该条中的"人民"被认为首先是从民族角度予以界定的,意在强调魏玛共和国不是从天而降,而是民族政治共同体的另一种继续。

除了在民族政治共同体及联邦对外统一行使外交与军事权这两点上诉诸过"统一德意志人民"概念外,普罗伊斯在制宪中诉诸的基本上是一种"形式的人民"概念。他重视在法律形式与程序意义上界定人民与人民民主,关注形成主权意志的法律程序过程甚于关注抽象的人民制宪权概念,也可以说,普罗伊斯关注体现为各种不同形式的"人民"。

依据这种形式的人民概念,人民以两种形式存在并出场。一种是存在于无数个体以及个体组成的团体之中,人民的共同意志因而也只能从这些无数个人的实际的经验现象中推论出来。[①] 表现为各种具有自主性的多元主义社会团体与组织的"人民",正是一个多元主义议会制的主要行动者,这个意向上的人民广泛地存在和来源于市民社会。普罗伊斯认为,正是由于在社会事实层面,整体意义上的人民并非一个真实存在的实体,因此代议制民主才具有不可替代的现实价值。如果否定或者抹杀多元主义议会对于民主政体的主导地位,那么一种具有历史存在感与行动意象的人民共同意志概念将变得难以想象。

2. 直选总统与全民公决——对实质性人民民主的一种理解

另一种存在与出场形式是,人民存在于宪法上确立的其他各种统

[①] Peter C. Caldwell, "Hugo Preuss's Concept of the Volk: Critical Confusion or Sophisticated Conception", *63 U. Toronto L. J. 347*, 2013, p. 373.

治机制中。《魏玛宪法》的国家统治机制不仅包括议会、直选的总统和责任内阁,而且还包括能够监督和复决这些机构所做决定的人民公决机制。① 直选总统与人民公决是人民出场与在场的最生动表现。在这两种形式中,作为民主政治直接参与者的"人民"或许就是普罗伊斯能接受的"实质人民"概念(尽管它本质上也还是要依托法律程序与形式才能显现)。这个"实质人民"与他在构思议会制民主时诉诸的"形式人民"概念合在一起,构成一个完整的普罗伊斯的人民概念。概言之,让人民显现于、存在于各种宪法机关本身之中,是普罗伊斯具体化人民民主的整体思路,也代表着他对制宪权问题的灵活转化。

张君劢在《德国新共和宪法评》中重点解释了《魏玛宪法》中的直接民主机制。他用"代表民主制"与"直接民主制"之调和指代魏玛的二元民主制结构,并认为这一二元结构的目的主要是为了预防议会政治的异化。所谓异化是指议会因为政党政治交织在一起,而政党蹈常习故、爱私利而妨公益,不独国民病之,即本党领袖欲毅然有所作为者,无不受其钳制的流弊。因此《魏玛宪法》在议会制外设计了全民公决机制,赋予国民对宪法修正案与其他议会法案进行公决的权利。

张君劢对这种直接民主制予以很高评价,带着这个情结思考中国宪法问题,他有两个总体看法:其一,民初约法的起草者只知道议会主权学说,而不知道直接民主理论,因此约法中缺少全民公决的条文。此种缺失导致当议会与政府发生分歧相持不下时,作为主人翁之人民只能隔岸观火。他甚至将辛亥革命以来的政治动乱归之于《临时约法》只规定了议会主权而没有写入国民公决条文,因而缺乏直接民主精神。

---

① Peter C. Caldwell, "Hugo Preuss's Concept of the Volk: Critical Confusion or Sophisticated Conception", *63 U. Toronto L. J. 347*, 2013, p. 371-373.

其二,与此同时,考虑到我国人口规模远超于德国、人口素质远不如德国,张君劢又进一步指出,不宜在中国实行"绝对的直接民主",而只主张实行"相对的直接民主",亦即代表民意之范围务求宽广,不可但限于中央数百人之议员。张君劢极力主张中国要向德国社会民主党学习制宪经验,不要只是羡慕《魏玛宪法》,而是为制定一部中国民主宪法进行艰苦卓绝的实际努力。

《魏玛宪法》的二元民主制模式让张君劢感觉找到了一条可以去挽救民国初期我国议会政治病的方法,那就是用直接民主改良议会政治。他认为代议制民主本身非常基础,议会政治实践出现各种问题并不可怕,并非无药可救,只需要想办法去改进就可以。因此他跟普罗伊斯在关键点上立场相似,两者都没有否定议会制民主本身的固有意义,同时也都承认需要通过设计其他制度去弥补议会制民主的不足。

抛开其观点的理想主义气质以及与实际历史境遇的融贯与否不谈,仅从思想上看,张君劢之所以对《魏玛宪法》二元民主制给予如此高的评价,主要出于他的两个认知。一是他对当时世界大众民主潮流的认知:"当今世界潮流日趋于民主,非复少数政党代表、议会代表,所能假名窃号,而自以主人翁自居,则代议政治以兴者,舍直接民主其奚由哉。"二是他对俄国革命与德国革命之不同属性的认知。张君劢主张中国应走德国社会民主党领导的资产阶级温和革命道路,而不走俄国布尔什维克革命道路,因为他认为俄国革命所实行的无产阶级专政和土地国有化、工业国有化政策太激进,已经违背法治主义原则。

总体而言,从张君劢对《魏玛宪法》中议会、总统、内阁、全民公决这四种人民主权机制的内在关系的整体认知看,他对普罗伊斯最重要的立宪意图与最担心的事情都把握得比较准,即德意志宪法之精神在国民的议会政治,但德意志政党政治的不成熟状况的确会伤害议会制民主政治理想。张君劢曾分析普罗伊斯在魏玛制宪时面临的最大问题就是：如何解决反对派提出的现实问题——代议制民主政治在现实中是否极容易退化为只讲一己之私的党派国与利益集团国？

"今日之德国，常人每怀疑尚有已超于党派外之独立的政治理智在，此种理智苟杂厕于日常问题之辩论是否尚有何种益处。此时党派林立，各欲引致他人为有利于己之解决，因而于离合亲疏之种种结合中有以操纵之。"

"民主政治卜之法治国，由党派掌握政权，非有各方之中立的力为之维持，则其国决难生存，所谓中立的力者，谓不受党派之拘束，而其理智为全国所尊敬者，乃能成为理智的中坚，彼不应有所组织以自居于偏狭之地，以自由的公开的客观的精神力，号召全国而为之枢纽，则无形之舆论也。柏氏学说中关于此点。虽未有简单说明，然推其立言之意，除党派之力外，应有中立的力之存在，固柏氏所承认者也……此所谓中立者，谓主张事实的公道的解决之人，而不偏于一党一派者也。一国中无此中立的理智，则法治国绝不能长保。为达此目的，应提高资产阶级之教育应确信不拘于方所之国民精神，彼等居党派外而以独立言论与勇气与国民相见者也。"①

他提到普罗伊斯早在第一次《魏玛宪法》草案中就提出了"意欲遏阻党派国之大害之法，是为民选之总统，所以保议会制与公民投票民主制之平衡者也"②。在这位后来中华民国宪法起草者眼里，普罗伊斯考虑引入直接民主机制，实质上是要为在代议制民主环节可能会出问题

---

① 张君劢：《德国新宪法起草者柏吕斯之国家观念及其在德国政治学说史上之地位》，《东方杂志》第 27 卷第 24 号，第 76 页。
② 张君劢：《德国新宪法起草者柏吕斯之国家观念及其在德国政治学说史上之地位》，《东方杂志》第 27 卷第 24 号，第 75 页。

的德国政治提供一个矫正装置。

对当代世界宪法理论研究而言,魏玛制宪时刻呈现的这个问题迄今为止依旧是一个没有达成正解的根本难题,在实质上也是一个马克思主义问题:"形式"人民民主机制与"实质"人民民主机制应该是一种怎样的宪法关系呢?是否存在一种民主机制(比如民粹主义民主)比另一种民主机制(比如代议制民主)更民主,因而更具有政治道德上的正当性呢?

对张君劢这位中国宪法学家来说,议会制民主与直接民主到底应形成怎样一种关系?进一步而言,他接受不接受普罗伊斯强调的自由主义分权制衡原则呢?如果将张君劢20世纪20年代与20世纪40年代所撰写的中德宪法著述对照,可清晰地看到他的民主法治观念发生了向英美宪制模式倾斜的微妙变化。

在魏玛共和国前期,张君劢对《魏玛宪法》二元民主体制不仅称赞有加而且对它的前景非常乐观。1932年后魏玛议会逐渐陷入瘫痪直到后来被架空,魏玛共和国中后期从议会制民主政体向集权化程度越来越高的总统制独裁演变,使张君劢感到直接民主机制也没能如期治愈议会政治病,相反,失控的直接民主本身还可能带来更可怕的政治风险,这个风险就是极端政党通过操纵民意来操纵国家统治机构,进而破坏议会民主秩序。

因此,他在1946年重庆政协会议讨论《五五宪草》时,就提出以五权宪法之名行英美式宪法之实的宪法修改方案,并得到了与会大部分人支持。在同年7月开始的为中华民国未来宪法发表的系列演讲中,他着重从英美宪制原理角度来思考"国家与人民的关系"以及"国家机构之间的关系"。前者涉及宪法中的自由权即基本权利机制,后者涉及国家统治结构。在谈到国家与人民的关系时,张君劢特别提到欧洲法西斯政治对人权的侵害,在谈到国家机构之间的关系时,他实质上就是在解释三权分立原理。尽管他在演讲中提到民主政治没有不尊重民意的,但他却几乎没有再提到《魏玛宪法》中的直接民主选举等民粹主义民主机制。①

相反,他忧心忡忡地指出造成吾国宪制至今无法确立的一个重要内因与外因就是,中国政治精英和知识精英观念的举棋不定。民国初年大家有基本共识,是走向英美式的民主政治,所看重的是宪法-议会-政党-责任内阁-地方自治等因子。而到苏俄革命与德意法西斯政治横行之时,我们的政治观念又走到世界革命无产者独裁乃至一党独裁的路上去了。他认为,这种认识上的忽东忽西是造成国内政治混乱的一个重要原因。②

因此,1946年的张君劢对公投民主、直接选举等准民粹主义民主机制的看法已经有所修正,他重新回到了英美式民主政治的语境,重申个人在宪制的政治法律框架中的中心地位,重申民主政治的价值目标是个人自由和社会公道,实现这两大价值目标,则需要实现个人自由与国家权力之间的和谐。③

而从普罗伊斯个人政治背景及民主思想、从《魏玛宪法》文本的规范结构看,普罗伊斯对二元民主机制内部关系的看法应该说更是明确的。在他的观念世界,无论是"形式人民"的统治即议会的权力,还是"实质人民"的统治即直选总统与准民粹主义的直接民主制的统治,都不能是绝对的统治,都不是单一主权所在。代议制民主与民粹主义民主机制的关系是相互制衡。无论在普罗伊斯为《魏玛宪法》草案撰写的说明性备忘录中还是在魏玛制宪会议纪要中,权力平衡都是被特别突

---

① 张君劢:《中华民国宪法十讲》,商务印书馆2015年版;其中第1讲和第2讲集中展现了张君劢将英美式宪制原理浸入到中华民国宪法中去的叙事思路。
② 张君劢:《中华民国宪法十讲》,商务印书馆2015年版,第15—16页。
③ 张君劢:《中华民国宪法十讲》,商务印书馆2015年版,第174—179页。

出强调的宪法原则,普罗伊斯本人明确指出分权制衡是自由主义宪制国家统治结构的精髓。

这种结构包含三个要素:其一,新宪法绝不能导致借直接民主之名行镇压之实,因此要发展与巩固议会制民主。其二,真正的优质的议会制却需要以存在着两个势均力敌的最高国家机关为前提,这两个势均力敌的国家机关,一个是议会,另一个是能抗衡议会权力的、由人民直接选举产生的总统。普罗伊斯深受德国社会普遍存在的议会专制忧惧症影响,他将不受制约的议会制称为"掺假的议会制""议会专制",将受制于权力平衡原则控制的议会制称为"纯粹的议会制""议会民主"。其三,总统本身反过来又要受到来自议会、内阁、全民公决的制约,总统的所有行为都需要得到内阁与总理的联署,而内阁本身又受制于议会。① 在《魏玛宪法》审议的最后阶段,约束总统在履行职务尤其是解散国会问题上要有帝国首相的同意,成为普罗伊斯的最重要心愿,从思想渊源上讲,也是对韦伯与雷德斯洛布两种理论方案的一种折中式借鉴。

因此,仅从这位魏玛制宪者的意图看,权力制衡原则对《魏玛宪法》中议会与总统这两个国家机关的关系结构至关紧要,以致蒙森认为,没有一个公允的人可以说以《魏玛宪法》为基础的德国第一个共和国的政制中公决成分即民粹主义成分过度肥大。更为客观的评价是,虽然公决因素在后来的《魏玛宪法》生活中越来越活跃,公决机制被极端右翼的纳粹党频繁利用也是事实,但这并不能单纯归咎于宪法文本本身的规定,而是因为在后来的复杂政治经济情势下,对《魏玛宪法》的解释适用,亦即《魏玛宪法》的实施逐渐偏离了预设的权力分立与制衡轨道所致。

---

① Martin Needler, "The Theory of the Weimar Presidency", *The Review of Politics*, Vol. 21, No. 4 (Oct., 1959), pp. 692–698.

至此，问题就转化为：是什么复杂的历史、政治、文化原因导致《魏玛宪法》蕴含的以代议制民主为基石的权力分立与制衡体制逐渐失调，使魏玛共和国最终从议会制民主政体蜕变为总统制集权政体，再由总统制政体继续蜕变为纳粹元首独裁政体？是因为这套自由主义的分权体制与德国文化天生就不和吗？显然不是这个原因，否则怎么解释二战后德国在基本法框架下重新回归到自由民主宪制？

如果简单粗暴的文化特殊性解释不具备说服力，那么，导致魏玛民主政体溃败的原因到底有哪些呢？这并非依靠单纯地研究《魏玛宪法》的诞生史与《魏玛宪法》文本的静态结构能解答清楚。这个问题触及到宪法文本与宪法实施、宪法实施的环境与实施宪法的强势政治意志等诸多复杂因素的互动与合力，必须放置在魏玛共和国复杂的政治—社会动态结构去观察分析。换言之，《魏玛宪法》文本中预设的民主政治目标最终落空的原因，还需要在宪法文本之外广阔的政治、经济、社会与民情世界中去探寻，方能给出全面的历史诠释。

不过，基于思想史视角对《魏玛宪法》文本诞生处境与《魏玛宪法》民主结构思想源流的分析，有助于解答上述问题，因为洞悉《魏玛宪法》的原初思想源流，无疑有助于深入理解它后来主要因为什么而被反对和批判？更直接而言，对《魏玛宪法》之父普罗伊斯制宪理念的分析，能映照出施密特们为什么反对《魏玛宪法》及他们主要反对什么。

五、施密特对《魏玛宪法》二元民主结构的反自由主义重构

综上所述，普罗伊斯对"人民"与"民主"概念的自由主义认知及其

自由左翼民主思想乃是形塑《魏玛宪法》二元化民主模式的基本思想源流。但在魏玛时代最重要的宪法理论家施密特那里,这个二元化民主结构却被强烈批判并被予以反自由主义重构。勾勒施密特的反自由主义重构思路,能从侧面揭示《魏玛宪法》及其民主体制面对的巨大思想文化障碍,因为施密特的思想绝不只是他个人一己之思,而是魏玛德国普遍的反自由民主政治心智的典型表达。

1. 议会式宪法要素与公投式宪法要素的结构问题

施密特在其代表作中多次描述《魏玛宪法》中这个二元化民主结构。[①] 他用"议会式宪法要素"指代议会制民主形式,用"公投式宪法要素"指代全民公决-复决民主形式,指出《魏玛宪法》采取了公投式宪法要素与议会式宪法要素之平衡模式。虽然施密特承认《魏玛宪法》客观上存在这样一个二元化民主结构,但他对这个结构中的最重要一元即议会式民主要素的认识评价、对议会式要素与公投式要素二者内部关系的认知定位,却与普罗伊斯的理念与目标截然不同。

第一,从最简约化的思想谱系看,施密特站在反自由主义的立场,彻底否定了议会制民主的正当性,他坚信议会式宪法要素将伤害德国国家意志的同质与统一。具体理由主要有三:其一,多元主义议会式民主政体不具备实质的民主正当性基础,而且议会中的多元主义伤害国家与宪法的精神与根基。因为此种多元主义意味着很多社会性实体有权介入国家意志建构过程。《魏玛宪法》建立的议会主义民主体系的实质,是在持续不断的过程中将私我的利益与意见,通过政党意志之途径

[①] 〔德〕卡尔·施密特:《宪法的守护者》,李君韬等译,商务印书馆2008年版,第158、194页。

而过渡并提升为统一的国家意志。其二,多元主义议会式民主对国家意志统一性形成的最深危害是,它使人民对国家与宪法的统一信念不复存在,因为多元主义议会政治使国家本身转变为一个多元主义建构体。① 长此以往,对国家的忠诚也随之会被对于社会性组织以及对那些承载着多元主义的建构体的忠诚所取代。因此自由主义的议会制民主必将严重削弱国家的休戚与共感。其三,议会多元主义下的社会权力复合体存在演变为总体性复合体的倾向,即担心多元化的社会权力复合体会在经济层面和世界观的层面吸纳国家公民的忠诚,德国会出现所谓道德与忠诚义务的多元主义,亦即一种忠诚态度的多元性。这种多元主义式的分割现象愈来愈强地固定在德国政治生活中,因此,德意志国家同一性的建构就岌岌可危。②

第二,为了彻底否定议会制民主,他诉诸了一个无组织无定形的"实体人民"概念去解构代议制民主下"有组织有定型"的"形式人民"的民主性。他提出在一个真正的民主制国家里,人民本质上主要是作为一个无组织无定形的实体而存在的,这个无组织无定形的人民实体保持对公共生活的决定性影响。③ 所谓"人民是一个只在公共领域里才存在的概念。人民仅仅出现在公共性的框架内,正因为有了人民,公共性才得以产生出来。人民与公共性是并存的关系,离开了公共性,就没有人民,离开了人民,就没有公共性。惟有在场的聚集起来的人民才是真正的人民,才确立起了公共性。这个事实是支撑着卢梭著名论点的那个依据:人民是不能被代表的"。因为只有聚在一起喝彩的人民才是真正的人民。只有立足于这个前提,才能再度确认"人民"这个相当晦

---

① 〔德〕卡尔·施密特:《宪法的守护者》,李君韬等译,商务印书馆2008年版,第117页。
② 〔德〕卡尔·施密特:《宪法的守护者》,李君韬等译,商务印书馆2008年版,第120页。
③ 〔德〕卡尔·施密特:《宪法学说》,刘锋译,上海人民出版社2005年版,第260页。

暗却对一切政治生活尤其是民主制来说具有本质意义的公共性概念，才能显出民主制的真正问题所在。①

施密特从同质性与统一性界定"人民"，将"人民"与无数多元个体对立，将公共性与多元个体的差异性对立，从而将民主与个人自由视为两个不能兼容的截然对立的范畴。以此为标准，《魏玛宪法》与所有资产阶级宪法一样，其确立的议会选举方法与表决方法原则上均属于自由个人主义的思想框架，与真正的民主制背道而驰。因此在他眼中，《魏玛宪法》第2章确立的议会民主制政体将使德国国家机构与公共领域存在被彻底私人化的危险。

第三，在否定了议会制民主和个人自由对于民主的构成性意义后，施密特强调应大幅度提升《魏玛宪法》中公投式民主要素的权重，以便激活真正的实质的民主去预防议会民主带来的主权散失或变质风险。他援引并盛赞卢梭的学说，试图论证公投民主机制代表最真实的民主乃是因为它蕴含真正的一致性与实质平等。②

第四，在公投式宪制体制部分，他又强调必须将帝国总统置于国家权力与政治道德的制高点。为解决总统集权与他本人诉诸的绝对平等、实质民主等前提之间的逻辑矛盾，施密特援引源自贡斯当（Benjamin Constant）这样的法国自由主义思想家的中立性理论，坚信全民直选产生的总统必然能毫不偏私地在议会与内阁、议会与人民发生冲突时中立性地行使权力。由此，《魏玛宪法》中国家元首地位的特殊性就表现在，他是超出其所具有的管辖权范围而展现着国家统一体的一种连续性与恒常性权力，国家元首基于此种连续性与道德声望而享有特殊性

---

① 〔德〕卡尔·施密特：《宪法学说》，刘锋译，上海人民出版社2005年版，第261—262页。
② 〔德〕卡尔·施密特：《宪法学说》，刘锋译，上海人民出版社2005年版，第240—252页。

质的权威,元首的权威属于国家生命的一部分。① 通过对总统权力之中立性的道德化想象,施密特将《魏玛宪法》中作为一种平衡议会制之宪法机制的总统制推向了一个高度集权化的核心地位加以论证。

2. 施密特重构理论的反自由民主特质

然而,正如凯尔森批判的那样,施密特脱离语境、滥用了启蒙思想家贡斯当的中立性权力概念,以致施密特对总统权力的预设完全偏离了自由法治及其权力制衡的轨道,走向了彻底的意识形态化。② 凯尔森语境中的"意识形态化"与哈贝马斯评价施密特理论的浪漫化-道德美化有异曲同工之处,哈贝马斯认为正是这种浪漫主义与法西斯存在智识上的亲缘关系。③ 施密特宪法理论中自相矛盾之处很多,与总统制相关的一个在于:他对议会制民主政体中的中立性持批判立场,认为议会政治中体现的中立性原则会损害国家意志统一建构,但当他在理论上需要将总统提升到宪制中的绝对核心地位时,他却运用了中立性学说对一头独大的帝国总统权力进行正当性论证,并对依靠这样一个强势总统去挽救德国的议会政治病充满期待。

概括而言,施密特以否定代议制民主的民主性为前提,诉诸卢梭式实质民主概念,重构了《魏玛宪法》二元民主结构,在他重构后的民主制结构中,国家元首的权力被无限强化和意识形态化。对《魏玛宪法》的此种反自由主义重构理论强调存在一个实质的无差别的全体人民的绝对意志的统治。此种全体人民无差别的实质民主首先体现

---

① 〔德〕卡尔·施密特:《宪法的守护者》,李君韬等译,商务印书馆 2008 年版,第 193 页
② 〔奥〕汉斯·凯尔森:《谁应该成为宪法的守护者?》,张龑译,载《民族主义与国家建构》,法律出版社 2008 年版,第 245—249 页。
③ 〔德〕哈贝马斯:《自主性的恐怖:英语世界中的卡尔·施密特》,载《国家、战争与现代秩序——卡尔·施密特专辑》,吴彦、黄涛主编,华东师范大学出版社 2017 年版,第 168—177 页。

在人民拥有制宪权,其次体现在人民的喝彩与欢呼。① 作为绝对主权者的人民不仅能够打破整个宪法与法律体系,享有无限立法权,而且还有权对诉讼作出司法裁决,就像专制君主国的君主能够对诉讼作出裁决一样。② 这种诉诸人民的实质民主思想带有两个绝对色彩:人民的意志绝对不受任何钳制,人民的制宪权绝对不受限制(亦可以反复使用)。③

这与普罗伊斯坚持的反单一主权与反绝对主权的多元主义-社会民主论形成对照。普罗伊斯立基于自由主义基本原则,坚持认为即使直接选举产生的总统很重要也很具有民主正当性,但在任何意义上总统都不能成为绝对权力中心,对总统还是必须始终贯彻分权制衡原则。普罗伊斯拒绝了一个卢梭式理念,即卢梭认为介于国家和个人之间的特殊利益和中间组织必然是非民主的。普罗伊斯承认多元主义对现代民主制度乃是必要的和不可回避的,多元主义绝不是对社会和统一国家意志的非法入侵。④ 他虽然深知德国政党政治裂痕很深,存在诸多问题,但却从没否定政党政治、多元利益格局与议会制民主机制本身,他只是希望通过引入直接民主机制形成抗衡,去解决议会中政党政治出现的问题。但是,在普罗伊斯那里用于统摄议会式民主、公投式民主、直选总统三种权力的分权制衡原则在施密特们眼中却是《魏玛宪法》与

---

① 〔德〕卡尔·施密特:《宪法学说》,刘锋译,上海人民出版社2005年版,第239页。
② 〔德〕卡尔·施密特:《宪法学说》,刘锋译,上海人民出版社2005年版,第296页。
③ 依笔者的理解,这两个命题一旦走向极端化理解就全错了,一旦被合理限定就全对了。这两个命题中的人民的概念都必须得到人性普遍原理的合理限定——实际上中国宪法理论必须对"人民的"与"民主的"内涵形成系统学说。在一定意义上,只有限制人民,才能保护人民,前面这个"人民"是指作为抽象主权者的那个整体人民,后面这个"人民"是指作为抽象主权者之具体原子化载体的个体公民。
④ Peter C. Caldwell, "Hugo Preuss's Concept of the Volk: Critical Confusion or Sophisticated Conception", 63 U. Toronto L. J. 347, 2013, p.373.

西方资产阶级宪制存在邪恶而致命之联系的最大证据。

施密特认为自己作为宪法理论家的一个任务就是要解放德国人的精神,使之断绝与西方自由主义理论的联系。① 如果不彻底否定解构《魏玛宪法》中的自由—民主制元素,那就等于睁眼看着德国陷入政治危机。什么政治危机呢? 就是自由主义议会制民主下的德国政治运作将丧失区分敌我的能力与意志,国家意志的形成与建构过程被只讲私人党派利益的多元主义与多角势力渗透,以至德国已经根本没有真正的政治可言。因为在他看来,政治的本质就是区分敌我,真正的政治意味着内部能消灭分化与差异、意志高度统一,对外能着眼于德意志特殊性、高扬民族主义-国家主义。

这是施密特之所以将《魏玛宪法》描述为"德国在敌人面前投降的象征"的根本思想原因。他讽刺说,魏玛制宪者在1919年蒙骗德国人穿上了一套标准的英国式制服。② 施密特关于宪法的主要著作均致力于指出《魏玛宪法》存在着根本性的不连贯或者说不彻底性,主要就是指《魏玛宪法》确立的议会制民主对内无法整治社会—多元主义包括共产主义;对外无法消除德意志蒙受的屈辱,因为《魏玛宪法》蕴含的这套自由主义宪法体制本身就是西方资产阶级国家统治方式常披的典型伪装。③

普罗伊斯正是这套自由主义宪法制服的主要设计者,而且还是个犹太人。这个身份之前使他在政治生活中一度很边缘化,现在使他主

---

① 〔美〕斯蒂芬·霍尔姆斯:《反自由主义剖析》,曦中等译,中国社会科学出版社2002年版,第52页。
② 〔美〕斯蒂芬·霍尔姆斯:《反自由主义剖析》,曦中等译,中国社会科学出版社2002年版,第52页。
③ 〔美〕斯蒂芬·霍尔姆斯:《反自由主义剖析》,曦中等译,中国社会科学出版社2002年版,第52—58页。

导设计的《魏玛宪法》一度被各种右翼民族主义分子与保守主义力量攻击为是一部"非德国的宪法",不过普罗伊斯很少回应对他个人的类似攻击,而是最大程度地去寻求妥协或融合。① 两相比较,普罗伊斯接近《联邦党人文集》代表的那种相对温和的政治观。这种政治观承认个体差异性与多元意见,在内政问题上比较乐观地相信,通过深思熟虑与良好的制度设计,通过分权制衡与法治国家,可以将利益冲突、观念冲突甚至终极价值冲突引导到宪法控制下的妥协、辩论、谈判等轨道上加以解决。这正是自由民主秩序的基本内涵,民主必须是自由的,自由是界定民主之品质的前提。

而施密特代表的魏玛政治思想光谱的另一极,更加激进和悲观。这种政治观认为人类社会中很多冲突是无法通过理性化解的,必须在区分敌我之思维下,通过政敌之间、族群之间、阶级之间残酷的人身消灭或打击才能得到解决。所谓以专制的方式实现民主,专制与民主非但不对立,而且还是一个硬币的两面,彼此相互成就。与民主不相容的是旨在驯服国家的自由主义思想。②

六、如何对待魏玛传统
——重申民主法治的规范性内涵

勾勒这两位德国宪法人物的民主思想肖像,回顾现代德国转型历史深处自由主义与反自由主义的争锋,既没有是在读"逝去的历史"的

---

① Peter C. Caldwell, "Hugo Preuss's Concept of the Volk: Critical Confusion or Sophisticated Conception", 63 *U. Toronto L. J.* 347, 2013, p.377.

② 〔加〕大卫·戴岑豪斯:《合法性与正当性:魏玛时代的施密特、凯尔森与海勒》,刘毅译,商务印书馆2013年版,第68页。

那种久远感,也没有在读"他者的历史"的那种隔膜感。因为即使在当代西欧与美国,导致魏玛共和国垮台的类似思想冲突也不断出现,曾被认为只是德国思想家偏重的思想问题如今已蔓延到全世界。① 曼海姆指出的这种思想现象延续到当代,实质上就是伯尔曼在《法律与革命》中预测的自由民主信仰与苏俄共产主义乌托邦理想的双峰并立。而无论20世纪还是21世纪中国的宪法思想,也都与魏玛宪法史存在深沉的历史联系。

在1949年波恩议会理事会关于战后德国新宪法即基本法草案的辩论时期,"如何对待魏玛传统"成为参与基本法制定的各方代表讨论的焦点问题之一。② 理事会中有三人曾参与1919年《魏玛宪法》起草,这些政治家对于魏玛共和国的结构很熟悉,他们想要从《魏玛宪法》的结构缺陷中吸取教训。③ 然而,魏玛共和国的失败应该归咎于《魏玛宪法》的结构性缺陷吗?德国基本法从这个结构性缺陷中吸取了什么教训?这些历史教训对中国宪制史与宪制理论研究有何启示?

在现代中国史上,中华民国1946年宪法即我国台湾地区现行宪制性规定的主笔者张君劢,是对德国革命与《魏玛宪法》有最系统的共时性观察与理论思考的思想家,《德国新共和宪法评》是他对《魏玛宪法》文本的体系化解释,《德国新宪法起草者柏吕思之国家观念及其在德国政治学说史上之地位》是他对魏玛制宪者普罗伊斯思想的研究。《魏玛宪法》获得通过后不久,身在柏林的张君劢拜会了普罗伊斯,中德两位宪法学家之间有历史与思想上的双重交集,与此同时,二者与魏玛德国最重要的反自由

---

① 〔德〕卡尔·曼海姆:《意识形态与乌托邦》,黎鸣等译,商务印书馆2000年版,第3页。
② Michael Bernard, "Democratization in Germany: A Reappraisal", *Comparative Politics*, Vol. 33, No. 4, pp. 379-400.
③ 〔德〕克里斯托夫·默勒斯:《德国基本法:历史与内容》,赵真译,中国法制出版社2014年版,第32页。

主义宪法学家施密特在民主宪法思想上又存在鲜明对照。

由于魏玛德国和当代德国诸多宪法理论传统迄今依旧是我国宪法研究的主要智识来源，这种输出输入关系客观上造成20世纪以来中德宪法史首先在认识论层面就存在极大相关性。因此对《魏玛宪法》思想的研究实质上已不是纯粹德国问题研究。

笔者希望借由思想对堪，深化对《魏玛宪法》蕴含的"民主"构造属性之复杂性的理论思考。这个问题之所以具有中国意义，在于《魏玛宪法》体系的复杂性折射出的是一个普遍性问题，即自由民主宪制的思想基础与制度原理在20世纪以后面临前所未有的挑战并一度陷入重重危机。对于同样在20世纪发生了民主主义革命、目前正在探索社会主义发展模式的当代中国而言，了解二战后宪制转型最成功的一个成文宪法大国对一次民主宪制实践作出的扬弃及其思想—制度内涵，当然是既有学术智识意义又有实践警示意义的。

1. 民主宪法的完备性问题

解读中华民国宪法之父张君劢对普罗伊斯制宪思想与《魏玛宪法》文本的同步解读，就从一个直观甚至感性的角度阐释了《魏玛宪法》与中国宪法史的深层思想联系。对当代中国而言，源自历史深处的这种思想渊源关系从未中断，而是延续不绝。最近十几年来我国规范宪法学与政治宪法学的理论争鸣，究其思想来源均与魏玛德国的宪法智识谱系直接相关。政治宪法学者援引施密特的决断主义以及施密特所喜欢的卢梭-西耶斯实质民主及制宪权范畴，规范宪法学阵营继受拉班德—耶利内克—凯尔森一脉下来的形式主义—实证主义法律传统（前文已经指出普罗伊斯与这个传统既有交集，又有背离之处），都是此种思想联系的具体表现之一。可以说，魏玛宪法史上形形色色的宪法思想理论,无论是自由主义流派的还是反自由主义流派的,无论是规范-实证主义进路的还是社会—实证主义进路的,至今都还在深深影响当代中国宪法学界。

因此理解普罗伊斯与施密特的主义之争,在某种程度上就是为恰当理解我们自己的主义之争提供有益的历史镜鉴,这种启发既关乎宪法学方法论,即如何对待宪法文本的形式完备与实质完备;又涉及宪法学价值论,即如何对待宪法的内在价值秩序。

魏玛的经验显示,任何一国的宪法文本都不可能尽善尽美,在立法技术方面存在瑕疵在所难免,这是人类经验与理性的双重有限性决定的。宪法理论研究不需被宪法文本的不完美过度影响。《魏玛宪法》文本存在不少立法技术瑕疵,包括:篇幅太冗长,包含太多过于细节化和无关紧要的规定;立法语言充斥大量事实性陈述与脱离实际的原则规定;充斥大量暂时性与临时性规定;等等。[①] 不过,这些立法技术瑕疵并不能否定《魏玛宪法》在原初意义上是一部有进步意义的民主宪法。

从制宪者对这部宪法寄予的理想与期待看,《魏玛宪法》文本的内容没有先大极权主义之处,相反它吸收了自由民主宪制的若干重要因子。在国家统治机构部分(《魏玛宪法》第1编),制宪者力求贯彻古典的三权分立原则;在基本权利部分(《魏玛宪法》第2编),制宪者以个人—共同体—宗教问题—教育权问题—经济社会权的五分法体例,既对经典个人自由权作了规定,又在新型经济社会权领域有突破。这些新规定的社会基本权使《魏玛宪法》像1900年诞生的德国民法典一样包含了几滴社会主义的润滑油,因而具有既想区别于又想超越古典自

---

① Water James Shepard, "The New German Constitution", *The American Political Science Review*, Vol. 14, No.1(Feb., 1920), pp. 34-52.

由主义宪法的意味。

但是,由于这些经济社会权利并非对国家权力的限制,而是向国家提出的要求,因此,被法学完全剥夺其法律特质。它们只被看作在法律上并无拘束力的政治蓝图。[①] 瑙曼当时坚决主张基本权利必须体现一种资本主义与社会主义的谅解和平,因此不能仅仅重述古老的自由主义。但由于他不是法律专家,并没有提出让国民议会接受的基本权利方案。不过大杂烩式的基本权利思路却以另一种方式在会议后期得到体现,当时所有有影响力的政党和利益集团都试图将自身特别关心的东西放到基本权利中去,右翼希望宪法能体现民族主义与保守主义价值,左翼希望宪法实现社会主义的政治经济目标。[②] 对于这种大杂烩式的基本权利到底是今后立法的准则还是只是政治—社会观念的反映,从《魏玛宪法》文本的结构与功能看,答案并不明确。

因此可以说,这部国家统治结构布局和基本权利规定不可谓不详尽的民主宪法,在制宪之初没有重视或者说也不具备历史与政治条件去周密地思考解决两个根本性问题(分析这里面的思想与政治原因是德国宪法史研究中的关键议题)。这两个问题就是基本权利的在先性和防御性民主机制问题。这两个问题关系到现代宪制的目的与核心价值论,即个人自由权对成就高品质民主法治秩序有构成性意义。

最能体现基本权利问题在德国宪法与政治传统中之困境的一个制宪细节是,当1919年1月3日艾伯特看到普罗伊斯提交的宪法草案第一稿时,发现草案主要是在确定国家政治组织结构,草案从国家主权统

[①] 〔德〕迪特尔·格林:《现代宪法的诞生、运作和前景》,刘刚译,法律出版社2010年,第134页。
[②] Simeon E. Baldwin, "The Salient Points in the German Constitution of 1919", *Michigan Law Review*, Vol.18, No.8(Jun., 1920), p.736.

一角度将德国传统的主权邦(lander)改为 16 个州(states),但草案没有基本权利目录。艾伯特敦促普罗伊斯领土结构问题暂时可以放一边了,但务必立即加入基本权利目录。艾伯特希望通过加入基本权利目录来缓和敌视共和国的政治力量和他自己所在的政党的种种焦虑。什么焦虑呢? 就是这部宪法能不能起到巩固革命成就的作用。艾伯特言下之意,基本权利目录被置入宪法是一种政治上的策略,至少能使质疑革命与制宪正当性的德国人在宪法这个层面看到德国不可能走向苏维埃化。而实际上普罗伊斯初稿之所以没有涉及基本权利目录,一个根本原因是,他担心如果一开始就讨论基本权利问题,制宪会议可能会像当年法兰克福制宪会议那样陷入泥潭。①

根据 1848 年保罗教堂制宪的痛苦经验,普罗伊斯担心扩大和详尽讨论基本权利会拖延迫在眉睫的制宪工作。这种害怕基本权利议题会成为拖累制宪进程的心理,足以看出德国宪法传统的一个历史特点。当然,在某种程度上,这种"轻视"本身也说明德国法律传统中存在一些历史性的顽固因素,需要时间去化解,并不是制宪者个人能一揽子解决的,这一点对理解我国宪制转型也具有深刻启发意义。

第一个,是《魏玛宪法》并未给基本权利规定专门的法律适用机关。② 从经典自由宪制原理理解,司法审查机制的缺失导致《魏玛宪法》存在一个结构性缺陷,就是宪法本身无法给个人与社会提供法律渠道去反抗或防御二元化民主机制中潜存的民主多数的暴政——无论是

---

① Hans Mossen, *The Rise and Fall of Weimar Democracy*, translated by Elborg Forster, Larry Eugene Jones, The University of North Carolina Press, 1996, p. 53.
② 值得专门分析的是,1787 美国宪法也没有明确规定到底由谁去解释联邦宪法。美国在 1803 年马伯里诉麦迪逊案后还经历了近半个世纪的制度演进,联邦最高法院才逐渐确立其解释宪法的权威性地位。因此一个关键的比较宪法史问题是:在宪法文本同样都没有明确的违宪审查机制规定的情况下,为什么美国能演化出非常刚性的司法审查机制,而魏玛德国则不能? 这里面的原因非常复杂,涉及对美、德两种法律发展道路与法律思想传统等制度、思想、社会因素的对比分析。

议会多数的暴政还是民粹主义直选与公投机制引发的暴政。

魏玛德国的国事法院实际上只处理联邦主义方面的争议,根据基本权利进行审查并非其本质职务,其他普通法院也没有这方面的权力。① 当然,从历史视野看,这与其说是《魏玛宪法》制宪者的疏漏,不如说是魏玛制宪者无意识地延续了一个德国法律传统。什么传统呢?以法律实证主义为主流的德国法律传统向来认为:包含在宪法中的基本权利法案本身绝不是法院可以保护的实证法权利,它们只是针对立法机关的命令与立法程序,即基本权利只是需要等待立法机关进一步具体化的权利目录,而不是个人可以作为宪法依据挑战一切国家统治机构行为合宪性的价值准绳。②

反对任何形式的司法审查,既是诸多著名实证主义者比如也受邀参与宪法审议的安许茨等人的基本立场(凯尔森提出建立宪法法院、建构司法性审查机制,算是一个奇妙的例外,但他的意见在魏玛时期可谓应者寥寥),也是施密特这样的反规范实证主义者的基本立场。这种反司法审查的强大观念传统部分根植于德国法律发展历史,部分根植于相对主义法哲学与法律实证主义思想在德国的流行。在德国法律文化传统中,对绝大多数法律家而言,关于司法权乃是宪法与个人自由守护者的思想是一种外在于德国的异己的英美法律传统。

置身于这样的传统中,就能解释为什么普罗伊斯虽然承认司法在解决各种顶层民主代表机构的分歧时的必要性,但是在制宪过程中从未明确地回答是否应该由一个司法性机构作为宪法的守护者,当然也

---

① 〔德〕迪特儿·格林:《现代宪法的诞生、运作和前景》,刘刚译,法律出版社2010年版,第134页。

② Heinrich Rommen, "Natural Law in Decisions of the Federal Supreme Court and of the Constitutional Courts in Germany", 4 Nat. L. F. 1, 25 (1959).

就不可能正面思考设计一个凯尔森式的宪法法院机制作为宪法守护者这类问题,因为毕竟他也是在这个法律传统中接受教育成长起来的。不过,与拉班德和施密特在这个问题上都不同的是,他也从没有将总统这样一个单独的机构或人视为宪法的守护者。①

值得对比的是,张君劢主笔的1946年《中华民国宪法》设立了司法院大法官会议,作为宪法法院,负责解释宪法和审查法律或命令是否抵触宪法。从比较宪法的角度看,德国宪法法院是20世纪后半叶大陆法系国家的违宪审查制度的典范,但它在1946年时仍未成立,由此可见,1946年《中华民国宪法》所设立的大法官会议制度在当时是相当先进的。

究其中原因,它是否跟主要起草者张君劢秉持的英美式自由宪制理念有潜在关系?这个问题还有待历史考察。此处引人深思的另一个问题在于,这部民国宪法奉行国民主权原则,体现法治与宪法至上等理念,确立横向(即中央政府各部门之间的)和纵向(即中央与地方之间的)的权力分立、权力制衡,但这套自由民主宪制在蒋介石统治时期并没有得到真正落实。最明显的就是在蒋介石统治时期,除了一项解释外,大法官会议从未宣告任何法律或命令违宪,大法官会议沦为当权者的工具,其任务不外是提升国民党政权在宪制上的合法性和认受性,而非扮演宪法原理和公民权利的监护者的神圣角色。这部宪法中的代议制民主、民主选举与司法审查三种民主机制在我国台湾地区得到比较稳定而成功的实践,是到蒋经国时代的事了。② 台湾宪制变迁在个案意

---

① Peter C. Caldwell, "Hugo Preuss's Concept of the Volk: Critical Confusion or Sophisticated Conception", *63 U. Toronto L. J. 347*, 2013, p. 375.

② 陈弘毅教授曾撰文细致分析了1946年《中华民国宪法》在我国台湾地区的整体实施情况,参见陈弘毅:《台湾与香港的宪制发展:比较与反思》,载《百年共和与中国宪制发展——纪念辛亥革命100周年学术研讨会论文集》,爱思想网,http://www.aisixiang.com/data/67220.html,最后访问时间:2021年3月17日。

义上既增进了我们对华人社会与自由民主宪制模式结合之可能性的理解,同时也像魏玛宪法史一样,揭示了宪法文本的命运与宪法实施的环境及政治统治阶层的政治意志之间存在复杂关联。

第二个相关问题是,《魏玛宪法》二元化民主结构中的"人民"以及人民选出的人民利益之守护者总统,是否有权通过"民意"行使对个人的审查?这是与二元化民主制结构下第48条直接相关的一个关键宪制理论与宪法解释问题。第48条明确授予总统有权决定国家进入紧急状态,并有权为维护和平与安宁而剥夺个人基本权利。从对宪法之父普罗伊斯民主观的解读来看,回答上述问题当然是不可能的。或者说,普罗伊斯念兹在兹的制约总统权力的机制主要依靠国会和总理内阁,但是,他的宪法方案没有正面去思考,当个人与社会团体面对来自"人民总统"的"绝对命令"时,是否可以反抗以及又能通过什么可行的法律渠道去反抗?

对这一条所可能带来的直接民主升级及其极端化后果,制宪者可能没有重视。而对魏玛共和国众多的施密特们来说,这根本就不是问题,因为经由德意志统一人民授权获得合法性与正当性的总统一定不会滥用权力。而对这个问题进行了冷静观察、理论思考并对施密特做了最强有力的反驳的凯尔森在整个魏玛时期的政治公共领域始终处于边缘地带,这也能从侧面揭示《魏玛宪法》意欲实现的分权制衡宪制在德国面临的极大的思想与文化障碍。从这个意义上看,第48条规定的总统紧急状态专政权条款的确是魏玛制宪者无意识间造成的致命漏洞。

2. 政治意志与政治共识对宪制良性演化的重要性

但是,还存在另一种不同的观点能将讨论推向更为立体复杂的层面。这种观点认为其实魏玛共和国与《魏玛宪法》并不缺少可以保护自己的法律手段,毋宁说魏玛共和国缺少的是愿意穷尽利用既有宪法手段去一般性地或常规性地反对极端右翼与左翼的强烈政治意志与基本政治共识。① 魏玛的历史似乎也印证了这一判断。作为德国政治领导层中坚力量的资产阶级主要政党及其联盟因为自身没能形成最低共识与共同政治关切,导致议会长期形成不了多数党与政治共识,最终议会陷入瘫痪,制宪者预想的议会制民主政体无法发挥正常作用,加上不利的经济危机激扰,极端右翼政治力量就获得了利用漏洞上台的空间。

因此可以说,在导致魏玛民主崩溃的诸多原因中,诚然有宪法文本自身的结构缺陷等原因,但更关键的还是社会与文化因素。魏玛德国存在强大的反自由民主的社会力量、政治传统与文化形态,这些力量的强大与顽固足以使一部制宪意图整体良好的宪法难逃任人打扮的命运。

上述分析进路引人深思之处在于它客观指出了宪法运作与一国政治统治阶层的政治意志,宪法命运与一国主要政党的政治意志之间的内在关系。这一点对思考我国宪制发展亦具有深刻启发意义。在张君劢那里,这就是"宪法之前提"问题。这实质上也就是在讲决定一部宪法命运的精神与心智条件,它一方面指向政治的政府与领导阶层的政治理念与宪法观念,另一方面指向人民的政治意志与政治能力,宪法文本与这些精神-心智条件合在一起,方能撑起捍卫政治之公共性与正义性的宪法政治。职是之故,宪法理论研究不能只关注对实证宪法文本与宪法规范的体系化解释建构,更应关注对宪法实施与宪法命运具有

---

① Michael Stolleis, *A History of Public Law in Germany: 1914—1945*, translated by Thomas Dunlap, Oxford University Press, 2004, pp. 57—58.

深刻影响的政党制度、社会结构、政治观念理性化、民情基础等诸政治-社会要素。

至此,可以初步理解德国当代基本法对《魏玛宪法》的扬弃了。诚如默勒斯所言,《魏玛宪法》诞生于普罗伊斯所敏锐地指出的这种必要性:给予不信任议会主义的德国人民一种也认可其他形式的民主之正当性——全民公决和帝国总统直接选举——的秩序。[①] 但《魏玛宪法》制定者没有给这套用心良苦的二元化民主结构配备防御机制——使个人与社会能免于民主多数威胁的那种防御机制。德国基本法起草者吸取了这些教训,建立了一种一以贯之的更为纯粹的代议制-自由民主秩序,即一种防御性民主秩序。在这个秩序中,任何形式的国家权力都由议会以某种方式授予,同时任何国家权力包括议会的权力又都要接受以个人基本权利为实质价值基准的合宪性控制。这意味着德国当代宪法既继承了《魏玛宪法》中的代议制民主传统,但又否定了《魏玛宪法》的纯粹民粹主义民主机制;同时,基本法又添加了《魏玛宪法》中没有的防御性民主机制,主要体现在基本法建立了独立的宪法法院以保护基本权利的适用,同时授权宪法法院可以根据宪法机关的提议禁止与宪法为敌的任何极端力量与极端政党。

指出《魏玛宪法》民主体系在基本法时代的若干继续与若干扬弃,对于正在移译、继受、借鉴德国基本法教义学理论与实践经验的中国宪法学来说,具有的一点启发意义或许在于,我们有必要正视当代德国基本法教义学是在德国完成了对自由民主宪制基本价值的认知转型后的一种宪法实践与理论成就。它是建立在自由民主价值基准上的宪法教

[①] 〔德〕克里斯托夫·默勒斯:《德国基本法:历史与内容》,赵真译,中国法制出版社2014年版,第33页。

义学,已经不同于第二帝国时期和魏玛时期的德国宪法教义学。甚至可以说,失去"自由的民主"这两项基本价值核心,它就不能称其为当代德国基本法教义学。

这意味着当我们试图在中国推广或借鉴当代德国宪法教义学思维与法律技术手段时,必须思考一个问题——如何看待自由的民主之于一种现代宪法教义学的价值规定性与同构性?如何看待作为一个政体要素的准宪法法院机制在我国的可能性?还是说,一旦切换到中国语境下,上述内在价值内核与配套政体要素就可以取消或被转化?认为可以取消,代表着一种理论流派;认为必须转化,代表着另一种理论流派。

无论从历史与政治发展,还是从宪法技艺上讲,将具有道德意义的"自由之民主"价值转化为当代中国政治语境能接受与容纳的宪法理论话语体系,既是可行的也是值得期待的。社会主义民主与法制的二元范畴就是一个具有统摄价值的有益理论框架,这需要以理性地界定社会主义为前提。我国宪法理论研究应依据理性社会主义政治理论框架,将有助于中国政治理性化与现代化的普遍价值元素与政体元素融入到对中国宪制架构的体系建构中。这些价值与机制包括但不限于:警惕激进民主对法治与社会稳定的伤害(信息革命时代预防公权力操纵激进民粹与极端民族主义破坏个人自由与法治尤其重要);通过学术研究与公共辩论消除"民主就等于一人一票""民主就是少数服从多数"这类观念误区,重新认识激活宪法基本权利机制对提升社会主义民主法治秩序之品质的内在意义;积极证成一种司法性违宪审查机制(普通法院与宪法法院相结合机制)对维护一个自由-法治-稳定的共和政体的基础意义;等等。在这个基本前提下,所有学术思想争鸣都有利于探索稳健的中国宪制发展道路。

第六章
魏玛德国的政治文化与宪法学术

前文结合魏玛制宪时的历史背景以及影响制宪的政治人物与思想人物的基本理念,分析了《魏玛宪法》的根本政治决断与其内部民主制的结构要素。仅从宪法形式框架上看,《魏玛宪法》是担得起最民主宪法之称号的。它不仅包含着经典的议会制民主要素,而且引入了在当时西方主要法治国家都很罕见的直接民主与公投民主要素。直接选举总统、建立在直选民主正当性基础上的总统紧急状态专政权、全民公投与复决程序就是《魏玛宪法》中以直接民主与公投民主为正当性基础的具体宪法机制。

这一系列宪法机制包含两重意思:魏玛共和国的基本政治制度是议会制民主政体,但国家权力的整体结构却呈现出一种二元民主制构造。以《魏玛宪法》蕴含的国家统治条款为视角,有 7 个条款对理解《魏玛宪法》确立的政治机制及其结构性缺陷具有直接关系,它们分别是:第 1 条(联邦共和政体条款)、第 25 条(总统可以解散议会)、第 41 条第 1 款(总统由人民直接选举产生)、第 43 条(议会有三分之二多数赞成时可提出罢免总统动议,以公投形式罢免之)、第 48 条第 2 款(总统拥有紧急状态独裁权)、第 53 条(总统任免总理与内阁部长)、第 54 条(总理与内阁部长须得到议会信任)。

在关于魏玛共和国的民主体制为何失败的诸多研究中,《魏玛宪法》机制的结构性缺陷被认为是导致民主崩溃的关键因素。最常见、最老套的解释理据是,宪法赋予总统的权力太大,第48条赋予总统可以不经议会许可与内阁请求而宣布实施紧急状态措施,这是摧毁魏玛共和国议会民主政治的、来自宪法自身的最大杀手锏。第48条第2款规定:"当国家的治安与秩序受到严重侵害之时,总统可行一切必要之措施,以恢复公共秩序与安全;必要时得动用武力为之。为达到此目的,总统得暂时剥夺或限制人民依本法第114条(人身自由)、第115条(住所不可侵犯之自由)、第117条(通讯秘密自由)、第118条(意见表达自由)、第123条(集会自由)、第124条(结社自由)、第153条(财产权)所保障的权利。"该条第3款规定:"依前项之规定,总统颁布必要措施之后,应即刻告知议会,由议会决议撤销此措施。"第4款规定:"本条的详细实施,细节由联邦法律规定。"第48条包含两个关键意思:宪法允许联邦总统在国家公共秩序与安全遭到危机之时,可以不经国会许可以及不经内阁之请求,采取一切必要措施;但总统行使此项紧急状态权力措施的细节要由联邦法律规定。

一个有关第48条的基本事实是,魏玛共和国成立以后的历届政府都习惯于并且实际上很频繁地启用了这个机制来维护解决各种问题。在魏玛共和国14年(1919年到1933年)的岁月里,该条总共被适用达到250多次,这对一个议会民主制度来说,当然是极为不正常的现象。因此魏玛宪法史研究中存在一种观点,认为在希特勒上台之前魏玛共和国早就出现了从议会民主向总统在宪法框架内独裁(constitutional dictatorship)演变的巨大风险。《魏玛宪法》的这个缺陷与魏玛政治实践形成的威权惯例为希特勒纳粹党掌权提供了可以利用的机会。因此,魏玛民主政治的异化与瓦解是希特勒得以崛起的不可或缺的前提,从一定程度上讲,希特勒独裁体制的确立只不过是之前总统独裁政治的升级、变体与延续。

然而,为什么在《魏玛宪法》中原本只是作为一种矫正机制与例外机制的紧急状态专政会常态化?本章要讨论的是,在《魏玛宪法》文本具有结构性缺陷这个原因之外,还有更深的政治、社会与文化因素合力促成了最终的极权统治局面。

晚近研究中最形象的一个说法来自20世纪80年代巴伐利亚州教育部长瓦尔特·冈瑟尔(Walter Ganβer),他认为魏玛共和国宪法的缺陷让它成了"抛弃型民主"。[1] 这并不是讥讽得到过严谨界定的规范概念,但它非常传神地勾勒了魏玛时期德国政治的一个残酷情况——那就是直到1933年,魏玛共和国都没有在德国人心目中建立起真正的权威,魏玛共和国与《魏玛宪法》是很多德国人心里要抛弃的对象。作为德国历史上首个确立了经典议会民主制的政治体,魏玛共和国从一开始就缺少现代"利维坦"应具有的那种政治威严——"国家就是人间上帝"意义上的那种至高权威。在那个时代的很多德国人心里,魏玛共和国就是一个弱国家、伪国家、"猪猡共和国",一个背叛了伟大的"德国神性国家传统"的怪物,犹太人则是充斥在这个国家各个领域的重要的内部敌人。因此,从政治认同这个角度看,魏玛共和国存在非常严重的先天不足。

具体而言,就是在《魏玛宪法》明面的、规范设定的民主政治机制背后涌动着强烈的反民主反共和的政治文化与思潮,它们广泛存在于当时德国社会各阶层。这个事实指引我们,必须在宪法文本的内在缺陷之外的广阔的政治—社会视野中去理解导致《魏玛宪法》失败的因素的

---

[1] 转引自〔爱尔兰〕安东尼·麦克利戈特:《反思魏玛共和国:1916—1936年的权威与威权主义》,王顺君译,商务印书馆2020年版,第3页。

复杂性。此种复杂性能揭示魏玛德国民主的失败乃是一个全局性的悲剧,因此不能将魏玛民主失败的原因全部归咎于宪法文本与宪法实践,毋宁说,魏玛德国宪法的危机很大程度上是魏玛政治、经济、社会、文化危机在宪法领域的折射。

本章聚焦的反自由民主共和的政治文化,在议会政治领域的主要表现,那就是魏玛时期德国的政治极化现象。此处所指政治极化主要是指魏玛共和国存在诸多仇视自由主义、仇视民主与共和体制的极端右翼与极端左翼政治力量,而这些力量之间又都存在不可调和的意识形态对立,并在内政外交政策上表现为不可调和的矛盾。从这个角度看,德国内政实际上呈现出一种准敌我化的状态,因而实际上极具施密特意义上的那种政治性——如果如他所言政治的本质就是要区分敌我的话。

而魏玛政治极化主要又是通过魏玛时期德国政党的极化来表现和推动的,因此魏玛政党的极化与政治极化是一种共生性关系,它们是导致魏玛议会民主危机与《魏玛宪法》失败的深层政治动因,而魏玛共和国政党极化、政治极化都与魏玛时期德国民众政治文化的极化现象存在关系。因此,纯粹从《魏玛宪法》文本的静态规范结构,无法深刻把握影响《魏玛宪法》命运的政治—社会—文化因素。

在对魏玛宪法机制与魏玛极化政治文化有了双重了解后,再去观察魏玛德国法学界的宪法学术争鸣,能更全面地理解当时不同宪法学家的学术理论之于德国现实政治实践的种种意义或种种无意义。《魏玛宪法》的历史教训表明,影响与支配一部基本良善宪法之命运的因素复杂且充满流变,德国主要政治力量(特别是主要政党)的政治意志与政治观念、德国民众的政治意志与政治观念,是与静态宪法规范同等重要的影响因素。因为正是参与或卷入了魏玛共和国国家权力运行的政治人或政党组织的目的意志观念,对那些静态的明面上的宪法规范的实际适用走向起关键的塑造作用。

因此,整全的宪法研究既要重视分析静态宪法规范本身的正义性,同时也应关注深刻影响宪法命运的政治、文化、民情等深层动因——而对这些动因及其相互关系的研究在根本上乃是"社会"与"社会理论"研究。

在现代社会与现代政治条件下,在宪法文本之外的诸宪制因子中,政党与政党控制下的国家机构,是具有最特殊影响力的因子,这是由现代政治特别是现代大型国家政治的特点决定的。现代政治作为现代社会理性化进程的一部分,其最大的特点在于它是以政党作为主要机器的大众政治。这里所说的大众政治在一般意义上是指现代条件下无论哪种政体在形式上都要以获得民众同意为合法性基础,而从历史角度讲,现代大众政治一个公认的起源就是现代共和革命。

我们前面已经讲到,民众或者人民,作为一个肯定性范畴,进入宪法与政治并且成为与宪法平起平坐的政治道德符号,肇始于美国与法国的共和革命。此间一个更复杂的内部历史内容是,将"人民"作为安置在宪法中的道德制高点推进政治革命则是法国革命的独特遗产,阿伦特从这个角度试图辨析美国革命与法国革命的内部差异,阿克曼则试图对美国革命中的人民主权叙事进行系统的理论重构(阿克曼革命观在多大程度上受到阿伦特启发是另一个问题)。

但两场开端性共和革命的内部差异不影响我们说,人民民主或大众民主是一个现代的现象,这也就是所谓"人民民主是新的,而个人自由是古老的"。因此,现代以来,无论在政治社会学上还是一般宪法理论中,个体、人民、政党制度、国家统治的关系都是作为重中之重的结构性问题,研究魏玛时期德国宪法的基本问题,同样不能不谈作为魏玛宪法政治重要参与者的诸政党。

一、魏玛时期德国政党与政治的极化

《魏玛宪法》第1条确定德意志联邦为共和政体,共和政体的政治中心是联邦议会与各州议会。如果将议会比喻为魏玛共和国政治版图的中心场域,那么占据这个核心场域的主要力量就是各政治性政党,即在议会中参与议席竞争的各主要政党。它们绝大部分脱胎于1918年之前德意志帝国时期的各种政党,只有纳粹党是一战后1919年成立的新兴大众政党。

魏玛德国政治性政党主要有:德意志民族人民党(DNVP)、德国人民党(DVP)、德国民主党(DDP)、天主教中央党(CCP)、德国社会民主党(SPD)、德国共产党(KPD)、国家社会主义工人党(NSDAP)。假如以西方学术上关于民主政体下政党制度的传统分型即两党制与多党制为标准,魏玛时期德国政党制度属于典型的多党制,而且仅从数量上看,魏玛共和国多党制还是一种极端多党制(极端多党制一般指主要政治性政党6—8个以上)。虽然这些政党大部分都源自德意志第二帝国时期,但到魏玛时期,这些政党在政治与法律上的地位及其相互关系格局与1871年俾斯麦宪法体制下的政党制度格局已经存在重大差别。

第一个差别是相对同质性与高度异质性之间的差别。在俾斯麦体制下,由于德意志帝国政治文化具有相对更高的同质性,基本上君主专制体制的强势力量制约或控制着19世纪后半期德国出现的各种政党。俾斯麦在统一德意志建立第二帝国后对德国政党还进行过毁灭性的斗争。他对国外的敌人有时还会心慈手软,但对待国内的政治对手或批评者毫不留情。他将社民党与中央党称之为国家公敌,在1878年进行了重点打击后,德国这些党派基本上处于被压制的半合法状态,合法存在但没有什么实质的政治作用,因而,第二帝国时期德国政党制度整体上显示出一种稳定性。这是一种在自由主义画上了休止符状态下的稳定状态,此种状态的达成充分折射出俾斯麦的一种政治哲学,即政治就是用其他方法延续战争而已。① 往后想想,这是多么施密特主义的一种政治观。除了俾斯麦的强势统一战线的压制,德国历史学家、社会学家雷勒·莱帕修斯(Mario Rainer Lepsius)指出:帝国时期德意志政党体系内部的相对稳定性,还要归因于这些政党选民储备的社会环境的一致性、整体性与和谐性,在这种环境中,造就出一种共同的政治文化方向和政治选择上的光谱。②

到魏玛时期,经历帝制崩溃与一战期间的演变分化后,德国各主要政党不仅在数量上呈现碎片化发展趋势——帝制时期很多政党内部发生分裂导致政党数量增加,而且在意识形态上呈现极化发展趋势。极化,就是指各政党在政治、经济、文化、宗教等领域存在截然不同尖锐对立的态度与立场,导致各政党在内政外交与政治意识形态上存在不可调和的尖锐对立和冲突。如果将数量上的碎片化与意识形态的极化两项指标结合在一起,那么可以说,魏玛时期德国政党制度属于一种极化的极端多党制。

第二个差别是体现在政党政治责任的大小上。1871年后俾斯麦对议会恩威并施,主要是为了削弱议会的力量。受实际政治力量格局支

---

① 关于统一后初期俾斯麦对德国各自由倾向政党的斗争,参见〔美〕弗里茨·斯特恩:《金与铁:俾斯麦、布莱希罗德与德意志帝国的建立》,四川人民出版社2018年版,第288—290页;〔德〕塞巴斯蒂安·哈夫纳:《从俾斯麦到希特勒》,周全译,译林出版社2016年版,第39—40页。

② 李工真:《德意志道路——现代化进程研究》,武汉大学出版社1997年版,第285—286页。

配,1871年帝国宪法维护的是君主专制与伪代议制的混合政制,议会的象征性多于实权,从政策内涵上讲,俾斯麦开启了一种有君主立宪外观的新保守主义。所谓新保守主义,主要是指俾斯麦急于通过统一后的国家力量将德意志社会特别是其下层阶级纳入其政治方案,开启专制统治下的社会立法运动和福利国家治理。俾斯麦将自己这种治国理政方案称为"国家社会主义"。① 他的政治意图非常明确,既是为了保护帝国免受工业化时代各种社会冲突和议会场域党派争端的影响制约,又是为了让广大民众特别是德国劳工阶级接受并相信只有国家才能成为工人组织的轴心。因此,可以说,俾斯麦的国家社会主义方案实质上充满着对议会民主与政治自由的敌意。在这个模式下,议会对君主政府的实质影响力实际上很难发挥出来,无论宪法还是政治传统都不可能将政府的形成与议会大多数联系在一起。因此帝国时期德国各政党并不需要承担政治责任,而且固守相对保守僵化的政治信条。与帝国时期保守的反自由民主的政治文化相对应,政党与政党国家在德国始终名声不佳。在统治阶层和民众观念中,政党与政客就是试图垄断政治活动、自私自利的充满权力欲的小人。②

但是,魏玛共和国成立一定程度上为19世纪名声不佳的德国政党第一次确立了正式的地位。一方面体现在,以一度被俾斯麦视为国家公敌的社民党、中央党为代表的进步党派走到了魏玛共和国政治舞台的中心,这是进入20世纪后德国政治现代化演进的一个重要内容。另一方面,根据1919年《魏玛宪法》确立的议会民主制度,德国各政党有

---

① 〔美〕弗里茨·斯特恩:《金与铁:俾斯麦、布莱希罗德与德意志帝国的建立》,王晨译,四川人民出版社2018年版,第302—305页。
② 〔德〕埃弗哈德·霍尔特曼:《德国政党国家,解释、发展与表现形式》,程迈译,中国政法大学出版社2014年版,第14页。

了竞争议会议席、进入议会政治、参与政府建构的政治资格,因此政党与魏玛共和国的政府之间客观上开始发生责任关系。

在共和国初创、《魏玛宪法》诞生前夕,肩负为共和国制宪的魏玛国民议会中只有3个中间政党支持共和国,只有它们投票赞成《魏玛宪法》,这三个政党组成过魏玛联盟政府,历史上也将它们成为立宪党或宪法党。在此之外的其余政党要么是右翼政党,要么是左翼政党,左右翼政党对魏玛共和国很反感或隔膜,有的期待恢复君主制,有的以反对与推翻魏玛共和国代表的资本主义制度为终极目标。处在右翼最极端的是国家社会主义工人党(纳粹党),处在左翼最极端的是德国共产党,左右翼政党对《魏玛宪法》确立的基本政治制度即议会民主制度各有各的反叛理由。

考察1919年到1933年之前这些政党的政治目标与政治倾向,观察这些政党的碎片化与政治的日益极化,也就是在宪法文本因素之外去把握魏玛宪法民主制度溃败的复杂政治与社会根源。

1. 共和国总统独裁机制常态化:原因与影响

支持民主共和的魏玛联盟政党主要是指社会民主党、德国民主党和天主教中央党,社民党在1930年之前始终是议会第一大党。但这三个支持共和国的政党组成的魏玛联盟政府实际执政时间很短,只有第1届(从1919年2月到6月)和第2届(1919年6月到1920年3月),而且从政治动员能力看,它们总体上越来越呈现疲软或式微之态。另外,即使这三个政党里面也有许多人只是很勉强地接受了共和政体,而非真心希望如此,魏玛共和国因而也被称作"一个没有共和党人的共和国"。这个苗头在1919年底就已经出现,魏玛联盟的多数派政党日益失去民众支持的情况越来越明显,中产阶级重新涌向右翼政党,工人阶级越来越涌向左翼政党。1920年发生的"卡普政变"进一步加速了魏玛联盟政党衰败的速度。

"卡普政变"是一次要推翻新生共和国并试图在德国恢复君主制的暴动。社民党人总统艾伯特启用《魏玛宪法》第48条发布了一系列紧急状态法令,联合军方镇压了政变。政变使得根据新颁布的《魏玛宪法》进行的第一次议会选举被迫提前举行。魏玛联盟政府总理在1920年3月29日的国民议会上代表新政府呼吁:在卡普之流的胡闹之后应尽快根据《魏玛宪法》举行正式选举,以便捍卫共和国政府的权威。当时执政的魏玛联盟以为"卡普政变"会使选民更愿意继续支持它这个联盟政府。但是6月举行的第一次正式选举,右翼和左翼政党获得巨大胜利,魏玛联盟遭到惨败。无论在选民还是国会中,魏玛联盟政府都不再占有多数票。社民党虽然依旧是议会中最大的政党,拥有113名议员,但它此次选举一下子失去了50多个议席。损失最重的是德国民主党,从75个议席减少到45个议席,民主党是共和制德国吸引非社会主义和非天主教选民最可靠的支柱,这部分选民数量极大。该党在这次选举中失败后再也没能恢复1919年之前那种元气。在《魏玛宪法》诞生后这第一次正式议会选举中,魏玛联盟特别是民主党的惨败给德意志共和国的命运实际上埋下了不幸的种子。①

这次压倒性的挫败,意义深远。因为从1920年第一次选举后,魏玛联盟政党在议会中就一直是少数派,尽管社民党在1930年前保持了第一大党地位,但三个中间进步政党的总人数此后一直少于左翼和右翼对手。这种局面导致在随后的艾伯特总统时期(1925年2月艾伯特

---

① 〔瑞士〕埃里希·艾克:《魏玛共和国史(上卷)——从帝制崩溃到兴登堡当选》,高年生、高荣生译,陆世澄校,商务印书馆1994年版,第164—165页。

去世)共和国的政府始终是少数党政府。

　　这既是战败后德国革命以来德国极化的各政党权力斗争的结果,同时又反映出选民的大多数对魏玛宪法派的背弃,尤其反映出反宪法的右翼阵营和左翼阵营与共和国不可和解的疏远。选民的十分之一和大约三分之一的有组织的个人转而支持德国共产党,另一部分中间阶层选民大量走进右翼阵营。从意识形态上讲,左右翼的反自由民主、右翼的反犹主义与反马克思主义开始发生具有爆炸力的融合。[1]

　　与此同时,从政治观念对宪法机制与实践的直接影响看,这是导致此后魏玛初期宪法第48条就被频繁运用的一个政党政治背景。而魏玛共和国的生与死、《魏玛宪法》的生与死,在很大程度又被认为是使用和滥用《魏玛宪法》第48条的历史。

　　根据《魏玛宪法》关于总统职能的第48条的规定,当政府的组成或决策得不到议会大多数支持的情况出现时,总统有权依据宪法提出独裁式的解决方案。总统独裁式解决方案的具体实现方式包括总统决定实施紧急状态措施,提出解散议会与重新选举。在魏玛共和国最初几年,德国议会政党政治的左右极化局面导致《魏玛宪法》中规定的总统独裁权力被超乎寻常地使用起来,尽管有时候是出于正当的目的。比如,1923年11月时任德国工人党党魁希特勒在慕尼黑发动"啤酒馆政变",这是希特勒联合巴伐利亚州的分离势力发动的以推翻共和国为目标的暴动。艾伯特和内阁会议就再次启用第48条将全部执行权交给军方统帅部首脑以便击退对共和国和各州秩序的武力侵犯。[2] 魏玛制宪者制定第48条的一个意图是在国家出现紧急状况时可以启动这一

---

[1] 李工真:《德意志道路——现代化进程研究》,武汉大学出版社1997年版,第258页。
[2] 〔瑞士〕埃里希·艾克:《魏玛共和国史(上卷)——从帝制崩溃到兴登堡当选》,高年生、高荣生译,陆世澄校,商务印书馆1994年版,第279页。

条来保护共和国。因此在出现"卡普政变"与"希特勒暴动"这类事件时运用第48条应该说是被迫的,也是正当的,因为无论"卡普政变"还是"希特勒暴动",都是严重威胁共和国的行动。①

然而,《魏玛宪法》第48条绝不只是偶尔使用于镇压暴动,而是被频繁用于魏玛共和国的日常政治与国家治理中,出现了依据第48条的所谓经济专政。如罗斯托(Clinton L. Rossiter)所说,在共和国早期经济危机中,第48条实质上就类似授权法,授权总统与总理共同控制行政当局越过议会,采取紧急经济法令,而从制先史看,魏玛制宪者并无意将此专政条款用作内阁行政立法计划的宪法依据。② 这意味着议会权限范围内的很多事项实际上被行政当局立法加以规制。而当时德国面临的社会动乱、经济难题,为这种诉诸大规模行政立法的模式提供了极为迫切的现实理由。

最常见的形式是,在无法得到议会多数派同意的情况下,总统与内阁就倾向于运用这条授权条款,撇开议会制约独自制定法律或政策,这与当时动荡不安的政治局势直接相关。1920年到1924年间,一方面,反对共和国与挑战《魏玛宪法》确立的联邦共和体制的事件或暴动不断出现,从共和派政治领导人被暗杀到巴伐利亚等州的分离主义运动,不一而足。另一方面,左翼鼓动的工人阶级与群众示威活动导致了不同程度的骚乱。种种迹象都迫使政府采取有力的措施,以便去保卫这个并未得到各界真心拥护的共和国及其宪法秩序。在这种现实政治形势

---

① Cindy Skach, "Divided Minorities and Constitutional Dictatorship in Weimar Germany", *Borrowing Constitutional Design: Constitutional Law in Weimar and the French Fifth Republic*, Princeton University Press, 2005, p. 49.

② Clinton L. Rossiter, *Constitutional Dictatorship, Crisis Government in the Modern Democracies*, Princeton University Press, 1948, pp. 41—42. 中译本参见〔美〕罗斯托:《宪法专政——现代民主国家中的危机政府》,孟涛译,华夏出版社2015年版,第55—56页。

压迫下,宪法第 48 条自然会被频繁地利用起来,短短 4 年就高达 130 多次。① 而在魏玛共和国存续的 13 年历史中,这一条款被启用的次数高达 250 次以上。②

根据第 48 条由总统颁布的法令,内容包括惩处那些针对共和政体和共和政府成员的暴动与煽动行为,限制集会自由,授权各邦政府禁止集会,在最高法院设置特别的"保卫共和国国家法院"以审判反共和国的罪行。时任司法部长是著名法学家古斯塔夫·拉德布鲁赫,他是德国刑法学家李斯特(Franz von Liazt)的学生与崇拜者,也是一个理想主义的社民党人。他请最高检察官埃贝迈尔(Ludwig Ebermayer)博士来鉴定这个总统法案,因为他既担心这会使"最高法院政治化",但又觉得形势十分严峻,因此共和国必须坚决运用其权力手段采取非常规措施来捍卫自己。③

除了应付暴动与骚乱,1925 年之前总统紧急法令也被广泛运用于应付各种经济与社会问题。比如 1922 年艾伯特总统处在通货膨胀引起的经济危机中,严重的经济与社会危机需要政府进行快速的果断的行政立法来应付国内外问题,但中央党籍内阁总理约瑟夫·维尔特(Joseph Wirth)领导的政府只有议会 45% 的信任投票。当时的困境是,作为立法机关的议会经常难以达成能令所有党派都接受的方案,议会越来越难以形成多数决。这种局面导致总统和总理决定联合激活第 48

---

① Clinton L. Rossiter, *Constitutional Dictatorship, Crisis Government in the Modern Democracies*, Princeton University Press, 1948, p. 38. 中译本参见〔美〕罗斯托:《宪法专政——现代民主国家中的危机政府》,孟涛译,华夏出版社 2015 年版,第 51 页。
② Clinton L. Rossiter, *Constitutional Dictatorship, Crisis Government in the Modern Democracies*, Princeton University Press, 1948, p. 32. 中译本参见〔美〕罗斯托:《宪法专政——现代民主国家中的危机政府》,孟涛译,华夏出版社 2015 年版,第 46 页。
③ 〔瑞士〕埃里希·艾克:《魏玛共和国史(上卷)——从帝制崩溃到兴登堡当选》,高年生、高荣生译,陆世澄校,商务印书馆 1994 年版,第 219—221 页。

条授权政府颁布法令采取紧急措施缓和经济危机。当时一些学者认为,在议会无能或者被极端保守主义主导的情况下,由总统和总理联合反复启动第48条的紧急状态法机制,似乎是那个时代经济危机背景下控制经济局面的唯一出路。

因此,无论关于共和国最初几年宪法第48条被频繁使用的必要性的合理化解释有多少种,都无法否认一个事实,那就是频繁使用第48条自此成为一个充满复杂意味的宪法政治先例,或者说事实上成了魏玛的"宪法惯例"。在各种问题来临但议会又无法形成多数决同意的情况下,总统与内阁经常性地联手运用宪法赋予的紧急状态权去制定普通法律和法令。在宪法第48条为此提供了权力手段作为制度加持外,启用总统紧急状态法令的理由总是有无数种,不愁找不到理由。

这里需要指出的是,第48条最后一句,"其细节,应以国家法律规定之"作为对该条前面4款规定的紧急状态权力的限定,从未得到落实。[①] 这当然与作为国家意志之形成机制的议会的危机四伏有直接关系。频繁地运用例外状态独裁机制的局面不断出现,既是魏玛议会中政党政治状态出了状况即越来越极化的反射,同时反过来又对议会的极化政治造成了深远影响。

这就与卡尔·施密特的学生、德国公法学家胡柏(Ernst Rudolf Huber)在二战后总结《魏玛宪法》教训时提到的一个重要问题呼应起来。概括而言,这个问题就是议会制度与实践的不成熟与功能失调对魏玛宪法民主命运造成了深远影响。自1920年举行魏玛共和国第一次议会大选以来,魏玛议会中各政党显示出的领导能力已不能满足宪法当

---

① Clinton L. Rossiter, *Constitutional Dictatorship, Crisis Government in the Modern Democracies*, Princeton University Press, 1948, pp.31-32. 中译本参见〔美〕罗斯托:《宪法专政——现代民主国家中的危机政府》,孟涛译,华夏出版社2015年版,第44页。

年对议会责任政治所设计制度的期待。从1919年到1933年,总共成立了20个内阁,其中多数是由少数党所组成。每个内阁在表决议案时,必须个案地去寻求议会多数同意。然而,那个时代德国议会政治的严重局面又是越来越难以形成多数派。这种情况下内阁就只好向总统求助,请求动用总统的特权——也就是解散议会与颁布紧急状态法令,以维持政府的正常运转和有效的治理能力。①

因此,从政治的实证情况看,总统特权的频繁使用已经导致《魏玛宪法》确立的议会民主制变异了,变异为一种半总统制体制(semi-presidentialism)。此种半总统制的实证情况又反过来导致或加剧了议会政治的消极状态。在此背景下,消极对待或者说变相放弃自身在议会政治中的真正的政治责任,成为政党政治行为的一种趋向或结果。因此可以说,战后那个时代特殊的政治经济危机与极化的德国公众舆情、极化的议会选举结果,加上内嵌在《魏玛宪法》第48条中的总统独裁权条款的宪法加持,汇合在一起,共同作用,激活并合法化了行政权天然的专权倾向。同时亦要知道行政权本位原本就是根深蒂固的德意志帝国政治特色。因此可以说,第48条的所向披靡既根植于第二帝国以来德国行政权本位的专制政治传统,又实质上以新的形式复活了德意志的这个政治传统。从宪制权力结构看,这种总统制专权倾向的常态化则显示《魏玛宪法》确立的议会制民主事实上失灵了。

因此,魏玛民主危机的确在1933年希特勒上台之前就已经出现。因此,魏玛民主的崩溃的确不能全部归咎于极右翼的希特勒的上台,尽

---

① 恩斯特·鲁道夫·胡柏(1903—1990),卡尔·施密特的忠诚门徒,一位成长在魏玛时代、成名于纳粹时期的德国公法学家。他的一个中心意思是,魏玛时期主要政党的无能与失职对《魏玛宪法》失败有非常消极影响。参见陈新民:《公法学札记》,中国政法大学出版社2002年版,第163页。

管的确是后者瓦解直到彻底埋葬了《魏玛宪法》及其民主体制。因此,魏玛民主失败与纳粹建立第三帝国是应该适度分离来分析的两件不同的事情,尽管这两者之间又存在历史联系,但不能笼统地将纳粹极权的上台完全归咎于民主本身。(指出这一点对理解二战后德国基本法的民主秩序亦有重要意义——基本法是反纳粹极权,但它同时还是德国人回归自由民主秩序的历史节点。)

横亘在魏玛民主危机与纳粹上台这两个事态中的一个关键变量是魏玛德国的政党。如果在危机出现后,以社民党为代表的主要大党能放弃党派偏见、懂得妥协、积极行动、与中间偏左或中间偏右的其他政党组成有效的联合内阁,和衷共济去维持宪法确立的民主共和体制的权威,那么,总统独裁统治就不可能成为实质的长期的局面。

然而,德国议会场域主要政治性的资产阶级政党,偏偏普遍缺乏这样坚定的政治意志与宪法信念。从更深远的历史背景看,这也是1871年后德国政治的一个痼疾。敏锐的韦伯早在1919年就意识到这个问题,他认为如果德国政党政治的问题得不到解决,那么将严重威胁德国的政治民主。他曾经说:"我不再参与政治的一个原因是,在我看来,只要德国政治还在左翼与右翼之间疯狂摇摆,德国就不可能拥有真正的政治。"①

韦伯所说的左右翼之间疯狂摇摆,其实质就是指议会政治的主要程序行动者即德国各政党长期地陷入了一种政治意识形态的极化状态,身在其中的每个政党要么参与塑造了这种极化,要么被左右极化趋势塑造。到魏玛中后期,政治极化由于主要进步政党社民党的软弱无

---

① Dana Villa, "The Legacy of Max Weber in Weimar Political and Social Theory", Peter E. Gordon, John P. McCormick, *Weimar Thought: A Contested Legacy*, Princeton University Press, 2013, p.73.

力而变得更严重。

从政治社会学上讲,现实上的政党极化与文本上的宪法第48条提供的制度漏洞共同作用,使得魏玛共和国的议会政治再次陷入韦伯严厉批判过的那种"消极政治"状态。在国家出现棘手的状况或危机时,议会中各政党严重缺乏真正的政治妥协精神与妥协能力,在内政外交问题上无法达成基础共识,对维系共和国有重要作用的温和进步政党包括最重要的社民党也不再积极地去履行平衡与监督职责。此种消极政治状态既是德国社会政治与文化形态的折射,又反向传导回去,进一步加剧了德国社会的极化。

这种极化状态的内部传导与强劲势头揭示出,魏玛时期德国各政党与各政治阶层在要不要共和、共和为何、共和与党争冲突是什么关系等一系列有关共和政体的问题上尚未形成现代理念。民主共和秩序所需要的政党制度应是既承认社会冲突论又致力于达成社会共识论的现代民主机制,这应是共和国在政党制度上的基本共识,换言之,政党制度及政党政治应是一种公器,而不能沦为利益集团的纯粹政治工具。

"现代政党是那些在重大问题上基本一致的人们内部的平衡的工具",或如迈内克所说,是"混杂在一起的人民愿望的第一个蓄水池和过滤池,是人民互相矛盾的利害关系的第一个综合,其基础是共同的政治理想"。[①] 但魏玛德国各政治阶层与各政党对议会民主制下政党参与国家政治生活的功能及其限度的认识恰恰出现了历史性迷思。这种迷思可用1928年德国最有声望的、经济学家出身的政治人物古斯塔夫·施

---

① 〔瑞士〕埃里希·艾克:《魏玛共和国史(上卷)——从帝制崩溃到兴登堡当选》,高年生、高荣生译,陆世澄校,商务印书馆1994年版,第71页。

托普勒(Gustav Stolper)的总结来形容:今天的德国没有真正的政府执政党,只有反对党。①

他的观察揭示了魏玛时期除了极端政党对魏玛共和与《魏玛宪法》是明确敌视仇恨之外,各中间进步政党(responsible parties)的状态也好不到哪里去。它们对政党在维持国家与政府之稳定生存能力问题上应如何作为几乎不可能达成共识。德国政党的碎片化—极化、各政党的大众动员化、严重的经济社会矛盾等都传导到了德国议会领域政治,并加剧了议会政治的极化,这些都为魏玛民主埋下了巨大的隐患。

从规范的民主政治理论上讲,民主共和政体既意味着要容纳与正视社会冲突,又要有能力在方向性基础性问题上能达成社会共识,二者缺一不可。就民主政体而言,方向性问题,首先就是指对政治的终极伦理价值如政治应致力于促进人的自由与平等有最基本的共识与认同,亦即对于自由民主之于一个政治共同体的构成性地位,应有一种信仰或观念基础。历史的实际情况是,在不同民族不同文化传统中,这种信仰或观念基础会存在差异。

所谓信仰或观念基础,是说对作为政治之道德正当性基石的自由平等这种道德命令,应采取非功利的理解。这意味着"应当"遵守这些有关政治的道德命令,是因为我们承认这些道德命令本身是正确的,而不是因为它们具有工具价值或有利于实现某些目的。以自由平等为内涵的政治道德原则应是现代民主社会中多元主义的公共政治领域对何为正义的重叠共识基础。此种基础性的正义原则不是诸多价值中的一般价值,因为一般意义上的价值总是会与别的价值发生冲突,此一般意

---

① Hans Mossen, *The Rise and Fall of Weimar Democracy*, translated by Elborg Forster, Larry Eugene Jones, The University of North Carolina Press, 1996, p. 195.

义上的价值要求承认的是相对有效性。而自由平等的正义原则是一个绝对的有效性主张,一种适用于所有人和每个人的有效性。① 它是政治与法律都要遵守的普遍道德命令,它包含着对民主程序或民主技术的内在要求,因此具有认知上与实践上的双重意义。

以此政治道德原则为出发点,依托宪法这个国内法的基础规范形式去构建国家政治与国家治理的总体原则与法律程序规则,去面对、解决政治与社会领域出现的各种价值冲突难题。在自由民主宪制的总体原则框架下,关于社会各界参与公共生活的法律程序规则得到建立,具体的公共政策经由民主协商程序下的论辩妥协得到制定。

因此,在现代民主条件下,一个民主政体需要面对的共识问题大体可有三个层次:共同体层次的基本共识(指向政治的道德规范基石问题)、政体层次的法律程序共识(指向法律的实证性与规范性的同一问题)、政策层次的政策共识(指向共同体内部多元利益冲突的平衡协调问题)。② 理想的情况是,一个拥有基本共识文化的民主共和国的运行主要依靠第二个层次的宪法与法律制度建构,去包容、解决第三个层次上的各种异见和分歧,进而达成具体政策共识。

反过来,一个政治共同体如果缺少对第一个层次的基本共识亦即

---

① 罗尔斯(John Bordley Rawls)和哈贝马斯是对自由平等的正义原则进行了最系统论证的两位政治哲学大师,他们的差异是论证方式和理论体系内部的差异,二者在理论起点与理论抱负上呈现的分歧并非质的对立。如果结合历史思考,可感到他们的理论均蕴含对西方政治与宪制史上出现的各种历史危机的政治哲学反思。参见〔美〕约翰·罗尔斯:《正义论》,何怀宏、何包钢、廖申白译,中国社会科学出版社 1988 年版,第 60—65 页;〔美〕罗尔斯:《答哈贝马斯》,载〔美〕罗尔斯等:《政治自由主义:批评与辩护》,万俊人等译,广东人民出版社 2003 年版,第 46—60 页。参见〔德〕哈贝马斯:《在事实与规范之间:关于法律与民主法治国的商谈理论》,童世骏译,生活·读书·新知三联书店 2003 年版,第 185—188 页。

② 关于民主政体中共识问题的三个层次的说法,参见〔美〕乔万尼·萨托利:《民主新论》,冯克利、阎克文译,上海人民出版社 2009 年版,第 105—107 页。

对自由民主本身的基本信仰,一个共同体政治如果其主要政治参与力量对自由民主的信念很冷淡隔膜甚至反对与仇视,那么,即使形式上建立起了很民主的宪法与法律程序规则,这个共同体也很难成为真正的民主共和国。因为再好的宪法与法律规则最终都需要人去遵守并捍卫。这就涉及托克维尔民主理论中的民情基础,涉及韦伯政治社会学关注的政治意志(即各阶层人民与政治精英的政治意志),涉及现代共和主义关注的共和公民美德等一系列有关自由民主之精神条件的问题。

根据有关民主共和的基本原理,参与民主共和政治与共和国政府运作的现代政党,虽然无法避免与特定阶级或阶层利益的特殊相关性,但从共和国的政治必须具有公共性这一道德基础而言,任何参与国家和政府建构的政党都应同时具有公共政治关怀,现代宪法为现代政党发挥公共政治作用提供原则性导控与法律手段,在根本上也是为了实现宪法的自由民主价值目标。

如果以此思路去反观魏玛时期德国的情况,可以看到,其主要政治性政党恰恰在方向性与基础性问题上走向了极化。在对自由平等之正义伦理的认同、对党派-党争与政治公共性的二元兼顾等政治底线问题上,以各政治性政党及其背后力量为主体的德国政治领域可以说没有基本价值共识基础可言。

各政党各阶层民众走向了各种各样的意识形态极端,从而参与破坏了维系一个民主政体所必需的公共政治文化和政治道德共识基础。魏玛共和国从一开始就更多地是一个难以形成基础性共识的冲突共和国,并且根本性冲突始终远远多于共识,长期得不到改观。

2. 支持共和国的政党日趋式微或分化

社民党是陷入消极政治的主要进步政党典型。之所以它是典型，是因为它参与创建了魏玛共和国，参与了战后等决定魏玛共和国创建的重大事件。想想，这个被认为成就了共和国的中坚政党，连它都无能或者没有去积极发挥作为支柱性政党应有的作用，更遑论其他对共和并无真心认同的政党了。因此才说，作为德国资产阶级主要政党的社民党的力量强弱、政治策略及其行动选择，不可避免地会对魏玛政党体系与议会民主的命运产生巨大影响。一个基本事实是，在魏玛共和国成立后到纳粹掌权的这个历史阶段，几乎所有人都与之为敌，特别是德国共产党，更是将之视为比纳粹还要危险的因素。德共痛恨社民党的一个正式说辞是，后者背叛了真正的社会主义方向。

这或许首先是基于社民党的政治目标与魏玛共和国民主制度具有内在一致性，它是拱卫《魏玛宪法》的中坚力量。《魏玛宪法》对德国的国家性质根本定位主要有两点：其一，德国是民主的"人民国家"；其二，德国是一个民主的"福利国家"。"福利国家"是"人民国家"在社会经济文化等诸领域的实现。社民党的政治理想与政策目标可以说完整地围绕这两个关键点。

在政治上社民党致力于推动议会制民主，包括中央政府与地方政府层面的双重民主化改革。主张通过法律改革消除基于种族、宗教信仰、性别、阶级的各种不平等，尤其重视通过法律措施加强妇女权利。魏玛时期的社民党彻底偏离了该党在创立初期的马克思主义立场，主要体现在它放弃以暴力革命方式去实现社会主义，改而主张通过温和的议会民主道路，通过与其他资产阶级革命力量结盟共同承担政治责任。政治策略上放弃革命路径和苏维埃无产阶级革命模式,意味着社民党失去了一些激进左翼色彩。这导致社民党内部分支持列宁革命模式的成员独立出来组建了德国共产党。

但是,必须指出,放弃苏维埃暴力革命模式,愿意接受议会民主制度并不意味着社民党放弃了它想要改变资本主义所有权结构的某种初心。根据社民党1925年在海德堡提出的计划,将德国从私人所有制改善为带有社会主义色彩的所有制(social ownership)依旧是其主要目标,只是重点已从纯粹经济斗争转为政治斗争,因为这个时期的社民党领导人认为生产方式的社会主义化需要以先取得政治权力为前提。社民党着手以福利国家模式取代自由市场资本主义国家模式的理想化改革,为此它全力推动经济社会权利入宪。在议会场域推动具体的社会立法,包括劳工工作时间的立法,以国家立法的力量推动每天8小时工作制,加强妇女和儿童权益保护,强制推行企业工厂张贴安全警示标语,强制推行带薪休假,取消不符合安全标准的家庭手工业,建立社会保障制度体系,在主要工业领域实行国有化,打击垄断和投机。[①]

然而,尽管社民党是魏玛共和与《魏玛宪法》的忠诚支持者,尽管在整个魏玛时期的议会政治中也都有社民党的影子,但社民党作为大联盟政府成员实际参与国家统治的时间却不长。

在1919年到1923年间社民党参与了联合政府,但并未占据议会政治权力舞台的中心。直到1928年社民党领袖赫尔曼·穆勒(Hermann Müller)成为大联盟政府的内阁总理,社民党才往权力中心靠近了一步,

---

[①] William Brustein, "Weimar Political Parties", *The Logic of Evil: The Social Origins of the Nazi Party: 1925-1933*, Yale University Press, 1996, p.44.

但这个状态持续到1930年3月就结束了。从1930年3月到1933年希特勒掌权,社民党再次失去执政权。① 从议会选举情况看,在1932年之前社民党在全国和各州议会选举中都是最强大的政党,但它始终没有能力去推动形成稳定的国会多数党派联盟。这既说明有良善政治目标的社民党实质影响共和国的程度不够,同时也意味着魏玛共和国20届政府绝大多数都是少数党政府,因为根据理论与实践状况,没有最大党社民党参与的联合政府几乎都是少数党政府。

导致社民党在推动形成多数派和多数党政府上困难重重的一个重要原因是社民党的内部派系斗争和分裂。社民党的左翼对参与联合政府不感兴趣,尤其是当联合政府中有中右翼政党民主党参与时,此种态度更加坚定。与右翼政党结盟,一度使社民党失去很多选票,而这些选票最终都流向了两个左翼政党,即独立社会民主党和德国共产党。1925年,社民党在年度计划中一度表示,要全力争取与温和资产阶级党派或左派政党一起去参与联合执政,改变反对党的地位。但该党领导层始终没有能让其在议会中的代表充分意识到这个必要性。②

社民党的反对党状态使其他中间党派吸收右翼政党一起组建联合政府的可能性与必要性大大增加。于是原本没有第一大党社民党就无法形成议会制下多数党政府的惯例与逻辑逐渐被打破。不愿积极参与联盟政府的社民党无形中助推其他政党逐渐从中间路线转向极端路线,从而进一步造成并加剧了系统性的政治极化(a systemic polarization)。

---

① William Brustein, "Weimar Political Parties", *The Logic of Evil: The Social Origins of the Nazi Party: 1925−1933*, Yale University Press, 1996, p. 43.
② Cindy Skach, "Divided Minorities and Constitutional Dictatorship in Weimar Germany", *Borrowing Constitutional Design: Constitutional Law in Weimar and the French Fifth Republic*, Princeton University Press, 2005, p. 53.

首先看魏玛联盟第二个支柱政党即中央党的右翼转向。该党成立于帝国时期，深受俾斯麦打击，在一战后，它的自身定位是一个能为德国提供取代资本主义或社会主义制度方案的最重要政党，即德国最大的天主教人民政党（catholic volkspartei）与其他政党一样，中央党内部既有进步主义的派系也有保守主义的派系。

中央党的根本原则就是要维护天主教信仰在德国的地位。为此它愿意积极参与魏玛共和国联合政府，主要目的就是要保护宗教自由，确保所有学校都能得到宗教的引导，为教会学校寻求政府资助，促进天主教文化与天主教社区发展。中央党在离婚、色情刊物管制等社会议题上持保守主义立场，它认为旨在简化离婚程序的离婚法案堪比布尔什维克主义对德国的影响。因此该党曾以退出大联盟政府为威胁，要求政府终止激进的离婚法改革。1926年该党向议会提交一个法案，要求政府保护德国青年免于色情读物与色情文化的影响。尽管遭到社民党和民主党反对，但该法案获得通过。整个魏玛时期中央党都在为签署德国与罗马教宗的协定及国家教育法而奋斗。如果与罗马教宗达成协定，那么德国教育法就必须规定所有学校都接受宗教指导，并且政府需要为不能上教会学校的天主教儿童提供助学资金。中央党的政策目标遭到人民党、民主党和社民党的反对，这些政党认为与教宗签署协定将损害公立教育的世俗化原则。[①]

尽管与社民党等中间政党存在很多分歧，但中央党领导人意识到参与共和国政府能促进实现本党的社会政策与经济政策目标，因此在1928年之前，中央党都是《魏玛宪法》与魏玛议会民主制的积极参与

[①] William Brustein, "Weimar Political Parties", *The Logic of Evil: The Social Origins of the Nazi Party: 1925-1933*, Yale University Press, 1996, p.41.

者、捍卫者。它会反击左翼和右翼势力对魏玛制度的批评。但即使是中央党,在魏玛中后期也开始了向右翼转型的转变。1928年反民主的保守派红衣主教路德维希·卡斯(Ludwhig Kaas)当选天主教中央党主席是一个节点。在他领导下的中央党为寻找新的参政盟友,逐渐从具有民主倾向的、支持共和国的政党转变为带有右翼色彩的政党了。[1] 与之前坚决捍卫议会民主的传统立场相反,中央党此后主张加强总统的权力,建立以总统制为基础的宪法国家。

再看社民党软弱无力背景下魏玛联盟第三个支柱德国民主党(DDP)的右翼转向。民主党是由帝国时代的民族自由党左翼分离而来的以自由、民主、共和为理想的进步政党,大本营是以巴登-符腾堡为核心的西南德意志地区。它比所有其他德国政党都更带有知识贵族与精英的气质。很多有威望和影响力的人物,如著名政治理论家瑙曼、《魏玛宪法》之父普罗伊斯都是该党成员(但他们都在1925年前离开了该党,这或许都跟该党在1924年选举遭受失败后的分裂及右翼转向有关)。

民主党与社民党一样都是制定《魏玛宪法》的主导性政治力量,它在妇女和青年人的选举权、比例代表制、赋予总统紧急状态例外权的第48条以及确立全民公投问题上起到重要作用。1919年的民主党的进步性体现在它主张所有阶层、职业和所有宗教在宪法面前的平等地位,维护各州自治权反对独裁。20世纪20年代早期,民主党积极推动保障个人自由权利,捍卫民主原则和《魏玛宪法》;支持通过社会立法改善劳工阶层的福利,支持德国积极参与国际贸易、支持国联和平解决国际争

---

[1] Cindy Skach, "Divided Minorities and Constitutional Dictatorship in Weimar Germany", *Borrowing Constitutional Design: Constitutional Law in Weimar and the French Fifth Republic*, Princeton University Press, 2005, p. 49.

端的努力。民主党比人民党更加积极支持通过社会立法机制提升工人与无产阶级穷苦人民的生活状况,支持通过立法保障妇女儿童的权益,主张要采取立法措施加强工会的权利,支持通过立法与工会的作用帮助工人实现每天工作8小时。反对大发战争财,主张打破大地产寡头的垄断。①

民主党根植于欧洲自由主义在宗教问题上的典型立场,赞成政教分立。推动建立统一的世俗民族国家的学校体系,因此在政教问题上它与中央党存在分歧。民主党则以宗教信仰是私人事务为由,坚决反对神职人员对世俗学校的宗教引导。德国新教教会也成为德国民主党批评的对象,德国新教提倡一种基督教社会主义,此种社会主义被认为与普鲁士式的国家社会主义关系密切,在米塞斯(Ludwig Heinrich Edler von Mises)看来甚至认为很难将德国新教社会主义与国家社会主义加以区分。② 1928年新教教会一度严重干扰德国政治,民主党站出来指责德国新教教会纵容极端右翼的钢盔团组织的暴力活动,鼓动了对魏玛共和国的敌视与仇恨。③ 总体上看,民主党对建立魏玛时期德国的公立教育制度和完善德国联邦制结构作出了积极贡献,在对外政策上主张降低关税,加强国际贸易往来,反对仇视西方的非理性情绪,期待建立欧洲共同体,消除欧洲各国的沙文主义和仇恨情绪,希望通过这些和平的理性的方式改善德国国内经济。

从政治理念看,民主党是以非马克思主义的民主党派作为自身定

---

① William Brustein, "Weimar Political Parties", *The Logic of Evil: The Social Origins of the Nazi Party: 1925-1933*, Yale University Press, 1996, p. 37.
② 〔奥〕路德维希·冯·米塞斯:《社会主义:经济与社会学的分析》,王建民、冯克利、崔树义译,中国社会科学出版社2012年版,第224页。
③ William Brustein, "Weimar Political Parties", *The Logic of Evil: The Social Origins of the Nazi Party: 1925-1933*, Yale University Press, 1996, p. 38.

位,但它与民族人民党和人民党等保守派右翼政党一样,自身面临严重的内部派系分裂。经济状况更好的民主党右翼以德国大企业和大工业企业为基础,左翼以大学教授和和平主义者为主。在20世纪20年代中期,由于民主党内部左右两支在经济政策上没能达成共识,民主党在议会的代表只能竭力通过非经济议题去争取选票。因此,在1928年议会选举中,民主党只好主打外交关系牌,提出德国应该改善与欧洲邻邦的关系,保护德国的共和制度,精简政府规模,阻击中央党的教会学校法案。民主党在1928年选举中有意识地避开了经济问题,但没想到适得其反,因为从1928年开始,经济危机已经显示出明显迹象来,政府必须为下层工人提供帮助并采取非自由主义的高税收政策。在这些问题上民主党左右为难,1929年提出应削减财政支出、降低税收的政策主张,反对社民党的失业救济和其他社会保障措施,为此它加入了偏右党派一起反对社民党的提案,支持1930年布吕宁内阁的财政紧缩法案。[①]

为了应对选票流失危机,民主党此后政治立场与政策逐渐右转。1930年7月,它与右翼的帝国人民民族协会、基督教贸易联合者组织合并成立了德国国家党。由于帝国人民民族协会的反犹主义立场,这次改组使原本支持民主党的很多犹太人逐渐远离了这个改组后的民主党,并且改组也没能阻止民主党的衰落。在1930年大选中由民主党改组而来的德国国家党,成为最大输家。在1930年后的议会选举中,帝国人民民族协会从德国国家党中分裂出来,此后德国国家党支持布吕宁(Heinrich Brüning)内阁的通货紧缩政策,与布吕宁内阁饱受非议的政府过度捆绑,使民主党声望受到损害,到1932年这个进步政党的影响力也

---

① William Brustein, "Weimar Political Parties", *The Logic of Evil: The Social Origins of the Nazi Party: 1925-1933*, Yale University Press, 1996, p.39.

就越来越微小了。①

3. 右翼政党的政治极化加剧

1928年后共和国议会场域的离心倾向越来越大,不仅魏玛联盟的三个支柱性政党走向分裂或极化,右翼方面政党的内部裂变与碎片化趋势也已经无法阻挡。最关键的是,德国右翼政党比左翼还更激烈、更坚决地反对共和国——最重要的右翼政党是德国民族党。

最大的右翼政党民族党(DNVP,全称德国民族人民党)在1924年成为仅次于社民党的议会第二大党,有五分之一的选民投票给这个党。但它从一开始就认为魏玛共和国根本不具备合法性,呼吁恢复俾斯麦帝国和复辟帝制。

民族党极力争取用旧帝国的黑白红国旗取代新建立的共和国的黑红金旗,纵容与自由军团有关的暗杀共和国政要的武装行动。20世纪20年代民族党加入了两届联合政府,在1924—1928年间的两届联合内阁中,民族党都占据了主要位置(1925年的卢瑟[Luther]内阁和1926—1928年间的马克思[Marx]内阁)。② 从内部意识形态立场看,民族党分为积极参与共和国政府的温和左翼和主张泛德意志民族主义的极端右翼。一般认为,泛德意志派传统对德国的浩劫负有极大的责任。

保守的传媒界巨头胡根贝格(Alfred Hugenberg)1928年当选该党领导人,标志着原本就倾向右翼的民族人民党更加极化。中央党领袖、前总理威廉·马克思(Wilhelm Marx)博士称胡根贝格的当选是"对德

---

① William Brustein, "Weimar Political Parties", *The Logic of Evil: The Social Origins of the Nazi Party: 1925-1933*, Yale University Press, 1996, pp. 39-40.
② William Brustein, "Weimar Political Parties", *The Logic of Evil: The Social Origins of the Nazi Party: 1925-1933*, Yale University Press, 1996, pp. 33.

国国内和平的威胁"。① 这不仅因为这个保守主义富豪自始就是最坚定的反魏玛共和国人士,对《魏玛宪法》之下的这个共和国进行了最坚决的宣战,而且还体现在他后面与纳粹的结盟上面,尽管他对希特勒本人也曾一度充满不满或怀疑。但这不妨碍 1931 年后胡根贝格领导的民族党走向极端右翼,主要表现在:修改党纲,确定恢复霍亨索伦王朝统治的政治目标,以经济领域和文化领域的职业等级为标准改造议会,要求仅保留议会的清议监督职能。遵循意大利法西斯创造的社团国家路线,抵制任何形式的非日耳曼精神,坚决反对犹太势力在政府和公共生活中的盛行。更重要的是,该党积极地与极右翼结盟。② 这些改革旨在为民族党赢得社会尊重和政治影响力,进而争取所有反魏玛体制力量的财政资助,推动建立一个废除《魏玛宪法》与魏玛共和国民主体制的"民族反对阵线"。火上浇油的是,胡根贝格的传媒业背景使民族党在向德国社会宣传右翼极端思潮方面具备其他政党不具备的独特优势。

其次看第二大右翼政党德国人民党,这是建立在 1918 年之前德国民族自由党保守右翼力量基础上的一个政党。与德国民主党的进步立场不同,德国人民党反对 1918 年革命和建立议会制民主政府。因此在共和国早期人民党对共和国就没有真心认同,采取的也是比较疏离的政策,一度呼吁恢复君主制,彻底终结社会主义革命的影响。1920 年议会选举中保守政党大获全胜,人民党也因此在 459 个议席中获得 65 个席位。支持人民党的选民主要来自以新教为主的中产阶级、高级公务员、大地产主和主要工业巨头等。这个选民分布非常清晰地暴露出魏

---

① 〔瑞士〕埃里希·艾克:《魏玛共和国史(下卷)——从洛迦诺会议到希特勒上台(1925—1933 年)》,王步涛、钱秀文译,宋钟璜校,商务印书馆 1994 年版,第 166—167 页。
② 〔英〕理查德·埃文斯:《第三帝国的到来》,赖丽薇译,九州出版社 2020 年版,第 105—106 页。

玛共和国这个新生政权在德国主要的中上层阶层几乎没有什么社会基础。

但是,"卡普政变"后人民党现实主义的温和派领袖施特雷泽曼(Gustav Streseman)上台后,抛弃了之前仇视共和的右翼路线,开始追求更加温和的政治政策,并逐渐调整与民族党结盟的传统,转向加入支持魏玛联盟政府,人民党也不再拒绝与社民党联合,但可惜社民党组阁的机会不多。[1]

可以说,人民党作为1848年后德国自由主义政治力量的残余,明显地保留了德国自由主义的历史特质,也就是本书第2章提到的德国自由主义的"去政治化"和经济利益转向。重申1848年后德国自由主义历史转向的政治经济内涵,对理解自由宪制在德国的命运有直接意义。

在整个20世纪20年代,人民党这个政治平台始终是古典的自由放任经济与德国民族主义的彻底支持者。它最关注的并非民主共和等政治问题,而是如何增加德国在国际贸易中的机会与利益,主张积极参与国际贸易。因此该党是德国高科技和出口导向的电子、化工等工业制造业企业的利益代言人,与民族党竞争德国工业制造业界的选票。但民族党秉持的经济理念与人民党不同,前者批评19世纪自由经济理论,主张要积极作为来保护国内市场,而人民党带有曼彻斯特自由主义的色彩,因此始终保住了德国出口制造业界的支持。[2] 1930年人民党也难逃分裂命运,激进派与温和派存在分歧,因此在1930年大选中失

---

[1] William Brustein, "Weimar Political Parties", *The Logic of Evil: The Social Origins of the Nazi Party: 1925-1933*, Yale University Press, 1996, p. 34.

[2] William Brustein, "Weimar Political Parties", *The Logic of Evil: The Social Origins of the Nazi Party: 1925-1933*, Yale University Press, 1996, p. 35.

利。1932年人民党在议会的议席数暴跌,到1932年人民党需要依靠反对社会主义和拒绝议会制民主的政策宣传去吸引选票,并再度回归与民族党结盟的传统,也就说在政治上变得越来越保守,亦即越来越反魏玛民主共和体制。①

纵观人民党的政策倾向,可透视它对《魏玛宪法》确立的民主制度与《魏玛宪法》的福利国家制度其实都不是坚定支持。在经济和社会问题上持彻底的自由主义,但在政治民主上却是比较暧昧或者游移不定的政党,这极为吻合1848年后德国自由主义政党去政治化和经济利益转向的历史传统。

因此可以理解1926年人民党会与其他中产阶级政党一起反对左翼政党提出的通过全民公投去解决财富分配问题的主张。人民党作为私有财产权的坚定捍卫者,坚持认为启用《魏玛宪法》的公投解决财产分配是对私有产权的侵害。人民党的很多政策理念具有典型意义,它根源于1918年前的德国自由主义运动。在政治上与德国自由主义运动共进退,魏玛时期人民党对待宪制民主的立场,可谓在政治上保守与自由兼具,而经济与社会议题上彻底自由主义。这实在也是魏玛时期德国自由主义的历史形态,亦是韦伯所批评的那种政治经济不平衡发展问题的一个历史细节表现。

分析至此,需要同时关注到,右翼方面最极端的纳粹党在魏玛共和国议会政治场域的出场、发展与壮大情况,这个情况可以为后面分析《魏玛宪法》与魏玛民主崩溃之间的关系提供关键的历史信息。

纳粹党起源于一战结束后1919年1月在慕尼黑成立的德国的工人

---

① William Brustein, "Weimar Political Parties", *The Logic of Evil: The Social Origins of the Nazi Party: 1925–1933*, Yale University Press, 1996, p. 36.

党。由于领导了1923年巴伐利亚地区人民运动,纳粹党迅速发展起来。希特勒是该党早期招募进来的党员,由于各种机缘巧合,他在1920到1923年间初步建立了在党内的权威地位,并给工人党加上了"国家社会主义"的前缀,提出了纳粹党的25个目标。这些目标包括:团结一切德国人反抗《凡尔赛和约》的压迫,建立海外殖民地疏散德国过多的人口,剥夺犹太人的公民资格,消除党派分裂,只任命合格的有能力的公民担任国家公职,改善医疗、卫生、体育等方面的福利状况,促进德国经济发展,终止外来移民进入德国,促进在私人利益之上的公共利益;经济政策上,纳粹主张人民不要受私人利益奴役,支持对大型垄断企业或基金实行国有化;政治上,则主张要建立一个强有力的中央集权政府。

希特勒曾因发动"啤酒馆政变"失败而短暂被捕入狱,但前面已经提到,从定罪量刑的角度讲,他实质上被右翼暗流涌动的德国司法界优待了,很快就重获自由,因此,这个事件只是短暂地挫败了纳粹党。1925年,出狱后的希特勒重新激活了纳粹党。从1925年重建纳粹党到1933年成功当选总理,希特勒是纳粹党毫无争议的最高领袖。但在整个政治场域,他的政党及其国家社会主义意识形态并不是从一开始就所向披靡。实际上,对于希特勒领导的政党被纳入政府体系,当时的德国政界也曾一度引发不小的质疑和忧虑。

至少在1928年时,纳粹党在魏玛德国的议会政治领域实际上还不成气候,影响力极为微小,甚至可以说是完全可以被忽略的一个小党。这个事实至少可以表明,在1928年之前,纳粹党尚未与魏玛议会民主政治的危机有直接的责任关系。共和国议会民主的危机早在魏玛共和开始的第一年就已经出现,德国各界已经广泛地讨论政府形态的改革问题,各主要政党也有同感,甚至提出要修改宪法。

但是,各方就修改宪法改革共和国政治体制的方向从未达成共识——未能达成共识本身是一个结果(长期以来魏玛议会在普通议题上都极难达成一般多数决,因此就更不用说可能达成修宪所需要的绝对多数决了),但同时又是导致后面事态继续严重化的原因。

事态严重化的最大表现就是,社民党人领导的穆勒的中间偏左政党组建的大联盟政府内阁再次因为各政党政治立场的极化而倒台,持续时间只有 1 年零 9 个月,然而这个内阁却是魏玛 20 届政府中统治时间最长的一届。1930 年穆勒联合内阁倒台后,9 月份举行的大选终于给极右与极左党派崛起带来了可乘之机。当时,如果中间温和的党派和稍微偏左的政党能摈弃党派偏见达成妥协组成联合内阁,也有可能维持国家之统治能力,但很可惜这种大的联合内阁并未出现。

议会政党政治的极化不仅导致共和国无法拥有稳定的政府来执政,而且又反过来强化了议会政党的极化。魏玛共和国陷入了一个怪圈,一种恶性循环,始终没有出现既支持共和国又强而有力的政治家或政党来终结这个恶性循环。更正式地说,就是依据《魏玛宪法》建立的魏玛共和国的国家统治机构出现了功能紊乱与失调。

而此时在议会之外的广阔社会,纳粹党却越来越有影响力。它正在通过各种宣传、各种运动,包括暴力恐吓吸引了很多青年人加入纳粹,正在使政治运动变成生活方式,使纳粹行列式的队伍变成群众运动的形式。① 通过不断发展新的附属组织和先锋组织扩大自己的势力范围,通过大众传媒与政治动员的结合,将所有德国人吸纳到国家社会主义之中,以方便彻底地控制他们的思想与生活。② 纳粹在议会之外的广

---

① 关于 20 世纪 30 年代魏玛共和国后期德国社会的撕裂与政治组织的新的集合化趋势,历史学者李工真从纵向与横向两个视角进行过概要分析,参见李工真:《德意志道路——现代化进程研究》,武汉大学出版社 1997 年版,第 285—209 页。

② 〔美〕克劳斯·P. 费舍尔:《纳粹德国——一部新的历史》,余江涛译,译林出版社 2016 年版,第 223 页。

阔社会成功地激起了人民对魏玛共和国、对魏玛民主制度的蔑视仇恨。1929年民族党与纳粹的结盟使纳粹作为政治性政党命运发生重要转折,因为这个结盟扩大了纳粹在议会与社会的影响力范围。1930年纳粹首次在议会选举中获得实质性突破,得到640万张选票,赢得107个议席。到1932年,纳粹取代民族党成为国会最大党,拥有230个议席。一个重新恢复了活力的群众性政党开始登上魏玛德国议会政治舞台中心。

1932年后半年开始,德国政治的现实情况是,首个民主共和政体的基本统治机关与民意机关已经被反魏玛民主的极端党派所控制。人民对"民主"本身的内涵与意义的认识都深受此种大众政治动员宣传的影响。1932年7月和11月的两次大选使魏玛共和国的议会民主政体遭遇真正的劫难。在这两次大选中,偏激的最右翼纳粹党和最左翼的政党德国共产党的得票总数已经超过半数。由于没有纳粹党参与,无法组建多数派政府,因此,接替布吕宁的帕彭(Franz von Papen)内阁邀请希特勒担任副总理,但是希特勒拒绝出任副职。然而,尽管1930到1933年之前纳粹党没有参与政府,但它受欢迎程度和势头已经无人可挡。

在魏玛德国民主深陷危机的1932年,造访普林斯顿大学的慕尼黑大学宪法学教授彼时已经冷静地觉察到,极端右翼与左翼政党在议会场域外的政治动员已经成功地动摇了民众对民主原本就不够坚定的信念,德国人民相信德国要么需要一位具有领导力的独裁者来扭转乾坤,要么就是走更加强力的阶级专政道路,或者是两者都有,才能走出羸弱的魏玛民主困境。① 而纳粹与之前所有加入过联合政府的党派的不同

---

① Herbert Myers Kraus, William Starr, *The Crisis of German Democracy: A Study of the Spirit of the Constitution of Weimar*, Princeton University Press, 1932, p.59.

之处在于,它从来没有执政经历,因而也就不存在因为什么政策前科而被诟病之处。1933年1月3日之后,以巨大的民意为政治筹码,希特勒被兴登堡任命为总理,纳粹党正式上台。德国社会中那些反对共和国的选民都相信纳粹党是终结无能的魏玛体制的期待性力量。①

如果历史允许有假设,在1932年这种情况下,假设当时唯一能对纳粹党的政治动员保持免疫状态的德国共产党,作为仅次于纳粹的第二大党,能站出来联合其他所有资产阶级政党,采取政治行动阻止极端右翼化的纳粹党继续发展下去,那么此后的德国历史与世界历史就可能完全不同。

但是,这种条件在当时是不可能出现的,德国共产党是从社民党分裂出来的一个马克思主义政党,也是20世纪20年代除苏俄之外当时最强大的共产党,1930年时会员达到十几万。在1929年左右回归左倾,左倾路线后的德国共产党拒绝与社民党合作保卫共和国,甚至反对改良的思路。左倾后的新德共改变遵循苏联革命路线,目标是用共产主义取代资本主义经济制度,因此呼吁消除私有财产。德共也参与议会竞选,但它始终坚持工人阶级夺权才是消灭资本主义的必要前提,因此参与议会竞选的主要目标是扩大影响力而不是参与政府内阁联合执政。坚决与社民党这样的中间进步党为敌,而不是与纳粹为敌,这是魏玛中后期德共的一个最明显的特征。

1929年大萧条后德国共产党与社民党的关系进一步恶化。1929年因为害怕在敌对的街头与示威者发生暴力冲突,社民党政府决定禁止所有户外的五一游行,但德国共产党人认为街头示威和政治罢工是

---

① Hans Mossen, *The Rise and Fall of Weimar Democracy*, translated by Elborg Forster, Larry Eugene Jones, The University of North Carolina Press, 1996, p.314.

造成严峻革命局势的必要先决条件,德共组织的运动与当时社民党政府的警察之间发生激烈冲突。政府镇压共产主义运动,宣布德共的半军事组织为非法,德国共产党指责社民党是社会法西斯主义者(social fascists),认为他们背叛了德国工人阶级的利益。社会法西斯主义(social-fascism)并不是法西斯主义者和社会民主主义者之间存在联系的现实写照,而是德国共产党人在当时对魏玛共和国政治形势与魏玛宪法体制走向的理论分析。1929年3月8日德共领袖威廉·科恩(Wilhelm Cohen)在共产国际机关国际新闻通讯社的一篇文章中,讨论了德国从魏玛共和国的议会制转变为独裁政权的政治压力,但没有提到民族党极端右翼化和希特勒在这方面的作用,反而认为德国转向独裁政权的压力主要来自社民党。①

在共产国际禁止德国共产党人和工会合作,在台尔曼(Ernst Thälman)领导下,德国共产党人将主张温和改良社会主义的德国社民党视为社会法西斯主义后,社民党及其政策就成为德国共产党人要与之进行最坚决斗争的最主要敌人。这种政治策略、理论导向、语言风格最终使德国共产党轻视了真正的法西斯主义的危害,从而可以说,德国共产党当时对德国社民党的偏见,是从侧面促成了纳粹党崛起的一个重要因素。② 来自德共的学说认为,社民党所代表的社会法西斯主义是较先进国家法西斯主义的典型形式,所有形式的法西斯主义都是资本主义制度自身危机的表现。社会法西斯主义和法西斯主义的差别只是

---

① William Brustein, "Weimar Political Parties", *The Logic of Evil: The Social Origins of the Nazi Party: 1925–1933*, Yale University Press, 1996, p. 47.

② Hans Mossen, *The Rise and Fall of Weimar Democracy*, translated by Elborg Forster, Larry Eugene Jones, The University of North Carolina Press, 1996, p. 356. 同时参见〔瑞士〕埃里希·艾克:《魏玛共和国史(下卷)——从洛迦诺会议到希特勒上台(1925—1933年)》,王步涛、钱秀文译,宋钟璜校,商务印书馆1994年版,第168页。

两种法西斯主义方法的差别,前者的方法更加隐蔽更难识别,社会法西斯主义更加危险。

因此,在德国左翼阵营的最大政党看来,主要斗争应该针对社民党等代表的社会法西斯主义,希特勒的法西斯主义的危害反而被忽视,因为他们认为希特勒很快就会倒台。从这个角度讲,社会法西斯主义理论与德国后面的灾难也存在一定联系。

当然,德共的这个政治路线不是其阶层自身当时能完全自主的,这个路线与莫斯科的影响有关。到魏玛后期,莫斯科的策略是首先让纳粹党在德国接管政府,他们认为这一策略是为德国实现共产主义铺平道路,只要纳粹党统治德国,就会有成千上万的工人支持德国共产党。历史的无情在于,无论莫斯科还是德国共产党都没有意识到,他们认为可兹利用的希特勒这个国家社会主义党,在掌握大权后是要去消灭马克思主义和德国共产党的。①

4.《魏玛宪法》的缺陷与政治极化的关系

现在需要回到从《魏玛宪法》层面,来分析《魏玛宪法》初始的结构性缺陷与魏玛政党与政治极化的内在关系。迈内克曾指出,从一种健全的民主观念来考察,《魏玛宪法》有着严重的缺陷。"它为最高政权结构所提供的巩固而连续的权威是太小了,而对沉浮着的政党的依赖性又太大了。"②这真是一针见血的分析。

纵观1930年左右魏玛议会中的政党力量对比与德国的政治思想

---

① 〔德〕吕迪格·巴特·豪克·弗里德里希:《掘墓人:魏玛共和国的最后一个冬天》,靳慧明译,社会科学文献出版社2020年版,第27—28页。
② 〔德〕弗里德里希·迈内克:《德国的浩劫》,何兆武译,商务印书馆2012年版,第41—42页。

光谱均显示，无论从宪法实施的现实情况，还是从宪法价值角度看，《魏玛宪法》都已丧失宪法最重要的正当性功能，即形塑对民主共和的认同、捍卫共和政体、建构稳定的政府。因为议会的过半数席位已经被极端敌视共和国、敌视《魏玛宪法》的两个政党所占据，议会已经被分裂的异质性的政治力量合宪法性地占据多数主导，议会已经无法阻止民主共和宪法的毁灭以及否决违宪的议案。

从主要政党与魏玛共和国民主的直接责任关系说，作为最大进步政党的社民党当然是要承担一份责任的，它总是过分悲观或者误判形势，没有致力于探究和解决造成宪法窒息困境的原因，这是一个直观观察。在1930年之前，它始终都是议会中最大的政党，它本应积极参与促成联合政府并参与实际执政，但实际上它绝大部分实践却都没有参与，而是安于反对党状态或安于自己的无能为力。

这一方面是因为社民党自身的政治妥协与联合能力有所欠缺，另一方面跟社民党本身不够强大并无形中受制于德国社会对资产阶级政党充满敌视等深层政治传统有关。德国社会中间阶层的碎片化和自由主义阵营选民潜力的削弱使得代表这些阶层利益的政党本身会变弱。外部与自身的各种因素合在一起，导致社民党对自己作为大政党在议会民主中应扮演的角色严重缺乏自我意识与行动动力。

对帝国建立以来就存在的德国政党政治的老问题，即支配社会学上著名的"政党经营"问题，韦伯在1919年《以政治为业》的经典演说中有精彩分析，他指出，一个对德国政党政治精英有决定性意义的首要情况，就是议会一直软弱无力这个德国政体痼疾。由此带来的衍生性后果是，德国最重要的两个进步政党即天主教中央党和社民党似乎注定了或者说天生就是些少数党，并且一直被蓄意置于那种地位。韦伯预测这种局面对德国民主化前景造成的一个潜在危害就是，真正的议会制政府不可能出现。①

但是,除了消极的帝制政治遗产的影响,此处还需要指出一个与魏玛宪法框架有关的悖谬之处,即导致社民党对议会民主的认知匮乏又有来自《魏玛宪法》的制度性原因,即魏玛共和国成立之后从来就没有真正确立起一种纯粹的议会民主政体。这可以从历史背景与制度技术两个视角来解释。

从历史看,《魏玛宪法》确立的根本政治制度即议会制在魏玛初期就不可能得到很好地兑现,因为共和国本身是德国社会与政治危机的产物,而这追根溯源起来可是德国政治史的根本性问题。就实质的政府继承关系而言,新生共和国脱胎于1915/1916年兴登堡—鲁登道夫领导的军政府体制,这是战时背景下出现的一种特殊的军民二元制体系。受国内双重革命因素的影响,创立魏玛共和国时的德国战时军政体制实际上蕴含两种不同的关于国家的设想:一种是属于人民的国家,另一种是由人民组成的国家。前者注重威权政府,后者主张民主。② 这两种因素在魏玛创立时期就已经混合胶着在一起。

从政治理论上看,威权政府与民主诉求是现代专制主义的两项基本构成要素或者说基本特征。《魏玛宪法》的二元民主制结构的诸要素即议会制民主、公投民主、直选总统、总统紧急状态权、总统解散议会权这几项宪法机制,可以说完整地呼应了那个时代德国政治的复杂局面与深层需求。为维系新生民主共和国下的秩序,共和国前两届政府有充分的理由坚持以专制的形式行使宪法赋予的权力。《魏玛宪法》第

---

① 〔德〕马克斯·韦伯:《以政治为业》,载《学术与政治》,冯克利译,生活·读书·新知三联书店1998年版,第95—96页。另一个译本可参见〔德〕马克斯·韦伯:《韦伯政治著作选》,〔英〕彼得·拉斯曼、罗纳德·斯佩尔斯编,阎克文译,东方出版社2009年版,第279页。

② 〔爱尔兰〕安东尼·麦克利戈特:《反思魏玛共和国——1916—1936年的权威和威权主义》,王顺君译,商务印书馆2020年版,第19—22页。

48条确立的总统紧急状态权和解散议会权也就完美吻合了这样的政治需求。

从宪法制度的建构原理看,一个良好的典型的议会制民主政体的政府与立法机关应该既独立又互动。根据这种关系,政府与议会可以在宪法框架内充分对抗冲突又能紧密合作。从民主共和政体原理上讲,民主形态事实上既建立在同质的政治文化上,也建立在异质的政治文化上。在一个民主政治共同体内,当政治文化上出现了异质性的尖锐对立或立场冲突时,这个民主政治共同体的宪法要具备并能激活一种防御性机制,防御异质性力量对民主政体本身的攻击。这需要最高代议制机构首先能在宪法规定的程序框架内制定一种如何解决方向性冲突的最高游戏规则。因为一个民主社会如果没有解决终极政治冲突的最高规则,那么它必将在冲突中叠加冲突,冲突复冲突,冲突升级变异,最终直指要消灭宪法确立的民主共和体制本身。

在魏玛共和国,情况就非常接近这种理论描述的情形——从一开始就存在方向性分歧与冲突,即对自由民主共和的根本认同分歧,然而分歧非但无法在宪法框架内得到解决,反而因为宪法的内在缺陷而无止境地放任发展。基于时代危机导致的冲突迭起和经济上的内外困境原因,总统(无论哪个党派的总统)频繁使用宪法第48条赋予的解散议会权与紧急状态权已成事实与惯例。加之社民党这样的主要进步政党不强势,它们要么无力去推动与发起不信任投票,要么因为自身内部分歧严重无法与其他中间政党有效地、长期地组建联合政府。它的主要状态就是变为和其他政党一样容忍放任政府的行为,内阁可以动辄依托总统解散议会或撇开议会。社民党的行为选择本身是分裂的少数党政府机制的结果,但它又反过来导致更多、更分裂的少数党政府,由此形成了一个恶性循环。这个循环既造成了一种历史路径依赖,对魏玛共和国的宪法实践与民主政治构成实质性影响。

历史学家与政治理论家沃尔夫冈·蒙森曾指出:《魏玛宪法》第48条设定的帝国总统权力的安全阀,消解了在德国原本就不是很强的"议会责任意识",并创造出一种与议会民主体制完全相反的情形,这种情形超越了议会对国家的责任形式。① 从历史效果上讲,自韦伯以来德国思想传统很看重的、将恺撒制形式放在议会旁边用于制衡议会权力的宪制方案,非但没有朝着制宪者期待的良好方向发展,反而成了加剧魏玛共和国议会制民主衰败的关键制度漏洞。

另一位魏玛宪法史学家汉斯·蒙森(Hans Mommsen)则从另一些视角分析指出,从1920年到1930年慢慢累积起来的魏玛宪制危机,既与德国社会公开的反民主共和主义的思潮直接相关,但最主要的原因是社民党与其他资产阶级政党内部存在无法沟通和无法弥合的意见分歧。② 汉斯·蒙森没有明确地分析这些无法弥合的分歧与存在于《魏玛宪法》中的相关机制存在哪种因果关系,但可以肯定的是,魏玛宪法机制存在缺陷,毫无疑问起到了加剧政党分化的负作用。

一个典型例子是,中央党人布吕宁在1923年7月20日发表的一篇社论里警告说,如果社会民主党仅仅因为对失败政局心灰意冷或心存厌恶而继续在关键时刻选择远离和逃避责任,那么将很难有希望看到一个负责任的议会,社民党自身也必将成为一个没有像样政治家的政党。人民党的施特雷泽曼敏锐地注意到了这个现象的严重性,1928年在谈到了社民党的消极政治状态与魏玛半总统制宪制状况的严重问题

---

① Wolfgang J. Mommsen, *Max Weber and German Politics: 1890-1920*, University of Chicago Press, 1984, p. 380.

② Hans Mommsen, *From Weimar to Auschwitz*, translated by Philip O'Connor, Princeton University Press, 1991, p. 2

时他指出:"我们现在的议会制危机远非简单的不信任危机。导致当下宪制危机的原因主要有两个:第一,是德国议会制度被扭曲;第二,议会完全错误理解了自身对国家应该承担的责任。议会制意味着什么?它意味着政府内阁要对议会负责,后者根据多数意见可以取消对政府的信任,迫使政府辞职。"①

假如魏玛存在一个真正的议会体制,设想社民党有动力与能力去组建一个建立在妥协基础上的联合政府,至少与中央党能达成联盟政府,那么其他中间政党就可能避免走向右翼极化。更直接而言,如果《魏玛宪法》没有赋予总统解散议会和紧急状态权,如果魏玛从一开始就是纯粹的议会民主制,情况也许会有所不同,因为纯粹议会制将促使社民党将合作之手伸向代表中产阶级的其他温和政党,因而能避免后者右翼化。

但是,魏玛的现实情况是,从一开始共和国总统与总理就习惯了利用紧急状态法令权控制立法和颁布法令,社民党绝大多数时候选择待在反对党位置上,因为只要没有失败或糟糕的执政与决策记录,在议会选举中就有利于守住既有选民对本党的支持。这客观上就是逃避了它作为大党在国家危机时刻的政治责任,也客观上使得德国主要资产阶级政党成为纯粹为选举而考量的政治机器,而不是实现民主政治之公共目标的机制。

1928年5月议会选举后的政府组建问题再次显示出当时德国政党制度的问题。这次选举纳粹党的势力得到一点挫败,中间政党得票也都大为减少,社民党和德国共产党的选票增加,但二者从纯粹数量上也可能不够组成多数党,而且这两个党对依据宪法组成的共和国所持的

---

① Cindy Skach, "Divided Minorities and Constitutional Dictatorship in Weimar Germany", *Borrowing Constitutional Design: Constitutional Law in Weimar and the French Fifth Republic*, Princeton University Press, 2005, p.56.

立场是截然不同的,因此社民党只能考虑与其余右翼政党联合组阁。但把所有这些不是在内政政策上对立就是在外交政策导航对立的各种分裂小党联合起来并非易事,最大的困难就在,人民党与中央党在要不要与社民党合作以及合作到什么程度的问题上产生了内部斗争。最终结果是社民党联合人民党、中央党、民主党和巴伐利亚人民党组成的大联盟政府,其内阁各部部长来自不少于 5 个党派,考虑到各党派在很多问题上存在很多分歧,这肯定是一个不祥之兆——这届政府也长久不了。

这是在反魏玛共和的纳粹党不断壮大但稍微又遭受了一点挫折的背景下各党派达成的一次合作。大联盟政府由社民党人穆勒领导,尽管社民党在 1928 年选举中依旧是议会最大党,但向来反民主共和的保守派兴登堡不愿意任命社民党人当总理,最后勉强同意,但兴登堡坚持必须让他信任的非党派技术专家担任国防部长。穆勒政府从一开始就面临来自总统兴登堡与各方政治势力的巨大压力,内阁无法摆脱兴登堡之前建立的个人内阁传统的影响。社民党人不满兴登堡的干预,决定对穆勒内阁发起不信任投票,这使得好不容易建立的大联盟政府从一开始就无法独立开展政府工作,加上这个时候最重要的盟友中央党也逐渐向右翼转向,重重阻力之下,社民党人参与的大联盟倒台。[①] 穆勒内阁倒台这个事件标志着魏玛议会制民主政治实质上已经结束。因为在此之后一直到希特勒成为总理,魏玛共和国的内阁就彻底成了无党派(non-party)人士的内阁。

在魏玛共和国这样的议会民主体制下,这种现象是不正常的。它

---

① William Brustein, "Weimar Political Parties", *The Logic of Evil: The Social Origins of the Nazi Party: 1925-1933*, Yale University Press, 1996, p.42.

是社民党这样的大党消极政治姿态造成的一个连带性效果,即政党放弃责任成为常见现象。政党制度变得越来越极化(polarized),极化事态发展导致各政党冲突加剧,进而导致无党派的职业技术官僚作为一种政治阶层崛起。1930年3月30日到1933年1月30日,兴登堡时期的专业技术官僚组成内阁的统治就是典型现象。① 他们都是非党派人士,坚信危急时刻拥有专业知识与技术背景的官僚体系是帮助国家解决危机的重要力量。兴登堡时期内阁技术官僚化,在深层背景上是因为那个时候总统与议会中的党派政治已经陷入无法修复的极化境地——总统无法与议会党派之间达成共识更不可能合作,另一方面各政党也无法形成稳定的多数派联合进而去形成由各党派组建的政府。

吸收非党派的技术官僚加入内阁能提升决策的专业化水平,但是从民主政治的角度看,任命技术专家领导政府各部却可能不利于民主政治,尤其是当议会各政党被排除在政府之外时政府决策过程将被局限在非党派的技术专家手里。事实上,内阁的技术专家化阻断了政府与立法机关之间应有的民主化联系。在总统制条件下,总统不需要担心议会的不信任投票而独自选择内阁;议会制条件下,议会作为立法机关如果对内阁缺少信任,可以终结不信任的内阁、重新选择议会信任的党派成员加入内阁,因而增加了政府的稳定性。而在魏玛那样一种半总统制下,议会制与总统制的逻辑元素并存,由总统和基于议会信任的总理一起决定内阁,但是这个内阁需要得到议会多数的信任投票。②

---

① Cindy Skach, "Divided Minorities and Constitutional Dictatorship in Weimar Germany", *Borrowing Constitutional Design: Constitutional Law in Weimar and the French Fifth Republic*, Princeton University Press, 2005, p. 57.

② Cindy Skach, "Divided Minorities and Constitutional Dictatorship in Weimar Germany", *Borrowing Constitutional Design: Constitutional Law in Weimar and the French Fifth Republic*, Princeton University Press, 2005, p. 58.

魏玛共和国议会党团不断容忍总统用非党派技术专家替换内阁部长，无疑大大损害了议会作为政治性的立法机关的权威。总统制下的技术专家内阁使兴登堡总统得以在没有议会制衡的情况下影响内阁决策。最后的结果是，内阁技术专家制定规范标准成为常态，而不再是例外。于是，总统和技术专家共同构成的行政权系统逐渐取代了议会制，魏玛议会制民主宪制转变为以元首与行政系统为决策中心的总统制专制。政府的行政官僚系统对国家政治事务开始产生决定性影响。政府与由议会各政党代表的利益集团或社会阶层的直接互动关联就此被排除在政治过程之外。

回溯历史至此，在1930年穆勒政府倒台后，实际上还存在机会可以挽救魏玛共和国。一次是在中央党人布吕宁任总理的时期（1930—1932年间），如果按照1928年之前中央党的中间立场，布吕宁内阁应该被期待。但此时的中央党的政治意识形态已经整体上向右翼倾斜，内部意见极为复杂分化，可谓四分五裂，这种条件下布吕宁内阁最终也没能推动建立一个足够稳定的多数派政府，去解决魏玛共和国民主制度的致命缺陷。另一边，作为基本政治制度的议会，陷入议而不决之瘫痪状态久矣。总统兴登堡不断启动宪法第48条，总理布吕宁认为放手采取通货紧缩政策可以挽救德国经济，于是大量解雇公务员，消减社会福利支出，这些都引起了体制内外德国人的不满，进一步摧毁德国人对魏玛体制尚存的一点耐心，这种局面对共和国的反对者来说可谓千载难逢。①

关于布吕宁政府在魏玛共和国中后期历史上的作用，存在很多意

---

① 〔美〕埃里克·韦茨：《魏玛德国：希望与悲剧》，姚峰译，聂品格校译，北京大学出版社2021年版，第125—126页。

见分歧。一种观点认为布吕宁要对纳粹上台负一定责任,因为他推行的通货紧缩政策恶化了经济形势,促成了1930年大联盟政府的倒台,为总统制技术专家内阁铺路;另一种观点则指出布吕宁实际上非常尊重议会民主,它羡慕英国的议会制传统;还有一种观点根据布吕宁回忆录分析指出,他是一个强烈的君主主义者和意大利法西斯主义的崇拜者。晚近研究从布吕宁与兴登堡存在的尖锐矛盾出发,倾向于认为布吕宁实际上是议会民主的维护者,他试图重建一个稳定的多数党政府。不过,布吕宁到底是不是共和主义者其实并不重要,重要的是指出一个残酷的事实:即使到1930年魏玛共和国都未能出现稳定的政府执政,共和国没能获得真正的主权权威,魏玛宪法的民主共和价值没能得到真正的尊重。

一个基本历史情势是1919年到1925年共和国必须以威权主义手段或形式维系自身运转,因此形成了事实上的专制化的半总统制的宪法惯例。共和国看似有几年相对稳定期,但这个稳定是表面的和脆弱的。议会民主体制出现的严重病症没有得到根治——议会太软、总统太强,议会民主制度需要的各种制度与意志根基极为薄弱。种种迹象都显示真正的议会政体没有在德国扎根,议会民主政治危机四伏,但《魏玛宪法》本身没有为解决这样的危机提供方案。在当时的政治极化状态下,要激活议会制民主就必须修改第48条,但修改宪法所需要达成的绝对多数在当时的魏玛共和国几乎是不可能达成的,因为整个社会与政治的分裂已经到了极为碎片化的程度。

1925年后德国政治集体向右转,魏玛民主政治越来越虚弱,因为民主政治的主要转化机制即魏玛共和国的政党碎片化和政治极化的现象已经非常严重,这让原本根基薄弱的民主共和政体雪上加霜。两个最主要的资产阶级政党即中央党和民族党,很快落入公开敌视魏玛民主制度的敌人之手。人民党早期对共和国的忠诚完全系于该党领袖施特雷泽曼的政治智慧,但施特雷泽曼早逝后该党也急剧右转(这就是所谓的"在魏玛死亡都是反共和的"——主要指杰出领导人英年早逝对魏玛共和国造成的客观损失)。主要政党对待共和国民主制度的态度极不稳定并存在机会主义倾向,这些都是魏玛共和国民主脆弱的表现或标志,《魏玛宪法》对此束手无策。

回顾魏玛共和国主要政党的碎片化与政治极化,有助于深刻理解导致《魏玛宪法》及其确立的民主政体失败的原因的极端复杂性。以最简化的方式来分析,可以区分为宪法内部的原因(即宪法的内在缺陷)和宪法外部的原因(即宪法的实施环境)。

宪法内部的缺陷主要指《魏玛宪法》确立的二元民主制结构以及此一结构下赋予总统的权力太大,这种结构的最大问题是为宪法内的总统制独裁准备了形式规范上的可能性(尽管制宪者是出于权力平衡的良善意图作出这样的宪法设计)。宪法外部的原因主要指魏玛共和国的政党碎片化、议会政党政治的极化以及普遍的反民主共和的民情,它们参与摧毁了《魏玛宪法》民主共和的价值根基。碎片化既指议会中政治性政党的数量太多太杂,又指各政治性政党内部经常出现严重到最终导致政党分裂的分歧。政党内部的碎片化裂变与整个政党体系的碎片化裂变在魏玛时期司空见惯。1920 年的国会中已有了 10 个党派,1928 年和 1930 年国会中的党派数量达到 15 个之多。这些政党大多数都将政治当作一种权力的经营或选举机器,它们有的对民主共和没有真正的认同,有的在根本上敌视《魏玛宪法》。而它们各自所代表的形形色色的社会力量或利益集团本身也折射出德国社会民众政治心态与信仰的极化现象。或者说,各阶层民众对《魏玛宪法》与魏玛共和国的敌视、仇恨与冷漠通过德国的政党政治反射出来,但又无法通过议会民主制得到消化解决。

政党碎片化导致的严重后果是德国政治极化加剧。1930年极端反体制党派的势力出现了爆炸性的增长。纳粹党与魏玛德国其他党派不同,它能从各个社会阶层吸纳成员,许多中产阶级都转向支持纳粹党的右翼阵营。魏玛共和国政党格局变化的分水岭出现在1930年,变化朝着有利于极端右翼与左翼政党的方向演变,但右翼掌握的政治军事社会资源远远强于左翼。1932年大选中,除了两个反体制的大党纳粹党和德共赢得大选外,其他党派获得的席位数加起来都不足半数。温和的中间派大党的党员数量不断减少,中间党派受损严重,两个自由民主倾向的党派几乎消失了,而保守又保皇的民族人民党在20世纪20年代末彻底走向极端,变成了一个反体制的右翼党派。

这些政党势力格局演变说明德国民众与社会本身的严重分裂程度,同时也说明民众对魏玛共和国宪法党即建制派党派失去了兴趣与信心。政治极化的另一个连带后果是政治暴力事件频繁出现。极端党派与极端政治的兴起必然伴随着议会外抗议活动和政治暴力的增加。魏玛后期很多党派建立自己的半军事化组织,虽然部分原因是要对抗纳粹党的冲锋队,但建立半军事化组织这个现象本身却是魏玛德国政治日益极化的内在结果。更为不详的是,在广阔的社会空间,原本就已经很极化的一些青年组织比如钢盔前线之类的准军事组织,开始将针对魏玛共和国的斗争从街头扩展到竞选活动,试图扩大其反对共和国的观点的影响力。

魏玛共和国及其宪法所代表的政治体制与政治秩序越来越不具有任何凝聚力和权威性,隐藏在党派极化与政治分歧背后的深层次裂痕加剧了共和国的解体。

5. 政治极化与共和认同危机

"今日,各行各业的人都有着自己的祖国,他们可以继续生活,忽视共和国的存在。"①麦克利戈特(Anthony Mcelligott)引用这段话来描述魏玛共和国在德国各个社会阶层、各个行业人们心目中的弱权威形象。各行各业的人活在自己对理想德国的怀念或期待中,对现实的魏玛共和国充满普遍的怀疑、敌意或隔膜。民众对共和国的敌视反感会直接投射到对《魏玛宪法》的态度上。在《魏玛宪法》提供的多元民主政治的开放性条件下,这些民情又会通过参与竞争选票的各政治性政党反映出来。因此,魏玛国家层面各大政党意识形态的严重极化与议会政治的严重极化实际上是魏玛时期德国社会深层的政治文化思潮的集中显现。

英国的德国史专家贝内特(John Wheeler Bennett)描述魏玛共和国是一种"从内部野蛮化"的状态,共和国就像罗马斗兽场。形形色色大大小小的右翼与左翼政治势力及其政党就像活跃其中的各种猛兽,它们不断质疑和挑战共和国的合法性,试图要推翻共和国,在这个政治情势中,"民主作为牺牲品被扔给了狮子"②。而"民主"之所以会被狮子们吞噬,一个关键原因是,在这个新生的民主斗兽场内,已经没有什么防御性的力量(比如作为观众的公众)或防御性的渠道(比如可兹利用的违宪性审查机制)足以保护民主。相反,魏玛共和国涌动着强大的激进民族主义、仇外主义、国家主义、恢复帝国专制的思想与政治力量,它

---

① 〔爱尔兰〕安东尼·麦克利戈特:《反思魏玛共和国——1916—1936年的权威和威权主义》,王顺君译,商务印书馆2020年版,第176页。
② 〔爱尔兰〕安东尼·麦克利戈特:《反思魏玛共和国——1916—1936年的权威和威权主义》,王顺君译,商务印书馆2020年版,第6页。

们鼓舞或附和着那些试图吞噬民主与共和国的各路狮子。

1930年纳粹赢得议会大选之前的德国社会环境,可用政治文化的碎片化形容,[①]"政治文化碎片化"与"政治文化极化",构成一组因果关系范畴。如果将魏玛共和国与《魏玛宪法》视为一个政治系统,那么,碎片化的政治文化就是政治系统所处的社会环境。政治文化的碎片化最突出的表现,就是旧传统精英力量对民主制度的阻扰。

首先看魏玛共和国的军队与各级政府行政官僚群体对共和国的态度,就能深知魏玛共和国与《魏玛宪法》从一开始就承受着来自系统内部的攻击。

前文已述,德国十一月革命与法国大革命、俄国十月革命一个较大的差异在于,德国十一月革命不是真正的社会革命,它既没有彻底改造、更新德意志各地的等级贵族社会结构,也没有彻底打碎旧的国家统治机器,而是延续了旧的国家机器及其部分螺丝钉(尤其司法系统)。因此,魏玛共和国的国家统治机构里面有很多帝制时代遗留下来的旧法人员,他们与民主共和时代的"体制政治家们"[②]或者说与新加入的部分公务员一起共同组成了魏玛共和国的公务系统。

军队与共和国政府各级公务员对待民主共和的态度呈现出极为复杂的分化现象,绝大部分公务人员都没有适应从专制帝制向民主共和国的转型,反共和国、反自由民主宪法体制,是一股与共和国相伴相生的巨大暗流,即使在共和国最稳定的所谓黄金5年期间也未有消退。

---

① 关于"魏玛德国政治文化的碎片化",参见李工真《德意志道路:现代化进程研究》,武汉大学出版社1997年版,第323页。李工真教授的政治文化分析不以《魏玛宪法》为焦点,但没有人会否认一个国家的宪法的运行与命运走向能完全脱离它所在的社会与政治环境。
② 这个词出自德国历史学家沃尔夫岗·蔡帕夫的《德意志精英的变化(1919—1961)》,慕尼黑出版社1965年版,第49页,转引自李工真:《德意志道路:现代化进程研究》,武汉大学出版社1997年版,第324页。

德国军队最高层最初愿意与德国民主力量妥协合作的一个重要原因是要合作打击压制德国境内的苏维埃革命,但是随着工人和士兵委员会逐渐淡出魏玛共和国政治舞台的中心,军队高级将领认为没有什么必要再与民主派妥协了。既然德国发生苏维埃革命的危险已经解除了,军队认为他们的任务大体也就完成了。在这个思想与政治背景下,军队对自由军团等右翼的反政府组织就改为纵容放任,在政治上军队高级将领对将军队交由魏玛议会管辖始终心存抵触,这非常突出地表现在军队在军旗上保留了旧帝国国旗的颜色。[①]

坚定支持《魏玛宪法》的军官可谓凤毛麟角,这是一个没有共和国军队的共和国。军队保守专制的传统全面影响魏玛的政治、宪法与社会生活。[②] 魏玛共和国军官们的忠诚是献给那个辉煌的帝国的,他们也一直将自己理解为真正的权力因素,因此必然是魏玛时期反民主、反共和的民族主义堡垒和保守主义堡垒。共和国对他们而言只不过是逃避盟国打击的临时避难所。[③] 军队领袖认为德意志国家与魏玛共和国根本就不是一回事,后者只是暂时的反常的现象。一个基本宪制状况还在于,对将军队改变为一支中立即受议会约束的国家化军队这个问题,《魏玛宪法》根本没有解决好。魏玛共和国对军队几乎无能为力,俾斯麦时代留下的军政结构还是很有影响力。简言之,德国首个民主政体既无法控制军队,也没有得到德国军队的全力支持。

另一方面,魏玛共和国也未能获得文职官僚系统的支持。共和国

[①] Gerald D. Feldman, "Hitler's Assumption of Power and the Political Culture of the Weimar Republic", *German Politics and Society*, Vol. 14, No. 1(38)(Spring, 1996), pp.96-110. 同时参见〔爱尔兰〕安东尼·麦克利戈特:《反思魏玛共和国——1916—1936年的权威和威权主义》,王顺君译,商务印书馆2020年版,第109—110页。

[②] 〔美〕埃里克·韦茨:《魏玛德国:希望与悲剧》,姚峰译,聂品格校译,北京大学出版社2021年版,第123页。

[③] 李工真:《德意志道路:现代化进程研究》,武汉大学出版社1997年版,第326页。

的文职官僚系统包括司法系统同样全部是从德意志帝国继承来的,很多人出身容克贵族阶层。文职官员举足轻重,因为它覆盖了非常广阔的社会生活领域,不仅包括在中央政府工作的公务员,而且还包括所有取得了稳定任期和地位的各州政府雇员、各大学和铁路邮政等公共事业的数百万公职人员。这些人的政治立场极为分化多元,对新生共和国充满着怀疑、观望或敌视。[1] 正因为认识到这个残酷现实,魏玛共和国第一任总统艾伯特早在1918年11月9日就呼吁全体公务员和政府雇员继续坚守岗位,以避免出现无政府状态。德国庞大的官僚体制起源于18世纪末和19世纪初,它们远远早于议会和政党的出现。高级公务员们习惯于将自己视为统治精英,在普鲁士尤其如此。因此共和国面临的巨大任务是要让这个庞大的公务员系统真正愿意维护民主共和。

但是,种种事态和情况都显示建立一个忠于民主原则、满怀责任感地服务于现行民主共和国的公务员群体的任务在魏玛共和国始终没有完成。敌视或者不满《魏玛宪法》确立的这套议会民主政治秩序,始终是魏玛共和国体制内政治文化的根本点。

一个重要原因在于:政治极化的几个主要右翼或偏右翼政党在德国高级公务员中的比例与它们在普鲁士联合内阁中的席位大致相同。这意味着很多政府要职掌控在中央党、人民党、国家党等不同党派人士手中,而这些政党在20世纪20年代末对共和国的忠诚度锐减。如果高级公务员是通过影响人事和政策而积极对抗或削弱共和政体的话,那么魏玛各级公务员的民主冷漠症则表现为他们在维护民主政治秩序、

---

[1] 〔美〕埃里克·韦茨:《魏玛德国:希望与悲剧》,姚峰译,聂品格校译,北京大学出版社2021年版,第129页。

抵制颠覆民主企图等方面消极不作为。

即使在支持共和国的政党社民党势力最强大的普鲁士,绝大多数公务员对于他们宣示效忠的宪法都没有几分真正的忠诚。支持他们继续敬业爱岗的是他们对德意志帝国的自然情感,而不是出于对民主共和的认同。历史学家曾这样描写政府中公务员们对魏玛共和国的态度:"忠于宪法,这个字眼被很多公务员当作借口,他们不会做宪法中明确禁止的事,但是他们暗中破坏宪法,为君主主义者摇旗呐喊,宣布他们支持帝国的黑-白-红旗帜,并诅咒民主和议会。"[1]魏玛基层政府的县长们很多也是反共和派,而魏玛共和国也没有能很好地处理这一阶层官僚的认同归属问题。"反对共和国的公务员困扰着政府;共和国从来没有真正得到公务员们的忠诚。"[2]

从这些政治与社会层面的事实看,共和国在很多德国公职人员心里始终没有真正的道德合法性或者说政治合法性。民主共和作为西方阴谋、政治暴力暗杀和关于共和国存续性的不可调和的冲突难题贯穿始终。军队和文职官员既不真正热爱它也不保护它,他们将《凡尔赛和约》所带来的国耻、世界性经济危机导致的困难全部归咎于共和国,将一切苦难的根源都归咎于共和国民主制度本身。

从理论层面看,共和国官僚系统内部的反体制话语与政治文化具有非常复杂的内涵,公务员中存在反民主共和的、反犹主义的、反共产主义的、反资本主义的。各种观念与思潮混杂相处,无法区分清晰的势力边界,但所有这些意识形态最终都转化为对魏玛共和国及其象征物,

---

[1] 〔爱尔兰〕安东尼·麦克利戈特:《反思魏玛共和国——1916—1936年的权威和威权主义》,王顺君译,商务印书馆2020年版,第113—114、188页。
[2] 〔爱尔兰〕安东尼·麦克利戈特:《反思魏玛共和国——1916—1936年的权威和威权主义》,王顺君译,商务印书馆2020年版,第177页。

比如对《魏玛宪法》、魏玛共和国国旗等的反对、不满或亵渎。公务人员可能隶属不同的右翼政党与利益集团,也可能偏向左翼政党与利益集团,他们内部的政治理念杂乱纷呈,但是在"反魏玛民主体制"这个问题上却高度趋同。由于他们使用的词汇话语和针对的具体对象是趋同的或相似的,导致魏玛共和国政治公共领域出现了一种具有核心内涵的反体制叙事话语。①

再看魏玛共和国司法系统的反共和问题。早在社民党人宣布成立共和国时,司法系统中的保皇派法官们就感觉遭受致命打击。当时德国法官联盟主席约翰纳斯·雷卜哀叹道:"一切权威都陨落了,包括法律的权威。"在他眼里,共和国的法律充斥着党派与阶级流氓的法律。②在随后的共和国岁月里,无论低级法院或地方法院的审判政策,还是莱比锡负责审理政治案件的帝国法院的判决,或是在涉宪法问题上进行仲裁的行政法院或国事法院的判决,对共和国的政治偏见都不容置疑。魏玛共和国的法庭一直视自己为帝国的捍卫者而不是共和国的维护者。③ 整个司法系统的政治偏见都相当鲜明,它对待左翼政治犯十分严厉,而对右翼政治犯的处罚相当宽大。④

魏玛共和国司法系统对待魏玛共和国的纠结立场有复杂的历史、政治与经济原因,是以官僚制和形式法治国为特质的帝制德国法政文化传统的产物。1918年共和国成立初期,司法系统的人员绝大多数是

---

① Ben Lieberman, "The Meanings and Function of Anti-system Ideology in the Weimar Republic", *Journal of the History of Ideas*, Vol. 59, No. 2 (Apr. , 1998), pp. 355-375.
② 〔德〕英戈·穆勒:《恐怖的法官——纳粹时期的司法》,中国政法大学出版社2000年版,第8页。
③ 〔美〕埃里克·韦茨:《魏玛德国:希望与悲剧》,姚峰译,聂品格校译,北京大学出版社2021年版,第129页。同时参见〔爱尔兰〕安东尼·麦克利戈特:《反思魏玛共和国——1916—1936年的权威和威权主义》,王顺君译,商务印书馆2020年版,第113页。
④ 〔英〕玛丽·弗尔布鲁克:《德国史:1918—2008》,卿文辉译,张润校,上海人民出版社2011年版,第26页。

一战前的德国司法系统遗留下来的所谓旧司法人员。从社会属性来讲,魏玛司法系统人员主要来自中产和高级中产阶层,这和帝国时期情况相同。德国社会心理学家的研究表明,"帝国时代的政府公务员从教育、信念和传统上都是坚定的保皇党,法官从内心上必然是保皇党"①。在旧帝国中,法官们是能够将那种实证主义的、死抠字眼的法律理解为与那个传统独裁式的国家基本结构以及社会秩序的等级制一致的。而在共和国时代,马鞍匠出身的艾伯特成了总统,显然是与他们的传统观念不相符的;政党政治与联合政府、个人的平等谈判权更是与他们的世界观格格不入。② 因此,文化与历史的强大惯性首先决定了司法系统对1918年革命后的新政体存在一种天然的难以适应或难以接受。

而战败赔款与经济危机引起的通货膨胀及随之而来的收入与生活水平下降,也对司法系统人员的政治心态影响很大。无法接受革命后经济恶化导致的相对贫困化,一些法官对新生的共和国提出指责与抗议。法官们的抗议也一度促使共和国政府在1924年到1927年间为法官增加了薪水,但短暂的改善很快就被布吕宁政府下调工资的紧急政令抵消。这些政策要么引发、要么加强了对共和国的敌意,加速了司法系统与共和国的疏远进程。

到20年代中期,很多法官、检察官、律师都对共和国持反对态度,主要表现在以下几方面。其一,司法系统很多人参加了很多疏远甚至公开反对共和国的极端右翼暴力组织,比如钢盔前线士兵联盟、泛德意志联盟、德意志民族保卫联盟、保皇派皇家游艇俱乐部或德意志民族军官俱乐部等。其二,司法界人士比较多地加入右翼政党,而比较支持共

---

① 〔爱尔兰〕安东尼·麦克利戈特:《反思魏玛共和国——1916—1936年的权威和威权主义》,王顺君译,商务印书馆2020年版,第116页。
② 李工真:《德意志道路:现代化进程研究》,武汉大学出版社1997年版,第324页。

和国的温和政党比如德国人民党、德国民主党、社民党大联盟或者独立议员几乎很少受到魏玛司法系统人士的支持。截至1933年,国会137位法律界出身的议员中有43名为保守派议员,这些保守派议员要么来自司法系统,要么是法学博士出身的法学界人士。唯一令人感到欣慰的是,1933年前,除了少数几个地方,德意志各地司法系统中很少有纳粹党成员,加入纳粹的法律界人士以律师为主。① 这就可以解释,截至1933年初,尽管很多判决都明显地表露出对纳粹运动的深切同情,但希特勒被任命为总理并没有得到法官们的一致拥护(虽然也有少数法官包括高级法官加入纳粹,为纳粹元首制摇旗呐喊,但法官作为一个职业群体加入纳粹党的比例还是低于其他职业)。但司法界担心的并非德国民主共和的前途命运,而是纳粹新政府是否会采取新措施影响法官任期终身制及各项相应的福利保障。②

另一个复杂性还体现在司法系统既政治多元分化严重,但大多数人在反犹主义倾向上却又是基本一致的——而反犹主义恰恰是纳粹党在整个魏玛共和国时期进行反体制动员宣传的一个要点。纳粹党反魏玛体制话语同时捆绑上反犹太主义-反资本主义两个附带目标,旨在将这个腐朽无能的魏玛共和体制与精于算计的犹太人等同起来,在各个群体造成了一种强烈舆论印象。③ 司法界人士的反犹主义暗流表明,魏玛司法系统的整体政治文化状况呈现偏保守主义 民族主义的双重因子。这可以局部解释他们在纳粹上台后的消极或者中立态度,即他们

---

① 〔爱尔兰〕安东尼·麦克利戈特:《反思魏玛共和国——1916—1936年的权威和威权主义》,王顺君译,商务印书馆2020年版,第117—119页。
② 〔德〕英戈·穆勒:《恐怖的法官——纳粹时期的司法》,中国政法大学出版社2000年版,第31—34页。
③ Ben Lieberman, "The Meanings and Function of Anti-system Ideology in the Weimar Republic", *Journal of the History of Ideas*, Vol. 59, No. 2 (Apr., 1998), pp. 355-375.

可能并不赞同纳粹的意识形态,但司法系统的文化主流还是保守的德意志帝国文化形态。

司法系统绝大多数人员的保守右翼政治文化特质还可从他们在职业协会的选择上窥见一斑。魏玛司法系统大多数人员选择参加保守的德国法官协会(Deutscher Richterbund)及其在普鲁士和巴伐利亚的分会,只有很小一部分人公开支持共和国并选择参加了1922年组建的共和国法官协会。这是一个支持共和国的跨党派团体。会长就是著名法学家拉德布鲁赫,他在共和国最困难的艾伯特政府时期担任过司法部长。这个新组织的法官只占全德法官队伍的3%。1925年创刊的《司法》(Die Justiz)经常刊登这些支持共和国的法官的和法律工作者的文章,与保守派法律刊物《德国法官报》《德国法学报》形成对峙,持保守主义与民族主义立场的国家法理论家施密特就曾是《德国法官报》主编。①

1933年纳粹上台后,支持共和的《司法》杂志被查禁,不明确表态支持纳粹的另外两家司法系统的保守派报纸则被勒令重组。这些历史情况生动地说明司法系统及整个法律界和魏玛共和国的其他部门一样,都是复杂多变、缺少权威的魏玛共和国政治的一部分,尽管司法系统一再宣称不参与政治并处于政党之外,但实际上司法系统无时不在政治之中。

借用迈内克的话语,魏玛司法系统的大多数成员甚至连"理性共和主义者"(Vernunftrepublikaner)都谈不上。所谓理性共和主义者,主要用于描述情感上依旧热爱帝国保守文化,但理性上选择接受民主共

---

① 〔爱尔兰〕安东尼·麦克利戈特:《反思魏玛共和国——1916—1936年的权威和威权主义》,王顺君译,商务印书馆2020年版,第117—119页。

和的那种德国人。魏玛司法人员到底有多少是仇视共和的,又有多少是理性接受共和,还有多少是真正热爱共和的,虽然不是一个可以通过数学式精确计算的问题,但一些重要判决中法官的释法和一些重要事件上司法人员的倾向,还是能为人们作出一般趋势判断提供素材。

在1919年到1923年很多内战式争端的司法裁判中,司法系统反共和革命的保守主义与民族主义态度体现得非常明显。对于进行暴动的右派,司法界总是以出于民族思想的政治犯罪为理由,使他们根本不受惩罚,或者只受到温和处罚。极端的例子就是"卡普政变"和"啤酒馆政变"案件的司法判决。参与"卡普政变"的人都得到大赦,而发动"啤酒馆政变"案的希特勒受到的根本不是监禁徒刑,而是在兰茨伯格要塞舒舒服服地写完了《我的奋斗》,此书为树立他"神圣的英雄形象"发挥了关键作用。与此同时,对那些向魏玛体制代表的资产阶级统治秩序进行反抗的左派,对于那些慕尼黑苏维埃共和国的信仰者,司法界则予以严惩,可谓毫不留情。① 1923年11月慕尼黑人民法院的主审法官在审理希特勒的叛国罪案时,纵容他在法庭上宣讲纳粹的反魏玛共和国的言论和种族主义理想,希特勒只被关押不到10个月就被巴伐利亚司法部长特赦。但希特勒案不是一个特例,而是普遍情况中的一例。

依据《共和国保护法》,很多因侮辱共和国及其代表而被起诉的案件都显示出司法系统在释法时并不支持共和国。法官的行为以及这类案件的审理结果,让人质疑司法系统对共和国的政治态度以及共和国本身的威信。有法院院长曾于1919年公开指责十一月革命是违法行

---

① 李工真:《德意志道路:现代化进程研究》,武汉大学出版社1997年版,第325页。同时参见,[德]英戈·穆勒:《恐怖的法官——纳粹时期的司法》,中国政法大学出版社2000年版,第9—10页。

为,并认为所有基于此而产生的国家行为与后果的法律基础根本不存在。莱比锡国家最高法院第三法庭的庭长阿道夫·洛伯(Adolf Lobe)甚至提出应该区分"现有国家"与"宪法国家",以此质疑共和国的合法性。①

许多法官和检察官从一开始就与共和国不和睦,在他们眼中,革命就是叛国,革命背叛并且削弱了国家。他们效忠的是德意志帝国,而不是一个偶然成为现在这个形式的共和国。尽管司法界的法官们不可能明目张胆地参与或进行反体制的暴力行为,但是他们严重缺乏"共和国认同"却是一个不争的事实,无论哪种右翼倾向(支持激进左翼革命倾向的很少,几乎也是所有国家法律界人士的特点),魏玛司法人员总能找到自己不喜欢魏玛共和国的若干理由。

特别是以革命不具有合法性因而革命缔造的国家的法律也不具有合法性这样的逻辑质疑共和国与《魏玛宪法》的合法性,更是一种深藏于当时司法界的普遍观念。深陷反体制观念文化影响的法院所主导的日常司法实践,看似细微日常,但它们却在点点滴滴地侵蚀着共和国与《魏玛宪法》的权威。而法官们在司法实践中对越来越多的反犹主义的纵容,则像纳粹极权浩劫前的一个不祥征兆。

因此,1942年流亡纽约的德国著名政治理论家与法学家弗朗茨·诺伊曼写文章指出德国的司法系统从根基上破坏了魏玛共和国,并非主观偏见或夸大之词。魏玛司法系统对民主无感与充满敌意,促进了威权和集权运动,因此破坏了共和国的权威,并对共和国解体有不可推卸的责任,这几乎是20世纪20年代很多研究者的共识。从人员梯队

---

① 〔爱尔兰〕安东尼·麦克利戈特:《反思魏玛共和国——1916—1936年的权威和威权主义》,王顺君译,商务印书馆2020年版,第128页。

看,魏玛共和国的司法系统是俾斯麦式专制国家的残留部分,因而从结构上不能适应民主。① 这就难怪 1933 年到 1945 年间,德国司法队伍与纳粹体制会沆瀣一气了。②

无论司法系统的反应还是其他公务系统的立场,都是魏玛时期德国社会整体民情基础的组成部分。政党碎片化、政治极化与深藏在政治系统的共和认同危机,反映了德国历史上这第一个民主政体的制度严重缺乏观念与社会根基。它有宪法,但宪法的权威极为虚弱。它的宪法规定了德国是共和国,但共和国的权威从未确立。了解了这些因素,再反过头去看魏玛共和国社民党议员和政府当局积极推动宪法纪念日、大规模国家演出、公民教育等活动,其实是事出有因的一种良苦用心。

但悖谬的是,在为加强共和国与《魏玛宪法》权威而开展的这些行动中,德国根深蒂固的家长制政府的威权传统又不可避免地被激活了,因此出现一种极为复杂的局面:那就是共和国政府必须以威权的甚至专制的方式去捍卫魏玛共和国宪制民主的权威。

因此,从一开始,魏玛共和国的政治体制就带有"民主宪法"之形式与"威权政治"之实质的双重属性。魏玛共和国的政治实践就是一种既有鲜明的形式民主特征,但实质上又充满很多专制元素的混合物。此种专制型民主的现实政治意象与现实政治实践不断累积。此种量的累积为纳粹利用魏玛宪法机制特别是紧急状态机制和全民公投机制,建立宪法框架内的极权独裁埋下了大量伏笔,也准备了有利于纳粹掌权

---

① 〔爱尔兰〕安东尼·麦克利戈特:《反思魏玛共和国——1916—1936 年的权威和威权主义》,王顺君译,商务印书馆 2020 年版,第 112 页。
② 〔德〕英戈·穆勒:《恐怖的法官——纳粹时期的司法》,中国政法大学出版社 2000 年版,第 31 页。

的社会文化心理基础。到 1933 年，德国政治终于出现一种质的"飞跃"，魏玛德国最终变成了纳粹德国。

二、抛弃民主：魏玛时期德国宪法学术的深层基调

在主要政治性政党碎片化和议会政治极化的状态中，在统治机构的权力精英与普通民众对共和国没有政治认同的社会环境中，《魏玛宪法》及其确立的根本政治制度即民主共和政体，逐渐失去了赖以存在下去的政治与社会基础，此之谓"抛弃型民主"。

我们接下来在这个历史背景中进一步观察魏玛时期德国宪法学术的基本形态。宪法，如卢曼（Niklas Luhmann）所言，是所谓政治与法律的结构耦合。结构耦合是对法律系统与法律系统所处之环境（比如政治环境）的关系的一种抽象陈述，它比一般意义上的因果关系范畴有更复杂的内涵意象。① 根据卢曼的系统论见解，宪法的政治性与法律性之间不存在谁高谁低的关系，而是法律系统与政治系统为了自身运作而互相借用的一个典型结果。② 在这一理解脉络中，宪法学，这门关于"宪法"的学问，必然也具有双重属性，它既是独立的专门化的具有内部性的一门法律科学，但又必然是一门深受政治系统外部指涉影响因而必然带有开放性的政治科学。

魏玛时期德国宪法实践与宪法学的发展或可为卢曼"结构耦合"概念提供一个历史注脚。不仅因为魏玛时代激烈分裂的内部政治生活直接传导到德国宪法实践领域，而且还因为 19 世纪以来德国传统主流的

---

① 〔德〕卢曼：《社会中的法》，李君韬译，台湾五南图书出版公司 2015 年版，第 490 页。
② 泮伟江：《法律系统的自我反思》，商务印书馆 2020 年版，第 137 页。

规范实证主义宪法学在这个时期开始受到新崛起的政治宪法学的冲击挑战,后面这一趋势本身就是对魏玛共和国高度介入性的政治与思想生活的反映。

不同政治立场的宪法学家的不同学术表述,不仅折射出由《魏玛宪法》自身而发散出来的具有争议的结构性问题,而且也是魏玛共和国政治文化与政治思想的复调表达形式。我们甚至可以说,"抛弃民主"根本也就是魏玛时代宪法理论思潮的一种深层基调,只不过,不同宪法学家抛弃民主所使用的意识形态截然不同。

1. 魏玛时期德国宪法学面临的根本挑战

1918年革命与1919年《魏玛宪法》的诞生意味着德国政治体制与宪法制度的巨大变迁,这个历史转变对德国宪法学界当然提出了前所未有的挑战。因为无论是魏玛时代的政治生活还是魏玛宪法机制本身,都充满前所未有的多元性与对抗性。魏玛政治与《魏玛宪法》既像是新的,同时又带着第二帝国以来德国威权政治传统的深刻历史烙印。这种历史复杂性刺激、孵化了魏玛时代政治与宪法理论的复杂性。

1919年后,德国宪法学面临的根本局面是,帝国时期占据主导地位的实证主义宪法学遭到更加强烈的反思和批判。反思来自耶利内克-凯尔森这样的新一代规范主义论者,他们对法律实证主义进行了理论更新。批判主要来自波恩一批反规范逻辑主义的宪法理论家。

施密特最重要的一个学生,成长在魏玛时代、成名于纳粹时代的公法学家胡柏说:"任何人在本世纪20年代初前来波恩研究宪法,马上会发现此处弥漫一股反对传统的宪法实证主义之气氛。"[①]胡柏所指的新

---

① 陈新民:《公法学札记》,中国政法大学出版社2001年版,第150页。

兴宪法学说,以中国学界习惯的一个说法形容,主要指向政治宪法学或者说一种以政治-实证主义为方法论的宪法理论形态。

这种新的宪法理论形态的代表性人物,是考夫曼、斯门德和施密特。他们三位先后来到波恩大学任教。虽然三人在见解方面稍有差异①,但他们有一个共同特征,那就是反对帝制时期以来德国实证主义宪法学的所谓"方法论纯化"传统。传统实证主义的方法论纯化,强调要将一切历史、哲学与政治因素从宪法研究中排除出去,力求打造像数学一样客观的宪法学。新的政治宪法学理论思潮则要给德国的宪法思想导入人文、历史与政治因素。"他们更多从历史和政治上思考问题,或者在与哲学、社会学以及心理学进行无拘无束的对话中增强自己的方法意识。"②

新的宪法理论用来反对传统实证主义与形式主义的宪法思想原则主要有:国家的现实性、宪法的现实性、宪法的政治性,以及与宪法的政治性密切相关的"(绝对)宪法价值"。秉持这种思想原则发展起来的政治宪法学思潮在魏玛共和国时期塑造了一种全新的宪法思考方式。

此种思考方式与1848年立宪主义革命失败后形成的实证主义-宪法教义学形成鲜明对照,与基于古典自由主义的自由-民主宪制思维也截然不同。众所周知,自由民主宪制思维是一种以个人主权和国家主权二元平等平衡为价值指引的限权宪法思维。

根据经典限权宪法思维,宪法既是对抽象的人民主权与具象的国家主权机构的建构,但比建构人民主权更重要的是,宪法同时还必须是

---

① 我国学者将此种差异概括为"魏玛时期反实证主义的内部分歧",参见李忠夏:《宪法变迁与宪法教义学》,法律出版社2018年版,第49—53页。
② 〔德〕米歇尔·施托莱斯:《德国公法史(1800—1914):国家法学说和行政学》,雷勇译,法律出版社2007年版,第620页。

对抽象人民主权和具象国家主权机构的有力限制。魏玛政治宪法学思潮的思考方式更为突出宪法的国家建构面向,淡化甚至消解宪法的国家限制面向。这种思潮既与19世纪以来德国的国家法思想传统有关,也是魏玛时代德国政治生活在宪法理论上产生的连锁反应,同时,这个思想潮流亦助推了魏玛的宪法政治实践从原旨的二元民主制结构向总统制独裁局面的转变。

2. 政治—社会实证主义宪法学思潮的崛起

要理解魏玛时代宪法理论由实证主义转向宪法的政治现实性,必须回到一战战败、德国十一月革命和魏玛时期德国宪制向民主共和制转变这些历史背景。帝国时期那种形式主义与规范主义方法论指引下的宪法教义学原理已经不能解释魏玛时期宪法的规范形式与政治的事实内容二者的深刻紧张对立。新颁布的宪法、新的共和政治体制,加上战争、溃败、革命、《凡尔赛和约》带来的前所未有的困境,这一切都冲击着传统实证主义宪法学。

1914年战时军政二元政府体制与1918年战败后的政治转型与国家重建,给德国宪制转型带来的根本问题是,严峻的政治经济形势与外部国际压力等现实困难,为实践中流行的作为历史惯性的威权统治方式提供了现实合理性,这同时也造成一种"事实"与"规范"的背离或紧张,即威权的政治现实背离了《魏玛宪法》确立的基本政体原则即德国应该是议会制政府体系的内在规范目标。

面对这个事实与规范的二元对立,传统宪法教义学思维已经不能提供周延的解释和有效的解决方案。一个根本原因是,德国传统宪法教义学的思维重心是就规范论规范,是规范内部的所谓法教义学建构思维。从价值论上讲,这是一种以去政治化或者说无涉政治自由价值的思维。

而1919年后造成德国宪制危机的根源却恰恰是与战后德国民主转型有关的一系列政治与社会问题,它们显然不是传统宪法教义学思维能胜任的。正是在这个背景下,魏玛时期孵化出了一批既承袭过实证主义教义学传统,又试图全面去反思和克服实证主义的国家法理论家。他们学术批判的火力主要对准耶利内克—凯尔森路线所代表的国家法学理论,因为后面两者继续保持了实证主义国家法学形式主义的基本属性,二者的法哲学都更强化了新康德主义的实然与应然、现实与规范的二分法。

耶利内克是德国19世纪末期国家法和一般国家学说的领袖人物,与韦伯关系甚密,受到韦伯区分"法学的法"与"社会学的法"的二元理念影响,就国家与法作出了法律面向和社会学面向的区分。从政治思想谱系看,耶利内克属于德意志式自由主义者,长于综合与协调,施托莱斯对他的这个评价意味深长。1895年他对法国大革命的《人权与公民权宣言》进行了历史研究,提出基本权利发展的核心在信仰自由,这种姿态本身也算他个人对传统德国宪法教义学思维的一种突破。在其教义学著作《公法权利体系》中,耶利内克力求用法律划清国家权力的界限,强调要在必要的国家干预权和公民独立的法律地位之间保持着理性的平衡。他的《一般国家学说》则对《公法权力体系》中的论题进行了重新陈述,力图提炼一个体系的统一的国家法学理论模型。

耶利内克的国家理论既有实证主义宪法学传统的逻辑-形式特征,又给实证主义注入了一定的自由主义因素。这种融合首先就表现在他将国家区分为经验性的一面(实然)和规范性的一面(应然),又主张这两个面相必须结合。就实质的价值而言,国家既是历史-事实地形成的居民联合体,是被最高组织起来的;同时又是被分异的联合体,个人的个体性是国家目的的哲学表述,因此不能将统治关系或统治状态当作关于国家本质的唯一理论。① 法学意义上的静态国家观念即源自实定宪法和法规的国家观念,与动态的社会-政治的国家观念,是耶利内克国家理论的两张皮,他认为这两张皮都应受到重视,但二者又决不可相互混淆,其要害在于"国家关乎的是法律,而不是政治和社会"②。

耶利内克的两面论主张被凯尔森推向了一个相反方向的极致,因为凯尔森直接宣告了国家与法的同一性。因此凯尔森关于国家和法律在认识理论上的统一论题与耶利内克是有所不同的。耶利内克对前法律的权力国家记忆犹新并奋力把它塑造成法治国,而凯尔森把法律与国家等量齐观,从而暗示国家只因它们存在便是"法治国"。③ 凯尔森对法学意义上的国家概念与社会学意义上的国家概念进行了比耶利内克还更严格的区分,用国家有效的实证法律体系无条件地对国家进行界定,并依托纯粹法学在应然与实然之间作出的区分把国家引向由法律规范确定的应然领域。④ 凯尔森试图将应然的国家与法律进行统合,国家就是国内实证法律秩序的人格化。对国家而言,实证法律规范就是那个可从实证角度去论证"国家"这个东西的具有实证性的东西。从法学角度讲,国家问题因而就是国内法律秩序问题,而法律秩序是一个规范等级体系,构成规范体系的所有规范都是从同一个"基础规范"那

---

① 〔德〕格奥尔格·耶利内克:《主观公法权利体系》,曾韬、赵天书译,中国政法大学出版社2012年版,第 20 页。
② 〔德〕库尔特·松特海默:《魏玛共和国的反民主思想》,安尼译,译林出版社 2017 年版,第 47—48 页。
③ 〔德〕米歇尔·施托莱斯:《德国公法史(1800—1914):国家法学说和行政学》,雷勇译,法律出版社 2007 年版,第 616 页。
④ 〔德〕库尔特·松特海默:《魏玛共和国的反民主思想》,安尼译,译林出版社 2017 年版,第 48 页。

里追溯自己效力的。① 在凯尔森国家法学中，"绝对的法律"是没有的，"绝对的正义哲学"也是不存在的，有的只是各种各样的法律规范与法律规范体系，凯尔森对法律规范的创设、法律规范的效力基础和法律规范的体系结构等问题进行了高度形式主义的所谓纯粹法学式的建构。

耶利内克-凯尔森路线遭到考夫曼、斯门德和施密特的尖锐批判，反之亦然。考夫曼在1921年发表的《对新康德法哲学的批判》一文中，提出要用一种多元和综合的思考方式去克服传统的实证主义。考夫曼首先指出法律实证主义秉持的实然-应然、事实-规范二分法是建立在新康德主义法哲学基础上的方法论，但新康德主义哲学本身就应该得到反思批判。由于他对主流法律实证主义的尖锐批判，由于他主张要将历史与社会学思想引入国家法理论中，考夫曼也成为魏玛时代国家法新理念运动的重要一员。② 根据关于国家法的新的精神理念，占据德国法学主导地位的新康德主义的问题在于，它将法的可理解秩序败坏成抽象的形式主义，将法律规范退化为一种毫无价值判断的逻辑涵摄过程，将对法律与社会的"思想"变成僵硬的教条式的或统计式的纯粹司法形式的想法。但考夫曼指出，与法律有关的精神生活的实质不能被架空，法律不能只是空洞形式或抽象概念，他呼吁当时德国的年轻人不要放弃对形而上学及德国精神的内涵作深入探讨的信念。③

因此将法学理论和国家理论建立在新康德主义基础上的凯尔森

---

① 〔奥〕凯尔森：《法与国家的一般理论》，沈宗灵译，商务印书馆2017年版，第173—174、269—270页。

② Stephen Cloyd, "Erich Kaufmann", in *Weimar: A Jurisprudence of Crisis*, Arthur J. Jacobson, Bernhard Schlink(eds.), University of Califonia Press, 2000, p.189.

③ 陈新民：《公法学札记》，中国政法大学出版社2001年版，第153页。

自然会被考夫曼批判。对考夫曼而言,凯尔森的法学理论简直就是逃避生活,根本就不是真正的哲学,因为它缺少形而上学的因素——特别是缺少自然法因素,因此在面对社会和政治生活中的实质问题时,这种学派找不到积极的立场。[①] 不过,考夫曼自身的问题在于,他并没有提出具有原创性的国家法理论体系,他虽然强调自然法等法律的形而上学因素的意义,但他同时又是一个强烈的民族主义者和政治现实主义者,特别关注德意志民族生活与传统因素对国家法建构的意义。

反映在政治上,考夫曼对待魏玛共和国与《魏玛宪法》的态度就显得有些复杂暧昧。他作为共和国政府的法律顾问参与处理过在波兰等地的德国少数族群的权益纠纷,介入过由"道斯计划"(Dawes Plan)引起的国际法纠纷,这些都对他的国家法理论倾向造成影响。最重要的一点就是考夫曼切身感受到了社会与政治现实对法律的实际影响,因此坚信对法律的理解不能仅仅拘泥于字面的规定,而是必须将现实政治与社会结构等客观上起作用的因素引入到法律分析之中。这使得他的国家法理论带有鲜明的政治社会实证主义色彩(sociological realism),这种现实主义稀释了自然法等形而上学因素在考夫曼理论中的比重,甚至可以说考夫曼主要是从德意志文化历史角度去界定自然法的,因此是一种德意志式样的自然法理念。在1931年发表的"论人民的意志问题"和1932年发表的"论黑格尔的法律哲学"这两篇论文中,考夫曼首次集中表述了这种现实主义理念。[②]

[①] 〔德〕库尔特·松特海默:《魏玛共和国的反民主思想》,安尼译,译林出版社2017年版,第49—51页。

[②] Stephen Cloyd, "Erich Kaufmann", *Weimar: A Jurisprudence of Crisis*, Arthur J. Jacobson, Bernhard Schlink (eds.), University of Califonia Press, 2000, pp. 192-194.

这使得他与同样批判凯尔森理论的赫尔曼·黑勒非常不同,后者是一位犹太裔社民党人,是一位虔诚的社会民主主义者,黑勒援引过考夫曼的观点去批判法律形式主义与实证主义,也强调如果没有作为人文科学的社会学就不可能有一般性的国家理论。[1] 但与考夫曼的既有保守主义又有现实主义色彩的思想气质相比,黑勒的反叛包含着对权力国家本身的警惕。黑勒认为无论传统宪法学还是凯尔森都脱离了社会学、伦理学与形而上学,是在"权力、权力还是权力中机关算尽,却不敢问权力的意义和目的何在"[2]。

黑勒与施密特一样,认为所有法律概念包括国家法概念在根本上都与政治和历史有关,但黑勒却坚决反对施密特的决断主义独裁论,完全不能同意施密特对政治多元主义的攻击。也就是说,在对民主的基本态度上,黑勒与凯尔森有一定交集(尽管凯尔森对民主的理解也还带有相对主义的特征),与施密特尖锐对立。但黑勒又比凯尔森的形式民主观更多了一些对实质平等与个人自由权的强调。[3] 与黑勒的民主社会主义倾向相比,考夫曼则更像是要汲取民族历史与文化元素重构新的权力国家的国家法理论家。

因此,可以说,虽然同属反对旧派实证主义的新理论阵营,但这些反实证主义的新派的国家法理论家的政治立场,却是迥然不同的、分裂的、对立的,甚至有时是不可调和的。此种宪法思想形态的多极化何尝不是魏玛时代德国政治意识形态极化的一个具象。

---

[1] Stephen Cloyd, "Erich Kaufmann", in *Weimar: A Jurisprudence of Crisis*, Arthur J. Jacobson, Bernhard Schlink(eds.), University of Califonia Press, 2000, p.190.
[2] 〔德〕库尔特·松特海默:《魏玛共和国的反民主思想》,安尼译,译林出版社2017年版,第51—52页。
[3] David Dyzenhaus, "Hermann Heller", *Weimar: A Jurisprudence of Crisis*, Arthur J. Jacobson, Bernhard Schlink(eds.), University of California Press, 2000, pp.249–251.

宪法思想的极化趋势可以说是魏玛时期德国新兴宪法理论的一个突出特点。更通俗而言，反对传统实证主义宪法学的新一代宪法理论家，不都是真正认同和热爱魏玛共和国及其宪法确立的民主共和体制，其中一些人是魏玛自由民主宪法的反对者，另一些人则从"国家的现实性"与"国家的精神性"去解构《魏玛宪法》中的自由民主要素，同时以新时代的国家主义—民族主义为深层基准去重构《魏玛宪法》。

此种既反规范实证又非典型自由民主主义的暧昧理论人物，斯门德算是一个典型代表。他出身于法律与神学世家，在1928年出版的《宪法与实在宪法》中，斯门德提出了一种"国家整合"的宪法观。整合理论的第一重目的是驳斥格贝尔—拉班德—耶利内克—凯尔森以来的所有实证主义国家理论与宪法理论，因为斯门德认为这些规范逻辑主义的宪法理论无法解决魏玛共和国现实的宪法生活中的问题。第二重目的是建构一套理解当时的实证宪法即魏玛宪法的新理论体系，与传统法律实证主义宪法学家相比，斯门德属于对教义学体系建构不那么感兴趣的国家法理论家，他更重视对国家与宪法的一些基本概念与基本问题进行理论阐释。[1]

与耶利内克-凯尔森深受新康德主义影响相对照，斯门德继受新黑格尔主义的思想，致力于宪法学的实质化，在规范的理解方面对于社会学、历史学和政治保持开放的心态，尝试使法社会学和法学上的理解相互接近，其基础立场为明确的法的政治化和道德化。[2]

围绕第一重目的，斯门德论述了两个基本问题。第一，魏玛时期德

---

[1] Stefan Korioth, "Rudolf Smend", *Weimar: A Jurisprudence of Crisis*, Arthur J. Jacobson, Bernhard Schlink(eds.), University of Califonia Press, 2000, p. 207.

[2] 〔德〕鲁道夫·斯门德：《宪法与实在宪法》，曾韬译，商务印书馆2019年版，第232页。

国国家理论与国家法学最声势浩大、最有影响力的是实证主义学派,该学派的首要原则是禁止将国家作为现实的一部分而加以审视,而是将国家等同于规范秩序。斯门德认为这不仅是国家理论的危机,也是国家法的危机。第二,国家理论的危机并不全部是战争与政治巨变所致,而是可归因于新康德主义的一个德国精神史与学术史事件。

更具体言之,耶利内克—凯尔森新出的实证主义理论作品虽然是对格贝尔—拉班德实证主义的持续性大规模批判研究,但斯门德认为它们本质上还是新康德主义-实证主义学术史链条的内在组成部分,因为他们的理论依旧是一种持续发生的实质结论的流失,凯尔森1925年发表的《一般国家学》完全有意识地使其彻底为零。① 斯门德指责凯尔森建立了没有法的法学、没有生活的国家和没有内容的法学概念,本质上是拒斥国家和疏离国家。斯门德采取了与凯尔森国家法理论截然不同的方法进路,这是一种综合了特奥多尔现象学(phenomenological method of Theodor Litt)和黑格尔哲学的新方法。他运用这种方法反驳凯尔森建构的那种彻底又纯粹的法律实证主义。②

整体而言,斯门德的基本方向是全面拥抱国家和国家的现实政治生活,其法学理论内涵就是:作为实在法的宪法不仅是规范,同时也是现实——一种整合性现实,它具有精神科学向度,宪法必须致力和服务于国家现实政治生活的整合。由此观之,无论耶利内克还是凯尔森,都没能真正解决事实与规范、价值与规范的整合,因而也就没能解决实证宪法与政治现实的整合。

概括而言,整合理论的要义可从几个方面来理解。其一,宪法必须

---

① 〔德〕鲁道夫·斯门德:《宪法与实在宪法》,曾韬译,商务印书馆2020年版,第5—9页。
② Stefan Korioth, "Rudolf Smend", *Weimar: A Jurisprudence of Crisis*, Arthur J. Jacobson, Bernhard Schlink(eds.), University of Califonia Press, 2000, p.209.

致力于国家的整合,而不只是拘泥于"统治"及其细节。整合,在斯门德理论体系中是一个有特定内涵所指的关键范畴,在类型上,整合分为人员性整合、机关性整合和功能性整合。这三种类型的整合功能的实现首先体现在宪法确立的国家统治机制的诸种主权或职权行为中。概括而言,整合既是指以议会民主(议会选举、议会辩论、议会决议)、公投民主等为形式进行的对人民整体的整合(亦即形成统一的国家意志),又是指在总统职权(包含紧急状态专政权在内)、内阁行政治理和司法裁判等"统治"行为中实现的国家整合。国家的本质与宪法的本质都是一种持续不断的整合进程,国民于其中部分地通过主动行动,部分地通过被动体验国家的行为(乃至游行、旗帜和其他国家符号)而被整合入国家。此种国家与宪法观念试图通过一体化考量描述性要素和规范性要素,克服个人与共同体的分离。①

其二,"整合"是比"统治"更上位、更抽象、更具精神性意涵的范畴。根据斯门德的界定,在宪法规定的议会主义国家的斗争方式和直接民主方式这些整合方式之外,整合性功能运行还具有另一种形式,那就是统治,它体现为政治领导人的政治决策、行政管理、行政立法行为、司法裁判等。与议会民主与公投民主等整合性斗争相比,"统治"更为直接地为实质价值所决定。前者(即以议会民主与公投民主为形式的整合性斗争)仅要求存在一般价值共识,后者(即以狭义政府行为为主要形式的各种统治机制)却需要特定价值本身奠定统治的基础。统治,这种功能整合体系并非处处一致,它不可能像议会体系或直接民主的宪法生活那样具有体现主权者即人民整体之统一意志的特性,但这些功能运作能更经常性、更个案化地作用于个人。就这一点而言,统治是

---

① 〔德〕鲁道夫·斯门德:《宪法与实在宪法》,曾韬译,商务印书馆2019年版,第240页。

最具一般性的功能性整合形式,因为,统治既是整体的也是个人的生活形式。承受着、促成着、感受着统治的每个个人正是基于统治而与整体和他人处于精神上的交互作用中,作为被统治者也身处一种整合性的精神交流关系中。①

但是,规范逻辑主义或者说规范实证主义将国家与宪法仅仅理解为法规范的效力,将其理解为高等级权力机关对下级的授权秩序,或者将其理解为因果科学性和社会技术范畴。斯门德认为,这些都不是对国家与宪法应实现的整合功能的真正理解,因为它们忽视了国家与宪法生活中的实质内容与精神要素。因此,因果科学和规范逻辑主义的方法都会阻碍人们正确认识国家的现实。

其三,为了接近和反映国家的现实,整合应该成为宪法的主宰性原则和本质性功能。而要实现宪法的整合本质,又必须关注国家政治生活的实质内容与实质目的。国家政治生活的实质内容与目的又是什么呢?斯门德认为,"国家"——作为共同体根本性价值承载者的国家,就是目的本身。

基于此,《魏玛宪法》确立的议会民主、公投民主、直选总统以及总统紧急状态专政权全部都应该围绕"国家的整合"这一根本目标运转,宪法学也应该围绕国家的整合这一主宰性原理进行国家理论与宪法建构。斯门德提出了一个所谓"国家宪法"的特定话语,"国家宪法"的"国家整合"以诸功能性整合形式为手段,以实现文化的和精神的质的整合为目标。斯门德认为整合论之所以是对的,乃是因为国家与宪法是关于国家政治生活与社会生活的一般精神科学,因此只有依托整合

---

① 〔德〕鲁道夫·斯门德:《宪法与实在宪法》,曾韬译,商务印书馆 2020 年版,第 54—55 页。

理论,才能将形式的宪法规范与实质的社会现实(包括国家的精神目的与社会力量)整合在一起。

因此,依斯门德的国家整合宪法观,按照规范逻辑实证主义分门别类地研究传统的宪法要素比如国土、人、国家机关等,都属于技术性宪法思维。这些专门性的技术性宪法问题不是关乎宪法之根本的最关键实质要素,对宪法而言,作为精神科学对象的那个"国家"更为根本,而对国家而言,国家属民的成员地位并非首要问题。显然,斯门德的理论与古典自由主义思想谱系中的自由-宪制的根本道德原则和根本关切存在关键分离。

在斯门德国家理论中,国家不是基于其成员的地位或权利而存在,相反,国家就是目的之本身,因此宪法通过诸如基本权利清单这样的手段规定成员的法律地位,目的也不是为了保护自然法意义上的那种个人自由权利,而是意在通过特定的法治国及其文化属性建构国家。[①]

依照剑桥学派昆廷·斯金纳(Quentin Skinner)的见解,无论多么抽象晦涩的经典文本追根溯源都是对时代的一种干预,同时,时代也会干预经典文本。斯门德的国家理论与整合宪法学说,就可以说是以学术干预时代同时又被时代反干预的一个典型例子。他的"整合"宪法理论的最根本关切是如何挽救魏玛共和国时期德意志民族政治共同体的内在分裂(此种分裂的一个最直观体现就是魏玛德国政治与政党的极化),如何去抗拒魏玛德国政治与宪法史生活中那些强大的离心力因素。

因此"整合"特别强调国民在国家中持续不断地结为一体,此种一体化不是在假定的或者历史性的社会契约这一层意义上的主权层面的

---

① 〔德〕鲁道夫·斯门德:《宪法与实在宪法》,曾韬译,商务印书馆 2020 年版,第 109 页。

抽象一体化,而是一种个人要归属国家、认同国家、凝聚国家共识的精神性体验。个人在国家的各种整合性斗争与政府的统治职权行为中被整合进国家,终极目的并非自由之政治或政治之自由,而是为了建构伟大的神圣的国家本身,这实质上就是一种新的德意志国家理由和国家利益信条,也是黑格尔式的理性国家传统的延续。

德国当代著名公法学家克里特奥(Stefan Korioth)恰切地评论道,斯门德阐发了一种动态的且以和谐为其核心关切的国家观念。在国家理论的层面上,斯门德的整合国家观念给危机四伏和被国民世界观上的冲突所撕裂的魏玛共和国展现了一种正面统一性的对照图景。[①] 斯门德的确是魏玛共和国非常重要的宪法学者,但也是一位对民主的范畴没有什么兴趣的宪法学者。[②]

结合前文阐述的魏玛时代德国政治的碎片化、政党的极化和各行各业广大民众对魏玛共和国和《魏玛宪法》的仇视敌意,就能对斯门德的整合学说的立意有豁然开朗之感。他认为魏玛共和国国家理论与国家法学的当务之急,是要给不被德国人真正尊重并且也无力促成德国人之政治认同的《魏玛宪法》注入新的国家观念和国家共识,也就是说,要挽救魏玛共和国以来出现的德意志国家认同危机,首先要建构作为《魏玛宪法》之灵魂的国家理论。作为"国家理论"的"国家宪法"的使命在于发挥向心力功能,去克服德意志社会出现的人心不古、人心涣散以及包括民主迷思在内的各种政治价值迷思。

从魏玛时代德国政治与社会文化的碎片化时代处境看,斯门德的考量当然有切中时弊的一面。但必须说,斯门德的整合宪法学说还是

---

① 〔德〕鲁道夫·斯门德:《宪法与实在宪法》,曾韬译,商务印书馆2019年版,第240页。
② 〔德〕克里斯托夫·默勒斯:《"我们(畏惧)人民"——德国立宪主义中的制宪权》,赵真译,载郑永流主编:《法哲学与法社会学论丛》(第19卷),法律出版社2015年版,第115页。

呈现出了背离现代自由民主宪制根本道德原则的面相——尽管他的背离比较隐蔽,这个面相也比较隐蔽。

这种背离主要体现在三个方面。第一,斯门德坚决反对目的论式地将国家想象为被个人设定了特定目的的一种手段,也就是反对将国家客体化。因而在根子上不利于抵御或者削弱根深蒂固的德意志国家神宠论传统。第二,整合理论追求同质性的国家共同体价值与统一的国家文化目的,因此他对议会民主中不可避免会出现的价值多元主义、政党政治和阶级斗争必然会形成内在的排斥。简言之,斯门德整合学说反对任何不利于国家建构的异质性。第三,在反个人主义和反异质性的基础上,基本权利自然不再是作为道德权利而存在,在斯门德理论体系中,基本权利是实现质的整合即文化整合的法律手段,基本权利体系首先是民族国家性的,是德意志民族国家一般价值的实在法化,因此基本权利就不是自然法意义上的在先性的和天赋性的。

另外必须指出的是,不知出于什么原因,斯门德对韦伯的宪法理论特别是韦伯的议会主义思想的理解非常片面和偏激。他认为韦伯宪法理论将选出合适的领导人作为唯一的意义,因而韦伯的思维主要是技术性宪法思维。[①] 实际上,了解韦伯对官僚制与民主制的政治社会学分析的人,了解韦伯对议会民主和个人自由的根本关切的人,了解韦伯民主政治理论的内部脉络的人,都能看出这样简单化的评论是彻底错误的。韦伯可以说是那个时代最能洞察德意志民族国家精神危机所在的思想家,他比任何人都更不可能仅仅停留在技术层面思考德国政治与宪制的转型路径。斯门德何以作出如此简单粗暴的论断,实在令人不

---

① 〔德〕鲁道夫·斯门德:《宪法与实在宪法》,曾韬译,商务印书馆 2020 年版,第 107、205 页。

解。(一种可能的情形是,斯门德的评论仅仅就是一种写作过程中的恣意阐发,因此不值得深究?)

令人不解的还有,斯门德在讨论机关性整合力量即诸国家机关及其权力的宪法配置问题时,提到"合理地组合这些权力是制宪者必须深思熟虑的问题,这个问题不是仅在《联邦党人文集》中被深入探讨过"①。按理,作为宪法学家,他应该深谙《联邦党人文集》充满着对任何意义上的绝对国家权力的高度警惕,但是为何他的整合学说却没有表达出对在德国根深蒂固的国家理性、国家利益、国家权力或者说具有道德地位的德意志权力国家本身的防范?(这让人立即联想到,比斯门德更偏激地将政治神学化的施密特对《联邦党人文集》及美国宪法蕴含的自由宪制原理,其实是一清二楚的,但他致力于论述自由宪制原理是不适合德国的西方价值。可以说斯门德也是揣着明白装糊涂?还是,这根本就是他们这些国家法学家的信仰本身?这种信仰现象本身又能给我们什么历史启发?)

抛开上述问题,纵观斯门德的整合学说的根本出发点,可以说,它不是向现代自由宪法的根本目的论内容的回归,而是带有德国独特的国家主义精神色彩,其实质是要高扬国家本身。因此整合意味着"国家为了公共目的而活跃于所有社会领域之中,为国家整体赢得人民之中的所有力量"。被这种国家理论界定了的宪法理论,参与了魏玛时期的反规范实证主义,在方法论上具有一定的积极意义,同时它也是对魏玛时期德国政治与宪法实践危机的一种理论反应,对研究魏玛时期德国的政治与宪法史具有知识社会学上的意义。

---

① 〔德〕鲁道夫·斯门德:《宪法与实在宪法》,曾韬译,商务印书馆 2020 年版,第 111—112 页。

但是此种整合学说将在人文-文化领域具有独立地位的国家生活和将每个公民融入国家的所谓国家化过程置于宪法理论的核心,保留了鲜明的国家中心主义立场,却必然也是对时代问题的一种矫枉过正式的反应。他诊断到了时代的真问题,但开出了一个不太对的药方。

回到学理传统,无论考夫曼还是斯门德,都不想再委身于德国主流实证主义法学技巧的窠臼,不愿再受凯尔森式纯粹法学知识的禁锢,他们想以新的思想方式去化解魏玛时代的政治与宪法危机。"我们的民族以及我们与我们的民族在战争、溃败、革命和《凡尔赛和约》中所经历的一切内政和外交上的事件猛烈地撼动了我们,促使我们进行全面的自我反思。"考夫曼这段脍炙人口的宣言特别能代表魏玛时代德国宪法学家的一种家国情怀。对宪法史研究而言,具有重要意义的是,魏玛时代德国宪法学家们家国情怀内部色彩的饱和度与复杂度非同一般。

与考夫曼、斯门德这些新学派代表一起搭上"反自由主义列车"的另一位重要思想人物是卡尔·施密特,主导其宪法理论的基本方法是社会实证主义,基本范畴是建立一个强权国家,捍卫代表德意志人民统一意志的"绝对宪法"。在魏玛时代德国国家法理论家的群体画像中(这个群体画像中既有实证主义学派又包括政治宪法理论新学派),施密特是极为突出和独特的一位。所谓极为突出和独特,既指他的国家法与政治理论体系具有远远高于同时代其他德国宪法学家的某种原创性与持久影响,同时也指纳粹上台后,他的为人为学所展现出的变色龙人格特质引发了极大的道德争议。

我国学界熟悉的施密特的一个头衔是"第三帝国的桂冠法学家",不过,这个头衔并不是纳粹当局授予施密特的,而是施密特一个多年犹太裔好友、天主教政治理论家古里安(Waldemar Gurian)为了反击施密特变节而提出的。

1933年2月28日希特勒担任总理后不久,就促成了《帝国总统保护民族与国家法》颁布。该法暂时停止执行宪法中保障公民自由权利的7项条款,授权全国政府可以接管各州政府。1933年3月24日的《消除民族与国家危难法》(即《授权法》)横空出世,该法将立法权、宪法修正权等几项重大权力从国会移交给内阁。① 这是两次明显违反《魏玛宪法》基本原则的法案,也是德国进入全面否定魏玛共和国议会民主制度的节点。在这个关键节点上,施密特以最快的速度和最密集的著述,出面为纳粹独裁者的目标进行了辩护和理论建构。他将纳粹主义和元首精神解释为德国法律秩序中最高的不成文规范,他认为纳粹独裁的实质正当性就在于它建构的乃是"基于同种性基础之上的民族秩序"。②

除了为授权法案背书,在纳粹上台后不到半年的时间内,施密特还在1933年大学清洗运动开始后的几周和数月内完成了很多不同寻常的其他激情创作,这种激情持续到1936年末他在纳粹党内失势。1933年5月他在纳粹党刊物《西德观察家》上发表的"德国知识分子"一文就是一个典型。

该文充斥着对诸多流亡海外的德国知识分子的口诛笔伐,重申了对新独裁政权的誓死效忠,他指责被迫逃亡他国的德国知识分子,认为这些人在境外这样批评全新的纳粹德国意味着他们从未属于过德意志民族。这篇讨伐德国知识分子的檄文是以"他们已被永远拒之门外"这样的修辞结尾的。历史学家吕特尔斯(Bernd Ruthers)指出,这颇具纳

---

① Peter M. R. Stirk, *Twentieth-Century German Political Thought*, Edinburgh University Press, 2006, p.12. 同时参见〔美〕威廉·夏伊勒:《第三帝国的兴亡:纳粹德国史》(上册),董乐山等译,译林出版社2020年版,第296页。

② 〔德〕贝恩德·吕特尔斯:《卡尔·施密特在第三帝国:学术是时代精神的强化剂?》,葛平亮译,上海人民出版社2019年版,第46—47页。

粹上台后施密特作品的整体风格。①

这篇文章的内容与语调之所以与为授权法案背书一样具有标志性,原因在于,它意味着过去与犹太人有着密切社会联系与交往的施密特,开始公开转向纳粹的种族主义和反犹主义,这大大激怒了流亡海外的古里安。尽管他和施密特全家有着多年的密切友好的关系,但古里安坚决反对纳粹,所以老朋友施密特的如此表现令他感到震惊与痛心。

古里安于是先后在《瑞士评论》和《德国信函》等媒体发表文章,对施密特展开了一系列回击,并在一篇文章中称施密特为"第三帝国的桂冠法学家"。古里安毫不留情地列举了施密特曾经表示如何厌恶纳粹,还指出施密特在魏玛时期与犹太裔朋友、同事实际上存在着密切关系。古里安撰文的目的主要有两个:第一,信奉天主教的施密特投诚纳粹党纯属投机,与那些虔诚的纳粹党人相比,他根本就不是忠诚的纳粹分子;第二,在对施密特投机行为表示公开鄙视的同时,连带讽刺纳粹党用人不察。古里安的文章很快被施密特在纳粹党内的竞争对手广泛传播,一定程度上影响了施密特在纳粹党内的仕途发展,一些人致信纳粹高层包括提携了施密特的汉斯·弗兰克(Hans Michael Frank),提醒他们注意这位宪法教授的投机性。②

的确,纵观施密特的生命政治,一个令人深思的转变轨迹在于:在纳粹上台之前的魏玛时期,无论政治经济还是学术文化界,德国都充满犹太精英的身影,魏玛共和国也被称为犹太人的共和国,在那样一个犹太人得势的时期,施密特与犹太人交好,他的第二任妻子还具有四分之

---

① 〔德〕贝恩德·吕特尔斯:《卡尔·施密特在第三帝国:学术是时代精神的强化剂?》,葛平亮译,上海人民出版社2019年版,第60页。
② 〔德〕贝恩德·吕特尔斯:《卡尔·施密特在第三帝国:学术是时代精神的强化剂?》,葛平亮译,上海人民出版社2019年版,第59—62页。

一犹太人血统。但是在纳粹掌权后犹太人开始被清洗的历史阶段,施密特就非常识时务地开始倒戈一击。这种倒戈一击不仅体现在施密特对凯尔森等犹太裔同行的落井下石,而且表现在他通过主动的写作与公开演讲为纳粹的种族主义政策鼓与呼。在以前并非纳粹主义者的德国法学家群体中,施密特是对纳粹非常迅速地完全采取了机会主义与现实主义态度的那一位。

在那个时代德国新旧国家法理论界,施密特可能是唯一一个将自身在魏玛共和国时期提出的宪法与政治理论体系都进行了一定机会主义改造并将之运用到第三帝国纳粹法律实践中的人。新帝国的国家法理论家,这是施密特本人最喜爱的头衔。

此种理论上的自我改造与自我颠倒体现在施密特纳粹时期著述的很多方面。最突出的一点体现在,为了完成自身学术理论与纳粹现实政治的无缝对接,名义上是天主教倾向宪法学家的施密特在1934年后实际上与德国新教政治神学家阵营实现了理论合流。一战后德国的新教政治神学确立了民族的和种族的思考方向以及反世俗化的政治理论战线,其理路思潮为1933年到1934年间纳粹推动实施的德国法律与德国社会的"生物学化"提供了宗教思想源泉,助长了歌颂德意志民族优越和绝对化的意识,使德国基督教徒信仰运动被纳粹主义深度影响。[①]施密特抓住了德国新教政治神学及其法律理论,为1933年到1934年不断尖锐的新教反犹主义趋势推波助澜,借此表达对纳粹种族主义政策的支持。

可以说,在施密特与整个纳粹法学家集团那里,种族意义上的、同

---

① 〔德〕拉斐尔·格罗斯:《卡尔·施密特与犹太人》,程维荣译,朱云飞校,上海人民出版社2019年版,第57—59、61页。

质性的德意志民族的价值,取得了对《魏玛宪法》蕴含的一切其他价值的绝对优位与支配。此种局势就像施密特1933年与时俱进炮制的《国家、运动、人民——政治统一体的三个部分》一书所描述的那样,在魏玛共和国的后期,抽象的民族国家与人民、令人血脉偾张的纳粹政治动员实际上已经彻底消解了《魏玛宪法》及其议会民主基本政治制度的权威。纳粹党领袖及其政治意志被解释为德国法制最后的避难所。

纵观下来,包括施密特在内的新派宪法学家的理论建构方式、话语风格、对待纳粹的立场虽然不尽相同,但他们都致力于分析论证魏玛共和国与《魏玛宪法》确立的议会民主体制的软弱和无济于事,并都将一个高于社会的国家强权或者说强势国家、道德国家本身视为解决魏玛时代各种危机的根本出路。

从这个根本出发点来看,这些新兴政治宪法学家都不同程度参与了20世纪20年代德国反自由民主教义的建构,因而也是间接参与了纳粹极权政治的出现。这个反自由民主教义的世界观是由形形色色的民族主义世界观填充起来的:人民、民族、共同体——这些让人无法否定的崇高价值,成为魏玛德国反民主宪法思潮的核心范畴。与之相应,个人自由与作为政治契约的限权宪法理念,作为不利于重新塑造民族国家共同体价值的非德国化的因素,就被一步一步边缘化,直到被纳粹直接埋葬。

三、凯尔森—施密特宪法论战的思想意义与核心问题

置身在魏玛时代德国反自由民主宪法的思想光谱中,我们再聚焦

发生在凯尔森与施密特之间的一场经典宪法论战,可更细致地了解规范逻辑实证主义宪法学与政治实证主义宪法理论的学术旨趣、思想对立以及它们蕴含的普遍思想议题的当代意义。

1. 作为思想史的论战:意义与起因

在现代法学史上曾经有很多经典论战,从 19 世纪初萨维尼与蒂博(A. F. J. Thibaut)关于德国是否具备编纂伟大民法典能力的论战,到 20 世纪五六十年代哈特(H. L. A. Hart)与富勒(Lon Luvois Fuller)、德福林(P. Devlin)、德沃金(Ronald Myles Dworkin)围绕法律与道德关系展开的争论,这些论战都成了学术经典,一方面在于它们探讨的问题具有根本性和复杂性,另一方面在论战双方围绕一些根本性问题提出了具有类型化差异的不同意见。不同的见解展现了学者们针对同一问题与经验现象的不同的学术进路,这些不同思想进路本身又进一步凸显讨论对象的根本性与复杂性,因此具有普遍思想意义。经典论战与人类思想活动一个特点相吻合:越是根本性的问题越复杂,越显得缺乏唯一正解,而无论在哪个学科领域,显得缺乏唯一正解的那些问题往往会吸引诸多优秀头脑不断探索。发生在 20 世纪二三十年代魏玛时期德国的凯尔森-施密特论战就带着这样的思想气质。

1929 年,时年 48 岁、尚在奥地利宪法法院①法官任上的凯尔森出版了小册子《论宪法审查的性质与发展》,从"合法性问题""宪法的概念"

---

① 奥地利是 20 世纪欧洲大陆第一个建立宪法法院的国家,由于凯尔森是该宪法法院直接的设计者和创造者,因此,奥地利宪法法院也被称为"凯尔森模式"。在 20 世纪整个 20 年代,凯尔森一直致力于在德意志建立类似奥地利集中式审查模式的宪法法院。关于凯尔森与奥地利宪法法院的关系及他在那的工作情况,参见〔奥〕罗伯特·瓦尔特:《宪法法院的守护者:汉斯·凯尔森法官研究》,人民日报出版社 2016 年版。

"合法性的保障""合宪性的保障""宪法法院在司法与政治上的重要意义"①这五个层面系统阐释设立一个宪法法院作为宪法守护者在法学技术上的合理性和宪法政治上的必要性。

施密特针锋相对,发表《宪法的守护者》②,反驳了凯尔森司法化的守护宪法的制度主张,毫不犹豫地表达了对合宪性审查的敌意,他主张总统才是《魏玛宪法》的守护者,应以总统为核心来解释《魏玛宪法》。因为他认为在魏玛共和国现实政治情势下,多元议会民主制已经病入膏肓,唯有直接选举产生的总统才有实质的民主正当性去代表镶嵌在《魏玛宪法》中的"统一的德意志人民的整体意志"。在他眼里,凯尔森主张的宪法法院充其量只是一个司法机构,它根本无权审查与宪法有关的政治问题。

凯尔森随后以一篇论战性书评《谁应该成为宪法的守护者?》反驳施密特的反驳。③ 这篇书评迄今依旧被视为是对施密特观点最尖锐的一个批评。凯尔森指出:施密特甩出帝国总统这张牌来反对宪法法院是无意义的,因为他根本没有基于法律科学的原理去分析,由一个宪法法院制度对立法或政府行政行为合宪性进行审查是否是一项更有利于实现法治的明智的制度设计。在凯尔森看来,施密特回避了这个真正有意义的宪法政治科学问题,其论证思路与"因为军队是对国家最好的

---

① 凯尔森论证宪法法院之必要性的整体逻辑由 5 个环环相扣的要素构成:"the problem of legality""the concept of constitution""the guarantees of legality""the guarantees of constitutionality""the juristic and political significance of constitutional adjudication",参见 *The Guardian of the Constitution: Hans Kelsen and Carl Schmitt on the Limits of Constitutional Law*, translation, introduction, and notes by Lars Vinx, 2015, pp. 1-43。这是剑桥大学出版社关于凯尔森与施密特论战的第一个英译本。
② 〔德〕卡尔·施密特:《宪法的守护者》,李君韬等译,商务印书馆 2008 年版。
③ 中译本参见〔奥〕凯尔森:《谁应该成为宪法的守护者?》,张龑译,载《民族主义与国家建构》,法律出版社 2008 年版,第 241—290 页。

保护,因此我们不需要医院"①这种思路的逻辑很相似,即"因为总统很重要,所以我们不需要宪法法院"。

凯尔森认为,施密特对国家元首的偏爱和对宪法法院的偏见,具有很明显的意识形态特征,它不能"科学地"处理宪法政治问题。宪法政治领域的核心问题是:一方面,宪法将权力从本质上分配给两个政治要素——议会(立法分支)和政府(行政分支,特指国家元首以及与其行为联署的部长组成的机关),权力的本性决定了损害宪法的危险也主要从这两个政治分支中产生(凯尔森的这个判断与古典政治经济学及联邦党人对三权性质的评判是一致的,即相比于立法权和行政权,no arms、no money 的司法权是最小危险部门)。这两个要素中的任何一个都可能超越宪法为其设置的权力边界,宪法经常由于立法机关的权力膨胀和行政元首的权力膨胀而受到损害。另一方面,宪法又承载着政治功能,即宪法必须为权力的运行施加法律的限制。要实现这个限权功能,宪法必须要有"牙齿",即必须设置能够捍卫宪法权威性的合宪性保障机制。在宪法受损或被侵犯时,由这个宪法保障机构依照宪法诉讼程序作出裁判,确保宪法的至高性和神圣性。

由于议会和政府经常是天然的最容易直接侵犯宪法的权力机关,无论侵犯的行为形态是作为还是不作为,在与宪法有关的系争案件中,议会与政府往往是最常见的当事方。根据自然法意义上的"没有人可以充当自己案件的法官"的正义原则,议会和政府本身不应成为宪法裁判机构本身。必须设立一个中立的第三方进行裁断,这个第三方置身于议会和政府的对立之外,自身绝不会参与到宪法原本分配给这两个

---

① 〔奥〕凯尔森:《谁应该成为宪法的守护者?》,张龑译,载《民族主义与国家建构》,法律出版社 2008 年版,第 276 页。

分支的权力运作当中。

在考虑合宪性裁判权应该由哪个机关来承担时,凯尔森从典型的古典分权理念出发进行了一种反向性的原则推演,即将权力分配给不同机关,是出于一种政治理性化的动机——为了防止权力集中到一个机关,因为,任何权力集中都是对民主与自由的威胁。因此,旨在监督议会与政府分别作为立法与执法机关的行为的宪法诉讼与宪法法院制度,非但不同权力分立原则相矛盾,相反,它恰恰意味着对分权原则的贯彻。在凯尔森那里,宪法法院代表的合宪性裁判本身就是分权原理的题中之义,这种机制的有无关乎法治与宪法政治的实现与品质。

尽管从发生学上讲,这场论战定格在了 20 世纪二三十年代的德国,直接争论点即德国到底需要一种怎样的宪法保障机制这个根本问题,也因 1949 年后德国建立专门性宪法法院,成功实现向自由宪法转型而有了历史性的答案。但是,这场论战内含的一系列理论争论没有终结于论战的最初发生时刻即魏玛时期。这场论战在当代依旧具有知识与理论"坐标"的意义,它为德国公法学的主要问题意识与视域范围确立了坐标,战后德国公法学家基本上都可以被看成两位主要论战者的学生。[①]

对当代中国而言,这场论战看似是作为他者的德国的历史,但就内在内容来说,论战处理的理论性争论也是当下中国面临的最尖锐的现实理论困惑。我国最近 10 多年出现的规范宪法学与政治宪法学倚重的方法论传统与智识资源主要秉承自德国 19、20 世纪的德国宪法学。参与方法论争论的宪法学者的思路要么是偏凯尔森的,要么是偏施密

---

① 此处"坐标"之喻,借用郑戈教授的说法,参见郑戈:《德国宪法法院的诞生》,《交大法学》2017 年第 1 期。

特的。晚近兴起的我国宪法教义学思潮在学术谱系上与规范宪法学具有家族相似性,其整体追求呈现出浓郁的凯尔森风格,宪法教义学试图建构科学化的独立的宪法学话语体系,在政治与宪法科学之间划出一个清晰的楚河汉界,实现所谓让宪法的归宪法、政治的归政治。总之,在围绕如何研究宪法、研究什么宪法而展开的方法论之争背后,蕴藏着我国学界有关"宪法是什么"的方向之争。

这就使我国宪法学像当年魏玛共和国一样,陷入了方法与方向之争("陷入"类似的困境,一定程度上也是我国学者主观学术研究与学术选择的一个结果)。决定性地影响有关方法与方向之争的正是一个根本性问题:宪法到底是什么?是仅指成文宪法代表的规范秩序还是不成文的实际在起作用的政治规则与政治秩序?就如"法律是什么"构成法理学的元问题一样,"宪法是什么"亦是我国当代宪法学的元问题。而对"宪法是什么"这个初始设置问题的不同立场[1],又引申出我国学者对保障和实施"宪法"的制度模式的不同主张。[2] 此间问题(即如何落实依宪治国)和凯尔森施密特论战的中心问题即"谁应该成为宪法的

---

[1] 基于尊重现行体制的社会-实证主义视角,提出"中国共产党党章也是一个宪法",这在我国法学界由来已久。学者们认为必须在宪法学研究方法与研究对象上打破概念主义、形式主义与文本主义所强化的成文宪法概念的桎梏,用社会学方法来研究中国宪法,即采用一种基于历史-经验的功能分析方法来研究"实效宪法"(effective constitution),挖掘在现实政治生活中真实存在的宪法规则或宪法规范。"这种方法并不是在形而上学意义上追问'宪法应当是什么',也不是在法律形式主义的意义上追问'宪法文本的含义究竟是什么',而是在坚持'价值中立'的社会科学立场上,具体地、经验地考察中国的政治运作中'哪些规则实际上发挥着宪法的功能'。"参见强世功:《中国宪法中的不成文宪法——理解中国宪法的新视角》,载《开放时代》2009年第1期。这种社会学方法与我国规范宪法学的主张很不同。后者坚持一种以我国现行成文宪法为唯一渊源的形式宪法概念。

[2] 按照规范宪法学对1982年宪法文本的解读,全国人大及其常委会作为我国宪法解释机关,在常典意义上一直被视为保障和监督宪法实施的权力机关。但是,也有学者从政治学或社会学角度撰文,提出"中纪委是党内宪制的守护者",其方法进路是将"宪法"与"宪制"进行了二元区分,按照其逻辑,中纪委作为"党内宪制的守护者"至少可以与作为"(成文)宪法的守护者"的全国人大及其常委会平起平坐,前者是政治学的逻辑,后者是法学的逻辑。参见樊鹏:《中央纪委的政治功能分析——基于党内宪制的视角》,载《科学社会主义》,2016年第3期。

守护者"是同类型的宪制理论问题。①

可以说,尽管魏玛共和国已经过去七八十年,但那个时代那场论战探讨的两个问题即"宪法是什么"和"谁应该成为宪法的守护者"并未远去。对今日中国而言,它们依旧是基本问题,依旧是我国宪法理论争鸣最深层次的关切所在。正是从这个意义上讲,深入梳理魏玛时代这场经典论战具有当代意义。然而,我国学界尚无对凯尔森与施密特之间长期复杂论战的专门整理研究,这自然是一个不足。

本节结合论战前后 1929 年后魏玛共和国政治极化与宪制实践向总统制变异的历史情势,以凯尔森与施密特的主要著作为基础,沿着论战的时间轨迹,提炼出论战的主要问题意识,阐释两位代表性宪法学家围绕宪法理论元问题而形成的思考,力求将他们的思想放置在二者各自的宪法理论体系与魏玛共和国中后期具体的宪制情势下进行历史的、学术的而不是道德化或意识形态化的理解。

论战起因于 1928 年全德公法学教师大会上,凯尔森做了主题报告

---

① 从学术上讲,2018 年国家监察委员会的建制,就是活生生的时代宪法问题。如果从施密特决断主义和绝对宪法理论讲,全国人大常委会作为最高权力机关创设监察机构,即使在修宪之前的宪法框架下,也是完全可以说得通的,因为它就是我国政治领导层作出的一个事关全局的政治决断。但是,如果跳出施密特的框架,在现代宪制理念下思考依宪治国的真正意涵,那么就还需要同时体系地考虑,即任何政治决断都要经得起宪法政治原理的考验。根据现代宪法政治公认的"任何机关都不能成为绝对权力"的原理,无论是创设国家监察委的全国人大还是被创设出来的国家监察机关,都必须接受宪法的约束。接受宪法的什么约束呢?接受现代宪法原理上的人民主权原则与人权保障原则的约束(而分权制衡是落实人民主权和人权保障的权力组织技术)。这样的理论推演,最终就会归结为一个棘手的问题:谁来判断国家监察委的行为是否违反了宪法与法律呢?目前的制度安排是依靠程序规制、人大监督、社会监督和自我监督。在我国政治现实格局下,这四种监督机制是否能有效地发挥作用,仍有待实证的观察评估。此处关注的是学术上的理论推演。如果将这个问题切换到凯尔森与施密特论战的知识语境下,这个问题就是:谁来守护我国的宪法?面对这个基础理论问题,我国宪法界应该采用什么方法,依据什么原则来界定评估国家监察委的宪法地位呢?等等。这些都是富有时代意义的宪制理论课题。笔者认为,从现代限权宪法的结构原理出发,有利于我们准确诊断国家监察委建制中存在的结构性挑战。

《宪法审查的性质与发展》[①]。他主张建立一个能够对国会法律和政府法令进行专门的而不是附带的抽象审查的宪法法院。除了提出要在未来制定法律建立宪法法院外,这个报告最重要的价值是他从纯粹规范理论的角度理性地论证了建构一个专门的宪法法院乃是实现合法性与合宪性控制的必然的司法技术机制。

尽管他的主张在全德公法学家年会上得到热烈响应,但是,创设独立宪法法院的制度诉求在魏玛共和国还是遭到坚决反对。施密特同年出版的《宪法学说》和1931年出版的《宪法的守护者》,所阐释的宪法概念和宪法保障制度设想就是对凯尔森的反驳,之后凯尔森又对施密特的反驳进行了反驳。

他们的论战时间跨越数年,理论背景复杂多维,又涉及魏玛时代德国宪制与重大宪法事件,加之德语写作的晦涩抽象风格等因素,初入其中有眼花缭乱之感。因此需要借助从现象看本质的哲学化思维,划去无关紧要的细枝末节,提炼出论战中具有普遍性的理论问题进行整体把握,这样更有利于从这场重要思想争鸣中获得思想启发与历史智慧。

贯穿论战的最尖锐的问题意识或理论线索涉及两个层次:第一个基础性问题:宪法是什么?第二个:选择什么制度模式保障宪法的神圣性和至高性?重要的是,双方对第一个问题的不同界定直接影响对第二个问题的回答。

[①] Hans Kelsen, "On the Nature and the Development of Constitutional Adjudication", *The Guardian of the Constitution: Hans Kelsen and Carl Schmitt on the Limits of Constitutional Law*, translation, introduction, and notes by Lars Vinx, Cambridge University Press, 2015, pp. 22-79.

2. 宪法是什么——规范等级秩序还是政治决断？

凯尔森从两个层面界定了宪法概念。一方面从规范理论与规范位阶理论出发,他坚守宪法就是"基础规范"之下国内实证法秩序的最高等级。如果把这个实证法等级秩序比喻为金字塔式的层级结构,那么,宪法就是那个塔尖。① 另一方面,凯尔森又界定了宪法的实质的原初性的基础内涵,即宪法的概念与政体的概念具有重叠,宪法的根本功能在于分配政治权力,包括规定立法机关及其程序,所有政治权力都必须以法律的形式运行。② 在法秩序中,法律规范运行的基本轨迹是:宪法具体化为法律,法律具体化为法规,政府行政行为与司法裁判本质上都是在执行落实宪法、法律与法规。依次往下,推而广之,每一个更下位的具体法令或命令都必须向上追溯其合法性基础。凯尔森指出,追溯合法性到最后就必然要到合宪性这个层面,因此,合宪性保障其实是全部法律规范合法性保障的最终保障。③

在阿列克西看来,宪法在凯尔森著作中具有核心作用,因为如果没有宪法概念,层级构造理论是不可想象的,在纯粹法理论大厦中,凯尔森的宪法概念具有体系性的地位。④ 同时,反过来,鲍尔森认为如果没

---

① Hans Kelsen,"On the Nature and the Development of Constitutional Adjudication", *The Guardian of the Constitution: Hans Kelsen and Carl Schmitt on the Limits of Constitutional Law*, translation, introduction, and notes by Lars Vinx, Cambridge University Press, 2015, p. 27.
② Hans Kelsen,"On the Nature and the Development of Constitutional Adjudication", *The Guardian of the Constitution: Hans Kelsen and Carl Schmitt on the Limits of Constitutional Law*, translation, introduction, and notes by Lars Vinx, Cambridge University Press, 2015, p. 28.
③ Hans Kelsen,"On the Nature and the Development of Constitutional Adjudication", *The Guardian of the Constitution: Hans Kelsen and Carl Schmitt on the Limits of Constitutional Law*, translation, introduction, and notes by Lars Vinx, Cambridge University Press, 2015, pp. 24—25.
④ 〔德〕罗伯特·阿列克西:《论凯尔森的宪法概念》,载《法治国作为中道:汉斯·凯尔森法哲学与公法学论集》,张龑编译,中国法制出版社2017年版,第298—299页。

有引入法律层级构造理论,凯尔森的宪法概念也是不可能的,因为凯尔森始终在强调只有通过法律规范的层级理论才能切入到宪法概念的规范内涵。[①] 这个规范内涵即指宪法是一套根本性的制定法规则,这套规则处于实证法体系的最高效力等级,决定着立法行为和行政行为的范围与方式,这是凯尔森所认为的原初性的宪法概念,它是一个形式宪法概念(formal constitution)。值得注意的是,他将通过"法律的创设"定义的狭义上的形式宪法概念与宽泛意义上的广义宪法概念相对立。广义上的宪法概念不仅包括关于法律创设的规范,还包括关于所创设法律之内容限度的规范,这个内容限度表现为一个"基本权与自由权的目录"[②],它界定了一切立法和行政行为的实质限度。但是,凯尔森认为,这个广义宪法概念的前提必须通过难以修改定义的"宪法形式"来实现,也就是说,在凯尔森理论体系中,形式宪法概念包含实质宪法概念。

结合上述视角理解,凯尔森展现了一个封闭的自我证成的逻辑链条:宪法创设并分配政治权力,又因为政治权力必须以法律形式运行(即法治),因此政治权力(主要是立法机关与行政机关)必须不断创设法律(statute)与法规(decree)并严格遵守法律、法规行事。所以可以说,宪法创设政治权力,政治权力创设法律、法规,而无论政治权力还是其创设的法律、法规,都必须围绕宪法进行,这就是合宪性问题。合宪性的重要性是由宪法的神圣性决定的,在国内实证法层面,宪法往往承担了"基础规范"的功能。在这个理论逻辑中,国家只是一种法律(规

---

① 〔美〕鲍尔森:《凯尔森与施密特——从分歧到1931年"守护者"之争的决裂》,载《法治国作为中道:汉斯·凯尔森法哲学与公法学论集》,张龑编译,中国法制出版社2017年版,第438页。
② 〔德〕罗伯特·阿列克西:《论凯尔森的宪法概念》,《法治国作为中道:汉斯·凯尔森法哲学与公法学论集》,张龑编译,中国法制出版社2017年版,第305—307页。

范)现象(a legal phenomenon),独立的实体意义上的国家实际上是不存在的,国家就是法律的一种人格化象征体而已。①

凯尔森讨论宪法概念的方法特征是,他基本上排除了历史维度,即并不追问这个宪法到底是怎么历史地形成的,而是径自讨论已经历史地生成的这个实证宪法本身的规范结构,即宪法作为一个规范集合体的基本特征及其在整个法律体系中的位置。凯尔森是将宪法概念置于宪法与基础规范、宪法与普通法律的整体规范结构中来加以定位的,他既不关心作为"事实性"的宪法生成历史,也不关心作为宪法"道德性"内涵的自然法本身。②

凯尔森认为,19世纪欧洲传统法治理论的关注重点在政府行政行为的合法性问题,在这方面,有君主立宪制历史的不少欧洲国家包括德国在内都有丰富的制度经验。但是就政府法规和议会立法合宪性审查的理论与制度建构而言,19世纪的成果的确乏善可陈,这导致君主或议会颁布的一些违宪法律、法令无法被取消。与之相应的一个制度短板是,司法权在欧陆传统中几乎无法介入合宪性审查,由此导致法律、法规的合宪性审查在欧洲大陆法中无法变成一个技术性的实践性的法律问题。③ 凯尔森指出,在国家由君主立宪制向现代议会民主制转型后,合宪性控制将是更加紧迫和根本的问题,因为它事关民主本身,凯尔森始终是议会民主制的坚定捍卫者。

与凯尔森1928年作主题报告《宪法审查的性质与发展》同年,施密

---

① Miro cerar, "(Ir) rationality of the Constitution", *Archives for Philosophy of Law and Social Philosophy*, Vol. 90, No. 2 (2004), pp. 163-180.
② 不过,从凯尔森将基本权与自由权列为形式宪法之组成部分这个意义上而言,自然法在其宪法理论中不是了无痕迹,只不过,他关注的方式很不同。
③ Hans Kelsen, "On the Nature and the Development of Constitutional Adjudication", *The Guardian of the Constitution: Hans Kelsen and Carl Schmitt on the Limits of Constitutional Law*, translation, introduction, and notes by Lars Vinx, Cambridge University Press, 2015, pp. 26-27.

特出版了《宪法学说》①,集中阐释了一套与凯尔森完全不同的宪法概念和他依托这套宪法概念对《魏玛宪法》的解读。由于在其宪法学说里,无论宪法的概念还是国家的概念都以政治的概念为前提,因此,理解施密特的政治概念成为把握与评估其宪法学说内在问题的关键前提。②

施密特认为与人类思想和活动中其他各种相对独立的成就相比,尤其是与道德、审美和经济方面的成就相比,政治具有某种以自身特定方式表现出来的标准,政治的标准就是划分敌我,因为所有政治活动与政治动机在本质上都是朋友和敌人的划分。③ 他基于这个"政治概念",提出了两组相互关联的宪法概念:一组是"宪法"与"宪法律",另一组是"绝对宪法"与"相对宪法";在其理论体系中,最后统摄这两组范畴的则是另一个最高级的范畴:制宪权。

"宪法"是指人民的统一意志整体,这个"宪法"是绝对宪法。它之所以是绝对有效的,在于它出自一种制宪权(即权力或权威)。制宪权是指一个政治共同体一次建立政治存在的政治决断。这样制定出来的"宪法"代表着一种有意识的政治决断。"宪法律"是指作为众多个别法律规范的宪法,属于相对宪法;"宪法律"必须依据"宪法"才有效力,必须以"宪法"为先决条件。

---

① 〔德〕卡尔·施密特:《宪法学说》,刘峰译,上海人民出版社 2005 年版。
② 《政治的概念》是施密特最重要的一本论著,该书的基础是 1927 年他在柏林政治学院的演讲,最早刊行于《德国政治学丛刊》第 5 卷(1928 年),1932 年施密特修订后出版了第一个单行本。从时间段看,《政治的概念》与《宪法学说》的写作是大体同步进行完成的,所以两本书的主要思想也胶着在一起。关于施密特的政治概念、国家概念与宪法概念之间的内在关联,参见 Carl Schmitt, "The Concept of the Political: A Key to Understanding Schmitt's Constitutional Theory", *Canadian Journal of Law and Jurisprudence*, Vol. 10, No. 1, 1997, pp. 5-19;同时参见〔德〕卡尔·施密特:《政治的概念》,刘宗坤译,上海人民出版社 2003 年版,第 113—148 页。
③ 〔德〕卡尔·施密特:《政治的概念》,刘宗坤译,上海人民出版社 2003 年版,第 138 页。

概括来说,在施密特概念体系里,"宪法律(相对宪法)"依赖"宪法(绝对宪法)",而"绝对宪法"依赖先于它们的"政治决断";同时,由于作为先决条件的政治决断均由存在的政治权威作出,因此,政治统一体权力与权威的"自保"即政治生存就成为讨论一切宪法问题时的根本前提条件,所以,施密特的宪法概念也被称为"生存之法"。

施密特就此推出,政治决断构成宪法的实质。那些根本性的政治决断对实证法学来说具有决定性意义,具有"真正的实定性质",其他的规范、对各种权限的逐一列举和划界,以及人们不管出于何种理由为之选择了宪法形式的法律——所有这一切与根本政治决断相比都是相对的、次要的。在其理论框架中,"宪法律"即相对意义上的宪法可以修改,但议会不可以随时废除作为宪法实质的根本政治决断并用其他的政治决断来取而代之。①

决定施密特宪法概念底色的是制宪权。制宪权始终存在并且高于宪法。一切真正的宪法冲突只能凭借制宪权本身的意志予以决断,就连宪法的一切漏洞都只能通过制宪权行为来填补;一切涉及根本政治决断的意外情形也要由它来决断。② 不仅宪法的生成取决于制宪权,而且生成后的宪法的正当性依旧在于制宪权这种权力与权威的正当性。制宪权是统一不可分割的,也不受任何法律形式或程序的拘束,制宪权主体主要有君主和人民两种,人民的制宪意志不受任何特定程序的拘束。③ 制宪权主体对国家存在的类型和形式作出的决断构成了宪法的核心。④

---

① 〔德〕卡尔·施密特:《宪法学说》,刘峰译,上海人民出版社2005年版,第25—31页。
② 〔德〕卡尔·施密特:《宪法学说》,刘峰译,上海人民出版社2005年版,第86页。
③ 〔德〕卡尔·施密特:《宪法学说》,刘峰译,上海人民出版社2005年版,第89、101页。
④ 〔德〕卡尔·施密特:《宪法学说》,刘峰译,上海人民出版社2005年版,第98页。

施密特通过上述范畴预设提炼出一种实质的政治宪法理念。根据这种理念,真正的宪法并不在于一条条"宪法规范"即"宪法律",而在于它出自一种制宪权(即权力或权威)。凭着制宪权被制定出来的实证宪法,本质上是一种确保政治共同体生存自保的政治决断和体现德意志人民统一意志的政治状态。

两相对比,如果以施密特的宪法观为评判基准,凯尔森规范位阶理论语境下的宪法概念似乎只触及到"宪法律"即相对宪法这个层面,在凯尔森那里,一条条"宪法律"即是宪法的形式,即是原初的宪法,宪法的实质内容(比如许多宪法中的基本权目录以及国家目标或国家结构规定等就是实质内容)都内含在这个原初性的宪法形式中。

尽管对凯尔森宪法概念的类型界定也有学术争议,但有一点是公认的,就是凯尔森提出了一个非常关键的抽象判断:无论形式宪法还是实质宪法,宪法的本质首先都是规范创设的授权,其他东西至多是第二位的。阿列克西认为,凯尔森这个抽象所迈出的这一步达到了其他东西不能达到的体系深度,因为凯尔森这个工作是从实证法意义上的宪法迈向"法逻辑"或"先验—逻辑"意义上的宪法的第一步。①

这就与施密特的实质政治宪法概念形成鲜明对比,施密特制宪权及依据制宪权作出的政治决断才是宪法的本质,这是一种主权决断,它本身具有高度的政治性。由于在凯尔森理论中,这超出了形式宪法概念的规范意涵范围,因此,施密特就此批评凯尔森的宪法概念是"没有

---

① 〔德〕罗伯特·阿列克西:《论凯尔森的宪法概念》,载《法治国作为中道:汉斯·凯尔森法哲学与公法学论集》,张龑编译,中国法制出版社2017年版,第309—311页。

对象的抽象化"。①

3. 守护宪法的不同制度模式——司法审查还是政治审查?

从对"宪法是什么"的不同预设与回答,凯尔森与施密特分别提出了两种截然不同的关于宪法保障的制度主张。由于这个问题比"宪法的概念"更直接触及双方对魏玛宪法体制与现实权力结构的价值立场,从而使他们围绕"谁应该成为宪法的守护者"而展开的论辩成为魏玛时代最重要的宪法思想争鸣。凯尔森主张必须建立宪法法院这种司法性机构来守护宪法。他认为,设立宪法法院比不设立宪法法院更能提高合法性与合宪性保障。而施密特坚决反对司法性的宪法审查保障机制,他主张一种以元首(总统)为中心的民主专政模式。

凯尔森论证宪法法院制度必要性的理论出发点是法律规范位阶理论及法律与国家的同一性理论。他将"国家"解释并等同为"法律秩序",又将法律秩序等同为规范等级秩序(即法律层级理论[stufenbaulehre]),他把他个人在法律规范等级结构及其自运行逻辑方面的纯粹法学理论运用在宪法问题上,为宪法的规范地位作出了富有创造性的"规范地"论证。

根据规范位阶理论,任何一条法律规范的创立及其效力都来自一条上位规范的授权,而所有上位规范的最终效力根源是"基础规范",基础规范是理解法律素材的必要前提,而非依法定程序制定或颁布,故不属于实在法规范。基础规范是全部实证法规范的授权规范,但它本身

---

① 〔德〕罗伯特·阿列克西:《论凯尔森的宪法概念》,载《法治国作为中道:汉斯·凯尔森法哲学与公法学论集》,张龑编译,中国法制出版社2017年版,第311页。

却不是实在法。① 在这个理论框架中,法律规范之间的组合不是任意的,而应该是有序的,这要求一个法律规范的创造总是由另一个规范所决定,如果逐级上溯,决定其他规范创制的最终规范便是法律体系中的"基础规范"。基础规范是创造特定法律体系中诸规范的基本规则,它是法律渊源体系中的最终权威。② 在国内法秩序中,在"基础规范"之下位阶最高的实证法是宪法,宪法的基本功能就在规定立法机关及其程序,或以规定或禁止之方式确定立法内容。因此在现代法律体系中,宪法某种程度上承担了实证法律秩序之基础规范的功能。

但是,宪法对立法机关与行政机关权力的范围与方式的规定具有极大的宣示性与抽象性特征,要落实宪法对立法机关与行政机关行为的限制或禁止,在法律技术上就必须设置一套机制,根据这套机制可以追究违宪立法者(多为元首或首脑)的个人责任或可以否决、撤销违宪的法律。③ 凯尔森指出,无论立法机关还是行政机关,两者都是在理解法律,两者都享有自由裁量,立法者创制法律的过程与行政机关执行法律的过程在本质上就是在解释适用宪法。尽管由于宪法规范本身具有高度原则性和抽象性,立法者解释宪法时可能比普通法官解释某个下位规范享有更多的自由裁量权。但凯尔森认为,立法者的自由裁量权与法官在个案中的自由裁量权性质一样,二者只存在量的不同,没有质的差别。

---

① 至于"基础规范"到底为何?这是凯尔森研究中另一个经典问题,是阿列克西所谓的"伟大的谜题",当然也可以说是凯尔森规范理论体系遗留的漏洞。关于基础规范与宪法概念的一般界定,参见〔奥〕凯尔森:《纯粹法理论》,张书友译,中国法制出版社2008年版,第84页。
② 参见夏小雄:《凯尔森的宪法司法保障理论——理论阐释和效果分析》,《南京大学法律评论》2011年春季卷。
③ Hans Kelsen, "On the Nature and the Development of Constitutional Adjudication", *The Guardian of the Constitution: Hans Kelsen and Carl Schmitt on the Limits of Constitutional Law*, translation, introduction, and notes by Lars Vinx, Cambridge University Press, 2015, p. 8.

凯尔森引入法律规范层级理论意在揭示"法律调整自身的创造"这一结构①，即所有法律规范的效力均可直接或间接追溯到宪法，宪法的拘束效力是假定的、预设的，宪法作为"高级规范"决定了"低级规范"即法律的制定程序和具体内容。② 法律系统由此实现自我指涉与自我运行，任一层次的"创造"过程本质上都是既适用法律又制定法律。

如此一来，就没有任何理由可以否认立法者和行政权都有必要接受合宪性审查。道理是如此明晰：如果立法或最高行政行为在本质上也是一种执行和适用法律的过程，那么就有必要设计一种制度去保证立法机关或行政元首能够切实遵守那部既给他们授权，又给他们的权力设置了限制的宪法。这就引出了那个棘手的问题，即如何保障每个层次的"创造"法律（各种立法行为）或"适用"法律（各种行政执法行为）的过程保持与基础规范或宪法规范的同一性呢？

凯尔森指出，制定法和习惯法都只有通过法院的司法判决及其执行才能获得完全实现。对适用法律机关的关系来说，习惯法规则和制定法规则之间是没有差别的，习惯法与制定法之间的真正差别在于：前一法律是分权化的法律创造，而后一法律是集权化地创造法律。③ 宪法作为一种最根本的制定法，如果没有司法化的违宪审查机制，也就无法实现其最高规范和根本法的地位，宪法就失去了法律效力。要保障宪法的实现和效力，最有效的做法就是设置一个专门的独立的宪法法院，让它有权宣布违反宪法的法律或违宪的行政行为无效。在那次维也纳

---

① 〔美〕鲍尔森：《凯尔森与施密特——从分歧到1931年"守护者"之争的决裂》，载《法治国作为中道：汉斯·凯尔森法哲学与公法学论集》，张龑编译，中国法制出版社2017年版，第440页。
② 〔奥〕凯尔森：《法与国家的一般理论》，沈宗灵译，商务印书馆2017年版，第193—194页。
③ 〔奥〕凯尔森：《法与国家的一般理论》，沈宗灵译，商务印书馆2017年版，第198页。

讲座中凯尔森强调,设立宪法法院比不设立宪法法院更能提高合法性与合宪性保障,主要原因在于:其一,宪法法院具有相对最大的独立性,并有望成为对民主的强化而非威胁。其二,这也是宪法作为法律规范要实现自我在逻辑上的必然推论。① 他认为任何缺少具有废除违宪法令的权力的制度模式都不值得考虑,唯有能够独立行使撤销违宪法令权力的独立机构才是合理的设计,这个独立机构就是行使集中审查权的宪法法院。

值得指出,凯尔森对宪法审查机制必要性的论证,除了有纯粹法理论的规范视角外,其实还带有民主政治理论的视角,只不过在其理论体系中这个视角相对隐蔽而次要的。

凯尔森认为在一个民主和联邦制国家,宪法法院制度具有特别重要的捍卫民主的意义,因为宪法法院对立法或行政行为合宪性的审查能够保护少数免于民主多数的暴政。在凯尔森的理论体系里,任何违反宪法与法律的规则都是不可容忍的,宪法审查正是确保实现法治的司法技术手段。在联邦制国家尤其需要宪法审查这种制度机制,因为联邦制下存在两套相互独立但依据法律又需要合作的政府体系,客观上更需要一个中立的裁判机构依据宪法对中央与地方政府的冲突作出公正判决。②

综上所述,凯尔森通过法律位阶与同一性理论,将普通法律的制定与执行和基础规范及宪法规范勾连起来,将普通法律的制定与执行等

---

① 〔德〕迪特·格林:《论凯尔森的解释学说、宪法法院机制与民主原则之间的关系》,载《法治国作为中道:汉斯·凯尔森法哲学与公法学论集》,张龑编译,中国法制出版社2017年版,第360—363页。

② Hans Kelsen, "On the Nature and the Development of Constitutional Adjudication", *The Guardian of the Constitution: Hans Kelsen and Carl Schmitt on the Limits of Constitutional Law*, translation, introduction, and notes by Lars Vinx, Cambridge University Press, 2015, p. 9.

同于基础规范或宪法的具体应用,进而合乎逻辑地论证了对普通法律进行合宪性控制是维系整个实证法体系内在和谐一致的题中应有之义,为合宪性控制的必要性打下了不可或缺的纯粹法学的理论基础。他有力地论证了建立司法化的宪法审查机制是作为规范科学的法律系统规范地运作所必须的司法技术手段。"为此,人们可以运用科学(法科学和国家科学)的知识来反对被视为政治意识形态的观点。"①

施密特1931年出版《宪法的守护者》,明确反对凯尔森的观点。他建立在另一个理论前提之上,与其实质的政治宪法概念直接相关,即由于宪法本质是依据制宪权作出的政治决断,因此与宪法有关的议题属于政治性议题,将其交给一个司法化机构(如已经存在的国事法院和凯尔森主张建立的独立的宪法法院)进行裁决已经超出了司法的权限范围,这是对分权原理的破坏,其后果不仅是政治司法化,而且还将导致司法政治化。

"司法权在维护宪法上的权限为何,以及在司法领域中建立旨在确保、维护宪法之特别机构的可能性多大,是另外一个独立且深远的议题。人们之所以在战后没有提出这个问题,而几乎一面倒地紧盯着一种(由国事法院所行使之)司法性质的宪法保障,并在未加思索的情况下,便理所当然地在司法领域中寻求宪法守护者的现象,可以从几种原因中获得解释。首先是出于对法治国的抽象误解。且休而言,它把政治问题的司法解决当成是法治国概念的理念,但是,却忽略了,把司法权扩及于或许不具有司法本质的领域,只会让司法权受到损伤。因此,也就可能造成我经常在宪法或者国际法论述中所提

---

① 〔奥〕汉斯·凯尔森:《谁应该成为宪法的守护者?》,张龑译,载《民族主义与国家建构》,法律出版社2008年版,第245页。

到的,不仅是政治司法化(juridifizierung der politik),甚至是司法政治化(politisierung der justiz)的结果。这种思维所显现出的是一种彻底形式化的做法……"①

施密特认为宪法法院行使宪法审查权,等于将司法权扩及于不具有司法本质的领域,这违背了法治国下司法权的定位。那么,施密特所理解的法治国中的司法权的基本特质有哪些呢?他认为司法权的最大特质是,它处理问题时要遵循一个三段论涵摄逻辑过程。涵摄模式需要有明确的大前提和小前提,大前提是指无争议、无疑义的可直接适用的法律规范,小前提是案件事实,"司法"就是一个将小前提通过推理与大前提进行涵摄进而得出判决结果的过程。

显然,施密特这里表达的是众所周知那个自动售货机式的司法裁判观,这是源自严格概念法学的理念,认为只要将案件事实塞进司法机器,司法机器就能像自动售货机售出香肠一样交出解决个案的司法裁判。因为交由这种司法机器处理的案件,其所涉及的法律规范不存在争议,司法面对的问题始终只有事实问题,并且系争事实经由逻辑推理可与明确的法律规范进行涵摄。他坚持在法律规范的内容具有争议或疑义时,解释法律内容的关键决定权属于立法者的本质任务,司法者必须止步于法律具有争议时。

施密特认为,德国所有法院行使的司法权都必须严守司法权与立法权的界限。"在一个如同当前德国的国家里,司法审查权必须以可进行构成要件涵摄的规范为依归,至于法官通过不确定概念及社会通念,通过诚信原则及交易习惯之适用以及私法领域中的裁量而享有的行为自由及形成空间,在何种程度上是可想像且可允许的,则是第二个层次

---

① 〔德〕卡尔·施密特:《宪法的守护者》,李君韬等译,商务印书馆2008年,第25页。

的问题。"①在其理念中,司法审查权及裁判的基础必须是能够进行确定及可测度之涵摄的规范。

而施密特认为,"宪法争议"恰恰不具备可被司法化处理的基本构成要件。其一,"宪法争议"中没有可进行确定及可测度之涵摄的规范前提(即大前提)。这是因为"宪法条文系奠基于纷杂而相互矛盾的各种原则之上,因此宪法条文本身也就既不明确而且还充满了矛盾"②。施密特进而推论,这种情况决定了凯尔森规范位阶理论一旦涉及到宪法问题时就是失效的,因为宪法条文不明确或存在重大争议导致我们无法拟制出一个规范位阶的架构,而这又导致在法院与立法者或政府意见相左,并认为立法部门或政府所指定的法令与系争宪法规范相抵触时,法院也不能就此说此时对宪法有所侵害。

其二,"宪法争议"中也没有具体的可进行明确的法律裁剪的系争案件事实。施密特以当时在德国承担着一定宪法审查职能的国事法院为例,指出国事法院所处理的宪法争议,当事人大部分是社会权力建构体或社会权力派系联盟,这使得相关诉讼只不过是国家多元结构的反映,施密特的眼下之意是国事法院处理的案件大部分根本就不是法律案件,而是各种政治派系联盟与敌对阵营间的诉讼。③

施密特就此质疑:宪法守护者的功能能够原则性地、一般性地由司法形式来加以行使吗?即使是以司法程序的形式出现,这种行为在本质上是否仍与司法权以及司法程序有别,从而只是为其他高度政治性的权限提供掩护?④

---

① 〔德〕卡尔·施密特:《宪法的守护者》,李君韬等译,商务印书馆 2008 年,第 23 页。
② 〔德〕卡尔·施密特:《宪法的守护者》,李君韬等译,商务印书馆 2008 年,第 45—47 页。
③ 〔德〕卡尔·施密特:《宪法的守护者》,李君韬等译,商务印书馆 2008 年,第 66 页。
④ 〔德〕卡尔·施密特:《宪法的守护者》,李君韬等译,商务印书馆 2008 年,第 29 页。

施密特把司法与立法视为可以明确切割、井水不犯河水的两个独立过程，"所有有权厘清系争法律内容的机关，都在行使立法机关的权力，而如果厘清的是宪法法律的内容，那么所行使的就是制宪者的权力"①。

在施密特眼里，宪法法律的内容有什么特殊性呢？为何他认为厘清宪法法律的内容是制宪者的权力？这就必须结合施密特的宪法概念来理解。他在《宪法学说》中提出，宪法的本质是制宪权主体作出的政治决断，而政治决断必须捍卫人民统一体的整体意志。因此，对宪法内容的解释就必须时刻围绕制宪权与政治决断才能守护住宪法的根本。由于宪法争议中系争的法律是宪法法律。而系争的案件事实所涉及的又是成为一体之德意志人民的政治决定，因此，司法审查必须止步。②在施密特看来，"宪法争议"所涉及的多元主义斗争作为政治斗争，其所依据的是非评判标准应该是政治性的，而所有政治性划分标准的本质都是划分到底"谁是国家的朋友、谁是国家的敌人"，这就是政治决断了。

因此，如果让宪法法院（或国事法院）审查宪法争议，意味着该法院要对政治性争议与分歧作出政治性决定，这使宪法法院变得像立法者一样行动，因而破坏了权力分立原则。他就此认为，宪法法院制度非但不能使宪法冲突去政治化，反而将使宪法法院变得政治化并进一步伤害司法权的正当性。③

---

① 〔德〕卡尔·施密特：《宪法的守护者》，李君韬等译，商务印书馆2008年，第47页。
② 原著译文是："那么宪法应该止步"，笔者在此对原文做一点引申性解释变通，因为依据原文上下文语境，施密特的意思应该是：由于宪法争议涉及政治性议题，因此司法应该止步。参见〔德〕卡尔·施密特：《宪法的守护者》，李君韬等译，商务印书馆2008年，第70页。
③ Hans Kelsen, "On the Nature and the Development of Constitutional Adjudication", *The Guardian of the Constitution: Hans Kelsen and Carl Schmitt on the Limits of Constitutional Law*, translation, introduction, and notes by Lars Vinx, Cambridge University Press, 2015, p.9.

施密特的自相矛盾之处非常明显:一方面,他诉诸权力分立原理,论证由宪法法院行使宪法审查是篡夺了立法机关的立法权;另一方面,他又深知由司法机关对立法机关与行政机关行为进行合宪性审查,本身又是根据权力分立原理而作出的安排。

"另一方面,由于人们的脑海中还残留着为了宪法而与政府奋战百年的印象,因此人们也就不会在行政权的范畴里寻找宪法的守护者。这么一来,守护者既不属于行政权,也不属于立法权。那么,似乎除了司法权外我们也就别无选择。这样的思维也再一次显示出,权力分立理论和其中常见的三权分立思想在德国具有多大的影响力。权力分立理论不但与根深蒂固的中世纪司法国传统相互联结,也以相同的方式导引出法院应独立自主这种理所当然的结论。"①

概言之,施密特的论证漏洞在:他既运用了三权分立原则反对宪法法院,但他又对三权分立原理本身以及它在德国的必要性与实效性持彻底否定态度。他既毫不忌讳表达对司法性的合宪性审查的敌意,理由是必须贯彻三权分立,同时,他又彻底否定权力分立原则本身的正当性,这集中体现在他对议会民主本身的敌意与失望。

他认为,在现代世界,议会作为多元主义的制度机制,已经无法代表全体人民作出真正具有政治性的决定,尽管他承认在19世纪,议会在反对君主专制的历史过程中的确代表了人民的利益,发挥了关键作用:议会代表"非政治的社会"反对君主控制下的行政国家的侵犯。②然而,随着议会主权的建立和社会的现代性进程加速,议会作为立法机

---

① 〔德〕卡尔·施密特:《宪法的守护者》,李君韬等译,商务印书馆2008年,第28—29页。
② Hans Kelsen, "On the Nature and the Development of Constitutional Adjudication", *The Guardian of the Constitution: Hans Kelsen and Carl Schmitt on the Limits of Constitutional Law*, translation, introduction, and notes by Lars Vinx, Cambridge University Press, 2015, p. 9.

构的功能逐渐发生变化,它的地位变得不同。在现代社会条件下,国家与社会之间存在的传统差异已经消失,如今国家至少已经是潜在的全权国家(a total state)。国家对社会与经济的干预不再受到限制。另外,由于纷乱嘈杂的政党政治冲突,国家本身失去了卓然独立的地位。目前控制国家的是只顾及自身党派利益的议会多数党团。尽管国家看上去变得越来越强大,但实质上国家却不再是全体人民的国家,国家不再能表达作为政治统一体的人民的呼声。国家沦为议会多数党团领导人的工具,政党的争吵使议会陷入政治上的瘫痪。

施密特竭力论证多元主义议会制代表不了民主本身,因此不可能作为宪法的守护者。随着宪法条文规定的功能变迁,对于宪法守护者的想象自然也就可能改变。在 19 世纪人们所思考的主要是如何免于政府的侵犯,但今日我们所关切的,更常是如何防止来自国会多数之立法的侵害。因此,既然宪法现在所受到的威胁是出于立法部门,那么,立法部门也就不能成为宪法的守护者。在他的理论中,多元民主下产生的议会制政府以及与这种代议制民主相配套的言论出版自由都显得天真可笑。从价值基准看,施密特的民主观与自由主义宪制主张的民主要受到宪法限制、用个人自由权利制衡民主潜存的多数暴政危险的"自由—民主"宪制思想不同。施密特要"将民主从自由主义成分中拯救出来"。按照他对民主的理解,法西斯统治下的意大利和布尔什维克统治下的俄国都比魏玛德国(特指魏玛议会制政府——笔者)和美国更加民主。[1]

他主张《魏玛宪法》应该对议会民主多数进行绝对限制,但这种限制不是依据三权分立原理内含的权力制衡机制进行,而是必须诉诸另

---

[1] 〔美〕斯蒂芬·霍尔姆斯:《反自由主义剖析》,曦中等译,中国社会科学出版社 2002 年版,第 64—65 页。

一种集权的力量,这就是全能国家,总统是唯一能最好地代表这个全能国家的宪法机关。①

从价值论上讲,对司法审查和议会民主的否定,意味着施密特彻底否定了自由-民主宪制最重要的两个制度机制。② 因为根据自由宪制原理,司法审查代表用司法权防御多数对少数的暴政,议会民主代表着立法权必须尽可能反应多数意志,从而构成对行政元首意志的分权制衡。从方法进路上讲,在否定了由司法机构或多元议会作为宪法守护者的正当性与可能性后,施密特得以顺理成章地用"全能国家"范畴与司法审查和多元主义进行对抗,总统是这个全能国家的中心点。《宪法的守护者》中明确写道:"在《魏玛宪法》的现行内容中,已经存在着一个宪法的守护者,也就是帝国总统",他有望成为在政党政治上保持中立之机关的最大可能性,因而足以成为宪法的积极屏障。③

针对他所认为的议会多元主义民主对德国政治生存的威胁,施密特开出的药方是将总统置于核心权力位置。恰好《魏玛宪法》的确也赋予由人民直接选举产生的这个总统一系列非常重要的权力,其中最重要的是第48条第2款赋予总统的独裁权或专政权(power of dictatorship),兴登堡总统依据这条颁布了紧急状态法令,进而扶持起一个没有

---

① Hans Kelsen, "On the Nature and the Development of Constitutional Adjudication", *The Guardian of the Constitution: Hans Kelsen and Carl Schmitt on the Limits of Constitutional Law*, translation, introduction, and notes by Lars Vinx, Cambridge University Press, 2015, p. 10.
② 施密特否定自由宪制-民主的原因是非常复杂多维的,其反对的烈度也是分阶段而不同的,这本身是施密特研究中的主题之一,我国学术界已有不少研究。同情施密特的学者,倾向于将主要原因归于其天主教信仰,而反对施密特的学者则将主要原因归于他对魏玛德国内政外交情势的错误诊断。笔者认为,影响施密特形成反自由主义宪法思想的既有他个人执念的原因(包括但不限于天主教信仰因素),也有特定历史情势和文化传统对个人判断产生的深刻影响。总之,激情、责任感与历史眼光对一个宪法学家学问养成与思想气质的深刻影响一点也不亚于这三种因素对政治家的深刻塑造作用。
③ 〔德〕卡尔·施密特:《宪法的守护者》,李君韬等译,商务印书馆2008年版,第214—216页。

国会多数支持的总统制政府(presidential government)。①

施密特对总统-专政权的法学论证,诉诸了一种实质的民主-专政理念。他高度重视民主对于国家稳定团结具有的价值(包括心理价值)。但是,他所提倡的民主是不受约束和限制的激进民主,他认为最能体现民主意志的形式就是人民可以聚集起来叫喊"对和不对",施密特欣赏"人民意志的直接迸发和表达",并认为选举和代议制下的多元主义民主比这种直接民主意志低级得多。② 根据其民主观,自由主义宪法奉为神圣的言论、出版、集会、结社自由与真正的民主毫无关系,因为"陈腐地"主张个人自由与权力分立的自由宪制,意在排除统治者与被统治者之间感情的融合。

按照这个逻辑,言论出版自由和所有批评政府的新闻自由媒体经常会破坏统治者与被统治者之间的情感融洽,因此都是不民主的。他明确地提出真正民主的民众应该接受"个人魅力型政体"(charismatic regime)所要求的一切行为。通过预设只有全民的直接民主才是真民主这个价值前提,施密特以人民制宪权为起点的宪法思想原本包含的人民民主得以合理地转化为以民选出来的政治领袖为核心的元首主权-专政,这是由其理论的价值起点决定了的必然逻辑结果。因此,霍尔姆斯直言,到最后,施密特对人民的制宪力量近乎海德格尔式的尊重就显得很虚伪了,因为他明确说道,强有力的领导人对塑造公众情感和观念有完全的自由。③

---

① Hans Kelsen, "On the Nature and the Development of Constitutional Adjudication", *The Guardian of the Constitution: Hans Kelsen and Carl Schmitt on the Limits of Constitutional Law*, translation, introduction, and notes by Lars Vinx, Cambridge University Press, 2015, p.11.

② 〔美〕斯蒂芬·霍尔姆斯:《反自由主义剖析》,曦中等译,中国社会科学出版社2002年版,第65—66页。

③ 〔美〕斯蒂芬·霍尔姆斯:《反自由主义剖析》,曦中等译,中国社会科学出版社2002年版,第66页。

施密特带着"民主-专政"的权力理念去解读和论证《魏玛宪法》第48条总统紧急命令权条款的关键地位。作为专业造诣很深的宪法理论家,施密特并非不知第48条是一把双刃剑可能摧毁魏玛宪法体制。但是,对于民族国家稳定与秩序的强烈信念促使他深信,共和国要存在下去就必须依靠总统权力的广泛使用。

施密特认为,眼下的德国议会制政体(parliamentary government)根本无法为德意志提供她所需要的坚强而持久的政治领导力,议会只有在一个强有力的总统控制和保护下才可能生存下来。《魏玛宪法》第48条赋予总统中立性权力,使他超然于党派政治,具有中立性、斡旋性、规制性与持存性,能取代堕落的国会。因此,在国会陷于瘫痪之际,总统有权越过国会行使立法权、颁布法令。① 根据其理论设想,由于总统承担起了维持政府秩序的职责,因此他毫无疑问是宪法的守护者(或者换句话说,施密特是在这个意义上界定"宪法的守护者"之意)。施密特相信民选总统具有超党派的客观性,是"中立性权力"的行使者。

在论证总统乃是在行使中立性权力时,施密特强调总统会超然于党派政治。他始终认为,总统行使紧急状态权力本质上是收拾"主权专政的残局"(a residue of sovereign dictatorship)。② 根据其政治宪法理念,任何法律包括宪法的执行,都以存在一个正常政治状态为前提,当正常状态遭受威胁时,就只有依靠法律之外的专政权来恢复正常状态。既然《魏玛宪法》赋予了总统紧急状态权力,并且在施密特看来,这项权力

---

① Hans Kelsen, "On the Nature and the Development of Constitutional Adjudication", *The Guardian of the Constitution: Hans Kelsen and Carl Schmitt on the Limits of Constitutional Law*, translation, introduction, and notes by Lars Vinx, Cambridge University Press, 2015, p.11.

② Hans Kelsen, "On the Nature and the Development of Constitutional Adjudication", *The Guardian of the Constitution: Hans Kelsen and Carl Schmitt on the Limits of Constitutional Law*, translation, introduction, and notes by Lars Vinx, Cambridge University Press, 2015, p.11.

是绝对权力,不需要受到限制,那么,就完全可以说总统是唯一能将魏玛政治生活恢复到正常状态、挽救《魏玛宪法》的人。由于他有权决定是否以及如何运用紧急状态权,总统实质上成了《魏玛宪法》的最高解释者。与国会相比,总统由人民直接选举产生,是人民统一意志的最合法代表,这与宪法就是人民统一体整体意志之表达完全一致。施密特认定总统才能成为宪法守护者的实质理由是《魏玛宪法》规定了总统由人民直接选举产生,颇有些"挟人民以令诸侯"的意味。

面对施密特《宪法的守护者》提出的政治宪法和总统民主专政理论,凯尔森以一篇《谁应该成为宪法的守护者?》进行了反驳。

反驳要点涉及三个维度的命题:第一,施密特坚持机械的概念法学的自动售货机式的司法裁判观,认为法院面对的问题始终只有事实问题,令人震惊。因为这种司法裁判观在学术上早就被视为纯属一种推断,它根本不符合司法实践的实情,这是一种错误的观念。司法的实情是,法院不仅要处理事实问题,而且也面临法律规范的解释问题。针对施密特关于涵摄性规范应该既不可疑又无争议的推断,凯尔森指出,恰恰相反,判决最初都是因法律规范的内容有疑问和有争议才作出的。否则的话,只有对事实构成的争议,而无真正的法律纠纷。施密特此间诉诸的概念法学思维早就已经过时。①

第二,施密特的论证的前提是司法的职能与政治性职能之间存在着根本的对立,特别是决断法律合宪性以及取消违宪的法律,这些都属于"政治性行为",不可以交由司法权处理。凯尔森指出,这个观念本身就是错误的,因为它预设着,权力运用的过程止步于立法程序,却没有

---

① 〔美〕鲍尔森:《凯尔森与施密特:从分歧到1931年"守护者"之争的决裂》,载吴彦、黄涛主编:《国家、战争与现代秩序——卡尔·施密特专辑》,华东师范大学出版社2017年版,第221—222页。

看到,司法诉讼中的政治问题一点也不比在立法和行政这两个政治非常根本性的延续中少。在法官的每个判决中,都或多或少地隐藏着决断的要素和权力运用的要素。司法的政治性越强,自由裁量的范围越宽,这一裁量究其本质必然允许司法的普遍性立法。施密特认为只有立法,而非真正的"司法"才是政治性的主张,就如同认为只有立法是生产性的法律创设活动,而诉讼则是再生产性的法律运用活动一样,都是错误的。根本上说,这是一个错误的两个变体。①

凯尔森认为,立法的政治性与司法的政治性之间,所存在的只有量上的差别,而没有质的差别。他以国际性诉讼为例子,指出,如果认为诉讼的本质是绝对非政治性的,那么国际性诉讼就是不可能的。凯尔森提出一个意味深长的观点,看似与其纯粹法学理论的整体气质颇有差异,但是富有洞见,也让笔者对他法律思想的多面性有进一步认识。他说,至少在国际法理论中,每个法律冲突都是利益冲突也即权力冲突,每个法律争议因此都是政治争议,而且,每个被称为利益、权力或政治冲突的冲突都能作为法律争议而被裁断。② 他的言下之意是,重要的问题根本不在一种冲突是不是政治性冲突,而在于人们是否愿意通过法律手段解决政治性冲突或政治性问题,因为从法理论和国家法科学上讲,每种政治冲突都是可以通过法律手段解决的,在现实政治环境中,主要取决于政治家或政治体制是否愿意采纳法律化方式解决政治问题。所以,施密特用宪法争议具有政治性因此不宜交给司法性的宪法法院处理,这是一种无的放矢的论证。凯尔森的意思是,承认宪法法院与宪法争议具

---

① 〔奥〕汉斯·凯尔森:《谁应该成为宪法的守护者?》,张龑译,载《民族主义与国家建构》,法律出版社 2008 年版,第 251—252 页。
② 〔奥〕汉斯·凯尔森:《谁应该成为宪法的守护者?》,张龑译,载《民族主义与国家建构》,法律出版社 2008 年版,第 252 页。

有政治性这一点,根本不能构成否定宪法法院的合理理由。

第三,施密特将国家首脑制度不仅理解为伦理、政治上假定的国家统一体的象征,而且还认为其是现实的、在实际利益联合意义上既定的国家统一体的产物或制造者,这是对现实的意识形态化。所谓意识形态化,根据凯尔森原著的上下文,就是一厢情愿的道德美化。凯尔森认为,施密特解释国家首脑时就存在理想化的道德美化,他回避了国家元首必然处于激进利益冲突和党派政治之中的现实。人们必须完全现实主义地看待国家首脑的中立性,因为顶着党派政治高压而进行的国家首脑的选举,是一种民主,但却不是能用于绝对保障总统中立性的办法。更何况,国家首脑不仅要面对利益冲突和权衡,而且他在实际上还必须依赖内阁部长们的积极协助才能进行工作,因此,国家首脑的中立性至多是一种推定可能性,客观而言,他的中立性一点也不比独立的宪法法院有优势。

第四,施密特从国家首脑系"全体人民选举而来"而得出"国家首脑是统一的德意志人民共同意志的表达",这个观点令人怀疑。[①] 凯尔森认为,不仅因为不存在这么一个共同意志,还因为选举本身并没有为国家首脑所享有的可针对利益对立进行权衡的职能提供客观性和中立性保障。因此,施密特以国家首脑比法院在更高程度上拥有独立性和中立性的品质为理由而主张总统是宪法的守护者的观点根本不成立。

四、宪法论战背后的历史与政治问题

凯尔森与施密特的一般法学理论分歧始于1922年,焦点是二者识

[①] 〔奥〕汉斯·凯尔森:《谁应该成为宪法的守护者?》,张龑译,载《民族主义与国家建构》,法律出版社2008年版,第278页。

别主权的方式既然不同。这一年施密特出版《政治的神学》,开宗明义写道:"主权者就是有权决定例外状态的人"——该书集中体现了施密特一战后思想的进一步变化。此时的施密特抛弃了他早期认可的新康德主义"更高的法"的观念以及抽象的"权利法"概念,全神贯注于"具体的情况",高度重视主权概念的决断论和人格性因素。① 施密特在此书中突出了主权问题,并将批评矛头指向凯尔森的主权观,即国家作为一种法律秩序和归责秩序的学说。施密特指责凯尔森的主权概念与规范主义宪法理论虽然具有自然科学思维特质,试图追求客观性,但却无力回应社会与政治情况的变化,其提出的主权"简化解决方案"造成了社会学与法学的对立。②

但二者宪法理论的彻底决裂则是围绕宪法守护者问题展开的论战之后的事了。从时间轴上看,正式起因以1929年凯尔森出版《论宪法裁判的性质与发展》为标志,到1932年发生"普鲁士政变(preussenschlag)",魏玛共和政体陷入危机,德国国事法院的判决引发凯尔森与施密特激烈争论为止,论战达到高潮。

1. 魏玛共和政体根基虚弱

论战横贯的时期从1929到1932年,正是魏玛共和政体的根基已经明显动摇的政治动荡期,其间出现两个变局加速了魏玛共和政体的崩溃。纷乱复杂的政治现实既给野心家机会,也检验凯尔森与施密特这些宪法学家的认知与历史眼光。

---

① 〔德〕卡尔·施密特:《政治的概念》,刘宗坤译,上海人民出版社2003年版,第34—41页。
② 〔美〕鲍尔森:《凯尔森与施密特:从分歧到1931年"守护者"之争的决裂》,载吴彦、黄涛主编:《国家、战争与现代秩序——卡尔·施密特专辑》,华东师范大学出版社2017年版,第204—205页。

第一个变局与魏玛政治与政党的极化演变有关。直接参与了缔造魏玛共和国的德国社会民主党尽管在1928年重新赢得了议会大选,但它早就不再是魏玛初期那个能独当一面、推动议会民主制的进步政党了,社民党必须与包括已经右翼化的其他资产阶级政党共组大联盟政府。但这次大联盟内各个党派的内政外交目标从一开始就背道而驰,且大多数党派并不是真心希望共和。因此,这个大联盟政府非常脆弱。整体上看,到魏玛中期,德国能够真正捍卫和推进民主共和的中坚政党越来越缺少。魏玛共和国越来越像一个"没有共和党人的共和国",这个局面为第二件事的发生埋下了伏笔。

第二件事危害更烈:1929年对德国政局具有实际影响力的军方核心人物施莱歇尔(Kurt von Schleicher)将军以及保守的德意志民族党试图联合德国另一个也很右翼的中央党新任党魁布吕宁。施密特与施莱歇尔将军的关系比较密切,并在很长一段近时间内为施莱歇尔提供法律意见和建议。① 以施莱歇尔为中心的各种反魏玛体制的力量合在一起,都极力敦促在1932年即将7年任期届满的总统兴登堡利用剩余任期修改《魏玛宪法》,目的是夺走国会的权力,重建稳定的局势,将德国带回到1918年10月之前未经改革的君主政体。根据修改后的宪法,国家元首不仅应该有权任命总理,而且可以违反议会的意愿让总理继续留任,这样就能将议会如同在君主制的帝国时代那样被排除在实际的政治决策之外。

施莱歇尔的构想具有颠覆性:为了达到废掉议会的目的,必须不断解散议会,直到议会中各政党疲于奔命再也不愿意进行选举与组阁为

---

① 〔德〕贝恩德·吕特尔斯:《卡尔·施密特在第三帝国:学术是时代精神的强化剂?》(第2版),葛平亮译,上海人民出版社2019年版,第50页。

止,然后,政府趁着没有议会的机会,以政变方式修订出一部纯粹的总统制的宪法,让总统扮演昔日皇帝的角色。施莱歇尔计划在 6 个月内完成政变。布吕宁被推荐出任总理的原因是施莱歇尔知道总统兴登堡对布吕宁颇有好感,这更有利于说服兴登堡支持政变。恰逢 1929 年 10 月爆发的经济危机导致大联盟政府崩溃,兴登堡采纳施莱歇尔的建议,任命布吕宁出任总理。而布吕宁此后依据《魏玛宪法》第 48 条,从总统那边接获全权,得以不顾议会自行施政,因为宪法第 48 条给予了国家元首机会,使他可以在自由心证裁定国家出现紧急状态的时候,颁布紧急命令来回避议会的立法权,并且《魏玛宪法》规定,一旦议会撤销总理的紧急命令,总统还有权解散国会,并因此可以举行新的选举。[①] 这种反反复复的宪制实践的一个实际后果就是,魏玛德国的议会民主政治经常性地陷入休克式的状态,最后趋向彻底瘫痪。[②]

从 1930 年开始,共和国议会就再也没能形成支持议会制政府的多数党,从议会羸弱已经无法制衡总统这个角度讲,德国实际上进入总统根据宪法第 48 条第 2 款实施的紧急状态统治。这导致总理,已经主要端赖总统而不是国会的信任,导致事实上出现一种不伦不类的总统制内阁(the presidential government)。[③] 从这个时期开始,《魏玛宪法》的

[①] 〔德〕塞巴斯蒂安·哈夫纳:《从俾斯麦到希特勒》,周全译,译林出版社 2016 年版,第 155—159 页。总统制政府表面上仍然维持在《魏玛宪法》的基本框架内,以致布吕宁很讽刺地获得了"《魏玛宪法》的最后捍卫者"之声誉。可是,他并非宪法的捍卫者,依据布吕宁在回忆录中的证言,他当时的职责就是推动政变,他对此也很尽心尽力,只不过因为政变进程延迟了,才被迫下台。

[②] 〔德〕吕迪格·巴特、豪克·弗里德里希:《掘墓人:魏玛共和国的最后一个冬天》,靳慧明译,社会科学文献出版社 2020 年版,第 1 页。

[③] 布吕宁正是 1930 到 1932 年间第一个"总统制内阁总理"。与之前情况相似,布吕宁政府是在没有国会多数支持的情况下执政,参见 Hans Kelsen, "On the Nature and the Development of Constitutional Adjudication", *The Guardian of the Constitution: Hans Kelsen and Carl Schmitt on the Limits of Constitutional Law*, translation, introduction, and notes by Lars Vinx, Cambridge University Press, 2015, p.2。

内在缺陷逐渐暴露,魏玛共和国陷入体制性僵局,这个政府也成为纳粹灾难之前的最后一届魏玛政府。

在议会民主机制陷入瘫痪后,实际政治格局变成:隐身在兴登堡老总统背后的小圈子走到前台,这部分势力希望利用兴登堡的威望和权力。兴登堡是俾斯麦之后德意志最受尊敬的人物,他在一战期间已经具备代理皇帝的威望。兴登堡在1925年当选魏玛共和国总统,是新旧势力都愿意接受的一个结果,兴登堡当选总统还使国会最大的右派政党即保守的德意志国家民族党都愿意加入共和国的联合政府。在德国实现君主复辟,这个政治诉求自魏玛共和国初创以来就始终代表了德国社会绝大多数人的倾向。①

1932年5月底,由于布吕宁推进政变不力,施莱歇尔说服兴登堡总统抛弃布吕宁内阁,任命极端保守派帕彭为总理。共和国的新总理是一位有坚定信念的君主制度的拥护者,与这位新总理一样,1932年的德国议会中还有相当一部分议员也是痛恨魏玛民主体制的人,这些人主要分布在纳粹党和左翼政党,部分来自激进右翼政党。然而,这些议会党团中又只有右翼化的德国国家人民党对帕彭内阁比较忠诚,他们在584个议员席位中又只占51席,少得可怜。② 而帕彭及其支持者又想使政府彻底完全摆脱议会民主党团的多数制约,特别是不再受制于议会中社会民主党势力的控制,于是他悍然解散议会(Reichstag),议会被迫重新举行选举。在这轮重新选举中,希特勒所在的极右的国家社会主

---

① 一战后的德国教育界、工业界以及许多社会团体都充满了民族主义和复仇主义,对于新生的共和政体都持抗拒抵触态度。德国国会中的各个党派,只有三个政党(社会民主党、德意志民主党和中央党)投票赞成了魏玛共和国宪法,同意用共和政体取代君主政体,而即使是在这三个政党中,也有许多人只是勉强接受共和政体。参见〔德〕塞巴斯蒂安·哈夫纳:《从俾斯麦到希特勒》,周全译,译林出版社2016年版,第150页。
② 〔德〕吕迪格·巴特、豪克·弗里德里希:《掘墓人:魏玛共和国的最后一个冬天》,靳慧明译,社会科学文献出版社2020年版,第2页。

义工人党和极左的德国共产党共同居于多数,但二者是意识形态上和政治上的对手,不可能联合执政,它们只在一个问题上有共同点,就是内心都敌视排斥现行魏玛议会民主制,议会再次陷入政治僵局。尽管帕彭解散议会的行为明显违宪,但是自布吕宁内阁以来,议会对来自"总统制内阁"依据宪法第 48 条采取的种种明显违宪行为已经没有还手之力。

在议会陷入僵局的这个过渡期,总理帕彭竭尽全力争取希特勒领导的纳粹党的支持,因为该党有望在选举中成为多数党(但这个设想最后因为希特勒被任命为总理而彻底流产了)。帕彭争取多数党的支持,不是要恢复宪法上的议会民主制,而是想争取大党对总统制内阁的支持,以便总统能在宪法第 48 条的授权加持下提出动议,将魏玛民主宪法转换成总统独裁专制宪法,进而进一步实施施莱歇尔们的政体更迭计划。

就在魏玛共和国政治不断向右翼转向的政治背景下,发生了一件大事,将凯尔森与施密特之前尚不温不火的长期论战推向了高潮,这件大事就是被称为"鞭打普鲁士"的"普鲁士政变"。

事件的起因是为了赢得纳粹党团在国会对他们的支持,帕彭总理一方面解除了对纳粹准军事组织的禁止令(SA);另一方面,又承诺要迫使反对纳粹党团的主要由社会民主党人控制的普鲁士当局与警方不再干扰纳粹党在普鲁士境内的活动。1932 年 7 月 20 日帕彭政府以《魏玛宪法》第 48 条为依据,颁布紧急状态法令,法令的理由是,普鲁士政府没有履行它作为联邦成员的义务,为了尽快恢复普鲁士境内的公共安全与秩序,联邦政府有必要介入。这个法令不只是允许由联邦政府去控制普鲁士行政当局,而且还赋予帕彭政府免去由社会民主党人布劳恩主政的普鲁士全部内阁职位的权力,试图将普鲁士全部政府机构纳入帝国层面来接管,这意味着要完全剥夺《魏玛宪法》赋予普鲁士的作为一个州相对于联邦的独立地位。① 帕彭为干涉和接管普鲁士,不惜动用国防军免掉一大批普鲁士部长,向普鲁士派驻中央政府的全权代表。这个行动在宪法上的复杂之处在于,它是以《魏玛宪法》(第48条)为依据在严重违背《魏玛宪法》所确立的联邦制基本原则,其合法性基础存在极大争议,也就存在极大的解释空间。

当时的普鲁士政府最终没能采用武力方式抵抗帕彭政府,而是决定诉诸法律途径,原因复杂,但作为德国最重要的中间进步政党的社会民主党本身是要负一定责任的。严格说来,1932年7月普鲁士宪制状况并不比帝国本身更好,政治情况复杂。一方面,偏向共和的社会民主党在1932年4月的选举中失去了普鲁士国会多数议席。另一方面,赢得选举的纳粹党在人数上占据优势,并将德国共产党踢出了普鲁士的议会,但纳粹党人却没有足够多的选票组建新的内阁政府。因为之前的多数党团早已将相对多数规则改为了绝对多数规则,只有赢得绝对多数才能赢得选举,成立新政府。因此,新的普鲁士议会根本不可能选出新的政府总理。在这种空挡时期,普鲁士的社民党领袖布劳恩(Otto Braun)选择了拒绝再次进入议会,相当于放弃了某种政治责任。议会制政治陷入混乱的普鲁士邦最终根据《魏玛宪法》向德国国事法院(Staatsgerichtshof)提出了请求,要求对这个法令进行合宪性审查。由于害怕联邦政府干预州内政的这个口子一开可能威胁联邦制权力结构,好几个邦支持普鲁士此项上诉。

在魏玛共和国,宪法没有关于宪法法院的明文规定,但是,《魏玛宪

---

① Hans Kelsen, "On the Nature and the Development of Constitutional Adjudication", *The Guardian of the Constitution: Hans Kelsen and Carl Schmitt on the Limits of Constitutional Law*, translation, introduction, and notes by Lars Vinx, Cambridge University Press, 2015, pp. 3–4.

法》第19条规定,德国国事法院对"各邦之间的非私法争议"和"联邦与邦之间的非私法争议"享有审判权。因此,在德国理论和实务界,始终存在着关于德国国事法院宪法职能的热烈讨论,讨论的焦点在是否可由国事法院专门承担起类似宪法法院那样的职责。

按魏玛德国的司法与政治体制,国事法院与帝国(普通)最高法院管辖权有交叉重叠,但德国法学界主流观点都主张法律、法规与行政命令的合宪性疑义与适用争议应交给国事法院决定。根据施密特本人的考证,"宪法的司法保障"的用语在德国由来已久,这个术语最早出现在1819年符腾堡宪法第195条。① 所以,以司法性机构保障宪法在德国并非完全陌生的理念,学术界主要分歧不在于要不要司法性保障的问题,而是在德国诸多法院中到底该由谁来行使宪法审查权的问题。

由此我们就很容易理解,1924年在海德堡和1926年在科隆召开的两届德国法学家年会的主流提议都认为,宪法守护者的问题,应该通过德国国事法院管辖权的扩张加以解决。不少宪法学家提出,国事法院不应只限于解释一邦内的宪法争议和联邦与邦的公法争议,而应该把职权延伸到可以审查联邦或各邦的法律是否违宪,进而宣告违宪性法律无效。② 总的来说,根据《魏玛宪法》第19条,德国国事法院虽然不是一个完全的宪法法院,但是它有权裁判"邦内部的宪法争议"和"帝国内部的宪法争议",审查和取消不合宪的法律和政府行为(不过,在国事法院是否有权宣布一项法律因为违宪而无效这个问题上,学者与政界存在争议)。它在非常必要时开庭,解决联邦政府和各州之间的纠纷。国事法院实际的发展情况与德国理论界主流主张大体呼应,表现在德国

---

① 〔德〕卡尔·施密特:《宪法的守护者》,李君韬等译,商务印书馆2008年,第15页。
② 〔德〕卡尔·施密特:《宪法的守护者》,李君韬等译,商务印书馆2008年,第4页。同时参见陈新民:《公法学札记》,中国政法大学出版社2001年版,第124—125页。

国事法院自1925年以来通过宪法第19条之实践而获得大幅度的管辖权扩张。

1932年10月25日,国事法院就"普鲁士政变"作出判决。国事法院认为普鲁士政府没有违反宪法与法律的行为,联邦政府无权撤销普鲁士部长和接管普鲁士所有国家机构,法院指出宪法第48条第1款对此有明确规定。同时,国事法院又认为,联邦政府出于公共利益考虑采取一定的行政管制措施则是合法的,法律依据是宪法第48条第2款规定联邦政府在紧急状态下有权恢复公共安全与秩序。

这是一个各打五十大板看似平衡的判决,但细究起来,它其实是更有利于国家元首集权而不利于议会民主与普鲁士邦宪法地位的判决。判决看似对《魏玛宪法》第48条赋予总统的紧急状态处置权进行了限缩解释,即总统不得以第48条第1款为依据破坏联邦制基本原则。但是,国事法院却没有对涉案的行政命令即紧急状态法令本身的合宪性作出分析,并给出合宪与否以及是否要取消这个法令的明确结论,亦即判决实际上拒绝改变帕彭政府为普鲁士作出的新安排——而实际上这一安排是为反《魏玛宪法》议会制民主原则的。因此,国事法院这个模棱两可的立场客观上为纳粹势力在普鲁士继续运作和发展留下了合法活动空间。

"普鲁士政变"成功地破坏了支持魏玛共和政体的社会民主党及其盟友在普鲁士的主导地位和影响力,因而也是稀释了十一月共和革命参与魏玛制宪的正面遗产,因为共和革命与魏玛制宪直接推动了普鲁士的民主化进程。而这次政变中,国事法院在关键问题上不置可否的裁决严重打击了普鲁士境内的社会民主党,这就变相为纳粹党腾出了更多的政治发展空间。因此1933年1月当希特勒被任命为总理,要考虑驻普鲁士全权代表时,戈培尔(Paul Joseph Goebbels)开玩笑地说:帕彭政府把普鲁士的社会民主党和共和党势力清洗得如此干净,以至纳粹党人都没什么可干的了。

2. 凯尔森-施密特对国事法院判决的不同解读

从历史与政治角度讲,"普鲁士政变"不仅是魏玛共和国逐渐走向崩溃的第一步,也是纳粹正式走向权力舞台中心的第一步。从宪法学界的反应来看,"普鲁士政变"的影响很快传导开来。凯尔森与施密特针对国事法院的判决发表了完全不同的评论,至此,魏玛时代最重要的一场长期法学论战达到高潮。双方从各自理论立场出发,围绕(1)关于《魏玛宪法》第48条紧急状态处置权的性质与限制以及(2)关于宪法审查的合法性与必要性进行了激烈的思想交锋。①

凯尔森批评国事法院这个模棱两可的判决意见。② 在他看来,1932年7月2日总统颁布的紧急状态法令授权联邦对普鲁士发动政变,使联邦政府的行政权力与普鲁士行政权力集于一身,这实际上取消了普鲁士政府与普鲁士选民的责任原则,已经侵犯破坏宪法上的联邦制原则和民主原则。在他看来,国事法院最大遗漏在于,它在判决中没有审查普鲁士境内针对公共安全与秩序的威胁是否已经达到联邦政府必须采取政变措施的地步与程度(即对系争行政手段进行必要性与合比例考察)。③

凯尔森指出,这个事实问题同时也是法律问题,法院有权根据对

---

① Hans Kelsen, "On the Nature and the Development of Constitutional Adjudication", *The Guardian of the Constitution: Hans Kelsen and Carl Schmitt on the Limits of Constitutional Law*, translation, introduction, and notes by Lars Vinx, Cambridge University Press, 2015, p. 5.
② 凯尔森对该判决的分析发表在1932年底的《司法》(*Die Justiz*)杂志上。
③ 〔加〕人卫·戴岑豪斯:《合法性与正当性:魏玛时代的施密特、凯尔森与海勒》,刘毅译,商务印书馆2013年版,第144页。

"事实"的判断决定采取何种措施才是合宪的。他认为,法院在这个问题上的模棱两可态度,给它的判决推理留下了不可修复的内在矛盾。他一方面宣布联邦政府发动政变已经违宪,另一方面,却又对授权联邦政府采取政变措施的总统法令之合宪性不予审查、不置可否、不予取消,其结果是助长了总统对宪法第 48 条行使无限制的自由裁量权,这已经违反了《魏玛宪法》共和政体的基本原则。

凯尔森认识到国事法院可能囿于对总统的顺从,或许还因为考虑到总统本身负有执行国事法院判决的宪法职责(宪法第 19 条"总统将执行法院的判决"),所以采取了妥协立场。他认为,无论如何,这是一种不适当的顺从、不适当的模糊。

评论判决到这里时,凯尔森话锋一转,指出如果有一个组织合理的更独立的专门的宪法法院,这种含糊不清的情况是可以避免的。在他看来,国事法院的困境责任不在国事法院本身,困难根源于《魏玛宪法》的设计缺陷,这部宪法未能在维护宪法自身方面提供有效的制约机制,特别体现在这部宪法未能设置一个宪法法院,以便控制第 48 条赋予的总统紧急状态权力。凯尔森毫不留情地说,这不是疏忽所致,而是长期以来德国法学界反对就特殊的法律政治领域问题进行司法性控制的结果。①

施密特本人深度参与了本案,作为这次莱比锡审判中联邦政府的辩护人,他表达了与凯尔森完全相反的立场,其政治宪法思想得到极大发挥,其立论前提具有釜底抽薪式的解构意味。他认为总统颁布的紧急状态法令根本不需要接受司法审查,联邦主义作为多元主义的表现

---

① 〔加〕大卫·戴岑豪斯:《合法性与正当性:魏玛时代的施密特、凯尔森与海勒》,刘毅译,商务印书馆 2013 年版,第 148 页。

之一,其本身就是违背德意志宪法精神的。① 所以,施密特支持对《魏玛宪法》第 48 条进行扩张解释。他认为,根据德国当时的政治情势,在发生宪法危机时,只有总统所代表的政治权力有能力对紧急状态作出正确决断,而政治决断意味着可能需要搁置法律,惟其如此,才能使国家恢复到正常状态。

毫无疑问,虽然施密特与凯尔森围绕国事法院宪制职能展开论辩的直接历史背景是"普鲁士政变"发生并造成严重后果,但是,支撑二者研判这个重要宪法事件的一般理论体系却是双方早已定型的宪法学说。

两者都认为"普鲁士政变"后果严重,对国事法院在此次事件中的表现都有不满,但是二者不满意的地方和理由大相径庭。凯尔森认为国事法院在现有政治结构下很难发挥出真正的宪制功能,凯尔森所指的宪制功能,是规范意义上的,就是守护宪法,使其免受立法机关和行政元首侵犯的功能。而施密特认为,让国事法院这类司法机构参与政治性争议本身就是制度错位与价值迷思,宪法争议作为政治性问题应该交由国家元首行使专政权进行决断。

施密特主张包括"普鲁士政变"在内的所有宪法问题都必须从国家与宪法情势的具体脉络去观察。他眼中的具体情势是德国正在被议会民主制和毫无"政治性"②可言的多元主义割裂,包括联邦主义在内的

---

① Hans Kelsen, "On the Nature and the Development of Constitutional Adjudication", *The Guardian of the Constitution: Hans Kelsen and Carl Schmitt on the Limits of Constitutional Law*, translation, introduction, and notes by Lars Vinx, Cambridge University Press, 2015, p.5.

② 施密特在《宪法的守护者》第 2 章"当代的具体宪制状态"中批判魏玛共和国的议会制政体,他认为德国议会民主已经陷入多角势力的内斗,这种"多角势力"正在瓦解德国,妨碍国家统一意志建构,进而使德国无法成为强有力的"总体国家"。既然议会已经沦为"多角势力"的大舞台,散失了识别敌我、阻碍"国家敌人"的能力,因此毫无政治性可言。

各种多元主义是危害国家统一意志形成的分裂因素,德意志民族国家危在旦夕。套用其政治概念来说,被多元主义势力绑架的议会已经成为国家内部的敌人,已经无法承担起国家统一意志形成的重任,而代表德意志人民整体意志的国家统一意志之形成与贯彻恰恰应是宪法的根本。因此,"如果我们坚持,《魏玛宪法》是以作为制宪权主体、成为一体之德国人民的政治决定这种意义而存在,并借助这样的决定使德意志帝国成为一个瞎整民主体制,那么,宪法的守护者这个问题的答案就不会是通过虚构的司法形式,而会以其他方式出现"①。

其他方式是什么呢?施密特认为,在《魏玛宪法》框架下,只有一个方式可行并能挽救德国政治危机,那就是激活和利用第48条赋予总统的紧急状态专政权,扩大总统权力,使其成为国家意志形成的核心机制。"我之所以相信我们需要一个总统,主要是基于一项事实,那就是,在德国由于各种权限形成了多元状态,此时如果没有一个总统的话,就不可能形成完整的统一性。"②施密特认为,在德国越来越被议会多元主义政治肢解的情形下,建立一个稳固中心点的需求越大,这个中心点作为宪制机制的静止的枢纽,必须是一个时时刻刻关注整体状态的人物。

施密特认为这在理论上有实质民主的正当性基础,在实践中能够得到证实。所谓实质正当性基础就是《魏玛宪法》规定总统是全民直接选举产生的,它比议会民主那种资产阶级自由民主更能代表全体德国人民统一意志。在现实政治生活中,魏玛共和国已经出现的艾伯特总统和兴登堡总统都在政治上的重要时刻将自己称为宪法守护者,施密特认为这两位总统在冲突情况下都扮演了中立性和中介性的斡旋角

---

① 〔德〕卡尔·施密特:《宪法的守护者》,李君韬等译,商务印书馆2008年,第70—71页。
② 〔德〕卡尔·施密特:《宪法的守护者》,李君韬等译,商务印书馆2008年,第195页。

色。所以,如果非要讨论所谓"谁应该成为宪法的守护者",施密特认为,答案只能是总统,而不可能是国事法院这样的司法性机构或国会那样的立法机关。

施密特从正反两面反对由司法性机构(无论国事法院还是宪法法院)进行合宪性控制。施密特根据《宪法学说》《政治的概念》和《宪法的守护者》阐释的政治宪法思想,紧扣《魏玛宪法》是全体德国人民同质而不可分割之统一体的民主思维的产物,是人民凭借制宪的权力通过主动的政治决断亦即当事方的行为制定出来的一部宪法。因此,与这部宪法有关的争议的解决都必须以捍卫这种以人民统一意志为内容的宪法精神为宗旨。司法过程的消极性决定了司法机构承担不起这种统一意志形成机制的使命。

捍卫德意志人民统一体意志,这是施密特宪法理论的根本目的考量所在,他认为,为了保障这个实质目的,无论理论还是实务都不能将"宪法争议"的概念形式化,亦即不能忽略宪法争议的具体意义与客体而将所有宪法问题都视为是应由"宪法法院"管辖的宪法争议。宪法规范不可明确测度的特质,导致"真正的司法权"与"真正的宪法争议"在本质上就无法完全联结。① 施密特推定,把司法权扩及于不具有司法本质的领域,只会让司法权受到损伤,不仅会导致"政治司法化",甚至是"司法政治化"。②

凯尔森从其规范主义宪法理论视角出发,界定"宪法的守护者"之意。"宪法的守护者"是指掌握立法权和行政权的权力机构出现损害宪法的行为时,有一个相对超然的中立裁判机构,它能够对相关立法行为

---

① 〔德〕卡尔·施密特:《宪法的守护者》,李君韬等译,商务印书馆2008年,第33页。
② 〔德〕卡尔·施密特:《宪法的守护者》,李君韬等译,商务印书馆2008年,第25页。

和行政行为进行合宪性审查,取消违宪的法律与行政命令,守护宪法的神圣性和至高性。凯尔森认为,在人类现代社会既有的政治文明积累中,选择司法性机构作为宪法的守护者已被证明是最合适的选择。①

凯尔森的观点符合孟德斯鸠式的权力信念,即司法权相对于立法权与政府的独立性乃是一个理所当然的要求。基于这种信念,议会和政府作为参与立法程序和执行法律的机关必须被司法权加以监控。这个信念与原理贯彻到宪法领域,意味着承担着宪法赋予的政治职责的国家立法机关与行政机关,其立法行为与行政行为也必须被司法权加以监控,因为司法机关并不直接行使积极的政治权力,三者构成一种典型的分权制衡关系。至于将这种合宪性监控职责留给普通法院还是交给专门设置的宪法法院,则是一个相对次要的技术问题了(尽管凯尔森通过直接参与奥地利宪法法院的设计而表达了他本人对专门性宪法审查机制的偏好)。凯尔森阐释"宪法守护者"制度原理时隐含着对分权制衡原则的坚定信念,这既体现了他宪法理论中的自由主义思想成分,也启发我们思考合宪性审查与分权制衡之间的同构性关系,即合宪性审查作为一项司法技术手段(legal-technical measure),对于实现分权制衡的关键保障作用。

从纵向看,关于国事法院判决的论辩,是凯尔森与施密特宪法理论长期论战的一个结点,也意味着他们宪法理论的决裂,双方将各自的方法进路推向了极致。

凯尔森强调对总统紧急状态命令必须进行司法性的合宪性审查,一旦违宪就应该取消,这是法治的题中之义。因此对政治权力施加法

---

① Hans Kelsen, "On the Nature and the Development of Constitutional Adjudication", *The Guardian of the Constitution: Hans Kelsen and Carl Schmitt on the Limits of Constitutional Law*, translation, introduction, and notes by Lars Vinx, Cambridge University Press, 2015, p. 43.

律控制的"宪法法院机制乃是任何一部真正深思熟虑的宪法在逻辑上的必然推论","因为未规定宪法实施机构的宪法实际上放弃了自己的规范内涵,从纯粹法学立场看,这样的宪法在法律上毫无意义"。① 整个 20 世纪 20 年代凯尔森始终致力于从国家法科学层面论证魏玛共和国有必要像奥地利一样建立宪法法院制度,使德国成为"法律与国家高度同一性"的那种法治国,了解到他的一以贯之的这个追求,就容易理解为什么他在 30 年代这个最重要的宪法事件中,对国事法院判决持激烈批评态度。

施密特则相信必须从对普鲁士邦和整个德意志面临的政治危险这个角度来评价国事法院的判决和整个《魏玛宪法》的问题。施密特认为普鲁士和共和国都已经陷入庸俗政党政治的危险旋涡中,包括社会民主党、纳粹党和共产党在内的各大政党的政治斗争使魏玛德国一直处于一种忽左忽右的持续的政治失调。多年来累积的对议会民主的敌意及失望,促使施密特将原本在宪法上属于德国联邦政府与普鲁士政府之间的公法争议,转化为德国国家与德国各大政党及其联盟之间的生死搏斗。在他眼里,这就是敌我斗争,因为他认为政党政治代表的多元势力正在肢解德国,它们以及它们活动的舞台即国会早已成为国家的敌人。所以,解散普鲁士政府、在普鲁士设立军事管制都是旨在保证国家安全与秩序的合乎宪法的行为,总统根据宪法第 48 条行使紧急状态专政权既出于形势需要,符合德国最佳利益,也是总统在认真履行自己的宪法责任。在施密特的政治宪法思想中,这些依据宪法权限作出的行为是政治决断,是事关国家安危的主权决断,

---

① 〔德〕迪特·格林:《凯尔森的解释学说、宪法法院机制与民主原则之间的关系》,载张龑编译:《法治国作为中道:汉斯·凯尔森法哲学与公法学论集》,中国法制出版社 2017 年版,第 363—364 页。

根本不属于可司法审查的议题，国事法院介入只会导致司法政治化，进而扭曲了司法。

显然，凯尔森所指的三权分立与制衡意义上的那种"宪法守护者"，到施密特这里已经全然不见了，施密特将"履行宪法职责"与"守护宪法"的含义混为一谈。对此，凯尔森作了有力的驳斥，他说："施密特将那些和宪法保障几乎是最不相关的事物都归到帝国总统应作为宪法守护者的职权名下。这些通常完全都是由宪法规定给帝国总统的全部权限，正是在这些权限的运用中，施密特发现了总统作为宪法守护者的职能。"凯尔森反问，如此一来，岂不是帝国议会及其他宪法直接机关和总统一样都可以算是宪法的守护者，人们岂不是也可以将法院和行政机关都称为宪法的守护者。①

这样一来，"宪法的守护者"就陷入了无意义的无限循环，这使讨论偏离了实质问题，实质问题是：设置宪法法院赋予其守护宪法的责任，不是要取消其他权力机构的宪法职权（相反，凯尔森承认宪法赋予国家元首的政治职能绝不应该被低估），而是说国家权力机关行使宪法职权的行为必须合宪，宪法法院因为它不享有直接的积极的政治权力，因此是能最大化独立行使合宪性审查权的机制。

在莱比锡审判中，代表普鲁士邦的宪法学家安许茨和格尔斯（Friedrich Giese）与作为总统法律顾问的施密特当庭对抗，他们提出了类似凯尔森的论辩：即总统在宪法第48条下具备的权威是不能由总统本身作出最终解释的（任何人不能在与自己有关的案件中担任法官），他的行动必须接受司法审查。他们严正抗议施密特将总统在宪法事务

---

① 〔奥〕汉斯·凯尔森：《谁应该成为宪法的守护者？》，张龑译，载《民族主义与国家建构》，法律出版社2008年版，第283页。

上的地位抬高到不受限制的位置,他们认为,施密特使宪法解释盲从于政治形势需要的观点将使宪法变得荒谬。总之,施密特在莱比锡审判上的宪法解释学,被当时学界称为见风使舵的"形势法理学"。①

国事法院这个不直接支持任何一方的"所罗门式"判决,一方面拒绝联邦政府对普鲁士邦没有履行宪法责任的指控;另一方面,判决却又以那里存在威胁公共安全的严重危险为由,认为总统向普鲁士派驻专员的行为是合法的,这导致普鲁士政府虽然复职却失去权威,真正的政治权力已经转移到总统委任的国家专员手中。总统得以通过紧急状态令实际控制普鲁士,而在德国向来就是"谁控制了普鲁士,谁就控制了整个德国"。

假如只是从判决后出现的这个实际政治状态评判,毫无疑问,施密特在庭审上对总统权力的论述,的确被"事实"应验了,他准确地预测出了当时魏玛共和国政治发展中隐蔽的趋势——一个高度集权的总统制政府正在取代魏玛共和政体。

然而,在他参与普鲁士诉德国政府案并借此达到他个人职业生涯一个高峰后,德国政治形势发生了不以任何宪法学家个人意志为转移的变局:纳粹势力蓬勃发展,纳粹党成为德国政坛主导力量。施密特之前坚信可以有力地挽救民族国家的总统已经沦为空头司令,总统不得不臣服于现实的党派政治格局,总理希特勒成为事实上的德国元首。

如果从这个事实来看,凯尔森的预言应验了,他在《谁应该成为宪法的守护者?》中明确指出施密特过高估计了总统的中立性与独立性,他认为在政党政治高压下,总统中立性充其量只是一种"中立可能性"。

---

① 〔美〕约瑟夫·W.本德斯基:《卡尔·施密特:德意志国家的理论家》,陈伟、赵晨译,上海人民出版社2015年版,第166—168页。

可以说，施密特在《宪法的守护者》中对总统制的美好道德期待落空了。总统制政府与总统专政权的理论连环集中展现了施密特对国家首脑的道德期待，是其同质性民主观的具体表达。

施密特这种追求道德化的同质化整合的理论学说潜存着人权风险。因为在施密特看来，只有在进行集体性的、组织化的独断专行时，政治才能真正展现其自身的属性，政治只有在不同阵营人民之间的战争或者内战的语境下才可被定义。也就是说，他将政治等同于政治紧急状态，进而得出所有政治本质上都应该是对外事务，而即使是内政事务也必须从存在着威胁到自身根本存在的敌人的危险的角度去理解和安排。所以，哈贝马斯指出，施密特建构了一个戏剧化的关于政治的概念。① 而施密特对政治的界定又决定性地影响了他对宪法的理解。

五、小结：宪法的面孔与宪法的灵魂

哈贝马斯指出，施密特政治与法学理论的一个致命错误在于他把政治与法律彻底道德化，而他这个错误又是由其"政治就是区分敌我"的政治概念助长起来的。② 在他的政治宪法体系中，一切事物都以传统而不是现代的方式得到理解，带着政治浪漫主义色彩，在《政治浪漫主义》中，施密特就开始毫不留情地将矛头直接指向了现代自由-民主。③ 他痛恨多元主义议会制下的政治自由，视各种社会自我组织系统为威

---

① 〔德〕哈贝马斯：《自主性的恐怖：英语世界中的卡尔·施密特》，杨帆译，载《国家、战争与现代秩序——卡尔·施密特专辑》，吴彦、黄涛主编，华东师范大学出版社2017年版，第168页。
② 〔德〕尤尔根·哈贝马斯：《包容他者》，曹卫东译，上海人民出版社2002年版，第228—229页。
③ 〔德〕哈贝马斯：《自主性的恐怖：英语世界中的卡尔·施密特》，杨帆译，载《国家、战争与现代秩序——卡尔·施密特专辑》，吴彦、黄涛主编，华东师范大学出版社2017年版，第168—169页。

胁德国的内部敌人,并将化解危机的出路寄托于总统制下的民主专政。这使他的政治宪法学基调与现代民主法治背道而驰。

在民主法治国原理中,由独立法院和(特殊情况下甚至是由公民的不服从所激发起来的)全体公民来决定违宪行为等敏感政治问题,能够最大化地引导国家对内对外政策的非暴力化和理性化,比如通过司法性审查,将持不同见解和叛国行为进行理性区分。但在施密特看来不是这样,他认为,国家内部的法律和平状态(比如议会多元民主)掩盖了国家机构与威胁它们的敌人之间的冲突,这种冲突是敌我性质的生死斗争,必须交由政治权威进行主权决断,而不应交由毫无"政治性"可言的司法机构或立法机关进行所谓合宪性的司法审查。施密特1927年在《政治的概念》中提出的非友即敌的敌我区分政治观,极为吻合魏玛司法系统中保守分子对政治的看法。

根据施密特的理念,用实质的道德化手段(比如敌我划分和主权专政)而不是法律手段(合宪性审查与分权制衡)来调整政治行为更有利于实现国家意志统一建构这个根本的宪法目标。客观而言,施密特这套政治宪法理论的初衷根本不是要为纳粹服务。众所周知,1933年之前施密特是典型的保守派,他极其反感纳粹。然而,当1933年纳粹开始整肃德国大学,凯尔森等一批大学教授面临被解职的处境后,①之前曾公开表达过反纳粹立场的施密特也有些忧虑自己的前途了,他放弃了在魏玛早期和中期还秉持的政治中立,逐渐调适学术立场。

他在《政治的概念》中加入了一些无关主旨但能迎合纳粹思想的内

---

① 1933年1月30日纳粹党上台,4月7日凯尔森因犹太人身份被免职,被迫离开科隆大学,施密特也开始发表反犹言论,并参与了驱逐凯尔森的事件。

容,删除了之前援引的马克思与卢卡奇(György Lukács)的左派理论,并于 1933 年 5 月加入了纳粹社会主义国家党,接受了纳粹政府任命。①这意味着施密特开始向当局效忠。政治倾向的改变无形地影响了他作为知识分子应该保有的学术中立,施密特一度宣布 20 世纪的国家应该是一党制国家。在他日后为纳粹供职的每个阶段,其学术立场一退再退。②

从 1934 年起,施密特更公然地与自由民主为敌了。他从"政治就是区分敌我"这个政治宪法学基本公式出发,指出"纳粹主义运动的目的,就是要解放整个德意志民族,以免除那些'对敌人所持有的自由民主主义国家和宪法理想'趋之若鹜的精神隶属和屈从。"③德国当代杰出的法哲学家考夫曼直言,与同时代的政法界学者相比较,施密特对自由民主主义的攻击是最凶猛凌厉的。④ 他坚决反对自由主义,不容许思想和信仰的多样性,反对分权制衡机制,不容许个人作为主体而存在,他的宪法学说是要维护国家的同质性、全体整合与价值体系的一元化。⑤

对死亡的恐惧和自保的欲望都是人性的一部分。施密特 1933 年后的政治与学术表现在一定意义上是他作为生物个体自我保护意识的觉醒。此处无意对第三帝国这位桂冠法学家的政治立场转变作道

---

① 〔美〕约瑟夫·W.本德斯基:《卡尔·施密特:德意志国家的理论家》,陈伟、赵晨译,上海人民出版社 2015 年版,第 204—206 页。
② 〔美〕约瑟夫·W.本德斯基:《卡尔·施密特:德意志国家的理论家》,陈伟、赵晨译,上海人民出版社 2015 年版,第 204—208 页。
③ 〔德〕施密特:《纳粹主义与法治国家》(1934 年),见〔日〕古贺敬太等编:《卡尔·施密特时事论文集》第 169 页,转引自季卫东《施密特宪法学说的睿智与偏见》,载季卫东:《法治秩序的建构》,商务印书馆 2014 年版,第 294 页。
④ 〔德〕阿尔图·考夫曼:《法哲学与纳粹主义》,载〔德〕H.洛托罗伊妥纳编:《法、法哲学与纳粹主义》第 16 页,转引自季卫东:《法治秩序的建构》,商务印书馆 2014 年版,第 294 页。
⑤ 〔德〕施密特:《纳粹主义与法治国家》(1934 年),见〔日〕古贺敬太等编:《卡尔·施密特时事论文集》第 169 页,转引自季卫东《施密特宪法学说的睿智与偏见》,载季卫东:《法治秩序的建构》,商务印书馆 2014 年版,第 303 页。

德审判,只想在他与凯尔森论战的语境中,尽可能学术地分析两位思想家宪法理论的利弊得失。一切历史研究都是在"效果历史"的意义上存在的,①这意味着评判一种学说或理论时,诉诸"历史效果"作为评价标准可能比单纯分析思想家的人格特质更有整体的学术意义。

从魏玛中后期到纳粹时代德国从议会民主制转为总统制,再从总统制沦为极权国家的宪法史看,施密特关于政治就是区分敌我、宪法是区分敌我之政治手段以及他关于同质性的"总体国家"的理论设想似乎都在现实中得到了印证。

然而,在他的理论最具敏锐性之处,却蕴藏着一种致命的价值迷思。施密特宪法理论的全部重心都在国家统一秩序与主权安危,他在论证国家至高性时又诉诸了另一个神圣概念即抽象的人民及其至高性,人民制宪权不受任何限制就是其至高无上性的表征。以"人民的使命"作为天职,让"抽象的人民理念"为"具体的个人生活"赋予伦理意义与伦理正当性。现代宪法保护个人自由的伦理目标在其理论体系中被彻底消解了——以人民的名义。这就很容易理解,1933年后纳粹当局为何总能从他的宪法学说中找到合法性论证资源。

相比施密特在魏玛和纳粹时期的学术地位,凯尔森在魏玛时代的德国学术界与政界从未获得广泛认同。② 按考克(Hans-Joachim Koch)的说法,凯尔森是魏玛时期同时代公法教师中最不受尊敬的学者,在纳粹时代的德国,他差不多被遗忘。评论者认为,这不代表对凯尔森本人的故意贬低,而是由他理论潜在的冷静气质决定的,因为凯尔森旨在实

---

① 〔德〕伽达默尔:《真理与方法》(上卷),洪汉鼎译,商务印书馆2010年版,第424—434页。
② 凯尔森在1934年出版的《纯粹法理论》中谈到了自己的理论被指鹿为马、罗织罪名。参见〔奥〕凯尔森:《纯粹法理论》,张书友译,中国法制出版社2008年版,作者自序。

现"国家的义务论"(国家是一种归责程序)和"国家的去魅化"(国家就是一种法律秩序)①。他追求在远离实质价值判断的基础上讨论如何创设严丝合缝的国家秩序几何学。在国家主义与民族主义甚嚣尘上、德国社会缺少对共和政治深刻认同基础的魏玛时代,这套以纯粹法理论为基础的国家法学可谓满纸不合时宜。所以有论者认为,即使到20世纪90年代,"凯尔森在德国公共话语中都是一个被嫌弃的作者,他时常被指责过于形式主义和空洞"②。

他的形式主义的规范宪法思想两边不讨好。施密特指责他的理论是一种过于简化的主权方案,是空洞的"没有对象的抽象",是"自由主义幻想家的理论"。自由派则指责他在追求纯粹性和绝对客观性上走过了头,因为在其宪法理论中,社会学上的权力问题和伦理学上的自由问题都面临被消解的命运,其法学理论最后沦为没有法的法律科学③和没有国家的国家理论④。

从宪法思想史视角讲,凯尔森的规范宪法思想显然与1789年《人权宣言》第16条"凡是既没有提供权利保障,又没有确立权力分立制的社会,就没有宪法可言"所蕴含的实质宪法精神(the material sense of the consitution)存在非常大的分离。⑤ 因为根据这一实质价值基准,任何一部实证宪法,要具有真正的宪法品质,必须满足两个基本条件,即承

---

① 〔德〕亚历山大·索梅克:《无国家的法:凯尔森的国家理论及其限度》,载张龑编译:《法治国作为中道者:汉斯·凯尔森法哲学与公法学论集》,中国法制出版社2017年版,第326—327页。
② 参见郑戈:《德国宪法法院的诞生》,载《交大法学》2017年第1期。
③ 〔德〕赫尔曼·黑勒:《国家学的危机、社会主义与民族》,刘刚译,中国法制出版社2010年版,第32页。
④ Miro Cerar, "(Ir)rationality of the Constitution", *Archives for Philosophy of Law and Social Philosophy*, Vol. 90, No. 2 (2004), pp. 163-180.
⑤ Miro Cerar, "(Ir)rationality of the Constitution", *Archives for Philosophy of Law and Social Philosophy*, Vol. 90, No. 2 (2004), pp. 163-180.

认自然法上的天赋人权,同时创设能够保障人权的政治与政府体制。从这个宪法思想基准出发,个人自由权对界定宪法与民主这两个概念均具有内在规定性意义。凯尔森本人尽管是明确的议会民主主义者,但与他对宪法的形式理解一样,凯尔森对民主的理解也是形式主义与价值相对主义的。因此,根据他的纯粹法学与规范宪法理论,自由人权的确可以合乎逻辑地与宪法、与民主实现合理分离——尽管这种分离并不是他理论的本意。

然而,如果从二战后德国建立专门的宪法法院行使集中式的合宪性审查权,德国基本法教义学主流方法都深受凯尔森规范理论深刻影响这个角度看,"凯尔森似乎又是未被加冕的胜利者"[①]。因此,凯尔森与施密特的宪法理论各自都包含着些许真理的颗粒。然而,如果超越德语宪法学传统这一隅,从世界范围的现代宪法史视野来评判,凯尔森与施密特宪法理论也是公认存在根本缺陷的。

前文已提到,凯尔森认为宪法的本质首先并主要是一套制定法的授权规则。尽管分权制衡思想在凯尔森主张的合宪性保障制度即宪法法院制度主张中得到贯彻,但是,凯尔森的宪法概念从未将现代宪法的两个结构性要素即"分权"与"基本自由权"界定为宪法的本质。而众所周知,从美国革命与法国大革命发端的现代宪法运动以来,"凡是既没有提供权利保障,又没有确立权力分立制的社会,就没有宪法可言"已经成为对宪法本质的经典描述。虽然凯尔森也提到过这两个内容可以被归为广义的宪法概念,但是,他又指出这些实质宪法内容只是包含在形式的狭义的宪法中的并非本质性的部分。凯尔森在其早期文章中就指出:不存在高于宪法的自然法则,尽管可能会在宪法中将这些规则

[①] 转引自郑戈:《德国宪法法院的诞生》,载《交大法学》2017年第1期。

实证化(例如要求正义、自由等)。①

我们不能推论说凯尔森内心是否认这些具有结构性意义的价值原则的,而毋宁说,自由权与人权等价值基准根本不是凯尔森"国家法科学"工作关注的重点。凯尔森试图描绘一张冷峻的不需要表达价值感的宪法面孔。如果将发端于美国革命与法国大革命的现代宪法理念即"限制国家权力"以"保障个人权利"视为宪法的价值灵魂,那么,凯尔森建构的"价值"无处立足的"形式宪法"毫无疑问是一个没有宪法灵魂的宪法概念。

在排斥自然法意义上的个人自由与天赋人权这点上,施密特与凯尔森是相似的。施密特反对形式宪法而主张一种实质宪法概念,他说"宪法并不是因规范上的正当性或体系上的完结性而有效,而是'因存在于一切的规范化之前''制宪者实际存在的政治意志而有效'"。② 但是,他所说实质宪法中的"实质",是指宪法要对现实的政治"事实"与现实的国家"权威"的绝对服从,也就是国家与制宪权高于宪法。这个实质宪法概念是高度政治-实证主义进路产物,这是一种不同于之前格贝尔—拉班德—凯尔森规范实证主义的"新实证主义",在20世纪后的德国流行开来。它们与之前规范实证主义宪法思想的共同点是都排斥个人基本权利的基础性地位和在先性效力。从其实质宪法的内在理路出发,容易对一切政治决断之结果正当性持认同态度。所以,他虽然主张一种反形式宪法概念的实质宪法理论,但其宪法概念富含的"实质价值",并不是个人的基本自由权和社会的自主权,而是制宪权代表即政治权力主宰者基于国家与民族利

---

① 〔加〕大卫·戴岑豪斯:《合法性与正当性:魏玛时代的施密特、凯尔森与海勒》,刘毅译,商务印书馆2013年版,第134页。
② 〔日〕芦部信喜:《制宪权》,王贵松译,中国政法大学出版社2012年版,第34页。

益而作出的主权决断和主权专政。

事实上,施密特很清楚作为人类现代政治文明成果的现代宪法是有价值灵魂的,只不过,一系列复杂公共与个人因素促成他固执地认为,德国不需要这种宪法。他曾将美国革命和法国革命中形成的宪法在其理论体系中归为理想的宪法概念,这些宪法的实质是自由宪法,即公民自由是一个首要基准点,而公民自由的合宪保障主要依靠对基本权利的承认、权力分立、国民通过代议制机关对制宪权的最低限度参与。他认为美国宪法与法国宪法就是自由宪法的典范,并且承认学术史上当人们讨论自由宪法时,指的就是英国、美国、法国的宪法,而德意志立宪君主国的宪法和1871年俾斯麦统一后的德意志帝国宪法都不是这种类型的自由宪法。①

他准确总结了现代宪法革命的精神实质,即宪法等于公民自由和分权。但又提出这只是一种宪法类型,在社会主义无产者统治的国家或者君主制国家,自由具有完全不同的含义,同一种事态,在这两种国家可能被视为对公共安全的破坏,但在民主共和国,会导致完全不同的评价。施密特认为这一切都是不言而喻的"事实"真理,他指出,"有多少政治原则与政治信念,就有多少自由概念和宪法概念"②。这是典型的相对主义宪法价值观。

指出凯尔森与施密特在"宪法是什么"这个初始设置上偏离了现代宪法的价值内核,并不代表要否认他们的理论中存在迄今依旧具有认识论和方法论意义的一些要素。从法教义学上讲,宪法是最高效力等级的规范体系——这意味着宪法也是法,既然是法,那就具有

---

① 〔德〕卡尔·施密特:《宪法学说》,刘锋译,上海人民出版社2005年版,第43页。
② 〔德〕卡尔·施密特:《宪法学说》,刘锋译,上海人民出版社2005年版,第43—44页。

法的可司法性(justiciable),这就是凯尔森所指的合法性审查与合宪性审查在结构上的同一性。从法律史讲,法律是民族精神的体现,宪法亦然。一部宪法的诞生在发生学上必然直接渊源于特定政治共同体的某个制宪行动,这个制宪行动本身也是一种政治决断,它确定了一个特定时空下的政治秩序——这意味着宪法是政治性很强的法,这里的政治性既有形式性层面的含义,即宪法的诞生源于一个制宪权主体的政治决断;又有实质性层面的含义,即宪法创设并界定了特定政治权力格局。所以施密特强调宪法是"政治法"在认识论层面讲是完全对的。

但是,在"规范"这个形式要素和"政治"这个实质调整对象之外,宪法还有一个内在价值体系,即分权与人权,这个价值体系是评判一部实证宪法是不是真正的现代宪法的试金石。然而,这个内在价值原则的体系性意义(所谓体系性意义,就是全部宪法解释的最终价值基准),被凯尔森与施密特从不同的角度以不同的方式回避或解构了。但是,无论凯尔森还是施密特都不是第一个这么做的宪法学家。否认存在天赋的、普遍的个人自由权利是1848年后向实证主义转向的德国宪法学的根本价值缺失。施托莱斯详实地描述过1848年后德国宪法思想从先前至少不排斥自由主义最终向非自由主义化的国家本位的转变。①

即使到魏玛共和国起草新宪法时,围绕个人基本权利是否入宪这个问题,参与起草的主要宪法学家依旧持犹疑态度,一方面是因为他们害怕基本权利问题的冗长争辩会拖延需尽快出台的宪法的诞生;另一方面,也因为魏玛制宪者关注的重心的确也只在国家统治形式与权力

---

① 〔德〕米歇尔·施托莱斯:《德国公法史(1800—1914)》,雷勇译,法律出版社2007年版,第355—360页。

结构的建构。最终结果是在正反两种观点中间进行调和,《魏玛宪法》中写进了"德国人的基本权利与义务"这部分内容,其中吸收了西方式"个人权利"的意涵,但这部分权利更多的还是指德国传统-有机国家理论与社会主义意义上那种"社会权利"。而且,《魏玛宪法》个人自由条款不是具有法律拘束力与强制力的真正的法律规范,更像政治纲领。整个魏玛时期,德国学术界就个人权利应否成为具有强制力的法律规范这个问题也无法形成共识。[①] 20 世纪 30 年代后,个人基本权利机制彻底成为被严厉批判的对象,德国极左派与极右派在这个问题上的观点惊人地相似。对绝大多数德国知识分子来说,天赋个人自由权利是不适合德国国情的(un-German),他们认为接受这种宪法理念会导致德国政治的脆弱和失败。[②]

在 1945 年之后,德国学术界对这个问题的反思全面而彻底。拉尔夫·达伦多夫(Ralf Dahrendorf)是最为勇敢地分析了德国历史灾难背后的精神根源的历史学家,他尖锐地提炼了德国问题:究竟是什么因素让权力在德国被如此恐怖地滥用,以至几十年间发动两次世界大战?达伦多夫认为,这与德意志深层次的文化传统直接相关。这个深层次根源就是,主张个人自由、社会自治与民主议会制的自由民主理论在德国从来没有获得过真正的欢迎。[③]

正是基于这种认知转型,二战后德国基本法的缔结尽管充满战后国际国内政治较量的复杂因素,但是,在基本法制定过程中,有一点却

---

① "verbindliche rechtsnormen", in Edmund Spevack, "American Pressures on the German Constitutional Tradition: Basic Rights in the Western German Constitution of 1949", *International Journal of Politics, Culture and Society*, Vol. 10(Spring,1997), pp. 411-436.

② Hagen Schulze, *German: A New History*, translated by Deborah Lucas Schneider, Harvard University Press, 1998, pp. 221-222.

③ 参见[美]弗里茨·斯特恩:《非自由主义的失败:论当代德国政治文化》,孟钟捷译,商务印书馆 2015 年版,第 17—19 页。

没有争议,就是鉴于魏玛和纳粹时期的教训,基本法应该以一个基本规范开始,这个规范应该具有一种有效的形式表达对个人的保护。所以,德国基本法以人的尊严开始。① 个人尊严被基本法提升为一种具有统领性作用的基本权利中的基本权利和基本法不可修改的部分,并以它为核心条款统摄全部19条基本权利,这即确立了个人尊严的在先性和不可动摇性。

战后德国通过将个人尊严与自由之神圣性及其对国家权力机关的拘束力法典化,完成了宪法文本与康德道德哲学的融贯对接。同时,为保证以个人基本自由权为核心的防御性民主政治秩序有切实保障,德国给基本法配备了"制度的牙齿",这就是德国宪法法院。② 宪法法院对人的尊严与自由的理解到今天还依旧带有强烈的康德道德意味,它对基本法的解释(必须承认宪法法院解释宪法的方法深受凯尔森理论影响)始终要围绕第1条"人的尊严不可侵犯"这个结构性条款进行。宪法法院的合宪性审查必须基于这些价值基础之上,这对基本法内涵的确立具有关键影响,也是基本法实施以来德国得以形成"基本权利教义学"的关键司法技术机制。

在实证主义方法论根深蒂固,国家主义、民族主义一度居于至高地位的德国,天赋人权等自然法基本价值原则的注入标志着德国宪法理论完成了向自由主义的历史转型。正是自由主义的价值"方向"与凯尔森式法教义学"方法"的融合,使德国宪法法院得以通过宪法审查扩张基本权利,通过基本权利这个阿基米德支点确立德国法的"客观价值秩

---

① 德国基本法第1条:"人的尊严不可侵犯。尊重和保护人的尊严是所有国家权力的义务。"
② 〔德〕克里斯托夫·默勒斯:《德国基本法:历史与内容》,赵真译,中国法制出版社2014年版,第44—45页。

序"。在哈贝马斯看来,宪法法院的实践标志着受普遍宪法原则(即自由宪法原则)约束的宪法信念在德国得到确立。① 这种宪法信念的重点在于权利与民主的程序,德国依托基本法与宪法法院机制,发展出一种新的"反思式"的国家认同形式。② 在基本法时代,凯尔森式的纯粹形式法治和施密特政治决断论都得到反思矫正。德国基本法成了一部有价值灵魂的宪法,得到了德国人民乃至世界的认可与尊重。

---

① 〔德〕克里斯托夫·默勒斯:《德国基本法:历史与内容》,赵真译,中国法制出版社2014年版,第111页。
② 从施特恩贝格到哈贝马斯,德国知识界将基本法下的国家治理实践中重塑出来的国家认同形式概括为"宪法爱国主义(也有译为宪制爱国主义)",这是不用传统的以历史与民族认同为重心的新认同形式,哈贝马斯对这个认同形式之内涵进行了精炼概括,参见〔德〕扬-维尔纳·米勒:《宪制爱国主义》,邓晓菁译,商务印书馆2012年版,第30—31页。

第七章
现代民主宪制理论的三种思想形态

前面章节的讨论业已揭示,在魏玛时期的德国,自由—民主的权威没有得到真正的确立,民主权威危机与民主认同危机体现在魏玛德国社会的方方面面。在宪法学这个领域,施密特对《魏玛宪法》之根本政治决断的反自由主义重构可以说是现代德国民主价值迷思的一种典型反映。

施密特之所以具有典型性,概因其民主理论一方面具有与马克思—共产主义理想一样的乌托邦色彩,但施密特本人却又是反马克思—共产主义的宪法理论家。与马克思无产阶级民主的世界主义情怀不同,施密特的民主理论带着别样的民族主义乌托邦情结。此种情结并不是施密特个人独有的,它背后深藏的是德国政治与文化公共领域非常强劲的一股思潮——一种蕴含种族主义价值取向的民主理论形态。

从制度层面上看,民主,在魏玛时期的德国诚然凝结在了《魏玛宪法》的白纸黑字间,也生动地体现在共和国议会党团对议席与政府官职的竞争性攫取中。但从精神与心智层面看,民主,在当时的德国社会,更像一种激进政治意识形态,而且是带有民族主义乌托邦色彩的意识形态。无论普通民众还是很多知识精英,对民主的理解与认知都自觉不自觉被那个时代的所谓德国精神裹挟。那个时代的德国精神是什么？简言之就是所谓"1914年思想"(ideas of 1914)，就是要用以1914德意志民族与爱国精神去抵御"1789年思想"(ideas of 1789)之侵袭或羞辱的一种意识形态思潮。

"1914年思想"是由明斯特大学社会学教授约翰·普伦格(Johann Plenge)发明的,他组织了很多著名知识分子,努力发现在第一次世界大战之时德国文化和堕落的西方唯物主义之间的差异。根据"1914年思想"的文化认知,源自英美的那种自由主义没有真正的道德上的勇气,德国人应该自觉抵制这些价值,采取更为保守的生活方式,警惕自由放任的个人主义与自由主义对德国社会结构的瓦解。① 20世纪初期德国的这种"1914年思想"蕴含着强烈的反民主偏见和对政治专制主义的偏爱,这种立场与出发点使得它与滥觞于第二帝国的普鲁士国家社会主义存在着反西方的共同点。②

在那个风雨如晦的时代,德国还是有韦伯这样的思想家,他痛苦地意识到德国实现民主必将遭遇巨大历史障碍,但依旧冷静地为德国的民主鼓呼。使韦伯不同于很多民主意识形态理论家的是,这位同样带有深重民族情结的思想家给德国民主理论蓄水池注入了难能可贵的自由因子。从某种角度讲,韦伯是从社会理论家的思维与视角揭示了关于民主的价值奥义:民主——无论它前面加上什么前缀作为定语或修饰,亦即无论何种民主,都必须为个人自由留出行动空间,才具有真正的正当性。不过,在二战后德国最有影响力的民主理论家哈贝马斯看

---

① 在那些融入到"1914年思想"的知识分子当中,有托马斯·曼(Thomas Mann)、恩斯特·特勒尔奇、弗里德里希·迈内克、瓦尔特·拉特瑙(Walther Rathenau)、马克斯·舍勒(Max Scheler)、弗里德里希·瑙曼等。〔美〕克劳斯·P.费舍尔:《纳粹德国——一部新的历史》,佘江涛译,译林出版社2016年版,第25页。

② Hans Mossen, *The Rise and Fall of Weimar Democracy*, translated by Elborg Forster, Larry Eugene Jones, The University of North Carolina Press, 1996, p.306.

来,韦伯为自由民主所做的理论辩护还不够彻底,不够通透,不够坚固。

在20世纪德国民主理论的思想谱系中,应该说,哈贝马斯是韦伯以来现代民主政治思想的集大成者。作为当代世界最重要的政治哲学家和社会理论家,哈贝马斯的民主理论建构与韦伯的理想类型概念一样,都建立在对现代性历史的厚重考察基础之上,同时又饱含现实关怀。

粗略地回顾一下,我国学界接受哈贝马斯大致经历了两个阶段,第一个阶段是20世纪80年代到90年代初,这个阶段主要将其视为西方新马克思主义的领军人物译介进来,对他作为政治哲学家、社会理论家、法哲学家的整全研究尚未形成。第二个阶段是从20世纪90年代中期以后到最近20多年,随着哈贝马斯著作大面积得到翻译,我国学界对哈贝马斯思想与理论体系的研究得到很大提升,哈贝马斯的影响力开始溢出西方马克思主义与一般哲学的范围。

作为一名法律史研习者,笔者最初读到他的成名作《公共领域的结构转型》时,就情不自禁地将这本书与托克维尔的《论美国的民主》作对比。我感到这两位思想家的著作既截然不同又根本相同。所谓截然不同,是说哈贝马斯与托克维尔所处的世代相隔100多年,两人的行文风格、修辞艺术也属于两种类型。所谓又有根本相同,是指这两本书的根本问题意识有很大的交集,二者都是在社会历史意境下讨论民主的可能性、民主的问题(包括大众民主的潜在风险)与民主的前景。托克维尔以19世纪的美国社会为历史场域,聚焦地理环境、法治传统、民情观念等因素与民主发展的深层关系,探讨公民美德与共和政治的内在关系。哈贝马斯则以18世纪后期英法德等欧洲国家为历史标本,切入点是"公共领域"机制的发生、发展与欧洲民主进程的同源性关系,分析民主发展所需要的社会结构、经济形态、文化观念。

在我的理解中,《公共领域的结构转型》就是一部"论欧洲的民主",是有世界主义精神的一位德国理论家对民主问题作出的富有历史感的哲学分析。这种历史性的考察与哈贝马斯后来对民主法治国的道德哲学论证,合在一起构成其民主思想发展链条上的两个关键节点。如英国学者安德鲁·埃德加(Andrew Edgar)所言,对公共领域及其发生史的早先关注凸显了民主和交往理性观念在哈贝马斯著作中所占据的基础性地位。[1]

在回溯现代西欧资本主义的"社会历史"及其蕴含的民主结构特征时,哈贝马斯提炼出了公共领域这个思想范畴,用于概括解释现代民主的发展所需要的一系列社会机制及相应的文化观念。更法哲学地说,就是从社会历史视角去解释个体与社会本身何以成了一项应得到宪法与法律保护的重大功利,个体与社会在民主宪制中何以具有了独立的法权地位,以及在大众民主与福利国家时代,个体与社会在宪法上的法权地位与它们应承担的社会义务之间该如何达到利益均衡?从宪法的角度看,公共领域的法权地位,首先意味着个体的道德人格要以基本权利的形式得到尊重与保障,要实现这一目标就必须对政府权力进行制约,这意味着国家权力的配置必须贯彻相应的一系列限权与分权技术手段。

哈贝马斯通过对欧洲的"社会历史"的考察,指出具有政治功能的现代公共领域首先是在18世纪末期的英国出现的。英国公众对王室行动和议会决定进行评论与批评的权利逐渐演化出一系列正式的公共领域机制,这些机制在英国普通法不成文宪制中最终上升到一种规范

---

[1] 〔英〕安德鲁·埃德加:《哈贝马斯:关键概念》,杨礼银、朱松峰译,江苏人民出版社2009年版,第143页。

的高度。英国议会与公共领域之间的新型关系,实质上就是作为统治权象征的议会及君主与社会不同阶层、不同集团的利益格局。在以政治新闻出版业为代表性具象的公共领域诸机制的推动下,议会-政府与社会各界就公权力与英国人的自由、爱国主义与权力腐败、政党与议会党团的关系以及政治人类学的其他基本问题,不断展开合理对话协商讨论,最终促成议会与政府活动不断公开化,并将英国议会制政府体制与旧体制从本质上进一步区别开来。

普通法世界发展成熟的公共领域机制在欧洲大陆的变体最初出现在法国。法国资产阶级公共领域的发展打开了欧陆君主专制体制的缺口,法国公众的政治批判作为制约政府权力的机制,作为编纂法国大革命宪法的一个构成要素,很快就变成了传遍整个欧洲的口号。哈贝马斯认为德文中公共领域一词"offentlichkeit"仿照自法文词构造,这并非偶然,而是根源于法国大革命时期自由宪制运动对德国的深刻影响。1791年宪法和1793年法国宪法基本上收录了1789年《人权与公民权宣言》,同时又进一步补充了与"公共领域"之法权地位有关的内容。思想和意见的自由交流、写作出版集会自由是大革命宪法认为最可贵的人权,同时也承认滥用法律所规定的自由要承担责任。具有批判性公共领域的发育成熟是确保这些具有律令性质的基本人权得到落实的机制。①

哈贝马斯简要对比过此种具有政治功能的公共领域机制在德国的历史情况。一个基本事实是,无论建制化的公共领域机制(即议会制政治)还是非建制化的政治公共领域形态(即有批判性的公众舆论机制),

---

① 〔德〕哈贝马斯:《公共领域的结构转型》,曹卫东、王晓珏、刘北城、宋伟杰译,学林出版社1999年版,第80页。

在德国的发育都极为迟缓,而且在发展过程中不断受挫。对这种落后状况,需要从德意志旧制度与德意志思想文化传统中去寻找根源。哈贝马斯在该书中没有专门研究德国宪法史,但他的公共领域理论为深刻理解 19 世纪后德国宪法史的根本问题提供了有关键意义的理论分析框架。

总的来看,哈贝马斯在《公共领域的结构转型》中通过对欧洲"社会历史"的考察,论证了公共领域的独立存在是欧洲民主发展的社会基础。不过这个文本未能全面回答,公共领域机制到底只是欧洲历史经验,还是,它也能揭示出一种有跨文化意义的民主社会发展一般规律?到后来的《在事实与规范之间》中,哈贝马斯超越欧洲历史视野的局限,以更整全更具一般性的人的视角,从道德哲学与政治哲学的层面论证了健全的公共领域机制对所有现代国家民主宪制发展的意义。这个视角的实质是着眼于个体的道德人格,从道德人格的私人意涵与公共意涵出发,阐明公共领域诸机制与政治的公共性的关系,论证公共领域诸机制对民主法治国的道德意义与政治意义。

延展到宪法理论上讲,公共领域机制包含自由参与和民主参与两个向度的保障机制,这两个向度的制度机制既有联系又有差异,涉及公民的私人自主和公共自主,涉及个人主权与国家主权的统一同构。因此,公共领域机制包括但不限于基本权利机制,它根本就是共和制宪法意境中国家统治结构的应有之义。作为人统治人的政治统治,它的正当性建基于对个体道德人格的尊重与保障,它的合理化则需要通过公共领域机制得到证明,这就是公共领域对于民主法治国的道德与政治意义。

一个初步的阅读感受是,哈贝马斯从社会理论与政治哲学等多个视角对自由民主与现代性进行了极为体系化的基础性辩护。从其价值内核看,这种辩护属于一种启蒙式辩护,是德国民主思想在 20 世纪下半期后的重大发展,是对第二帝国以来德意志民主价值迷思的克服与超越。

在哈贝马斯那里,政治与道德、宪法与道德、法律与道德必须始终保持一种明确的、非分离的相互定义关系。在他那里,一切伟大的国族及其政治文明都应具有一定的形而上学特征或者说需要一定的信仰基础。所谓形而上学特征,更通俗地理解,就是说在暴力与权术面相之外,政治还应具有尊重灵性与智性的面相。真正伟大的政治应具有德性、包容性与开放性,真正伟大的政治必须首先将自身去神圣化。哈贝马斯既拥抱韦伯对现代社会复杂性的诊断结论,又不放弃对作为道德原则的自由民主的信念与忠诚。我们从韦伯那里可以看到一位经典社会理论家的冷峻与清明,从哈贝马斯那里,感受到的则是一种试图重返人类本真状态的思想家的人格魅力。

然而,人类是否应该以及如何可能重返哈贝马斯意义上那种本真状态?这是民主政治理论能解决的问题吗?民主政治理论应包含着向超验价值与超验世界的思索吗?本章从哈贝马斯提出的一个思想史问题出发,去感受三位或天真或现实的德国理论家的有关思考。

一、问题的提出:施密特是韦伯政治思想的嫡传弟子?

1. 从哈贝马斯提出的思想史问题说起

1964年在海德堡召开的韦伯诞辰100周年纪念大会上,哈贝马斯说:"我很羡慕美国同行所处的政治传统,身处盎格鲁—美利坚传统中的他们可以如此自由主义地解读韦伯,而我作为他的同胞只能乐见这样的解释,但不能跟随他们那样的解释,因为在德国语境中,韦伯的政治社会学呈现出与在英美不同的历史内涵。在第一次世界大战后韦伯根据当时德国的民族帝国主义情势需求,勾勒了一个准恺撒制的领袖民主制宪制框架,这一带有帝国—军事色彩的自由主义政治设想在随后的魏玛共和国开花结果,这个历史进程及其后果是我们这一代德国人而不是韦伯那代人要负责解释的。如果要我现在去评价韦伯,那么我们一定不能忽视的是,卡尔·施密特是韦伯的嫡传弟子,从历史影响看,韦伯政治社会学中的决断主义元素没有中断,而是得到了延续与加强。"①

从当代政治与法律理论的纵深脉络看,哈贝马斯将围绕韦伯政治理论的争议再次提起,直指了思想史上两个问题:一是韦伯政治理论中自由-民主价值的成色与含量问题,具体而言是指韦伯的民主政治理论是否存在所谓"规范性真空"?他的形式合法性理论是否导致加强论证了一种纯粹实证主义的法律概念和一种功能主义的民主宪制的合法性,因而可以说,韦伯政治著述没能为作为价值理性的自由民主宪制提供充分的实质正当性论证?

另一个是韦伯那套融合了他的支配社会学理想类型的民主政治理论所产生的思想与历史影响。具体而言,是指韦伯理论中的价值无涉、技术民主观、克里斯玛领袖支配与决断主义等核心理念是否为法西斯极权主义提供了理论源泉(尽管可以确定这绝不是韦伯本人的主观意图)?对《魏玛宪法》作出了反自由—民主式重构的第三帝国桂冠法学

---

① Habermas, *Max Weber and Sociology Today*, Otto Stammer(eds.), translated by Kathleen Morris, Harper & Row Publishers, 1971, pp.65-66.

家施密特所建构的决断主义政治宪法学说,是否以及在多大程度上与韦伯式的法政观存在亲缘性?

关于第一个问题,在二战后反思法西斯极权主义的大背景下,法兰克福学派的思想家较早就注意到韦伯理论的规范性真空问题。霍克海姆(Max Horkheimer)、马尔库塞都曾反思韦伯理性化命题,其中有宪制思想意义的一个批判来自马尔库塞。他指出,韦伯对科层官僚制之工具合理性的论证、对超凡魅力型领袖统治之周期性出场的论证,无异于宣告了现代社会对一个无所不在的体制或者说系统的总体依赖,对体制或系统的依赖成了所有秩序的基础。更为重要的是,在这个秩序的顶点,整个科层制组织还需服从一个克里斯玛型领袖,因为韦伯认为克里斯玛型领袖的超凡魅力是现代条件下可以用来对付科层官僚制内在弊端的一种制度元素。官僚制理性与克里斯玛型统治的此种辩证趋势,不仅适应于发达资本主义社会,而且也是任何理性社会主义不得不采取并不断加强的统治形式性质。①

年轻时期的哈贝马斯受该学派批判理论影响,这可部分地解释他后来为何对韦伯理性化思想发展的一些特殊历史背景不重视,而是径自强调韦伯思想中的规范性真空。所谓规范性真空,主要指韦伯理论试图将所有道德与伦理考量从其社会科学与政治理论中抽空。② 言下之意,韦伯以价值中立的实证主义方法出色地研究了各种"术",即现代社会的诸理性化机制:资本主义经济结构、各种政治统治模式、作为理性化具象的科学与科学的局限等,但韦伯的社会科学没能回答现代社

---

① 〔美〕赫伯特·马尔库塞:《现代文明与人的困境》,李小兵译,上海三联书店1989年版,第88—95页。
② Dana Villa, "The Legacy of Max Weber in Weimar Political and Social Theory", Peter E. Gordon, John P. McCormick, *Weimar Thought: A Contested Legacy*, Princeton University Press, 2013, pp. 73-74.

会的"道",他似乎认为在一个除魅的诸神之争的现代世界,关于理性与道德为何,在根本上已经无法回答,无论政治还是科学,都无能为力。①晚近20年我国法学理论界的韦伯研究聚焦的正是其理论社会学的成就与内在张力,亦即韦伯法律社会学、支配社会学、宗教社会学对现代法治研究的理论意义。②

关于第二个层次的问题,即韦伯理论社会学与他的民主政治思想的关系以及韦伯政治著述对当代世界民主理论的意义,我国法学界的关注还远远不够,而这个问题对宪制基础理论研究依旧有思想意义。因为韦伯对民主政治的分析突破了意识形态的伪装,他既重视民主政治的功能又揭示了民主政治在调节平等与阶级斗争方面暴露的一些虚幻性质,因而为当代世界思考民主与权力、民主与权威、民主与自由的复杂关系留下了丰富的思想遗产。

哈贝马斯以极富争议的方式——将反自由-民主的施密特视为韦伯民主政治思想之子的方式,提出了这个思想史问题,不过哈贝马斯并不是最先关注这个问题的思想家。

2. 蒙森关于施密特与韦伯思想亲缘关系的最早分析

在哈贝马斯之前,对施密特与韦伯政治思想是否存在亲缘性这个问题,最早是1950年由当代德国最有代表性的历史学家沃尔夫冈·蒙

---

① 李猛教授精辟地指出,韦伯揭示了科学尤其是社会科学的局限,但他揭示的科学本身的局限往往被韦伯的批评者视为韦伯社会科学学术事业的根本错误,这当然是对韦伯思想的非常严肃的误判。参见李猛:"专家没有精神:韦伯论官僚时代的科学与文明",载〔德〕马克斯·韦伯:《科学作为天职:韦伯与我们时代的命运》,李猛编,生活·读书·新知三联书店2018年版,第257页。

② 高鸿钧教授率先将我国大陆、台湾、香港三地著名学者研究韦伯法律社会学的代表性成果与研究马克思、涂尔干、哈贝马斯法律思想的成果进行了系统整理,参见高鸿钧、马剑银编:《社会理论之法:解读与评析》,清华大学出版社2006年版。

森提出的。蒙森指出,韦伯的领袖民主理论不仅塑造了《魏玛宪法》的合宪总统制(主要指他对魏玛制宪进程的影响),而且他的宪制方案产生了极大的后续影响(主要指他的理论对《魏玛宪法》诞生后德国政治与宪法学说的影响)。① 韦伯在1917年左右提出的宪制改革方案深刻影响了魏玛制宪的灵魂人物普罗伊斯与参与制宪的很多德国民主党人士。② 普罗伊斯主导设计了《魏玛宪法》的二元民主制结构,这个二元民主制结构是指《魏玛宪法》既为德国确立了代议制民主机制,又引入了直接民主选举总统和全民公投复决这两项民粹主义民主机制。③ 在现代宪法史上,《魏玛宪法》中的这个民主制构造是极富理论争议的大问题,它既是《魏玛宪法》作为最民主宪法的直接证据,但又被当代德国宪法学界公认为是《魏玛宪法》的结构性缺陷。

韦伯恰恰是最早对直选总统制在德国的必要性与前景进行过系统论证的思想家。韦伯批评者的一个观点是,不仅魏玛时期德国以牺牲议会权力与责任为代价,确立总统专政权力的宪制实践与韦伯直选—克里斯马型支配理论有思想关系,而且这一理论在此后纳粹时期也发挥了无形作用。④ 此种影响力的一个主要例证就是,为纳粹体制进行了合法性论证的施密特,其若干理论命题看上去就深受韦伯影响。施密

---

① Pedro T. Magalhaes, "A Contingent Affinity: Max Weber, Carl Schmitt and the Challenge of Modern Politics", *Journal of the History of Ideas*, Vol. 77, No. 2(Apr., 2016), pp. 283-304.

② 〔德〕沃尔夫冈·J. 蒙森:《马克斯·韦伯与德国政治:1820—1920》,阎克文译,中信出版集团2016年版,第328—330、364—367页。

③ Peter C. Caldwell, Stephen Cloyd, David Dyzenhaus, Stephen Hemetsberger, Arthur J. Jacobson, Bernhard Schlink, *Weimar: A Jurisprudence of Crisis*, University of California Press, 2000, pp. 112-113.

④ 蒙森将韦伯政治思想重新放置在魏玛时代德国的历史情势中进行了系统解读,论证指出了,无论马尔库塞这样的法兰克福学派成员,还是雷蒙·阿隆(Roymond Aron)这样的法国自由主义知识分子,对韦伯的民主思想及其权力概念的解读都有非历史之嫌,因而存在片面之处。参见〔德〕沃尔夫冈·J. 蒙森:《马克斯·韦伯与德国政治:1820—1920》,阎克文译,中信出版集团2016年版,第328—330、407—412页。

特本人也非常尊重韦伯,他不仅现场聆听了韦伯在慕尼黑发表的《以学术为业》的著名演讲及其他一些更小范围的学术讲座,而且施密特在自己的著作中也广为援引韦伯的社会学理论与政治观点。①

首先,施密特宪法理论中最重要的一个命题即"总统是宪法的守护者",就直接利用了韦伯以直选帝国总统作为政治领袖抗衡官僚系统的概念。施密特通过彻底压制韦伯理论中包含的其他宪制要素,把这个概念发挥到了极致。经他片面发挥后的总统制被推向可以代表全体德意志人民的共同意志进行主权专政的地位。尽管施密特的主权专政与韦伯始终赞成的议会民主、多元政党与个人选择等政治现代性要素格格不入,但韦伯的批评者还是特别强调施密特的总统制理论与韦伯直选领袖民主制的概念框架存在关系。②

第二,施密特的另一个核心命题即"谁能决定紧急状态,谁就是主权者",其思想原型被认为在韦伯的《经济与社会》中已经初露端倪。因为韦伯在《经济与社会》中明确地说,"立宪制的权力分立是一种特别不稳定的结构。如果要问立宪制条件下——例如在预算问题上——没有达成必需的妥协,将会发生什么样的情况,那就要看什么样的因素在规定着实际的权力结构"③。"集权统治把责任明确无疑地固定化,需要迅速统一解决的大任务,一般就由集权主义的、唯一负责的独裁者一手解决(纯粹从技术上看,也许有道理)。大国家强有力的统一对外政策

---

① G. L. Ulmen, "The Sociology of the State: Carl Schmitt and Max Weber", *Culture and Society*, Vol. 1, No. 2(Winter, 1985), pp. 4—6.
② 参见〔德〕卡尔·施密特:《宪法的守护者》,李君韬、苏慧婕译,商务印书馆2008年版,第207—208页。同时参见〔德〕沃尔夫冈·蒙森:《韦伯与德国政治:1890—1920》,阎克文译,中信出版集团2016年版,第374—375页。
③ 〔德〕沃尔夫冈·蒙森:《韦伯与德国政治:1890—1920》,阎克文译,中信出版集团2016年版,第375页。

也好,对内政策也好,都不可能采取合议的形式进行有效的领导。"①

第三,出自韦伯支配社会学的合法性类型理论中的矛盾也被施密特充分阐发,用于论证《魏玛宪法》议会制民主的非正当性和纳粹元首专政体制的正当性。韦伯认为任何统治都要唤起并维持对自身的"合法性"的信仰,根据所要求的合法性种类的不同可以区分三种主要的统治类型:合法型统治、传统型与魅力型统治。其中以平民表决民主为形式的领袖民主就是一种魅力型合法性统治类型,凡是争取这种统治的合法性的地方,都是企图通过主权的人民进行平民表决去获得合法性。②韦伯对民主权威与超凡魅力权威之互动关系的分析,亦被施密特发挥,后者将公民投票式民主视为领袖民主专政权力的正当性基础,此种被直接民主赋权的元首权力既是一种合宪的独裁,而且根本就是至高独裁。③

上述争议涉及当代政治与宪法理论中的根本议题——自由民主宪制的规范性原理、内在局限与历史前景,涉及自由民主与专制型民主、独裁型民主存在何种根本界限的问题,因而具有普遍的思想史意义。那么,该如何解读事关自由民主之规范性内涵的这些思想史问题呢?

本章拟从韦伯政治著述和他的理论社会学(包括支配社会学、法律社会学、宗教社会学)的内在逻辑与根本价值前提出发,着力阐述三个

---

① 〔德〕马克斯·韦伯:《经济与社会》(上卷),林荣远译,商务印书馆1998年版,第310页。
② 〔德〕马克斯·韦伯:《经济与社会》(上卷),林荣远译,商务印书馆1998年版,第239、299页。
③ 参见〔英〕山姆·威姆斯特:《理解韦伯》,童庆平译,中央编译出版社2016年版,第260页;〔德〕卡尔·施密特:《宪法的守护者》,李君韬、苏慧婕译,商务印书馆2008年版,第158—159、194—195页。〔爱尔兰〕安东尼·麦克利戈特:《反思魏玛共和国:1916—1936年的权威和威权主义》,王顺君译,商务印书馆2020年版,第202—203页。

具有层层递进关系的问题。

第一,从韦伯政治著述总体发展脉络着眼,对其民主理论核心命题的思想内涵及其独特之处进行历史的和体系的阐述;剖析韦伯民主理论的诸自由主义元素和这些元素间一环扣一环的内部关系。第二,在此基础上分析施密特政治宪法学说对韦伯政治理论某些元素的极端化利用或推演,揭示二者无论在根本价值出发点还是他们个人的生命政治实践上都存在根本不同。第三,阐述韦伯围绕资本主义与现代性、政治与国家、合法性与正当性、官僚制与议会民主、议会民主与领袖民主、责任伦理与信念伦理等二元议题发展起来的政治理论,蕴含复杂的价值关切,是对自由主义民主理论的修正与丰富,对当代政治与法哲学具有深远的方法论与价值论影响。

哈贝马斯的规范主义民主法治国理论就包含着对韦伯理论的继受,此种思想继受诠释了当代世界不同阵营政治理论家的一个基本共识:韦伯拥有伟大政治理论与社会理论应具备的理智品质和道德品质。[①] 对我国宪制理论研究而言,辨析这三位思想家建构的三种民主理论的价值内核与制度意涵,有利于理性地反思我国政治宪法学思潮中出现的施密特热,厘清民主、权威、威权的规范性关系,为发展我国社会主义自由民主宪制理论体系提供思想镜鉴。

---

① 无论雅思贝尔斯(Karl Theodor Jaspers)、沃格林、摩根索(Hans J. Morgenthau)还是施特劳斯(Leo Strauss),都承认这一点。其中沃格林更是将韦伯与马克思的理论成就放置在同一层次,他认为,二者都致力于对现代世界诸种非理性激情的揭露,但韦伯的政治理论的内部具有更为丰富的价值层次并且试图在个人主义的方法论基础上重新恢复现代世界的超验价值向度。参见〔美〕埃里克・沃格林:《希特勒与德国人》,张新樟译,上海三联书店 2015 年版,第 316—317、328—331 页。李猛:"专家没有精神:韦伯论官僚时代的科学与文明",载〔德〕马克斯・韦伯等:《科学作为天职. 韦伯与我们时代的命运》,李猛编,生活・读书・新知三联书店 2018 年版,第 255、258—259 页。

二、韦伯政治理论的总体问题意识：
理性化—官僚制、民主化、克里斯玛支配

韦伯政治著述写作的时间跨度大、内容广。从19世纪90年代早期分析东部普鲁士的经济社会变迁到战时与战后魏玛初期围绕德国宪法民主化改革写的大量论文、时评、演讲与通信，形式多样。议题不只局限在德国问题，还比较了英国、美国、俄国的政制，英美两国的民主体制为韦伯提供了反思德国政治的模型，而俄国则是引起韦伯最持久兴趣的国家，1905年到1906年间他撰写了分析俄国革命道路的长文，蕴含他对自由民主、马克思主义、社会主义的三重思考，影响深远，被公认是政治分析的典范。

韦伯之所以是现代政治理论的典范，深层原因在于他与马克思一样，深切关注在资本主义与社会主义条件下人类社会发展面临的一般性问题。韦伯与马克思在科学研究中共同强调的主题是：作为经济形式的资本主义、社会的资本主义形式和这个总体背景下的人性与人类命运。马克思通过《资本论》和《共产党宣言》对资本主义体制表达了一种完全悲观的态度，即资本主义是一种普遍的然而必须加以革命的自我异化，他提出了一种走出这种异化的政治实践方案即无产阶级革命。与马克思相比，韦伯的理论社会学（包括宗教社会学、法律社会学、支配社会学）和政治著述对资本主义本身的看法相对更积极。

韦伯从原则意义上将资本主义视为一种中性的东西，认为它是一种普遍的不可避免的理性化过程。与马克思超越作为单个私人的个别

人的视角、采取一种"抽象普遍性"即强调民族、国家、个人的统一实体性相对照,韦伯始终秉持方法论的个人主义,强调"个别的"和"理性的"定义的方法论意义。他对社会的"形态"的"个人主义"的界定在于,在现代社会,严格而言,只有"个人"才是真正现实的和就生存而言合理的,所有个人通过理性化实现的祛魅带来了一种人和形式的客观性。[1]

韦伯政治理论的核心问题特别能印证韦伯与马克思科学研究方法存在的上述差异。无论官僚制、议会民主制还是克里斯玛型领袖支配,它们都是韦伯民主宪制思想方案中的关键结构要素,这些关键要素的内涵与意义须放置在韦伯对德国与现代社会民主化前景的整体思虑中进行体系的解读,其民主理论的自由主义价值底色就隐含在这一思想体系中。

在分析韦伯政治理论的自由民主底色时,需特别指出的一个问题是,从1917年俄国十月革命爆发到1920年他去世前的这段时间里,韦伯政治著述的焦点发生了微妙而复杂的转移。焦点从《新政治秩序下的德国议会和政府》表达的议会民主主义转向《以政治为业》中的直选克里斯玛领袖民主。这一转变既具有揭示大众民主时代根本政治问题的特殊意义,也是韦伯被质疑最多的一点。最主要的一个疑问在于,这个转移是否意味着韦伯对自由民主的立场发生了根本改变?假如回答是肯定的,那么,这一改变是实质的?还是仅仅只是魏玛德国特殊情境下他作出的策略性转变?这都需回到韦伯政治著

---

[1] 〔德〕卡尔·洛维特:《韦伯与马克思以及黑格尔与哲学的扬弃》,刘心舟译,南京大学出版社2019年版,第6—9、25—27页。同时参见 Wolfgang J. Mommsen, Max Weber as a Critic of Marxism, *The Canadian Journal of Sociology*, Vol. 2, No. 4, (Autumn,1977), pp.374-377。〔德〕施路赫特:《理性化与官僚化:对韦伯之研究与诠释》,顾忠华译,广西师大出版社2004年版,第36—59页。

述的内部体系中去分析解答。

1. 理性化—官僚制与个人自由的紧张关系

韦伯政治著述的独特价值在于,它们包含了其理论社会学著作所缺乏的一系列主题。这些主题包括但不限于:关于政治的本质就是在社会中为获取权力而展开斗争;关于现代民主的煽动特性与虚幻性;关于政治领袖的信念伦理与责任伦理;关于国际冲突与国家内政结构的相互关系;等等。他对德国民主革命与俄国民主革命的论述则提供了意象独特的关于社会与国家政治变革互动的分析。

这个分析的重中之重就体现在他关于官僚制与民主制的讨论——这个讨论既适用于资本主义社会又适用于社会主义社会。在《经济与社会》中,官僚制还是一个与具体社会和政治过程剥离开来的抽象模型与理想类型概念,但在其政治著述中,韦伯将一般社会学上的官僚制置于其所处的历史时代与社会背景之中进行运用,发展出一套官僚制与民主制的二元思想框架,提出了官僚制既有不可阻挡性又有内在限度,既具有专业独立性又必须被宪法政治机制遏制的理论。[1]

因此,理解韦伯民主理论要了解的第一个核心问题就是,在大规模官僚制组织作为理性化的重要形式日益支配着现代经济与政治生活的时代,如何去保护个人自由的行动空间?

理性化与官僚化这两个历史进程构成韦伯现代性的独特属性。理性化首先是指科学世界观的降临和随之而来的世界的除魅,对人

---

[1] 〔英〕戴维·毕瑟姆:《马克斯·韦伯与现代政治理论》,应奇、刘训练译,吉林出版集团有限责任公司2015年版,第4页。

类理性而言,科学的发展让人类感到没有什么不可认识的力量。世界的理性化在实践中体现为人类控制世界的各种努力,并且这些努力均以世俗化的形式在国家与社会的治理结构中实现了制度化。科层制官僚组织对国家与社会生活的支配就是这个理性化历史进程的最重要部分。①

韦伯官僚制概念最关键的内容有三个。其一,官僚制是一个整体的普遍的理性化进程,而不仅仅是一个地方或一个国家的特殊现象,它有必要性、必然性与持久性。它也不是个别国家比如普鲁士或君主制下的特定政治制度类型,而是现代社会普遍的行政化组织类型。无论在自由议会制政体还是在社会主义革命后的社会主义国家,都会长期存在官僚制趋势。这种行政化组织类型在所有社会和生活的所有领域之中盛行,这是由现代社会本身的复杂性决定的。其二,官僚制的治理对个人自由构成极大的威胁。韦伯坚持认为,在个人所有的独立的生产手段以及在社会生活所有领域中主动性受到剥夺的地方,在个人被整合进垄断了专业知识和组织效能的强大等级制组织的地方,个人自由均可能受到威胁。而现代国家中的官僚制组织恰恰具有这样的治理冲动与组织能量。其三,国家治理的官僚化进程必须与民主的发展并驾齐驱,历史经验显示,推动议会制民主乃是保护个人自由免受官僚制行政保密惯性及其强势权力侵害的基础保障。需要特别指出,韦伯又敏锐地指出了与之有关的一个重要悖论:议会制这一民主机制本身也存在官僚体制化的潜在风险。

承认议会制民主对遏制官僚制的关键意义,同时又指出了议会制

---

① 〔德〕施路赫特:《理性化与官僚化:对韦伯之研究与诠释》,顾忠华译,广西师大出版社2004年版,第72—74页,〔英〕戴维·毕瑟姆:《马克斯·韦伯与现代政治理论》,应奇、刘训练译,吉林出版集团有限责任公司2015年版,第13页。

内也可能出现的官僚化趋势,这是韦伯官僚制理论最重要的洞见,它不是书斋里的哲学思辨,而是源自对历史与政治现实的深刻洞察。因为议会组织与活动高度依赖于整个社会中存在的多元组织,而现代社会中这些政治经济组织几乎都已经是科层等级结构的官僚制或准官僚制形态。这里所说的议会民主政治场域中的组织包括选举领域中的政党,以及支持不同政党的经济组织或社会力量。现代民主政治离不开群众性政党,政党组织是人类现代社会最强大的官僚制结构之一,韦伯将其在社会学中发展出的中性的"官僚制"与"政党国家"范畴结合起来,运用于现实政治分析,指出了无论在西方还是东方,无论资本主义还是社会主义国家,具有技术与组织优势的官僚制和现代政党国家,既是现代化必不可少的理性化形式,同时又面临与民主化的协调发展问题。

因此第二个核心问题是,在官僚制这一现代普遍趋势下,如何以不危及私有财产权和基本自由秩序的方式,把个人与阶级(特别是无产阶级)都能理性地整合到国家的政治进程中,从而尽最大可能提升全体公民与不同阶层的政治影响力?[1] 其中最关键的是,如何看待无产阶级执掌民族政治领导权的要求?[2] 这实质上涉及如何在自由宪制基础框架内进一步推进民主与平等。

对这个问题,韦伯是以德国与俄国的民主革命为焦点展开分析的,这两个国家的民主革命与20世纪的中国革命也有千丝万缕的联系。一方面,作为公认的德国自由民主思想家,韦伯坚持认为维护个人自由

---

[1] 〔英〕戴维·毕瑟姆:《马克斯·韦伯与现代政治理论》,应奇、刘训练译,吉林出版集团有限责任公司2015年版,第5页。
[2] 〔德〕马克斯·韦伯:《韦伯政治著作选》,〔英〕彼得·拉斯曼、罗纳德·斯佩尔斯编,阎克文译,东方出版社2009年版,第21页。

需要首先确保经济个人主义能免受政治系统控制,至少要给它留足发展空间。① 德国应该致力于透过理性资本主义的具体方式而不是通过苏维埃式激进革命方式来解决当下的危机。无论苏俄那种无产阶级革命还是威廉德国后期的父权制福利国家模式,都不能真正为工人阶级带来解放与自由,因为这两种体制模式最后的结果都无法避免深重的官僚专制。

因此韦伯在政治与宪法方面的主导思想是,坚持认为应该通过一系列议会制民主改革,将无产阶级的经济诉求转移到民族国家政治意志的形成过程即立法与政策制定过程中,让承担着最主要经济工作的阶级能获得实质的政治影响力。② 具体到德国,他力主借鉴盎格鲁-萨克逊式的议会民主主义制度,要求根除德意志根深蒂固的总体论和有机论国家观。韦伯虽然带有热烈的民族主义情怀,但在政治与宪制改革上,他始终坚持民族国家必须建构能包容个人主义—自由主义的制度模式。③

这就需要推动三个具体的民主宪制机制。(1)以宪法改革为契机促进选举权的平等化和普及化,赋予工人阶级有效的普选权。韦伯将这视为理性资本主义在政治领域必然的道德要求,是政治理性化的基本内容。④ (2)加强工人阶级的社团组织即工会的合法权利,使工人能以更平等的条件与资本家谈判。这是理性资本主义得以继续的一个政治前提。韦伯认为在经济理性化问题上,工人的利益与资本家的利益

---

① 〔英〕戴维·毕瑟姆:《马克斯·韦伯与现代政治理论》,应奇、刘训练译,吉林出版集团有限责任公司2015年版,第41页。
② 〔德〕马克斯·韦伯:《韦伯政治著作选》,〔英〕彼得·拉斯曼、罗纳德·斯佩尔斯编,阎克文译,东方出版社2009年版,第71—72页。
③ 苏国勋:《理性化及其限制:韦伯思想引论》,商务印书馆2019年版,第237—239页。
④ 〔德〕马克斯·韦伯:《韦伯政治著作选》,〔英〕彼得·拉斯曼、罗纳德·斯佩尔斯编,阎克文译,东方出版社2009年版,第69—74页。

从长远看有一致性,虽然工人阶级与资本家在诸多问题上有差异,但这两大基于资本主义生产方式而出现的阶层,与依靠俸禄为生的官僚和依靠特权而生的寄生阶层存在根本差异,在民主宪法与法律框架内这两大阶层具有寻求同步发展的利益动因。(3)工人阶级需要培育遴选能带领他们进行政治经济合法斗争的领袖。韦伯反对一元化的官僚系统将社会经济企业置于任何形式的"共同体"控制之下,因为那将导致工人对系统的依附,导致理性资本主义经济发展受阻。①

总的来看,韦伯是在现代化以来自由资本主义文化背景中寻找解决经济政治不平等这一问题的出路。与马克思一样,韦伯认识到改善工人阶级生存状况的问题不仅是单纯的经济问题,而且也是政治问题。但与马克思不同的是,他对现代发达资本主义下政治的理性化改进空间还充满期待。他思考的是从长远看,怎样才能使民主和自由尽量在资本主义处境处于支配地位的情况下存在下去?资本主义作为一个无法彻底铲除因而只有加以容忍的历史发展进程,该如何破旧立新?②

为此他区分了现代理性资本主义与强盗资本主义、市侩资本主义,并指出改善无产阶级状况需要去深刻挖掘理性资本主义的内在潜力,激活理性资本主义的政治经济伦理,在尊重现实与尊重人性经验的基础上寻找走出异化的制度出路,而不是开出文人墨客式的乌托邦方案。沿着这个思路,韦伯的政治思考来到了官僚制统治之外的另一个宪制问题,即大众民主的趋势、功能与悖论。

---

① 〔德〕马克斯·韦伯:《韦伯政治著作选》,〔英〕彼得·拉斯曼、罗纳德·斯佩尔斯编,阎克文译,东方出版社2009年版,第72—75页。
② 〔英〕戴维·毕瑟姆:《马克斯·韦伯与现代政治理论》,应奇、刘训练译,吉林出版集团有限责任公司2015年版,第42页;顾忠华:《韦伯学说的当代诠释》,商务印书馆2016年版,第105页。

2. 大众民主时代处境下的政治理性化与克里斯玛权威问题

因此理解韦伯政治著述的第三个关键点就是，大众民主的兴起对政治理性化与形式理性法律体系的影响。根据其理论社会学的诊断，现代社会是大众民主降临的时代，大众民主在社会层面和在政治层面各有其内涵与体现。社会层面的民主化即社会地位平等化，主要指出身门第这一传统的合法性被削弱，这是民主化在社会层面的内涵。而普选权与议会制政府是民主化在政治层面的内涵，它意味着政治权利平等成为新的正当性。他像托克维尔一样，坚信社会层面与政治层面的民主化都是浩浩荡荡的世界潮流，并为一种能赋予民众有秩序、经常性而不是暴力的歇斯底里式的大众民主参与机制进行辩护。① 但是韦伯民主理论有一个独特贡献，即他特别分析了大众民主的煽动特质，并在此基础上重点思考了大众民主时代对克里斯玛型政治领袖权威的需求。韦伯对民主内在的煽动特质的分析是其价值无涉社会科学方法论在民主政治领域的一个典范运用分析，也是当代世界论辩"民主权威""权威民主""超凡魅力权威"的宪制地位时的重要思想来源。

对韦伯而言，现代国家既以官僚制政府治理为重要特征，又不断体现为一个大众式国家，现代国家的政治过程在形式上都不敢公开否认或忽视大众的作用。"大众"作为现代化与社会平等化进程的产物之一，必然会成为现代国家政治宣传的主要对象。韦伯将与官僚制同步

---

① 〔英〕戴维·毕瑟姆：《马克斯·韦伯与现代政治理论》，应奇、刘训练译，吉林出版集团有限责任公司2015年版，第105—107页。

的民主化进程称为"被动民主",它是一个现代现象并进一步催生了群众性的现代政党。① 大众及其政党通过公众舆论对国家与政府活动的内容及其方向发挥不同程度的影响,在这种民主进程中,舆论宣传具有重要影响。韦伯指出,但凡宣传必然自带煽动特质(煽动在韦伯理论中是中性的社会学术语),大众民主条件下的政治宣传亦不例外,因此大众民主与煽动宣传可能归于一体。② 基于对大众民主时代民主政治内在之煽动性的考量,韦伯认为民主政治这一理性化机制也可能走向非理性,因此大众民主须得到制约。

除了大众民主的煽动特质之外,另一个促使韦伯拒绝将大众民主神圣化的原因在于,他洞察到作为大众民主化意象之一的投票政治,存在着复杂的悖论,即普选权的推行无法改变,反而会加强少数定律——少数人控制政治的普遍规律。这是韦伯的《经济与社会》与他的政治著述都承认的一项政治规律。在20世纪早期的德国,韦伯算得上激进的民主主义者,但他的知识与政治的诚实又使他必须指出,严格意义上,人民永远不能统治而只能被统治,因为普选权的推行引起的变化无非是选择少数人的方式的变化、选择出来的少数人的品质的变化以及不同品质的人到达权力顶层的机会的变化。③

基于此,韦伯将对大众民主的分析实质上转变为对大众民主催生的政治精英角色与品质的讨论。大众民主中的这一少数定律会有两个显性后果:其一,传统贵族政治元素比如地方绅士或个体议员的地位下

---

① 〔德〕马克斯·韦伯:《经济与社会》(第2卷上册),阎克文译,上海人民出版社2010年版,第1356—1357页。
② 〔英〕山姆·威姆斯特:《理解韦伯》,童庆平译,中央编译出版社2016年版,第261—263页。
③ 〔德〕马克斯·韦伯:《经济与社会》(第2卷上册),阎克文译,上海人民出版社2010年版,第1357页;〔英〕戴维·毕瑟姆:《马克斯·韦伯与现代政治理论》,应奇、刘训练译,吉林出版集团有限责任公司2015年版,第108—109页。

降;其二,作为选举机器的现代政党及其官员特别是作为政党机器灵魂的政治领袖的重要性上升。针对一些理论家主张的想回归民主原貌就要取消政党制度本身的观点,韦伯非常清醒地指出这是根本不现实的,因为有大众民主就必然会有现代政党,研究现代民主无法回避政党这一政治机器。这些分析使人们误以为韦伯忘记了民主本身,实际上是韦伯观察到了现代社会的民主机制存在无法避免的一种虚幻性质。因此可以说,人类政治现代化不可避免需要民主这个东西,但又面临如何克服民主这个东西的内在缺陷的现实困难,这个向度的思考是内嵌在韦伯民主理论深处的。韦伯的清明之处在于:在系统论证诸种现代理性化机制的势不可挡以及此种如铁一般的趋势的强韧的同时,始终没有放弃个体与个体自由的处境。他对现代性成就充满历史激情与知识上的敬意,但又经常站在个人主义立场试图去揭露现时代的诸种激情。

总体而言,把握从理性化-官僚制——议会制民主与大众民主——克里斯玛型政治领袖支配这一连串范畴的逻辑与价值关系,是正确理解韦伯后期提出的领袖民主制思想的基本前提。在这个连续性的思考中,韦伯表达出与托克维尔类似的对现代性与大众民主的忧思,但又有比托克维尔更进一步之处,即韦伯系统地分析了大众民主为什么必然会与官僚制及政党机器相伴相随。

他的基本思虑是,现代化和世俗化的时代,社会层面出现的平等化趋势会在很多国家出现,这些国家不一定是议会制国家,在君主制甚至独裁体制国家也可能出现社会层面的某种平等化趋势(甚至一种绝对拉平化趋势)。无论在议会制民主国家,还是非君主制政体与独裁政体下,政治系统都要诉诸宣传进行大众动员,这是现代社会民主的内在特征(韦伯认为这尤其是德国政府的标准特征)。因此,现代社会大众民主的中心问题就转化为:民主如何能遴选出讲究政治伦理、富有政治理想的克里斯玛型领袖？民主如何能够确保大众选出的领袖能抵御各种侵蚀其独立性的力量？民主如何为政治领袖配置足够的制度力量去制衡强大官僚组织的纯粹工具性价值？民主如何确保政治领袖能抵御各种竞争性的利益集团的物质要求和各种群众运动的非理性压力？

由此可见韦伯是在特定的逻辑框架与价值前提基础上提出要重视政党领袖在现代大众民主中的积极作用的。因此仅从其学术思想背景来看,韦伯领袖式民主制这一引发高度争议的阐释性议题,实质上是一个强版本的精英民主理论模型。当然批评者可以说从中蕴含典型的尼采式英雄色彩,因而有点像关于民主的一种另类意识形态。

但这里更关键的问题在于一种历史因素,即韦伯对政治领袖素质与重要性的客观分析被他去世后出现的纳粹德国史带进了万丈深渊。直接而言,在二战后德国的政治文化语境中,克里斯玛型支配与政治领袖成了被希特勒元首独裁制(fuhrerprinzip)这个历史倒退彻底玷污的两个范畴。[①] 希特勒极权的出现在一种最糟糕、最极端的意义上挑战或者说抹黑了韦伯民主理论中的克里斯玛支配。在韦伯的体系中,它原本是为了矫正大众民主内在悖论而提出的思想范畴。由于纳粹元首独裁统治这个背景,韦伯从强调议会制民主转向同时强调克里斯玛型领袖民主,就被建构为其民主理论的重大缺陷。

然而,前文的体系化分析使我们认识到,更公允的评价应该是,韦伯对议会制民主的支持是一以贯之的,而非权宜之计,他充分肯定议会

[①] Dana Villa,"The Legacy of Max Weber in Weimar Political and Social Theory", Peter E. Gordon, John P. McCormick, *Weimar Thought: A Contested Legacy*, Princeton University Press, 2013, p.77.

制民主具有确保个人自由与政府信息公开、反映与调和多元社会力量、训练与选择真正的政治领袖等重要功能。①

只不过,韦伯留下了未竟的问题,即直选领袖民主制这个方案客观上是否会导致实质的反议会主义的倾向?当现实中出现直选领袖与议会之间的尖锐冲突时,这个理论方案如何调整,才能不伤害自由民主宪制的基本原则?② 这些问题实质上就是当代西方政治与宪法理论中依旧热议但也依旧没有统一答案的"选战独裁者"问题。从思想史看,韦伯是用更为尖锐更系统的方式较早地揭示了存在于自由—民主制度自身之中的选举独裁问题。

从有组织的工人运动与普选在西方国家出现以后,古典自由主义的财产权与一系列文化遗产包括多元主义就开始受到一定挑战,代表多元价值的竞争性局部利益与大众民主时代民众期待的社会财富分配机制等均出现根本性分歧。如何在权力与道德之间达成妥协与平衡,韦伯的民主理论从根本上是想为解决这种内在矛盾提供思路。③ 这种思路反映了韦伯政治概念中的一个二律背反:他既界定了一个实证主义的除魅的政治概念,即政治充满难以调和的意识形态和利益争斗,但又在现实主义的政治概念旁边提出了对一种理想政治的期待,克里斯玛领袖民主制就承载着捍卫政治秩序之内在道德这一政治理想。

因此,韦伯的思想是处在自由民主的理论与实践发展的起点而非终点上,他是一位洞察到人性缺陷与自由民主内在问题的先驱,而不是

---

① 〔美〕京特·罗特:《韦伯的政治著述》,载〔德〕马克斯·韦伯:《经济与社会》(第 1 卷),阎克文译,上海人民出版社 2019 年版,第 95 页。
② 〔英〕戴维·毕瑟姆:《马克斯·韦伯与现代政治理论》,应奇、刘训练译,吉林出版集团有限责任公司 2015 年版,第 7—9 页。
③ 〔德〕京特·罗特:《韦伯的政治著述》,载〔德〕马克斯·韦伯:《经济与社会》(第 1 卷),阎克文译,上海人民出版社 2019 年版,第 96—97 页。

道德理想主义者和乌托邦主义者。当今世界的很多情形反复表明一个民主政体的良好运行,不仅需要形式良好的宪法制度的建构,而且也在很大程度上依赖政治领袖与民众的品德。因此体系地看问题,可以说"韦伯既不是像魏玛时期有些人所认为的那样是一个简单的议会民主论者,也不是如纳粹时期有人所宣称的那样是法西斯主义的先驱,毋宁说,他的理论恰恰体现了见之于我们时代自由民主中的那些紧张、含混和矛盾"①。

把握上述体系背景,再来看施密特与韦伯政治理论的关系,就能更清楚地知道,他们之间只是在概念形式上存在一些联系,而两者理论的价值内核却存在根本差异。施密特脱离韦伯政治理论的前提与体系,选择性地、不合理地利用了韦伯民主理论中的克里斯玛型支配范畴为其主权专政宪法学说服务,这个事实促使蒙森坚决反对将施密特的宪法学说与韦伯理论相提并论。

三、施密特对韦伯民主理论的极端化推演与利用

1. 一个总体对比

韦伯始终承认世俗化、多元价值与个体自由选择,并从根本上支持议会制民主和多元政党制度,而施密特从一开始就反对世俗化、多元价值、议会制民主和政党制度。在这些具体差异的背后,存在的是两者对现代世界与现代性价值的认识截然不同。在西方学术上,新教革命后

---

① 〔英〕戴维·毕瑟姆:《马克斯·韦伯与现代政治理论》,应奇、刘训练译,吉林出版集团有限责任公司 2015 年版,第 8 页。

出现的政治经济社会变迁,被统称为现代化,现代化在理论上继续抽象为现代性问题。个人主体性原则和自由社会秩序正是现代文化形态的基本原则。①（当然,后现代主义对这些问题的批判也很丰富,现代性包容对它自身的批判这本身也是一个现代性问题和现代性现象。）

韦伯虽然洞察到现代性的困境,但整体上接受现代性诸元素,并用理性化概括了这一历史进程的技术特质。被誉为"欧洲文明之子"的韦伯,对西方从传统社会向现代社会转型中出现的政治与法律制度的技术特质和伦理特质进行了卓越的学术分析。除魅就是来自韦伯理论的一个重要概念②。韦伯用这个源自席勒的概念来描述西方社会进入现代后的基本价值趋势,它经由新教革命而引发,全面体现在西方经济、政治、宗教、文化等各个领域的历史发展之中。除魅的实质就是社会的价值多元,就是世界观的多样性,就是本体论和认识论上的个人主义的来临。这个价值背景下最重要的一个进程就是伦理理性化。伦理理性化不仅构成社会秩序理性化在发生学意义上的亲和力,而且伦理理性化与社会秩序理性化之间的复杂关系,为人的自由提供了可能空间和现实技术。③

而施密特作为魏玛德国天主教保守派政治理论的代表人物,坚决否定世俗化和自由化等现代性核心要素。他的宪法学说坚决反对的中

---

① 以个人主义为第一要义的主体性原则乃是现代的原则。从宗教改革到法国大革命,都是贯彻主体性原则的历史事件。思想传统上,从黑格尔、尼采、韦伯再到当代的哈贝马斯,都是在围绕个人主体性原则展开对现代世界优越性及其危机的观察阐释或分析批判,有关的学术史综述,参见刘小枫:《现代性社会理论绪论》,上海三联书店1998年版,第1章和第2章。

② 有关除魅的基本含义,参见〔德〕韦伯:《学术与政治》,冯克利译,生活·读书·新知三联书店2005年版,第29页。有关除魅与理性化、除魅与西方社会理性化及法律理性化之间关系的经典研究,参见李猛:《除魔的世界与禁欲者的守护神》,载李猛编:《韦伯:法律与价值》,上海人民出版社2001年版,第111—241页。

③ 参见李猛:《除魔的世界与禁欲者的守护神》,载李猛编:《韦伯:法律与价值》,上海人民出版社2001年版,第123—133页。

立性(自由主义的中立性)实际上就是在相反方向上利用了韦伯的理性化概念。① 在韦伯那里,个体自由命运得到深沉关切,而在施密特理论体系中则被旨在强调同质性的统一德意志人民意志淹没替代。在韦伯理论中处在议会制权力之侧的合宪总统制,则被施密特赋予一种直接否定议会民主制的性质。所谓"施密特给帝国总统的领袖地位观念牵强附会上一种反对议会民主的偏见"(蒙森语)②。韦伯虽然看到帝制晚期到魏玛初期德国议会政治出现了被物质利益集团操纵等诸多弊病,但他不仅从未反对议会制民主本身,而且在整个理论体系中都将议会制民主视为抗衡官僚制趋势的原初机制,在这个背景下克里斯马型支配则成为预防议会政党政治乱象或议会权力滥用等问题的药方。

施密特的整个政治与宪法学说以反对现代性与世俗化、反对价值多元和个人自由选择为鲜明特征。囿于篇幅,本章无意涉及施密特的政治神学,只重点分析他在对待议会制民主和多元价值这个层面上与韦伯理论的差异,揭示他是在民主就等于人民的同质同一性这个与韦伯立场截然相反的前提上,推演了韦伯的克里斯马型领袖民主制概念。

2. 一个具体分析

《当今议会制的思想史状况》与《合法性与正当性》两篇文章集中反映了施密特对议会制民主与多元价值这两个古典自由主义基本原则的态度,一种与韦伯民主观根本不同的立场。施密特在其中明确地直接将议会制民主宣判为源自自由主义的历史垃圾堆,是"不可理

---

① G. L. Ulmen, "The Sociology of the State:Carl Schmitt and Max Weber", *Culture and Society*, Vol. 1, No. 2(Winter, 1985),pp. 27–29. 同时参见〔德〕贝恩德·吕特尔斯:《卡尔·施密特在第三帝国:学术是时代精神的强化剂?》,葛平亮译,上海人民出版社2019年版,第2—3页。

② 〔德〕沃尔夫冈·J. 蒙森:《马克斯·韦伯与德国政治:1820—1920》,阎克文译,中信出版集团2016年版,第376页。

喻的和过时的"。

首先,他基于同质性民主观将议会制与民主制二元区分对立,即议会制根本不是任何意义上的民主。按照施密特的民主观,现实政治中的民主必须满足:首先要求同质性,其次要求消除异质性。① 简言之,施密特认为民主的政治本质就是政治具有高度的同一性,国际政治与国内政治都应以区分敌我、消灭敌人为根本任务。施密特从国际与国内政策两个角度提出同一性民主制度显示其政治权力的办法首先是它知道如何拒绝或排斥威胁其同质性的外国人或不平等的人。按照同质性民主观,所有人作为"人"的平等,根本不是民主,因为它不具备真正的民主政治的那种区分敌我的自觉意识,而是一种自由主义类型,一种自由主义的一个弊端就是它在国内政治上尊重价值多元,因而根本无政治可言。自由主义不能成为一种国家形态,它充其量只是一种个人主义、人道主义的道德和世界观。在他看来,此种道德-世界观对像德国这样的现代民族国家所需要的主权安全与秩序而言会是致命的威胁。

再者,施密特还指出了另外两个足以说明议会制民主已经过时的因素:一是1848年后西方没有发展出论证议会制之正确性的思想体系,缺乏堪称原则的论证,它的思想基础是脆弱的;二是19世纪中期以来欧洲大众民主的发展趋势,也证明了古典自由主义代议制思想必然过时了,古典自由主义根本没有理论与实践能力区分议会制与民主制的差异。②

施密特全然不顾英国、美国等国家劳工阶级在议会制度轨道内合

---

① 〔德〕卡尔·施密特:《合法性与正当性》,刘小枫编,冯克利等译,上海人民出版社2015年版,第15页。
② 〔德〕卡尔·施密特:《合法性与正当性》,刘小枫编,冯克利等译,上海人民出版社2015年版,第18—19页。

法斗争取得的历史成就,极端化地将大众民主的发展视为是在议会之外、与议会制相对立的截然不同的一种民主趋势,认为大众民主意味着民主有了新的形态,并认为它使议会体制面临着巨大危机。他希求在现代大众民主趋势下寻求卢梭式的公意,进而塑造他认为的对于现代国家而言最为关键的精神要素即统一强大的国家意识形态。他认为卢梭提出的国家应立基于自由契约的理论在外表上看是自由主义的,实质上卢梭对公意这个核心概念的描述阐发却是在强调"真正的国家只能存在于人民具有同质性从而基本上存在着全体一致的地方"。

施密特极致地发挥了卢梭契约论中的主张国家-社会一体化要素,这一发挥为他反对政党制度和多元议会民主找到了韦伯之外的理论基础。"按社会契约论的观点,国家中不可能有多个政党,不可能有特殊利益和宗教分歧,任何事情甚至对公共财政的关切都不能使人民分裂。卢梭是受到阿尔弗雷德·韦伯等德国重要的国民经济学家尊敬的现代民主哲学家……在卢梭看来,全体一致性必须达到各种法律不经辩论即可产生的程度……全体人相互达成契约这种思想,来自一个完全不同的理论世界,那儿要有各种对立的利益、分歧和私人。这种思想来自自由主义。卢梭所设想的公意其实就是同质性,那才是真正符合逻辑的民主。"[1]

结合施密特《宪法学说》的内容可以看到,从卢梭民主观牵出的一系列反自由主义推论正是施密特宪法学说理论的一个根本理论前提,即民主就是绝对的平等与同一,是人民的同一性。"民主制的核心概念是人民,不是人。民主制若欲成为一种政治形式,它就只能是人民民主

---

[1] 〔德〕卡尔·施密特:《合法性与正当性》,刘小枫编,冯克利等译,上海人民出版社2015年版,第20页。

制,而非基于人性的民主制。对民主制而言,就连阶级概念也不能取代人民的概念……民主制的人民概念将始终存下去,它不仅与人的概念相对立,而且与阶级的概念相对立。"①

从这一根本前提出发,施密特进一步否定阶级、阶层概念,反对结社自由与政党制度,反对多元社会组织的法权地位,反对人民内部存在差异与分歧;强调真正的民主就是被统治者与统治者的同一性,真正的民主制度就是处处都要贯彻绝对的平等,绝对的平等才是实质的平等,绝对而实质的平等不仅指经济上的平等,而且包括生理、人种、道德品质、世界观等所有精神维度的无差异。施密特在此价值逻辑基础上进一步将自由主义、议会制视为对民主的反动,或者说,自由主义与议会制根本就是反民主的。自由主义—议会制下那种多元政党政治、公开辩论与政治协商不仅不是民主,而且会危害真民主,因此,议会制是最不可理喻和过时的制度。

既然在自由主义—议会制下无真民主可言,那么真的、实质的民主该到哪里去寻找?施密特认为卢梭提供了有关真民主的哲学基础,而布尔什维克与法西斯主义则提供了有关真民主的实践范例。

他明确写道:"布尔什维克和法西斯主义,就像一切专政一样,肯定是反自由主义的,但未必是反民主的……它们想创建同质性,利用上个世纪的自由主义传统中不常见的方式形成人民意志……人民是一个公法概念,人民只存在于公共性之中。一亿个私人的一致意见既不是人民的意志,也不是舆论……通过万众欢呼……人民的意志同样能够得到表达甚至表达得更好。""同直接民主相比,不只在技术意义上,而且在至关重要的意义上,议会是一部人为设立的机器,是从自由主义的推

---

① 〔德〕卡尔·施密特:《宪法学说》,刘峰译,上海人民出版社2005年版,第251页。

理中产生的,而专政的和恺撒主义的方式不仅能够得到人民的万众欢呼,也能够成为民主的实质和力量的直接表达。"①施密特强调真正的民主感情的力量要强烈,场面要壮观。

施密特与韦伯、普罗伊斯、瑙曼等自由民主派人物的一个最为关键的差异就呼之欲出了。魏玛制宪的灵魂人物与德国资产阶级主要政党社会民主党在《魏玛宪法》中作出的一个基本政治决断就是,德国要避免苏维埃化就必须立即确立议会制民主体制。而在施密特眼里,布尔什维克以及后来的法西斯主义不仅不是对议会民主的威胁,相反,他认为,这两种体制都是真民主,都是对议会制下的国家危机的最有效救赎,因为议会制下的国家危机本质上是自由个人主义与本应受统一政治理想支配的国家情感之间的对立与矛盾,这个矛盾必须通过重建统一的国家思想形态来解决。

可以更直接反映韦伯与施密特政治理论根本差异的另一个论据是,施密特在《当代议会制的思想史状况》中对以韦伯为代表的魏玛自由民主派的批评。在韦伯以及深受韦伯影响的普罗伊斯与瑙曼等支持议会制民主的德国思想人物那里,议会制乃是民主最基本的形式,尽管不是唯一的形式。他们认为议会制是培育和遴选政治领袖的方式,是克服政治上的外行表现,让真正优秀最有能力的政治人才掌握政治领导权的手段。

然而,在施密特看来,这些自由派人物对议会制的态度是一种幻想。一方面因为现实中议会制在德国运转得很糟糕,非但没有成为遴选真正的领导人的公共事务机制,相反,它还沦为党派及其追随者分赃

---

① 〔德〕卡尔·施密特:《宪法学说》,刘锋译,上海人民出版社2005年版,第23页。

和妥协的对象,德国人对它普遍缺乏发自内心的认同。① 这就导致另一方面的连锁反应,即有关议会制的文献几乎不被今天的德国人了解,德国已经没有多少人怀抱韦伯、普罗伊斯、瑙曼等人的愿望即仅凭议会就能保证培养出政治精英。② 施密特认为这些信念的动摇本身已经足以说明议会制在德国的破产。

这与韦伯民主理论的观点立场截然不同。韦伯承认德国现实政治中议会政治存在上述弊端,但他认为这不是议会制民主本身的问题,而是因为德国整个文化与政治传统存在痼疾,没能为议会制民主提供必要的政治的、精神的和人才等条件。虽然俾斯麦统一后德国建立了名义上的议会机构,但议会制这种政治制度在德国从未获得真正的认可,议会实践中出现的各种问题成为德国左右两翼各种政治势力指责议会制民主的理由。右翼认为议会制在本质上是非德国的因而不符合德国国情,左翼则要么提倡以直接民主制取消代表间接民主的议会制本身,要么主张效仿苏俄确立无产阶级专政制度。

韦伯对德国社会的左右翼极端思想都深恶痛绝。韦伯以《新秩序下德国的议会与政府》一文驳斥了德国右翼的观点,坚决反对认为德国不适合议会制的观点并论证了德国议会政治能力低下是结果而不是原因——是俾斯麦以降德国强大的官僚政治制度导致的后果,以高度行政集权为特色的官僚体制阻碍了有政治才能的人借助议会程序脱颖而出。他又以《德国的选举权与民主》一文驳斥了左翼认为议会是野心家、寄生虫的党徒式政治组织因而彻底否定议会制本身的观点,他不仅

---

① 〔德〕卡尔·施密特:《合法性与正当性》,刘小枫编,冯克利等译,上海人民出版社 2015 年,第 10 页。
② 〔德〕卡尔·施密特:《合法性与正当性》,刘小枫编,冯克利等译,上海人民出版社 2015 年,第 14 页。

论证了议会是最可资利用的制衡强大的行政官僚系统的现实手段,而且指出了激活议会的权力手段——强化议会委员会质询权。①

结合上文阐述的韦伯民主思想,再看施密特,可以看到施密特对议会制的看法与韦伯曾严肃驳斥的德国右翼保守势力的观点一脉相承。二者的对立还表现在韦伯的科学态度与施密特的意识形态态度的差异。包括施密特在内的德国右翼保守势力极力提倡德意志特殊性与特殊道路,认为古典自由宪制的基本元素是非德国的、不适合德国的。韦伯基于民族政治统治技术的功利考量,基于对现代性下必然存在的多元价值格局的判断,始终认为德国应该反思自身的政治传统,虚心向民主政治历史更长、经验更丰富的英美学习。他强调,帮助德国成为真正的文化大国与政治大国所需要的政体精神,绝不只是存在于德国的故纸堆里。

韦伯对斗争的不可避免以及对人统治人的现实的强调,乍一看与施密特对政治领域的敌对性质和对领导人的主权专政权(决定谁是政治共同体的敌人)似乎可以无缝对接。韦伯在《以政治为业》的演讲中指出的国家与暴力的亲密关系,也被施密特在他建构的以国家为中心的紧急状态理论中发挥到极致。凡此种种,使施密特的理论看上去很像韦伯政治理论的翻版。

然而,本文对二者在议会制民主这个核心问题上的立场差异的分析可以表明,然而他们之间的相似是表面上的,而差异则是根本性的,这种差异则根植于施密特的政治概念与韦伯政治概念的截然不同。

韦伯既直接揭露政治的暴力本性和现实生存斗争的残酷,但他揭

---

① 〔德〕马克斯·韦伯:《韦伯政治著作选》,〔英〕彼得·拉斯曼、罗纳德·斯佩尔斯编,阎克文译,东方出版社2009年版,第103—104、132—142、214—216页。

示这些本质问题的深层目的是追问在这种处境下个人自由的可能性。韦伯的斗争观蕴含着对多元个人价值的真诚关注,虽然他提出的手段可能未必理想,但个人自由始终是他的核心价值目的之一。他主张内政层面必须根除暴力,坚持选举竞争、议会辩论、权力制衡都是政治斗争与政治选择的合理形式。而施密特非常不同,施密特不仅将韦伯的民族政治概念推向极端化的种族政治,而且还将韦伯建立在承认多元价值基础上的诸神斗争概念转化为一个政治领域的敌我厮杀概念。敌我宪法理论中的国家不再只是合法垄断暴力的一种中性概念,而是拥有决定谁是敌人谁应死的权力,致力于一致消灭敌人的机制,更为重要的是,个人伦理的选择自主权被他的宪法理论体系彻底铲除了。

四、哈贝马斯对韦伯的反思性继受及其思想史意义

从思想传承关系看,无论哈贝马斯还是施密特,都是韦伯理论的继承者,只不过,施密特与哈贝马斯运用韦伯遗产所服务的理想与价值目标根本不同。施密特运用韦伯对现代世界除魅的诊断为纳粹极权体制的极端价值相对主义进行法政辩护。而哈贝马斯继承了韦伯的现代性分析与理性化理论,致力于批判与根除纳粹德国非理性残余的影响,重构自由民主法治的规范基础。

1. 哈贝马斯对韦伯现代性诊断的继受与反思

哈贝马斯延续了韦伯的世界除魅理论,他在分析施密特的论著之所以具有智识冲击力的原因时,曾指出那是因为施密特的著作探索到了一个深层领域。什么深层领域呢?就是很多东西都已经被实证法掏

空,并且被其权威实体抢夺了位子。而最先通过社会学在智识上揭示世界的除魅这一基本现实,分析现代以来国家权力祛魅化过程这一结果的就是韦伯。① 哈贝马斯接受韦伯提出的世界的理性化与世界的除魅的理论主张。

这是两个相伴相随的历史局面与历史进程,意指最终极、最崇高的价值已经从公共生活中退出。它们或者遁入超验世界,要么走进了个人之见的私人交往之中,因而,归根结底,政治活动只不过是在有竞争性的价值法则和信仰力量之间作决断。② 韦伯关于现代人类命运的一系列观点在哈贝马斯那里得到延续,甚至哈贝马斯著作的最主要的一个结构设想,即现代社会的突出特征体现在不同价值领域比如科学、道德和艺术的分化,也是从韦伯思想中引申出来的。

所以哈贝马斯高度称赞了韦伯卓越的理论贡献。他认为韦伯对启蒙运动和世俗化-理性化开创的时代的问题的诊断绝大多数都是深刻正确的。韦伯不仅出色地提炼了现代资本主义法律体系的形式理性特征,而且还预见到发达资本主义条件下国家向福利国家的转向及这种转向对形式理性法的冲击——福利国家的法律实质化浪潮很可能会导致法律被当作政治立法者的工具理性。哈贝马斯指出当代法律理论的很多争论都可归到法律的形式化与非形式化这一对范畴下进行哲学化的讨论,恰恰在这个层面上看,韦伯对现代法律命运的诊断显示出持久的价值与现实意义。③

---

① 〔德〕哈贝马斯:《自主性的恐怖,英语世界中的卡尔·施密特》,载吴彦、黄涛主编:《国家、战争与现代秩序——卡尔·施密特专辑》,华东师范大学出版社 2017 年版,第 173 页。
② 〔德〕哈贝马斯:《作为意识形态的技术与科学》,李黎等译,学林出版社 1999 年版,第 98 页;〔德〕马克斯·韦伯:《学术与政治》,冯克利译,生活·读书·新知三联书店 1998 年版,第 48 页。
③ 〔德〕哈贝马斯:《在事实与规范之间——关于法律和民主法治国的商谈理论》,童世骏译,生活·读书·新知三联书店 2003 年版,第 570—572 页。

但是,哈贝马斯不只是韦伯思想遗产的积极发扬者,他同时又是一位韦伯民主理论的反思批判者。哈贝马斯认为韦伯理论的诸多耀眼光芒依旧无法掩盖其民主理论存在的规范性缺陷,因为韦伯只是将赋予议会权力的过程视为民主化,而未从"原则"上为民主制度提供辩护。① 更准确而言是韦伯未将"民主"作为一项宪法应该恪守的"道德原则"加以辩护。② 韦伯不认为法律之上存在着作为判断依据的道德标准。③

这个缺陷在法哲学上就是指韦伯没有考虑合法性与正当性的紧张关系,而这一缺陷跟韦伯政治社会学中关于"理性统治"的模糊概念有关。根据他的统治学说,每一种有效的合法性都跟真理有一种内在联系。④ 韦伯坚持认为合法性与正当性之间即使存在联系,也肯定不是来自任何内在于法律秩序中的道德内涵,而是来自法律秩序中的特定类型的合理性,要达成法律不仅仅是权力之工具的愿望,要使法律摆脱纯粹的工具理性命运,最终还只能取决于合法性本身的力量。他将自然法视为最纯粹的价值理性类型的法,也承认自然法理想曾经为现代资本主义理性法的发展发挥了重要作用,却不认为现代形式理性法必然要将自然法与理性等价值内容内化于整个法律系统与法律运作过程中。

韦伯对现代形式理性法的态度总体上是冷峻的:法律的理性化就是一种工具理性,法律的理性化或者说精致的法治国其实只能是对抗

---

① 参见〔德〕尤尔根·哈贝马斯:《合法化危机》,刘成北、曹卫东译,上海世纪出版集团2009年版,第103页;
② 〔德〕哈贝马斯:《在事实与规范之间——关于法律和民主法治国的商谈理论》,童世骏译,生活·读书·新知三联书店2003年版,第566—567页。
③ 〔加〕大卫·戴岑豪斯:《合法性与正当性:魏玛时代的施密特、凯尔森与海勒》,商务印书馆2013年版,第279页。
④ 参见〔德〕尤尔根·哈贝马斯:《合法化危机》,刘北成、曹卫东译,上海世纪出版集团2009年版,第106页。

非理性政治力量的一层非常薄弱的屏障。① 韦伯的意思甚至可以通俗概括为法治国只是最不坏的一种统治形式。除此之外人类没有特别多的更好的选择。因此,既然现代理性法的形式主义—实证主义与官僚制支配一样是不可避免的现代秩序特质,法律自然就是政治立法者(不管立法者是否用民主方式被赋予合法性)根据一个法律上建制化的程序指定为法律的东西,法律的形式特征也就是法律合理性的根据,法律由此拥有一种独有的不依赖于道德的合理性。②

上述法律观实质上是韦伯在《经济与社会》《新教伦理与资本主义精神》中表达的现代性理论的一个引申。韦伯指出在现代资本主义条件下,个人发现自己处在一个除魅的、被剥夺了意义与要旨的世界,这些意义与要旨曾经存在于不被怀疑的传统中。但是,现代的经济秩序是一个缺少任何内在意义的效用系统,这个系统对个人需求来说是纯粹工具性的,个人被迫参与进这个像铁笼一样的经济秩序,没有终极标准去判断什么是有意义的或最重要的。因此,现代性背景下所形成的秩序并不能解决个体的困境。韦伯是在这个思想背景下理解实证性法律体系,他认为法律系统与现代经济秩序一样就是达成社会秩序的一种合理化形式,法律的合理化就像经济秩序的合理化一样,仅仅是工具性的。法律不再有内在的价值或正当性,但法律又必须被个人当作正当的,因为除此之外没有什么超验标准告诉我们正当性是什么了。③

因此客观而言,韦伯的确没有触及也可能是有意不去触及"规范的

---

① 〔加〕大卫·戴岑豪斯:《合法性与正当性:魏玛时代的施密特、凯尔森与海勒》,商务印书馆2013年版,第278—279页。
② 〔德〕哈贝马斯:《在事实与规范之间——关于法律和民主法治国的商谈理论》,童世骏译,生活·读书·新知三联书店2003年版,第558—562页。
③ 〔加〕大卫·戴岑豪斯:《合法性与正当性:魏玛时代的施密特、凯尔森与海勒》,商务印书馆2013年版,第12—15页。

道德应当性"这一根本问题。或者说,韦伯对道德的理解深受其理论社会学背景影响,他将道德更多地理解为主观的价值取向,并认为那种主观的价值取向同法律的形式性质是不一致的,因此形式理性法应放逐任何道德等实体性价值。他相信包括法律在内的一整台现代理性化制度机制足以能让有着完全不同观点与世界观的人相处并保持最基本的秩序。但又洞察到现代社会这套庞大的工具理性系统,也是现代人漂泊心灵与意义危机的根源。所以韦伯对"理性化过程本身的吊诡给予了'实然'层次的犀利剖析,但并未提出一套'应然'的规范要求"①。

作为法兰克福学派新一代杰出理论家,哈贝马斯比他的前辈更多地摒弃了对韦伯的政治成见,不再聚焦去批判韦伯为资本主义本身所作的辩护。其一,是因为西方韦伯学的最新研究厘清了韦伯的理性化概念的多重内涵,其二,是因为社会主义这一试图解决资本主义弊端的理想在制度实践过程中暴露出严重的官僚制问题(至少没有像很多马克思主义者预想的那样根除了官僚制)。这些因素都使韦伯理论重新得到新马克思主义学派的重视,他们试图对韦伯与马克思的理论进行更高层次的综合发扬,哈贝马斯的民主法治国规范主义建构就是一个重要代表。②

哈贝马斯首先指出,即使先不考虑应然性,韦伯实证主义-形式主义法律观在经验层面不能成立,因为法律从来都没有完全与道德一刀两断,而是在其中潜含着道德。现代法律系统下的法律商谈(立法、行政与司法过程)不能只是一个纯粹形式化的生产各种规则的程序概念,而且还要受到道德原则的内在限制。"法律商谈,尽管始终是同现行法

---

① 顾忠华:《韦伯学说的当代诠释》,商务印书馆2016年版,第108页。
② 顾忠华:《韦伯学说的当代诠释》,商务印书馆2016年版,第108—109页。

律相联系的,却不能在一个毫不含糊地确定的法律规则的封闭空间中进行。现代法律分为规则与原则两个层次已经说明了这一点。许多这种原则,如我们从宪法那里可以很容易地表明的那样,同时既具有法律性质,也具有道德性质。自然法的道德原则在现代立宪国家中已经成为实证法。"①

2. 在韦伯的基础上重申道德主体原则的地位

从这个更为乐观的基础出发,哈贝马斯提供了另一种更加积极的思路试图去解决合法性(实证法)与正当性(道德与民主)的紧张关系——一种以民主原则和道德原则为价值基准去审视实证法体系之合法性的民主法治国思路。

根据这个商谈法哲学,在现代社会,道德与法律的合法性论证都应服从商谈原则,商谈原则在道德领域就体现为"道德原则",依据道德原则确定合理解决道德问题的论辩规则,道德原则延伸到全部只有借助于道德理由才能得到辩护的行动规范。而道德理由应满足普遍性的条件,即决定性的理由必须在原则上能够为每个人所接受。商谈原则在法律领域就体现为"民主原则",依据民主原则确定合法的立法过程的程序应该是什么?民主立法程序应该是彼此承认为一个共同体的自由平等成员的自觉实践。民主原则只适用于法律规范的正当性生成。②

民主原则用于确定产生合法之法的过程,以特定情境为背景,适应于特定的国家、地区和共同体,涉及的内容可能是道德问题,也可能是

---

① 〔德〕哈贝马斯:《在事实与规范之间——关于法律和民主法治国的商谈理论》,童世骏译,生活·读书·新知三联书店2003年版,第568—569页
② 〔德〕哈贝马斯:《在事实与规范之间——关于法律和民主法治国的商谈理论》,童世骏译,生活·读书·新知三联书店2003年版,第134—135页。

实用的或伦理的问题,因此,在现代社会,法律的合法性借助实用的、伦理-政治和道德的理由得到辩护。道德原则和民主原则都根植于商谈原则,它们分别是商谈原则在不同领域的具体化,而商谈原则根植于人类日常的交往理性和自我交往行为的言语行为。哈贝马斯寄望通过激活交往理性和民主参与的潜能,尽可能确保合法律性之法(韦伯意义上的形式法—实证法)转变为合法性之法(具有商谈道德正当性基础的法)。① 哈贝马斯的民主法治理论指出,法律的内在正当性根植于每一个个体依照平等的商谈程序共同行动的结果,商谈民主法治国的法律建制能使实证法的内容最大限度接近良好道德基准。②

因此,如果说韦伯是在实然层面准确诊断出了现代法律与政治的潜在问题的话,那么,哈贝马斯就像是在韦伯诊断的基础上想给出一种应然层面的解决方案。

哈贝马斯认为仅仅依赖于国家根据系统的合理规则所建立起来的立法垄断和执法垄断根本不足以证成政治与法律的合法性,因为它缺乏价值正当性。③ 所以他围绕政治-经济系统对生活世界的殖民与宰制这个基本点,对现代社会中人的困境作出诊断,主张赋予生活世界作为政治实践的着力点,为此他反思了韦伯的合法性与目的理性概念,将目的理性指导的行为称为策略性行动,并认为纯粹策略性定位缺乏超越功利目标的社会整合效果,因此,目的理性无法担当规范重建的迫切任务。哈贝马斯提出人类应该以互为主体性为共识根基,走向以相互理

---

① 参见高鸿钧等:《商谈法哲学与民主法治国——〈在事实与规范之间〉阅读》,清华大学出版社2007年版,第81—82页。
② 〔加〕大卫·戴岑豪斯:《合法性与正当性:魏玛时代的施密特、凯尔森与海勒》,商务印书馆2013年版,第280页。
③ 〔德〕尤尔根·哈贝马斯:《合法化危机》,刘北成、曹卫东译,上海世纪出版集团2009年版,第107页。

解为目的的"沟通行动",疾呼"沟通理性"在民主法治与社会人文等领域的导引效果。与韦伯相比,哈贝马斯对现代社会自由民主法治的前景保持了审慎的信心,尽管他开出的药方未必能立竿见影。①

因此可以说,哈贝马斯对阵韦伯,是一位乐观主义的理性主义者对阵一位悲观主义的理性怀疑论者。哈贝马斯对韦伯理论中规范性真空的批评,看上去很严厉,但对这个批评进行深入分析之后,反而能让我们看到这两位思想家更多、更深层次的共同关切:对工具理性化与世俗化社会条件下人的自由、尊严与共同命运的思虑。韦伯民主理论留下的规范性真空,与其说是韦伯理论的缺陷,不如说是韦伯作为现代性的先驱思想家偏悲观心态的一种表现,而乐观的哈贝马斯则竭力去填补了这个规范性真空。

值得一提的是,悲观的韦伯在生命最后阶段的著名演讲《以政治为业》中,提出了责任伦理与信念伦理的理论,为我们思考合法性(目的理性-实证法-形式法)与正当性(价值理性-民主-道德)的内在关系提供了一对新的思想范畴。责任伦理对称合法性以及依据形式法律的规则行动;信念伦理对称正当性以及依据激情眼光责任感审视法律之不法。从韦伯在这篇演讲中表达的天职观、信念伦理与责任伦理的平衡,以及求助克里斯玛支配矫正形式理性化的官僚制之积弊等思想看,他还是希望能给实证的合法性体系寻找和注入实质的内在价值基准的,只不过他在1920年的去世使他没有来得及给出进一步的解答,从而留下永远的遗憾。

韦伯被誉为"资产阶级中的马克思",十分形象地概括了两位经典思想家的关系。学术上公认的一种描述是,"自从有了对韦伯的诠释,

---

① 顾忠华:《韦伯学说的当代诠释》,商务印书馆2016年版,第109—114页。

这种诠释便致力于澄清韦伯与马克思的关系",这个情形不是偶然的或者为了纯粹的修辞,而是对韦伯与马克思思想视域与体系的交融关系的中肯评价。韦伯在有些方面坚持和补充了马克思对资本主义、现代性与社会主义的分析,又在有些方面与马克思存在不同观点。韦伯对作为经济学家、社会学家和革命理论家的马克思有复杂多维的深刻理解,对源自马克思的科学社会主义和政治社会主义也存在敏感的分析。[①]

所有这些都要以理解韦伯对现代资本主义与现代性的社会学与政治学诊断为前提知识背景才能进行全面准确的讨论。对当代社会主义中国的政治与法律理论研究而言,阐释分析韦伯政治著述的核心问题意识与内在价值链条,也是从一个层面展现韦伯与马克思的共通处,而他们思想中共有的人文主义精神及其诠释又深刻影响着当代马克思主义的发展。因此,对韦伯-哈贝马斯-施密特民主理论争鸣的分析实质上也有助于全面理解马克思与马克思主义,拓展我们思考马克思主义中国化的政法思想视野。

---

① 〔德〕施路赫特:《理性化与官僚化:对韦伯之研究与诠释》,顾忠华译,广西师大出版社2004年版,第55—57页;同时参见 Wolfgang J. Mommsen, "Max Weber as a Critic of Marxism", *The Canadian Journal of Sociology*, Vol. 2, No. 4(Autumn,1977), pp. 377-378;顾忠华:《韦伯学说的当代诠释》,商务印书馆2016年版,第108—114页。

第八章
德国宪法史的思想启示

一、德意志宪法思想的总体演进轨迹

从德国与现代宪法运动相遇的历史看,1789 年到 1848 年间,德意志地区整体上处在西方共和革命肇始的自由宪法运动的辐射范围。此一时期,德意志处在从文化民族向政治民族转变的过渡时期,严格意义上的作为统一民族国家的德国尚未形成。但作为文化民族的德意志在法国大革命与拿破仑征服的刺激下,已经发展出具有民族特殊性诉求的政治浪漫主义与历史主义。用施密特式的话说,发端于 18 世纪末的德国浪漫派运动是跟法国大革命这个大事件有关系的精神运动,政治浪漫派就是德国浪漫派对发生在法国的政治事件作出的伴生性感情反应,这种政治事件作为机缘激发浪漫派的创造力和历史审美。[①]

施密特对政治浪漫主义的分析服务于他对自然法与自由主义传统的批判,与施密特更为不同,德国著名神学家和历史学家恩斯特·特勒依奇(Ernst Troeltsch)在一战后对德意志这种特殊思想转向了进行更具影响力的检讨。特勒依奇强调自然法传统在西方文明史上具有决定性

---

① 〔德〕卡尔·施密特:《政治的浪漫派》,冯克利、刘峰译,上海人民出版社,第 35—36、154 页。

意义并深刻地塑造了英国、美国、法国等国家的现代文明,自然法传统蕴含着对人类自由、世界主义与人道主义的信念,但唯独德意志在19世纪后逐渐背离了启蒙时代以来得到世俗化与理性化发展的自然法传统,此后德国现代思想的支配性特征是落入了反对自然法的民族主义。①

因此,概括而言,支配19世纪后德意志宪法演进的深层思想脉动主要有两个:源自法国大革命的理性主义与源自德意志浪漫主义这一感性哲学内部的非理性主义。德国浪漫主义是一个复杂的现象,它最初主要是审美领域的一种非理性主义思潮,但后来此种审美领域的"反动"衍生到政治社会领域。无论在德国自由派还是在德国保守派势力中,浪漫主义都富有吸引力。在后大革命时代,浪漫主义激起了德国自由派更强劲的泛德意志爱国主义(pan-German patriotism)和更深切的民族身份认同需求,但也被德国各种保守派势力用于论证德意志政治与法制的本土资源,以便进一步切割德国与西欧其他国家在政治与文化上的深层联系。② 因此,政治浪漫主义使得德国的政治文化逐渐走向比18世纪更封闭的历史主义。德国式历史主义的核心价值观是民族至高无上与民族权力政治。从价值旨趣看,此种历史主义不可能会欣赏或接受霍布斯政治哲学中那种系统的个人主义基础上的理性主义与共和国家观,并在19世纪后演变为支配现代德国的主流思想。一个基本的共识是,德国历史主义既孕育了德国的民族观念与民族国家主义,又潜藏着以权力政治为基点的政治现实主义。

---

① Paul Gottfried, "German Romanticism and Natural Law", *Studies in Romanticism*, Vol. 7, No. 4 (Summer, 1968), pp. 231-242.
② Sam A. Mustafa, *Germany in the Modern World: A New History*, The Rowman & Littlefield Publishing Group, 2011, p. 109.

无论法国革命的理性主义还是非理性主义的德国历史主义,在德国宪法领域均有反映和影响,但二者的影响力在不同的历史阶段有重大变化。

以1848年革命为分水岭,从法国大革命到1848年间这个时期,法国包括英国共和革命的理性主义对德国的影响力处在上升期。由于古老的作为邦联形式存在的德意志帝国已经不复存在,德意志也就不存在所谓统一的正统的帝国宪法学。与帝国政治的匮乏相对应,此阶段德意志地区出现了仿效英国、法国自由宪法运动的立宪历史潮流,德意志各邦各地区开始制定带有一定自由主义色彩的宪法,有关宪法的思想与学说自然在各邦出现。英国、法国、美国自由宪法运动的话语与精神对这个阶段的德意志地区有积极影响。一方面,深受现代西方共和革命与宪法运动的影响,不同阶层的人们尽管对英法革命的利弊得失存在不同看法,但这些现代共和革命宣扬的自由民主诉求客观上冲击了德国人的精神世界。1815年后德意志同盟各成员国所实行的政策都深受革命与反革命前沿理论纷争的干预,那个时期支持在德国推动启蒙改革的,支持将民族主义与自由主义结合、通过制定宪法保障的自由主义力量还非常活跃,一些邦国的国内气氛非常自由,公开拥护宪制运动和自由主义基本原则的国家法著作得以出版。另一方面,由于拿破仑征服带来的民族危机感与屈辱感,面对英法政治革命及其现代宪制成就的正向与反向刺激,德意志自由主义开始思考如何将自由民主与德国的民族传统融合在一起,也就是既要民族国家实现统一、独立、富强又要实现自由民主。

这些历史与政治因素促成了这时期德意志宪法思想的多元性与包容性,1848年之前的德国宪法思想形态还不完全是民族主义与国家主义的,毋宁说是启蒙时代的自由主义与民族主义的混合形态。我国有宪法学者以 1848 年后的教义学宪法学为衡量标准,将 1848 年之前的德国宪法学统称为德国传统宪法学,并认为德国传统宪法学就是国家法学。这个判断并不完全符合从 1815 年拿破仑统治结束到 1848 年前德国宪法思想与实践的历史实情。因此学术上也不宜将 1848 年前德国宪法学的"非教义学化"当作证成宪法教义学化之绝对正当性的反面历史论据。

在有马克思主义色彩的霍布斯鲍姆的历史-思想叙事中,1789 到 1848 年间塑造了德国文化最高贵内涵的是德意志古典哲学,此种哲学是一种彻底的资产阶级现象,它的所有主要人物,从康德、黑格尔、费希特到谢林都为法国大革命欢呼,并且实际上在很长一段时间内都忠实于它。[①] 这个历史时期德国思想主流充满自由主义的进步观念,并且不像大多数后来的学院式哲学家,康德、黑格尔、费希特这些古典哲学家都曾研究过经济学,费希特研究重农学派的经济学,而康德和年轻的黑格尔则深受亚当·斯密的影响。这从细节初步展现出当时德国思想与英国式古典自由主义的亲和,或者说非严重对立。

在研究宪法的方法论上,尽管 1815 年德意志同盟成立后,德意志地区也出现了一些研究德意志同盟宪法与公法,关注同盟与同盟成员国在主权、领土等领域现实问题的实证性著作,但这些同盟实证宪法研究者在方法上并不排斥历史和自然法传统。1848 年三月革命前大多数公法学者更多指向理性法传统,并且这一传统和自由主义的政治主张结合在了一起,此一时期德国国家法理论强调新的自然法的宪制特征,原则上赞同宪法是政治契约这样的宪法史定义,强调大家同意的宪法

---

① 尽管黑格尔从 开始就憎恨法国大革命中的极左派别,并且最终成为彻底的保守派,但黑格尔未曾怀疑过作为资本主义社会基础的那场革命的历史必然性与历史意义。

才是真正想要的和正确的宪法,而不是"赋予"的宪法,也不是强迫式的宪法。①将宪法视为自然法意义上政治契约的一种实在法延续,将自然法的理性精神与民族历史精神合在一起作为论证德意志国家共同法原则之合法性标准,可以说就是1848年革命前德国宪法思想的阶段性特征。1848年革命与法兰克福制宪会议就是19世纪上半期德国尝试以自由宪制模式推动民族统一的实践高潮。

真正使德国宪法思想从自由民主共和价值基座撤退,向彻底实证主义化的转型发生在1850年到1866年之间。导致分裂的根本原因不是法学自身的,而是历史的、政治的和社会的,即1848年革命失败后德国政治社会情势的反自由主义转向。在这个时期,历史主义的从而也是反启蒙理性主义的因素逐渐压制、取代现代共和革命中那些理性主义精神。俾斯麦引领德国实践了德国历史主义支持的权力政治与民族主义,此种权力政治没有什么顾忌,并且经由俾斯麦而取得了空前的成功。被历史主义支配的德国政治与德国思想一样,开始与西方自然法传统实现决裂。德意志民族在构建民族国家时不服从那种人类自由的普遍原则,毋宁是以强力确认民族独特本性的价值。②

德意志宪法传统与自然法的决裂就是这个民族独特性历史演化进程的一部分。第二帝国宏大的宪法教义学体系是这个政治转向在宪法领域的表达形式,它具有法学技术上的自身特质,那就是潘德克顿式的概念-逻辑-体系建构方法。

从自然法哲学与以历史为主的传统思考方法中分化脱离出来的那种新的方法论强调在宪法研究中要排斥一切政治的、历史的和哲学的

---

① 〔德〕米歇尔·施托莱斯:《德国公法史(1800—1914):国家法学说和行政学》,雷勇译,法律出版社2007年版,第79—92页。
② 〔意〕卡洛·安东尼:《历史主义》,黄艳红译,格致出版社2010年版,第5—6页。

因素，它更强烈地强调所谓"法学自己的方法"。对于在中世纪以降就对罗马法有全面继受传统的德国而言，"法学自己的方法"在本源上就是民法-私法学的方法，也就是民法教义学所用的那种方法，就是潘德克顿式的概念-逻辑方法。1848年后，普赫塔（Georg Friedrich Puchta）和德意志普通私法学家格贝尔所倡导的法学的科学性、形式性和客观性逐渐覆盖到宪法与公法。这种方法论强调只有发展出从所有政治中解放出来并与潘德克顿法学并行的"概念谱系"，宪法学才可能获得像民法学那样的学科独立性。

但这可能只是法学家的某种自我麻痹，实际上，这个转向有着深刻的政治动因。促使德意志国家法学家们此时接受潘德克顿式的"法学内方法"传统的原因是双重的：一个是这种方法在政治上是安全的，不会使研究者受到反攻倒算的君主政府的干扰。德国公法教授与德国各大学一样，随着德国自由主义陷入低谷而陷入一种更为高压的保守氛围之下。二是现实政治或者说自由宪制运动的失败令人失望。

"所有被归为自由主义的学者在1848年都对他们的政治国家理论思想与主流理论之间的差距感到痛苦，他们必须生活在这样的差距中。"①施托莱斯的这段评论令人心有戚戚焉。"对个人自由和法律安全的既有保障被取消，出版自由被废除，自由结社和组织遭到禁止，批评之声受到暴力压制。在欧洲广大地区，以判处死刑和终身监禁的方式扑灭各种政治运动。政治难民蜂拥到欧洲最后两个自由岛瑞士和英国，或者加入到新一波不断增加的移民海外浪潮，其中主要是

---

① 〔德〕米歇尔·施托莱斯：《德国公法史（1800—1914）：国家法学说和行政学》，雷勇译，法律出版社2007年版，第220页。

移民到美国。"①

政治现实主义与强权的压力促使宪法教授出现分化,一大部分法学家寻求与现实政治妥协。这是当时政治情势下人的趋利避害的天性决定了的。我们可以在1848年后德国宪法学家的政治处境中看到霍布斯《利维坦》里描述的人类普遍存在的恐惧——对一切非正常死亡的恐惧以及趋利避害的人性选择。这种恐惧是人之为人都有的诸多"激情"中的一种。根据霍布斯的现实主义分析,每个人身上都存在着各种"激情"。所有"此世的人"总是无时无刻处在各种"激情"的激励或困扰中。激情带给人类很多自然而然的普遍困境,而政府与国家状态会进一步深刻改变人的激情的运动轨迹。

自第二帝国始,政治掌握着对德国公法学术生杀予夺的支配力,当然也就改变宪法学家们激情的运行轨迹,恐惧、失望、沮丧不一而足。1848年后特别是俾斯麦体制以后,一个德国宪法学家只要他还不想遁入山林,那么他的典型处境就是:他的学术工作必然深受政治环境制约,"这种环境的好坏、顺逆、成败,也影响到这位学者和教师,并决定着他的个人命运"②。

1848年自由主义革命失败成为加强法学实证主义长期发展的根本政治因素。德国宪法学研究转向彻底的实证主义,在当时这是唯一安全并"政治正确"的方法论道路。新的实证主义的宪法学方法强调排除政治、历史和哲学,将宪法理论研究最大程度地接近并正当化为现实。

---

① 〔德〕米歇尔·施托莱斯:《德国公法史(1800—1914):国家法学说和行政学》,雷勇译,法律出版社2007年版,第366—367页。
② 施密特二战后写下的这些通透无比的自述,实际上也适用于描述1848年以来而不只是1933年以来德国公法学术与德国政治体制之间的复杂关系。详见施密特:《从囹圄中获救》,中译本收录于〔德〕卡尔·施密特:《合法性与正当性》,刘小枫编,冯克利等译,上海人民出版社2015年版,第226—240页。

随着实证主义不断推进,宪法与法治国概念越来越成为纯粹形式概念,宪法不再是自由民主共和理想的同义词,而是被逐渐剔除政治道德价值基准的国家政治组织章程。

德国成为有宪法形式的威权主义的君主国家,形式法治国是这个君主国家的宪法-法律形式,这个形式中不乏经济自由主义要素,但没有政治自由的地位,即允许经济上的自由主义,但抵制政治自由主义,排斥个人自由与基本权利针对国家权力所具有的道德权利地位。这种去政治化的宪法形式与形式法治国是1861年与1871年宪法体制下德国自由主义去政治化和经济利益转向的具体表现。

拉班德之后德国宪法学在实证主义方法道路上一路向前,虽然也有基尔克等德国自由主义者在方法上和在政治上反对他们,这些自由主义宪法理论家力求在过去与将来、亲日耳曼与现代性、统治与社团、个人主义与社会约束之间进行辩证论述。① 但是,与主流宪法教义学相比,自由主义宪法思想特别微弱,它们在当时真的只是"反实证主义和反潘德克顿法学的酶"。到最后是德国绝大部分自由主义者都习惯接受这样一种与君主专制及军国主义传统有着历史亲和性的宪法体制。

一战之前的德意志帝国,经济上取得了巨大成功,跻身欧洲强国,帝国获得了一种坚固的事实上的历史正当性。"我们今天是一个丰衣足食的民族,埋头想一想那曾造成我们痛苦不堪的国家生活的重大问题,我们因此就会满足于以日常方式处理日常政治工作。"②耶利内克

---

① 〔德〕米歇尔·施托莱斯:《德国公法史(1800—1914):国家法学说和行政学》,雷勇译,法律出版社2007年版,第500页

② 〔德〕米歇尔·施托莱斯:《德国公法史(1800—1914):国家法学说和行政学》,雷勇译,法律出版社2007年版,第619页。

1906年的这段评论形象地表达了实证主义宪法理论氛围下一位宪法学家对统一后强大的帝国秩序的深切认同。尽管在今天德国的宪法学家看来,"在宪法方面德国并不存在一个美好的旧时光,如果非要在19世纪寻找,就必须忽略政治自由"①。应该说,这个概括直指德意志第二帝国宪法体制的根本症结。

在自由主义的民主宪制语境中,分析一个国家是否存在政治自由,主要看几个制度指标:那里是否存在无限制的绝对权力,是否存在可以控制绝对权力的权力,是否存在可以保护少数和有可能散失权力者权利的宪法与法律机制,以及军队在国家权力结构中的地位。这些界定政治自由状况的指数表明政治自由是最基本的自由,因为那是所有其他自由的必要条件。政治自由不是一种主观自由,它是一种工具性的、关系中的自由,其实质目的是要创造一种宪法政治条件,为其他各种基本自由提供政治体制方面的条件。因此,政治自由从程序与实体两个层面看,都是一种防卫性自由或者说保护性自由,它是针对权力而言的自由。② 明确了关于政治自由的这一原理,我们再结合前述提及的德意志第二帝国1871年俾斯麦宪法确立的政治体制,可知这是一个以普鲁士君主为权力核心的高度中央集权的宪法体制。

它的基本特征有三:其一,1871年宪法虽然承载了一定的联邦制的形式要素,但其实质是以普鲁士君主权力为核心的集体君主制,德国式君主立宪制中皇帝的政治功能得到制度性保护。该体制建基于普奥战

---

① 〔德〕克里斯托夫·默勒斯:《德国基本法:历史与内容》,赵真译,中国法制出版社2014年版,第5页。
② 〔美〕乔万尼·萨托利:《民主新论》,冯克利、阎克文译,上海人民出版社2009年版,第331—332页。

争建立的军事权威合法性基础上。① 其二,普鲁士军国主义传统与军队结构衍生到整个帝国体制中,1871年宪法大幅度增加了普鲁士君主的直接军事权力和紧急状态权,普鲁士依靠由普鲁士君主主导的联邦参议院就对德意志政府实施了事实上的绝对霸权。② 普鲁士的首相几乎总是同时担任帝国政府总理,普鲁士军队的命令免受帝国议会审查,亦即1871年宪法没有真正解决军队的国家化这一共和政体的核心问题。其三,1871年宪法没有出台任何权利法案,俾斯麦的直接关切是创建一个保全强大的德意志帝国的普鲁士宪法体系,而不是将精力与制度基石放置在对帝国统一意义存疑的基本权利问题上,这与俾斯麦一贯的反自由民主理念完全一致。

1871年宪法体制下第二帝国政治生活的总体发展趋势是:名义上的联邦主义与帝国议会在实践中逐渐被彻底架空,随着普鲁士君主的集权整个帝国走向更加集权,任何挑战帝国权威的力量都可能遭到严厉打击,政治自由所需要的观念与制度基础都很匮乏,德意志自由主义力量彻底去政治化,委身于帝国集权体制中,不再关注政治自由,只关注寻求可能实现的经济与物质利益。由此导致经济与政治分离是一战之前整个第二帝国宪法体制的典型特征。无论在帝国还是在各邦国,一方面是放手工业化与资本主义经济的发展,但另一方面,国民的政治诉求、议会发展与公共讨论等基本权利领域的自由权利又都受到严重限制。

从广阔的历史与政治视野出发去思考,德意志第二帝国宪法学的

---

① W. F. Dodd, "Constitutional Developments in Foreign Countries During 1908 and 1909", *The American Political Science Review*, Vol. 4, No. 3 (Aug., 1910), pp. 325–349.
② 〔美国〕彼得·C.考威尔:《人民主权与德国宪法危机:魏玛宪制的理论与实践》,译林出版社2017年版,第27—28页。

根本问题处境是如何平衡德国君主制的"历史正当化"与工业资本主义化社会要求自由民主的"价值正当化"之间的对立问题,即如何在宪法上处理好作为历史生成物的君主专制与作为时代新需求的自由民主之间关系的问题。在根本上,这是德国如何从中古式的传统绝对主义国家向现代化的自由宪制国家转型的问题,本质上是德国的古今之变问题。这样的问题绝不可能只是逻辑的、形式的,它根本上乃是一个历史与政治问题。德国实证主义宪法学的影响力虽然一时无二,但它们没能真正回答好德国宪制的古今转型问题。

面对这个宪制古今之变的问题,到一战之前 15 年间,德国宪法理论上依旧无法达成思想共识,根深蒂固的德国实证主义宪法理论继续在或隐微或直白的德意志特殊道路潜意识中前进,只不过出现了方法论的分化。

进入 1900 年后,德国宪法学出现三种方法论趋势,宪法学家们在其中各自决断。一种是继续推进格贝尔—拉班德科学实证主义的传统路子,凯尔森代表着这一脉的飞跃,他不指责拉班德奉行实证主义,而是指责他没有一以贯之地奉行实证主义。[①] 第二种则是想克服绝对的实证主义,寻求实证主义与社会学等多元方法视野的结合,耶利内克是此种融合派的代表。他既坚持实证性,但又偏离了拉班德绝对实证的道路,试图在根深蒂固的法律实证主义传统中植入一定的社会、历史与比较法的因素。第三种则是走向政治-社会的实证主义,强调国家的道德优位与政治现实对宪法的本质规定性,考夫曼、斯门德、施密特的国家学说与宪法理论基调就是这一脉的代表。

[①] 斯特凡·科里特奥的评价,附录于〔德〕鲁道夫·斯门德:《宪法与实在宪法》,曾韬译,商务印书馆 2019 年版,附录。

不过，与施密特直接将宪法与政治的本质视为主权决断与区分敌我的凌厉气质相比，考夫曼和斯门德的学说显得更加柔和。他们以国家为中心并将个人与国家融合为一体（无论以何种方式融合）作为国家根本命运问题的理论气质，恰恰是所谓德意志道路问题在魏玛时期德国宪法思想中的具体写照。魏玛时代德意志道路问题的宪法学意涵是：通过什么改革？建构什么制度？如何将原本辉煌的神宠的德意志民族国家从魏玛共和国的分化、颓势、软弱、无能中挽救出来？

上述三种宪法流派与以基尔克、普罗伊斯等为代表的民主派政治理论家的宪法理论历史性碰撞在一起，共同塑造了魏玛共和国时期德国宪法思想的基本格局。在共和国最初5年事实上的总统制已经取代议会民主的宪法现实面前，德国各宪法理论流派的反应多种多样、截然不同。部分实证主义者认为总统的行为是合法的，既具有现实必要性也有宪法规范依据；部分实证主义者认为应该捍卫议会的宪法地位，将总统和内阁越位行使的权力归还给议会。托马（Richard Thoma）、安许茨、凯尔森等实证主义宪法学家从各自不同的角度分析过如何使共和国的政治现实与《魏玛宪法》的规范实现同一。

在实证主义阵营之外，斯门德的《宪法与实在宪法》与施密特的《宪法学说》标志着宪法理论的话语体系与分析风格均出现新的类型，是《魏玛宪法》法理语言的重大转折。围绕《魏玛宪法》与共和国政治实践的争论迅速吞噬了传统德国国家法学几十年来的方法、概念与理念。新派国家法学既指责规范实证主义宪法学是对国家的冷漠拒斥和将国家客体化，又明确地抨击《魏玛宪法》蕴含的自由主义的议会民主体制是对统一德意志民族国家和统一德意志人民主权的威胁。为了解决这两大难题，无论斯门德还是施密特都主张要激活《魏玛宪法》中的恺撒制因子——总统制的整合功能。

这些宪法理论危机反映了长期以来德国社会与政治文化中的一种信仰缺失。什么信仰缺失呢？就是对自由之于一部宪法之正义性的内在意义缺乏普遍信仰和真正的认同——尽管他们的宪法理论既非常精细化又不乏哲学化品格，但这些技术上的或体系上的成就都无法掩盖德国主流宪法思想传统内在的缺陷。

而源自现代共和革命的现代宪法的规范性内涵在于自由与民主的二元同构，反映在宪制结构上就是以基本权利来承载的"个人主权"和以共和政体诸机制来表达的"人民主权"的二元同构。以此现代宪法原理为视角观察静态的《魏玛宪法》文本及其内部架构，可以看到，它的确是一部非常民主的宪法，体现在《魏玛宪法》不仅确立了议会主义民主制，而且引入了比重很大的直接民主元素和公投民主机制，并且赋予后两种机制相当大的权力，这在当时整个西方世界都是非常先进的，也可以说是非常激进的。

前面已经分析《魏玛宪法》为什么没能确立奠定纯粹的议会制民主政体的复杂历史原因。这既有政治传统的原因，比如1871年宪法体制作为俾斯麦政治遗产的一部分，必然对制宪产生无形影响，而这又跟德国十一月共和革命的不彻底性具有直接关系。所谓不彻底性，包含两个意思，其一，它既有资产阶级革命元素又有苏维埃式无产阶级革命元素，最后是资产阶级革命元素取得了名义上的胜利。之所以是名义上的胜利，指主要资产阶级政党及其政治力量走到了德国政治前台，组建了共和国及其国民议会，代表德国人民主导魏玛制宪。其二，这丝毫不意味着工人阶级与其他广大无产者的革命运动以及反对资产阶级共和革命的保守主义与民族主义力量的彻底消失，相反，它们始终存在着和活跃着。这些反民主共和力量的意愿与政治诉求被国民议会吸收，反映在了《魏玛宪法》中。

《魏玛宪法》本质上是德国式自由主义、德国式社会主义、形形色色的保守主义、民族主义的大杂烩。其中德国式自由主义又可分为1848年自由主义传统与1871年后的自由主义传统，1871年后自由主义的根本特点是去政治化。就《魏玛宪法》的国家统治结构部分而言，议会制是1848年德国自由主义传统要素的一种延续，全民公投机制和基本权利中大量经济社会权利条款蕴含的福利国家意涵是社会民主主义的典型表征，而宪法对元首紧急状态权的看重以及宪法对帝国象征性符号的保留则体现了第二帝国强大的政治文化传统的延续。从历史研究的角度讲，这种混杂性使得《魏玛宪法》即使从其文本架构看就足以成为具有高饱和度的一部民主宪法。

德国著名政治理论家弗朗茨·诺伊曼认为魏玛共和国是社会契约理论的一次另类实现或表达，他认为魏玛共和国的成立建基于德国若干重要政治与社会力量的契约之上。一个是过渡时期的政治精英（艾伯特为代表）与保守的帝国军方（兴登堡为代表）两种力量之间达成的契约，这个契约敦促政治领导阶层齐心协力确保德国免于苏维埃化（anti-bolshevism），因此也是奠定政治"和平与秩序"的关键。第二个是德国资产阶级与广大工人阶级之间的契约，这个契约旨在通过宪法与法律机制保障和提升工人阶级的工资水平等权益。第三个政治契约存在于德国左翼政党与共和国政府当局之间，旨在通过《魏玛宪法》确保工人阶级与士兵的政治地位，但此种政治地位不得以布尔什维克主义的方式来实现。第四种契约存在于德国几个主要的资产阶级政党之间，主要目标是为了实现稳定过渡，共和国需要继受帝国政府的官僚体系和司法机构，确立议会制民主体制，坚决拒绝苏维埃制度,巩固教会的政治地位。①

这样一部带有鲜明的"集体民主"(collectivist democracy)和政治多元主义(political pluralism)②的宪法,如果是放在民族主义、国家主义传统不那么强大,市民社会传统比较悠久成熟,国民政治自由意识比较发达的社会环境下,它不一定会失败。但是,德国的情况恰恰相反,就如普罗伊斯所明确担忧的:《魏玛宪法》确立的民主制度是在一个骨子里对民主非常抵制反感的社会环境中去运行。

《魏玛宪法》从诞生之后所面对的经济政治与社会环境都是德国历史上前所未有的:从帝制走向共和,新旧秩序交替时期,反对共和国的武装暴动不断出现,接二连三的特殊外交事件无限放大德国被西方民主国家迫害的意象,不断激起德国民众的民族主义与仇外情绪。全球性经济危机的蔓延使得深受《凡尔赛和约》战争赔偿体系压迫的德国经济接近崩溃,共和国国家统治机关军政公职人员的反民主共和暗流,所有这些在宪法文本之外的外部环境因素都给《魏玛宪法》与魏玛民主造成了深度激扰。战后西方德国史领域关于这些问题的研究有很多新的进展,让今天的人们可以更深切地领会马基雅维里共和主义理论为何会反复提到共和国机运问题。

机运问题的实质是,一个民族的政治历史是纯粹民族"命运"或者说纯粹"应付偶然性"的技艺的结果吗?还是说,经由审慎探寻有希望找到关于民族-国家长治稳定繁荣的普遍知识?君主、具备君主才德的超卓之士以及作为芸芸众生的普通人在民族政治命运中或者说在共和

---

① Franz Neumann, *The Democratic and The Authoritarian State*, Herbert Marcuse (eds.), The Free Press, 1957, pp. 47-48.
② 瑙曼分析魏玛共和国的政治体制时,用了 collectivist democracy 和 political pluralism 这两个概念,在他的分析逻辑中,政治多元主义与集体主义民主是两个在理论上可以并行不悖的价值。

国的奠基-维续中都能发挥什么作用？马基雅维里的一个基本认知是，建构世俗的共和国，依靠一种均衡的共和政体，有望让一个民族克服神秘的"命运"或"偶然"。带着这样的问题意识，马基雅维里讨论了如何建立一个共和国，讨论了让被建起的共和国稳定有序运转下去的诸种观念、技艺与制度条件。

马基雅维里是在第一波现代共和革命浪潮潮涌之前，率先以一种非道德的从而也是非古典政治哲学的方法复兴了一种源自古罗马的共和主义政治价值论。这一传统对随后几个世纪人类社会的宪制历史产生深远影响，因为它包含了对"共和国诸要素"和"人民主权"等宪制根本议题的第一次现代理论推演。无论17世纪英国共和革命、18世纪美国与法国共和革命，还是19世纪后德国的两次共和革命，就思想实质而言，其实都可看作对马基雅维里共和主义的重大历史注脚。

根据马基雅维里的共和主义思想，引申而言，每一个共和国都可能会遭遇命运女神的考验，这既是因为人性本身的邪恶与道德败坏趋势，又有很多其他无法预知的外部偶然因素，为了习得建立和维持一个共和国所需要的智慧与技艺，人们应该从历史中寻求教益。其中最关键的一个教益是共和与自由具有最大的正相关关系。

马基雅维里的推理是，建立和维持共和国离不开公民美德，而在导致共和国道德败坏的原因中，除了人的普遍邪恶这个人性原因之外，另一个最重要原因就是人民自由禀赋的缺乏。自由与自主性的散失是使公民散失美德和共和国衰败的一种客观原因。所谓"自由的人民纵有需求也不为害"，因为只要拥有自由，人民的需求就能得到释放，比如集会自由的一个好处就在于：自有贤达人士挺身而出，分析事理让人民了解自己欠缺自知之明，就像西塞罗(Marcus Tullius Cicero)说的，"民众即使无知,只要有质的信赖的人告以实情,终究容易信服"①。按照一般经验,拥有智识与美德的人要如源头活水般不断涌现出来发挥作用,必须仰赖一种自由的氛围,亦即人必须拥有自主性,方能不走向奴性,这是维持共和所需要的一种基本民情条件。

马基雅维里在《罗马史论》和《君主论》中推演了能使人民具有自由禀赋,使公民摆脱奴性的制度性手段,比如财产自由、具有开放性的均衡混合政制、共和国的军队与武装问题等等。引申而言,建构和维持一个共和国需要有均衡的政体结构、良好的社会结构和最低限度的公民共识,方能鞭打住可能威胁共和的命运女神。

从这个意象出发,关于魏玛时期德国宪法史的历史教训,或许可从两个关键角度切入:第一,《魏玛宪法》文本的缺陷与《魏玛宪法》命运的关系;第二,魏玛时期德国政治社会环境与《魏玛宪法》命运的关系。《魏玛宪法》文本的缺陷问题涉及制宪技艺,制宪是一门关于如何建构共和国的艺术,而不能只是权力政治的妥协游戏,它必须有价值基准,必须配备有守护自由民主秩序的内在机制,亦即共和宪法建立的必须是一种防御性民主秩序——赋予自由权(即个人主权)防御民主多数(人民主权)政治决断之权力的秩序。简言之,制宪的艺术要考虑一部民主共和宪法如何可能经受得住各种突发事件或偶然性的考验。魏玛德国政治社会环境问题涉及前文提到的《魏玛宪法》诞生后的实施环境。

宪法文本质量与宪法实施环境,共同影响着《魏玛宪法》的命运。一般认为,《魏玛宪法》是没有经受住恶劣环境考验的一部民主宪法。《魏玛宪法》文本内在的缺陷和德国政治与政党极化是最重要的两个原

---

① 〔意〕马基雅维里:《论李维罗马史》,吕健忠译,商务印书馆2018年版,第21页。

因,第48条赋予总统的权力太大,为魏玛共和国建立后频繁依靠总统紧急命令权而对付内政外交各项事务提供了所谓规范基础与制度漏洞。到1932年后,总统制专政具有了"事实上的规范力",《魏玛宪法》意欲实现的议会民主政治陷入了持久得不到解决的僵局中——作为民主政治载体的议会陷入了严重的党派分歧与极化政治,失去了它应具有的宪法功能,合宪性统治已变得完全不可能了。

议会政治领域的分裂与极化,是德国社会广泛存在的公众舆情的反应。所有对共和国与《魏玛宪法》的敌视、仇恨、对抗都能在议会场域复制,进而干扰、阻碍或麻痹议会民主政治的运行在这种情况下,如果议会中最重要的支持共和与《魏玛宪法》的政党能够站出来,发挥妥协精神联合各种力量去坚决捍卫共和和民主,情况也许就不同。但是,事情正好相反,在共和国的绝大多数时间内,三个最重要的温和进步党尤其是1930年之前一直是最大党的社民党,总是习惯让自己处在反对党的疏离位置,基本上放弃了议会最大政党的政治责任。到1930年后,即使这三个温和的支持共和的党也有两个向右翼转向。右翼转向,在当时的德国,往往蕴含着美化暴力斗争和反犹主义的政治倾向。

在这种情况下,另一个"环境"因素出现——纳粹党作为一个进行了数十年议会外政治动员的小党,依靠被宣传动员起来的巨人选民群体的力量,一跃成为议会最大党。但是,即使到这时候,共和国朝野各方如能对纳粹党长期以来出了名的反民主共和的极右翼意识形态有所警觉,事情可能也会不同。

但这个条件也没出现,反而还迎来了第三个有利于纳粹党发展的因素,即兴登堡总统和德国政界与军方非但没能准确判断希特勒的危害,而且还都带着联合希特勒一起对抗德国共产党与布尔什维克的心态。此种立场当然在某种意义上也具有必然性和长期性,因为1932年德国政坛决策层已经全部向右翼倾斜了,保守的民族主义政治家们早就想修改《魏玛宪法》、复辟帝制。因此,在反对民主共和这个根本问题上,兴登堡们与希特勒没有差异,只不过各有各的反法。

在这种情况下,希特勒以最大党党魁身份成为帝国总理,他在《魏玛宪法》的基本架构内上台。他的上台意味着德国第一个民主政体落入了仇视民主政体和《魏玛宪法》本身的力量手中。因此,我们可以说,1933年《魏玛宪法》其实活着——它在形式上没有死,但《魏玛宪法》实际上已经死了。

《魏玛宪法》活着死去的这段历史教训,启发我们进一步思考魏玛时期德国人在民主问题上的迷思。从宪法原旨与实际情况看,魏玛共和国的议会体制无疑是一个极具开放性的民主政治体制,各种各样的政党与各种各样的政治理念都可以在议会政坛上交锋较量,应该说一般意义上的多党制是西方不少议会民主国家的题中之义,它原本不是问题。

但是,魏玛时期德国议会多党政治的独特性在于,它自始至终都被高风险的党争所左右,而魏玛宪法体制没有为解决党争提供有效的制度渠道。在形形色色的多党格局中,很多政党及它们代表的背后的政治力量对民族国家的构想都是高度极化的。高度极化就是它们一方面存在不可调和的、根本性的意识形态对立,十分具体的内政外交政策分歧都可能被放大为你死我活的事关生死的大问题,同时德国绝大多数政党及其代表的那些社会力量也从未赞同和接受个人自由优先与不可剥夺之人权的基本理念。这就是说,这些政党站在一个具有高度开放性和多元性的议会民主制度框架内,却并不认同作为民主宪制立基之道德基础的天赋自由价值。

这就是魏玛时期德国的"民主赤字"(democratic deficit)现象:绝大多数德国人不愿意接受民主甚至敌视民主。① 严重的无法解决的党争与严重的"民主赤字"现象都折射出德国社会当时对民主的理解是一种相对主义的理解。

最著名的相对主义宪法思想人物就是凯尔森。以相对主义世界观为前提的民主思想一方面承认人民中的任何一个集团或阶层都不能把自己的国家观和政治理念强加给他人,亦即他承认一种政治多元主义。但是,相对主义民主观没能回答和解决政治多元主义的底线价值共识问题,因而会导致一种逻辑谬误和价值危机:那就是多元主义议会民主体制是否要容忍仇视或否认民主体制本身的政党或政治行动者?当一个极端政党或政治力量试图利用议会民主制提供的政治意志形成机制去颠覆民主共和制度时,它是否应受到阻止直到被取缔?

这个问题的更深层实质是,民主是否意味着可以授权一个在民主竞争中获胜的极端政党建立反对民主的绝对独裁或专制?简言之,议会民主体制的开放性或多元主义是不是不讲价值底线?这实际上涉及民主体制的价值共识问题。

人类社会在17、18世纪现代共和革命中建立的自由民主宪制经验表明,议会民主必须有价值底线——那就是民主必须首先是自由的。在宪法上,就是一部真正的民主宪法必须要配备相应的自由权防御机

---

① 〔美〕埃里克·韦茨:《魏玛德国:希望与悲剧》,姚峰译,聂品格校译,北京大学出版社2021年版,第85页。

制,去防范反自由民主的力量利用民主多数决机制建立独裁或专制。魏玛时期德国的情况是:共和国没有能够或者也是不懂得如何采取措施去阻击民主的敌人,这是魏玛共和国议会民主政治局势的根本弱点。它的出现诚然在直观上跟《魏玛宪法》文本的内部缺陷直接有关,但宪法文本的缺陷归根结底又是跟一个社会中人们的观念与认知缺陷密切相连的。要洞悉造成魏玛制宪那代德国人认知缺陷的复杂原因,需要回到德国现代政治史与政治思想传统进行历史的分析。

二、晚近德意志历史的思想趋势: 向民族权力政治迈进

现代西方政治科学及"权力政治"的开创者是文艺复兴时期的佛罗伦萨政治哲学家马基雅维里。马基雅维里在《论李维罗马史》[①]和《君主论》中一个接一个密集地抛出来的议题或命题,本质上是现代所有宪法-政治理论需要直面的根本性问题:具有正当性的统治和缺乏正当性的统治,各自的性质都是什么?如何评估一种统治形式的有效性与正当性?他在辛辣戏谑又带悲观色彩的实证主义论调外,超越自身所处时代的局限,提出了"世俗国家观"和"共和国家观"。

就内部结构的特点而言,"共和国"这种政治构造与宗教社群一样都不是德国历史上喜欢讲的那种有机体,而应该是复合体。它的组成元素是人——自由的人,而非集体主义的机械事物。"共和国存在于个

[①] 〔意〕马基雅维里:《论李维罗马史》,吕健忠译,商务印书馆2013年版。为简明起见,《论李维罗马史》在本书以下简称为《罗马史论》。这是使马基雅维里名垂青史的四部学术著作中的一部,与本书讨论的主题有直接关系,其他三部分别是《君主论》《战争的艺术》和《佛罗伦萨史》。

人自我之意愿和公共秩序之意愿的张力之中。这种张力无从避免。"①沃格林对马基雅维里共和国家观这一内部均衡型结构特质的诠释非常关键。这个关键点直击马基雅维里共和思想的复杂之处。他既在《君主论》中意欲阐述政治的权术面相与现实主义取向,又在《罗马史论》安插了一套更为复杂立体、更为形而上学的政治分析框架。这个分析框架将宗教的价值、道德的价值、文明的价值、职守的价值等都作为形塑政治生活品质的传统与习俗而接受下来。沃格林认为马基雅维里试图循此复合的价值表格探寻建构作为良善秩序之政治基业所需要的诸种德行。这些德行不仅存在于统治者阶层,而且还存在于诸位"人民"那里。概言之,政治共同体的缔造者与政治领袖们的德行影响共和国的创建,而公民们的自由禀赋与德行关乎共和国的维持。

假如我们以现代共和主义政治哲学这位开创者的思想架构作为话事引子,那么可以说,1848年共和革命失败后德国政治史中主要是继受了《君主论》维度的马基雅维里主义,也就是将权力政治和现实政治原则演绎到了极致。而《罗马史论》维度的马基雅维里主义,亦即马基雅维里共和主义的思想精义则完全被德国政治史屏蔽了。

何以至此?它们对德国宪法史意味着什么?

在尝试回答这个问题之前,我们需要知道,无论是1789年法国大革命以来德国宪法思想的演进轨迹,还是德意志从帝制走向共和过程中的种种宪法教训,归根结底是一个德国古今之变问题。

因此,这里既是讲德国问题,但本质上又是以德国为典型经验事例来讲共和革命与现代宪法在一个国家落地生根的问题,因而是在以德

---

① 〔美〕沃格林(Eric Voegelin):《政治观念史稿(卷4):文艺复兴与宗教改革》(修订版),孔新峰译,华东师范大学出版社2019年版,第80—81页

国为例来讲人类社会古今之变问题的宪制意涵。

有了这个前提预设,现在需要将德国宪制古今之变问题进一步还原为思想史问题或者马克思所讲的德意志意识形态问题进行总体分析。这个分析旨在勾勒导致德国宪法思想逐渐走向反自由民主共和基调的深层历史根源。这里面的历史根源既有政治社会性的,主要包括两种历史要素——资产阶级民族运动和德国工业无产者的早期社会主义运动;又有思想精神性的,主要包括两种精神元素——德意志晚近历史中根深蒂固的民族主义与权力政治。

当然,精神性因素并非孤立存在,而是蕴藏在前述政治变革与社会运动中。政治社会层面与思想精神层面的上述历史背景最终导致启蒙运动中的自然法价值传统在德国变得越来越稀薄,为德国宪法思想传统背离现代自由宪制的人权传统埋下伏笔。

迈内克在讨论晚近德国历史的思想趋势时,开宗明义,提到了本文关注的一个总体背景,即文艺复兴以来西方政治思想中始终贯穿的一条深刻的冲突红线。这条红线一端系着一个普遍支配全部思想的自然法体系的基本观念。自然法体系由斯多葛学派创立,被基督教吸收创造,后又经由启蒙运动重新世俗化。这是一种关于社会的原子论观念,带着源自后希腊化时代的新个人主义基因,强调个体的自由与个体的得救。另一端系着的是历史与政治生活的不可规避的事实,系着对历史和社会现实力量的理解。无论在英国、法国、美国还是德意志,自然法观念与政治现实生活都会彼此碰撞。在19世纪之前的德意志,与西方世界其他主要国家一样,这条红线基本上在正常范围内左右摆动,但在19世纪后,德意志这条红线的自然法传统那端开始被现实政治的那一端无限钳制直到完全失去合理平衡。

一战的爆发与德国的参战彻底扭断了这条红线。从此,西方的自然法观念与德国的历史观念更加泾渭分明,仍然指导着西方民主制的"1789年思想"与德国的"1914年思想"判然有别,根本对立。①

德国思想与自然法的决裂,根源可追溯到1789年法国大革命给德国19世纪造成了空前的民族运动,民族主义浪潮逐渐改变了德国思想的历史基质,自然法因素与民族权力政治的力量对比朝着更有利于后者的方向变化。1789年青年歌德和1829年晚年歌德的思想历程就特别能反映革命时代德国政治与文化的深刻变化。1786年到1787年歌德在意大利旅行,罗马带给他艺术上的狂喜与震惊,让他进入历史世界。歌德对罗马斗兽场蕴含的国家意象的沉思体现在其游记《意大利之行》中,有那么一瞬间他感受到了在历史中国家所意味的巨大意义,感受到了"国家"和"祖国"所具有的排他性品质。但古罗马遗存中存在的那种强大的历史因素——国家,对当时的歌德还只具有一种边缘性影响,他曾写道:"此时此刻,我的心中宁静地充满了国家就其自身所意味的东西;对我来说,它就像祖国,是某种排他性的东西。只有在与整个世界的关系中,你才能确定这个独一无二的存在的价值,这就意味着大多数人将在其重要性中萎缩甚至化为乌有。"②但国家或祖国所带有的这种排他性品质是一种当时的歌德无法忍受的东西,于是他马上魔法般地召来了"巨大的世界整体"画面,为的是给"国家"这个价值标准注入自由的空气。

在歌德从罗马回来的一年后,法国大革命爆发,这场革命及其带来的震撼世界的结果,对歌德而言乃是一个新的具有一种生命政治意义的事

---

① 〔美〕格奥尔格·G.伊格尔斯:《德国的历史观》,彭刚、顾航译,译林出版社2006年版,第252页。
② 〔德〕弗里德里希·梅尼克:《历史主义的兴起》,陆月宏译,译林出版社2010年版,第461页。

件。大革命对歌德的影响,如大革命之于康德的影响,都可看作对大革命之于德国之影响的生动注解。在法国大革命到1815年旧体制的复辟之间,歌德与时代的新兴历史力量之间一直存在思想对抗。

在启蒙运动怀抱中成长起来,怀抱世界主义精神的歌德,无法认同法国革命在德国造成的混乱状态,他感叹道:在自然中他能看到"导向生命的观念"的"一种纯粹健康的发展",但是在历史中,他看到了病态地偏离正道的危险——教会和国家的历史变得如此混乱,以至思想的主线本应该是以一种极其纯粹和清晰的方式伴随世界历史的,现在却模糊了,搅乱了,扭曲了,因为某些时刻,或世纪,或地域,或其他的特殊因素。①

但歌德也无法认同当时已经感受到的德国民族主义政治观念,因为引导他走得更远并使他与德国浪漫主义者分道扬镳的,是他对于所有人类四海一家的感情,是他对自然宗教真理性的重视。然而,当1813年后德国解放战争爆发后,歌德又难掩其深沉的同情与理解。② 歌德提出了一个深刻的时代问题,即被开明专制统治合理化了的国家是否始终能够坚持一个君主制形式的政府?这个国家是否能够在君主和人民之间保持必要的距离?它是否能够继续保持君主制思想必要的神秘性?

可以说,生命晚年的歌德感受到了德国历史世界中《君主论》维度的马基雅维里主义,意识到政治就是命运,甚至开始现实主义地承认国家理性与权力斗争是某种历史法则。但是,按梅尼克的解读,歌德又清

---

① 〔德〕弗里德里希·梅尼克:《历史主义的兴起》,陆月宏译,译林出版社2010年版,第488页。

② 〔德〕弗里德里希·梅尼克:《历史主义的兴起》,陆月宏译,译林出版社2010年版,第476—471页。

醒地知道这是他自己无法应付的现实世界,他还是以自己的方式坚持了那条个性发展和人性多样性的文化道路。

应该说歌德对待作为民族政治最伟大形式的德意志国家的态度是复杂的。这种复杂性亦是1848年革命前德国思想的一个重要特征,其历史动因是德国文化中带有启蒙运动色彩和世界主义精神内涵的那个面相在法国大革命后受到刺激冲击。

这个冲击具有深刻的政治—社会影响或者说政治—社会表现形式,那就是民族主义和以大众运动为最初形式的社会主义先后出现在19世纪上半叶的德国。这二者相比,德国的民族主义浪潮比社会主义的浪潮要早得多,大约早了半个多世纪。① 完整意义上的德国民族运动始于1813年后德国反对拿破仑战争的民族解放战争时期,德意志人民各个阶层的民族感情在战争中得到普遍激发。

随着这一民族解放进程,开启了德国人在民族性格方面的某些确切的变化。在歌德之外,洪堡(Wilhelm von Humboldt)是另一位包含着鲜活的个人自由主义观念的德国历史人物,是特赖奇克所说的伯里克式的政治家,他明确承认普鲁士的使命应该是依靠真正的启蒙和高级文化,成为一流的德意志国家。他在给席勒的信中极其坦率地说,唯有思想才是生命的东西,所谓帝王将相皆尘土,唯有好诗传千古。② 有着深沉人道主义底蕴的洪堡,以其特有的敏感预见了19世纪后德国思想的深刻变化。最重要的一个变化就是,德国人的精神变得越来越现实主义。"这种强烈地屈从于现实的精神,每十年十年地在大步地前进着。而对超现实的、更高一层的永恒的生活的关怀隐退了。"用歌德话

---

① 〔德〕弗里德里希·迈内克:《德国的浩劫》,何兆武译,商务印书馆2012年版,第12页。
② 〔德〕海因里希·冯·特赖奇克:《十九世纪德国史·第1卷:帝国的覆灭》,李娟译,上海三联书店2020年版,第311—312页。

回应就是,19世纪后的德国人要的只是财富和速度,新的现实主义占领了精神生活。①

现实主义的精神生活呈现出两个向度,一方面,目标纯粹在于个体个性之提高和精神化的、那种富有超现实追求的生活方式与生命理念逐渐退隐,取而代之的是民族集体的共同生活和整个国家的构成。另一方面,民族主义理念在政治领域转化为内部政治改革的驱动力:被法国大革命激励的德国中等阶级与资产阶级开始强烈反对旧时君主专制下的警察国家,渴望一部自由民主色彩的宪法以便实现中产阶级分享政治权力。简言之,民族主义最初在德国是带有自由主义要旨的,或者说,德意志民族主义与自由主义从一开始就是交织在一起的。

自由主义精神和民族权力的综合、自由主义精神与国家建构的综合,是文化、国家与民族的综合,也就是所谓德国古典自由主义的实质,是旨在使自由的个性权利与民族国家集体权力的需求调和一致的精神。② 1848年三月革命之前的德意志各地的自由宪章运动都是这种综合精神的现实写照。但是,在1848年革命失败及其后的几十年间,德意志古典自由主义所力求实现的上述综合不断遭到严重威胁与破坏。

德国古典自由主义遭遇的威胁主要来自两大方面,一是19世纪的两大社会运动即以中产阶级为支柱的民族主义运动,和以日益增长的工业化无产者群众为主的社会主义运动,这个运动与德国资产阶级的民族自由主义运动密切交织共同作用,能助力人们理解德国的中央集权传统、"感化所国家"理念和纳粹思想兴起的历史基础。另一个是普

---

① 〔德〕弗里德里希·迈内克:《德国的浩劫》,何兆武译,商务印书馆2012年版,第13页。
② Alan Kahan, "The Victory of German Liberalism? Rudolf Haym, Liberalism and Bismarck", *Central European History*, Vol. 22, No. 1(Mar., 1989), pp. 60-63.

鲁士的崛起及普鲁士军国主义的兴起,能助力解释"希特勒国家社会主义伦理学"(迈内克语)①的历史根源。

如果结合特赖奇克的历史研究,在俾斯麦时代走向巅峰的普鲁士军国主义,实际上需要往前追溯,因为始于1814年的《兵役法》才是普鲁士—德意志国家最早的基本法。这部法律为之后数代普鲁士人确定了道德和政治观念,它比任何科学技术发明都更加深刻地印入了民族精神之中,但这部法律及因之而兴盛起来甚至变为普遍民情的军事国家主义,的确背离了一个和平发展社会的意愿,是一次史无前例的成功的冒险。② 它带来的一个衍生效果是军队与地方政府深度联结的历史传统,继续延续到此后的德国政治体制之中,使19世纪后半段的德国历史一定程度上演变为一部以国家意志为中心的军事-政治史,包含民族情感的军事国家主义合理地成了普鲁士—德意志特殊主义的题中之义。

根据迈内克的观点,必须认识到前述两个历史与思想脉络,才能理解德国的命运。这当然可用于分析本书关注的自由民主宪制在德国的命运,因为无论1848年宪法的失败,还是1861年与俾斯麦宪法体制的胜利,抑或后来1919年魏玛制宪及其内部结构的混杂性,都与1848年革命后德国政治体制的演变及其全方位历史后果有关。

最首要的一个后果就是,德国自由主义向民族主义的倾斜。在1849年的宪法冲突中,领导了1848年自由宪制统一运动的精神领袖们对俾斯麦的最初步骤还采取了严厉的抨击态度,但是到1866年俾斯麦领导普鲁士取得对奥之战的胜利后,德国自由主义运动的很多精神领

---

① 〔德〕弗里德里希·迈内克:《德国的浩劫》,何兆武译,商务印书馆2012年版,第32页。
② 〔德〕海因里希·冯·特赖奇克:《十九世纪德国史·第1卷:帝国的覆灭》,李娟译,上海三联书店2020年版,第544—546页。

袖就都变成了俾斯麦路线的赞美者。政治力量对比的变化导致的一个思想后果就是在文化与权力、自由主义精神与民族国家的二元综合中,重心越来越稳步地转到了权力与国家这两个领域中来。①

源自歌德与康德的那种启蒙精神与人文主义感情的反作用力越来越微弱。最赤裸、最公开、最尖锐、最自觉的强权民族国家思想与《君主论》维度的马基雅维里主义,开始深重地统治德国政治思想。根据对迈内克系统研究的理解,虽然强权国家与马基雅维里主义思想不只限于德国,但将这两者提升为世界观并被当作当权者手中的武器却是地地道道的仅在德国特有的危险现象。在将强权国家提升为世界观这个问题上,黑格尔是核心思想人物,而希特勒是一位强有力的行动者,因为在他身上体现了一种对强权国家思想最恶劣、最致命的应用。

以政治目标诉求的差异为视角,以建构强权国家为目标的德意志民族主义可分为保守民族主义与革命民族主义两大阵营,主要缘起于俾斯麦第二帝国。保守民族主义者连同贵族、官僚系统成员等其他上层阶层,在政治问题上的共同点是:否认社会问题,坚决地反对民主主义,坚定地捍卫君主主义,对民族国家的尊严权力等名词顶礼膜拜。保守民族主义带有真诚的爱国思想,并且在经历了一战后几乎纹丝不动地蔓延到魏玛共和国。② 保守民族主义在德国有深厚的群众基础,因为大部分德国民众内心都带有君主制国家情怀,对突如其来的魏玛共和国及其民主体制很难产生真正认同,也就是自然而然的一个现象。

至于君主制下民众根本不具备独立政治地位这个问题,德国大部

---

① 〔德〕弗里德里希·迈内克:《德国的浩劫》,何兆武译,商务印书馆2012年版,第18—22页。
② Hans-Jurgen Puhle, "Conservatism in Modern German History", *Journal of Contemporary History*, Vol. 13, No. 4(Oct., 1978), pp. 689—720.

分民众是无意识的。到魏玛时期,具有深厚群众基础的保守民族主义对《魏玛宪法》的认知极为复杂:一方面,部分保守的民族主义者一改原来完全不问政治的态度,开始抨击《魏玛宪法》确立的民主共和体制,他们希望能回到第二帝国,修改《魏玛宪法》实际上成为很多保守的民族主义者的内心愿望,因此不难理解一些有保守民族主义倾向的政党与共和国政府的合作总是带有机会主义性质。另一方面,德意志保守民族主义者又特别仇恨无产阶级运动和布尔什维克主义,这也是导致德国政治与社会文化极化的一个主要根源。① 保守民族主义的总体目标是,发动保守主义革命,修改《魏玛宪法》,变更国体,在俾斯麦帝国基础上建立德意志第三帝国,颇有不惜一切代价反对一切左翼革命的意味。

革命民族主义是比注重浪漫主义的保守民族主义更暴力的新式民族主义,它膜拜战争,贬低任何思想性的事物,仇视资产阶级市民文化,带有浓郁的军事色彩,强调一种无条件献身民族国家的意志,强调民族国家本身是核心价值,民族主义不惜采取一切手段为这个国家献出全部力量。新式民族主义在目标上比一哄而上的群众运动更加明确,但也比其他反民主主义舆论更加冷酷、野蛮、好战,旨在用尽全部力量摧毁现存的自由世界。他们对国家的认识,就是把军队结构直接转移到国家组织中。革命民族主义以拯救祖国为名,开展对抗魏玛共和国和《魏玛宪法》的战斗,是一种极为激进的政治意识形态。②

无论保守民族主义和新式革命民族主义存在哪些细节差异,二者在反对《魏玛宪法》确立的议会民主体制上是根本一致的,因此,纳粹并

---

① 〔德〕库尔特·松特海默:《魏玛共和国的反民主思想》,安尼译,译林出版社 2017 年版,第 88—89 页。
② 〔德〕库尔特·松特海默:《魏玛共和国的反民主思想》,安尼译,译林出版社 2017 年版,第 95—98、108—111 页。

非独自奠定自己的意识形态基础,在反魏玛体制这个问题上,希特勒与形形色色的德意志民族主义力量不谋而合。这些民族主义势力及其意识形态是魏玛共和国反民主思想的主要动力,它以批判的姿态直指魏玛现状,批判的对象是《魏玛宪法》,包括魏玛民主,具体而言,包括魏玛共和国的国家统治机构,特别是议会以及共和国的各项政治措施。《魏玛宪法》建立的自由主义的议会体制与多元政党制度成为民族主义者口诛笔伐的对象。反民主思想来自不同的出发点,但它们汇合成一个圈子,同专门针对《魏玛宪法》的论战交融在一起。

第二个威胁德意志自由主义的力量来自普鲁士军国主义或者说军事国家主义传统。它既代表力量与责任感,又蕴含傲慢和冲动,它使得普鲁士反文化的心灵战胜了文化的心灵,这种分裂贯穿19世纪并延续到20世纪。普鲁士军国主义传统塑造了所谓的普鲁士主义和普鲁士性格,随之出现的是精神视野和政治视野的急遽狭隘化。1933年3月21日,希特勒和兴登堡站在腓特烈大帝墓前主持了第三帝国第1届国会开幕式,这是一个极具象征意义的事件,国家社会主义是作为普鲁士传统的继承人和传播者而出场的——所谓"德国的强权国家的思想,其历史始于黑格尔,却在希特勒的身上体现了它的最恶劣的和最致命的应用高峰"[①]。

深重影响19世纪和20世纪德意志历史的普鲁士的军国主义-国家主义精神,在哲学根源上与黑格尔的划时代成就相关。在1789年法国大革命爆发时,1789年《人权宣言》所表达的自由民主要求起初是被青年黑格尔接受的,但是黑格尔很快就被另一种蒙胧不清的需求刺激,他开始以其天才的哲学头脑去发展一种大为不同的东西,试图克服在他

---

① 〔德〕弗里德里希·迈内克:《德国的浩劫》,何兆武译,商务印书馆2012年版,第20页。

看来国家与个人之间那种空洞的对立。

这种对立在霍布斯的国家哲学中是自然而然的一个现象,按照霍布斯对人性的现实主义研究,个人是无尽的欲望,而国家总是要扮演人间上帝的角色,他试图寻求平衡这二者的解决之道。黑格尔的思路与霍布斯截然不同,也与"1789年思想"试图划清界限,黑格尔认为不能按照《人权宣言》所表达的那种个人主义、那种理性个体的需求标准去判断历史生活,更不能按照此标准去要求国家尊重神圣的个人权利。

按照黑格尔学说的最终形态,实际存在的国家同时也是理性国家。"凡是合理的就是存在的,凡存在的就是合理的"或者说"凡是合乎理性的东西都是现实的,凡是现实的东西都是合乎理性的"。为了论证这一点,黑格尔重新解释和定义了理性这一概念,使之成为流动的。黑格尔剥去理性概念蕴含的稳定性"规范",又将这些规范本身转变为一种流动不息但不断升华的生命形态,转变成历史人类的发展过程。被重新界定的理性概念就不必在矛盾和显然不可解决的反论中忧伤哀叹,因为通过黑格尔那首次直接深入历史事件得以滋长和发生的辩证法,一切反论不仅都变得可以接受而且还是进步与改善的必然媒介。①

由此得出的另一个精妙之论是:在构成历史外壳的一切显眼多样的意象中间,没有什么能比国家更接近根本内核。黑格尔在国家那里觉察到人类历史中最有力、最有效和无所不在的因素。在他的唯心主义哲学中,国家的灵魂即"国家理由"和君主论维度的马基雅维里主义学说的种子,得到了核准。于是,自19世纪初开始,在德意志,马基雅

---

① 〔德〕弗里德里希·迈内克:《马基雅维里主义:"国家理由"观念及其在现代史上的地位》,时殷弘译,商务印书馆2008年版,第490—491页。

维里主义就开始重新变得受到尊重,一种对于马基雅维里主义问题的德意志特有的态度发展起来,当然,这个事实本身不能仅仅归因于黑格尔的学说与影响力。① 毋宁说,后者与这个趋势是一体的共生的。在同时代的英国法国都有马基雅维里主义的传播和权势政治的需求,但唯独在德意志,它们被提升为世界观本身,黑格尔对此当然贡献最多。

法国大革命对德意志帝国的摧毁,一方面让黑格尔意识到旧世界即将分崩离析,德国处在艰难的政治命运的压力之下,这种局面驱使黑格尔这样的头脑更自觉地去思考德国的政治存在问题。在黑格尔之前,国家力量与国家理由观念在普鲁士等德意志地区已经普遍出现,但那个时代按照自然法看待国家的模式大多不受它影响,而是能与之平行。

但是在19世纪初期黑格尔为德意志宪法提出的设想中,黑格尔已经将自我、民族、国家、宇宙之间的根本统一视为理想,其中最重要的是,已经将国家当作命运力的根本载体。黑格尔写过一篇《自由与命运》的文章作为他论著德意志宪法的著作的导言,就是在这篇文章里黑格尔就马基雅维里主义问题进行了决定性评论。评论涉及两个关键内容:其一,黑格尔提出了一种关于古代美德的积极理想,活在一个值得为之牺牲一个人生命的国家里并且为这个国家而活;其二,一个国家的最根本属性是力量和国家权威。迈内克引用黑格尔论宪法的著作中的一段话诠释了19世纪后德国宪法思想传统深层的国家主义因子。黑格尔写道:"德意志民族初始的坚固特性已由其命运的铁的必然性决定……每个都作为一种绝对自由和独立的力量自我运作,完全不知它

---

① 〔德〕弗里德里希·迈内克:《马基雅维里主义:"国家理由"观念及其在现代史上的地位》,时殷弘译,商务印书馆2008年版,第491页。

们统统是更高力量手中的工具,是原初的命运和征服一切的时间的工具,这些力量能够讥笑这'自由'和'独立'。"①

真理存在于权势之中,要发现寓于权势中的真理。这些真理藏在自然和真理之前,政治必须摆脱普遍道德规则和个人的理想要求,个人的理想要求比如政治自由、宗教自由与其他神圣的个人权利阻碍人们认识寓于权势中的真理。因此,在宪法中,国家这一特殊利益才是最广泛、最根本的原则,国家除了维护它自身,没有更高的义务。黑格尔通过他的辩证,给德意志论证了一种以国家为核心的一元主义标准和世界观,这个一元标准对此后德国宪法与法律思想均产生深远影响。

迈内克认为黑格尔论德意志宪法的著作的思想力堪比马基雅维里的君主论。尽管从这本书写完到1848年之前,自由思想在德国仍然表现得强于民族国家思想,亦即有那么一段时期,德国人要自由不要专制主义警察国家的愿望曾表达得比统一希望更加有力。但是,自19世纪中叶开始,德国自由思想逐渐变得越来越与新的权势政治思想相连,这个思想是由黑格尔第一次在德意志进行系统阐述的。1848年后,基于自由立宪运动实现统一的希望破灭后,一种信念开始广泛传播,即为德意志统一铺平道路的将必须是国家权势——由其本身的特殊利益即国家理由所指引的国家权势。

这一思想进程给德国许多知识分子的政治观念打上了深刻的国家主义和民族主义烙印,使他们确信生活的本质存在于权力之中,从而在尼采之前就开启了德意志文化中的权力的精神化运动。许多民

---

① 〔德〕弗里德里希·迈内克:《马基雅维里主义:"国家理由"观念及其在现代史上的地位》,时殷弘译,商务印书馆2008年版,第498页。

众与思想家都按照黑格尔的理念,将国家视为神圣意志在人世间的体现。①

而领导德国统一的人的思想,在很大程度上都是靠黑格尔哲学及其权势政治观念臻于成熟。最典型的一个关联现象是,黑格尔"国家福利"理念对此后俾斯麦与德意志宪制思想的无形影响。国家福利,有着与个人福利大为不同的存在理由,国家这个伦理实体的权利直接体现在某种具体的存在物而不是许多普遍思想假设的道德命令,因此政治无所谓违背不违背道德。黑格尔对国家的超个人的致命力量的意识非常强烈,其实质就是:国家第一,国家凌驾于个人之上,因此"国家道德不是以个人信念为主宰成分的道德的、反思的要素"②。

以黑格尔的法哲学与国家学为切入点,观察19世纪20年代后的德意志思想运动,一个决定性的事态是:无论在古典主义哲学阵营还是在浪漫主义阵营,德意志都与自然法传统决裂了。根源于斯多葛学派,经由基督教得到发扬,又在启蒙运动时期得到世俗化发展的自然法观念,出发点是个人理性,这种理性能力在所有个体那里都被预设为是平等的,自然法传统赋予个人的自由平等权利以绝对命令的地位,并在此基础上提出了关于国家最佳形态的理想。以自然法作为高级法背景的最佳形态的国家应当服从普遍道德法则的要求。

而在19世纪中叶后的德意志,自然法上这种个人理性的地位和普遍道德法则的价值不断被怀疑和消解。德意志思想开始被黑格尔意义上的作为特殊利益之国家利益的绝对理念支配。民族国家的意志与权

---

① 〔美〕克劳斯·P.费舍尔:《纳粹德国——一部新的历史》,佘江涛译,译林出版社2016年版,第24—25页。
② 〔德〕弗里德里希·迈内克:《马基雅维里主义:"国家理由"观念及其在现代史上的地位》,时殷弘译,商务印书馆2008年版,第505页。

势成为世界理性的最高目的,原本应该只是手段的民族国家权势变成了目的本身。康德意义上任何时候都只能是目的的个人,在奉行权势政治的民族国家那里成了手段。黑格尔法哲学中的国家不再是作为道德主体之个人组成的国家,国家本身是一种彻底自治的意志,此种意志超越个人的道德主体地位。① 国家的目的成为普遍的利益本身,这种普遍利益又包含着特殊利益,国家是特殊利益的实体。

"国家高高地站在自然生命之上,正好比精神是高高地站在自然界之上一样。因此,人们必须崇敬国家,把它看作地上的神物。"②黑格尔本人对自然法与实证法的二元区分不感兴趣,并回避了国家意志、国家利益与绝对伦理之间存在的冲突问题。③ 在国家被视为一个统一的特殊利益实体的概念基础上,黑格尔对现代共和革命中确立的权力分立这一宪法原则表示明确反对。他辩证地谈道:"国家的权力固然必须加以区分,但是每一种权力本身必须各自构成一个整体并包含其他环节于其自身之中。当人们谈到这些权力各不相同的活动时,切忌陷于重大错误,以为每一种权力似乎应该抽象而自为地存在着。其实,各个权力只应看作概念的各个环节而被区分着。"④

黑格尔的权力统一观与18世纪现代共和革命的权力观念存在根本差异,主要在于现代共和革命中确立的三权分立原则本质上是将国家权力作为手段与形式来对待的。简言之,现代共和政体中的权力主

---

① Paul Gottfried, "German Romanticism and Natural Law", *Studies in Romanticism*, Vol. 7, No. 4(Summer, 1968), pp.238.
② 〔德〕黑格尔:《法哲学原理:或自然法和国家学纲要》,范扬、张企泰译,商务印书馆1961年版,第285页。
③ Paul Gottfried, "German Romanticism and Natural Law", *Studies in Romanticism*, Vol. 7, No. 4(Summer, 1968), p.238.
④ 〔德〕黑格尔:《法哲学原理:或自然法和国家学纲要》,范扬、张企泰译,商务印书馆1961年版,第286页。

要是服务于个人自由与公共福祉的手段,国家自身没有什么特定目的(至少在内政上应如此),国家及其权力都是一种手段而不是目的,三权就是三种手段,它们为了政治的自由与公共目的而各自发挥各自的功能。而黑格尔法哲学中的国家是带有自身特殊利益的至高的精神性实体。

因此,国家所享有的权力本身都属于三种实体性元素,三权的差别就是国家这一特殊实体内部的差别,它们统一于国家这个整体概念之下,有自身特殊利益的精神实体——国家是所有具体国家权力的绝对渊源。"如果国家的各种权力例如行政权和立法权各自独立,马上就会使国家毁灭。"①黑格尔对法国革命中出现的立法权与行政权争斗嗤之以鼻,认为如此设计的体制会导致整体崩溃。这是与孟德斯鸠以来三权分立制约平衡思想截然相反的一种理念。

然而,就是黑格尔这样的法哲学与国家理论逐渐深刻地影响19世纪后德国宪法与法律思想的进程,德国宪法思想的这一进程的独特性在于:自然法传统完全式微,不再能对权势政治与权势国家理念构成必要平衡。而无论英国"光荣革命"还是美国和法国革命,自然法传统都作为一种思想与价值传统得到保留和发扬,并成为制衡革命缔造的现代国家的一种高级法力量而存在于它们的宪法思想传统中。

国家是在地上的精神,是现实的神本身,是无限的和理性的一种自在自为,这是黑格尔奠定的德国国家学的精义。他虽然赞同卢梭"将意志作为国家的原则",但反对卢梭给这个意志注入单个人意志元素,因此是一种比卢梭的学说更彻底地反对个人主义的思想。从他这里开

---

① 〔德〕黑格尔:《法哲学原理:或自然法和国家学纲要》,范扬、张企泰译,商务印书馆1961年版,第286页。

始,自然法及其蕴含的个人主义在德意志思想传统越来越衰败,取而代之的是一种极为精致的国家主义。黑格尔1820年6月给《法哲学原理》一书写的序言中,说"哲学主要是或者纯粹是为国家服务的"①。

这个表述将其国家至上理念推向了极致。联系前文所述魏玛时期,面对当时已经陷入总统制独裁的宪法现实,斯门德沿袭新黑格尔主义建构以整合国家观为中心的政治宪法理论,再联想施密特这样的法学家所诠释的新黑格尔学派,直接利用其国家哲学为帝国主义与法西斯政权服务,可以看出哲学应为国家而不是为真理服务的理念在德国历史上由来已久,其后续的历史影响非常深远。

这里还连带出另一个问题,就是19世纪后包括宪法学家在内的德国知识分子的处境。迈内克曾说,在19世纪以来艰难地追求民族国家统一的痛苦形势面前,德意志知识分子面前只剩下两条路可走:一是最终将德意志知识分子的命运和国家的命运分开,在一个人自己内心的宁静圣地中寻求避难所,以便建设一个纯精神、纯思想的世界;另一个是在思想世界和现实世界之间创造一种明智和谐的关系,致力于所谓客观化与科学化的实证主义思潮恰好就吻合这种时代需求。

重提这个二元选择困境可以帮助解释1848年后特别是俾斯麦建立第二帝国后宪法思想的发展趋势。德国主流实证主义宪法学一方面强烈地主张要将一切政治与哲学因素从宪法及整个公法研究中排斥出去;另一方面,面对帝国威权政治专制集权特征及政治自由等基本自由的匮乏,实证主义宪法学又试图进行某种合理性解释。也就是说,他们提出的政治无涉、价值无涉的方法论建构,其实也只是一种形式上的方

---

① 贺麟:《黑格尔著〈法哲学原理〉一书评述》,载黑格尔:《法哲学原理:或自然法和国家学纲要》,范扬、张企泰译,商务印书馆1961年版,第3—4页。

法论建构,实际上他们提炼搭建的帝国宪法教义学体系并没有做到政治无涉,更遑论真正抵御现实政治的压力。

沃格林在分析现代德意志民族的心智问题时曾提出过一个著名的灵性病理论,这种病态理论试图从精神科学角度研究一个典型的德国现象,这个现象是德国人习惯于生活在第一现实和第二现实的两种截然不同的状态中。第一现实是正常的、受规范指引的人生活于其中的现实,是那个真实的现实本身;第二现实是另一个虚幻的现实,生活于第二现实中的人明知真实的现实存在荒谬之处或很多骗局,但依然通过思辨和行为两个层面的努力去克服对第一现实的认知。

在思辨层面,第一现实和第二现实的冲突最主要表现在体系的建构上面,沃格林认为偏好宏大体系建构这个普遍性现象,容易滋生思想骗子与思想骗局。而行为层面,第一冲突和第二冲突的后果不是思想上的骗局就是人们习惯于一本正经地说谎,因为第二现实宣称自己是真理。因此必须说谎,要么把第一现实说成完全不同的另外的样子,要么就是论证第二现实遭到了最严重误解。①

对沃格林的精神分析法,人们当然可以见仁见智,但仅就1848年后德国宪法教义学和纳粹上台后施密特们的宪法思想转向看,这种在两个现实之间的精神分裂,以及真正独立自由之宪法思想在帝国主流宪法学界的匮乏,却是两个不争的事实维度。拉班德们也罢,施密特们也罢,在帝国主权与个人主权的根本关系问题上所持的绝对现实主义立场,与他们精致的反自由民主的宪法理论体系建构,因此也可以说很像一种典型的德意志灵性病精神现象了。

---

① 〔美〕埃里克·沃格林:《希特勒与德国人》,张新樟译,上海三联书店2015年版,第134—136页。

当然,这是一种过于苛责的形容,如果回到霍布斯的现实主义人性心理学语境,也许应该说,每个人身上都可能存在患此种灵性病的可能。政治与法律科学需要深思的是在何种政治和国家形式下,人类患此种灵性病的可能性可被降解到相对最小?这正是现代公民共和理论与现代宪法理论关注的一个根本问题,在国家制度层面,需要建构具有批判性的公共领域与基本自由权利保障机制作为制度保障基础。

而所有这些问题究其根源都离不开对一个政治哲学问题的思考——现代社会条件下,我们到底要成为什么样的人?为此,我们需要建构怎样的国家?进一步言之,还会引出一个关于国家主权理性的限度问题,即国家在多大程度上有权力去塑造甚至支配个人的价值观与世界观。在德国历史上,歌德时代还崇尚个性自由的人和"人性的"人,但第二帝国时代德国人的整体伦理观念均发生了根本变化,守护歌德遗产变得极为艰难。

这个变化,从人的角度讲,迈内克用"权力型人"和"文化型人"的二元范畴来形容其复杂性,与沃格林的两个现实冲突中的灵性病态人的分析,是异曲同工的。"权力型人"(machtmenschen)秉持民族利己主义,赞成政治就是要不择手段,过高估计德国自身的权力手段;"文化型人"崇尚文化与个性,斥责政治之肮脏,下意识地与政治保持距离,文化上的仁慈与政治上的幼稚并存。①

而无论权力型人还是文化型人,在德国的政治处境下,几乎不可能有助于养成真正的政治美德。用韦伯的话说就是,德国人普遍没有真正的政治意志——哪怕这个人文化程度再高。斯特恩从德国人要么不

---

① 〔德〕弗里德里希·迈内克:《德国的浩劫》,何兆武译,商务印书馆2012年版,第34—36页;〔美〕弗里茨·斯特恩:《非自由主义的失败:论现代德国政治文化》,孟钟捷译,商务印书馆2015年版,第59—60页。

问政治,要么直接拥抱权力政治这两个极端情况出发,分析指出德意志万神殿里为何主要都是哲学家、思想家、诗人,却很少出现真正意义上伟大的政治家或政治哲学家。他认为这是19世纪德国政治史的一个历史后果。① 应该说,这也是德国宪法史的一个基本历史事实,无论在1848年法兰克福制宪、1867—1871年俾斯麦制宪还是1919年魏玛制宪这样的重大进程中,德国的确没有出现能够超越现实主义权力政治之局限,从长远视野设计德国顶层制度结构的政体理论家或政治理论家。

从一战前夕到魏玛共和国时期,权力政治与民族主义热情在德国被推到顶峰,普鲁士军事国家主义的深层政治文化传统则非常明显地延续到战时过渡政府与魏玛共和国的政治实践中。这个时期的民族主义情绪最形象地体现为德国被西方背后捅一刀成为时代共识,它很快就演变分化为仇外主义与反犹主义的公众舆论。这种公众舆情对《魏玛宪法》的权威与命运形成很深的威胁,《魏玛宪法》被很多政治与学术精英视为阴谋的产物和共和国政治无能的象征。1933年进入希特勒时代后,国家利益高于个人利益、不惜一切代价捍卫民族政治权力等口号成为深入人心的伦理公式,源自普鲁士-德国历史深处的军国主义获得更多伸展余地。于是通往群众的马基雅维里主义的道路就变得越来越宽阔,德国政治文化与歌德时代的政治人道理想的裂隙急剧扩大。②

三、《共产党宣言》、社会主义与德国宪法史

18世纪之前人类社会不存在社会主义问题,社会主义问题缘起于

---

① 〔美〕弗里茨·斯特恩:《非自由主义的失败:论现代德国政治文化》,孟钟捷译,商务印书馆2015年版,第61页。
② 〔德〕弗里德里希·迈内克:《德国的浩劫》,何兆武译,商务印书馆2012年版,第72页。

18世纪的欧洲。要全面理解19世纪下半叶以后德国宪法史深层思想基调的非自由主义化,还必须注意到这个重要的因素。德国历史深处存在复杂而深刻的社会主义传统,它们和德国自由主义与自由宪制在德国的命运密切交织在一起。在讨论德国社会主义的问题之前,必须首先在逻辑上界定作为思想史问题的社会主义。

按照涂尔干的经典理论,存在两种截然不同的研究社会主义的方法。一种是把社会主义当作有关一般社会和有关最文明的当代社会的性质及演化的科学学说。这个意义上的社会主义是一个抽象命题体系,人们研究这个命题体系的真假及是否符合社会现实。一个核心问题是全部生产资料及其衍生品的社会化或国有化的集中管理是否可能。

对这个意义上的社会主义,应该说,19世纪三四十年代欧洲出现的乌托邦社会主义者作出了最早的阐述,只是这个阶段的社会主义思想处在空想阶段,理论家们没能设计出经得起经济学家和社会学家审视批判的计划性的社会结构和社会秩序方案,欧洲主流经济学家与社会学家很容易就能批驳依据空想社会主义者提出的原则构建的社会秩序肯定缺乏活力和效率。因此空想社会主义理论在19世纪中叶逐渐被抛弃。[1]

马克思则是在空想社会主义理论被抛弃的时刻即19世纪中叶出现的一位积极为社会主义寻求出路的理论家。在空想社会主义理论被科学与逻辑驳倒的时刻,马克思主义作为一个更可靠的社会主义体系出现了,这就是科学社会主义。

---

[1] 〔奥〕路德维希·冯·米塞斯:《社会主义:经济与社会学的分析》,王建民、冯克利、崔树义译,中国社会科学出版社2012年版,第14页。

作为一个新的社会主义思想体系,马克思主义从三个方面反驳了对社会主义的一切反驳:第一,马克思主义指出了思想具有阶级属性,驳斥社会主义的那些逻辑推理方式因此都是资产阶级的推理,而马克思主义告诉人们,此种逻辑推理并不是对全人类和所有时代都有普遍有效性。第二,马克思吸收了黑格尔的辩证法,指出全部历史的目的与结局就是通过对剥削者的剥削去实现生产资料的社会化,亦即历史辩证的发展必然导致社会主义。第三,对社会主义共同体的存在与运行的研究不是现代以来欧洲所有以理性主义为基础建立起来的科学所能胜任的,因此不要像乌托邦社会主义者那样试图为社会主义未来乐土提出明确方案。①

马克思主义的科学社会主义体系有两个独有特性对宪制史研究具有意义:第一,它将所有历史事件和社会制度本身都服从于经济分析的解释过程,无论是美国革命、法国大革命还是1830年和1848年欧洲民主革命等等,所有这一切都要进入马克思的经济学之内进行理解。第二,按照马克思的说法,科学社会主义,它有别于空想社会主义的标志就在于它能证明:不管人的意志或愿望如何,社会主义是不可避免的。② 也就是说,马克思的社会主义既宣示了一种铁律般的历史必然性,又宣示了"政治"不再是必须从基本原理研究中提取的独立因素。

涂尔干则认为不能采用上述思路研究社会主义,无论空想社会主义思路还是科学社会主义思路,都面临挑战。他提出了一个深刻的见

---

① 〔奥〕路德维希·冯·米塞斯:《社会主义:经济与社会学的分析》,王建民、冯克利、崔树义译,中国社会科学出版社2012年版,第15页。
② 〔美〕约瑟夫·熊彼特:《资本主义、社会主义与民主》,吴良健译,商务印书馆1999年版,第100—101、113—115页。

解,就是如果不降低社会主义作为科学学说的重要地位与意义,我们就没法承认社会主义具有真正的科学性质。社会主义要具有真正的科学性质,它首先必须具有真实的对象并且这一对象能够将其转变成可理解的语言,也就是说,社会主义对未来社会蓝图的规划,必须建基于对现在是什么和过去是什么的解释描述。①

简言之,即使对未来的思索规划是社会主义的终极目标,但社会主义要使自身的思索规划真正具有科学性质,首先却要研究现在是什么,而研究现在是什么,又必须以懂得过去曾经是什么为基础前提。这意味着,如果社会主义渴望对社会秩序进行一次全盘改造,就必须对欧洲各民族的政治、道德、法律、经济组织、家庭组织、财产状况在不远的将来可能和应该是什么样子进行规划。②

而要做到对这些领域的科学规划(假如存在科学的全盘规划的话),就必须去研究过去存在过并延续至今的大量制度与实践活动,探寻它们不同的历史变化轨迹,分析决定这些变化的主要条件。只有在如此大量的基础研究的基础上,人们才有可能合理地追问:在现有的集体生存条件下,上述诸社会秩序领域应该是什么样子。

从涂尔干这样具有代表性的社会学家的见解看,19世纪欧洲所有这些研究不过刚刚起步,即使最出色的研究都没有走出基础阶段。上述诸领域的每一个问题都自成一个庞大的世界,所有社会科学面对无限深邃的社会与生活世界,依旧过于年轻,不可能充当系统而广泛的实践学说的基础。另一方面,从人类现实心理来看,对个人自主性的渴

---

① 〔法〕涂尔干:《孟德斯鸠与卢梭》,李鲁宁、赵立玮、付德根译,渠东校,上海人民出版社2003年版,第131—133页。
② 〔法〕涂尔干:《孟德斯鸠与卢梭》,李鲁宁、赵立玮、付德根译,渠东校,上海人民出版社2003年版,第132页。

望、对安稳秩序的热爱、对革新的恐惧广泛支配着人类的实践。结合霍布斯的政治哲学言之,个人主义是一种得到人类实践强烈肯定的人类激情。因此带着集体主义激情的社会主义必须直面这一人性现实。

鉴于将社会主义当作由非历史的抽象命题构成的体系的方法不够科学,涂尔干认为,应该从另一种方法视角来考察社会主义。这种视角是什么呢?就是将社会主义本身视为一种社会事实,而不是对社会事实的科学表达或者以绝对真理来看待。从这个视角出发去研究社会主义,有助于我们更好地研究与理解社会主义产生的社会条件。

根据欧洲形成社会主义的事实来看,如果说"社会主义是那些最深刻地感受到我们集体疾病的人们所发出的痛苦呼喊和怒吼",那么,研究社会主义首先就要研究人们是在什么时代、什么社会条件下发出了这样的呼号,再去研究社会疾病的性质与根源,找寻恰当的治疗方法,亦即只有摸清社会主义的历史才能看到社会主义的内在本质。[1] 摸清社会主义的历史,包括要确定构成社会主义的要素、社会主义的发端、社会主义经历过哪些转型以及决定这些转型的因素是什么。这样的研究方法有助于呈现出不同时代的人们共同持有的社会主义的观念,或者说,能让我们搞清楚特定时代人们构想社会主义的最共同的方式。显然,涂尔干的思路仿佛是从社会学进路将"社会主义"坚定地拉回到与自由—民主制并不冲突的历史语境下去理解和展望,因而是一种包容个人主义与现实主义的社会主义。

到19世纪末期为止,人类构想社会主义的共同问题意识主要聚焦在两个方面:第一,是否彻底反对私有财产;第二,是否主张个人对集体

---

[1] 〔法〕涂尔干:《孟德斯鸠与卢梭》,李鲁宁、赵立纬、付德根译,渠东校,上海人民出版社2003年版,第133—134页。

或国家的从属地位。一个必要的区分由此出现,即只有那些既彻底要求废除私有财产又主张个人对国家或集体之从属地位的社会主义学说,才属于极权主义的社会主义。在极权主义的社会主义之外,最重要的是民主社会主义。而民主社会主义内部又存在很多形态。

在1917年之前的马克思主义者心目中,马克思主义的社会主义大体有两个特征:其一,民主和社会主义是不可分割的统一体,亦即马克思主义的社会主义是一种民主社会主义;其二,马克思主义的社会主义是没有国家的社会主义,亦即马克思主义的社会主义决不能是国家社会主义。① 这是理解马克思主义的社会主义与德国宪制史内在关系时需要关照的思想背景。

从最简要的这种类型视角回溯19世纪以来的德国社会与思想,大体上存在两种社会主义,一种是以马克思学说为典型的民主社会主义(但民主社会主义不只有马克思主义的社会主义),不妨将此类社会主义概括为左翼社会主义;另一种是以普鲁士军事国家主义为历史基础之一的纳粹思想,也就是右翼社会主义。即使在哈耶克这样的英美自由主义思想家看来,德国左翼社会主义与右翼社会主义都是根本不同的。② 1848年革命前的马克思学说包含着自由主义、民主主义与国际主义元素。当时的青年马克思对德国资产阶级自由主义革命本身是有期待的,他认为这是德国走向社会主义和共产主义的桥梁。但是革命的失败导致马克思的观点发生重要变化。

正是因为马克思的学说包含着反对君主专制、要求将更多的平等

---

① 〔奥〕路德维希·冯·米塞斯:《社会主义:经济与社会学的分析》,王建民、冯克利、崔树义译,中国社会科学出版社2012年版,第202—203页。
② 〔英〕弗里德里希·奥古斯都·哈耶克:《通往奴役之路》,王明毅、冯兴元等译,中国社会科学出版社1997年版,第160页。

引入政治经济关系中的强烈诉求,导致马克思遭到1848年后以普鲁士君主为核心的德国统治阶层的严厉打击。1848年后普鲁士军事国家体制对德意志的支配,使得德国主流政治思想逐渐走向民族主义与权力政治,德国资产阶级的自由主义逐渐被主流政治潮流同化,而马克思本人对民主社会主义革命的认知也在此后经历内部变迁。要着手建立更强大的无产阶级政党并通过革命,而不是依靠联合德国资产阶级政党去推进民主社会主义,成为1848年革命后马克思的思考重心。这是观察德国19世纪社会主义的一个基本历史前提。

这里所说的德国社会主义包括社会主义思潮与社会主义运动两个层次,即指工业无产者的革命运动以及在这些运动中产生的工人阶级政党政治。以工人阶级为社会基础的德国政党最初主要有,1863年成立的全德工人联合会和1869年成立的德国社会民主工党,这两个党派在1875年合并组成德国社会主义工人党,该党于1890年改名为德国社会民主党。社民党一战前夕已经是欧洲最具影响力的社会主义政党,它在1890年议会选举中获得35个议席,1912年拥有110个议席,成为第一大党。与很多德国政治性政党的内部纷争一样,社民党自身也存在左、中、右的派系分歧,1913年后中派与左派先后独立出去分别组建了德国独立社会民主党和斯巴达克同盟,分离了中左翼后的社民党向主张温和改良的资产阶级政党转型。斯巴达克同盟后来改组为德国共产党,独立社会民主党中的左翼成员加入德国共产党,其右翼势力与社会民主党合流。

虽然德国本土工人阶级政党成立于1848年后,但以工人阶级为主的无产阶级革命其实与德国资产阶级政治运动一样,在1840年之前就已出现。1836年的正义者同盟就是一个典型,它最初就是由德国工人和手工业者组成的革命组织。随着形势的发展,这个同盟在1847年改组升级为公开的正式组织即共产主义者同盟,并正式邀请马克思、恩格斯加入同盟,这是第一个以马克思、恩格斯提倡的科学社会主义为指导的无产阶级政党。1848年革命爆发前夕共产主义者同盟召开了第二次代表大会,大会委托马克思、恩格斯起草同盟纲领,这就是1848年2月问世的《共产党宣言》。

"一个幽灵,共产主义的幽灵,在欧洲游荡。为了对这个幽灵进行神圣的围剿,旧欧洲的一切势力,教皇和沙皇、梅特涅和基佐、法国的激进派和德国的警察,都联合起来了。"《共产党宣言》开篇这段充满画面感的修辞描述了1848年欧洲与德国政治情势的一个重要特点——新兴的工业无产者群众运动开始冲击旧制度。在1856年纪念英国宪章派报纸《人民报》创刊的演说中,马克思意味深长地评价道:1848年革命暴露了欧洲社会干硬外壳下面的一个无底深渊。在看来似乎坚硬的外表下面,显出了一片汪洋大海,只要它动荡起来,就能把由坚硬岩石构成的大陆撞得粉粹。1848年欧洲各地的革命吵吵嚷嚷、模模糊糊地宣布了无产阶级解放这个19世纪的秘密——本世纪革命的秘密。[①]

本书第2章从现代共和革命史角度将1848年德国革命界定为19世纪中叶德国的马基雅维里时刻,阐述了资产阶级自由主义者在1848年革命中的自由民主理想。如果将前面的阐述与此处马克思的思想结合起来理解,可知马克思与德国资产阶级对发生在1848年欧洲与德国各地的大众民主运动的界定与评价既有交集又有差异。

交集在于双方都是针对君主专制政府,要推翻君主专制与封建等级制度。差异在于,马克思的政治信念是最终要实现无产阶级专政,消灭私有财产和一切阶级差异,因此资产阶级与资本主义本身都应该被

[①] 《马克思恩格斯选集》(第1卷),人民出版社2012年版,第775页。

消灭。这意味着马克思所认为的真正的革命,必须是劳工大众对君主专制和资产阶级的双重革命。而德国资产阶级的政治理想是夹带民族主义的自由民主宪制,也就是实现代议制民主、制定带有自由色彩的宪法、反对专制政府的压制与审查制度,要求保障基本人权与实现政治宽容。资产阶级内部虽然会在英国与法国的两种自由宪制模式中徘徊,但在对自由人权和法律面前人人平等等基本原则的界定理解上,他们与马克思的革命观有所不同。

在马克思眼里,"人民"主要是指工人阶级与其他中下阶层,不包括资产阶级,甚至小资产阶级也不是人民。人民即无产阶级群众,民主即无产阶级的专政。这是马克思在对内涵丰富的法国革命榜样的扬弃中发现的德国革命的未来①,扬的是革命观念神圣的解放意涵与历史尊严,弃的是阿伦特所指的革命的那种共和性与自由性。从马克思主义理论的终极目标即人类进入共产主义社会看,马克思最终要弃的是国家与法律等一切建制本身,也就是说,无产阶级专政要实现的是无国家、无阶级的终极自由。

从宪制理论角度去诠释,马克思首先要弃的就包括法国革命中诞生的那种建立在特殊利益之上的个人主义社会和代议的民主制的国家形式,他认为这样的现代国家依旧还是一个二流货色。代议制的特性是社会与国家的二元分离,其民主的普遍特性凝结在宪法中就体现为国家要尊重保护每个人的自由人权与平等主义公民权。② 但马克思的历史辩证法又使他相信,历史的辩证法不允许任何跳跃式前进。现阶

---

① 〔法〕傅勒:《马克思与法国大革命》,朱学平译,华东师范大学出版社 2016 年版,第 18—19 页。

② 〔法〕傅勒:《马克思与法国大革命》,朱学平译,华东师范大学出版社 2016 年版,第 18 页。

段资产阶级在经济和政治上都更有优势,资产阶级为了自己的解放在努力推进革命,一定程度上也是推动它与无产阶级的共同目标。因此,无产阶级首先必须与资产阶级联合。了解到马克思这个思想历程,能更深刻理解他对1848年德国革命与法兰克福制宪会议的基本立场,然后进一步分析1848年后马克思思想的变化对理解德国自由宪制史具有的意义。

无论对1848年前德国工人阶级在本土外的运动,还是对1848年间德国本土内的工人革命运动,马克思都有密切的跟踪观察指导研究,并且为德国工人阶级政党提出了政治纲领。1848年3月下旬到4月初,马克思、恩格斯和数百名德国工人(他们多半是1847年在伦敦成立的共产主义者同盟成员)回国参加已经爆发的德国革命。马恩在3月底写成的《共产党在德国的要求》是共产主义者同盟在1848年革命中的政治纲领,同年6月他们创办《新莱茵报》作为1848年革命的指导中心。①

按熊彼特的见解,德国这个时期社会主义的确切名头应该叫马克思主义的社会主义,与之相对应的是后来北欧与德国出现的各种非马克思主义—社会主义,比如瑞典的社会主义,熊彼特认为它所带有的马克思主义色彩是轻微的,俄国社会主义则是典型马克思主义色彩的社会主义。② 根据熊彼特的经典划分标准,再结合1890—1917年间德国社会民主党与德国共产党的重组情况,可以说,德国既有马克思主义的社会主义政党,又有非马克思主义的社会主义政党,前者主要是指德国共产党,后者主要指社会民主党多数派(它在19世纪末期逐渐变为偏

---

① 《马克思恩格斯选集》(第1卷),人民出版社2012年版,第909页。
② 〔美〕约瑟夫·熊彼特:《资本主义、社会主义与民主》,吴良健译,商务印书馆2002年版,第470—471页。

资产阶级色彩的政党)。在第二帝国俾斯麦宪法体制和魏玛宪法体制下,这些政党都已经开始参与议会内民主政治的竞争角逐,但它们对实证宪法规范和对宪法本质的理解都截然不同。

在19世纪德国形形色色的非马克思主义的"社会主义"中,有一种社会主义对自由宪制在德国的命运有重要影响,这就是俾斯麦领导的普鲁士—第二帝国时期的国家社会主义。诚如米塞斯所指出的,要想理解"国家社会主义"这个概念,首先必须回到德国历史,因为这个词的历史只反映着这样一个事实:国家社会主义是普鲁士和另一些德语国家的政府所奉行的社会主义。它们认同国家,认同国家所采取的一切行动和国家推行的一切观念。① 这种普鲁士式的国家社会主义与典型家长制福利国家具有同源性,在普鲁士根深蒂固的家长制福利国家传统下,不仅铁路、邮政大型生产资料与交通系统绝不能由个人经营或只有经过国家许可才能经营。这里面既有政治原因又有军事原因,而且君主、政府官僚系统和军队官僚系统被视为是能守护国家利益的核心支柱。因此,普鲁士德国的国家社会主义与马克思主义的社会主义的根本不同在于,前者维护传统的社会等级秩序并依据这种等级秩序对不同阶层的功德进行评价定位。② 因此,普鲁士特产的这种"社会主义"是具有一元化和压制性色彩的社会主义,这里的一元就是普鲁士等级制国家,它是进行政治经济利益支配与分配的中心。在马克思主义那里,这些普鲁士化的国家社会主义均属于反动的或保守的社会主义。

不过,马克思本人无法再看到的是,在1918年11月社会民主党走

---

① 〔奥〕路德维希·冯·米塞斯:《社会主义:经济与社会学的分析》,王建民、冯克利、崔树义译,中国社会科学出版社2012年版,第203—204页。
② 〔奥〕路德维希·冯·米塞斯:《社会主义:经济与社会学的分析》,王建民、冯克利、崔树义译,中国社会科学出版社2012年版,第207—208页。

到政治前台、德国进入魏玛共和国时期后,《魏玛宪法》与魏玛政治生活依旧还充满社会主义的润滑油,社会化、国有化、与经济社会权利相伴随的国家义务问题成为魏玛时代德国政治经济的热点议题。只不过,这时候承载德国各种社会主义观念与运动的那个"国家",在形式上已不再是那个以君主为核心的等级制帝国了,而是一个试图对自由资本主义与民主社会主义进行兼顾的民主-共和国了。魏玛时期社会主义在德国的形式与实质、理论与实践等议题,同样也要放置在19、20世纪德国社会主义史的纵向延长线上去理解。

本书力求揭示,德国自由宪制的发展进程与各种社会主义在德国的深厚历史根基具有密切关系,形形色色的"反动的"或"保守的"社会主义在德国社会与政治场域的根基越深,说明在德国推进自由民主宪制的社会与政治阻力就越大。而马克思主义的社会主义和革命的社会主义在德国遭遇的困境也需要从这个历史背景下去进行关联性思考,这个问题的一个通俗表述或许可以是:为什么在马克思的故乡,马克思主义及其预设的蕴含民主诉求的社会主义革命没能取得成功?

首先重点看马克思主义的社会主义与1848年德国共和革命及法兰克福制宪的关系。从马克思主义的阶级视角讲,1848年德国自由主义运动的基本特点是不同阶级最初联合但很快就走向分裂,以他的辩证法说,无论阶级联合还是阶级分裂都是革命的必备条件。德国资产阶级与工人阶级一起反对专制政府,在普选权、新闻出版自由、陪审制与集会自由等宪制问题上资产阶级与工人阶级的诉求一致。

在马克思看来,天生软弱的德国资产阶级很快就抛弃了自己的革命盟友,领导运动的资产阶级与旧政府达成了妥协,彼此作出了相应让步,成立了一个联合议会并由联合议会中的反对党领袖组成了内阁。君主政府中的各个支柱:封建贵族、官僚系统和军队都与这个联合政府保持妥协合作。马克思认为,资产阶级不顾人民群众的反对,召集了联合议会,使之作为代表全体人民的立宪机关,通过了新的选举议会法,新选出的议会与君主共同商定新的宪法。选举是间接选举,选民先选举若干选举人,选举人再选出议员。资产阶级内阁的这些行为引起了以小手工业者、小商人和工人阶级为主的人民党(也叫民主党)的不满。民主派要求在德国实现直接的普遍选举权,要求一院制的立法议会,要求完全和公开地承认3月18日的革命是新政府的体制的基础。这个党中较温和的一派对资产阶级联合内阁主导的"民主化的君主制"表示满意,但是,人民党比较激进的一派要求建立最彻底的共和国,也就是要求建立非君主立宪的共和国。这两派都同意承认德国法兰克福国民议会为国家最高权力机关,但是当时很多君主立宪派和保守派对这个机构的最高权力却怀着极大的恐惧,因为他们认为这个议会太革命了。①

马克思认为法兰克福国民议会及其议程打断了德国工人阶级的独立运动,破坏了德国无产阶级党的革命计划。无产阶级党在政治运动中与资产阶级的自由民主党派根本不同。第一,无产阶级党赞成1848年2月巴黎的激进革命路线,而自由民主派反对激进革命。第二,无产阶级党要建立的是不可分割的单一制的德意志共和国,而自由民主派倾向于联邦制共和国。第三,无产阶级党力求使德国工人运动彻底摆脱资产阶级自由民主派的影响,但是德国资产阶级则相信通过国民议会的自由立宪机能反映工人阶级的政治诉求。

由于与资产阶级在革命目标与革命方式等基本问题上根本不同,一定程度上也是由于对自由民主的内涵的界定根本不同,马克思对法兰克福国民议会的评价极为负面。概括而言,他的评价包括以下几层意思:

---

① 《马克思恩格斯选集》(第1卷),人民出版社2012年版,第598—601页。

第一,这个机构的存在本身是德国的不正常状态的最显著证据,是革命半途而废的最显著证据,他认为它的滑稽可笑与自命不凡都是史无前例的。为什么它是一个滑稽可笑的机构呢?因为一方面,法兰克福国民议会与旧的联邦议会的关系很尴尬,负责召集国民议会的联邦议会对它的职权未作任何规定,谁也不知道它的法令是具有法律效力呢,还是需要经过联邦议会或各邦政府批准。但另一方面国民议会又被寄望去解决一切有争议的问题,履行德意志联邦最高立法权力机关的职能。马克思认为这个机构稍有一点力量,就应该把联邦议会这个在德国最不受欢迎的机构立即解散,代之以从国民议会自己选出的议员选举出来的人所组成的联邦政府;如果它稍有力量,就应该宣布自己是德国人民至高无上的意志的唯一合法代表,从而使自己制定的一切法令具有法律效力;更重要的是,它还应该组建有组织的武装力量。①

这个主要由自由派律师和学院派教授们组成的国民议会不可能实现马克思所说的这些目标。在马克思眼里,"这个议会虽然自称体现了德国思想和学术的精华,而事实上它只是一个供老朽政客在全德国面前表现他们不自觉的滑稽丑态和他们思想与行动上的无能的舞台。这个老太婆议会从存在的第一天起,就害怕最小的人民运动甚于害怕全德各邦政府的所有一切反动阴谋"②。"这个机构中的辩论没有任何实际结果,甚至也没有任何理论价值,只不过是重复一些陈腐不堪的哲学学派和法学学派的最乏味的老生常谈;人们在这议会中所说的,或者毋宁说是所嘟哝的每一句话,报刊上早已刊登过一千次,而且比他们说得要好一千倍。"③

---

① 《马克思恩格斯选集》(第1卷),人民出版社2012年版,第604页。
② 《马克思恩格斯选集》(第1卷),人民出版社2012年版,第603页。
③ 《马克思恩格斯选集》(第1卷),人民出版社2012年版,第604页。

马克思对法兰克福国民议会及其与会代表的评价堪比白热化的控诉,表达的是对此次充满妥协味道的自由制宪会议的巨大失望与愤怒。以赛亚·伯林指出,反对空谈和法兰克福议会侏儒症的激烈言论不断从马克思那里爆发出来,并最终形成在《资本论》中都罕有其匹的愤怒风暴。①

但仔细品读他的《法兰克福国民议会》,其字里行间又显示出那个时候的马克思对国民议会机制本身原本是有期待的,他希望这个机构能有远见卓识作出革命决断,然而,这个机构的温和妥协气氛让马克思非常失望,他认为那是一种绝对的怯懦。他似乎恨其不争,但内心并没有否认法兰克福国民议会本身的合法性。引申而言,截至1848年法兰克福国民会议,马克思都没有否认在一般理解的议会程序内实现工人阶级的社会主义革命的目标,他从历史辩证法角度指出,与资产阶级的合作是前期社会主义革命的必要条件。

法兰克福国民会议的失败和资产阶级主导的共和革命的失败,极大地改变了马克思关于德国革命策略的观点,他对于群众及其各种领导者的智慧与可靠性的看法都有了很大改变。在此后的分析中,他将1848年德国革命的惨痛结果归因于德国资产阶级的弱小、议会自由主义者的低效,更主要的是容易上当的群众在政治上的盲目无知——意思似乎是说德国无产阶级也发展得不够,其运动也不成熟。他立志要摒弃那种夸夸其谈、模棱两可的趋向,因此更倾向于在德国推动建立公开的官方的革命党派。②

由于1848年革命期间马克思在《新莱茵报》上发表了反对普鲁士

---

① 〔英〕以赛亚·伯林:《卡尔·马克思》,李寅译,译林出版社2018年版,第195页。
② 〔英〕以赛亚·伯林:《卡尔·马克思》,李寅译,译林出版社2018年版,第184页

君主政府专制措施的演讲,他遭到了普鲁士政府打压与审判,1849年被迫离开德国,流亡伦敦。他最初以为在伦敦只要待上几个月,局势好转、革命重新爆发就可回国。但是,事与愿违,1850年后德国和欧洲整个经济形势出现好转,极大地改善了社会环境,普鲁士政府已经看不到什么有威胁的大众民主运动。

新一轮的民主革命非但没有到来,而且资产阶级与工人阶级的政治运动逐渐式微,德国自由主义与俾斯麦体制妥协和解,彻底去政治化,只有少部分资产阶级激进分子还继续与工人阶级合作战斗。随着国内自由主义运动陷入历史低谷,马克思被迫一直旅居伦敦,直到1883年去世。

德国工人运动在1848年的挫败没有真正改变马克思的政治信仰,但是改变了他的策略。用哈耶克的话说,当马克思发现那些自由主义因素甚至民主主义因素越来越明显地成为实现社会主义的障碍后,以马克思为代表的左翼社会主义才越来越接近右翼社会主义,亦即开始带有了一种新的军事国家社会主义色彩。把一切自由主义的东西比如宪法与资产阶级议会民主这些东西都从德国赶出去,成了晚年马克思及其德国追随者们的目标。① 在生活中,他与依旧留在德意志的社会主义者李卜克内西(Karl Liebknecht)以及在英国的德意志工人阶级始继续保持联系。在政治上,马克思将重点转向如何指导德国工人阶级组建自己的强有力的政党,如何与资产阶级的激进势力联合继续为未来可能出现的革命进行准备,政治路线从依靠立宪民主机制转向以有自己政党和武装力量为基础的激进革命路线。

---

① 〔英〕弗里德里希·奥古斯特·哈耶克:《通往奴役之路》,王明毅、冯兴元译,中国社会科学出版社1997年版,第160页。

在 1848 年大失败的基础上，社会主义工人组成的全新的激进政党——全德工人联合会在德意志成立并快速发展，创立人是费迪南德·拉萨尔（Ferdinand Lassalle），因此该党也叫作拉萨尔派。这个新党派为马克思开辟了全新的实践领域，拉萨尔也在这个领域付出了自己的整个后半生。① 换言之，19 世纪德国最早的无产阶级党并非马克思创立，但马克思的思想和部分政治理念一度激励了这个党的领导者们。

拉萨尔从马克思那里汲取了经济决定论和阶级斗争以及资本主义社会中剥削的必然性等理论，但是，拉萨尔整个人的思想气质与马克思截然不同，拉萨尔本人反对谴责现存政府，不同意马克思认为的政府就是一个高压统治工具的观点。拉萨尔更认可黑格尔的国家观念，即国家及其政府是一种最进步、最有力的功能体系。所以，拉萨尔倾向于与普鲁士当局合作，他认为无产阶级政党要利用这个专制的威权主义政府去反对资产阶级。然而，马克思却认为，拉萨尔的这种路线正是最具破坏性的一种机会主义。②

因此，德国社会主义思想阵营一个重要的分野出现了——拉萨尔领导的这个德国无产阶级政党实际上带有许多强烈的非马克思主义特征。它的目标实质上是要在现实政治条件下实现一种具有民族主义特点的德意志国家资本主义。主要思路是建立一个工人合作体系，寻求政府资助。拉萨尔信奉现实主义与实力主义，他深刻地影响了俾斯麦的策略，后者在拉萨尔启发下，愿意在专制政府体系内植入以反对资产阶级为主要目的的社会主义因素。拉萨尔因此成为 19 世纪欧洲最重

---

① 〔英〕以赛亚·伯林：《卡尔·马克思》，李寅译，译林出版社 2018 年版，第 234 页；《马克思恩格斯选集》（第 1 卷），人民出版社 2012 年版，第 383、391—392 页。

② 〔英〕以赛亚·伯林：《卡尔·马克思》，李寅译，译林出版社 2018 年版，第 238 页。

要的国家霸权理论家,最能煽动人心的政客和浪漫独裁主义的奠基者之一。①

后来为纳粹极权主义贡献了其法学才智的施密特,在建构其具有决断主义与国家主义色彩的绝对宪法概念时,特别援引拉萨尔《论宪法的本质》中提到的实力主义宪法观——宪法是一种能动的力量,因此应该在国家政治生活的实际力量对比中去发现这种能动的力量和宪法的本质。② 施密特言下之意是,拉萨尔与奠定了19世纪德国宪法学思想基础的施泰因(Lorenz von Stein)的宪法观存在一致之处。二者都认可国家中的政治实力支配宪法的基本原则,由于国家如黑格尔所言乃是最高伦理的载体,因此宪法本质上也就应该是国家宪法。国家宪法的本质就是国家意志自由形成的结果,国家及其宪法可以代表一切自由的、自决的个体的意志。显然,这是与共和制宪法观截然不同的、对宪法本质的一种全新定义,但正是这样一种观念流淌在德国宪法思想传统中。

从马克思的民主社会主义到拉萨尔的国家社会主义,这是深藏在19世纪下半叶后德国思想中的两股思潮,它们存在紧密的历史联系又有内部分歧。1864年第一国际的成立和1867年《资本论》第1卷出版,将马克思主义从1848年后的困境中重新解脱出来。尤其是《资本论》第1卷为马克思赢得了广泛的赞誉,很多国家的社会主义者和政党领导人都来伦敦拜访他。在两个工人阶级政党基础上组建的新的德国社会民主党的领袖们更是就所有重要问题向他当面请教。此时的德国社民党是一个带有浓郁马克思主义风格的社会主义政党,它们获得了很大的发展,尽管俾斯麦颁布了反社会主义法,但社民党人的选票却没有减少。

① 〔英〕以赛亚·伯林:《卡尔·马克思》,李寅译,译林出版社2018年版,第240页。
② 〔德〕卡尔·施密特:《宪法学说》,刘峰译,上海人民出版社2005年版,第9页。

唯一对马克思的学说无动于衷的主要欧洲大国就是英国,这种英国例外论在马恩的书信中都有所记录。① 马克思、恩格斯指出,是英国长期以来的繁荣削弱了英国工人阶级的革命精神,而且英国这个最具资产阶级性质的国家的最终目的,似乎就是要建立一个资产阶级的贵族阶级和一个资产阶级的无产阶级,与资产阶级共同存在。② 马克思、恩格斯依旧主要是从经济基础视角看待英国工人阶级对待革命的立场③,但其实,激进无产阶级革命之所以在英国发展不起来,除了经济基础的因素,还与英国的宪制与政治体制的内在均衡性与灵活性具有重要关系。按孟德斯鸠的见解,英国是最早确立了政治自由的国家,特别是 1689 年之后自由政制在英国的发展,为释放社会矛盾与冲突提供了基本的制度渠道。

到 19 世纪中后期,亦即在德国自由主义陷入历史低谷的同期,自由主义在英国发展到新的历史高峰,所谓历史高峰概括来讲,主要是指以古典自由主义为基础的英国自由宪制出现了进一步的民主化发展,包括普选权在内的工人阶级的政治经济利益在自由宪制框架得到推动或落实(当然这是一个充满复杂社会动力的历史过程)。这个历史趋势的实质是带有分配正义与社会和谐理想的新的修正主义的自由主义开始取代信奉天然自由体系的一些旧自由观念,从而使古典自由主义中出现了民主主义内涵的扩张及民主化的加速。英国自由主义的改革在现有体制范围内部分地回应了这个历史时期欧洲汹涌的社会主义运动提出的要求。④ 因此无论从政治文化传统,还是从现实社会需求而言,

---

① 《马克思恩格斯选集》(第 1 卷),人民出版社 2012 年版,第 73—86 页。
② 〔英〕以赛亚·伯林:《卡尔·马克思》,李寅译,译林出版社 2018 年版,第 184 页。
③ 《马克思恩格斯选集》(第 1 卷),人民出版社 2012 年版,第 104—132、876—877 页。
④ 〔英〕约翰·格雷:《自由主义》,曹海军、刘训练译,吉林人民出版社 2005 年版,第 48—49 页。

具有悠久的普通法传统与自由思想根基的英国社会不太容易接受过于激进的革命理论,但有趣的是,英国社会公共领域也存在社会主义思潮,伦敦也一度是马克思、恩格斯这两位社会主义革命导师的避难所,只不过,社会主义在英国主要是以对自由主义的批评补正而不是自由主义的替代方案的形象而存在的。

就对人民群众的态度而言,马克思、恩格斯是更加纯粹而坚定的德国民主主义者,因此他们会本能地反对拉萨尔的充满精英色彩的政治浪漫主义,厌恶拉萨尔与俾斯麦专制体制的妥协。但是在反对西方式个人主义的自由民主宪制这个问题上,这两位社会主义思想人物态度又是相似的。这就是俾斯麦时期德国思想态势的两个基本特点:一切反自由主义的势力正在联合起来反对一切自由主义,一切反个人主义的势力正在联合起来反对一切个人主义。

所以,无论哈耶克还是迈内克、伊格尔斯等,都将纳粹的国家社会主义思想的根源追溯到了 19 世纪中叶。大体而言,威胁德国自由宪制发展的主要有三种政治-社会与思想原因:一是德国资产阶级自由主义者的内在缺陷,而这本身还是一个长期以来的社会结构问题。二是"德国的社会主义运动"(但迈内克没有具体分析德国各种社会主义的内部差异。以马克思主义式的思路说,就是没有区分革命的社会主义和反动的社会主义)。三是在俾斯麦时代走向顶峰的普鲁士军国主义或者说军事国家主义传统。① 哈耶克在《通往奴役之路》一书中专门分析过纳粹思想的根源,他认为德国社会主义与国家主义之间的联系从一开

---

① 独断专横的俾斯麦既坚决反对马克思主义的社会主义,但又奉行背离了马克思初衷的拉萨尔式的国家社会主义,因此,或许应该说明,"德国的社会主义"内部存在复杂的谱系差异,"社会主义"在德国的历史演化以及它的内部内容与北欧社会主义的差异,正是对熊彼特那句"每个国家都有她自己的社会主义"的生动诠释。

始就很密切,不过造成德国社会主义与国家主义结成亲缘关系的原因,极为复杂。

德国国家社会主义最重要的前辈比如哲学家费希特与宪法学家拉萨尔,同时被公认为是公认的社会主义的鼻祖,这是意味深长的。马克思主义式的社会主义理论跟他们不同,在马克思主义式社会主义指导着德国劳工运动的时期,极权主义和国家主义的因素一度隐入幕后。但这个抑制状态为时不久,特别是在1914年后的德国,马克思主义的社会主义队伍里出现了很多导师,领导了很多劳苦大众和理想主义者,这些人后来却越来越背离马克思主义,成了国家社会主义的信徒。[1] 哈耶克的分析试图说明,德国马克思主义式的社会主义运动与极端右翼的国家社会主义运动此消彼长,有不是东风压倒就是西风,就是西风压倒东风之态势。这两种思潮的政治信念与世界观截然不同,但与资产阶级自由民主共和体制均没有亲和性。

因此,哈耶克认为,纳粹的国家社会主义不是没有思想背景和历史背景的纯粹非理性运动,如果仅仅只是一种没有思想根基和历史基础的非理性运动,危险性要小得多。实际上,出现在1933年之后德意志第三帝国的国家社会主义是一个长期思想演变的顶点,是远在德国国境之外具有极大影响的思想家们都曾参加过的一个过程的顶点。他们的思想给整个欧洲和德国的思想都留下烙印。这些思想家各自的体系又是不断发展的。但是,人们一旦接受它的出发点就不能逃避它的逻辑,所有可能阻碍它的个人主义传统和自由主义都要被清除一空。[2]

---

[1] 〔英〕弗里德里希·奥古斯特·哈耶克:《通往奴役之路》,王明毅、冯兴元译,中国社会科学出版社1997年版,第160—161页。
[2] 〔英〕弗里德里希·奥古斯特·哈耶克:《通往奴役之路》,王明毅、冯兴元译,中国社会科学出版社1997年版,第159—160页。

由于普鲁士式的国家社会主义的长期熏陶,典型的德国国家观就越来越背离源自现代共和革命的自由民主共和精神。到 1914 年之后,国家社会主义浪潮在德国逐渐走向最高的历史地位。对德意志国家社会主义历史根源的梳理有助于更深刻地去理解,为什么源自现代共和革命的自由宪制理想会在 19 世纪后的德国逐渐陷入困境。

需要厘清的是,马克思、马克思主义和所有运用马克思理论的政治运动三者之间不是一回事,在世界史视野中细致地分析此间问题超出了本书研究范围。这里仅从德国宪制演进史的思想背景视角来关照马克思革命思想具有的诠释意义。一个对理解德国自由民主宪制趋势有诠释意义的、有关马克思主义的问题,就是俄国革命问题。

前面章节已经提到俄国十月革命对魏玛制宪产生过深远影响,《魏玛宪法》很大程度是一部为了防止德国苏维埃化的宪法,亦即它是一部坚决反对苏俄无产阶级专政民主模式的宪法。因此,尽管这部宪法与 1900 年生效的德国民法典一样,虽然也有很多滴社会主义润滑油,但《魏玛宪法》里蕴含的社会主义理想的内涵绝不是苏俄社会主义,而是孕育发展于德国自身历史中的社会主义传统,它不可避免地带着普鲁士式的福利国家色彩,又有马克思主义。这里面最有趣的一个关系在于,给俄国式社会主义革命带去理论灵感的最初是德国人自己的思想家马克思。[①]

1867 年《资本论》第 1 卷和 1882 年俄文版《共产党宣言》的出版风靡俄国,依伯林的解读,俄国的激进革命主义者读到《共产党宣言》和《资本论》中的雄辩文章时,心情无比愉悦,就如同 18 世纪的人们读到

[①] 这会引出另一个重要问题,马克思、马克思主义与列宁主义的联系与内部差异,以及这种内部差异的宪制史意义。

卢梭著作时的心情,因为他们发现了很多特别适用于俄国所处环境的内容。此种受欢迎程度让晚年马克思感到惊讶,因为俄国是他曾经口诛笔伐了30年的一个国家,对挚友恩格斯而言,情况也一样,恩格斯对"易北河东边的一切都怀着一种不可救药的厌恶。但现在俄国涌现了大量最无畏也很有学术水平的追随者,包括俄国最有才华的经济学家"。①

这个局面促使晚年马克思开始学俄语以便进一步观察俄国革命趋势。马克思认为如果俄国发生革命并成为整个欧洲无产阶级共同起义的信号,那么意味着共产主义有望直接建立在俄国这种落后的以农村经济为主的半封建制基础上。可以说,俄国为马克思提供了在西方发达资本主义国家之外进行共产主义革命实践的想象。

与马克思对俄国展开无产阶级革命想象形成有趣对照的是,被誉为"德国资产阶级的马克思"的韦伯对俄国革命的想象,韦伯重视并尊敬马克思的学说,但他的社会理论、政治理论又与马克思截然不同。在沃格林看来,韦伯与马克思一样,都是对现时代的激情(无论发生在德国的还是出现在世界各国的)进行了无情揭露,同时又以各自独特的语言风格传播了一整个新的表达王国的世界级思想家。②韦伯1905—1906年间论述俄国革命的文章是韦伯政治著作的主体之一。就像论述德国政治与宪制问题的著述一样,韦伯关于俄国的文章同样是关注一个结构性问题,即在威权政治传统(无论威权主义以何种形式出现)深厚的国家,争取议会制民主的运动何以可能,需要

---

① 〔英〕以赛亚·伯林:《卡尔·马克思》,李寅译,译林出版社2018年版,第309页。
② 〔美〕埃里克·沃格林:《希特勒与德国人》,张新樟译,上海三联书店2015年版,第315—317页。

依靠什么样的社会力量才能维持这样的运动?① 韦伯是在意识到俄国威权政治与德国版威权政治结构有着具体差异的基础上展开分析的。

与马克思关注俄国无产阶级民主状况及其前景相呼应,韦伯关注俄国资产阶级民主状况及其前景。韦伯对马克思的很多学说充满敬意,在分析俄国问题时,他也注重分析俄国的经济结构和阶级结构,但韦伯不是任何意义上的经济基础决定论者。因此,他比马克思更加现实主义,更加关注俄国发展自由民主存在哪些其他历史条件?又有哪些历史障碍?在宪制领域,如何通过杜马的议会制转型推动沙皇绝对主义专制传统向现代立宪制体转型,是重中之重。

总的来看,韦伯对俄国与德国民主的前景都不乐观,当然他与马克思对民主的定义也不尽相同。他在其政治分析中发现,德国和俄国都是那种无力从内部发展成为一种自由宪制式国家的国家,这部分地是由于它们存在一些非常特殊的历史负担,如何解决这些历史负担因此构成决定自由宪制在俄国与德国发展命运的必要前提。这些问题不只关乎一个民族、一个社会有没有积累建构共和的知识与观念传统,同时还关乎机运问题,而把握好民族国家的机运,现实而言,的确需要一个民族出现有远见卓识的政治家。

马克思、韦伯共同关切的俄国革命,其最终走向随着 1917 年苏俄十月革命的胜利可以暂时告一段落。但是,俄国革命对德国政治与宪制的深刻影响却从此走向一个前所未有的重量级状态——德国政治统治阶层、法学精英与社会精英对苏俄革命充满深度的恐惧,德国统治精英为了防止德国发生苏俄式无产阶级革命,可谓不计一切后果,导致即

---

① 〔英〕戴维·毕瑟姆:《马克斯·韦伯与现代政治理论》,应奇、刘训练主编,张继亮校,吉林出版集团有限责任公司 2015 年版,第 197—198 页。

使希特勒这样的右翼极端分子也得以被纵容（因为希特勒是极其反感苏俄的）。从魏玛制宪之初到1933年兴登堡提名希特勒出任总理，后者得以在一部自由民主宪法的框架内合法地瓦解议会制民主。在这个过程中，原本应对纳粹极端右翼运动肩负抵制之政治责任的资产阶级各政党与无产阶级政党，始终无法达成底线共识和政治妥协一致对抗纳粹极权意识形态——尽管他们中的一些人意识到希特勒与纳粹党可能是危险的。

德国政治与社会精英为防止极左翼而落入极右翼势力之手，为反对苏维埃社会主义而落入纳粹的国家社会主义之手——只能说，这是一个无情的历史错位。想象一下马克思如果能活到1933年，他会怎样去控诉和讽刺魏玛共和国议会中那些缺乏远见卓识的党派与议员呢？他会意识到《魏玛宪法》中意图不可谓不良善的民粹主义机制最后却成为危及无产阶级利益的一个因素吗？

当然，这纯属从历史研究中飘逸出来的遐思。但无论如何，在马克思、马克思主义、国家社会主义与德国宪制趋势这些历史因素之间来回思考，我们能感到世界主要大国重大思想-革命事件与宪法命运之间存在着的某种"量子纠缠式"关系。它启示我们在思考宪法问题时，务必认真对待历史，因为当过去不再照亮未来时，人心，可能如托克维尔所预警的那样，将在黑暗中徘徊。

四、德国基本法民主秩序的规范性内涵

二战后德国基本法的缔结，充满战后国际国内政治较量等复杂因素，但是，在基本法的制定商讨过程中，有一点却没有争议，就是纳粹第

三帝国国家社会主义的惨痛教训。鉴于这个惨痛教训的实质是极端反民主政治力量在民主宪法框架内推翻民主，因此，新的德国宪法必须考虑赋予宪法保护自身的力量，也就是要赋予宪法保卫宪制民主的力量。

为了打造这一防御性民主宪制结构，基本法首先以一个高度尊重个体而不是任何抽象造物的基本规范开始。这个规范必须以一种激烈的形式有效表达对个人的保护。所以，基本法以"人的尊严不可侵犯，一切国家权力皆负有尊重与保护之义务"开始，首先应被看作以一种严正的防止国家社会主义秩序的声明开始。基本法第1条的原则性规定"完全不同于"某个缺乏实证法基础的抽象公式或者纯粹宣言，因为一个历史性的、具体的共同体即新的民主德国的秩序，其规范性基础全部重心都落在了这一原则上。它的根本性地位意味着基本法为德国确立了一种自由的民主秩序，从政体理论上讲，唯有自由的民主政体才是一个真正的现代共和政体。

德国当代著名宪法学家迪特尔·格林在纪念德国基本法实施60年的一篇文章中，指出"如果不把基本法理解为对《魏玛宪法》以及随后的宪法虚无的纳粹统治之反思，就不能领悟基本法。基本法的执笔者们尽管有很多意见分歧，但统一达成的基本原则是'永远不再！'。永远不再像1933年那样自我放弃民主制度，永远不再像纳粹主义那样否定法律对国家的约束力"①。

因此对基本法民主秩序内部结构与根本价值基点的理解必然是一种基于历史与哲学的规范性理解。"对民主概念宪法标准性的理解，深深地根植于历史的——以及'思想史'的——诸多确定的前提条件之

---

① 〔德〕迪特尔·格林：《德国宪法60年——同一性与变迁》，喻文光译，载许崇德、韩大元主编：《中国宪法年刊(2010)》，法律出版社2011年版，第236—245页。

中,它无法脱离其历史条件与其规范对象所涉及的具体问题的限制而独立存在。"①就历史理解而言,1933年纳粹极权统治以及《魏玛宪法》在应对极权政治现实时所表现的疲软无力,是基本法制定者重点反思的问题。

基本法中的基本权利机制与国家统治结构两大板块以及这二者之间的内部体系关系,都需要放置在这个历史背景及其思想意境中去解读。就政治哲学的理解而言,根本问题就是如何在宪法构造中布局并解决好自由与民主、自由与权威、权利与权力等对立元素的平衡。秉持这个思路观察基本法的特质,可以清晰地看出其确立的民主秩序的深刻自由性。

首先,基本法将以保护个人尊严为核心价值基点的基本权利机制置于国家统治结构之前,首要考虑的是人的尊严这一基本规范,它被列在具体基本权利前面,并且其影响力覆盖到其他所有条款。人的尊严,不同于那些可能会被法律限制的普通基本权利,它被制宪者宣告为是"神圣不可侵犯"的,类似德沃金意义上那种"帝王条款"。它之所以是帝王条款,根本原因是它赋予了个人道德主体的地位。所谓道德主体地位,从个人与国家关系的视角讲,就是不以国家与权力为前提的一种自由独立地位。此种自由独立本身不涉及有用与否,无所谓有没有重大功利价值,因此它属于一种普遍道德权利。国家不仅要尊重这一主体地位,而且还有义务保护这一地位。

个人的尊严被基本法提升为一种特殊的基本权利和基本法不可修改的部分,并以它为核心统领其他所有基本权利,这即在实证法秩序格局中确立了个人尊严的在先性和不可动摇性。战后德国通过将

---

① 〔德〕康拉德·黑塞:《联邦德国宪法纲要》,李辉译,商务印书馆2007年版,第101页。

个人的尊严法典化，完成了宪法文本与康德道德哲学的融贯对接。德国联邦宪法法院对人的尊严的理解直到今天还依旧带有强烈的康德道德意味，从而在制度与实践两个层面为战后德国确立并巩固了政治统治的道德正当性基础，即奠基了国家主权的政治道德基础，而不只是权力政治基础。毫无疑问，在法律实证主义、国家主义根深蒂固的德国，先验自由价值基础的注入标志着战后德国宪法学完成了历史上遗留下来的一个方向之争，也标志着德国宪法开始了与自然法传统的内在融合。

在确立了以人的尊严为核心的基本权利之在先性即人权这个政治道德原则的基础上，基本法建构了政治秩序的另一个正当性基础——人民主权。基本法第20条即人民主权条款，为基本法注入了"自由主义的共和主义"的核心价值要素，特别是其第2款第1句"所有国家权力必须来源于人民"，这个基准的确立代表了德国基本法对《魏玛宪法》二元民主制结构的一种扬弃。

从基本法确立的德国国家统治结构看，基本法明确抛弃了《魏玛宪法》中那种二元民主制结构，因为二元民主制结构的含糊性已经被历史经验证明会对典型议会制民主构成威胁。因此，"基本法将人民、总统、议会和政府之间的关系按照有利于纯粹的代议制议会民主的方式确定下来，确保宪法秩序得到特别重视"①。

基本法确立了纯粹的代议制议会民主，意味着德国宪法秩序拒绝乌托邦式样的绝对同一性民主理念。基本法民主秩序是一种容纳冲突与异见的多元主义民主政治秩序，但此种容纳冲突与异见的对抗式政

---

① 〔德〕迪特尔·格林："德国宪法60年——同一性与变迁"，喻文光译，载许崇德、韩大元主编：《中国宪法年刊（2010）》，法律出版社2011年版，第236—245页。

治秩序又不是毫无价值底线的。这个价值底线就是,任何党派或者异见势力都不能否认自由民主本身。更具体而言,任何德国政党或者议会民主程序的参与力量如果否认人权本身,那它就已经越轨,已经超出自由-民主秩序轨道,必须受到宪法与法律的制裁。

为吸取魏玛民主崩溃的教训,与《魏玛宪法》的二元民主制相比,基本法显示出回归纯粹典型代议制民主的特质,它在国家统治结构的纵向版块完善了联邦制结构,在国家统治结构的横向层面亦即联邦政府结构上,设计了一种包含5个关键点的防卫性民主宪制。

第一,人民主权条款首先包含用多元主义的人民主权削弱国家元首权力的意涵,《魏玛宪法》第48条赋予总统的那种权力模式被废除。第二,将政府内阁总理的权力严格控制在代议制立法权机构之下,此举主要是为了防止政府的反民主行为,因此大大增加代议制机构的稳定性与坚固性是基本法的重中之重。[①] 第三,基本法没有像《魏玛宪法》那样大量引入直接民主要素,特别是在联邦层面的国家统治结构中没有引入任何直接民主元素,这主要考虑到在魏玛时代直接民主和公投民主元素沦为了政治升级的手段。第四,考虑到实践中保持政府稳定性的重要性,必须通过宪法的民主制构造确保议会民主政治的基本稳定,也就是要保障议会始终处在支持民主的多数派控制之下的问题。[②] 这个问题涉及政党与自由民主宪法秩序的根本关系问题。为此基本法(第21条第2项)规定如果议会中出现极端主义政党试图削弱甚至取消自由民主的基本秩序时,该政党必须被解散。[③] 第五,与政党制度完

[①] Michael Bernard, "Democratization in Germany: A Reappraisal", *Comparative Politics*, Vol. 33, No. 4, pp. 379-400.

[②] Arnold Brecht, "The New German Constitution", *Social Research*, Vol. 16, No. 4 (Dec., 1949), pp. 435-436.

[③] 〔德〕康拉德·黑塞:《联邦德国宪法纲要》,李辉译,商务印书馆2007年版,第101页。

善相匹配,基本法改革了德国的选举制度,以混合选举制度取代了《魏玛宪法》中的比例代表制,此举主要是为了防止德国议会政党极化和政党碎片化。①

格林教授用"可争论的民主"理念来形容基本法政治秩序的底盘,但在基本法确立的自由人权帝王条款的约束下,所谓"可争论的民主"应该遵循能使宪法秩序的极端反对者可被及早制止这一底线来理解。也就是说,自由开放的政治过程经由基本法得到构建与保障,但承认此种自由民主秩序不等于承认相对主义。②易言之,这个开放性的自由民主秩序并非没有价值边界与底线。德国各政党必须按照民主的方式组织并承认基本法确立的人权价值。与此同时,在立宪技艺上,基本法为了坚决捍卫宪法中的这一"自由的民主"秩序根基,规定新宪法秩序此一基本原则不在宪法修改之列。在哈贝马斯的总结中,民主法治国的根本规范基石就是,立法与行政都受宪法秩序的约束,而宪法秩序的正当性基础建立在人权(个人主权)与人民主权原则的统一同构基础上。

在以人权与人民主权这两个根本基石奠定自由的民主秩序的基础上,基本法民主秩序的第三个基石是,建构自由民主秩序的司法型保护机制。基本法采取了在普通法院之外另设专门宪法法院肩负违宪审查职责的制度模式(这在学理上得归功于凯尔森的智识贡献)。宪法法院违宪审查机制主要目的有两个:如何确保基本法得到公民与国家的一体遵循,以及解决各方对基本法的理解冲突以便确保宪法的权威。

对宪法法院的违宪审查机制,不应该仅从宪法解释技术上去狭义地理解,而应从它本身就是共和政体内在的保卫自由民主的机制这个

---

① 包刚升:《民主崩溃的政治学》,商务印书馆2015年版,第223—224页。
② 〔德〕康拉德·黑塞:《联邦德国宪法纲要》,李辉译,商务印书馆2007年版,第125—127页。

层面去理解，也就是说，它既是一种具有实操性的自由权保护机制，又是一种蕴含形而上学关怀的防御性民主机制。基本法宪法架构中，民主在根本意义上必须包括限制国家权力这一关键内涵。国家的统治必须受到监督或者限制，而具有司法权特征的专门宪法审查机制，如凯尔森所言，恰是一个被历史经验证明最有效的方式。

二战后至今，宪法法院的释宪实践对基本法价值内涵的诠释以及在司法个案中实现这些价值内涵，对德国自由民主宪制产生了关键而深远的塑造作用。通过宪法法院的司法审查，既克服了基本权利在德国宪法传统中欠缺可司法性因而显得空洞无用的缺陷，同时又可以在不修改宪法的情况下完成宪法必要的具体变迁，从而使宪法能不断适应国家与社会生活发展的需要。

另外，通过宪法法院在具体情境下的释宪实践，去诠释人权与人民主权宪法秩序的内在张力和各自的具体意涵，极大地拉近了人民与宪法的关系，增进了人民对宪法的感情，这些对树立宪法的道德与政治权威，进而更积极地发挥宪法的功能都具有关键意义。而就对德国宪法学术的发展而言，宪法法院的司法判决与它展示自身功能的进程，可以说是最近60年来德国基本法教义学得以形成所依赖的最根本制度基础。

至此，支撑起德国基本法民主秩序的三个结构性要素已经清晰地展现在我们面前了：人权（个人主权）、人民主权与司法性的宪法审查机制。人权（自由主义之核心）与人民主权（共和主义之核心）是基本法时代德国宪法秩序的正当性价值基础。这两者是不可修改的实质宪法价值。所谓不可修改的实质价值要素，是指即使联邦议院和联邦参议院以三分之二多数也不得修改人的尊严和基本法第20条蕴含的民主原则，即民主、法治国、联邦国、社会国或共和国原则。宪法审查机制的确立则为确保德国自由民主宪法秩序的优先性和有效性提供有效的监督救济机制。

认识了基本法是以自由-民主作为政治道德原则基础之后,再来看德国当代的宪法教义学即基本法教义学问题。这个问题的实质是说,填充基本法这部实证宪法规范之内涵所依赖的技术当然依旧是德国式法教义学的操作技术,但在基本法时代,这套法教义学操作已经并且必须锚定在最根本的价值基准即自由民主共和的价值谱系内展开。

因此或许可概括说,基本法时代德国宪法学的"方法"基础依旧是法教义学的逻辑与体系化方法。这套方法起源于德国 19 世纪下半叶以降的实证主义宪法学传统与形式法治国思想,格贝尔—拉班德—耶利内克—凯尔森为建构起这套法教义学理论奠定了基础,因此二战后基本法教义学与德意志第二帝国宪法教义学可谓"方法论同源"。但基本法时代德国宪法学的价值"方向",即宪法教义学操作要围绕和捍卫的政治道德原则,与第二帝国时期德国宪法教义学已经根本不同,因为 1871 年宪法与 1949 年基本法就政治道德基础而言存在根本不同。前者是一部反自由—民主的非共和制宪法,后者是一部自由—民主的共和制宪法。只有将方法维度与价值维度合在一起,对当代德国宪法教义学的理解才是全面的,二者缺一不可。

因此不妨区分一下"价值之维的宪法教义学"与"技术之维的宪法教义学"。前者指二战后德国的基本法教义学,这种宪法教义学的成就,有特定的历史基础、特定的政治决断,以特定的法学知识传统和职业共同体的政治伦理共识为前提条件。后者是指在德意志宪法学教义学化进程中传承或缔结的逻辑方法、体系化建构技术和宪法解释技术。专门化的宪法审查机制与联邦宪法法院展现的那些具体而微的宪法解释技艺均可被归为这个范畴。但特别需要指出的是,是否需要建构独立的专门化的宪法审查机构即宪法法院,本身又不是纯粹的技术性事务,而是一个需要通过政治决断、依托基本法确立的自由—民主制框架去完成的德国顶层制度设计的问题。

本书认为,对德国当代宪法教义学的理解只有包含了这个历史维度的理解,才是全面的准确的理解。这里的价值-教义形成过程本质上就是指自由主义价值基准历史地嵌入基本法并成为基本法教义基准的过程。经由"历史"这一时空媒介与"法教义学方法"这一法学技术媒介,德意志在由传统向现代转型的过程中历史地达成的实质政治道德共识得以内化到体系化的宪法教义学中。

有法教义学方法作为技术形式与技术手段的宪制方向转型,显见于联邦宪法法院的宪法判决与宪法解释之中,显见于德国宪法学界的宪法理论论证之中。正是自由-民主的政治道德根基与技术型的法教义学方法的融贯,使德国联邦宪法法院在实践中能通过宪法裁判捍卫一般性的政治道德原则,扩张基本权利,进而又通过基本权利这个阿基米德支点确立起德国法的整个"客观价值秩序"——它本质上是一种自由的民主秩序,从而助力德国这个专制与独裁传统深重的国家以自由宪制方式完成了向自由民主共和的历史转型。德国基本法的历史无比生动地诠释了国家统治结构优化对实现基本权利保障的关键意义,也无比生动地揭示了政治道德基石对宪法教义学方法的根本导控意义。

基于全书的历史与思想分析,至此,也许有必要提出一个宪制理论命题——宪法教义学的政治基础问题,这个问题的实质是宪法教义学与政治体制的关系问题。如果返回到19世纪以来的德国宪制史,可以看到德国先后经历了三种截然不同的政治体制,即第二帝国体制、魏玛共和国时期的魏玛体制、基本法时期的联邦共和体制。与这三种不同的政治体制相对应,德国宪法教义学先后形成了三种历史样本,本书将它们分别概括为:1850年后的帝国宪法教义学、魏玛时期实证规范主义宪法学、当代基本法教义学。我国当下出现的宪法教义学思潮及其研究借鉴最多的基本权利教义学就隶属于第三个历史样本。

这三个宪法教义学历史样本所使用的方法与技术因素应该说有家族相似性,都根植于德国实证主义宪法学的分析—实证方法传统。这个传统自从1850年后到一战,历经格贝尔、拉班德、耶利内克直到凯尔森,尽管其内部不乏分歧,但它始终是一种主流宪法学方法。而这个方法传统往上则源自格贝尔等人对19世纪德意志私法学法教义学方法的继受,他们向学说汇纂学派学习,创设概念金字塔,强调宪法中的逻辑—形式要素。

不过帝国宪法学家又没有能像帝国私法学家接受源自罗马法的普遍私法原理那样,接受源自共和制宪法观指示的宪制原理去统摄实证宪法素材。我国宪法学界有学者对这个德国方法论传统已有不少研究,但对德国宪法教义学与19世纪德国社会的政治与思想演变的复杂关系欠缺系统深入的研究。

然而,对我们而言不能忽视的恰恰就在于,德国宪法教义学三种历史样本所背靠的政治基础截然不同以及这种截然不同最终呈现的制度历史效果也不同。这里不妨以一个初步类型化的方式,来概括19世纪以来德国经历的三种不同政治体制及与之相对应的宪法教义学。

首先,第二帝国奉行的是政治高度集权、经济适度自由的君主专制体制,与此相应,帝国宪法教义学排斥自然法传统,秉持彻底的逻辑—实证主义进路,实质上拱卫了高度集权的普鲁士君主专制。如本书前面有关章节所述,伟大的德意志异端分子卡尔·马克思和与马克思同样伟大的"欧洲文明之子"韦伯对帝国这套宪制体制及其背后的思想体系,先后进行了激烈程度不同、但核心关切点根本一致的批判。

其次,魏玛共和国时期的情况更复杂。这一方面是由于《魏玛宪法》本身存在一个复杂的二元民主制结构,即议会制民主与公投民主(领袖民主)二元并存的格局。而由于一战后复杂的国内、国际环境影响,魏玛德国的实际政治又出现了各种几乎无法克服的严重危机,与之相应,德国宪法文本与宪制实践出现严重割裂。凡此种种,都导致秉持彻底实证主义的魏玛德国实证主义宪法学实际上出现了内部分裂。他们在何为《魏玛宪法》的价值根基、何为《魏玛宪法》的根本政治决断等重要问题上形成了不可调和的分歧或对立,最终加剧了德国宪法思想本就已经非常严重的价值相对主义。另一个相关情势是,以施密特、斯门德、考夫曼等宪法学家代表的各种政治宪法学理论流派崛起,促使议会民主应捍卫的自由内涵在德国宪法理论中被大大扭曲,个人自由之于议会民主的构成性意义被解构。当然《魏玛宪法》最后被架空走向失败是诸多极为复杂的历史因素合力导致的,这里也不便展开。但历史的事实是,魏玛时期实证主义宪法学作为德国历史上第二种宪法教义学样本也没能为解决20世纪前期德国宪制危机提供有效方案。

再次,进入基本法时期后,在复杂历史与政治条件促成下,历经数次共和革命失败的德国终于完成了宪制领域的古今之变,建立起一种新的更加均衡的现代自由民主秩序。这个政治秩序对德国宪法教义学的发展有决定性意义。所谓决定性意义是指根植于德国法学传统深处的法教义学方法被坚定地锚定在自由民主共和的价值谱系内加以操作。法教义学方法在宪法领域的运用要围绕和拱卫自由民主这一核心价值基准展开。更为重要的是,德国基本法为实现这一价值基准提供了一系列具有实效性的配套制度。

历史是最好的裁判官,历史也是最好的老师。本书认为,现代德国三种宪法教义学历史样本的命运与截然不同的制度实践效果,作为一种历史事实,对我国学界理性认识宪法教义学乃至一般意义上的宪法学的能与不能均有重要意义。

五、我国需要怎样的宪法教义学?
——来自德国宪法史的反思性启发

前述分析意在揭示,宪法教义学的技术操作深受一个民族政治共同体的政治与思想形态影响。意在揭示,法教义学方法与自由民主共和价值基准紧密地融合在当代德国宪法理论与宪法实践中,是一个复杂而艰难的历史进程。当我们试图将德国基本法教义学的经验借鉴到中国当代宪法研究中来时,特别需要注意在中德历史的对比分析中进行政治的和历史的理解。

就德国方面的情况讲,所谓政治的和历史的理解,主要是指二战后的德国宪制转型及其基本法教义学的技术成就,端赖二战后特殊的国际因素、德国政治领导阶层与社会各界精英对纳粹极权政治的批判以及由此达成的共识和制度改革。很多关于当代德国的历史研究告诉我们,这个过程是充满犹疑和争论的,并不是所有德国人从一开始就意识到问题的深层性与严重性,也不是所有人都接受对德国政治传统的这种自我批判。德国转向自由民主宪制这个"历史—教义基准"绝非一帆风顺,它是在付出了巨大的代价后依靠德国社会自身的内部的新的思想启蒙才走出制度与观念困境的。这也是很多德国历史学家喜欢用回归歌德与康德来比喻这个思想历程的原因所在。因为无论歌德还是康德都是启蒙思想在德意志的伟大代表,是在极端民族主义化和历史主义化的德意志文化中,保留了自由主义与世界主义精神的思想人物。

在二战后德国的拨乱反正过程中,传统法律实证主义、凯尔森纯粹国家法学理论与施密特政治宪法学,这些在宪法概念与民主概念上采取了各种相对主义立场的学派均不再被推崇备至。取而代之的是自由—民主制及其蕴含的一系列实质宪法价值基准。在哈贝马斯这样的思想家看来,在德意志文化发展中,受具有道德哲学内涵之宪法原则约束的信念,是在奥斯维辛之后以及通过奥斯维辛才形成的。他的言下之意很明确,德国基本法基于对德国政治传统痼疾与纳粹极权政治后果的反思,接受了之前被视为德国文化之他者的自由宪法价值原则。凝结在基本法中的那些最根本的政治道德原则的确立,帮助德国解决了德意志特殊性与政治现代性之间的传统对立。德国政治与宪法由此逐渐完成向规范性自由宪制模式的艰难转型。①

因此应该说,当代德国基本法教义学是在德国政治体制与政治观念完成了价值层面的现代转型基础上形成的宪法教义学体系。也许是考虑到德国作为一个世界大国的影响,哈贝马斯认为,这是德国在给世界造成重大灾难后又重新给世界作出的一项重要贡献,因为德国基本法在自由权利与民主程序中实际上发展出了一种新的政治认同与文化认同方式,此种新的团结形式对很多同样面临历史包袱的国家的宪制现代化具有借鉴意义。

从中国宪法研究这边看,对德国式宪法教义学进行政治的和历史的理解,会衍生出一系列问题。最重要的是,在宪法与政治、宪法与民主、宪法与共和的关系等元理论问题上,我国当下宪法学研究是否有责

---

① 由于19世纪后德国宪法思想中素有将源自英美及法国的自由宪制原理称为"西方模式"的传统,因此哈贝马斯原文特别提到这个观念问题,他认为,建基于德国基本法而得到成功实践的宪法爱国主义,使得德国没有疏离西方。参见〔德〕扬·维尔纳·米勒:《宪制爱国主义》,邓晓菁译,商务印书馆2012年版,第33页。

任推进以及应该如何去推进真正的体系化的理论建构？德国基本法教义学展现的那套教义学建构方法对此可以发挥什么具体作用？教义学方法的作用要彻底发挥出来，是否需要一些制度、精神或政治条件作为配套，才不至于流于形式化？

就我国宪法学目前的研究现状而言，无论在基本权利领域还是国家统治结构领域，可以说是偏形式化或实证化的。既有的一些研究要么诉诸凯尔森式的规范实证主义，奉行客观化教条，回避政治道德维度的原初问题，忽视宪法的政治性；要么诉诸施密特式的政治—社会实证主义，信奉决断主义，走向彻底的实用主义，否定宪法的规范性。尽管两种理路彼此之间存在分歧，但二者都容易导致宪制领域的价值相对主义。总的来看，自然法价值原理、人的道德主体地位等一系列支撑共和制宪法的道德哲学与政治哲学原则体系尚未被我国宪法界真正继受与贯彻。

晚近发展起来的我国宪法教义学研究所借鉴的法教义方法与技术因素，所使用的概念话语体系、所体现的形式法治与分析-实证思维方式，从历史上看，均起源于第二帝国的德国宪法教义学方法论。在德国宪法学的发展史和方法谱系中，发端于格贝尔—拉班德的帝国宪法教义学，到凯尔森那一代规范宪法学家手里得到了更系统的改造或者说扬弃。因此可以说我国宪法教义学思潮与我国出现的凯尔森主义宪法论者同属于规范宪法学阵营。它们都主张要将一切政治、历史、哲学因素从我国的宪法研究中剔除出去，由此有关宪法的道德哲学与政治哲学层面的基础理论问题均不是宪法学这门学问的题中之义。他们希求在方法论纯化的思路指引下追求宪法学的自主性与科学性。此种自主性与科学性诉求的一个具体表现是，我国宪法教义学认为宪法学只要研究"宪法中的规范"，只要去填充宪法中诸规范的内涵就可以了。从纯粹法学技术想象的角度讲,这个诉求本身无可厚非。

但问题在于,诠释宪法中的规范特别是那些具有结构性功能的宪法规范的规范性内涵,绝非一个与政治、与历史、与哲学无关的事情。相反,无论从宪法这种人造物的演进历史,还是从对宪法进行形而上学思考的政治哲学视角看,有关宪法的规范性原理,都是一个携带实质的历史理性判断与政治道德内涵的概念。因此,阐发或因应关于宪制的规范性原理,也必然会是一种与解释者对政治史、对宪法史、对道德哲学、对政治道德基石的认知有直接关联的精神活动。对宪法学家来说,这意味着解释和适用宪法乃是一种承载着价值负担的理论论证工作或思想过程。如果承认存在具有一般性的共和制宪制的规范性原理,并且这个基本原理是我们人民共和国也应恪守的,那么相应地,对我国宪法文本的体系化解释适用及在此基础上建构体系化的宪制理论,就必然是一种需要导入历史思维、价值思维、政治思维的系统性的学术任务。

这种学术任务要解决的一个最基础的课题是如何在对全部宪法规范进行系统阐释建构的过程中贯彻宪法与道德主体权利的结合命题。由于一部现代宪法在形式上主要由国家统治结构和基本权利目录这两个大板块构成,因此,在宪法中贯彻道德主体权利命题这个根本理论任务,实质上就要继续分化为在对国家统治结构板块和对基本权利目录板块所涵盖的全部规范进行解释时,应体系地研究它们各自与根本政治道德原则的融贯问题。而在我国宪法教义学的方法要旨和实质思想看来,这个层面的学术工作已经不是宪法学的题中之义。

如果从历史法学倡导的民族精神与法律进化观去理解,宪法教义学思潮在我国的兴起这一现象及其内在悖论本身,或许也应被视为我们民族宪法精神演进的一部分,因而具有必然性。我们应将之置于中国共和革命史与中国社会现代转型的宏观历史视界中去分析反思,进而发挥其战术功能。但战术功能的发挥必须以恰切的战略为前提,我国目前的宪法教义学研究在战略层面是一个薄弱环节。导致这种薄弱局面的一个智识原因是,我国宪法教义学研究与共和制宪法价值原理的深层隔膜或者说疏离,而这就与德国宪法史特别是第二帝国宪法教义学出现过的若干情形存在历史相似性——相似的政治经济学背景、相似的价值迷思、相似的激情困境。

德国宪法史的正反经验业已告诉我们,实现高品质的宪法教义学建构实际上需要深刻理解宪法的历史性、哲学性与政治性。进一步言之,如果我们想要建构能比肩二战后基本法时代以来德国那种高技术水准和高实质法治品质的宪法教义学,那么我们决不能只研究借鉴其基本权利教义学建构技术,而且还要深刻地研究支撑基本权利教义学建构的那个根本之道以及这个道在中国的创造性转化。也就是说,实现高品质的宪法教义学建构,离不开良好的均衡的共和政体层面的制度配套,它既需要术更离不开道。

由此引申言之,在我国当下讨论宪法教义学及其功能的发挥,无论从理论还是实务看,都是一个与政体结构优化或者说国家治理体系的结构优化相关的实践理性问题。对学界而言,此间最重要的学术使命是,在现行宪法框架这一现实背景下建构体系化的具有共和制宪制价值内涵的宪法—正义理论。此间最重要的法治目标是推动整个国家统治结构均实质性地受制于以宪法基本权利为核心的宪法客观价值秩序的直接约束。而要推动解决这一揽子问题,就不可避免需要在理论与实践上深入研究国家统治结构共和政体化的可能性与具体路径。

在我国当下历史发展阶段,这些都不是纯粹内部法学思维所能解决的问题,而是一个与政治伦理理性化有关的顶层制度设计问题。从这个高度讲,国家治理体系现代化其实是一个宪制现代化问题。在学理上探索这个总体问题,一种可欲的方法论与价值论基调应该是,围绕共和制宪法客观价值秩序的良善目标,对诸种宪制理论与经验现象开展历史的、哲学的和政治的带有均衡反思品质的分析论证。

总的来说,要真正发展起具有自主性和独立知识品格的宪法教义学,固然需要译介移植内部法学意义上的教义学法学概念、范畴、技术,但只有这些技术要素是远远不够的。高品质的宪法教义学建构更需要一系列政体制度配套作为前置条件,而后者要以政治伦理的现代化与理性化为前提。客观地看,这些前提条件在我国目前这个历史发展阶段尚未成熟。先决条件的未成熟状态决定了我国有关的宪法教义学建构主要还是一种纯粹理论操作或者说理论想象。要克服先决条件的未成熟状态,需要学术界与各界能高度重视伯林意义上的观念这一矢量。然而此处的一个深刻吊诡在于,观念这一矢量本身的变迁与发展又是历史的。因此从这点上讲,历史作为一门精神科学对宪法研究的重要意义又更凸显出来。

如果超越中德宪制转型的历史阶段性差异语境,回到宪法教义学与自由民主共和的一般关系,一个基础理论议题呼之欲出:宪法教义学与宪制现代转型的关系问题,即宪法教义学是否以及如何坚守共和制宪法价值基准的问题。以此观之,就我国宪法研究情况而言,国家统治结构的共和政体化与基本权利的道德权利化,都是有待我国宪制理论家们长足努力去推进的两个根本任务。目前我国教义学宪法学者对自由民主共和政体与德国基本法教义学的内在一体化这个关键点,欠缺历史哲学与政治哲学维度的全面认知。这可能会导致一个问题,即我国宪法教义学效法德国宪法教义学,但效法的主要是其"方法"(宪法学概念与宪法解释方法)①,而对"方法"运用背后作为德国基本法教义学"方向"基础的自由民主价值体系的研究,无论在深度还是广度上都远远不够,对其重要性也不予重视。这就好像不究其根本之"道"而径自取其作为辅助的"术"。从长远来看,这无益于在我国发展建构高品质的宪法教义学,也无益于宪法教义学论者希望通过高品质教义学宪法去对抗低劣实证主义宪法学这个目标的实现。

综上所述,与"我国宪法学要不要教义学化"这个问题相比,"我国需要怎样的宪法教义学"是更难回答但更关键的问题。因为这个问题关系到在德国基本法教义学思维席卷我国宪法学界的当下,我国宪法教义学的价值定位问题。简言之,就是我国宪法教义学在根本上要追求什么目的的问题。宪法教义学的目的是形式-逻辑层面上的宪法条文的体系化规整理解?是实践层面实证宪法条文的规范性解释适用?是更高价值层面的宪制现代转型?抑或是,通过前两者推动并最终实现宪制现代转型?这三个层次的学术工作是能截然分开、各自独立推进的吗?

如果说自由民主共和是高品质宪法教义学应追求的根本价值目标,那么,考验我国宪法教义学的根本问题就转化为,宪法教义学与自由民主共和应是什么关系?依托法教义学的体系化思维,共和制宪法原理应怎样得到体系化的理论建构?依托法教义学的决疑术思维,共和制宪法原理又应得到何种切事化的实践表达?在学理上解答这些问题,需要引入富有道德哲学与政治哲学内涵的宪法理论论证,需要建构有利于推进真正的宪法体系化解释与体系化适用的兜

---

① 本书尊重方法论研究的意义并认为借鉴有关的体系化与解释学技术有实践意义,但法学方法与技术的运用要恰到好处,则离不开良善的政制基础条件。

底性理论框架,需要对宪法规范与宪制实践之间的实际转化互动进行审查分析,识别并致力于消解宪法解释适用与宪制实践中的内在矛盾或内在缺陷,使宪法真正成为推动政治伦理理性化的原则导控机制与反思平衡机制。

六、并非结论的结语:现代宪制的人性论基础

著名历史学家科林伍德有个观点,大意是人类是被定义为能够利用别人经验的动物,而利用别人经验本质上是关于心灵的事务。他的意见看上去悖逆现代学术的实证化潮流,但深究起来却是颇有道理的。有关历史的记录与作为一种过程的历史所积累起来的思想,如果是当下的人们利用过去的人们的经验时必须依赖的形式,那么,这个利用过程当然就是心灵的精神性活动了。因此,从一定程度上讲,历史过程的确也是一种思想过程——尽管思想不是历史过程的前提。

历史与思想间的此种关系意味着,当我们研究历史时,本质上是在进行"思想"。了解历史和理解历史,最为重要的事情,就是取得并认识历史过程中的思想,因为思想,历史才能不朽(即使不是全部因为思想)。这不关乎历史之主观性与客观性的传统争辩,它实质上需要联结起休谟那个著名的命题去理解。休谟说:"一切科学对于人性总是或多或少地有些关系,任何学科不论似乎与人性离得多远,它们总是会通过这样或那样的途径回到人性……任何重要问题的解决关键,无不包括在关于人的科学中间;在我们没有熟悉这门科学之间,任何问题都不能得到确实的解决。"[①]

---

① 〔英〕休谟:《人性论》,关文运译,郑之骧校,商务印书馆1997年版,第6—8页。

在现代共和革命史及其共和制宪法史观下思考宪法与政治的科学,毫不例外更是一门关于人与人性的科学。就如沃格林分析马基雅维里共和思想中的人性观时所指出的,使马基雅维里确信历史具有指引现实之正当性的一个重要原因就是,他认为现在的人们和以往过去的人们具备同样的情感。"人性部分地出自历史中政治社会的特质。因而情感的恒常性决定了历史之有机连贯整体中的循环现象。社会环境诸因素的布局、政府的形态以及历史事件的序列关系,都构成了循环现象的单位。"①

从霍布斯《利维坦》的经典分析着眼,无论过去的人们还是现在的人们,每个人生命自觉运动的内在开端都会被诸种"激情"支配,这诸种激情就是古今中外所有人都有的那些恒常的情感。普遍而平等地存在于人类身上的最强烈的"激情"有:对死于暴力的恐惧,对自我保全的强烈欲求;得其一思其二,死而后已、永无休止的权势欲;支配他人并从支配他人中感到荣耀快乐的欲望;等等。

导致激情的诸种心灵状态或者说感觉包括但不限于:希望、失望、畏惧、勇气、愤怒、自信、不自信、义愤、慈爱、善良、贪婪、野心、怯懦、豪迈、刚毅、大方、嫉妒、好奇心、宗教或迷信、恐慌、自荣、沮丧、羞愧、厚颜、怜悯、残忍。心灵的不同状态导致不同的激情,激情可能一个接着一个出现,也可能是许多激情同时出现。这些激情客观存在于每个人,它们跟道德不道德没有关系,它们就是关于人类事务的"自然"事实。"此世的人",无论他(她)是谁,总是无时无刻不处在各种激情中,因为"心灵永恒的宁静在今世是不存在的,原因是生活本身

---

① 〔美〕沃格林:《政治观念史稿(卷4):文艺复兴与宗教改革》(修订版),孔新峰译,华东师范大学出版社2019年版,第75页。

就是一种运动，不可能没有欲望，也不可能没有畏惧，正如同不可能没有感觉一样"①。

霍布斯既是从支配所有人的诸多种激情出发推演自然法与自然权利，又从自然状态下的冲突碰撞必然导致人类集体生存困境出发，去论证国家主权与政府的必要性。概言之，他从人性出发为拟制个人主权与国家主权这两个关键宪制元概念奠定了哲学基础。国家主权的权能一定得以人的自然权利来界定。国家诚然是那个必要的利维坦，国家诚然就是人间的上帝，但这个并非不朽的上帝必须尊重与保护个人的生命欲望。

在现代共和最重要的哲学源头那里，每个个体生命就是那一团团无尽的生命欲望，他们拥有自然的天赋的人权，国家正是在自然权利而不是别的道德事实那里看到它权力不可逾越的界限。柏克曾精辟地说到，关于人权的小小的教义经由霍布斯的推演能很快被人领会，因为推论全都在这些激情之中。②

站在霍布斯的人性与人权教义去观察德国宪制的总体演进史，我们能认识到什么呢？我们首先会想到康德，因为康德比较深地受到了霍布斯自然状态原理的影响并延续其自然状态原理，建构了天赋自由权与实证国家法秩序的规范性原理。然后我们接着还会想到，19世纪中叶后德国宪法思想传统逐渐与康德政治哲学告别。

康德将自然状态称为"霍布斯的理想"（ideal des Hobbes），并在奠基其法权哲学与国家哲学时，赋予自然状态一种证明功能。康德将霍布斯的自然状态原理视为一个法权理论构造，该构造在前国家的条件

---

① 〔英〕霍布斯：《利维坦》，黎思复、黎廷弼译，杨昌裕校，商务印书馆1997年版，第45页。
② 〔美〕列奥·施特劳斯：《自然权利与历史》，彭刚译，生活·读书·新知三联书店2003年版，第187页。

下审视法权,借此看出公民状态之建立和所有人服从国家统治的必要性。他接受了霍布斯主义的自然状态观,并同意唯一能避免自然状态下的结构性法权被侵害的途径,就是进入法权状态,就是建立其旨在保障法权的国家体系。① 康德与霍布斯对自然权利实质内容的解读并不完全相同,康德将自然权利视为每个人都享有的、在自然状态下做任何他觉得合法的事和好的事的权利,这种自然权利是与私法一样的理性法规则,具有理性法则的尊严。霍布斯的自然权利,强调的是每个人对一切自我保存之必要手段提出主张的权利,这种权利是自然的事实。康德没有将霍布斯自然状态下的冲突困境与自我保存风险当作主题,但他和霍布斯都承认在国家之前和国家之外存在着国家不可侵犯的一些自然权利。

这个交集使我们更清楚地看到康德在建构自由权与国家法的规范性关系原理时的一般人性意识。康德国家哲学的基本原理是:每一个人依据其人性应当享有自由权,而每一个社会都依据此种自由权原则建构政治共同体。由于自由权是先天的原则,在秩序上优于任何国家立法活动,所以国家的立法权有义务遵从最小化原则,摆脱家长制的监护主义,去划定自由行动的法则边界,以保障自由和权利。

借鉴霍布斯自然状态原理,康德界定了一个稍不同于霍布斯的自然权利概念,从自然权利出发定义自由权,又从作为天赋人权的自由权推导出另一种权利,据此权利人们可以主张"一部自由宪法"。按照这部宪法,每个人的自由可以与其他人的自由共存,从而实现最大的人类自由。根据这样一部自由宪法建构的政治共同体就是共和国,共和政

---

① 〔德〕沃尔夫冈·凯尔斯汀:《良好的自由秩序:康德的法哲学与国家哲学》,汤沛丰译,商务印书馆 2020 年版,第 361—367 页。

体的宪制是一种自由的公民宪制。

共和政体下的自由宪制有其规范性内涵。第一,每个人根据宪法享有普遍有效的自由权,自由权意味着每个人有权仅仅服从于普遍的法则,亦即人权包含着公民自治的内涵。第二,符合普遍法则要求的法律,着眼于让一切人的自由得以相互兼容的形式原则,亦即每个人享有平等的自由权。这种奠定法权状态基础,充当国家权力合法性条件的人权自由就是康德意义上的"政治自由",这是一种不可转让的自由权,它仅仅与普遍法则的统治兼容,普遍法则是指能使所有人的自由人权得到平等对待的法律。

从康德理性法视角推导出的政治自由是一项基本权利,这恰恰是19世纪以来德国宪法传统拒绝的一项基本自由权。作为基本权利的政治自由既包含古典自由主义对国家干预的禁止,又蕴含对监护型福利国家与警察国家专制主义的批判。二战后德国基本法的基本权利体系比较彻底地贯彻了康德的人权哲学与国家法理论。无论从静态的宪法规范角度看,还是从动态的政治过程角度看,康德哲学都是根据自由人权法则看待国家和它的法秩序,将国家视为以自由和平等作为先天原则的社会组织化状态。

但是,康德之后的德国历史,走向了两个深刻的极端。一端是对天赋自然人权之道德属性的否定。1848年后德国历史与政治思想的主流观念越来越民族历史主义化。自由派或民主派传统意义上理解的自由概念被重新界定,逐渐偏离古典自然法的普遍人权理念。人作为"政治动物"必须在服从于国家这个精神统一体中形成自身、发展自身;国家与家庭相似,因此个人在其中不需要什么政治契约,不需要有关个人权利的书面保证。在每一个健康的国家,自由与服从相一致,在更高精神力量的感召下,强迫将被转变为志愿的个人主动。责任将成为自由。①

另一端是对民族或集体激情之道德地位的过度肯定。颇有意思的是,19世纪后德国思想中的集体激情又呈现出两个截然不同的方向。一端是黑格尔,另一端是马克思。黑格尔象征着一种神宠论国家观念走向,强调国家是地上的神,善或世界精神通过日耳曼国家的武装斗争而取得胜利。马克思则象征着一种共产主义乌托邦方向,按照他对人类理想状态即共产主义社会的设想,国家是应该被消灭的对象。黑格尔神宠论国家传统认为国家的主权是一切意志自我规定的绝对根据,是一切特殊权能的理想性,探寻这个绝对根据与理想性的历史任务最终要由日耳曼王国来实现。马克思的共产主义乌托邦思想通过彻底解构现实来彻底指向未来,提出了重建社会的蓝图,对从未存在过或者存在于梦想之中的人类集体生活进行规划。

如果说黑格尔代表的是以某种唯心主义的哲学精神力量去探寻净化、正当化、神化德国现实国家制度的话,那么马克思代表的就是要"向德国制度开火!一定要开火!"②因为德国现实制度就是以政府形式表现出来的卑劣事物,"这种制度低于历史水平,低于人的批判"。

在这两种激情之间,深受18世纪以来启蒙运动与共和革命精神感染的德国任何自由主义思想形态显得特别平庸,因为此种自由民主思想与在内政上丧失了尚武本能、只知道强调个人幸福的英国商业市民精神没什么高下之分。无论黑格尔还是马克思,他们对英国道德观念中那种自由市民文化与商业理想都是无限蔑视的。

有了这个前提,再观察韦伯在魏玛制宪前夕撰写的政治社会学著

---

① 〔美〕格奥尔格·G.伊格尔斯:《德国的历史观》,彭刚、顾杭译,译林出版社2006年版,第103页。

② 《马克思恩格斯选集》(第1卷),人民出版社2012年版,第4—5页。

述,能看出他与黑格尔、马克思政治观念的些许差异。韦伯呼吁德国制宪精英与政治领导层要摈弃狭隘的民族主义国家观,懂得重视与借鉴英国等西方国家议会制民主的成功经验,他认为这是政治成熟的一种表现。黑格尔、马克思、韦伯,分别是德意志民族主义、社会主义与自由主义思想路线上的三位代表性思想家,他们的政治思想脉络正是深入理解德国宪制文化之非自由性时需要借助的一个智识背景。

伊格尔斯在《德国的历史观》中曾经总结道:自启蒙运动以来,直到二战后,德国思想才试图回到类似自然法的东西,逐渐接受自然法的基本信念即存在着某些从人的本性得来的永恒的人类价值,才开始对民族政治的立场提出挑战,逐渐承认德意志民族政治历史的特殊观念与特殊道路的确犯了严重的错误。[①] 然而,令二战后很多德国知识与政治精英阶层感到苦闷、沉重、屈辱的是,根除德国民族政治中的国家社会主义毒瘤,最初要依靠国家的敌人即西方战胜国集团来推动。他们自问,像德国这样优秀又骄傲的民族,该如何去化解这种深重的沮丧?

迈内克[②]的思考非常有代表性。他在20世纪的西方与德国都最负盛名,是为数不多的经历了俾斯麦时代、魏玛共和时期、第三帝国时期和战后德国初建时期四个历史阶段的史学名家,其思想变迁,能典型反映德国历史信念的危机和危机的消解进程。但他也是直到二战后才痛苦地认识到,德国不仅在政治上而且在哲学与历史学术的发展中都走过了一条错误的道路。在纳粹浩劫之前,他并没有意识到德国民族文化和权力政治传统的关系,也没有意识到康德的世界与俾斯麦的世界

---

① 〔美〕格奥尔格·G.伊格尔斯:《德国的历史观》,彭刚、顾杭译,译林出版社2006年版,第338页。
② 迈内克就是梅尼克,我国学界在翻译时,没有统一其中译名。《历史主义兴起》中文本写的是梅尼克,《德国的浩劫》中何兆武先生译为迈内克,时殷弘在《马基雅维里主义》一书中译为迈内克。本书前面局部地方的引述遵照中文译本的各自译法,此处为简明清晰起见,用迈内克。

之间的根本差异,是两次世界大战的惨痛教训才让他这样的知识精英逐渐承认,德国民族文化及其权力政治观念包含了退化为冷酷无情的民族主义的倾向。19世纪后德意志的民族文化比其他西方诸国的功利主义文化更倾向于滥用精神价值来为赤裸裸的权力效劳。因此他坚持认为,此种痛苦历史局面应成为使德意志民族情感得到深化与净化的历史契机,德国人应从自己的历史里寻找解决历史遗留问题的思想密码。这个思想密码是什么呢?

按迈内克的观点,就是应该换一个更加理性的角度,即认识到第三帝国的极权统治才是对整个民族与个体灵魂都造成巨大创伤的"内部的异族统治",纳粹的内部统治一点不比外来的异族统治对德国的伤害更少,因为它可以以谎言和弄虚作假而做得更好,它可以投我们之所好而把自己打扮成伟大的民族成就的代理人。迈内克指出,如今,如果英美苏法战胜国集团能彻底帮助我们根除希特勒国家社会主义对德国人民的一切影响,并在德国重新创造基督教西方文明的氛围,那么,德国人就应不仅承认他们这个目标基本上是正确的,而且还应配合他们共同去铲除法西斯遗毒。[1] 不过,德国人也有义务提醒他们在清洗纳粹遗毒时要防止出现公式化的扩大化错误,要让他们知道,很多德国人虽然没有判断力但心底并无恶意。对待那些无意识间或者带着理想主义情结成为纳粹同路人的大多数德国人,要有人性的谅解。人性的谅解意味着在个案中应该宽大为怀,保护私人生命免于毁灭。

迈内克的言下之意很明确,那就是,无论广大德国人民灵魂的修复之道还是国家政治层面的重建之道,首先都在于德国要有一场观念的

---

[1] 〔德〕弗里德里希·迈内克:《德国的浩劫》,何兆武译,商务印书馆2012年版,第133—134页。

复兴——复兴德国文学、艺术、宗教、哲学等所有文化形式领域中那些具有世界主义与人道主义的精华部分,复兴歌德与康德象征着的那种人性化的而非民族主义化和权力政治化的美好内容,因为无论在歌德还是康德那里,"那些外部的东西是退后的,而内心的东西因之便能更自由地发展"①。

因为无论在歌德还是康德那里,世界公民精神与民族国家强大这两种价值是应该互相滋养的。迈内克1954年就去世了,他没能见证德国基本法在恢复个人与个性方面的成功,但他在1946年就开始呼吁,战后德国人民灵魂的修复与观念的复兴,"整个理念必须开始于个体,开始于个性"②,却仿佛是对基本法根本价值秩序的某种富有前瞻性的预见。开始于个体和个性,并非说只有个体与个性最重要,而是说,唯有透过此种釜底抽薪般的彻底反思,才能有效根除深藏在德国历史中的极端民族主义、军国主义、纳粹思想。

因此,可以说,选择启蒙与改良,抚平民族情感创伤,回归自由-民主的共和宪制史观,确立自由人权与国家主权的规范性法治国原理,创造个体人格与民族情感均能得到文明和平实现自身的一系列政治与法治条件,这是德国宪法演进史带给当代世界的根本价值启发。

从德国历史中走出来,回到现代中国社会与历史语境,面向中国宪法的未来发展,人们自然会想到如何以史为鉴。这本质上是一个"历史哲学"问题。这个历史哲学问题的一个具体意涵是,1911年辛亥革命以来的中国近现代史应被理解为自由民主共和的现代政治文明进入中国并成为我们民族现代文明一部分的历史。如果这个命题毫无疑问,如

---

① 〔德〕弗里德里希·迈内克:《德国的浩劫》,何兆武译,商务印书馆2012年版,第147页。
② 〔美〕弗里茨·斯特恩:《非自由主义的失败》,孟钟捷译,商务印书馆2015年版,第75页。

果共和是一种可欲的历史的演进方向,那么随之而来的一个课题就是,我们要努力建立一个怎样的现代共和国?我们可以依凭哪些民族文化传统和现代政治科学智识去解答好这个中国版本的马基雅维里问题?从政治哲学上讲,这个问题蕴含的国家理论目标是:如何依据现代宪制原理构造强大的国家与自由的国家的兼容模式。而这个问题的宪制理论内涵则是,在宪法框架内如何切实贯彻有利于民族国家长治久安的现代共和政体原理。

这个思路继续往前推进,在学理上就意味着要系统地研究民主与自由、民主与共和、民主与法治这些基础性理论问题。从所有这些问题背后的根本义理都是关于人的道德主体地位的原理这个意义上讲,这些问题实质上就是我国宪制领域的古今之变问题,而不是中西差异问题。民主首先必须是自由的,以防止任何多数对个体的暴政,这即是人民主权的宪法限度问题;民主必须依赖均衡共和政体作为政治统治形式,以便尽可能全面地反映与容纳各阶层人民的意志与利益;而无论个人自由还是共和政体的维系,都必须诉诸良善的法治。自由、共和、法治融合在一起,就是对民主价值的一种体系化诠释,它们蕴含着防御社会与政治走向激进或非理性的规范性制度原理。当人们不知民主为何或不知如何评价一个政治共同体是不是真正的民主政体时,不妨先到关于自由、共和、法治的规范性范畴那里探寻最稳健的民主观。保持对个人自由、均衡共和政体、良善法治的信仰与尊重,一个政治共同体就能成为稳健的民主政体。

思考、探索、解决好这些基础性问题,需要的历史条件很多很多,有些条件可遇不可求,亦即还有民族机运问题。就精神与观念层面而言,需要我们有丰富的关于人性的、关于共和的、关于社会主义的知识,需要我们有品鉴古今问题与中西问题之差异的能力,需要国家治理理念与政治伦理的理性化。诚如马克思当年所说:"人们自己创造自己的历史,但是他们并不是随心所欲地创造,并不是在他们自己选定的条件下创造,而是在直接碰到的、既定的、从过去继承下来的条件下创造。一切已死的先辈们的传统,像梦魇一样纠缠着活人的头脑。"无产阶级革命导师当年对旧制度与大革命的观察无意间道出了一个一般历史法则,那就是,任何革命或者改革的成功首先都需要人们观念的革命或发展,但观念的革命与发展本身又是最难、最复杂的社会事实。

在任何大规模的现代国家,反思式人文主义观念的兴起与经济社会的发展一样,都是一个历史演进过程。与此对应,和任何其他存在一样,中国宪制现代转型或者说中国宪制领域完成古今之变,必然也有它自己的时间性。从这个意义上讲,学术研究就是在"存在与时间"二者间的沉思,它的知识使命在于诚实、审慎地提炼制度演进应尊重的理性原则与历史法则。

参考文献

中文文献

包刚升:《民主崩溃的政治学》,商务印书馆 2015 年版。

陈弘毅:《台湾与香港的宪政发展:比较与反思》,载《百年共和与中国宪制发展——纪念辛亥革命 100 周年学术研讨会论文集》,http://www.aisixiang.com/data/67220.html。

陈新民:《德国公法学基础理论》(增订新版,上卷),法律出版社 2010 年版。

陈新民:《公法学札记》,中国政法大学出版社 2001 年版。

高鸿钧、马剑银编:《社会理论之法:解读与评析》,清华大学出版社 2006 年版。

高鸿钧等:《商谈法哲学与民主法治国——〈在事实与规范之间〉阅读》,清华大学出版社 2007 年版。

顾忠华:《韦伯学说的当代诠释》,商务印书馆 2016 年版。

季卫东:《法治秩序的建构》,商务印书馆 2014 年版。

乐启良:《现代法国公法的诞生:西耶斯政治思想研究》,浙江大学出版社 2017 年版。

李工真:《德意志道路——现代化进程研究》,武汉大学出版社 1997 年版。

李猛:《除魔的世界与禁欲者的守护神》,载《韦伯:法律与价值》,上海人民出版社 2001 年版。

李猛:《专家没有精神:韦伯论官僚时代的科学与文明》,载〔德〕马克斯·韦伯等:《科学作为天职:韦伯与我们时代的命运》,李猛编,生活·读书·新知三联书店 2018 年版。

李忠夏:《宪法变迁与宪法教义学》,法律出版社 2018 年版。

李忠夏:《宪法学的教义化——德国国家法学方法论的发展》,《法学家》2009

年第 5 期。

林来梵:《法律实证主义的故事:以拉班德的国法学为焦点》,《浙江学刊》2004 年第 3 期。

刘小枫:《民国宪政的一段往事》,载卡尔·施密特:《宪法学说》,刘锋译,上海人民出版社 2005 年版。

刘小枫主编:《施特劳斯与古典政治哲学》,张新樟等译,上海三联书店 2002 年版。

泮伟江:《法律系统的自我反思》,商务印书馆 2020 年版。

苏国勋:《理性化及其限制:韦伯思想引论》,商务印书馆 2019 年版。

王建学主编:《1789 年人权和公民权宣言的思想渊源之争》,法律出版社 2013 年版。

王天华:《国家法人说的兴衰及其法学遗产》,《法学研究》2012 年第 5 期。

夏小雄:《凯尔森的宪法司法保障理论——理论阐释和效果分析》,《南京大学法律评论》2011 年春季卷。

徐健:《近代普鲁士官僚制度研究》,北京大学出版社 2005 年版。

张君劢:《德国及其邦宪法对于世界法制史上之新贡献》,载《宪政之道》,清华大学出版社 2006 年版。

张君劢:《德国新共和宪法评》,载《宪政之道》,清华大学出版社 2006 年版。

张君劢:《德国新宪法起草者柏吕斯之国家观念及其在德国政治学说史上之地位》,《东方杂志》第 27 卷第 24 号。

张君劢:《中华民国宪法十讲》,商务印书馆 2015 年版。

郑大华:《张君劢传》,商务印书馆 2012 年版。

郑戈:《德国宪法法院的诞生》,《交大法学》2017 年第 1 期。

朱学勤:《道德理想国的覆灭:从卢梭到罗伯斯庇尔》,上海三联书店 2003 年版。

中文译著

〔爱尔兰〕安东尼·麦克利戈特:《反思魏玛共和国——1916—1936 年的权威和威权主义》,王顺君译,商务印书馆 2020 年版。

〔奥〕汉斯·凯尔森:《谁应该成为宪法的守护者?》,张龑译,载《民族主义与国家建构》,法律出版社 2008 年版。

〔奥〕凯尔森:《纯粹法理论》,张书友译,中国法制出版社 2008 年版。

〔奥〕凯尔森:《法与国家的一般理论》,沈宗灵译,商务印书馆 2017 年版。

〔奥〕凯尔森:《共产主义的法律理论》,王名扬译,中国法制出版社 2004 年版。

〔奥〕路德维希·冯·米塞斯:《社会主义:经济与社会学的分析》,王建民、冯克利、崔树义译,中国社会科学出版社 2012 年版。

〔奥〕罗伯特·瓦尔特:《宪法法院的守护者:汉斯·凯尔森法官研究》,王银宏译,人民日报出版社 2016 年版。

〔德〕《马克思恩格斯选集》(第 1 卷),人民出版社 2012 年版。

〔德〕阿图尔·考夫曼、温弗里德·哈斯莫尔:《当代法哲学和法律理论导论》,郑永流译,法律出版社 2013 年版。

〔德〕埃弗哈德·霍尔特曼:《德国政党国家:解释、发展与表现形式》,程迈译,中国政法大学出版社 2014 年版。

〔德〕埃里克·沃格林:《希特勒与德国人》,张新樟译,上海三联书店 2015 年版。

〔德〕安德鲁·埃德加:《哈贝马斯:关键概念》,杨礼银、朱松峰译,江苏人民出版社 2009 年版。

〔德〕贝恩德·吕特尔斯:《卡尔·施密特在第三帝国:学术是时代精神的强化剂?》,葛平亮译,上海人民出版社 2019 年版。

〔德〕迪特·格林:《德国宪法 60 年——同一性与变迁》,喻文光译,载许崇德、韩大元主编:《中国宪法年刊(2010)》,法律出版社 2011 年版。

〔德〕迪特·格林:《凯尔森的解释学说、宪法法院机制与民主原则之间的关系》,载张龑编译:《法治国作为中道:汉斯·凯尔森法哲学与公法学论集》,中国法制出版社 2017 年版。

〔德〕迪特尔·格林:《现代宪法的诞生、运作和前景》,刘刚译,法律出版社 2010 年版。

〔德〕弗里德里希·迈内克:《德国的浩劫》,何兆武译,商务印书馆 2012 年版。

〔德〕弗里德里希·迈内克:《马基雅维里主义:"国家理由"观念及其在现代史上的地位》,时殷弘译,商务印书馆 2008 年版。

〔德〕弗里德里希·梅尼克:《历史主义的兴起》,陆月宏译,译林出版社 2010 年版。

〔德〕伽达默尔:《真理与方法》(上卷),洪汉鼎译,商务印书馆 2010 年版。

〔德〕格奥尔格·耶利内克:《人权与公民权利宣言——现代宪法史论》,李锦辉译,商务印书馆 2013 年版。

〔德〕格奥格·耶利内克:《主观公法权利体系》,曾韬、赵天书译,中国政法大学出版社 2012 年版。

〔德〕格尔德·克莱因海尔、扬·施罗德主编:《九百年来德意志及欧洲法学家》,许兰译,法律出版社 2005 年版。

〔德〕哈贝马斯:《公共领域的结构转型》,曹卫东等译,学林出版社 1999 年版。

〔德〕哈贝马斯:《在事实与规范之间:关于法律与民主法治国的商谈理论》,童世骏译,生活·读书·新知三联书店 2003 年版。

〔德〕哈贝马斯:《自主性的恐怖:英语世界中的卡尔·施密特》,载吴彦、黄涛主编:《国家、战争与现代秩序——卡尔·施密特专辑》,华东师范大学出版社 2017 年版。

〔德〕哈贝马斯:《作为意识形态的技术与科学》,李黎等译,学林出版社 1999 年版。

〔德〕海德格尔:《面向思的事情》,陈小文、孙周兴译,孙周兴修订,商务印书馆 2018 年版。

〔德〕海因里希·冯·特赖奇克:《十九世纪德国史·第 1 卷:帝国的覆灭》,李娟译,上海三联书店 2020 年版。

〔德〕赫尔曼·黑勒:《国家学的危机、社会主义与民族》,刘刚译,中国法制出版社 2010 年版。

〔德〕黑格尔:《法哲学原理:或自然法和国家学纲要》,范扬、张企泰译,商务印书馆 1961 年版。

〔德〕黑格尔:《历史哲学》,王造时译,上海书店出版社 2006 年版。

〔德〕卡尔·洛维特:《韦伯与马克思以及黑格尔与哲学的扬弃》,刘心舟译,南京大学出版社 2019 年版。

〔德〕卡尔·曼海姆:《意识形态与乌托邦》,黎鸣等译,商务印书馆 2000 年版。

〔德〕卡尔·施密特:《合法性与正当性》,刘小枫编,冯克利等译,上海人民出版社 2015 年版。

〔德〕卡尔·施密特:《宪法的守护者》,李君韬、苏慧婕译,商务印书馆 2008 年版。

〔德〕卡尔·施密特:《宪法的守护者》,李君韬、苏慧婕译,商务印书馆 2008 年版。

〔德〕卡尔·施密特:《宪法学说》,刘峰译,上海人民出版社 2005 年版。

〔德〕卡尔·施密特:《政治的概念》,刘宗坤译,上海人民出版社 2003 年版。

〔德〕卡尔·施密特:《政治的浪漫派》,冯克利、刘峰译,上海人民出版社 2004 年版。

〔德〕卡尔·施密特:《政治的神学:主权学说四论》,载《政治的概念》,刘宗坤等译,上海人民出版社 2003 年版。

〔德〕卡西尔:《卢梭、康德、歌德》,刘东译,商务印书馆 2015 年版。

〔德〕康德:《法的形而上学原理》,沈叔平译,商务印书馆 1991 年版。

〔德〕康德:《康德政治哲学文集》(注释版),李秋零译,中国人民大学出版社 2016 年版。

〔德〕康德:《历史理性批判文集》,何兆武译,商务印书馆 1997 年版。

〔德〕康拉德·黑塞:《联邦德国宪法纲要》,李辉译,商务印书馆 2007 年版。

〔德〕克劳斯·施莱希、斯特凡·科里奥特:《德国联邦宪法法院:地位、程序与裁判》,刘飞译,法律出版社 2007 年版。

〔德〕克里斯托夫·默勒斯:《德国基本法:历史与内容》,赵真译,中国法制出版社 2014 年版。

〔德〕克里斯托夫·默勒斯:《我们(畏惧)人民:德国立宪主义中的制宪权》,赵真译,载郑永流主编:《法哲学与法社会学论丛》(第 19 卷),法律出版社 2015 年版。

〔德〕库尔特·松特海默:《魏玛共和国的反民主思想》,安尼译,译林出版社 2017 年版。

〔德〕拉德布鲁赫:《法学导论》,米健、朱林译,中国大百科全书出版社 1997 年版。

〔德〕拉斐尔·格罗斯:《卡尔·施密特与犹太人》,程维荣译,朱云飞校,上海人民出版社 2019 年版。

〔德〕鲁道夫·斯门德:《宪法与实在宪法》,曾韬译,商务印书馆 2019 年版。

〔德〕鲁曼:《社会中的法》,李君韬译,国力编译馆 2015 年版。

〔德〕罗伯特·阿列克西:《论凯尔森的宪法概念》,载张龑编译:《法治国作为中道:汉斯·凯尔森法哲学与公法学论集》,中国法制出版社 2017 年版。

〔德〕吕迪格·巴特、豪克·弗里德里希:《掘墓人:魏玛共和国的最后一个冬天》,靳慧明译,社会科学文献出版社 2020 年版。

〔德〕马克斯·韦伯:《经济与社会》(第 1 卷),阎克文译,上海人民出版社 2019 年版。

〔德〕马克斯·韦伯:《经济与社会》(第 2 卷上册),阎克文译,上海人民出版社 2010 年版。

〔德〕马克斯·韦伯:《经济与社会》(上卷),〔德〕约翰内斯·温克尔曼编,林荣远译,商务印书馆 1998 年版。

〔德〕马克斯·韦伯:《韦伯政治著作选》,〔英〕彼得·拉斯曼、罗纳德·斯佩尔斯编,阎克文译,东方出版社 2009 年版。

〔德〕马克斯·韦伯:《学术与政治》,冯克利译,生活·读书·新知三联书店 1998 年版。

〔德〕马克斯·韦伯:《以政治为业》,载《学术与政治》,冯克利译,生活·读书·新知三联书店 1998 年版。

〔德〕马克斯·韦伯:《支配社会学》,康乐、简惠美译,广西师大出版社 2004 年版。

〔德〕塞巴斯蒂安·哈夫纳:《从俾斯麦到希特勒》,周全译,译林出版社 2016 年版。

〔德〕施路赫特:《理性化与官僚化:对韦伯之研究与诠释》,顾忠华译,广西师范大学出版社 2004 年版。

〔德〕施塔姆勒:《正义法的理论》,夏彦才译,商务印书馆 2016 年版。

〔德〕施托莱斯:《德国公法史(1800—1914):国家学说和行政学》,雷勇译,法律出版社 2007 年版。

〔德〕斯特凡·科里特奥:《鲁道夫·斯门德》,载〔德〕鲁道夫·斯门德:《宪法与实在宪法》,曾韬译,商务印书馆 2019 年版。

〔德〕维托里奥·赫斯勒:《道德与政治:二十一世纪的政治伦理基础》(第 1 卷),罗久译,商务印书馆 2021 年版。

〔德〕沃尔夫冈·J.蒙森:《马克斯·韦伯与德国政治:1890—1920》,阎克文译,中信出版集团 2016 年版。

〔德〕沃尔夫冈·凯尔斯汀:《良好的自由秩序——康德的法哲学与国家哲学》,汤沛丰译,商务印书馆 2020 年版。

〔德〕扬-维尔纳·米勒:《宪政爱国主义》,邓晓菁译,商务印书馆2012年版。
〔德〕伊曼努尔·康德:《康德历史哲学论文集》,李明辉译注,广西师范大学出版社2020年版。
〔德〕英戈·穆勒:《恐怖的法官——纳粹时期的司法》,王勇译,中国政法大学出版社2000年版。
〔德〕尤尔根·哈贝马斯:《包容他者》,曹卫东译,上海人民出版社2002年版。
〔德〕尤尔根·哈贝马斯:《合法化危机》,刘成北、曹卫东译,上海世纪出版集团2009年版。
〔法〕爱弥儿·涂尔干:《孟德斯鸠与卢梭》,李鲁宁、赵立纬、付德根译,渠东校,上海人民出版社2003年版。
〔法〕弗朗索瓦·傅勒:《马克思与法国大革命》,朱学平译,华东师范大学出版社2016年版。
〔法〕弗朗索瓦·傅勒:《思考法国大革命》,孟明译,生活·读书·新知三联书店2005年版。
〔法〕卢梭:《社会契约论》,李平沤译,商务印书馆2011年版。
〔法〕皮埃尔·马南:《民主的本性——托克维尔的政治哲学》,崇明、倪玉珍译,华夏出版社2011年版。
〔法〕托克维尔:《旧制度与大革命》,冯棠译,桂裕芳、张芝联校,商务印书馆1996年版。
〔法〕托克维尔:《托克维尔回忆录》,董果良译,商务印书馆2004年版。
〔法〕西耶斯:《论特权 第三等级是什么?》,冯棠译,张芝联校,商务印书馆1990年版。
〔芬兰〕凯利·保罗南:《韦伯的自由观》,冯克利译,载王焱主编:《社会理论的两种传统》,生活·读书·新知三联书店2012年版。
〔加〕大卫·戴岑豪斯:《合法性与正当性:魏玛时代的施密特、凯尔森与海勒》,刘毅译,商务印书馆2013年版。
〔加〕李普斯坦:《强力与自由——康德的法哲学与政治哲学》,毛安翼译,知识产权出版社2016年版。
〔美〕哈罗德·J.伯尔曼:《法律与革命——新教改革对西方法律传统的影响》,袁瑜琤、苗文龙译,法律出版社2008年版。
〔美〕C.H.麦基文:《宪政古今》,翟小波译,贵州人民出版社2004年版。

〔美〕C. J. 弗里德里希:《政制的国家理性》,侯建译,贵州人民出版社 2017 年版。

〔美〕阿伦特:《论革命》,陈周旺译,译林出版社 2019 年版。

〔美〕埃里克·方纳:《美国自由的故事》,王希译,商务印书馆 2002 年版。

〔美〕埃里克·韦茨:《魏玛德国:希望与悲剧》,姚峰译,聂品格校译,北京大学出版社 2021 年版。

〔美〕鲍尔森:《凯尔森与施密特:从分歧到 1931 年"守护者之争"的决裂》,载吴彦、黄涛主编:《国家、战争与现代秩序——卡尔·施密特专辑》,华东师范大学出版社 2017 年版。

〔美〕鲍尔森:《凯尔森与施密特——从分歧到 1931 年"守护者"之争的决裂》,载《法治国作为中道:汉斯·凯尔森法哲学与公法学论集》,张龑编译,中国法制出版社 2017 年版。

〔美〕彼得·C. 考威尔:《人民主权与德国宪法危机》,曹晗蓉、虞维华译,译林出版社 2017 年版。

〔美〕彼得·盖伊:《启蒙时代:人的觉醒和现代秩序的诞生》(上卷),刘北成译,上海人民出版社 2019 年版。

〔美〕伯尔曼:《法律与宗教》,梁治平译,商务印书馆 2012 年版。

〔美〕布鲁斯·阿克曼:《我们人民:奠基》,汪庆华译,中国政法大学出版社 2013 年版。

〔美〕布鲁斯·阿克曼:《自由革命的未来》,黄陀译,中国政法大学出版社 2015 年版。

〔美〕查尔斯·A. 比尔德:《美国宪法的经济观》,何希齐译,商务印书馆 2018 年版。

〔美〕查尔斯·霍华德·麦基文:《美国革命的宪法观》,田飞龙译,北京大学出版社 2014 年版。

〔美〕恩斯特·佛丁:《自然法》,吴彦译,载《自然法:古今之变》,吴彦、杨天江主编,华东师范大学出版社 2018 年版。

〔美〕弗里茨·斯特恩:《非自由主义的失败:论现代德国政治文化》,孟钟捷译,商务印书馆 2015 年版。

〔美〕弗里茨·斯特恩:《金与铁:俾斯麦、布莱希罗德与德意志帝国的建立》,王晨译,四川人民出版社 2018 年版。

〔美〕戈登·伍德:《作为一场启蒙运动的美国革命》,赵怡译,肖莹校,载盛嘉主编:《美国革命读本》,北京大学出版社 2016 年版。

〔美〕戈登·伍德:《美国革命:美利坚合众国的缔造史》,赵辛阳译,中信出版集团 2017 年版。

〔美〕戈林·伍德:《美国革命的激进主义》,傅国英译,商务印书馆 2011 年版。

〔美〕格奥尔格·G. 伊格尔斯:《德国的历史观》,彭刚、顾杭译,译林出版社 2006 年版。

〔美〕哈罗德·J. 伯尔曼:《法律与革命——西方法律传统的形成》,贺卫方、高鸿钧、张志铭、夏勇译,中国大百科全书出版社 1996 年版。

〔美〕汉娜·阿伦特,杰罗姆·科恩:《责任与判断》,陈联营译,上海人民出版社 2011 年版。

〔美〕汉娜·阿伦特:《极权主义的起源》,林骧华译,生活·读书·新知三联书店 2008 年版。

〔美〕汉娜·阿伦特:《康德政治哲学讲稿》,曹明等译,上海人民出版社 2013 年版。

〔美〕赫伯特·马尔库塞:《现代文明与人的困境》,李小兵译,三联书店上海分店 1989 年版。

〔美〕加勒特·汤姆森:《康德》,赵成文、藤晓冰、孟令朋译,中华书局 2014 年版。

〔美〕加里·B. 赫伯特:《权利哲学史》,黄涛、王涛译,华东师范大学出版社 2020 年版。

〔美〕克劳斯·P. 费舍尔:《纳粹德国——一部新的历史》,佘江涛译,译林出版社 2016 年版。

〔美〕拉塞尔·柯克:《美国秩序的根基》,张大军译,江苏凤凰文艺出版社 2018 年版。

〔美〕莱斯利·阿瑟·马尔霍兰:《康德的权利体系》,赵明、黄涛译,商务印书馆 2011 年版。

〔美〕莱因哈特·本迪克斯:《马克斯·韦伯思想肖像》,刘北成等译,上海人民出版社 2002 年版。

〔美〕列奥·施特劳斯:《自然权利与历史》,彭刚译,生活·读书·新知三联书店 2003 年版。

〔美〕罗伯特·A.达尔:《论民主》,李风华译,中国人民大学出版社2012年版。

〔美〕罗尔斯:《答哈贝马斯》,载〔美〕罗尔斯等:《政治自由主义:批评与辩护》,万俊人等译,广东人民出版社2003年版。

〔美〕罗纳德·德沃金:《自由的法——对美国宪法的道德解读》,刘丽君译,林燕平校,上海人民出版社2001年版。

〔美〕罗斯托:《宪法专政——现代民主国家中的危机政府》,孟涛译,华夏出版社2015年版。

〔美〕玛丽·J.格雷戈尔:《康德的宪政主义思想》,载〔美〕阿兰·S.罗森鲍姆编:《宪政的哲学之维》,郑戈、刘茂林译,生活·读书·新知三联书店2001年版。

〔美〕迈克尔·佩里:《权利的新生:美国宪法中的人权》,徐爽、王本存译,商务印书馆2016年版。

〔美〕迈克尔·布林特:《悲剧与希望:西方政治思想中的差异政治》,庞金友译,曹钦校,社会科学文献出版社2015年版。

〔美〕曼弗雷德·库恩:《康德传》,黄添盛译,上海人民出版社2014年版。

〔美〕乔万尼·萨托利:《民主新论》,冯克利、阎克文译,上海人民出版社2009年版。

〔美〕斯蒂芬·霍尔姆斯:《反自由主义剖析》,曦中等译,中国社会科学出版社2002年版。

〔美〕苏珊·邓恩:《姊妹革命:美国革命与法国革命启示录》,杨小刚译,上海文艺出版社2003年版。

〔美〕威廉·夏伊勒:《第三帝国的兴亡:纳粹德国史》(上册),董乐山等译,译林出版社2020年版。

〔美〕沃格林:《政治观念史稿(卷4):文艺复兴与宗教改革》(修订版),孔新峰译,华东师范大学出版社2019年版。

〔美〕伍德罗·威尔逊:《美国宪制政府》,宦盛奎译,北京大学出版社2016年版。

〔美〕小查尔斯·爱德华·梅里亚姆:《卢梭以来的主权学说史》,毕洪海译,法律出版社2006年版。

〔美〕亚历山大·索梅克:《无国家的法:凯尔森的国家理论及其限度》,载张龑编译:《法治国作为中道者:汉斯·凯尔森法哲学与公法学论集》,中国法制出版社2017年版。

〔美〕伊萨克·克莱曼尼克:《宪法辩论的主题》,汤金旭译,肖莹校,载盛嘉主编:《美国革命读本》,北京大学出版社2016年版。

〔美〕约翰·罗尔斯:《正义论》,何怀宏、何包钢、廖申白译,中国社会科学出版社1988年版。

〔美〕约瑟夫·W.本德斯基:《卡尔·施密特:德意志国家的理论家》,陈伟、赵晨译,上海人民出版社2015年版。

〔美〕约瑟夫·熊彼特:《资本主义、社会主义与民主》,吴良健译,商务印书馆1999年版。

〔美〕詹姆斯·T.施莱费尔:《托克维尔之钥》,盛仁杰译,上海人民出版社2020年版。

〔日〕芦部信喜:《制宪权》,王贵松译,中国政法大学出版社2012年版。

〔日〕杉原泰雄:《宪法的历史——比较宪法学新论》,吕昶、渠涛、肖贤富译,社会科学文献出版社2000年版。

〔瑞士〕埃里希·艾克:《魏玛共和国史(上卷)——从帝制崩溃到兴登堡当选(1918—1925)》,高年生、高荣生译,陆世澄校,商务印书馆1994年版。

〔瑞士〕埃里希·艾克:《魏玛共和国史(下卷)——从洛迦诺会议到希特勒上台(1925—1933)》,王步涛、钱秀文译,宋钟璜校,商务印书馆1994年版。

〔意〕圭多德·拉吉罗:《欧洲自由主义史》,〔英〕R.G.科林伍德英译,杨军译,张晓辉校,吉林人民出版社2001年版。

〔意〕吉奥乔·阿甘本等:《好民主,坏民主》,王文菲、沈健文译,吕莹校译,上海社会科学院出版社2014年版。

〔意〕卡洛·安东尼:《历史主义》,黄艳红译,格致出版社2010年版。

〔意〕克罗齐:《十九世纪欧洲史》,田时纲译,商务印书馆2017年版。

〔意〕马基雅维里:《论李维罗马史》,吕健忠译,商务印书馆2018年版。

〔英〕A.古德温编:《新编剑桥世界近代史:美国革命与法国革命,1763—1793年》,中国社会科学院世界历史研究所译,中国社会科学出版社2018年版。

〔英〕阿克顿:《法国大革命讲稿》,〔英〕J.H.菲吉斯、R.V.劳伦斯编辑,秋风译,贵州人民出版社2004年版。

〔英〕阿克顿:《自由史论》,胡传胜等译,译林出版社2001年版。

〔英〕艾瑞克·霍布斯鲍姆:《革命的年代:1789—1848》,王章辉等译,中信出版集团 2017 年版。

〔英〕奥斯汀:《法理学的范围》,刘星译,中国法制出版社 2002 年版。

〔英〕戴维·毕瑟姆:《官僚制》,韩志明、张毅译,吉林人民出版社 2005 年版。

〔英〕戴维·毕瑟姆:《马克斯·韦伯与现代政治理论》,应奇、刘训练译,吉林出版集团有限责任公司 2015 年版。

〔英〕弗里茨·格林:《韦伯学术思想评传》,马乐乐译,北京大学出版社 2011 年版。

〔英〕弗里德里希·奥古斯都·哈耶克:《通往奴役之路》,王明毅、冯兴元等译,中国社会科学出版社 1997 年版。

〔英〕弗里德里希·冯·哈耶克:《自由秩序原理》,邓正来译,生活·读书·新知三联书店 1997 年版。

〔英〕哈耶克:《法治之论》,载邓正来译编:《西方法律哲学文选》,法律出版社 2008 年版。

〔英〕霍布斯:《利维坦》,黎思复、黎廷弼译,杨昌裕校,商务印书馆 1997 年版。

〔英〕京特·罗特:《韦伯的政治著述》,载〔德〕马克斯·韦伯:《经济与社会》(第 1 卷),阎克文译,上海人民出版社 2019 年版。

〔英〕雷蒙德·瓦克斯:《法哲学:价值与事实》,谭宇生译,译林出版社 2013 年版。

〔英〕理查德·J. 埃文斯:《第三帝国的到来》,赖丽薇译,九州出版社 2020 年版。

〔英〕马丁·洛克林:《公法与政治理论》,郑戈译,商务印书馆 2002 年版。

〔英〕玛丽·弗尔布鲁克:《德国史:1918—2008》,卿文辉译,张润校,上海人民出版社 2011 年版。

〔英〕尼尔·达克斯伯里等:《法律实证主义:从奥斯汀到哈特》,陈锐编译,清华大学出版社 2010 年版。

〔英〕山姆·威姆斯特:《理解韦伯》,童庆平译,中央编译出版社 2016 年版。

〔英〕沃尔特·白哲特:《英国宪制》,〔英〕保罗·史密斯编,李国庆译,北京大学出版社 2005 年版。

〔英〕休谟:《人性论》,关文运译,郑之骧校,商务印书馆 1997 年版。

〔英〕以赛亚·伯林:《观念的力量》,〔英〕亨利·哈代编,胡自信、魏钊凌译,译林出版社 2019 年版。

〔英〕以赛亚·伯林:《卡尔·马克思》,李寅译,译林出版社 2018 年版。
〔英〕约翰·格雷:《自由主义》,曹海军、刘训练译,吉林人民出版社 2005 年版。
〔英〕约瑟夫·拉兹:《法律体系的概念》,吴玉章译,商务印书馆 2018 年版。
〔英〕詹姆斯·格里芬:《论人权》,徐向东、刘明译,译林出版社 2015 年版。

英文文献

Alan Kahan, "The Victory of German Liberalism? Rudolf Haym, Liberalism, and Bismarck", *Central European History*, Vol. 22, No. 1(Mar., 1989).

Annie Everett, "The Genesis of the Sonderweg", *International Social Science Review*, Vol. 91, No. 2 (2015), pp. 1-42.

Arnold Brecht, "The New German Constitution", *Social Research*, Vol. 16, No. 4 (December, 1949).

Arthur Benz, "The Federal Constitutional Court of Germany: Guardian of Unitarism and Federalism", *Courts in Federal Countries: Federalists or Unitarists?*, Nicholas Aroney, John Kincaid(eds.), University of Toronto Press, 2017.

Ben Lieberman, "The Meanings and Function of Anti-system Ideology in the Weimar Republic", *Journal of the History of Ideas*, Vol. 59, No. 2(Apr., 1998), pp. 355-375.

Bruce Ackerman, "The Rise of World Constitutionalism", *Virginia Law Review*, Vol. 83, No. 4(May, 1997).

Charles Borgeaud, "The Origins and Development of Written Constitutions", *Political Science Quarterly*, Vol. 7, No. 4(Dec., 1892).

Charles E. Frye, "Carl Schmitt's Concept of the Political", *The Journal of Politics*, Vol. 28, No. 4 (Nov., 1966), pp. 818-830.

Cindy Skach, "Divided Minorities and Constitutional Dictatorship in Weimar Germany", *Borrowing Constitutional Design: Constitutional Law in Weimar and the French Fifth Republic*, Princeton University Press, 2005.

Clinton L. Rossiter, *Constitutional Dictatorship, Crisis Government in the Modern Democracies*, Princeton University Press, 1948.

Dana Villa, "The Legacy of Max Weber in Weimar Political and Social Theory", Peter E. Gordon, John P. McCormick, *Weimar Thought: A Contested Legacy*, Princeton University Press, 2013.

David Dyzenhaus, "Hermann Heller", *Weimar: A Jurisprudence of Crisis*, Arthur J. Jacobson, Bernhard Schlink(eds.), University of California Press, 2000.

David Dyzenhaus, "Legal Theory in the Collapse of Weimar: Contemporary Lessons?", *The American Political Science Review*, Vol. 91, No. 1 (Mar., 1997), pp. 121-134.

Douglas Moggach, "The Social Question and Political Struggles in 1848: The Case of German", *The Social Question and The Democratic Revolution: Marx and The Legacy of 1848*, Douglas Moggach and Paul Leduc Browne(eds.), University of Ottawa Press, 2000.

Edmund Spevack, "American Pressures on the German Constitutional Tradition: Basic Rights in the Western German Constitution of 1949", *International Journal of Politics, Culture, and Society*, Vol. 10, No. 3 (Spring, 1997).

Edward S. Corwin, "The Higher Law Background of American Constitutional Law", *Harvard Law Review*, Vol. 42, 1928.

Ernst-Wolfgang Bockenforde, "The Concept of the Political: A Key to Understanding Schmitt's Constitutional Theory", *Canadian Journal of Law and Jurisprudence*, Vol. 10, No. 1(1997).

F. Gunther Eyck, "English and French Influence on German Liberalism Before 1848", *Journal of the History of Ideas*, Vol. 18, No. 3(Jun., 1957), pp. 313-341.

Franz Neumann, *Behemoth: The Structure and Practice of National Socialism: 1933-1944*, Oxford University Press, 1944.

Franz Neumann, "Types of Natural Law", *The Democratic and The Authoritarian State: Essays in Political and Legal Theory*, The Free Press, 1957.

Frederick F. Blachley and Miriam E. Oatman, "Hugo Preuss Talks on the Weimar Constitution", *The Southwestern Political and Social quarterly*, Vol. 6, No. 3 (Dec., 1925).

Fritz Stern, "Lessons from German History", *Foreign Affairs*, Vol. 84, No. 3

(May-Jun., 2005), pp. 14-18.

G. L. Ulmen, "The Sociology of the State:Carl Schmitt and Max Weber", *Culture and Society*, Vol. 1, No. 2(Winter, 1985).

Gary Jeffrey Jacobsohn, "Theorizing the Constitutional Revolution", *Journal of Law and Courts*, Vol. 2, No. 1(Spring, 2014).

Gerald D. Feldman, "Hitler's Assumption of Power and the Political Culture of the Weimar Republic", *German Politics and Society*, Vol. 14, No. 1 (Spring, 1996), pp. 96-110.

Gisela Argyle, "Prussianized Germany and the Second Weimar Germany", *Germany as Model and Monster:Allusions in English Fiction, 1830-1930s*, McGill-Queen's University Press, 2002.

Gordon R. Mork, "Bismarck and the 'Capitulation' of German Liberalism", *The Journal of Modern History*, Vol. 43, No. 1 (Mar., 1971), pp. 59-75.

Guido de Ruggiero, *The History of European Liberalism*, translated by R. G. Collingwood, Beacon Press, 1967.

Habermas and the Public Sphere, Craig Calhoun(eds.), the MIT Press, 1992.

Habermas, *Max Weber and Sociology Today*, Otto Stammer (eds.), translated by Kathleen Morris, Harper & Row Publishers, 1971.

Habermas, *Modernity and Law*, (eds.) Mathieu Deflem, Sage Publication, 1994.

Hagen Schulze, *German:A New History*, translated by Deborah Lucas Schneider, Harvard University Press, 1998.

Hajo Holborn, "Prussia and the Waimar Republic", *Social Research*, Vol. 23, No. 3 (Autumn, 1956), pp. 331-342.

Hans Kelsen, "On the Nature and the Development of Constitutional Adjudication", *The Guardian of the Constitution: Hans Kelsen and Carl Schmitt on the Limits of Constitutional Law*, translation, introduction, and notes by Lars Vinx, Cambridge University Press, 2015.

Hans Mommsen, *From Weimar to Auschwitz*, translated by Philip O'Connor, Princeton University Press, 1991.

Hans Mommsen, *The Rise and Fall of Weimar Democracy*, translated by Elborg Forster, Larry Eugene Jones, The University of North Carolina Press, 1996.

Hans-Jurgen Puhle, "Conservatism in Modern German History", *Journal of Contemporary History*, Vol. 13, No. 4(Oct., 1978), pp. 689-720.

Harry Ritter, "Austro-German Liberalism and the Modern Liberal Tradition", *German Studies Review*, Vol. 7, No. 2 (May, 1984), pp. 227-248.

Harvey Goldman, "Max Weber in German History and Political Thought", *The Journal of Modern History*, Vol. 62, No. 2 (Jun., 1990).

Heinrich Rommen, "Natural Law in Decisions of the Federal Supreme Court and of the Constitutional Courts in Germany", *4 Nat. L. F. 1*, 25 (1959).

Herbert Jacob, Erhard Blankenburg, Herbert M. Kritzer, Doris Marie Provine, Joseph Sanders, *Courts, Law, and Politics in Comparative Perspective*, Yale University Press, 1996.

Herbert Myers Kraus, William Starr, *The Crisis of German Democracy : A Study of the Spirit of the Constitution of Weimar*, Princeton University Press, 1932.

Ivan Zoltan Denes, "Unity or Liberty? German Liberalism Founding an Empire (1850-79)", *Liberty and the Search of Identity: Liberal Nationalisms and the Legacy of Empires*, Central European University Press, 2005.

John Breuilly, "Nation and Nationalism in Modern German History", *The Historical Journal*, Vol. 33, No. 3(Sep., 1990), pp. 659-675.

Jon Elster and Rune Slagstad, *Constitutionalism and Democracy*, Cambridge University Press, 1993.

Klaus Epstein, "A New German Constitutional History", *The Journal of Modern History*, Vol. 34, No. 3 (Sep., 1962), pp. 307-311.

Larry Alexander, *Constitutionalism Philosophical Foundations*, Cambridge University Press, 1998.

Martin Needler, "The Theory of the Weimar Presidency", *The Review of Politics*, Vol. 21, No. 4 (Oct., 1959).

Michael Bernard, "Democratization in Germany: A Reappraisal", *Comparative Politics*, Vol. 33, No. 4(2001), pp. 379-400.

Michael Stolleis, *A History of Public Law in Germany: 1914-1945*, translated by Thomas Dunlap, Oxford University Press, 2004.

Miro Cerar, "(Ir)rationality of the Constitution", *Archives for Philosophy of Law* and *Social Philosophy*, Vol. 90, No. 2 (2004).

Paul Gottfried, "German Romanticism and Natural Law", *Studies in Romanticism*, Vol. 7, No. 4(Summer, 1968), pp. 231-242.

Paul Gottfried, "German Romanticism and Natural Law", *Studies in Romanticism*, Vol. 7, No. 4 (Summer, 1968).

Pedro T. Magalhaes, "A Contingent Affinity: Max Weber, Carl Schmitt and the Challenge of Modern Politics", *Journal of the History of Ideas*, Vol. 77, No. 2 (April, 2016), pp. 283-304.

Peter C. Caldwell, "Hugo Preuss's Concept of the Volk: Critical Confusion or Sophisticated Conception", *63 U. Toronto L. J. 347*, 2013.

Peter Caldwell, "Legal Positivism and Weimar Democracy", *The American Journal of Jurisprudence*, Vol. 39, No. 1(1994), pp. 279-285.

Peter H. Wilson, "Still a Monstrosity? Some Reflections on Early Modern German Statehood", *The Historical Journal*, Vol. 49, No. 2 (Jun., 2006), pp. 565-576.

Peter M. R. Stirk, *Twentieth-Century German Political Thought*, Edinburgh University Press, 2006.

Peter Stirk, Hugo Preuss, "German Political Thought and the Weimar Constitution", *History of Political Thought*, Vol. 23, No. 3(2002).

Robert Alexy, *A Theory of Constitutional Rights*, Oxford University Press, 2002.

Robert Eden, "Doing Without Liberalism: Weber's Regime Politics", *Political Theory*, Vol. 10, No. 3 (Aug., 1982), pp. 379-407.

Rupert Emerson, *State and Sovereignty in Modern Germany*, Yale University Press, 1928.

Ryan Martinez Mitchell, "Chinese Receptions of Carl Schmitt Since 1929", *8 PENN. ST. J. L. & INT'L AFF*, 2000, pp. 181-263.

Sam A. Mustafa, *Germany in the Modern World : A New History*, The Rowman & Littlefield Publishing Group, Inc., 2011.

Simeon E. Baldwin, "The Salient Points in the German Constitution of 1919", *Michigan Law Review*, Vol. 18, No. 8 (Jun., 1920), pp. 736-748.

Stan M. Landry, "That All May Be One? Church Unity and the German National

Idea, 1866 – 1883", *Church History*, Vol. 80, No. 2 (June, 2011), pp. 281–301.

Stefan Korioth, "Rudolf Smend", in *Weimar: A Jurisprudence of Crisis*, Arthur J. Jacobson, Bernhard Schlink(eds.), University of Califonia Press, 2000.

Stephen Cloyd, "Erich Kaufmann", *Weimar: A Jurisprudence of Crisis*, Arthur J. Jacobson, Bernhard Schlink(eds.), University of Califonia Press, 2000.

Steven Pfaff, "Nationalism, Charisma, and Plebiscitary Leadership: The Problem of Democratization in Max Weber's Political Sociology", *Sociological Inquiry*, Vol. 72, No. 1(Winter, 2002).

Terence C. Halliday, Lucien Karpik, *Lawyers and the Rise of Western Political Liberalism: European and North American Form*, Clarendon Press, 1997.

Tom Ginsburg, Aziz Z. Huq and Mila Versteeg, "The Coming Demise of Liberal Constitutionalism?", *The University of Chicago Law Review*, Vol. 85, No. 2 (March, 2018), pp. 239–256.

W. F. Dodd, *Constitutional Developments in Foreign Countries During 1908 and 1909*, The American Political Science Review, Vol. 4, No. 3 (Aug., 1910).

Walter James Shepard, "The New German Constitution", *The American Political Science Review*, Vol. 14, No. 1(Feb., 1920), pp. 34–52.

William Brustein, "Weimar Political Parties", *The Logic of Evil: The Social Origins of the Nazi Party: 1925–1933*, Yale University Press, 1996.

William Ewald, "The Conceptual Jurisprudence of the German Constitution", *Constitutional Commentary*, Vol. 21(2004), pp. 591–599.

Wolfgang J. Mommsen, *Max Weber and German Politics: 1890–1920*, University of Chicago Press, 1984.

Wolfgang J. Mommsen, "The Weimar Republic: The Final Stage of The Decomposition of Imperial Germany", *German Politics and Society*, Vol. 14, No. 1(38) (Spring, 1996).

Wolfgang J. Mommsen, "Max Weber as a Critic of Marxism", *The Canadian Journal of Sociology*, Vol. 2, No. 4(Autumn, 1977).

后　记

　　学术作为一种物质意义下的职业,具有怎样的面貌?作为一种精神上的志业,学术又应该具有怎样的面貌?1919年,围绕这两个问题,韦伯面对德国学子谈起了他们那代人的历史处境和他们那个时代的宿命。那年是德国的一个历史拐点,也是中国现代史的重要节点,是各个领域的诸神之争都开始进入白热化状态的世界史时刻。他告诉世人,"在学问的领域,唯有那种发自内心的对学问的献身,才能把学者提升到与他所献身的志业的高贵与尊严相匹配的层次"。在这种理想情况之外,绝大多数时候,学术生活可能更像公司经营、艺术表演或者疯狂的赌博。

　　研究生阶段初读他的文字时,更多是从外部视角去领略一位思想家的洞见。如今,在自己忝列学术教职十几年却殊少作为时重温这篇演讲,感受真有点像渠敬东教授所说:"扑面而来的自然是那种置身于赌博现场的战栗感,那种人生难知去路的体验。"但,又不单纯只有这样一种体验。

　　不怕被笑话,即使身处令人无可奈何的历史宿命中,即使自己不过是一个资质平庸的普通学者,在十几年蜗牛般的慢行中,我内心依旧不时感受到一种召唤。我想,这是学术工作内在的纯粹智识魅力决定的,无关乎任何个人崇拜。很多事情,平凡如我皆无力确定,但可以确定的是,最近七八年间我个人的读书研究比以往任何时段都更动情,也更神伤。以乐观的心态去看,这倒是给我粗粗拉拉的庸常生活增添了一点别样的诗情画意。

在这七八年间,韦伯和韦伯尊重的马克思以及关于他们的一切,以一种全新的方式前所未有地吸引了我的注意力。全新的方式,是说我试着透过他们的思想意境,去历史地理解宪法和德国宪法这两个带有种属关系的事物,以及它们对我们理解自己事物的意义。

这个过程激起了一连串声音,在我心里持续澎湃:要理解马克思,去读韦伯;要理解韦伯,去读马克思;要理解马克思的主义,去读德国史和世界史;要理解马克思主义之于中国,同样有必要读德国史和世界史。借着这类条件状语从句隐喻的"两极相联"情势,可以一直列举下去。世界是量子纠缠般普遍联系又相互影响的,宪法又怎能例外?

即使已过不惑之年,稍微走近一点马克思,我仍然还会被他那些排山倒海般的义愤打动,被他那些雄厚有力的修辞惊艳甚至击倒。随便总结马克思哲学中的几个要旨,都令人惊叹——他告诉我们,经济学是关于市民社会的解剖学,无产阶级是人的最高本质;他曾毫不掩饰地指出,对无产阶级而言,当今整个社会关系都处在非人性的顶端。他非常形象地描绘英国式共和的图谱:"这个最具资产阶级性质的国家的最终目的,似乎就是要建立一个资产阶级的贵族阶级和一个资产阶级的无产阶级,与资产阶级共同存在。"同时又不忘神补刀一句:"英国无产阶级要完全摆脱资产阶级的传染,还需要很长一段时间。"

回到更严肃的层面。诚觉,马克思的这些命题与 19 世纪欧洲及德国宪法史都深度相关;诚觉,他是一个极具反叛精神的可敬亦可爱的人;诚觉,他根本就是欧陆批判法学的开创者。马克思不仅创立了史上最能激发人的被剥夺感的伟大的斗争哲学,而且还是最没有狭隘民族主义色彩的普遍斗争哲学。他看不起一切不能直接推动社会进步的民族主义情感,在其一生的大部分时间里,他与任何跟自己的种族有关的事物都保持着距离,对与种族或民族有关的所有制度都持反对态度。

也许可以更通俗地说,马克思乘着天才般的想像力,以种种神来之笔,勾画出了他对欧美各国体制的鄙视链:英国,太商业化的一个国家,体制的格局不够高。法国,气象似乎大一些,这里发生了一场含有无产阶级专政因子的大革命,美中不足的是,法国人没能将革命中涌现的无产阶级专政因子贯彻到底,最后横空出世一个拿破仑体制到处扩张。美国呢,马克思认为它还是一个青年,在马克思(包括恩格斯)以《纽约每日论坛报》驻伦敦通讯员的身份撰写的文章中,他们经常机智地将"美国"称为"我国",又以"我们"这样的第一人称将自己虚拟为"美国人"。他对"青年美国"的感觉看似还不是很明朗,可能因为距离太远。至于沙俄等斯拉夫地区,从一开始就没入马克思有关社会主义革命构想的法眼。不过,马克思认为这些国家再不好也不能反向衬托出自己的祖国普鲁士—德意志就很好。相反,他认为普鲁士—德意志在政治上比其他各国都更深陷一种系统性的不正义之中。批判那些不义,仿佛就是他自己的天职,历史也已证明这的确就是他的天职。

想像一下:生活在激动人心的民族国家时代的19世纪德国人,尤其是那些深受法教义学思维支配、极度强调法秩序安定性的德国宪法教义学家,面对马克思狂风暴雨般的质疑,会产生怎样一些情感上的涟漪?大概率会是彼此不解、相互不屑,相忘或怒撑于江湖。因为在马克思眼里,第二帝国那种宪法教义学根本无法解决他认为最重要的那些系统性政治正义问题。

如果要总结写完拙作后的若干感受,排在第一位的或许是,站在马克思这位巨人的肩膀上,仿佛可以找到一个观察德意志帝国宪法教义学及其政治处境的视角。不,应该说,马克思本身就是那个伟大的视角。

紧接着油然而生的第二点感受是,要理解现代世界与19世纪德国宪法史,又不能只有马克思,在靠近马克思时,还需同步进入韦伯开创的另一个思想王国。在这个思想王国,斗争与冲突依旧是人类社会的永恒宿命,我们依旧会看到各种痛苦、焦灼、忧惧,但不再有美妙的意识形态乌托邦,不再有激进的革命启示论,不再有革命的行动主义,甚至不再有任何神秘幻想。世界的一切都已经去神圣化,所有神圣化构想都会被抵制。梅尼克说,韦伯是"德意志的马基雅维里"。沃格林则说,韦伯的历史图像更接近而不是偏离康德的"世界公民意识中的历史"——尽管他跟康德在很多方面都不相同。而在我看来,也许正是韦伯与马基雅维里、康德都若即若离的双重思想联结,使得他必然是马克思之后我们现代人理解宪法这种人造物及其形而上学原理时很重要的一个视角。

正是在马克思与韦伯这两位被视为"对极"的思想家传递的智识氛围中,我开始了对19世纪德国宪制史及其世界史意义的粗浅思考。按照主流标准,这必然是一种冒险,甚至是一种鲁莽的冒险。每当想到这一点,一个声音就会在我的耳边响起:"如果谁没有能力,完全蒙上双眼,不顾周围一切地想像,他灵魂的命运就取决于他是否对抄于此处的文本作出了正确的推测,他就尚未步入科学的门径。"

因此第三点感受是,务必记住《以学术为业》中的忠告——学术工作者要不断反观自身的缺陷,保持智识上的诚实并激情满满地投身其中,同时还要清醒地知道并坦然地接受,即使你努力耕耘了,也可能颗粒无收或毫无创见。

抽著是 本与历史有关的书,但我不是从一开始就对历史有这种兴趣,更谈不上移情般的体验。真实的情况是,我一度对"历史"二字很懊恼,因为1995年高考时我正是因为历史这门功课意外不及格而与理想志愿失之交臂的。所以我主观上从未设想过自己此后会和与"历史"有关的专业形成一种命运共同体。事实上,1999年我从南昌大学法律系本科毕业考到北京大学法学院读研时的专业是法理学,后来因为研究生导师的工作范围从法理学调整为法律史,考博时我就自然而然跟着转向了外国法律史。我的老师对学生很少进行道德说教,很少夸奖表扬,但有很多倾听、激励、切中要害的提醒与点拨,批评学生的不足或缺点时会比较委婉,原则问题上又不轻易让步。不过他乐见学生与他观点不同甚至针锋相对。就这样在无数激扬文字、谈笑风生间,老师春风化雨,引领像我这样没有任何信心与天赋的学生也渐渐感受到学术的真善美,直到以法律史研究为业。

2005年博士毕业后,我利用课余时间开始跟着老师的师兄,也就是我们的师伯研读哈贝马斯、韦伯、阿玛蒂亚·森、卢曼等人的社会理论著作,这个学习过程为我个人尝试去诠释宪制史打开了重要的思想之窗。师伯和老师是改革开放后我国最早从事比较法与外国法制史研究的学者,他们有同样热烈又冷静的气质,学术上各擅胜场。老师注重从比较法律史的角度阐发法治的基本原理、制度技术及社会结构条件,师伯后来则转向抽象而宏观的哲思,致力于法与社会诸要素的系统论沟通。贯穿拙著的最重要的"历史的"和"哲学的"方法与智识体系直接得自他们的传承,组成拙著的每一章每一节都曾以不同程度的幼稚形式呈请两位老师收阅并得到他们宝贵的修改意见。从本源上说,是这两位恩师给了我学术生命。20多年来,无论我走到哪里,他们的人格魅力、道德文章、赤子情怀,都会在无数瞬间来到我生命里,不停地启迪、激励、感召我。他们像父母一样知道我的缺陷,又像父母一样耐心地教导我,师恩似亲恩!

时代变迁会深刻影响与塑造法学学术生态,理论研究该何去何从?什么是法律研习者的道德责任与政治责任?很多困惑与疑问总是纷至沓来。在中国政法大学法学院工作的这17年中,我有幸先后认识了数位卓越的法学界前辈,曾就很多专业问题请教他们。他们的才德、信念、学养、智慧、方法,如江上清风、山间明月,点醒我,照亮我,是我人生中最宝贵的精神财富,特别感谢他们!想想自己在学生时代结束后还能因为工作的缘故结识多位师长,受益于他们的德与才,领略他们的大家风范,这是多么幸福快乐的事,感恩这些遇见!

感谢多年来关心鼓励我的诸位优秀的同事与同行。他们渊博的学识、美好的性情、精湛的术业,汇合为各种榜样的力量,促使对实践与现实钝感无知的我渐渐领悟到,法学研究要获得善的结果,不只在理智上需要厘清多元知识、思想、问题的理论边界,还要根据具体情境探索能使道与术内在协同的制度技艺。铭记来自他们的教益。

我的好友最先督促我将近年的读书心得整理成稿,他的智识启发与精神安慰伴随着这本书修改的前前后后,谢谢他给我勇气迈出这艰难一步。在此还要特别感谢同门兄弟姐妹与师伯门下诸位高足给予的深情厚谊,这是一个无形的学院。我们一起读书,相互勉励,追求心智上的成年;一起成长,体悟人生中种种可以承受与不可承受,他们的真知灼见使我受益匪浅。最后,要特别感谢商务印书馆各位同仁(尤其刘显刚先生)在拙著出版过程中所给予的支持和付出的辛劳。

一切学术研究也许都可以说是不同时空、不同学人之间无形的思想对话。思想,是人的心灵中的阿基米德点。人在自身之内携带着它,借助它,去思考我们作为地球居民和作为国家公民的双重人类境况。人之境况的很多方面都与政治有关,因而也就与宪法有关。思想,既是私人领域与私人事务,又是公共领域与公共事务。思想包含着个人性、公共性与道德性。宪法正是凝结为最高法律代码的一系列个人法权、公共理性与政治道德。宪法离不开思想,宪法不可救药地属于思想——就像人类不可救药地属于对话。宪法研究不能没有思想力与道德力,这或许是德国宪法史揭示的最根本的一件事。

黎　敏

2022 年春于北京

图书在版编目（CIP）数据

民主之殇：德国宪法史反思录/黎敏著.—北京：
商务印书馆，2022
ISBN 978-7-100-20899-4

Ⅰ.①民… Ⅱ.①黎… Ⅲ.①宪法－法制史－研究－
德国 Ⅳ.① D951.61

中国版本图书馆 CIP 数据核字（2022）第 045869 号

权利保留，侵权必究。

民主之殇
德国宪法史反思录
黎　敏　著

商 务 印 书 馆 出 版
（北京王府井大街36号　邮政编码100710）
商 务 印 书 馆 发 行
南京新洲印刷有限公司印刷
ISBN 978-7-100-20899-4

2022年5月第1版　　开本 880×1240 1/32
2022年5月第1次印刷　印张 18½
定价：98.00元